USA
Südstaaten

Axel Pinck

DUMONT
Reise-Handbuch

Inhalt

Wissenswertes über die Südstaaten

Wissenswertes für die Reise

Unterwegs in den Südstaaten

Kapitel 1 Washington D.C. und Virginia

Inhalt

Kapitel 3 Georgia und Nordflorida

Inhalt

Kapitel 4 Louisiana, Mississippi, Alabama

Kapitel 5 Tennessee und Arkansas

Inhalt

Themen

Alle Karten auf einen Blick

► Dieses Symbol im Buch verweist auf die Extra-Reisekarte USA – Südstaaten

Inbegriff der Südstaaaten: Schaufelraddampfer vor Downtown New Orleans

Wissenswertes über die Südstaaten

»When I was in Dixie ...«

Schon auf die Frage, wo der Südosten der USA beginnt, gibt es viele Antworten; und darauf, was das Besondere der Südstaaten ausmacht, sowieso. Ist der Süden dort, wo das *Spanish moss* dekorativ von den Eichen hängt, wo Gospelmusik aus geöffneten Kirchentüren dringt, wo sich bis zum Horizont Baumwollfelder erstrecken?

Angefangen hatte alles ganz harmlos. Die Landvermesser Charles Mason und Jeremy Dixon erfüllten von 1763 bis 1767 ihren Auftrag, bei der Markierung 39 Grad, 43 Minuten, 26,3 Sekunden die Ländereien von Lord Baltimore im Süden von denen des William Penn im Norden abzugrenzen. Der heute noch existierende Grenzverlauf zwischen den Bundesstaaten Maryland und Pennsylvania, die Mason-Dixon-Line, entwickelte sich zur Scheidelinie zwischen den Yankees im Nordosten und Dixieland im Süden. Seither nahm der Süden eine eigene Entwicklung, mit Plantagen und Sklavenarbeit in der Wirtschaft, in der Musik, der Literatur und in der Lebensweise, auch wenn Letztere nicht den vielen Vorurteilen und Mythen entsprach, wie sie in Harriet Beecher Stowes »Onkel Toms Hütte« oder Margaret Mitchells »Vom Winde verweht« beschworen werden.

Eine eigene Nation ist der Süden dennoch nicht geworden, und es ist nur ein Gedankenspiel auszumachen, was gewesen wäre, wenn die konföderierten Staaten im Bürgerkrieg ihre Unabhängigkeit erstritten hätten. Vor dem Bürgerkrieg zwischen den Nord- und den Südstaaten (1861–65) war der Süden der USA von einer auf Sklavenarbeit begründeten Plantagenwirtschaft geprägt. Aus den ersten 20 versklavten Afrikanern, die im Jahre 1619 an Bord eines holländischen Frachtseglers Jamestown in Virginia erreicht hatten, waren mittlerweile mehr als 3 Mio. geworden.

Die nivellierende Kraft der großen Fernsehsender, der Fast-Food- und Hotelketten hat den Süden glücklicherweise nicht gesichtslos werden lassen. Dieser Landstrich hat besondere und eigenwillige Menschen hervorgebracht wie den Aufklärer und geistigen Vater der Nation Thomas Jefferson aus Virginia, Politiker wie den Volkstribun und Demagogen Huey Long aus Louisiana, den konservativen Gouverneur George Wallace aus Alabama, den schwarzen Sunbelt-Politiker Andrew Young aus Georgia oder Präsident Bill Clinton aus Arkansas, Gewerkschaftsfrauen wie etwa »Aunt« Molly Jackson, auch Pistol Packin' Mama genannt, Unternehmer wie Harlan Sanders (Kentucky Fried Chicken) oder Bob Woodruff (Coca-Cola), Bürgerrechtler wie Frederick Douglass, Martin Luther King jr. oder Rosa Parks, Literaten wie Edgar Allan Poe, William Faulkner, Eudora Welty oder den Cherokee Sequoya, der für seine indianische Nation eine Schriftsprache entwickelte; eine unendliche Zahl von Blues-, Jazz, Country- und Rockmusikern wie Louis Armstrong, Elvis Presley und Mahalia Jackson, Sportler wie Herschel Walker, den ersten schwarzen Football-Superstar, oder den College-Football-Trainer Paul »Bear« Bryant aus Alabama, zu dessen Begräbnis 500 000 trauernde Fans kamen.

Manche sagen, der Süden ist dort, wo Kudzu wächst. Dabei ist das hartnäckige efeuähnliche Kriechgewächs eigentlich ein illegaler Einwanderer aus Japan. Doch das Klima in den Südstaaten gefällt ihm offenbar so gut, dass er weder mit Herausrupfen, der chemischen Keule oder Feuer einzudämmen ist. So wuchert er im Süden über Büsche und

Bäume, verschrottete Autos und Telefonmasten und bedeckt Hänge und Talsenken in der warmen Jahreszeit mit einem grünen Pflanzenteppich.

Andere fühlen sich erst beim Genuss von *Grits* richtig im Süden. Der Maisbrei ist eigentlich ein kulinarisches Vermächtnis der indianischen Ureinwohner und nirgendwo in Nordamerika unbekannt. Doch in den Südstaaten kommt er zu jeder Tageszeit auf den Tisch, gesüßt mit Sirup, in Begleitung von gebratenem Speck und Würstchen, natürlich mit Shrimps oder gleich mit *Gravy,* schwerer brauner Bratensauce, als müsste man gleich wieder zur Baumwollernte aufs Feld hinaus.

Auch die Konföderiertenflagge gehört zu den Ikonen des Südens, inzwischen als rebellisches Symbol des Nichtangepassten in viele Gegenden der Welt exportiert. Man nennt sie »Rebel Flag« oder auch »Stars and Bars«. In South Carolina weht sie noch immer an einem Mast vor dem Kapitol von Columbia. Dabei war die inoffizielle Kriegsflagge der Konföderation nie offizielles Südstaatenemblem. Erst knapp 100 Jahre nach dem Bürgerkrieg gelang es rechtsextremen Gruppierungen wie dem Ku-Klux-Klan, das lange Zeit wenig benutzte Logo von Neuem zu beleben. Inzwischen ziert die rote Fahne mit diagonalem blauen Kreuz, weißer Einrahmung und 13 Sternen Biergläser und Bettvorleger, T-Shirts, Baseballcaps oder Fahrkabinen von Trucks. Viele sehen sie als harmloses Symbol für den Süden, für große Teile der farbigen Bevölkerung ist sie dagegen ein Zeichen für Entrechtung und Versklavung. Bürgerrechtler sehen in dem immer wieder aufflackernden Fahnenstreit auch etwas Positives. Schließlich wird der Kulturkampf nur um ein Symbol der Vergangenheit geführt. Und was man von einem untergehenden Schiff als Letztes sieht, so argumentieren sie, ist bekanntlich dessen Fahne.

So gehört zu den modernen Südstaaten sicherlich der erfolgreiche, lange und erbittert geführte Kampf um die Bürgerrechte. Wenn der Gouverneur von Mississippi bei der Verleihung der Ehrenmedaille an den schwarzen Bluestitanen B. B. King im Kapitol von Jackson die unselige Vergangenheit der Rassendiskriminierung beschwört, zeigt das den langen Weg, den die Bürgerrechtsbewegung im tiefen Süden gegangen ist. Zahlreiche Monumente und Museen, vor allem in Georgia, Alabama, Tennessee und Mississippi, die den Kampf um schwarze Bürgerrechte dokumentieren, gehören zum neuen Süden, so wie die Unterdrückung der Afroamerikaner zum alten.

Die Südstaaten umfassen eindrucksvolle Landschaften wie das breite Band des Mississippi, gesäumt von Baumwollfeldern, Getreide- und Sojafarmen, mit der wunderbaren Stadt New Orleans nicht weit von seiner Mündung in den Golf von Mexiko, die von einer gewaltigen Flut fast vernichtet wurde. Auch die Golfküste mit ihren breiten Sandstränden und vorglagerten Inseln muss sich regelmäßig von Natur- und anderen Katastrophen erholen. Das tiefbewaldete Mittelgebirge der Appalachen folgt der östlichen Küstenlinie in den Südstaaten 560 Meilen/ 900 km in angemessenem weiten Abstand. Den Shenandoah National Park in Virginia im Norden verbindet die Panoramastraße des Blue Ridge Mountain Parkway mit dem Great Smoky Mountains National Park auf der Grenze von North Carolina und Tennessee im Südwesten. Am Atlantik im Osten verbinden sich mit Riedgras bewachsene Feuchtgebiete und Marschen mit herrlichen Strandgebieten auf vorgelagerten Barriereinseln zu einer vielgestaltigen Küstenlandschaft von der Eastern Shore in Virginia bis nach St. Augustine in Florida.

Heute präsentieren sich die Südstaaten der USA als Mischung aus Tradition und Zukunftsvisionen, aus Dixieland und »Sunbelt Power«, die – neben der wunderschönen Natur – diesen Teil der USA so attraktiv macht. Selbstbewusste und gut situierte Erben der Bürgerrechtsbewegung gehören ebenso zum Bild der Südstaaten wie die Armut, die auch heute noch in vielen Landstrichen zu finden ist, der »Southern Redneck«, der konservative weiße Farmer, ebenso wie die smarte Nachrichtenmoderatorin beim Kabel-TV in Atlanta oder der Spezialist für Weltraumtechnik in Huntsville, Alabama.

Steckbrief Südstaaten der USA

Daten und Fakten

Name: United States of America, the Southeastern States

Fläche: 1,36 Mio. km^2, das entspricht der Fläche von Deutschland, den Benelux-Staaten, Frankreich, Österreich und Italien. Maximale Nord-Süd-Ausdehnung 750 Meilen, maximale Ost-West-Ausdehnung 1125 Meilen

Bundeshauptstadt: Washington D. C.
Amtssprache: Englisch
Einwohner: ca. 58 Mio.
Bevölkerungswachstum: – 1,34 %
Lebenserwartung: Frauen 77,3 Jahre, Männer 72,3 Jahre

Währung: US-Dollar
Zeitzone: Eastern Time (Mitteleuropäische Zeit – 6 Std.) und Central Time (Mitteleuropäische Zeit – 7 Std.), Sommerzeit 2. So im März bis 1. So im Nov., die Uhrzeit wird um eine Stunde vorgestellt

Landesvorwahl: 001
Internetkennung: us, gov, mil, edu

Landesflagge: In der Nationalflagge der USA, dem Sternenbanner, stehen 6 weiße und 7 rote Querstreifen für die 13 Gründungsstaaten. Das blaue Feld im linken oberen Eck ist mit 50 weißen Sternen besetzt, jeder repräsentiert einen US-Bundesstaat. Die Farbe Weiß steht für Reinheit und Unschuld, das Rot für Mut und Widerstandskraft, das Blau symbolisiert Wachsamkeit, Ausdauer und Gerechtigkeit.

Geografie

Das in diesem Reiseführer beschriebene Gebiet im Südosten der USA dehnt sich im Norden bis Virginia, Washington D. C. und Tennessee und nach Westen bis an die Grenzen von Arkansas und Louisiana aus, nach Süden erstreckt es sich bis an den Golf von Mexiko und entlang einer imaginären Linie quer durch Nordflorida bis auf die Höhe von St. Augustine. Es grenzt im Osten an den Atlantischen Ozean. Die maximale Nord-Süd-Ausdehnung beträgt knapp 750 Meilen/1200 km, die von Osten nach Westen nicht ganz 1125 Meilen/1800 km. Die großen Landschaftstypen des Südens beginnen von Osten mit der Atlantikküste und den vorgelagerten Barriere-Inseln. Ausgedehnte Marschen werden von den fruchtbaren *rolling hills* des Piedmont abgelöst, denen der südliche Teil des Appalachen-Mittelgebirges mit endlosen Wäldern folgt. Das vom gewundenen Tennessee River durchzogene Cumberland-Plateau endet am Mississippi-Delta. In Arkansas jenseits des Mississippi erheben sich die Mittelgebirge der Ozark und Ouachita Mountains.

Geschichte

Bereits um 11 000 v. Chr. besiedelten erste Gruppen von sogenannten Paleo-Indianern den Süden der heutigen USA. Als der spanische Konquistador Hernando de Soto zwischen 1539 und 1542 die Region durchstreifte, traf er auf Siedlungen mit mehreren Tausend Menschen. Die englische Kolonialisierung nahm 1607 in Jamestown, Virginia, ihren Ausgangspunkt und bewegte sich nach Süden, entlang der Atlantikküste. Die Franzosen eroberten von Norden das Tal des Mississippi und gründeten 1718 New Orleans nahe der Mündung. Im Jahr 1776 lösten sich englische Kolonien mit der Unabhängigkeitserklärung von der britischen Kolonialmacht. Den blutigen Bürgerkrieg von 1861 bis 1865 zwischen der Union und den sklavenhaltenden Südstaaten, die nach Selbstständigkeit strebten, gewann der industrialisierte Norden. Die Sklaverei wurde abgeschafft.

In den 1930er-Jahren des 20. Jh. begann der Süden, sich wirtschaftlich stärker zu entwickeln. 30 Jahre später machte die Bürgerrechtsbewegung wichtige Fortschritte auf dem Weg zur Gleichberechtigung der schwarzen Bürger. Eine Wirtschaftsflaute in den 1980er-Jahren wurde von nachhaltigem Wirtschaftswachstum in den 1990er-Jahren abgelöst. In Atlanta fanden 1996 die ersten Olympischen Spiele in den Südstaaten statt.

Die Immobilien- und Finanzkrise machte ab 2008 auch hier den Menschen zu schaffen, sie erhöhte die Arbeitslosigkeit und ließ viele private Kredite zur Finanzierung von Hauseigentum platzen.

Staat und Politik

Die amerikanische Verfassung schreibt eine präsidiale Demokratie mit Gewaltenteilung zwischen der gesetzgebenden, der ausführenden und rechtsprechenden Gewalt vor. Das Parlament (Kongress) teilt sich in zwei Kammern, Repräsentantenhaus und Senat. Die Bundesstaaten sind nach demselben Prinzip organisiert, statt des Präsidenten mit einem Gouverneur an der Spitze. Die Senatoren und Abgeordneten in den Bundesstaaten werden in Wahlkreisen direkt gewählt. Das Mandat der Senatoren gilt für vier, das der Abgeordneten für zwei Jahre. Auch die Wahl des Gouverneurs für vier Jahre erfolgt direkt. Seine Amtszeit ist meist auf zwei Wahlperioden begrenzt. Zusätzlich werden viele Positionen auf Gemeinde- und Bezirksebene, etwa der Sheriffposten, verschiedene Richterämter und leitende Verwaltungsstellen, direkt von den Wählern bestimmt.

Wirtschaft und Tourismus

Der Anbau von Baumwolle, vorwiegend in Mississippi, Alabama und Tennessee, von Tabak, vor allem in North Carolina und Virginia, sowie von Erdnüssen in Georgia wird seit geraumer Zeit auch von Sojabohnen sowie der Viehzucht von Rindern, Schweinen und Geflügel ergänzt. Zunehmend bedeutender werden Industrie- und Dienstleistungsunternehmen, bei denen neben Holzverarbeitung, Textilindustrie und Petrochemie in den letzten Jahren Elektronik, Kommunikation, Gesundheitswesen, Bildungsinstitutionen und der Tourismus an Bedeutung gewinnen.

Bevölkerung und Religion

Die christliche Religion spielt in der Bevölkerung traditionell eine wichtige Rolle. Nicht umsonst gilt ein breiter Streifen von der Atlantikküste bis nach Oklahoma im Westen als *Bible Belt* der USA, in dem vor allem Baptisten von fundamentalistischen Erweckungsgemeinden bis zu Gemeindezentren mit ganz direkter Lebenshilfe einen Zusammenhalt herstellen. Allein im französisch geprägten Louisiana dominiert die katholische Kirche das Glaubensgeschehen.

Natur und Umwelt

Von Fort Smith an der Grenze von Arkansas und Oklahoma bis zu den Outer Banks von North Carolina sind es ca. 1125 Meilen, die Entfernung von Leesburg im Norden von Virginia bis nach St. Augustine in Florida beträgt ca. 750 Meilen. Die großen Landschaftstypen der Südstaaten reihen sich in breiten Abschnitten von Ost nach West aneinander.

Landschaften zwischen Mississippi und Atlantik

Als Hernando de Soto und sein Expeditionsheer vor 450 Jahren als erste Europäer durch den Süden der heutigen USA zogen, war der größte Teil des Landes von dichten Wäldern bedeckt. Die intensive Kolonialisierung und Besiedlung der Region, der enorme Bedarf an Bau- und Feuerholz sowie der großflächige Anbau von Nutzpflanzen wie Tabak, Baumwolle, Erdnüssen, Mais oder Sojabohnen haben das Erscheinungsbild der Landschaft und dessen tierische Bewohner inzwischen gründlich verändert.

Die Atlantikküste begrenzt die Region nach Osten. Schmale Barriere-Inseln, die der Küste vorgelagert sind, schützen diese gegen den im Winter rauen Ozean, sind aber selbst Stürmen und schwerer See ausgeliefert. Strände und Dünen zur Meerseite erfreuen im Sommer Badeurlauber, vereinzelte Wäldchen und die ausgedehnten Feuchtgebiete Richtung Festland dienen Wasservögeln als Rast- und Brutplätze. Die Marschlandschaft, durch die zahlreiche Wasserläufe dem Meer zustreben, setzt sich im Uferbereich auf dem Festland fort. Sie geht in eine fruchtbare Niederung über, die sich mehr als 62 Meilen/100 km ins Landesinnere erstrecken kann. Jenseits der Inseln und Nehrungen der Atlantik- und auch der Golfküste verläuft der Intracoastal Waterway, eine ausgebaute Wasserstraße, die vor allem von Freizeitkapitänen genutzt wird.

Vor den Küsten und in der Chesapeake Bay kann man den Seeadler *(Osprey)* beobachten, der mit scharfem Blick aus der Luft nach Beute Ausschau hält. Aus der Chesapeake Bay stammt, zusammen mit der Apalachicola Bay am Panhandle von Florida, der überwiegende Teil der in Nordamerika verspeisten Austern. Entlang der Atlantik- und der Golfküste gehen braune Pelikane auf Nahrungssuche. Meist fliegen und schweben sie in einer Reihe von mehreren Tieren dicht hintereinander knapp über der Wasseroberfläche, bis einer der Vögel plötzlich ins Wasser klatscht und mit einem Fisch im bauchigen Schnabel wieder auftaucht. Louisiana führt den geschickten Fischfänger, der häufig dekorativ in den Marinas auf Pollern sitzt, in seinem Staatswappen.

An der Atlantikküste von Nordflorida und Georgia werden einzelne Strandabschnitte auch in der Nähe von Hotelanlagen abends nicht mehr beleuchtet, um die bis zu 1 m großen Wasserschildkröten zwischen Mai und August bei der Eiablage im Sand nicht zu irritieren. In dieser Zeit und nachdem die Sonne die Eier ausgebrütet hat, veranstalten Vogelschutzorganisationen häufig Strandwanderungen, um die Eiablage oder das Schlüpfen der Schildkrötenbabys aus angemessenem Abstand zu beobachten. Die Küstenlinie des Atlantiks dient ebenso wie das blaue Band des Mississippi seit jeher Zugvögeln, die vor dem kalten Winter im Norden nach Florida oder in die Karibik ausweichen, als Orientierung. Im Frühjahr ziehen Zehntausende von Kanada-Gänsen, Störchen, Enten und Schwänen nach Süden und im Herbst zurück nach Norden. Sie legen in der Chesapeake Bay, im Pamlico Sound und auf den vielen Seen neben dem Mississippi Rast ein.

Im Okefenokee Swamp und anderen Sumpfgebieten, etwa dem Great Dismal Swamp auf der Grenze zwischen Virginia und North Carolina, den Feuchtgebieten und Sümpfen südlich von Myrtle Beach oder nahe der Golfküste wie im Quellgebiet von Wakulla Springs südlich von Tallahassee, aber auch im Mündungsdelta des Mississippi findet man Gräser, Schachtelhalme, wilde Orchideen, Palmettos und Sumpfzypressen. Im Wasser leben Schildkröten, Alligatoren und viele, teils blutdürstige Insekten. Die bis zu 5 m langen Alligatoren haben sich wieder drastisch vermehrt, nachdem sie nicht mehr frei gejagt werden dürfen. Inzwischen schätzt man die Zahl der in den Südstaaten (einschließlich Florida) lebenden Echsen, deren Bauchhaut früher manche Handtasche und Schuhe zierte, auf mehr als 2 Mio. Tiere. Bei Bootstouren sollte man seine Hände besser nicht durch das Wasser gleiten lassen.

Der Reichtum der Küsten- und Binnengewässer an Fischen, Krebsen und Muscheln spiegelt sich auf den Speisekarten der vielen Restaurants zwischen Washington und Amelia Island, aber auch entlang der Golfküste wider. Von den Marinas an der Atlantikküste wie beim Oregon Inlet in North Carolina, Hilton Head Island in South Carolina, den Golden Isles von Georgia oder Fernandina Beach auf Amelia Island im Norden von Florida laufen ebenso wie in Panama City an der Golfküste Floridas PS-starke Motorboote mit Hochsee-Anglern an Bord aus, die Marlin, Hai oder Schnapper jagen.

Andere Tiere spürt man eher auf der Haut, als dass man sie mit dem Auge erspäht. Moskitos, Gnats, Zecken und Schaben haben den Spieß umgedreht und betrachten die Menschen als willkommene Nahrungsquelle. Wer sich im Sommer ungeschützt in den Okefenokee-Sumpf an der Grenze von Georgia und Florida oder in andere Feuchtgebiete begibt, sollte weniger die zahlreichen Alligatoren als die Myriaden von Stechmücken fürchten. Den angriffsfreudigen Weibchen dient jeder Tropfen Blut als notwendige Stärkung für die Eiablage in den stehenden Gewässern.

Das Piedmont-Plateau

Das ausgedehnte Tiefland am Atlantik wird durch eine wellenförmige, hügelige, sanft bis auf 400 m ansteigende Ebene, die *rolling hills* des Piedmont-Plateaus, abgelöst. Flüsse, die in den Appalachen entspringen, streben nach kurzem Lauf dem nahen Meer zu. Im Norden, in Virginia, gehen einige der Wasserwege in verzweigte Meeresbuchten über und sind, wie etwa der James River, über weite Strecken schiffbar. Das Piedmont ist fruchtbar, hier kultivieren Siedler seit jeher Tabakpflanzen und Baumwolle, in jüngster Zeit in größerem Umfang auch Sojasprossen.

Kudzu, Kudzu über alles

Wer durch den Süden der USA fährt, wird ein unkrautartig wucherndes, bohnenähnliches Gewächs nicht übersehen können, das zwar erst vor wenig mehr als 100 Jahren nach Nordamerika eingeführt wurde, aber aus manchen Landstrichen nicht mehr wegzudenken, geschweige zu vertreiben ist. Auf der Weltausstellung zum 100-jährigen Bestehen der USA 1876 in Philadelphia brachten die Japaner den Kriecher in die Neue Welt. Er wurde zunächst zum Begrünen von Veranden genutzt und diente dazu, drohende Bodenerosion zu stoppen. Das stärkehaltige Pulver, das sich aus der Pflanze gewinnen lässt, wird noch immer zum Binden von Saucen verwandt, gehäckselt gibt das proteinreiche Kudzu ein passables Viehfutter ab. Doch da sich das schnell wachsende Kraut, das im Klima des Südens offenbar ideale Lebensbedingungen gefunden hat, jedem kontrollierten Anbau entzieht und weder mit Feuer noch mit Chemikalien ausgerottet werden konnte, wurde aus dem Segen schnell ein Fluch. So wird Kudzu sicherlich noch auf absehbare

Paradies für Radler: der Blue Ridge Parkway

Zeit zum typischen Landschaftsbild in den Südstaaten gehören.

Appalachen

Das Piedmont-Plateau ist der Vorläufer des Appalachen-Gebirges, das sich etwa 1500 Meilen/2400 km von Kanada und dem US-Bundesstaat Maine in einem Abstand von einigen Hundert Kilometern fast parallel zur Küste bis nach Alabama und Georgia hinzieht. Das in verschiedene Bergrücken und Täler gegliederte Mittelgebirge ist aus Sedimentgesteinen des Erdaltertums aufgefaltet und von Graniten und Gneisen durchsetzt. Im Süden erreichen die dicht bewaldeten Berge und Bergketten Höhen zwischen 1500 und 2000 m. Mit 2037 m ist der Mount Mitchell in North Carolina nicht nur der steilste Gipfel der Appalachen, sondern die höchste Erhebung der USA östlich des Mississippi.

Nachdem weite Teile der ursprünglichen Wälder selbst in den bergigen Appalachen abgeholzt worden sind, verliert sich nach einer sorgfältigen Aufforstungspolitik der Blick von deren Gipfeln heute wieder über endlos scheinende, dicht bewaldete Bergketten. Riesige Staats- und Nationalforste ergänzen die Nationalparks als Naturschutzgebiete. In den Appalachen von Virginia, North Carolina und Tennessee herrschen Wälder mit einer großen Artenvielfalt vor. Verschiedene Eichenarten, Ahorn, Pappeln, Birken und Buchen mischen sich mit Kiefern, Tannen und Zypressen. Dazwischen blühen Rhododendron, Magnolien und bunte Wildblumen.

Wer durch die Wälder des Shenandoah National Park wandert, wird neben vielen farbenprächtigen Schmetterlingen auch eine Mottenart bemerken, die in größeren Schwärmen die Baumkronen der mächtigen Eichen umschwirrt. *Gipsy moths,* Zigeunermotten, heißen die Insekten, deren Geflatter den ehrwürdigen Bäumen einen derartigen Stress verursacht, dass einige daran schon zugrunde gegangen sind. Nach langen Diskussionen über das Für und Wider greifen die Park Ranger jedoch nur in besonders heißen Sommern zur chemischen Keule, um die dann für die Bäume existenziell gefährlich anwachsende Anzahl von Motten zu dezimieren.

In den Wäldern des Südens hört man das Hämmern von Spechten und das Rufen von Käuzchen und Eulen. Bei der Skyland Lodge im Shenandoah National Park pflegen Park Ranger Adler, Habichte und andere verletzte Raubvögel gesund, um sie wieder in die Freiheit entlassen zu können. Schwarzbären wird man selten zu Gesicht bekommen, am ehesten noch in den Smoky Mountains, in denen einige Hundert der scheuen Pelztiere leben. Wer in den Wäldern zeltet und Essensreste nicht fachgerecht verstaut, dürfte dagegen mit dem Besuch eines hungrigen Bären rechnen können. Häufig stöbern auch Waschbären, die über den ganzen Süden verbreitet sind, in den Abfällen herum, um etwas Essbares zu finden.

In den ausgedehnten Bergwäldern der Appalachen zwischen dem Shenandoah National Park und dem Great Smoky Mountains National Park können Wanderer relativ häufig Rehe und Hirsche beobachten. Da in den National Parks nicht gejagt wird, haben die Tiere dort weniger Scheu vor Menschen und äsen häufig in der Nähe von Durchgangsstraßen, Wanderwegen oder Unterkünften. Weißwedelhirschen, die über den gesamten nordamerikanischen Kontinent verteilt sind und im Süden Virginia-Hirsche genannt werden, kann man sich mit etwas Glück bis auf 10 oder 20 m nähern. Forellen gehören neben Hechten und Barschen zu den beliebtesten Speisefischen, die Anglern an Flüssen der Appalachen sowie an den Seen von Cumberland- und Piedmont-Plateau an den Haken gehen können.

Das Cumberland-Plateau

Westlich der Appalachen senkt sich der Höhenzug der Appalachen zum Cumberland-Plateau, das in Schichtstufen zum Tal des Mississippi abfällt. Der Cumberland River, der mit dem Tennessee River das Plateau durchzieht, um schließlich bei Paducah in den Ohio River zu münden, war bis in die 1930er-Jahre ungezähmt und für zahllose Überschwemmungen an seinen Ufern verantwortlich. Die staatliche Tennessee Valley Authority sorgt inzwischen mit mehreren Dutzend Staudämmen für eine Regulierung der beiden Ströme und dafür, dass ihre Kraft in viele Megawattstunden elektrischer Energie umgesetzt wird.

Bisons lebten früher in großen Herden in den Prärien des amerikanischen Westens. Auch in einigen Regionen östlich des Mississippi wie im heutigen Kentucky und Tennessee trabten die mächtigen, zotteligen Ur-Rinder über die ausgedehnten Ebenen. Auf dem Areal des »Land between the Lakes« im Grenzgebiet von Kentucky und Tennessee unterhält die Tennessee Valley Authority eine Herde Bisons, die auf mehrere Hundert Tiere angewachsen ist. Auch Gürteltiere, deren Anblick und Bewegungen wenig Possierliches an sich haben, sind auf dem ausgedehnten Cumberland-Plateau zu Hause, sie findet man jedoch ebenfalls an vielen anderen Orten zwischen South Carolina und Arkansas. Da die von einem Hornpanzer geschützten Säugetiere weder allzu wendig noch sehr weitsichtig sind, werden viele Opfer von Zusammenstößen mit Autos *(roadkill)*. Zahlreiche Farmen auf dem Cumberland-Plateau züchten Geflügel und Rinder, auf ausgedehnten Weideflächen grasen Milchkühe.

Mississippi River

Mississippi-Delta heißt das zwischen 25 und 62 Meilen breite untere Tal des mächtigen Flusses zwischen Memphis in Tennessee und Vicksburg im Bundesstaat Mississippi. Es wird nach Osten durch den Yazoo River begrenzt. Auf dem fruchtbaren Schwemmland der ausgedehnten Talmulde bauten schon indianische Siedler vor vielen Tausend Jahren Bohnen, Kürbis und Mais an. Auf den *bluffs* genannten natürlichen Uferdämmen wie bei Vicksburg und Natchez hatten Indianer lange vor Ankunft der Europäer bedeutende Siedlungen angelegt. Baumwolle gedeiht hier seit rund 200 Jahren, Farmer kultivieren Reisfelder und pflanzen Soja an, vor allem zur Produktion von Biokraftstoffen. Der Strom, der insgesamt ein riesiges Gebiet von mehr als 4 Mio. km² entwässert, hat auch hier immer wieder seinen Lauf geändert und die Ufer nach starken Regenfällen oder bei der Schneeschmelze in den fernen Bergen unter Wasser gesetzt.

Gewaltige Schlammmassen und im Wasser gelöste Stoffe, die der Mississippi mit sich führt, schieben dessen Mündungsdelta im Süden von Louisiana mit unzähligen verschlungenen Seitenarmen, den Bayous, immer weiter in den Golf von Mexiko hinaus. In den Süß- und Brackwassermarschen gedeihen Wasserhyazinthen, Sumpfzypressen sowie Tupelobäume. Subtropisches Gestrüpp bedeckt die Ufer, auf den feuchten Böden wachsen Schlingpflanzen, Moose und Farne.

Wer aus den Kulturlandschaften Europas stammt, kann nur über die vielfältige Tierwelt staunen. Im Mündungsdelta des Mississippi und in den Sümpfen des Südens leben ebenso wie den weit entfernten Feuchtgebieten der Küstenmarschen und der Chesapeake Bay blaugefiederte Seiden- und Silberreiher, Ibisse, Kraniche, Waldstörche und viele andere Wasservögel, die sich von Fischen, Fröschen und Schlangen ernähren. Wenn der schwarzgefiederte Schlangenhalsvogel Anhinga erfolgreich nach einem Fisch getaucht ist und diesen auf seinen spitzen Schnabel aufgespießt hat, schleudert er ihn in die Luft, um ihn mit geöffnetem Schnabel wieder aufzufangen und zu verspeisen. Da sein Gefieder nicht gefettet ist, hockt er sich hernach mit ausgebreiteten Schwingen dekorativ auf einen Ast, um seine Federn von der Sonne und der Luft trocknen zu lassen. Der Alligator, das ›offizielle Reptil‹ des Bundesstaates Louisiana, ist auch in Flüssen und Sümpfen des Nachbarstaates Mississippi zu Hause.

Flora des Südens

Vor allem in der Golfregion sind die immergrünen Lebenseichen weit verbreitet. Von den ausladenden Zweigen der *Live oaks* hängen meist dekorativ die silbergrauen Zotteln des *Spanish moss*. Die Pflanze ist kein Schmarotzer, sondern ein Epiphyt, sie entnimmt ihre Nahrung der Feuchtigkeit der Luft und dem Regenwasser, das an den Stämmen und Ästen der Gastbäume herunterrinnt. Die entfernte Verwandte der Ananas gehört weder zu den Moosen, noch kommt sie aus Spanien, die Spitzbärte iberischer Konquistadores mögen bei ihrer Namengebung aber Pate gestanden haben. Die benachbarten Bundesstaaten Mississippi und Louisiana haben die Magnolie zur Staatsblume erkoren, die mit importierten Zierpflanzen wie Azaleen, Kamelien und Jasmin in vielen Gartenanlagen auch der anderen

Eine einzigartige Landschaft: das Delta des Mississippi in Louisiana

Bundesstaaten des Südens eine verschwenderische Pracht entfalten.

Jenseits des wasserreichen Mississippi setzt sich das Flachland zunächst fort. Die Schwemmländer des Flusses, im Bundesstaat Mississippi vor allem bis zum Yazoo River, aber auch nach Norden bis zur Grenze nach Kentucky, bilden seit jeher den fruchtbaren Boden für ausgedehnte Baumwollplantagen, heute häufig von Reisfeldern und von Sojaanbauflächen als Rohstoff für die Produktion von Biosprit unterbrochen. Auch in Arkansas, jenseits des Mississippi River, werden in einem bis zu 62 Meilen/100 km breiten Streifen Sojabohnen, Baumwolle und Reis angebaut. In der Westhälfte von Arkansas wird die Ebene von den bis zu 800 m hohen Mittelgebirgen des Ozark-Plateaus sowie der Ouachita und der Boston Mountains abgelöst. Im südlich angrenzenden Louisiana erstreckt sich die Ebene durch einige Hügel aufgelockert bis zum Sabine River an der Grenze zu Texas. Zwischen den ausgedehnten Wäldern und Feuchtgebieten gedeihen auch hier Baumwolle und Sojabohnen, werden Rinder und Geflügel zur Fleischproduktion gezüchtet. Ganz im Süden, zwischen Mississippi River und Golfküste, wiegen sich auf weiten Feldern Zuckerrohrhalme im Wind.

Alles Grün? Umweltschutz und Nachhaltigkeit in den Südstaaten

Wer durch die Südstaaten reist, erlebt Widersprüchliches zum Schutz von Umwelt und Ressourcen. Große Bemühungen von Umweltinitiativen, von Hotels, Restaurants und auch von staatlichen Stellen kontrastieren mit dem immer noch sorglosen Umgang mit spritfressenden Fahrzeugen oder ausuferndem Verpackungsmaterial.

Schon seit mehr als 40 Jahren arbeitet die EPA, die staatliche *Enviromental Protection Agency,* daran, eine saubere, gesündere Umwelt für die amerikanische Bevölkerung zu befördern, als Behörde mit relativ geringem Einfluss jedoch nur mit wechselndem Erfolg. Beim »2010 Oilspill«, der Verseuchung des Golfs von Mexiko durch unkontrolliert ausströmendes Öl nach einer Explosion auf der BP-Bohrplattform Deepwater Horizon hat die EPA mit den betroffenen Bundesstaaten und Regionen die Aufräumarbeiten koordiniert. Gegenwärtig, unter der Obama-Administration mit größerem Enthusiasmus und erstmals mit einem Fokus auf die Verringerung der Treibhausgase, ist sie widerstrebenden Einflüssen aus dem US-Senat und dem Repräsentantenhaus ausgesetzt, wo starke, der Industrie verpflichtete Kräfte versuchen, ihren Einfluss auch über die Limitierung und Blockierung von Haushaltsmitteln zu bremsen.

Schließlich sind die Initiativen der EPA den entsprechenden Industrien und ihren Lobbyisten ein Dorn im Auge, etwa wenn es um die Erhöhung der Kosten für spritschluckende Fahrzeuge geht oder ein Verbot der landschaftszerstörenden *Mountain Top Removal,* wo ganze Berge weggesprengt werden, um Kohle zu fördern. Von wachsendem Erfolg gekrönt sind ihre Initiativen, Unternehmen, die besondere Kriterien für einen ressourcenschonenden Betrieb einhalten, aus einem Fond zu fördern und ihnen die Werbung mit einem *Green Label* zu gestatten.

Organic Farming wird, zumindest für Lebensmittel, von einer wachsenden Zahl von Bauernhöfen praktiziert. Die Fläche, auf der organisch produziert wird, hat sich in wenigen Jahren verdoppelt. Die Nachfrage, etwa in großen Supermärkten, wächst, die von Restaurants ebenfalls, und darüber hinaus verspricht der entsprechende Aufdruck von *natural raised* bis zu *100 % organic* auf der Verpackung auch eine höhere Rendite.

Inzwischen haben auch große Farmer-Kooperativen wie *Southern States* Nachhaltigkeit bei der Produktion von Obst und Gemüse sowie der Tierzucht für sich entdeckt. Und Pepsi unterstützt im Rahmen ihres *Refresh Everything*-Programms kleine Farmen, die sich der organischen Lebensmittelproduktion zuwenden wollen, mit einem Startpaket von mehreren Tausend Dollars. In Louisiana, Mississippi und Alabama haben sich Farmer, Marktmanager und Wissenschaftler zu einem Netzwerk verbunden, das Erfahrungen beim nachhaltigen Wirtschaften austauscht und neue Forschungsergebnisse schnell verbreitet. Der gemeinnützigen *National Sustainable Agriculture Coalition* (NSAC), die die Förderung von »gesünderen und wohlschmeckenden Lebensmitteln sowie einem entsprechenden landwirtschaftlichen System« anstrebt, haben sich auch mehrere Bauernorganisationen und Initiativen aus den Südstaaten angeschlossen wie *Delta Land and Community* aus Arkansas oder die *Virginia Association for Biological Farming.* Wenn Restaurants wie

Thema

das Cha-Bella in Savannah großen Erfolg haben mit ihrem Prinzip, den Weg von der Farm auf den Teller so kurz wie möglich zu gestalten, also möglichst biologisch produzierte Lebensmittel möglichst aus dem unmittelbaren Einzugsbereich zu schmackhaften Gerichten zu verarbeiten, schließt sich der Kreis zum Verbraucher.

Der Verbrauch von petrochemischen Produkten, vor allem von Autobenzin, gehört zu den weiteren Problemfeldern in den USA. Wer in den Südstaaten mit einem ›normalen‹ Pkw unterwegs ist, sieht sich im Vergleich hoffnungslos untermotorisiert, eingekreist von kraftstrotzenden SUVs *(Sports Utility Vans)* und *Family Vans,* in denen oft jedoch keine Familie, sondern nur ein einsamer Fahrer unterwegs ist. Blickt man bei der Fahrt durch Wohngebiete auf die Auffahrten und Garagen der Häuser, wird offenbar, dass viele Familien einen ganzen Fuhrpark besitzen. Doch auch bei der Autoproduktion stehen seit einigen Jahren Fahrzeuge mit niedrigerem Verbrauch im Vordergrund, werden Hybridfahrzeuge und Biosprit gefördert. Darüber hinaus stehen kontrovers diskutierte Gesetzesinitiativen im Raum, Neuzulassungen nur mit einer maximalen *Miles-per-Gallon*-Rate zu erlauben, die umgerechnet 8,62 l/100 km ergibt. Weitere Verschärfungen sollen bis 2016 den Spritverbrauch auf 6,63 l/100 km Fahrleistung limitieren. An Zuschüsse z. B. in Form von Steuererleichterungen für wechselwillige Fahrer oder an eine höhere Besteuerung von Kraftstoff ist aber nicht gedacht.

So bewegen sich Umweltschutz und nachhaltiges Wirtschaften auch in den US-Südstaaten in einem sehr engen und direkten Spannungsfeld von Politik, Ökonomie und privaten Initiativen.

Historischer Garten in Williamsburg, Virginia: Vorbild für Organic Farming

Wirtschaft, Soziales und aktuelle Politik

Sprecher des neuen Südens propagieren wirtschaftliches Wachstum, Kapitalinvestitionen, die Entwicklung von Zukunftstechnologien und Kommunikationssystemen, sie erhoffen sich einen späten Sieg über die industriellen Nordstaatler. Selbst die Stars der Countrymusic haben sich darauf eingestellt und besingen die Kinder und Enkel einstiger Tagelöhner, die es geschafft haben, heute im Big Business mitzuspielen.

Mythen des Südens

Zu den Mythen des alten Südens hat sich ein neuer Mythos gesellt, einer, der nicht die Harmonie des Plantagenlebens, die Ritterlichkeit der aristokratischen Gentlemen oder die Schönheit der *Southern belles* beschwört, und auch nicht die Gutmütigkeit der ›Neger-Mammys‹, sondern den des ökonomischen Booms. Schon die nüchterne Betrachtung ist eindrucksvoll genug. Der etappenweise vonstattengegangene wirtschaftliche Aufschwung des Südens begann mehr als 50 Jahre nach dem verlorenen Bürgerkrieg. Der New Deal, die Politik des Präsidenten Franklin Delano Roosevelt zur Überwindung der Wirtschaftskrise, brachte in den 1930er-Jahren den ersten großen Entwicklungsschub. Das gigantische Projekt, den Tennessee River zu regulieren und mit Hilfe zahlreicher Staudämme elektrische Energie zu erzeugen, katapultierte große Gebiete in Tennessee und Alabama aus einem vorindustriellen Zeitalter in die Neuzeit.

Während des Zweiten Weltkriegs investierte die US-Regierung knapp 10 Mrd. $ allein aus dem Militärbudget in den ehemaligen Südstaaten. Zehntausende dort stationierte Soldaten sorgten für eine Steigerung der Kaufkraft, Aufträge für Rüstungsfirmen belebten die Wirtschaft weiter. Während der Kriegsjahre stieg das Industrielle Potenzial der südöstlichen Bundesstaaten um 40 %.

Wirtschaftliche Situation

Doch auch wenn sich der Vorsprung in der letzten Zeit wieder etwas verringert hat, gehört der sonnige Süden noch immer zu den wirtschaftlich produktivsten Regionen in den USA. Hier haben sich Branchen mit hohen Wachstumsraten etabliert – Kommunikations- und Luftfahrttechnik, Petrochemie und Mikroelektronik. Mehr als ein Viertel der industriellen Produktion der USA wird mittlerweile im Süden erzeugt. In den Metropolregionen – vor allem in Atlanta, aber auch in New Orleans, Memphis oder Richmond – sind viele Firmensitze oder deren regionale Zentralen zu finden. Das Kapital, mit dem die futuristischen Skylines der Innenstädte und andere Investitionen finanziert wurden, stammt nur zum Teil aus den Südstaaten selbst. Neben Investoren aus den übrigen USA sind japanische Finanzgruppen stark in der Elektronik- und Automobilindustrie präsent, in den letzten Jahren haben BMW in South Carolina und Mercedes-Benz in Alabama mit dem Aufbau eigener Produktionsstätten Schlagzeilen gemacht, arabisches Kapital ist vorrangig in die Freizeit- und Tourismuswirtschaft geflossen.

Atlanta, auch durch die Olympischen Spiele von 1996 weltweit bekannt, ist die Großstadt der USA mit der niedrigsten Arbeitslosenzahl. Der Siegeszug von Coca-Cola aus dem Hinterzimmer eines Apothekerladens bis zum weltumspannenden Getränkekonzern wurde überwiegend von Atlanta aus gesteuert, ebenso wie die Erfolgsstory des Kabelnachrichtensenders CNN.

Tourismus

Der Tourismus spielt in der Wirtschaft der Südstaaten eine wachsende Rolle. »Travel South« heißt die Dachorganisation, die den Reiseverkehr im Süden und die zum Teil erheblichen, nationalen und internationalen Aktivitäten der Bundesstaaten koordiniert. Die langen Strände am Atlantik und die attraktive Golfküste werden vom Frühjahr bis in den Herbst von Badeurlaubern und Wassersportlern aufgesucht. Romantische Städte wie Charleston, Savannah oder Natchez sind vor allem im Frühjahr und im Herbst Ziel zahlreicher nostalgischer *pilgrimages* zu den Plantagenvillen und Herrensitzen der Antebellum-Zeit. New Orleans, Atlanta und auch Washington werden im Rahmen von Städtetrips aufgesucht, gehören aber auch zu den Großveranstaltern von Messen und Tagungen. Vielen ist die Countrymusic, der Jazz oder der Blues eine Reise nach Nashville, Memphis oder New Orleans wert. In den Appalachen herrscht ganzjährig Saison, mit dem größten Besucherstrom im Sommer und zum Indian Summer. Seitdem Mississippi das Glücksspielverbot aufgehoben hat und sich eine Kette von Kasinos und Hotels am Ufer des breiten Stroms und entlang der Golfküste hinzieht, gehört das wirtschaftliche Schlusslicht im Süden zu den US-Bundesstaaten mit verbesserten Zuwachsraten beim Bruttosozialprodukt und Pro-Kopf-Einkommen.

Landwirtschaft

Trotz einer dynamischen industriellen Entwicklung spielt die Landwirtschaft im Süden nach wie vor eine bedeutende Rolle. Die großen Tabakplantagen und -verarbeitungsbetriebe in Virginia und North und South Carolina, aber auch in Georgia und Tennessee sind mit den Anti-Raucher-Kampagnen und milliardenschweren Schadensersatzklagen von Rauchern in eine Krise geraten, die be-

Der Panama City Beach im Nordwesten Floridas

reits einige Tausend der kleineren Tabakfarmer zum Straucheln gebracht hat. Tabak war einst das erste gewinnbringende Exportprodukt der englischen Kolonie Virginia. Dennoch wird heute, überwiegend in modernen Großbetrieben, Tabak angebaut und vor allem zu Zigaretten verarbeitet.

Auch nach dem Zusammenbruch des Sklavenhaltersystems konnten die großen Plantagenbesitzer viele der bisherigen Anbauflächen für Baumwolle mit schlecht bezahlten Tagelöhnern bewirtschaften. Zunehmende Mechanisierung und künstliche Bewässerungssysteme ermöglichten jedoch auch in weiter westlichen, heißen Regionen wie Texas oder sogar Kalifornien den rentablen Anbau von Baumwolle. Heute wird bereits mehr als die Hälfte der in den USA erzeugten Baumwolle von Feldern westlich des Mississippi geerntet. Doch im Norden von Florida, in Georgia, im mittleren Alabama, auf den Ebenen beiderseits des Mississippi in Tennessee, Arkansas, Mississippi und Louisiana kann man noch heute an endlos scheinenden Baumwollfeldern entlangfahren. Sojabohnen, die hauptsächlich als Viehfutter und neuerdings zu Biosprit verarbeitet werden, haben die Baumwolle inzwischen als wichtigstes landwirtschaftliches Produkt im Süden abgelöst.

Wälder in Nordflorida und in den Appalachen bilden die Basis einer ausgedehnten Forst- und Holzwirtschaft. Das Grenzgebiet von Florida und Georgia versorgt die USA mit Erd- und Pekannüssen. In der Landwirtschaft der Südstaaten finden sich keine Monokulturen mehr, sondern ein vielfältiger Mix aus Gemüse- und Maisanbau, Milch- und Rinderwirtschaft sowie der Zucht von Schweinen und Federvieh.

Soziale Lage

Seit den 1960er-Jahren lässt sich eine neue Wanderbewegung aus den Bundesstaaten im Norden und Mittleren Westen in den Süden feststellen. Unternehmen versuchen, steigende Lohnkosten und einen ihnen unbequem hohen gewerkschaftlichen Organisationsgrad, belastende Steuern sowie eine höhere Kriminalität im Norden gegen das »industriefreundliche« und auch für Menschen recht angenehme Klima im Süden einzutauschen. Die Industrieproduktion pro Kopf nahm zwischen 1955 und 1975 um das Fünffache zu, gleichzeitig liegt das Bevölkerungswachstum deutlich über dem allgemeinen Niveau.

Allein von 1970 bis 1976 wuchs die Bevölkerung der Südstaaten um 3 Mio. Menschen. Jüngere Angestellte folgen den Betrieben auf der Suche nach Arbeitsplätzen. Pensionäre, meist aus der ehedem gut verdienenden Mittelschicht, ziehen vom *frostbelt* in den *sunbelt,* um ihren Lebensabend fern von Eis und Schnee zu verbringen. Der Zufluss von deren nicht unbedeutenden Sparguthaben und respektabler Kaufkraft geht in Milliardenhöhe und erfreut Kommunen und örtliche Wirtschaft gleichermaßen.

Dieser Wanderungstrend wird gegenwärtig noch durch afroamerikanische Migranten verstärkt, die ebenfalls vom Norden in den Süden ziehen. Nachkommen von Farbigen, die vor über 100 Jahren den armen Süden auf der Suche nach Arbeitsplätzen und Befreiung aus der Enge der ländlichen Verhältnisse in den Mittleren Westen, nach Chicago oder Detroit sowie in den Nordosten nach New York und selbst nach Washington D. C. ausgewandert waren, strömen nun in die Heimat ihrer Vorfahren zurück.

Dabei sind die Gründe dieser neuen Wanderungsbewegung recht unterschiedlich. Zum einen haben viele das Problem, im Norden Arbeit zu finden, da die Arbeitslosigkeit seit Beginn der Wirtschafts- und Finanzkrise 2008 stark angestiegen ist. Zum zweiten finden es offenbar auch Mitglieder der angewachsenen schwarzen Mittelschicht attraktiv, sich im emanzipierten Süden, aber dort in den besseren Wohnvierteln anzusiedeln. In Washington D. C. macht der Anteil von Afroamerikanern nach dem Fortzug von 40 000 und dem parallelen Zuzug von rund 50 000 Weißen nur noch knapp mehr als die Hälfte aus. Vor allem Atlanta scheint viele farbige Amerikaner anzuziehen. Der Anteil der afro-

»Stars and Stripes forever« – die US-Nationalflagge

Thema

Sie flattert in Vorgärten, von den Kapitolen der Bundesstaaten, auf Parkplätzen von Gebrauchtwagenhändlern. Flaggenzeremonien sind fester Bestandteil aller Feierlichkeiten, Schüler lernen Hissen und Zusammenfalten sowie den Stolz auf das Nationalsymbol. Auf dem Erdtrabanten zeigt ein Sternenbanner, wo Astronauten den Mondstaub berührten.

Die Nationalflagge der USA besteht aus 13 Querstreifen, 7 roten und 6 weißen. In einem rechteckigen, dunkelblauen Feld in der linken oberen Ecke sind 50 fünfeckige weiße Sterne angeordnet. Die Streifen symbolisieren die 13 Gründungsstaaten der USA, die Sterne die 50 Bundesstaaten der Union. Der Kontinentalkongress der jungen USA legte 1777 in einer Resolution den Aufbau der Flagge fest. Die weiße Farbe stand für Klarheit und Unschuld, Blau für Gerechtigkeit, Ausdauer und Wachsamkeit, Rot für Heldenmut und Zähigkeit.

Star-Spangled Banner, Sternenbanner oder *Stars and Stripes* heißt die Nationalflagge im Volksmund, doch wenn man genau wäre, müsste sie eigentlich *Bars and Mullets,* Balken und Sporen genannt werden. Schließlich diente das englische Familienwappen der Familie Washington dem Banner der US-Bundeshauptstadt und auch der Nationalflagge der USA zum Vorbild. Auf einem Gedenkstein für Reverend Godfrey Washington, einen Großonkel von George, in der Little St. Mary's Church der britischen Universitätsstadt Cambridge ist das Wappenschild der Familie mit zwei roten Querbalken auf weißem Feld unter drei fünfeckigen roten Sporensternen deutlich zu erkennen.

Die Farbkombination von Blau, Weiß und Rot auf der amerikanischen Flagge, die sich schon im britischen Union Jack des 17. und 18. Jh. findet, symbolisierte auf frühen kolonialen Fahnen die Verbundenheit zum Mutterland. Auf späteren Flaggen der nun rebellischen Kolonien züngelten zusätzlich Klapperschlangen oder warnten Sprüche wie *Don't tread on me* (Trample nicht auf mir herum). Der Kontinentalkongress der amerikanischen Kolonien beauftragte schließlich 1775 ein Komitee, das sich intensiv mit George Washington und anderen Revolutionären beriet, um ein Banner vorzuschlagen, das dem gemeinsamen Anliegen der 13 Kolonien entsprechen sollte. Eine Flagge mit 13 waagerechten roten und weißen Streifen und dem Union Jack im linken oberen Feld, die später auch als *Grand Union* oder *Continental Colors* bezeichnet wurde, sollte sowohl die Interessen der amerikanischen Kolonien als auch die von ihnen nach wie vor angestrebte Union mit Großbritannien symbolisieren. Erst zwei Jahre später, nach dem Bruch mit der Kolonialmacht, entschied die Volksvertretung, den britischen Union Jack durch die Sterne der Mitgliedsstaaten zu ersetzen. Schon kurz darauf forderten die neu beigetretenen Bundesstaaten, ebenfalls auf der Flagge repräsentiert zu sein, 1795 erhöhte sich die Zahl der Sterne auf 15. Nachdem der Kongress 1818 beschloss, für jeden der Union beigetretenen Bundesstaat einen Stern hinzuzufügen, hat die US-Nationalflagge die Expansion der USA kontinuierlich begleitet. Vor dem Krieg gegen Mexiko waren 29 Sterne im blauen Feld zu finden, 1861 waren es bereits 34. Die bislang letzten wurden 1959 hinzugefügt, nach dem Beitritt von Alaska und Hawaii als 49. und 50. US-Bundesstaaten.

Chesapeake & Ohio Canal Thema

Maultiere ziehen die Lastkähne hinter sich her, die Treidelpfade entlang. Über dem Kanal formt Laubwerk zuweilen einen grünen Tunnel. Dort, wo einst Kohle im Schiffrumpf verladen wurde, genießen Ausflügler heute die Fahrt auf Kanalbooten durch die landschaftliche Idylle.

Im 18. und frühen 19. Jh. war der Potomac eine der wichtigsten Verkehrsadern nach Westen, in das Agrarland und zu den Kohlegruben um Pittsburgh. Doch Frachtkähne konnten wegen Untiefen und Stromschnellen immer nur Teilstücke des mehr als 187 Meilen langen Flusses befahren. Schon George Washington hatte die Bedeutung einer stabilen Wasserstraße für den Transport von Gütern zwischen den Häfen an der Chesapeake Bay und dem Landesinneren gesehen. 1802 eröffnete ein von ihm mitgegründetes Unternehmen den Patowmack-Kanal zunächst auf einer Teilstrecke am virginischen Ufer des Potomac.

US-Präsident John Quincy Adams tat am 4. Juli 1828 den ersten Spatenstich für einen Kanalbau parallel zum Fluss. Doch es sollte noch 22 Jahre dauern, bis der Kanal die Stadt Cumberland im Westen Marylands erreichte. Hunderte von Bauarbeitern mussten ein ca. 300 km langes Wasserbett parallel zum Potomac ausheben und Treidelpfade am Ufer anlegen. Etwa 22 Mio. $ wurden in der Wasserstraße verbaut, ihre 74 Schleusen hoben die Lastkähne zwischen Georgetown und Cumberland auf 184,50 m über NN an.

Der Kanal galt als technische Meisterleitung und war doch im Moment seiner Einweihung bereits technisch überholt. Die Bahnstrecke der Baltimore & Ohio Railroad war ganze acht Jahre früher in Cumberland angekommen und transportierte Güter auf dem Schienenweg schneller als die Lastkähne über den Kanal. Von Anfang an erwies sich auch der Erie-Kanal zwischen Buffalo am Erie-See und Albany am Oberlauf des Hudson River als gewichtige Konkurrenz. Cumberland blieb westlicher Endpunkt des Chesapeake-Ohio-Kanals, eine mögliche Verlängerung wurde nicht mehr ernsthaft diskutiert. Dennoch transportierten die 28 m langen Lastkähne immerhin etwa 1 Mio. t Güter zur Küste, vor allem Kohle, Getreide und Holz.

Die Eisenbahngesellschaft Baltimore & Ohio Railroad kaufte 1894 die kränkelnde Kanalgesellschaft. Nur 30 Jahre später schipperte der letzte Frachtkahn den Kanal hinunter. Anwohner kanalnaher Gemeinden wehrten sich in den 1950er-Jahren erfolgreich gegen Versuche, die Kanalstrecke für die Trasse eines Highways zu nutzen. Seit 1971 sind der gesamte Wasserweg und seine Ufer als National Historical Park geschützt. Spaziergänger, Jogger, Fahrradfahrer, Vogelbeobachter und Freizeitkapitäne aus Washington und anderen nahen Städten nutzen die Treidelwege und erfreuen sich an der sie umgebenden Natur.

In Georgetown im Westen von Washington D. C. kann man die ersten restaurierten historischen Hebewerke und Schleusen besichtigen, beim Great Falls Park, knapp 13 Meilen stromaufwärts, gibt es weitere Schleusen, ein Besucherzentrum sowie großartige Ausblicke auf den wildschäumenden Potomac. Bei Harpers Ferry, an der Einmündung des Shenandoah River, klettert der Kanal über sechs Hebeschleusen bergan. Bis nach Cumberland, dem westlichen Endpunkt des Kanals, erläutern weitere Visitor Center Konzeption und Hintergründe des Baus der Wasserstraße.

amerikanischen Bevölkerung in den Staaten des tiefen Südens hat die 50-Prozent-Marke nach vorübergehendem Rückgang bereits wieder deutlich überschritten.

Gern zeichnet man heute das Bild des »dynamischen Sunbelt«, in dem sich Spitzenleistungen der Zukunfts- und Kommunikationstechnologien sowie der Tourismusindustrie vereinen und der somit dem industriell verödeten *rustbelt* im Norden doch noch den Rang abläuft. Allerdings sind die Wirtschaftszentren um New York und Chicago und die ehemaligen Stahlstädte im Nordosten und Mittleren Westen wie Pittsburgh und Cleveland nicht im Elend stillgelegter Industrieanlagen versunken. Einige haben mittlerweile ihren Himmel blank geputzt, locken Firmen mit Steuervorteilen und ansiedlungswillige Bürger mit restaurierten Innenstädten und einem breitgefächerten Kulturangebot.

Doch vor allem in den ländlichen Gebieten des Südens, an der Peripherie der kleinen Städte und Gemeinden von South Carolina bis Mississippi, leben viele, meist dunkelhäutige Menschen in selbst zusammengebauten Hütten und von den Zuwendungen der Wohlfahrtseinrichtungen. Nicht weit von den glitzernden Fassaden der Hochhäuser von Firmenzentralen stören sie das öffentlich verbreitete Bild von Harmonie und Wohlstand.

Politik und Sozialprobleme

Der Süden hat sich inzwischen auch politisch emanzipiert. Kamen unmittelbar nach dem siegreichen Unabhängigkeitskrieg gegen die Briten mit einer Reihe virginischer Präsidenten von George Washington bis James Monroe viele der höchsten politischen Repräsentanten des Landes aus dem Süden, so waren Südstaatenpolitiker nach dem verlorenen Bürgerkrieg auf der nationalen politischen Bühne lange geächtet. Inzwischen hat sich die Situation gewandelt. Mit Jimmy Carter aus Georgia und Bill Clinton aus Arkansas stammen zwei der letzten sechs US-Präsidenten aus den hier beschriebenen Südstaaten.

Mit kräftiger, direkter Sprache und Mutterwitz, religiös und konservativ – so werden nicht wenige populistische Politiker aus dem Süden charakterisiert. Erfolgreiche Demagogen wie Huey P. Long, langjähriger Gouverneur der ›kleinen Leute‹ im Louisiana der 1930er-Jahre, oder George Wallace, jener Gouverneur aus Alabama, der in den 1960er-Jahren mit einem Programm »Rassentrennung auf ewig!« antrat, sind im Süden nicht selten gewesen. Die Politiker des alten Schlages sind nicht ausgestorben, heute überwiegen jedoch eher diejenigen, die den Ergebnissen der Bürgerrechtsbewegung Rechnung tragen, sowie Technokraten, für die Gewerbeansiedlungen und ›schlanke‹ öffentliche Verwaltungen die obersten Ziele der Politik darstellen.

Hinzugekommen sind Erben der Bürgerrechtsbewegung wie Andrew Young aus Georgia, die inzwischen schon wieder von der nächsten Generation abgelöst werden. Der Prediger und Mitstreiter von Martin Luther King gewann 1972 als einer der ersten schwarzen Politiker des Südens einen Sitz im Kongress in Washington, wurde unter Präsident Carter Botschafter der USA bei den Vereinten Nationen, später Bürgermeister und Organisator der Olympischen Spiele in Atlanta.

Sicher hat die Bürgerrechtsbewegung mit ihren Massenprotesten, Erfolgen und Rückschlägen dazu beigetragen, dass sich viele Schwarze heute politisch stärker engagieren als einst oder wenigstens zur Wahl gehen. Und sicherlich hat sie ihren großen Anteil daran, dass mit Barack Obama 2009 erstmals ein Präsident mit afroamerikanischen Wurzeln ins Weiße Haus einzog, auch wenn dieser aus Chicago stammt.

Noch 1960 zählte man etwa 100 gewählte schwarze Vertreter in den Parlamenten und Verwaltungen der USA. Gut 30 Jahre später war ihre Zahl auf mehr als 7000 angestiegen. Auch wenn im Bundesstaat Mississippi, einst Sinnbild für die Unterdrückung schwarzer Mitbürger, heute mehr Afroamerikaner als in jedem anderen Bundesstaat des Südens auf Positionen in der politischen Verwaltung gewählt wurden, sind trotz dieser rasanten Entwicklung die Schwarzen in den Südstaaten mit wenig mehr als 2 % der wählbaren Posten in Politik und Institutionen noch immer stark unterrepräsentiert.

Gesundheits- und Altersvorsorge

Große Probleme bereitet den USA das System der Sozialversicherung. *Social Security* heißt dabei zunächst einmal Alterssicherung, beschreibt also Zuwendungen nach Ablauf des aktiven Erwerbslebens. Franklin D. Roosevelt hatte im Rahmen seines New Deals zur Bekämpfung der großen Wirtschaftskrise als erster US-Präsident 1935 ein Gesetz unterzeichnet, das abhängig Beschäftigten oder ihren Hinterbliebenen aus einer staatlich organisierten Versicherung finanzielle Risiken im Alter abmildern sollte. Bis zum Bürgerkrieg dominierte in den Südstaaten der USA im Gegensatz zu den Bundesstaaten des Nordens und Mittleren Westens ein paternalistisches System, in dem der Pflanzer und Arbeitgeber für seine Beschäftigten sorgte, diese auf der anderen Seite dadurch aber doppelt von ihm abhängig waren. Diese Abhängigkeit bei gleichzeitiger Vernachlässigung der Fürsorge wurde durch das Sklavenhaltersystem auf die Spitze getrieben.

Heute werden Abzüge vom Einkommen der Beschäftigten und Arbeitgeberbeiträge in einen Treuhandfond einbezahlt, der die Gelder verwaltet. Etwaige Überschüsse zwischen aktuellen Einnahmen und Zahlungen an Pensionäre werden für bessere Zeiten in Bundesschatzbriefen angelegt. In krisenhaften Zeiten wie seit einigen Jahren sinken die Einnahmen in diesen Fond, die Ausgaben dagegen steigen entsprechend der Alterspyramide deutlich weiter. Gleichzeitig ist eine wachsende Zahl von Bürgern, die wegen unregelmäßiger Beschäftigung oder dauerhafter Arbeitslosigkeit nicht ausreichend in diesen Fond einzahlen konnten, von Altersarmut betroffen. Da die Arbeitslosenrate bei Farbigen mit über 16 % fast doppelt so hoch ist wie im Bevölkerungsdurchschnitt, sind die Bundesstaaten des Südostens mit ihrem hohen Anteil afroamerikanischer Bewohner von diesem Problem deutlich stärker betroffen als andere Regionen der USA.

Parallel dazu und wirklich bedrohlich ist die Entwicklung des Gesundheitssystems und dessen Finanzierung besonders für Ältere, da eine wachsende Zahl von Leistungen nicht übernommen werden und von ihnen auch nicht privat bezahlt werden können. Jeder fünfte US-Amerikaner verfügt über keine Krankenversicherung. Selbst von den Beschäftigten sind nur weniger als 60 % durch eine betrieblich gestützte Versicherung abgesichert. *Medicare* heißt das staatlich finanzierte Programm medizinischer Hilfsleistungen für Ältere, *Medicaid* das für Bedürftige. Die Diskussion geht seit vielen Jahren um die Kontrolle der rasch ansteigenden Kosten, um die Ausweitung der Versicherungsleistungen auf mehr Bedürftige und um eine Grundversicherung für alle. Dabei wirft die Obama-Administration der Vorgängerregierung vor, die Probleme im Lande mit einer Erhöhung staatlicher Zuschüsse für Medikamente um 400 Mrd. $ – ohne Gegenfinanzierung, aber bei gleichzeitigen Steuerkürzungen für die Reichen – drastisch verschlechtert und damit neben den teuren internationalen Konflikten und den beiden Kriegen im Irak und in Afghanistan auch die Ungleichgewichte im Staatshaushalt dramatisch verschärft zu haben.

Bildungssystem

Während sich in den nördlichen Staaten der gerade gegründeten USA die öffentliche Schule bald durchsetzte, dominierte im Süden lange Zeit die Privatschule. Bis zum Bürgerkrieg war es Schwarzen hier bei Strafe verboten, überhaupt Lesen und Schreiben zu lernen, erst danach wurden in allen Staaten Behörden für das öffentliche Schulwesen eingerichtet. Doch von Schwarzen und Weißen gemeinsam besuchte Schulen blieben zunächst die kurzzeitige Ausnahme. Um die Wende zum 20. Jh. gingen im Süden nur ca. 40 % der Kinder regelmäßig zur Schule, vier von fünf afroamerikanischen Kindern galten als Analphabeten.

Der Zweite Weltkrieg brachte dem Süden nicht nur wirtschaftlichen Aufschwung, sondern auch eine Modernisierung des Bildungswesens. Die Industrie benötigte dringend qualifizierte Arbeiter, zudem wurden mehr Schwarze als je zuvor zum Militär eingezogen. Die großen Auseinandersetzungen seit den 1950er-Jahren um die Verwirklichung

Obamas Vorschläge zum Gesundheitssystem der USA: Konfliktthema der Parteien

der Bürgerrechte erstreckten sich auch auf Schulen und Hochschulen. Wie in Little Rock, Arkansas, war zuweilen sogar militärische Gewalt nötig, um den Zugang schwarzer Studenten in Bildungseinrichtungen durchzusetzen (s. S. 430). Das *busing,* der Transport von Schülern quer durch Städte und Landkreise, um eine ethnische Ausgewogenheit an den Schulen herzustellen, war vor allem in den 1970er-Jahren eine heiß diskutierte Maßnahme. Die von lokalen Steuern abhängigen Schulbudgets fördern auch heute die soziale Polarisierung über die Ausstattung der Schulen in reichen und ärmeren Gemeinden. Hinzu kommt, dass die vielen Privatschulen und Hochschuleinrichtungen Kindern aus sozial schwachen Familien kaum zugänglich sind.

Der Mythos vom neuen Süden, von glücklich zusammenlebenden Menschen unterschiedlicher Hautfarbe, von einer dynamischen Wirtschaftsregion, die Zukunftstechnologien, Energieproduzenten, Freizeiteinrichtungen und neue Kommunikationsformen vereint, wird seit einigen Jahren erfolgreich in den Medien propagiert. Die Vergabe der Olympischen Spiele für 1996 an Atlanta, Metropole und Sinnbild des neuen Südens, war so etwas wie eine internationale Bestätigung dieses Traums. Doch ähnlich wie die Mythen des alten Südens spiegelt er nur einen Teil der Realität wider. Die Woge der Gewalt, welche die USA Anfang der 1990er-Jahre erfasste, nachdem weiße Polizisten, die in Los Angeles einen schwarzen Autofahrer zusammengeschlagen hatten, zunächst freigesprochen wurden, hatte auch in Atlanta für zerbrochene Schaufensterscheiben gesorgt. Positive wirtschaftliche Entwicklungen, so lehrt die Erfahrung, werden von zyklischen Krisen unterbrochen. Firmen, die sich wegen niedriger Lohnkosten und gefügiger Beschäftigter angesiedelt haben, können bei veränderten Rahmenbedingungen auch wieder abwandern.

Die Entwicklung der letzten Jahrzehnte veränderte die Wirtschaft und Gesellschaft der Südstaaten nachhaltig. Doch ernsthafte Beobachter sprechen realistischerweise nicht von einem Sonnengürtel, sondern von einer Region, in der sich sonnige und schattige Gebiete abwechseln.

Starker Tobak – Heilpflanze und Teufelskraut

Die Cherokee nannten es Tsao Lagayen Li, für Europäer war es ein bislang unbekanntes Nachtschattengewächs, das sie *Nicotania* nannten. Die kultivierte Form dieses seltsamen Krautes, *Nicotania Tabacum,* verbreitete sich später als universelles Suchtmittel über die ganze Welt.

Für die Indianer im Süden galt Tabak als eine der wichtigsten Pflanzen. Er wurde geraucht, geschnupft, als Zigarillo in Maisblätter gewickelt, für heilende Umschläge mit Schlangenfett vermischt oder zu einer betäubenden Nikotinpille geformt. Da Indianer Krankheiten auch als Ausdruck eines geistigen Ungleichgewichts ansahen, war für sie Tabak Heilmittel und spirituelles Medium zugleich. Das Rauchen des Tabaks in der Pfeife hatte zudem rituelle Bedeutung, es besiegelte Verträge und Vereinbarungen. Ein Friedensschluss zwischen zwei Parteien wurde erst mit dem gemeinsamen zeremoniellen Rauchen der Friedenspfeife wirksam.

Die europäischen Kolonisten in Nordamerika verwendeten Tabak zunächst für medizinische Zwecke. Bald dienten die Blätter als Allheilmittel gegen Asthma, gegen Krämpfe, Würmer, Husten, Kopfschmerz, Gicht oder ›Frauenleiden‹. Nachdem man den bitteren Geschmack durch Beimischung karibischer Sorten gemildert oder mit Zucker, Kakao und Lakritz verändert hatte, wurde Tabak zum ersten wichtigen Exportgut der englischen Kolonie Virginia.

Dominierten im Anbau und der Verarbeitung zunächst Pfeifentabake, so zeugen kunstvoll verzierte Dosen davon, dass ab Mitte des 17. Jh. Schnupftabake in Mode kamen. In der ersten Hälfte des 19. Jh. verbreitete sich Kautabak. Lange waren Spucknäpfe aus Restaurants, Hotelfoyers oder Friseursalons im Süden nicht wegzudenken. In der zweiten Hälfte des 19. Jh. verdrängte Tabakrauch den gekauten Tabak. Die amerikanischen Soldaten im Krieg gegen Mexiko (1846–48) brachten die Sitte des Zigarrenrauchens mit nach Hause, doch erst die Entwicklung leichterer, hellerer Tabake und die Erfindung einer Maschine, die aus Tabak und Papier Zigaretten produzierte, bewirkten ab 1880 den Siegeszug der Zigarette.

Heute werden 60 % aller Zigaretten der USA im Süden, Kentucky eingeschlossen, produziert. Helle Zigarettentabake wachsen überwiegend in Virginia, North und South Carolina sowie in Georgia. Aus der Ernte von 20 000 Pfund im Jahre 1618 sind im Jahr 2000 über 400 Mio. kg geworden. Die großen Kampagnen und erfolgreichen Prozesse von Anti-Raucherinitiativen haben seitdem zu massiven Einbrüchen in der Produktion von Zigaretten geführt. Von 1997 bis 2007 sank die Zigarettenproduktion in den USA um rund 200 Mio. Stück auf ca. 500 Mio. Zigaretten im Jahr.

Trotz weitgehender Mechanisierung, die viele Plantagenarbeiter arbeitslos machte und kleine Tabakfarmer zur Aufgabe zwang, ist der Tabakanbau auch heute noch arbeitsintensiv. Im Januar wird das Land vorbereitet, die Saat ausgebracht und mit Planen geschützt. Sechs bis zehn Wochen später müssen die Setzlinge umgepflanzt und bewässert werden. Nach angemessener Zeit wird die Blüte entfernt, um die Kraft der Pflanze auf die Blätter zu konzentrieren, und etwa im Juli ist dann Erntezeit.

Die Blätter der bis zu 180 cm hohen Tabakpflanze werden zwischen 45 und 90 cm

Thema

lang. Da man pro Erntegang nur die unteren, reifen Blätter pflückt, zieht sich die Ernte etwa sechs Wochen hin. Die nach Größe und Färbung sortierten Blätter werden gebündelt und in Trockenscheunen mehrere Tage lang warmer Luft ausgesetzt. Bündel goldbrauner Tabakblätter stehen danach zur Auktion bereit.

Der Siegeszug des Tabaks blieb nicht ohne Widerstand; die Tradition der Tabakgegner reicht bis ins 17. Jh. zurück. Der Konsum von Tabak wurde als gotteslästerlich, als gefährlich und eklig angeprangert. König James I. von England hielt den schwarzen, stinkigen Tabakrauch für gefährlich für die Lungen und das Gehirn. Im 19. Jh. koordinierte eine amerikanische Anti-Tabak-Liga, die Tabakkonsum als Sünde gegen den eigenen Körper und gegen Gott anprangerte, den Kampf gegen den »Dämon Nikotin«. Gleichzeitig gab die katholische Kirche, die durch den Tabakhandel beträchtliche Einnahmen erzielte, dem Tabakrauchen ihren Segen.

Die Phalanx der Nichtraucher hat umfassende Rauchverbote durchsetzen können, in öffentlichen Gebäuden, Bahnhöfen und auf Flugplätzen, in den meisten Parks und an Stränden darf nicht geraucht werden. Tabakkonzerne wurden vor Gericht zu millionenschweren Entschädigungen an die Opfer von Lungenkrebs verurteilt. Als kleine Nische wurden in vielen Städten Zigarrenklubs gegründet, in denen ungestört blauer Rauch aufsteigt. Auch der Kautabak erlebt seit einigen Jahren eine Renaissance. Die weltbesten Tabaksaftweitspucker treffen sich alljährlich in Raleigh, Mississippi, und in Calico, Kalifornien, zum Wettbewerb. Seit 1994 ist Jeff Barber mit der Weite von 15,07 m unübertroffen.

Tabakanbau in North Carolina – einige der Arbeiten werden noch manuell erledigt

Geschichte

Für die meisten Amerikaner fängt die Geschichte Amerikas mit der Fahrt des Kolumbus und die Nordamerikas mit der Landung englischer Kolonisten an der Atlantikküste an. Auch viele Europäer kennen kaum etwas über die indianischen Gesellschaften vor der europäischen Eroberung des Kontinents.

Indianer im Südosten

Es gilt heute als sicher, dass die indianischen Ureinwohner erst vor einigen Tausend Jahren aus Ostasien eingewandert sind. Zweimal in der jüngeren Vergangenheit der Erde wurde die Beringstraße, die Alaska von Sibirien trennt, trockengelegt und auf dem Landweg passierbar; das erste Mal war dies vor 50 000 bis 40 000 Jahren, das zweite Mal vor 28 000 bis 10 000 Jahren, als die gewaltigen Gletscher der Eiszeiten wieder abschmolzen. Funde belegen, dass zumindest im späteren Verlauf der zweiten Landbrücke asiatische Nomaden den nordamerikanischen Kontinent erreichten. Fundstätten von Werkzeugen und Waffen legen den Schluss nahe, dass Nordamerika vor 11 000 bis 10 000 Jahren von Menschengruppen besiedelt war. Sie jagten eine heute ungewöhnliche Beute: Mammut, Kamel, Pferd und Mastodon. Ihre Jagdmethode bestand darin, den Tieren an Wasserstellen aufzulauern und sie mit Holzspeeren zu erlegen oder die Beute über Klippen zu hetzen, um dann die verletzten Tiere aus der Nähe zu erlegen.

Das Ende der Eiszeit vor etwa 10 000 Jahren bedeutete einen tiefen Einschnitt im Leben der Menschen. Die Gletscher schmolzen ab und wichen nach Norden zurück, der Meeresspiegel stieg an und überflutete tief gelegene Küstenbereiche. Binnenmeere und Seen trockneten aus, Sümpfe wurden zu Steppen oder zu Wäldern, das heutige System der Flüsse ordnete sich. Viele Tierarten wie die Riesenantilope oder das Riesenfaultier starben aus. Die Menschen verfeinerten ihre Jagdmethoden. Sie legten feste Stützpunkte an, die zwischen den Streifzügen immer wieder aufgesucht wurden.

Rotwild, das die Wälder des Südens überreich bevölkerte, wurde zur meistgejagten Beute. Die Indianer entwickelten eine Speerschleuder, deren Schaft gleichzeitig als Keule benutzt werden konnte. Funde von Resten pflanzlicher Nahrung zeigen, dass Beeren, Nüsse und Wurzeln gesammelt und mit Steinwerkzeugen bearbeitet wurden. Fischspeere, Angelhaken und ungeheure Mengen von Muschelschalen, die auch als Baumaterial vielfältige Verwendung fanden, zeugen vom Wissen um den hohen Nährwert und vielleicht auch von der Wertschatzung des Wohlgeschmacks von Fischen und Muscheln. Polierte Gebrauchsgegenstände, Ketten aus Steinen und bearbeiteten Muscheln sowie feuergehärtete und verzierte Töpferwaren datieren etwa aus der Zeit von 2000 v. Chr. Grabbeigaben zeigen, dass man in dieser Urgesellschaft eine Weiterexistenz der Menschen nach ihrem Tode annahm.

Waldland-Indianer

Im letzten Jahrtausend vor der Zeitenwende hatten sich die Veränderungen im Leben der Ur-Indianer des Südostens so weit beschleunigt, dass man von einer Epoche der Waldland-Indianer spricht. Diese führten das

Leben von Halbnomaden. Sie folgten dem Wild nicht mehr das ganze Jahr, sondern bauten feste Unterkünfte, die sie zu bestimmten Zeiten bewohnten. Die Waldland-Indianer legten unterirdische Vorratskammern an, säten Sonnenblumenkerne und bauten Gräser an, die sie zur Herstellung von Kleidungsstücken und Matten nutzten. Kürbis und Flaschenkürbis schmeckten nicht nur gut, sondern gaben zudem passable Vorratsbehältnisse ab. Kupferschmuck von den Großen Seen, Ketten aus Haifischzähnen vom Atlantik oder Obsidian aus den Rocky Mountains lassen auf überregionalen Handel schließen. Gleichzeitig wurde mit einer Art Panflöte ein erstes Musikinstrument erfunden, nahm die Töpferei an Formenvielfalt zu, begann man, auf Tafeln, Krügen oder Tonpfeifen Bildgeschichten und Tiersymbole darzustellen. Höhergestellte Tote wurden, sorgfältig eingekleidet, in Begrabnishügeln beigesetzt. Andere Erdanlagen, die wie riesige Schlangen und Vögel geformt waren, dienten offensichtlich zeremoniellen Zwecken. Siedlungen wie Poverty Point im Nordosten von Louisiana waren zeitweilig von mehreren Tausend Menschen bewohnt.

Mississippi-Kultur

Am Unterlauf des Mississippi reifte etwa ab 700 n. Chr. eine weitere indianische Kultur heran. Die Mississippi-Indianer gründeten Siedlungen, die nicht selten viele Tausend Menschen beherbergten, um komplexe Tempelanlagen. Die Bauweise der Holzgebäude, die auf massiven Erdpyramiden errichtet waren, sowie Ausdrucksformen in der Kunst und Ähnlichkeiten in der Organisation der Stammesverbände deuten auf Verbindungen zu bedeutenden hochentwickelten indianischen Kulturen in Mittelamerika hin.

Cahioka nahe dem heutigen St. Louis war in seiner Blütezeit um 1100 n. Chr. von knapp 40 000 Menschen bewohnt und damit die größte indianische Siedlung in Nordamerika. Die Verfeinerung der Jagdtechniken mit Pfeil und Bogen, vor allem aber die Entwicklung der Landwirtschaft auf dem fruchtbaren Schwemmland der Flüsse mit dem Anbau von Bohnen, Kürbis und Mais ermöglichten es den Menschen, sesshaft zu werden.

Ein hierarchischer Aufbau der Stammesorganisationen mit Priesterhäuptlingen an der Spitze, die Ausbildung von Kriegern, der Bau geschützter Siedlungen, die Herstellung von Schmuck aus Perlen, Muscheln und Perlmutt, klar herausgearbeitete figürliche Darstellungen von Menschen und mythologischen Symbolen, eine kulturelle Entwicklung mit differenzierter Heilkunst, mit Gesängen und Tänzen, mit Sportwettkämpfen und einer Vorstellung über die Entstehungsgeschichte der Menschen und Götter zeigen eine indianische Gesellschaft, die nichts mit späteren Auffassungen europäischer Eroberer von gottlosen Wilden zu tun hat.

Das Expeditionsheer des Spaniers Hernando de Soto, das von 1539 bis 1543 weite Teile der späteren Südstaaten durchstreifte, traf auf unterschiedliche indianische Kulturen. Die Mississippi-Indianer hatten ihren Zenit bereits überschritten und sich aus entfernteren Siedlungsgebieten im heutigen Georgia, in North Carolina und Florida auf ihr Kerngebiet westlich der Appalachen zurückgezogen. Entlang der Atlantikküste und in deren hügeligem Hinterland dominierten indianische Gruppen der Waldland-Tradition. Die Zeit bis zur Konfrontation mit den europäischen Kolonisten war zu kurz gewesen, um etwa mit der Domestizierung von Nutztieren oder der Fortentwicklung von Elementen der Schriftsprache voranzukommen.

Vertreibung und Ausrottung

Die Indianer machten Erfahrungen mit der Mentalität auch späterer europäischer Kolonisten, die aus einer vermeintlichen moralischen Überlegenheit das Recht ableiteten, die einheimische Bevölkerung auszurauben und zu versklaven. Bald erlagen viele Ureinwohner eingeschleppten Krankheiten, gegen deren Erreger ihr Immunsystem machtlos war. Gelbfieber, Masern, Blattern, Malaria, Scharlach und andere Infektionskrankheiten rafften zwischen 50 und 90 % der Bevölkerung dahin. Durch das Massensterben gerieten die Stammesbeziehungen in eine tiefe

Krise, die Indianer ordneten ihre Lebensgemeinschaften auf Basis ethnischer Gruppen und Sprachfamilien neu.

Die Algonkin, aus denen unter anderem die Stämme der Powhatan, der Roanoke und der Pamlico hervorgingen, waren entlang der Atlantikküste zwischen Kanada und North Carolina zu finden. Das Siedlungsgebiet der Muskogee mit den Stämmen der Creek-Konföderation, den Seminolen und Timuca, den Choctaw und Chickasaw erstreckte sich von Georgia nach Westen bis zum Mississippi. Jenseits des großen Flusses, in Louisiana, Arkansas und im Osten von Texas, lebten die Caddoan mit den Stämmen der Natchitoches oder der Adai. Die Irokesen, aus denen sich auch die Cherokee entwickelten, bewohnten die südlichen Appalachen, Teile von Tennessee, Georgia, North und South Carolina. Die Siouan und die Ofu besiedelten Randgebiete im Süden wie im Norden des heutigen Mississippi, die Biloxi lebten an der Golfküste und dem Unterlauf des Mississippi und die Catawba in South Carolina.

Die Indianer wurden immer weiter nach Westen vertrieben. Rebellionen und auch der Versuch von Teilen der Chickasaw, Choctaw, Creek und Cherokee durch Anpassung an die europäische Kultur und die Aufgabe indianischer Traditionen eine Duldung ihrer Existenz zu erreichen, scheiterten endgültig, nachdem Andrew Jackson, ein in ›Indianerkriegen‹ bewährter General, zum Präsidenten der USA gewählt worden war. Alle Indianer östlich des Mississippi wurden in ein Territorium vertrieben, das später zum Bundesstaat Oklahoma werden sollte. Die Cherokee hatten 1838 beim Deportationszug, der später »Pfad der

Das Museum of the American in Washington D. C.

Tränen« genannt wurde, etwa 4000 Tote zu beklagen. Indianische Gruppen, die der Deportation durch Flucht in die Berge oder in das unwirtliche Florida entkommen konnten, bildeten später die Keimzellen neuer Siedlungen und Reservationen.

Folklore und neue Chancen

Indianer spielen im Leben der Südstaaten heute keine wichtige Rolle mehr. Die Cherokee in den Bergen von North Carolina mit 8000 und die Choctaw in Mississippi mit 4000 Mitgliedern stellen die größten geschlossenen Bevölkerungsgruppen, darüber hinaus gibt es einige kleinere Siedlungen und Reservationen von Virginia bis Louisiana. Den Lumbee, eine indianische Gruppe, die sich nie als Stamm registrieren ließ und denen nachgesagt wird, die Überlebenden von Englands erster gescheiterter Kolonie in North Carolina integriert zu haben, blieb die Deportation erspart. Fast 40 000 Menschen in North Carolina zählen Lumbee zu ihren Vorfahren. Hohe Arbeitslosigkeit und damit verbundene soziale Probleme sowie der Druck des *American way of life* auf Stammestraditionen haben im Laufe der Zeit zu weiteren Identitätsverlusten geführt. Die touristische Vermarktung des kulturellen Erbes sowie die Lizenz für Bingo- oder Glücksspiel-Kasinos haben zur Verbesserung der wirtschaftlichen Lage geführt. Ob sich damit auch die Chancen für ein kulturelles Überleben verbessert haben, wird erst die Zukunft zeigen.

Europäische Eroberung

Die Spanier

Nachdem Spanien und Portugal feststellen mussten, dass Christoph Kolumbus 1492 nicht einen Vorposten asiatischer Königreiche erreicht, sondern einen bislang unbekannten Kontinent entdeckt hatte, ging die Eroberung zunächst der karibischen Inseln und von Mittelamerika dann der nördlichen Regionen von Südamerika rasch voran.

Juan Ponce de León, der schon in die Jahre gekommene spanische Grande und Gouverneur von Kuba, suchte Gold und den legendären Jungbrunnen von Bimini. Nach einer Irrfahrt durch das Insellabyrinth der Bahamas stieß er im Frühjahr 1513 beim heutigen St. Augustine in Florida auf das Festland und nannte das Terrain nach dem bevorstehenden »blühenden Osterfest« Pasqua Florida. Als er 1521 nach Florida zurückkam, um es endgültig zu erobern, traf ihn bei einem Scharmützel mit den Calusa-Indianern ein tödlicher Pfeil. Weitere Versuche der Spanier, sich in Florida, an der östlichen Golfküste und der südlichen Atlantikküste festzusetzen, scheiterten gleichfalls.

Der Zug des Hernando de Soto, dessen Expeditionsheer 1539 den Süden vier Jahre auf der Suche nach Gold und einer Nordostpassage nach Asien durchstreift hatte, endete als Fiasko und ließ das spanische Interesse am Süden der heutigen USA erlöschen. Erst die Kolonie französischer Hugenotten in Fort Caroline nahe dem heutigen Jacksonville, die für die mit Schätzen aus den mittelamerikanischen Kolonien beladenen Brigantinen eine Gefahr waren, holten die Spanier auf den Plan zurück. Admiral Menéndez ließ 1565 alle männlichen Hugenotten in Florida töten. St. Augustine wurde zur ersten Hauptstadt von Spanisch-Florida, einer Kolonie, die weniger zur Besiedlung als zur Absicherung des Seewegs zwischen der Heimat und südamerikanischen Besitzungen ihren Sinn ergab.

Die Franzosen

Frankreich kehrte erst mehr als 100 Jahre nach dem Debakel an der floridianischen Atlantikküste in den Süden zurück. Robert Cavelier, Sieur de la Salle, erkundete vom kanadischen Quebec aus den Mississippi und nahm 1682 die Landstriche beiderseits des Stromes für seinen König Louis XIV. in Besitz. Pierre le Moyne, Sieur d'Iberville, und nach dessen Tod sein Bruder Jean-Baptiste le Moyne, Sieur de Bienville, wurden zu Gouverneuren von Louisiana ernannt. Letzterer gründete im Jahre 1718 Nouvelle Orléans, nicht weit von der Mündung des Mississippi. Die französische Kolonialpolitik war vor allem auf den Handel mit Pelzen ausgerichtet, die Besiedlung des riesigen Territoriums zwischen dem St. Lorenz und dem Mississippi ging mehr als schleppend voran. Unterstützung vom Mutterland, das ständig mit seinen europäischen Nachbarn in Fehde lag, kam nur spärlich.

Der Siebenjährige Krieg in Europa (1756–63) zwischen Preußen und England auf der einen sowie Frankreich, Rußland, Österreich und zeitweise Spanien auf der anderen Seite hatte seit 1754 in den amerikanischen Kolonien mit Kämpfen zwischen Frankreich und England bereits ein Vorspiel. England konnte die Seehoheit und den Sieg erringen. Die französischen Kolonien gingen an England und teilweise im Tausch an Spanien. Nachdem Frankreich 37 Jahre später Louisiana in einem Abkommen von Spanien zurückerhalten hatte, sah es kurzfristig so aus, als ob auf dem nordamerikanischen Kontinent wieder die französische Karte gespielt wurde. Doch Napoleons Traum von einem neuen Kolonialreich in der Karibik scheiterte schon im Ansatz. So verkaufte er Louisiana 1803 an die junge amerikanische Republik nicht ohne den Hintergedanken, damit dem Erzrivalen Großbritannien zu schaden. Frankreich hatte sich endgültig aus dem Gebiet der späteren Südstaaten verabschiedet.

England

Es war kein Zufall, dass die ersten Versuche Englands, Kolonien in der Neuen Welt zu gründen, in die Amtszeit von Königin Elizabeth I. fielen. In den knapp 45 Jahren ihrer Regentschaft begann England, sich schrittweise aus der Einflusssphäre von Spanien und der katholischen Kirche zu lösen und eine eigenständige europäische Rolle zu spielen. Kapitäne wie John Hawkins und Francis Drake gingen als *sea dogs* mit Freibriefen ihrer Majestät auf Kaperfahrt. Auch Spaniens Versuch, England wieder unter seine Botmäßigkeit zu zwingen, konnte nach der vernichtenden Niederlage der spanischen Armada 1588 nicht mehr gelingen.

Nach dem gescheiterten Versuch, im heutigen North Carolina eine dauerhafte Niederlassung zu installieren, gelang es den Engländern 1607, mit der Siedlung Jamestown in Virginia eine erste englische Kolonie zu etablieren. Die englische Kolonialpolitik stützte sich nicht allein auf den Hochadel, sondern beteiligte das Bürgertum über Finanzierungsgesellschaften an den Erträgen und am Risiko. Die Kolonien gründeten sich nicht allein auf die Ausbeutung der Indianer, sondern waren darauf angelegt, auch mit Hilfe der Landwirtschaft zum eigenen Überleben beizutragen und Exporte zu erarbeiten. Im Jahre 1660 siedelten bereits 30 000 Menschen an den Flüssen York, James und Rappahannock.

Die Gründung weiterer englischer Kolonien im Süden von Virginia ging schnell voran. Carolina wurde bald in einen Nord- und Südteil getrennt, noch weiter im Süden kam Georgia dazu. Im Jahre 1750 lebten in den 13 britischen Kolonien an der amerikanischen Ostküste bereits 1,5 Mio. Menschen.

Die Amerikaner

Mit der Zeit hatte sich unter den englischstämmigen Kolonisten ein neues Bewußtsein herausgebildet, das sie in wachsenden Gegensatz zu den Autoritäten des Mutterlands setzte. Anders als im heimischen Großbritannien waren Einkommen und Reichtum in den Kolonien weniger von Geburt und Stand abhängig, sondern auch mit harter Arbeit zu gewinnen. In den südlichen der 13 amerikanischen Kolonien war der Grundbesitz trotz großer Plantagen breit gestreut, und es war selbst für einen mittellosen Neuankömmling möglich, sich einen bescheidenen Wohlstand zu erarbeiten. Zudem herrschte in den Siedlungen an den Westgrenzen der englischen Kolonien eine Art Basisdemokratie, die es geradezu absurd erscheinen ließ, dass ein ferner König von Gottes Gnaden die eigenen Geschicke bestimmen sollte. Um die Entwicklungen besser kontrollieren zu können, legte die Londoner Regierung die Appalachen als Westgrenze der Besiedlung fest, verfügte eine Aufstockung der Armee auf 10 000 Mann, an deren Unterhalt sich die Siedler mit einem Drittel zu beteiligen hätten, und führte zur Finanzierung eine Reihe von Abgaben, darunter eine Stempelsteuer, den *stamp act,* ein.

Die Kolonisten liefen gegen diese Reglementierungen Sturm, sahen nicht ein, dass sie Steuern bezahlen sollten, ohne im Parlament vertreten zu sein *(no taxation without representation)*. Auch die führenden Köpfe von Virginia, der mächtigsten und bevölkerungsreichsten amerikanischen Kolonie, stellten ihr Engagement in den Dienst der gemeinsamen Sache, die seit 1776 Unabhängigkeit hieß. Thomas Jefferson formulierte im Auftrag des neugegründeten Nationalkongresses der Kolonien die Unabhängigkeitserklärung, ein Manifest der Aufklärung und des Selbstbestimmungsrechts der Menschen.

Die Strafaktion der britischen Armee zur Wiederherstellung der kolonialen Ordnung wuchs sich zu einer ernsthaften militärischen Auseinandersetzung aus, in deren Verlauf die zusammengewürfelte Truppe der amerikanischen Miliz unter General George Washington mehrmals am Rande des Abgrunds stand. Freigeister und Militärs aus anderen europäischen Nationen wie Friedrich Wilhelm von Steuben aus Preußen, Thaddeus Koskiusko aus Polen oder der Marquis de Lafayette aus Frankreich schlossen sich den Aufständischen an. Schließlich erreichten amerikanische Gesandte wie Benjamin Franklin, dass sich Frankreich an die Seite der amerikanischen Revolutionäre stellte und mit Truppen und seiner Flotte in die Kämpfe eingriff.

Bei Yorktown, nicht weit von der virginischen Hauptstadt Williamsburg, gelang es 1781, der Hauptgruppe der britischen Armee unter General Cornwallis die entscheidende Niederlage beizufügen, die zum Friedensschluss und zur Anerkennung der 13 aufständischen Kolonien durch den ehemaligen Kolonialherren Großbritannien führte. Der Kampf um die Unabhängigkeit war gewonnen. Mit der 1787 verabschiedeten und noch heute gültigen Verfassung und den später erklärten Grundrechten *(Bill of Rights)* gab es mit den USA bereits zwei Jahre vor der französischen Revolution den ersten bürgerlich-demokratischen Staat der Welt mit einer strengen Trennung von Legislative, Exekutive und Judikative.

Der Bürgerkrieg

Doch gleichzeitig reifte ein Konflikt heran, der die junge Republik bereits wenige Jahrzehnte nach der Gründung an den Rand der Spaltung trieb. Bis 1860 waren aus den 20 afrikanischen Negersklaven, die 1619 an Bord eines holländischen Seglers in Jamestown, der damaligen Hauptstadt von Virginia, an Land gebracht worden waren, 4 Mio. geworden. Sie arbeiteten überwiegend auf den Baumwoll-, Reis-, Zuckerrohr- und Indigoplantagen im Süden. Der Konflikt mit den eher gewerblich orientierten Bundesstaaten im Nordosten und im Mittleren Westen, in denen Sklaverei verpönt war, eskalierte zum offenen Bruch, nachdem der Republikaner und Sklavereigegner Abraham Lincoln aus Illinois 1860

George Washington – Übervater der Nation

Gentleman Farmer, liebender Ehemann, General, Staatsmann und Vater der Nation – der erste Präsident der USA erscheint in der öffentlichen Darstellung als Ikone ohne Fehl und Tadel, ja ohne Ecken und Kanten, im Deckenfresko von Brumidi in der Kuppel des Hauptstadtkapitols ähnelt er gar einem Gott.

George Washington war nicht immer nur die erfurchtgebietende Gestalt, auf die sich Sklavengegner oder -besitzer, Nord- oder Südstaatler, Republikaner oder Demokraten berufen. George wurde am 22. Februar 1733 in eine Pflanzerfamilie geboren, die fünf Generationen zuvor aus der Region von Essex östlich von London in die Neue Welt ausgewandert war. Nach dem frühen Tod seines Vaters, George war gerade 11 Jahre alt, übernahm der ältere Bruder Clarence die Fürsorge für ihn. Clarence hatte in die Familie von Lord Fairfax eingeheiratet, die mit riesigem Grundbesitz zu den wirklich Vermögenden in Virginia gehörte.

Mit dem Tod seines Bruders Clarence 1752 an Tuberkulose fielen ihm der Besitz von Mount Vernon und andere Ländereien zu. Sieben Jahre später heiratete er Martha Custis, eine junge vermögende Witwe. Nun gehörte George Washington, auch mit einem Abgeordnetensitz und einem ebenfalls ererbten Offizierspatent ausgestattet, zur Pflanzeraristokratie der Kolonie. Bald sammelte Washington erste militärische Erfahrungen in der Kolonialarmee der Briten. Ein Scharmützel mit einem französischen Spähtrupp sowie eine verlustreiche Operation unter dem englischen General Braddock im Kolonialkrieg gegen die Franzosen 1754/55 offenbarten vor allem Besonnenheit auch in kritischen Situationen.

Die britische Politik nach 1763, die Kolonien stärker zu besteuern und deren Selbstverwaltung zu reduzieren, trafen auf Washingtons entschiedenen Widerstand. Auf dem ersten Kolonialkongress von Philadelphia erschien er im September 1774 in voller Uniform. Nach ersten Kämpfen im Jahr darauf wählten die Delegierten des zweiten Nationalkongresses Washington zum Befehlshaber aller amerikanischen Streitkräfte, auch weil sich die Neuenglandkolonien durch die Berufung eines Virginiers die Mobilisierung der südlichen Kolonien für den Aufstand versprachen. Die folgenden Kämpfe brachten einige Erfolge, aber auch bittere Niederlagen, die den Unabhängigkeitskrieg gegen die britische Militärmaschine fast zum Zusammenbruch brachten. Das Winterlager der erschöpften Armee in Valley Forge war 1777/78 Tief- und Wendepunkt im Kampf um die Unabhängigkeit.

Mit seiner Standfestigkeit erwarb sich Washington in diesen Monaten die Bewunderung seiner Soldaten und der Bevölkerung. Eine Allianz mit den Franzosen und deren militärische Unterstützung eines gut koordinierten Angriffs erzwang am 19. Oktober 1781 die Kapitulation des britischen Generals Cornwallis und 8000 seiner Elitesoldaten. Washington legte am 23. Dezember 1783 vor dem im Kapitol von Annapolis tagenden Kongress sein militärisches Amt feierlich nieder und zerstreute damit Bedenken, der General könnte sich zum Alleinherrscher aufschwingen. Am 4. Februar 1889 bestimmte ein Kollegium von Wahlmännern aus den Bundesstaaten George Washington zum ersten Präsidenten der USA. Sein hochkarätiges erstes Kabinett mit John Adams (Stellvertreter), Alexander Hamilton

Thema

(Finanzen), Thomas Jefferson (Äußeres), Henry Knox (Militär) und Edmund Randolph (Justiz) barg bereits einen Konflikt zwischen den Federalisten um Hamilton, die eine Stärkung der Bundesregierung befürworteten, und den demokratischen Republikanern um Jefferson, die eine Konföderation mit starken Einzelstaaten betonten. Das Präsidentenamt versuchte Washington mit republikanischer Würde zu gestalten, die von einigen als steif empfunden, von anderen als notwendiger Beitrag zur Herausbildung staatstragenden Nationalbewusstseins gesehen wurde. Seinen freiwilligen Abschied von der Macht im März 1797 nahm er mit großer Genugtuung: »Kein Mann ist jemals des öffentlichen Lebens überdrüssiger gewesen«. Auch nach seinem Rückzug auf sein Gut Mount Vernon war Washington noch als Gast in der Politik zu finden. Nicht selten besuchte er die große Baustelle im Grenzgebiet von Maryland und Virginia, den *District of Columbia,* der bald den Beinamen *City of Washington* erhalten sollte. Schon 1793 hatte Washington als Großmeister der Freimaurerloge von Alexandria den Grundstein zum Kapitol gelegt.

Nachdem der 67-Jährige an einem Dezemberabend 1799 von einem Ausritt, auf dem ihn ein Eisregen im Sattel überrascht hatte, nach Mount Vernon heimkehrte, befielen ihn in der Nacht Fieber und Unwohlsein. Am nächsten Tag ging es mit Washington zu Ende. »'t is well«, das Werk ist gut geraten, sollen seine letzten Worte gewesen sein.

George Washingtons Statue im Kapitol der US-Hauptstadt

Frederick Douglass – vom Sklaven zum Staatsmann

Thema

Frederick Douglass – das ist Lebensgeschichte eines Sklaven, der sich selbst Lesen und Schreiben beibringt, der sich trotz brutaler Behandlung nicht unterwirft, der sich als Hilfsarbeiter durchschlägt, später auf Vortragsreisen geht und zum Präsidentenberater aufsteigt.

Frederick Douglass wurde 1817 auf einer Plantage in Maryland geboren. Der Sohn einer Sklavin und (wahrscheinlich) ihres weißen Besitzers wurde mit acht Jahren nach Baltimore verkauft, wurde illegal von seiner Herrin im Lesen unterrichtet und vervollkommnete seine Kenntnisse durch das heimliche Studium von Zeitungen und Büchern. Mit 20 Jahren, gleich nach seiner Flucht, gab er sich den Namen Douglass nach dem Helden in einem Gedicht von Sir Walter Scott. Sklavenjäger sollten es schwerer haben, seine Spur aufzunehmen. Bald engagierte sich Douglass in der Anti-Sklavereibewegung von Massachusetts. Von großer Gestalt und mit einer melodischen, tragenden Stimme ausgestattet, konnte er auch viele Weiße davon überzeugen, dass die Sklaverei in den USA abgeschafft gehörte. Zweifeln, ob ein so gebildeter und eloquenter Schwarzer jemals Sklave gewesen sein könne, begegnete er mit der Schilderung seiner Kindheit und Jugend: »Narrative of the Life of Frederick Douglass, an American Slave« (1845) verfasste er als Aufklärungsschrift gegen das System der Sklaverei und zur öffentlichen Begründung seiner politischen Arbeit.

Die *American Anti-Slavery Society* nutzte Douglass' rhetorische Fähigkeiten und schickte ihn zu Veranstaltungen in viele nördliche Bundesstaaten sowie in den Mittleren Westen. 1845 brach Douglass zu einer zweijährigen Vortragsreise nach England und Irland auf.

In Rochester am Ontario See gab Douglass mehrere in der Bürgerrechtsbewegung einflussreiche Monatsblätter heraus; auf dem Mount-Hope-Friedhof der Stadt liegt er seit 1895 begraben. 1861 begrüßte er den Ausbruch des Bürgerkriegs; er sah in ihm früher als andere die Möglichkeit, mit der Wiederherstellung eines einheitlichen Staates auch die Sklaverei abzuschaffen. Während der Kriegsjahre gehörte er zum Beraterkreis von US-Präsident Lincoln und unterstützte die Rekrutierung von zunächst zwei schwarzen Regimentern auf Seiten der Nordstaaten. Seit 1872 lebte Douglass in Washington D. C. Er bekleidete verschiedene Ämter in der Stadtverwaltung, war von 1877 für vier Jahre Marshall des District of Columbia, gab die Zeitschrift The New National Era heraus und amtierte von 1889 für zwei Jahre als Botschafter der USA in der Republik Haiti.

Als der verwitwete Douglass 63-jährig seine langjährige weiße Sekretärin Helen Pitts heiratete, löste die Verbindung unter Weißen und Schwarzen gleichermaßen heftige Diskussionen aus. Doch der Streiter für gleiche politische Rechte wies alle Anwürfe zurück und sah in seiner Heirat ein weiteres Symbol seines Kampfes gegen jegliche Form der Diskriminierung. Cedar Hill, das viktorianische Haus in Washingtons Stadtteil Anacostia, in dem der schwarze Politiker und Journalist von 1877 bis zu seinem Tod im Jahr 1895 wohnte, ist für Besucher geöffnet. Es gibt mit vielen Exponaten einen Eindruck von ungewöhnlichen Leben einer großen politischen Persönlichkeit.

zum Präsidenten der USA gewählt worden war. Bereits im Dezember des gleichen Jahres erklärte South Carolina seinen Austritt aus der Union, bis zum Juni 1861 folgten Mississippi, Alabama, Louisiana, Georgia, Florida, North Carolina, Arkansas, Virginia, Tennessee und Texas. Die elf Bundesstaaten schlossen sich als konföderierte Staaten von Amerika zusammen, wählten Richmond in Virginia zu ihrer Hauptstadt und Jefferson Davis zu ihrem Präsidenten. Nachdem die Unionstruppen Fort Sumter vor Charleston nicht räumten und es von Artilleristen aus South Carolina unter Beschuss genommen worden war, war dies der Funken, der den militärischen Konflikt zwischen der Union und den abgefallenen Südstaaten auslöste.

Aus ersten Scharmützeln entwickelte sich ein Krieg mit 700 000 Toten und Verwundeten auf beiden Seiten, der vom Norden dank seiner übermächtigen Wirtschaftskraft und Waffentechnik sowie der übermächtigen Zahl von Einwohnern und Soldaten gewonnen wurde. Die besiegten Südstaaten standen nun jahrelang unter Militärverwaltung. Die Sklaverei aber wurde abgeschafft. Die auf großflächigen Plantagen basierende Wirtschaftsstruktur des Südens war zerstört. Der Norden hatte sein vorrangiges Kriegsziel, die Einheit der Union zu wahren, mit einem hohen Preis erkauft. Doch nie wieder wurde die Vereinigung der Bundesstaaten von Nordamerika zu einem gemeinsamen Staat ernsthaft in Frage gestellt.

Der verlorene Bürgerkrieg war für den Süden nicht nur eine militärische und politische Niederlage, sondern mit einer Umwälzung der ökonomischen Grundlagen verbunden. Die Sklaven waren frei, und die Plantagen konnten nur noch von angestellten Landarbeitern gegen Entlohnung bewirtschaftet werden. Gleichzeitig standen die Staaten des Südens unter Militäraufsicht, ihre Regierungen wurden aufgelöst und durch Militärgouverneure aus dem Norden ersetzt. Die führenden politischen Vertreter des Südens mussten einen Eid auf die Union schwören, bevor sie wieder zum politischen Leben zugelassen wurden. Erst nach mehreren Jahren (1866–70) wurden die einzelnen Bundesstaaten wieder als gleichberechtigte Mitglieder in die Union aufgenommen.

Die Neuzeit

In den hier beschriebenen zehn Südstaaten, Washington D. C. und Florida eingeschlossen, leben heute etwa 58 Mio. Menschen. In den Jahrzehnten nach dem Bürgerkrieg, nach dem Zusammenbruch der Plantagenwirtschaft des Südens, waren Hunderttausende einstiger Sklaven in den Norden gezogen, auf dem »Blues Highway« nach Chicago, Detroit, Cleveland und New York, auf der Suche nach Arbeitsplätzen in der Industrie, auf der Flucht vor der Armut auf dem Lande.

Bis in die 1970er-Jahre galten die Südstaaten als wenig attraktive Wohnregion, ließen Auswanderungswellen vor allem schwarzer Bürger deren Bevölkerungsanteil sinken. Rassenkonflikte und wirtschaftlicher Niedergang hatten dem Süden in den USA einen schlechten Ruf verschafft, die Region galt als rückständig und deren Bewohner hielt man für engstirnig. Inzwischen hat sich dieser Trend umgekehrt, steht die Zukunftsperspektive im Vordergrund. Mittlerweile sind viele Familien auf der Suche nach Arbeitsplätzen wieder in den Süden zurückgezogen. Pensionäre kehren dem Winter im Norden den Rücken und siedeln sich für den Ruhestand in den Südstaaten an. North Carolina, Georgia, Florida und neuerdings der Süden von Mississippi gehören zu bevorzugten Wohnregionen für Ruheständler.

Gewalttätige Ausschreitungen wie in den 1960er-Jahren scheinen im Alabama oder Mississippi von heute nicht mehr denkbar. Ein Paradies ist der Süden dennoch nicht geworden, der nach wie vor aktive Ku-Klux-Klan zeigt die Spitze eines Eisbergs dumpfer weißer Borniertheit. Brandstiftungen, denen in den letzten Jahren Dutzende Kirchen ländlicher schwarzer Gemeinden zum Opfer fielen, offenbaren die Gewaltbereitschaft einer radikalen Minderheit gegenüber einer von ihnen als minderwertig betrachteten Bevölkerungsgruppe.

Zeittafel

30 000–10 000 v. Chr.	Asiatische Nomaden wandern während der letzten Eiszeit über die Landbrücke der Bering-Straße auf den amerikanischen Kontinent ein und besiedeln ihn im Verlauf von einigen Tausend Jahren.
1000 v. Chr.	Die Kultur der Waldland-Indianer breitet sich von Siedlungen entlang des Ohio-Tals in den Süden von Nordamerika aus. Landwirtschaft und Kunsthandwerk entwickeln sich. Auf Hügeln *(mounds)* errichten die Bewohner zeremonielle Gebäude.
700–1600 n. Chr.	In der Region nördlich der Mündung des Ohio in den Mississippi entsteht die Kultur der Mississippi-Indianer, die sich bald bis zu den Appalachen verbreitet. Die Menschen leben in befestigten Siedlungen mit mehreren Tausend Einwohnern. Auf mächtigen Erdpyramiden stehen Wohnhäuser und zeremonielle Gebäude. Handelsbeziehungen reichen bis zu den Rocky Mountains und den Großen Seen. Die Indianer bauen Mais, Bohnen, Kürbis und andere Feldfrüchte an, fertigen Kunsthandwerk und Schmuck, kennen Musik, Tanz und Sport. Kurz vor Beginn der europäischen Eroberung setzt der Niedergang ein, die Ausbreitung von ansteckenden Krankheiten, die aus Europa eingeschleppt werden, lässt die indianischen Kulturen untergehen. Es entwickeln sich neue, nach Sprachfamilien gegliederte indianische Stämme der Algonkin, der Muskogee und der Irokesen.
1513	Juan Ponce de León erreicht als erster Europäer den Südosten von Nordamerika und geht beim heutigen St. Augustine an Land.
1539–42	Hernando de Soto durchstreift mit einem 1200 Mann starken Expeditionsheer den Süden auf der vergeblichen Suche nach Gold sowie einer Passage nach Asien und überquert als erster Europäer den Mississippi, in dem er nach seinem Tode von seinen Soldaten bestattet wird.
1565	Der spanische Admiral Menéndez zerstört Fort Caroline, eine Siedlung französischer Hugenotten beim heutigen Jacksonville in Nordflorida, gründet südlich davon St. Augustine, die Hauptstadt von Spanisch-Florida und wird erster Gouverneur der Kolonie.
1585	Walter Raleigh gründet auf Roanoke Island im heutigen North Carolina eine kurzlebige Kolonie, die er nach der unverheirateten Königin Elizabeth I. Virginia nennt.

Die Engländer unternehmen mit der Siedlung Jamestown einen zweiten, diesmal erfolgreichen Versuch, eine Kolonie in der Neuen Welt zu gründen.	**1607**
Der Franzose Robert Cavelier, Sieur de la Salle, erreicht von Quebec aus den Unterlauf des Mississippi und erklärt das Gebiet zu französischem Eigentum	**1682**
Williamsburg wird Hauptstadt der britischen Kolonie Virginia. Französische Kolonisten gründen Nouvelle Orléans nahe der Mündung des Mississippi.	**1718**
Die Engländer gründen mit Georgia nach North und South Carolina eine weitere Kolonie südlich von Virginia.	**1732**
Die Franzosen müssen nach dem verlorenen Krieg gegen die Engländer alle Gebiete östlich des Mississippi abtreten.	**1763**
Am 4. Juli verabschiedet der amerikanische Nationalkongress die von Thomas Jefferson verfasste Unabhängigkeitserklärung. England setzt Truppen zur Wiederherstellung der kolonialen Ordnung ein.	**1776**
General Cornwallis, Oberbefehlshaber der britischen Truppen, muss sich bei Yorktown General Washington ergeben.	**1781**
Eli Whitney erfindet die *cotton gin,* eine Maschine zur Trennung der Baumwollfasern von ihrem Kern, die den großflächigen Anbau kurzfaseriger Baumwolle im Süden ermöglicht und die Entwicklung ausgedehnter Plantagen fördert.	**1793**
Die USA kaufen von Frankreich das Gebiet von Louisiana, das von der Golfküste bis an die Grenze zu Kanada reicht.	**1803**
Im Britisch-Amerikanischen Krieg *(War of 1812)* gelingt es den Amerikanern nicht, in Kanada eine revolutionäre Bewegung auszulösen, die Briten erobern zwar Washington, können sich jedoch nur eine kurze Zeit halten.	**1812**
Spanien tritt Florida gegen eine Ausgleichzahlung von 5 Mio. $ an die USA ab.	**1819**

1830	Der *Removal Act* regelt die Vertreibung aller im Süden lebender Indianer in ein Territorium westlich des Mississippi, den heutigen Bundesstaat Oklahoma.
1861–65	Nach dem Austritt von elf südlichen Bundesstaaten aus der Union beginnt der Krieg um die nationale Einheit und später auch um die Abschaffung der Sklaverei. Nach dem Sieg des Nordens ist die Wirtschaftskraft des Südens zerstört, etwa 400 000 Tote und 300 000 Verwundete sind zu beklagen.
1866–70	Die Regierungen der südlichen Bundesstaaten werden abgesetzt, Militärgouverneure aus dem Norden treten für eine Übergangszeit an ihre Stelle.
1881	Booker T. Washington gründet in Alabama das Tuskegee Institute, das schwarzen Schülern Bildung vermitteln soll.
1933	Im Rahmen des *New Deal* des Präsidenten Franklin Delano Roosevelt zur Überwindung der großen Wirtschaftskrise wird die Tennessee Valley Authority geschaffen, die das Flusssystem von Tennessee River und Cumberland River reguliert und weite Teile des Südens mit elektrischer Energie versorgt.
1936	Margaret Mitchell veröffentlicht ihren Roman »Vom Winde verweht«. Die Verfilmung kommt drei Jahre später in die Kinos.
1950	William Faulkner aus Mississippi erhält den Literaturnobelpreis.
1955	Busboykott der schwarzen Einwohner von Montgomery, Alabama, gegen Diskriminierung.
1957	Einsatz von Fallschirmjägern, um schwarzen Schülern der Highschool in Little Rock, Arkansas, den Schulbesuch zu ermöglichen.
1963	Demonstration von 250 000 meist schwarzen Bürgerrechtlern in Washington D.C., Martin Luther King jr. hält seine berühmte »I have a dream«-Rede.
1964/65	Der *Civil Rights Act* und der *Voting Rights Act* schaffen wichtige Voraussetzungen für schwarze Amerikaner, ihre Bürgerrechte tatsächlich wahrzunehmen.

Martin Luther King jr. fällt unter nicht geklärten Umständen in Memphis, Tennessee, einem Attentat zum Opfer. **1968**

James Earl Carter, ehemaliger Gouverneur von Georgia, wird zum Präsidenten der USA gewählt. Alex Haley aus Tennessee veröffentlicht seinen Roman »Roots«, der die Spur seiner Familie und Ahnen bis nach Afrika zurückverfolgt und für den er den Pulitzerpreis erhält. **1976**

Bill Clinton, Gouverneur von Arkansas, wird Präsident der USA, Albert Gore, Senator aus Tennessee, wird Vizepräsident. **1992**

Die Olympischen Sommerspiele werden in Atlanta ausgetragen. **1996**

Vizepräsident Al Gore verliert in einem knappen Rennen und nach einer Stimmenauszählungsfarce in Florida den Präsidentschaftswahlkampf gegen den Texaner George W. Bush. Am 11. September zerstören Terroristen der al-Qaida das World Trade Center in New York City und Teile des Pentagon in Washington D. C. Der »Kampf gegen den Terror« beginnt, mit Gründung der Heimatschutzbehörde in den USA und dem Krieg in Afghanistan. **2001**

Bombardierung Bagdads; Irakkrieg zur Stürzung Saddam Husseins **2003**

Der Hurrikan Katrina verwüstet die Golfküste von Mexiko. Das Hochwasser lässt Deiche in New Orleans brechen. Große Teile der Stadt stehen unter Wasser, mehr als 1800 Menschen sterben. Nicht alle Evakuierten können zurückkehren. Die Einwohnerzahl der Stadt sinkt um ein Drittel auf 340 000 Menschen. **2005**

Die Ölbohrplattform Deepwater Horizon im Golf von Mexiko explodiert. Ungeheure Mengen austretenden Öls verseuchen das Wasser, bis die Lecks nach zahlreichen missglückten Versuchen Monate später gestoppt werden können. **2010**

Ein in dieser Region äußerst seltenes Erdbeben der Stärke 5,8 mit Epizentrum tief unter Virginia lässt die zentrale Ostküste der USA mehrere Sekunden lang erbeben. Im Washington Monument zeigen sich einige Risse. Die Schäden bleiben dennoch gering. **2011**

200-Jahr-Gedenkfeiern zum Ausbruch des Britisch-Amerikanischen Krieges vor allem in der Hauptstadtregion. **2012**

Gesellschaft und Alltagskultur

In idealisierten Beschreibungen erscheint der Süden der USA als eine eigene Welt. Doch diese Zeiten sind längst vorbei. Ein besonderer Lebensrythmus, der auch durch die Musik – Blues, Jazz und Country – bestimmt wird, ist dennoch zu spüren. Und auch die Geschichte wirkt bis heute fort.

Bevölkerung und Lebensweise

Wer das Klischee sucht, wird auch heute noch kokette *Southern belles* und edle Kavaliere entdecken, doch in der Realität findet man sie eher als Darsteller in den zu Museen umgestalteten Plantagenvillen. Auch die gutmütige ›Neger-Mammy‹, die die Kinder ›ihrer‹ weißen Familie großzog, gehört zu den sorgsam gepflegten Legenden, die vor allem in romantischen Filmen und Romanen weiterleben. Doch der Süden ist zu vielfältig, als dass man ihn auf derlei Stereotype reduzieren könnte.

Dennoch gibt es noch viele (Weiße), die mit *the lost cause,* der Niederlage der eigentlich ehrenvollen Sache der Konföderierten, auch den Verlust einer Lebensweise und von Idealen beklagen, die sich so sehr von der kalten materiellen Welt des Nordens unterschieden. Doch auch mit wirtschaftlicher Dynamik und *sunbelt power* hat sich im modernen Süden bei vielen Menschen unterschiedlicher Hautfarbe ein legerer Lebensstil erhalten, der in Chicago oder Boston seltener zu finden ist. Der Slogan »Southern hospitality with damn' Yankee efficiency« (die Gastfreundlichkeit des Südens mit der verfluchten Perfektion der Nordstaatler) könnte nicht nur als Werbung für ein Restaurant in Atlanta, sondern als Motto für weite Teile des Südostens der USA gelten.

Bürger europäischer Abstammung, die in amerikanischen Statistiken *caucasians* heißen, machen den überwiegenden Teil der heute rund 58 Mio. Bewohner in den hier beschriebenen Staaten im Südosten aus. Nahezu die Hälfte von ihnen zählt Engländer, Schotten und Iren zu ihren Vorfahren, etwa ein Siebtel sind Nachfahren deutscher Auswanderer. Im Süden von Louisiana führen etwa 1 Mio. Einwohner Französisch als ihre Muttersprache an. Zu den Kreolen, Nachkommen französischer Kolonisten, gesellten sich Mitte des 18. Jh. Tausende von Akadiern, die, von den Briten aus Kanada vertrieben, heute als Cajuns an den Flussarmen im Mündungsdelta des Mississippi leben. Zusammen bilden sie eine Insel französischer Kultur, einzigartig auch für die USA insgesamt.

Die Bezeichnung für Menschen mit afrikanischen Vorfahren hat sich im Laufe der Jahre immer wieder gewandelt, sie werden Neger, Farbige, Afroamerikaner oder Schwarze genannt und machen die zweitgrößte Bevölkerungsgruppe in den Südstaaten aus. Im Bundesdurchschnitt werden 12,4 % Afroamerikaner gezählt, Mississippi weist mit 37 % den höchsten, Arkansas mit 15,5 % den niedrigsten Anteil Schwarzer an der Gesamtbevölkerung auf. Auch Einwanderer aus Italien, Griechenland, aus arabischen Ländern, Lateinamerika oder Asien wie etwa vietnamesische Fischer in Biloxi haben in den Südstaaten eine neue Heimat gefunden, ihre Zahl ist jedoch zu gering, um in Statistiken eine herausgehobene Rolle zu spielen.

Eine kluge Politik der Bürgerrechtsbewegung, die bei einigen weißen Politikern entsprechende Resonanz fand, schuf die Voraussetzungen zum Zusammenleben von Menschen unterschiedlicher Hautfarbe, die in den großen Ballungsgebieten des Nordens Neid hervorruft. Schon früh wurde die geschäftsschädigende Wirkung von Rassenkonflikten erkannt. Atlantas früherer Bürgermeister William Hartsfield befand seine Stadt *too busy to hate*, zu geschäftig, um Hass zuzulassen. Die für Wirtschaftsansiedlungen Verantwortlichen werben inzwischen selbst im fernen Japan mit dem Image einer Region, die auf Integration und friedliches Miteinander der Menschen setzt und gegen Spannungen und Hass Stellung bezieht.

Zudem haben die Colleges und Universitäten vor allem in Atlanta in den letzten Jahren Tausende schwarzer Studenten ausgebildet, die nun überwiegend zur breiten farbigen Mittelschicht gehören. Eine schwarze Bevölkerung, die in überdurchschnittlich hohem Maße beschäftigt ist und ein respektables Einkommen erwirtschaftet, verfügt gleichzeitig über ein bedeutenderes wirtschaftliches und politisches Gewicht. Das heißt nicht, dass die Armut im Süden beseitigt ist. Wer übers Land fährt, sieht, wie viele Menschen, darunter auch Weiße, nach wie vor in *shacks,* baufälligen Baracken, oder schäbigen *trailer parks* leben.

Die Sprache

Nach der Parole von 1900 des US-Präsidenten Theodore Roosevelt, »Ein Land, eine Sprache«, war es den Cajun und Creolen lange verboten, Französisch zu sprechen. Doch diese Zeiten sind seit zumindest 40 Jahren vorbei. Im Jahre 1968 gründete der Staat Louisina die Organisation CODOFIL, das *Council for the Development of French in Louisiana,* es gibt, häufig von Lehrern aus Quebec, Frankreich oder Belgien unterrichtet, Französischunterricht an den Schulen, Musik- und Kulturfestivals, auf den die Cajunmusik und die herzhafte und aromareiche Küche zu den Höhepunkten gehören.

Vor allem in Marschengebieten sowie auf vorgelagerten Inseln in Georgia und South Carolina wie auf St. Helena bei Beaufort oder Sapelo nördlich von Brunswick gibt es noch Regionen, in denen die *Gullah*-Kultur gepflegt werden. Hier lebten nach der Befreiung durch den Bürgerkrieg ehemalige Sklaven in relativer Abgeschiedenheit, behielten ihre *Geechee* genannte Mundart mit rollenden Lauten und ihre Lebensart, in der viele afrikanische Elemente bewahrt wurden.

Für ihren *Southern Drawl,* einen rollenden Singsang in der Sprache, sind die Südstaatler in den restlichen USA bekannt. Und wer sich besser auskennt, kann sein Gegenüber sogar als gebürtigen Tennessean oder als Bewohner von South Carolina ausmachen. Wer mit passablem Schulenglisch in die Südstaaten reist, wird sich dennoch gut verständigen können und sich nach einigen Tagen an den Südstaatendialekt gewöhnt haben.

Alltagskultur

Die sprichwörtliche Gastfreundlichkeit der Menschen in den Südstaaten, die *Southern hospitality,* hat Tradition. Der Empfang von Gästen galt in dem früher dünn besiedelten Land als gesellschaftliches Ereignis. Sie brachten Neuigkeiten über politische Entwicklungen oder auch über die aktuelle Mode auf die abgelegenen Plantagen der Pflanzerfamilien. Offenheit, Freundlichkeit und Interesse gegenüber fremden Besuchern sind auch heute noch die Regel. Ein entspanntes Gespräch auf dem Campingplatz, der Plausch von Schaukelstuhl zu Schaukelstuhl auf der Veranda einer Bed-and-Breakfast-Herberge sind unkompliziert und ergeben sich sich von selbst. Natürlich nutzen auch viele Restaurants und Hotels den Begriff der *Southern hospitality* und meinen damit eine besonders warme und zuvorkommende Atmosphäre in die ihrem Haus.

Religion und Kulte

Religion hat im täglichen Leben in den Südstaaten ihren festen Platz. Bis auf den Süden von Louisiana, in dem die katholische Kirche wegen der großen Zahl französischer Einwanderer die wichtigste Rolle spielt, dominieren protestantische Glaubensrichtungen unterschiedlichster Couleur. Unzählige Kirchen – allein in Nashville gibt es mehr als 700 Gotteshäuser aller Größen und Ausrichtungen – werden nicht von einer staatlich eingezogenen Kirchensteuer, sondern allein von den Spenden der Gläubigen unterhalten. Der *bible belt* von North Carolina bis nach Arkansas bezeichnet ein Gebiet vom Atlantik bis an die Grenze zu Oklahoma, in dem vor allem Baptisten mit einem fundamentalistischen Glaubensverständnis den Ton angeben. Die Kirchengemeinde, nicht ein Priester oder Kirchenfunktionär, gilt als wichtigste Autorität. Die Heilige Schrift bildet den alleinigen Schlüssel zum Glauben, der Gottesdienst wird nicht mit einer starren Liturgie geregelt.

In den Kirchengemeinden des Südens gibt es heute einander widerstrebende Tendenzen. In den Städten nimmt die Religiosität ab, bekennt sich eine wachsende Zahl von Menschen zu einer eher weltlichen Sicht der Dinge. Auf der anderen Seite propagieren konservative Fernsehprediger einen neuen Fundamentalismus. Sie verbanden sich als Führer einer *moral majority* eng mit konservativen Politikern. Nach zahlreichen Skandalen hat sich der Spendenfluss bei den religiöspolitischen Gruppen drastisch verringert. Sie haben nicht mehr die Finanzkraft wie noch zur Zeit der Wahl von Ronald Reagan zum US-Präsidenten in den 1980er-Jahren, als mit Hilfe ihrer Datenbanken mit 7 Mio. Adressen politische Kampagnen finanziert wurden.

Die Kirchengemeinden gehören zu den wenigen Institutionen im Süden, in denen sich die Trennung von Menschen weißer und dunkler Hautfarbe aus historischen Gründen als besonders langlebig erweist. Gemeinden in den schwarzen Wohnbezirken, die sich 1957 unter dem Einfluss von Martin Luther King zur Southern Christian Leadership Conference verbanden, entwickeln über ihr Netzwerk ein organisiertes Gegengewicht zum Medienapparat der weißen Mehrheit.

Vor allem aus den Kirchen schwarzer Gemeinden dringen während der Gottesdienste lebhafte Gesänge bis auf die Straße, klagende und fröhliche Gospelsongs erzählen vom Leid oder von freudigen Ereignissen. Die geistlichen Lieder, *spirituals,* drücken die Gefühle der Gläubigen unmittelbar aus, entwickeln sich häufig zum Wechselgesang zwischen Chor, Prediger und Gemeinde.

Die Voodoo-Kultur in New Orleans zeigt, auch wenn sie sich zur unheimlich-attraktiven touristischen Attraktion gemausert hat, den Einfluss afrikanischer Kulte, die sich vor allem bei den Sklaven erhalten hatten und deren Traditionen in abgewandelter Form auch im karibischen Raum gepflegt worden sind. Die praktische Bedeutung im heutigen religiösen Leben der Südstaaten ist minimal.

Feste und Veranstaltungen

Gleich **Anfang Januar** treffen die erfolgreichsten College-Football-Mannschaften bei der »Liberty Bowl« in Memphis und der »Sugar Bowl« in New Orleans aufeinander. In Atlanta begeht man nicht nur den offiziellen Martin-Luther-King-jr.-Tag, sondern füllt eine ganze Woche mit Veranstaltungen, Konferenzen, Lesungen, Ausstellungen und mit Musik zu seinen Ehren.

Je nach Kalenderlage wird der Karneval zwischen **Anfang Februar** und Anfang März vor allem entlang der Golfküste gefeiert. Legendär sind die Umzüge der KarnevalsskIubs und ihre Bälle zum Mardi Gras in New Orleans. In Washinton D. C. ist der Friendship Archway das Zentrum der Feuerwerke, Umzüge und Veranstaltungen zum chinesischen Neujahrsfest. Viele chinesische Restaurants offerieren Festtagsmenüs.

Legendär sind auch die Feste zum **St. Patrick's Day.** Der irische Nationalheilige wird im ganzen Süden nicht nur von den vielen Nachkommen irischer Einwanderer gefeier. In Savannah strömen am **17. März** 300 000 Schaulustige zur zweitgrößten St. Patrick-Feier der USA zusammen. Im März öffnen auch viele private Eigentümer von Antebellumhäusern und -gärten ihre Türen für traditionelle »Spring Pilgrimages«, so in Natchez oder Vicksburg in Mississippi oder auch in Beaufort oder Charleston in South Carolina. Auf der Mall in Washington lassen Hunderte von Papierdrachenbesitzern ihre farben-

Im Frühling blühen in Washington D. C. Tausende von Kirschbäumen

prächtigen, teils abentuerlichen Konstruktionen beim **Smithsonian Kite Festival** in den Himmel steigen.

Ende März bis Anfang April beginnt ebenfalls in der Hauptstadt das 14-tägige **National Cherry Blossom Festival** zur Kirschblüte der 3700 japanischen Kirschbäume rund ums Tidal Basin und beim Washington Monument. Bei den Feuerwerken, Musikveranstaltungen, Marching Bands und einer großen Parade geht es auch um die freundschaftlichen Verbindungen zu Japan.

Im **April** lohnt es sich für Jazzfreunde, ein dickes Zeichen in den Kalender zu setzen. In New Orleans musiziert was Rang und Namen hat zum **Jazz & Heritage Festival** und kurz darauf zum **French Quarter Festival.** Flusskrebse in unterschiedlichen Zubereitungsarten spielen die Hauptrolle beim **Mississippi Coast Crawfish Festival** Ende April in Biloxi. Blues spielt die Hauptrolle beim viertägigen **Juke Joint Festival** am zweiten Wochenende im April in Clarksdale Mississippi. Bei Open-Air-Konzerten und in vielen Bars geben sich Dutzende der besten Bluesmusiker die Ehre; dazu natürlich Essensstände und auch ein vielbeachteter Kurzstreckenwettbewerb von Rennschweinen.

Im **Mai** geht es beim **Memphis in May Festival** um einen der größten Barbecue-Wettbewerbe im Süden. Natürlich spielen auch diverse Musiker auf Bühnen entlang der Beale Street. Ende Mai beginnt in Charleston das zweiwöchige **Spoleto Festival** in Verbindung mit der gleichnamigen Stadt im italienischen Umbrien mit einem kulturellen Spitzenprogramm mit Theater- und Musikveranstaltungen auf vielen Bühnen der Stadt. Das parallel laufende **Piccolo Spoleto** fördert eher regionale Talente – und kostet keinen Eintritt zu den Veranstaltungen. Als spektakuläres Event beim **Memorial Day** in Washington hat sich die »Rolling Thunder« genannte lautstarke Parade von über 100 000 Motorradfahrern zu Ehren der Kriegsteilnehmer, -toten und -vermissten entwickelt.

Im **Juni** beginnen in Durham, North Carolina, Tanztage, die mit rund 400 Veranstaltungen sechs Wochen andauern. In Nashville gibt es beim CMA Music Festival Countrystars zum Anfassen und für Autogrammstunden, natürlich mit Konzerten.

Der Nationalfeiertag am **4. Juli** wird überall mit Tanz, Feuerwerk oder Umzügen gefeiert. Das Riesenfeuerwerk an der Mall in der Hauptstadt Washington D. C. ist traditionell bsonders prächtig. Auch der Umzug entlang der Constitution Avenue sowie das Freiluftkonzert des Symphonieorchesters auf den Stufen des Kapitols ziehen Zehntausende an. In New Orleans lässt man keine Gelegenheit für ein Musikfestival aus. Das **Essence Music Festival** zum Unabhängigkeitstag widmet sich vor allem der Musik mit afroamerikanischen Wurzeln. Da ist Qualität und beste Stimmung nahezu garantiert. Wenn es im Juli an der Golfküste recht heiß wird, können Angler Mut und Können bei zwei separaten **Deep-Sea Fishing Rodeos** beweisen. Es geht von Gulfport in Mississippi und von Dauphin Island, Alabama, auf die ganz großen Fische. Wer die größten geangelt hat, gewinnt.

Für Elvis Fans ist die **Elvis-Week** im **August** in Memphis ein Pflichttermin. Diverse Tribute-Konzerte an den »King of Rock 'n' Roll« und eine Nachtwache mit Kerzen gehören dazu. Die richtigen Countryfans pilgern im August zum Mountain Dance and Folk Festival in Asheville, North Carolina, wo gefiddelt, gesteppt und getanzt wird, dass es eine Freude ist.

Wer im **September** im Süden von Louisiana herumreist, sollte sich das **Festival Acadiens et Créoles** in Lafayette nicht entgehen lassen. Es werden Workshops zur Kultur der französischstämmigen Cajuns angeboten, aber die Musik und das Essen sind sicherlich von gleich großem Interesse.

Weintrinker aufgepasst! Im **Oktober** ist **Wine-Month** in Virginia. Kellereien und Winzer bieten Weinproben ihrer Tropfen an und in Leesburg startet das große Weinfest des Bundesstaates. Im gleichen Monat könnten Cineasten in Charlottesville, Virginia, und in New Orleans auf ihre Kosten kommen. Beide **Filmfestivals** können sich sehen lassen. Es werden auch unanhängige und kleine Produktionen gezeigt. Am zweiten Wochenende im Oktober steigt auf dem Gelände des Museum of Appalachia in der Nähe von Norris das viertägige Fest **Tennessee Fall Homecoming** mit mehreren hundert Künstlern und Kunsthandwerkern sowie 50 000 Besuchern.

Weihnachten fängt jedes Jahr früher an, auch in den Südstaaten. Bäume, Häuser oder Berge werden häufig schon im **November,** spätestens Anfang **Dezember** festlich illuminiert, besonders dekorativ z. B. beim **Stone Mountain Christmas** nahe Atlanta oder dem **Winter Magic** in Gatlinburg am Rande der Appalachen, beim **Charleston Festival of Lights** oder der **Celebration in the Oaks** in New Orleans. Zur **Holiday Flotilla** an der Küste von Wrightsville Beach in North Carolina glitzern Schiffe im Lichterschmuck. In Washington D. C. legt der Präsident selbst den Hebel um zum »Official Lightning of the Christmas Tree«, der dann am nördlichen Ende der »Ellipse« den Dezember über strahlt.

Staatliche Feiertage

An offiziellen Feiertagen schließen die Behörden und viele Geschäfte. Häufig sind sie auf einen Montag gelegt und ermöglichen so ein langes Wochenende.

1. Januar: Neujahr
3. Mo im Januar: Marin Luther King jr. Day
12. Februar: Abraham Lincolns Geburtstag
3. Mo im Februar: President's Day (zu Ehren aller US-Präsidenten)
Letzter Mo im Mai: Memorial Day/Heldengedenktag
4. Juli: Unabhängigkeitstag
1. Mo im Sept.: Labor Day/Tag der Arbeit
2. Mo im Oktober: Columbus Day
11. November: Veterans Day/Tag der Kriegsveteranen
4. Do im November: Thanksgiving/Erntedankfest
25. Dezember: Weihnachtsfeiertag

Musik, Literatur und Kunst

Auch wenn die Südstaaten mit dem Versuch, eine eigene Nation zu gründen, gescheitert sind, hat sich im Südosten der USA vor allem mit seiner Musik und seinen bedeutenden Literaten wie Tennessee Williams und William Faulkner etwas Eigenes entwickelt, das sie vom Rest des Landes abhebt. Wer Kinofilme liebt, kann sich an einer nicht abreißenden Folge von Streifen erfreuen, die im Südosten spielen.

Hier spielt die Musik

Im Süden sind wie in keiner anderen Region der USA ganz eigenständige Beiträge zur Musik von Nordamerika entstanden, die die Welt erobert haben. Mit Gospel aus den Gottesdiensten schwarzer Gemeinden, mit dem Blues, der zuerst von Erntearbeitern auf den Baumwollfeldern des Mississippidelta zu hören war, mit Jazz aus New Orleans sowie der Country- und Bluegrassmusic aus den ländlichen Regionen von Alabama, Tennessee und West Virginia haben mehrere Musikgenres ihre Wurzeln südlich des Ohio und östlich vom Mississippi River. Hinzukommen die mitreißende Cajun und ihr schwarzes Counterpart, die Zydecomusic aus Louisiana mit deutlichen Anklängen aus der französischen Musiktradition, die zum Tanzen animiert und Zuhörer noch immer nicht ruhig auf ihren Stühlen sitzen lässt. Zudem entstand Ende der 1950er-Jahre zuerst auf den Bühnen und in den Studios von Memphis aus Rockabilly und dem Rhythm and Blues ein neuer Sound, der sich, etwas anrüchig, Rock 'n' Roll nannte und mit Interpreten wie Elvis Presley, Buddy Holly oder Jerry Lee Lewis weltweit den Geschmack der Jugend traf. Auch der Soul, der mit dem Aufbegehren der Bürgerrechtsbewegung und einem neuen Selbstbewusstsein der Schwarzen verbunden ist, wurde zunächst in Memphis und in Alabama gehört.

Die sich gegenseitig beeinflussenden, noch heute überaus vitalen, sich verändernden und erneuernden Musikrichtungen wurden in den Folgejahren von einer Stilvariante namens Southern Rock bereichert, die mit Gruppen wie der Marshall Tucker Band aus Spartanburg in South Carolina, den Allman Brothers aus Savannah, Lynyrd Skynyrd aus Jacksonville im Nordosten Floridas, ZZ Top aus Texas oder R. E. M. *(Rapid Eye Movement)* aus Athens in Georgia seit Jahren in den internationalen Charts zu finden ist.

Die Literatur des Südens

Der Süden der USA hat nicht nur bedeutende Musiker hervorgebracht. Aus der mündlichen Überlieferung von Geschichte und Geschichten, aus der Kunst der politischen Rhetorik und der kirchlichen Predigt hat sich eine eindrucksvolle literarische Tradition großer Erzähler entwickelt. Diese hatte ihre Vorläufer in den *storytellers,* die übers Land zogen, um die Menschen mit spannenden oder anrührenden Erzählungen zu unterhalten. Selbst heute, im Zeitalter des Fernsehens und gigantischer Hollywood-Produktionen, ist die Zunft der Geschichtenerzähler nicht ausgestorben, werden an mehreren Orten im Süden sogar Storyteller-Wettbewerbe veranstaltet. Im Sommer finden die Geschichten von »Onkel Remus« im Garten von Wrens Nest, dem ehemaligen Wohnhaus des Autors Joel Chandler Harris in Atlanta, eine erwartungsvolle Zuhörerschar von Kindern und Erwachsenen.

Horrorgeschichten und Poetry – Edgar Allan Poe

Thema

Am Morgen des 7. Oktober 1849 starb in einem Hospital von Baltimore ein kurz zuvor in der Gosse aufgefundener Mann an Herzversagen. War er das Opfer eines Verbrechens, hatte ihm ein hemmungsloses Besäufnis den Rest gegeben oder starb er an den Folgen einer Diabetes?

Edgar Allan Poes Tod umgibt noch heute ein Geheimnis – ebenso wie etliche Figuren seiner gruseligen Erzählungen. Der begnadete Erzähler und scharfzüngige Literaturkritiker wurde am 19. Januar 1809 in Boston geboren. Nach dem frühen Tod seiner Mutter gelangte er in die Obhut seines Patenonkels aus Richmond in Virginia, wo Poe aufwuchs. 1826 gab er ein knapp einjähriges Gastspiel auf der von Thomas Jefferson gegründeten Universität von Virginia in Charlottesville, bevor er wegen seiner exzessiven Spielleidenschaft und daraus resultierender Schulden von der Hochschule verwiesen wurde. Die Armut zwang ihn, eine Stelle in der Armee anzutreten. In dieser Zeit war Poe in Fort Moultrie bei Charleston und später in Hampton stationiert. Die eingeschlagene Offizierslaufbahn an der Militärakademie von Westpoint brachte seine Weigerung, sich am Exerzieren und am Unterricht zu beteiligen, zum schnellen Ende.

1835 übernahm Poe die Stelle eines Literaturkritikers am Southern Literary Messenger in Richmond und formulierte seine schnell gefürchteten scharfen Kritiken und Verrisse. Ein Jahr darauf heiratete er seine 13-jährige Cousine Virginia Clemm. Regelmäßige alkoholische Ausschweifungen beendeten seine Journalistenlaufbahn in Richmond, er übersiedelte nach New York, schrieb dort den phantastischen Roman »Der Bericht des Arthur Gordon Pym« und übernahm dann für einige Zeit einen Redakteursposten in Philadelphia. In dieser Zeit entstanden die schaurige Erzählung vom »Fall des Hauses Usher«, Meisterwerke wie »Das verräterische Herz« sowie die Mutter aller modernen Kriminalromane »Der Doppelmord in der Rue Morgue«.

Nach Poes erneuter Rückkehr nach New York gelang ihm mit dem 1845 veröffentlichten Poem »The Raven« der literarische Durchbruch. Plötzlich galt er in den Salons als Berühmtheit, zum Ruhm kam der finanzielle Erfolg. Poe war der Meister des Grauens, der die Zonen von Tag, Traum und Tod in geheimnisvolles Licht hüllt und Menschen am Abgrund beschreibt, Poe als analytischer Kritiker, dessen Analysen und Kritiken meist mit leichter Ironie gewürzt sind, Poe als gefühlvoller Poet, den die Schönheit und Anmut junger Frauen immer wieder zu lyrischen Hymnen inspirierten und als präziser ›Techniker‹, der Gedichte und Geschichten formal perfekt aufbauen konnte.

Der auch im »Raven« beschworene Verlust der Geliebten wurde bei Poe selbst zur Realität. Wie schon Mutter und Pflegemutter starb auch seine Frau Virginia 1847 an Tuberkulose. Anschließende kurze Lieb- und Freundschaften sollten 1849 durch die Heirat mit seiner inzwischen reich verwitweten Jugendliebe Elmira Royster beendet werden. Doch eine Geburtstagsfeier in Baltimore, eigentlich nur Zwischenstation auf dem Weg von Richmond nach Philadelphia, war für Poe der Start für einen weiteren alkoholischen Exzess. »Nevermore« krächzt der Rabe in dem nach ihm benannten Gedicht, es geht »Nimmermehr«, und liefert gleichzeitig die Überschrift für den letzten Rausch des genialischen Autors Edgar Allan Poe, einer Einbahnstraße in den Tod.

Die literarische Tradition des Südens bietet Einblicke in die Erfahrungswelt einer Region, die sich bewusst und deutlich vom Norden und dem Mittleren Westen der USA abgrenzt. Schon in den südlichen Kolonien gab es ein reiches literarisches Leben. In der »Generall History of Virginia« (1624) des Koloniegründers Captain John Smith findet sich auch die später vielfach literarisch aufgegriffene und in einem rührseligen Disneystreifen verarbeitete Geschichte von Pocahontas, der Tochter des Häuptlings Powhatan, die mit ihrem Mitleid Smith vor dem sicheren Tode bewahrte. Aus den zahlreichen Schriften von William Byrd III. ragen die »Dividing Line Histories« über die Reise der Landvermesser heraus, welche die Grenze von Virginia und North Carolina zogen. Neben der offiziellen gibt es eine erst 1929 (!) veröffentlichte »Secret History«, in der sich Byrd witzig und recht respektlos über Land und Leute auslässt. Während der revolutionären Periode der Kolonialzeit konzentrierte sich das intellektuelle Leben um Thomas Jefferson, dessen kreative Energie alle politisch-gesellschaftlichen Bereiche erfasste. Sowohl sein 1785 veröffentlichtes Buch »Betrachtungen über den Staat Virginia« als auch die von ihm konzipierte Unabhängigkeitserklärung können noch heute politisch und auch literarisch faszinieren.

Edgar Allan Poe

Der herausragende Autor des Südens heißt Edgar Allan Poe (s. Thema S. 54). Wo andere Talent zeigten, war er genial. Auch wenn er 1809 in Boston geboren wurde, betrachtete er sich als Kind von Virginia, wo er aufgewachsen war. Es erscheint als eigenwilliger Zufall, dass der Autor, der die von Jefferson im Geiste von Aufklärung und Rationalität gegründete Universität in Charlottesville besuchte, in seinen Werken den Verlust der rationalen Ordnung und die zerstörerische Kraft des Irrationalen zum beherrschenden Thema seines Werks machte.

»Plantagenliteratur«

Im Unterschied zu Poe, der zu Lebzeiten keinen großen Erfolg hatte und auch nicht Themen des Südens aufgriff, schrieben Vertreter der romantischen »Plantagenliteratur« wie William Gilmore Simms oder William Alexander Caruther von eleganten Kavalieren, Südstaatenschönheiten, von *Moonlight and Magnolia,* und dokumentierten gleichzeitig den wachsenden Gegensatz zwischen dem landwirtschaften Süden und dem industriellen Norden. Die Sklavenfrage, auch die mögliche Trennung vom Norden wurden literarische Themen. Die afroamerikanische Literatur begann mit Sklavenerzählungen, *slave narratives,* deren Bekannteste, »Das Leben des Frederick Douglass als Sklave in Amerika von ihm selbst erzählt« (1845) später sogar ins Deutsche übersetzt wurde. In Washington kann man das als Museum umgestaltete Wohnhaus von Douglass (s. S. 42) besichtigen.

Mark Twain

Mark Twain, mit bürgerlichem Namen Samuel Langhorne Clemens, wuchs in Hannibal, einer kleinen Stadt am Mississippi, auf. Er erlernte das Druckerhandwerk und arbeitete später als Lotse auf dem großen Strom. Vier Jahre lang las er das »Gesicht des Flusses«, dann beendete der Bürgerkrieg das Leben auf dem »braunen Gott«. Twain reiste in den amerikanischen Westen, nach Hawaii, Europa, Palästina und ließ sich später in Connecticut nieder. Mit »Die Abenteuer des Tom Sawyer«, »Leben auf dem Mississippi«, vor allem aber mit »Die Abenteuer des Huckleberry Finn« kehrte er literarisch in den Süden zurück. Die Reise von Huck Finn und dem entlaufenen Sklaven Jim auf einem selbst gebauten Floß den Mississippi hinunter gerät zu einer Konfrontation mit der unmoralischen, hierarchischen Welt an seinen Ufern – Pflanzern mit aristokratischem Gehabe, einfachen Landbesitzern, armen Weißen und, auf der untersten Stufe, Sklaven. Der Roman, oft durch ›kindgerecht‹ zugeschnittene Versionen oder Fernsehserien entstellt, gehört zu den großen Werken der Weltliteratur.

Nach dem Bürgerkrieg

In der Zeit nach dem Bürgerkrieg entwickelte sich die Literatur des Südens mit teils präzisen, teils romantisierenden Beschreibungen regionaler Themen und Landschaften weiter, bis sie Ende der 1920er-Jahre geradezu explodierte und mit William Faulkner, Robert Penn Warren, Thomas Wolfe oder Eudora Welty Schriftsteller hervorbrachte, die noch heute zu den besten der USA zählen. Alle Autoren verarbeiteten in ihren Romanen, Geschichten und Gedichten die Vergangenheit des Südens, die in Faulkners »Requiem für eine Nonne« mit dem berühmten Satz beschrieben wird: »Die Vergangenheit ist niemals tot. Sie ist nicht einmal vergangen.«

Das 20. Jahrhundert

Tennessee Williams gilt zu Recht als der bedeutendste Dramatiker des Südens. Seine Stücke wie »Endstation Sehnsucht« oder »Die Katze auf dem heißen Blechdach« spiegeln eindrucksvoll die oft beklemmenden inneren Widersprüche zwischen einengenden Konventionen und den Einflüssen der neuen Zeit wider. Nach Autoren wie Walker Percy (»Der Idiot des Südens«), Flannery O'Connor (»Ein Herz aus Feuer«), Truman Capote (»Kaltblütig«) oder Harper Lee (»Wer die Nachtigall stört«) setzten Literaten wie Alex Haley, der mit dem Roman »Roots« die Geschichte seiner Familie bis zu den aus Afrika geraubten Vorfahren erzählte, oder Alice Walker, die das Leben schwarzer Südstaatenfrauen porträtierte, die Tradition der großen Erzähler fort. John Grisham, der mit seinen spannenden Romanen aus dem Juristenmilieu weltweit Millionenauflagen erzielt, stammt ebenso wie Faulkner aus Oxford im Norden von Mississippi, einer Region, deren Klima der Entwicklung literarischer Talente besonders förderlich scheint.

Bildende Kunst

Zwar wurden Landschaften, Menschen und Tiere des Südens häufig und gekonnt abgebildet, eine eigenständige Malerei des Südens entwickelte sich jedoch kaum. Während des Bürgerkriegs begleiteten malende Chronisten die Truppen und fertigten Skizzen von Soldaten, von Kämpfen und Zerstörungen. Erst in den 1920er- und 1930er-Jahren, zum Teil gefördert durch öffentliche Aufträge im Rahmen des Rooseveltschen *Public Works Program* zur Überwindung der großen Wirtschaftskrise, wurden einige Künstler wie der exzentrische Maler Walter Inglis Anderson aus Ocean Springs in Mississippi oder Robert Gwathmey vom Black Mountain College in North Carolina stärker beachtet. Ein eigenständiger, aus dem Süden schöpfender Stil ist auch bei bekannteren Malern wie bei Josef Albers oder Kenneth Noland aus Asheville nur schwer auszumachen. Dennoch sind in den hier beschrieben Bundesstaaten bedeutende Kunstmuseen zu finden, die auch der amerikanischen Malerei und Bildhauerei angemessenen Platz einräumen.

Neben Washington D. C. mit seinem geradezu überwältigenden Angebot vor allem entlang der National Mall ragen in Virginia insbesondere das Chrysler Museum of Art in Norfolk und das Virginia Museum of Fine Arts in Virginia heraus. In Wilmington, North Carolina, stellt das Louise Wells Cameron Art Museum eine große Kollektion von Künstlern und Kunsthandwerkern aus dem Bundesstaat aus, darunter Werke von Mary Cassat, einer aus Pennsylvania gebürtigen Impressionistin und guten Bekannten von Edgar Degas, und Arbeiten des Meistertöpfers Ben Owen. Das Mint Museum in Charlotte zeigt Bilder, Drucke, Skulpturen und Fotografien amerikanischer Künstler von der Kolonialzeit bis zum Endes des Zweiten Weltkriegs.

In South Carolina hat sich das Gibbes Museum of Art in Charleston der amerikanischen Kunst verschrieben, mehrere Sondersausstellungen zeigten vor allem die Werke zeitgenössischer Künstler aus der Küstenregion. Das High Museum of Art in Atlanta mit seinem spektakulären Bau von Richard Meier und einem Anbau von Renzo Piano zeigt amerikanische Maler und Bildhauer des 19. und 20. Jh. sowie zeitgenössische Künstler. Das Georgia Art Museum in der Universitätsstadt Athens hat seinen großzügigen Anbau ganz der amerikanischen Kunst gewidmet und zeigt zahlreiche Beispiele auch naiver Volkskunst des Südens.

Das Birmingham Museum of Art bietet eine Sammlung amerikanischer Kunst; dazu kommen das Montgomery Museum of Fine Art mit Werken von Winslow Homer sowie Exponaten regionaler Künstler und das Mobile Museum of Art mit einem beeindruckenden Überblick über amerikanische Kunst in Alabama.

An der Golfküste von Mississppi sind neben dem wunderbaren Walter Anderson Museum of Art in Ocean Springs sicherlich das neue, in einem aufsehenerregenden Frank-Gehry-Bau unterbrachte Ohr-O'Keefe Museum of Art in Biloxi einen Besuch wert. Hier sind neben hochkarätigen Gastausstellungen auch die Werke des »Mad Potter« George Ohr und andere amerikanische Kunst wie Skulpturen des in Mississippi gebürtigen afroamerikanischen Bildhauers Richmond Barthé zu sehen.

Das Mississippi Museum of Art in der Hauptstadt Jackson zeigt vor allem nationale Künstler von Rang wie Andy Warhol oder Georgia O'Keefe, dazu eine Sammlung präkolumbianischer indianischer Artefakte. In New Orleans lohnt es sich, die private Arthur Roger Gallery in der Julia Street im Warehouse District aufzusuchen, wo zeitgenössische Künstler wie Lin Emery, Jacqueline Bishop oder der Fotograf John Waters ausstellen und auch zu kaufen sind.

Amerikanische Kunst stellt im größten Kunstmuseum von Tennessee, dem Books Art Museum in Memphis, nur einen kleineren Ausschnitt der gezeigten Exponate dar. Dennoch, Winslow Homer, Thomas Hart Benton, Childe Hassam oder Robert Henri sind mit wichtigen Werken vertreten. Zeitgenössische Kunst finden Besucher in der Fogelman Loan Collection des Museums. Im Osten des Bundesstaates zeigt das Hunter Museum of Art in Chattanooga mit einem Schwerpunkt auf der Hudson River School dennoch eine bunt gemischte Sammlung amerikanischer Malerei. Das Knoxville Museum of Art in einem Bau aus rosafarbigen Marmor legt dagegen sein Schwergewicht auf Künstler des amerikanischen Südostens.

In Arkansas nimmt das Crystal Bridges Museum of American Art in Bentonville sicherlich einen besonderen Platz ein. Das im November 2011 eröffnete und von der Walmart Erbin Alice Walton unterstützte Kunstmuseum widmet sich allein der amerikanischen Kunst aus Kolonialzeiten bis zu zeitgenössischen Werken. Doch daneben sollte man das Arkansas Arts Center in Little Rock nicht vergessen, das neben bekannten Künstlern wie etwa Georgia O'Keeffe und Jackson Pollock auch 100 minimalistische Zeichnungen des amerikanischen Modernisten Arthur Dove zeigt.

Die Südstaaten im Film

Seit die Bilder laufen lernten gibt es Filme über die Südstaaten, Unterhaltungsstreifen, die Themen des Südens aufgreifen, Dramen, die wichtige Konfliktpunkte in den Mittelpunkt stellen, historische und Dokumentarfilme. Allein Washington D. C. und das Leben im Zentrum der politischen Macht wurden dutzendweise im Film und TV-Serien dargestellt, von Stanley Kubricks genialer Satire über den Kalten Krieg »Dr. Seltsam oder wie ich lernte, die Bombe zu lieben« über die »Unbestechlichen« mit Robert Redford und Dustin Hoffman als Reporter der Washington Post, die den Watergate Skandal der Nixon-Administration aufdeckten, bis zur erfolgreichen TV-Serie »The West Wing« mit Martin Sheen.

Themen des Südens

Zu den bekannteren Streifen über die Südstaaten gehört der seinerzeit populäre Stummfilm »Birth of a Nation« von 1915, der die ideologische Begründung für die terroristischen Aktivitäten des Ku-Klux-Klans lieferte. Dem Rassenkonflikt widmen sich diverse Filme. Zu den besten gehören »Wer die Nachtigall stört« von 1962 nach einem Roman von Harper Lee mit Gregory Peck in der Hauptrolle, der als Anwalt im ländlichen Alabama der 1930er-Jahre einen der Vergewaltigung angeklagten schwarzen Landarbeiter vor Gericht verteidigt. »In der Hitze der Nacht« mit Sidney Poitier und Rod Steiger in den Hauptrollen spielt in einer Kleinstadt des

Südens, in der ein farbiger Polizist aus dem Norden mit ›Hilfe‹ des örtlichen weißen Polizeichefs einen Mord aufklären soll. In »Mississippi Burning« (1988) geht es – nach realem Vorbild – um die Aufklärung des Mordes an drei Bürgerrechtsaktivisten. Der Dokumentarfilm »4 Little Girls« (1997) von Spike Lee erzählt die Geschichte um den Bombenanschlag auf eine Baptistenkirche in Alabama von 1963, bei dem vier schwarze Mädchen sterben mussten. Die Verfilmung verschiedener Romane von John Grisham spielt zumindestens teilweise in den Südstaaten, »Die Jury« (1996) mit Matthew McConaughey, Sandra Bullock und Samuel L. Jackson in den Hauptrollen dreht sich um die Gerichtsverhandlung gegen einen schwarzen Familienvater, der die weißen Vergewaltiger seiner zehnjährigen Tochter getötet hat. Mit »Die Farbe Lila« hat Steven Spielberg 1985 ein mit Danny Glover und Whoopi Goldberg besetztes emotionales Drama um Rassen- und Frauendiskriminierung abgeliefert, das auf einem Roman von Alice Walker aus Georgia basiert.

Nicht nur der Roman von Margaret Mitchell auch der Hollywoodfilm »Vom Winde verweht« von 1939 mit Vivien Leigh, Clark Gable und Olivia de Havilland in den Hauptrollen um eine turbulente Liebe in den Südstaaten zu Zeiten des Bürgerkriegs und der Rekonstruktion waren Welterfolge. Auch bei »Unterwegs nach Cold Mountain« (2003) mit Jude Law, Nicole Kidman und Renée Zellweger geht es um eine Liebe während des Bürgerkriegs, dessen Schrecken jedoch um einiges realistischer geraten und nicht vom Winde verweht werden.

Mit »Der Patriot« (2000) hat der deutsche Regisseur Lothar Emmerich nach dem historischen Vorbild von Francis Marion aus South Carolina einen dramatischen Film um den Unabhängigkeitskrieg gegen die Briten vorgelegt, der auch an vielen Schauplätzen im Bundesstaat gedreht wurde. Letzteres gilt auch für »Deliverance« mit Burt Reynolds John Voight und Ned Beatty sowie dem merkwürdigen deutschen Titel »Beim Sterben ist jeder der Erste« von 1972, bei dem ein Bootsausflug auf dem Cahulawassee River zu einem Horrortrip in die provinziellen Appalachen werden. Eher gute Laune verbreiten »Steel Magnolias« (1989), u. a. mit Julia Roberts und Shirley MacLain oder »Fried Green Tomatoes« mit Kathy Bates und Jessica Tandy um starke Frauen in Louisiana und Georgia. In Georgia spielt auch die Verfilmung des Erfolgsromans »Mitternacht im Garten von Gut und Böse« durch Clint Eastwood, die mit der Aufklärung eines Mordfalles in Savannah viele Geschichten und Geheimnisse der Stadt ans Licht befördert. »Walk the Line« (2005) gehört neben »Nashville Lady« (1980), in dem Sissy Spacek das Leben des Countrystars Loretta Lynn verkörpert, zu den erfolgreichsten Filmen über die Countrymusic. Das Leben von Johnny Cash von seinen Anfängen auf einer Farm in Arkansas wird überzeugend von Joaquin Phoenix verkörpert. Reese Witherspoon spielt seine Frau June Carter und erhielt für ihre Rolle einen Oscar.

Fernsehserien

Auch für das Fernsehen wurden größere Serien mit Themen und Schauplätzen aus den Südstaaten produziert. Zu den populärsten gehören sicherlich »Fackeln im Sturm«, ein epischer Mehrteiler über den Bürgerkrieg nach dem Roman »North and South« von John Jakes, die Serie »Roots« über Sklaverei und ihre Folgen nach dem Bestseller von Alex Haley sowie »Treme« (seit 2010), eine Serie über das Leben in New Orleans, die drei Monate nach der großen Flut durch den Hurrikan Katrina 2005 beginnt, oder die aktuellen und sehr erfolgreichen Vampirgeschichten »True Blood« (seit 2008), die Charlaine Harris' »The Southern Vampire Mysteries« Romane zum Vorbild haben

Architektur

In der Architektur mit dem für die Antebellumzeit prägenden, repräsentativen *Greek Revival*-Stil ist dies einfacher zu erkennen, sind doch nahezu alle Kapitole der Südstaaten nach ihrem noch von Thomas Jefferson

New Orleans: karibisches Flair auch in der Architektur

entworfenen Vorbild in Richmond gestaltet. Die dekorativen, mit mächtigen Säulenportiken gestützten Plantagenhäuser im Süden wurden, nachdem die englische Kolonialmacht abgeschüttelt und deren Herrschaftsarchitektur ebenfalls ad acta gelegt worden war, überwiegend im *Greek Revival*-Stil erbaut. Im Tal des Mississippi, vor allem in New Orleans, finden sich viele Beispiele für den späten kolonialen Baustil von Franzosen und Spaniern, mit schattigen Innenhöfen, mit schmiedeeisernen Balkonen und verzierten Veranden.

Die Architektur im Süden der folgenden Jahre bis in die heutige Zeit folgt, mit jeweiligen regionalen Besonderheiten, den allgemeinen Trends in den USA. So finden sich in Buckhead, dem noblen Vorort von Atlanta, Privathäuser im *Tudor Revival*-Stil, kann etwa Asheville in North Carolina mit einem seltenen Ensemble von Art-déco-Hochhäusern aufwarten, findet man in den Städten futuristische Bürogebäude. Auf der anderen Seite hat der Architekt John Portman aus Atlanta mit seinen turmhohen Atrien nicht nur dem Marriott Marquis Hotel in seiner Heimatstadt, sondern einer ganzen Generation von Hotel- und Bürobauten in den USA, Europa und Asien seinen Stempel aufgedrückt.

Mit dem Vorhaben, eine eigene Nation zu gründen, ist der Süden der USA im verlorenen Bürgerkrieg gescheitert. Doch auch heute, fast 140 Jahre nach der Kapitulation ist etwas Eigenes geblieben, eine Art kultureller *Southern identity,* welche die Auseinandersetzung mit den Südstaaten, das Reisen durch die Landschaften und Städte und die Begegnung mit den Bewohnern so reizvoll macht.

Essen und Trinken

Wer durch den Süden der USA reist, wird schnell feststellen, dass trotz der auch hier allgegenwärtigen Fast-Food-Ketten die Zubereitung von Speisen oft kunstvoll zelebriert wird. In den Südstaaten sind Traditionen aus den unterschiedlichsten Kulturen zusammengekommen.

Kochtraditionen vieler Kulturen

Viele Kochtraditionen haben sich im Süden vereinigt. Die überlieferten Rezepte, Kräuter und Pflanzen der indianischen Frauen – allein die Natchez kannten 42 Arten, Mais zuzubereiten –, kräftige Eintöpfe der schwarzen Köchinnen des Südens, die schon während der Zeit der Sklaverei versuchten, aus einfachen Zutaten mit Einfallsreichtum und Talent schmackhaftes und energiereiches *Soul food* zu garen. Mit den Rezepten der Einwanderer, dazu Okra, Maniok und einigen anderen aus Afrika eingeführten Gemüsen lassen sich noch heute eine kräftige, auf ausgekochten Schinkenknochen basierende Okrasuppe oder ein herzhaftes Dessert mit gebackenen Süßkartoffeln, Zucker, Zimt und Limonensaft zubereiten. Hinzu kommt eine ländliche englische Küche, die mit frischen Produkten besser schmeckte, als es ihr heutiges Renommee vermuten lässt. Von den verschiedenen europäischen Einflüssen haben zwei französische Kochtraditionen, die der Cajun und die der Kreolen, den stärksten Eindruck hinterlassen. Die Gerichte der Cajun, französische Siedler, die sich einst in den Sümpfen westlich von New Orleans niedergelassen hatten, können ihre ländliche Herkunft nicht verleugnen. Bei einer Jambalaya, einem Eintopf mit Reis, mischen sich, was Markt und Meer an frischen Zutaten hergeben. Geräucherte Wurst, Hühnchen oder Langusten passen zu Sellerie, grünen Zwiebeln oder zu Chilischoten, die bei vielen Cajungerichten zu einem überdurchschnittlich hohen Getränkekonsum führen. Die kreolische Küche ist von milderer Schärfe, oft mit karibischen Gewürzen und Zutaten angereichert. Austern à la Rockefeller werden auf einem Bett von Lauchzwiebeln, Sellerie, Anis und Spinat mit einem Spritzer Tabasco zubereitet, Crawfish Etoufée, ein Klassiker der kreolischen und der Cajun-Küche, kommt mit einer reichlichen Portion frisch gefangener Flusskrebse aus den Gewässern des Mississippi-Deltas daher, die mit Stangensellerie, Schalotten und gewürzten Tomaten geradezu unwiderstehlich schmecken. Kein Wunder, dass der Wahlspruch von Louisiana, wo sich diese beide franzöischen Kochtraditionen aufs Köstlichste mischen, *We are really cooking!* lautet.

Bewirtung mit Tradition

Das 1824 veröffentlichte Kochbuch »Virginia Housewife« von Mary Randolph galt im 19. Jh. als Standardwerk der Südstaaten-Küche, in dem Zubereitungs- und Kochtechniken, Einflüsse der italienischen, der indianischen und der afrikanischen Küche aufgezeigt wurden. Außerdem gab Randolph eine Fülle von Rezepten und ausführliche Anleitungen zum richtigen Bewirten der Gäste. In der Zeit vor dem Bürgerkrieg galten die Besuche von Nachbarn oder Verwandten auf den häufig weit voneinander entfernten Plantagenhäusern des Südens als soziales Ereignis, das formvollendet gestaltet wurde. Die sprichwörtliche Gastfreundschaft des Südens, die *Southern hospi-*

tality, findet hier ihren Ursprung. In einigen traditionellen Boarding Houses wie bei Miss Mary Bobo in Lynchburg, Tennessee, oder in Mrs. Selma Wilkes' Boarding House in Savannah wird das Essen noch in dampfenden Schüsseln aufgetragen und auf langen Tischen serviert, an denen die Gäste in bunter Reihe sitzen. Honig-Schinken aus Virginia und Tennessee, Wild aus den Appalachen, Hähnchen nach Südstaatenart, *Southern fried chicken,* frische Bohnen und Okragemüse, Mais und Süßkartoffeln zählen zu den Klassikern der Restaurants in den Südstaaten. Auch Barbecue, das Grillen über offener Glut, gehört zum Süden. Jedes BBQ-Restaurant, das auf sich hält, rühmt seine preisgekrönte, aber natürlich geheime Barbecuesauce.

Southern fried chicken

Seit Kolumbus 1493 Hühner in die Neue Welt mitbrachte, zieren sie in verschiedener Form die Mittagstische der amerikanischen Bevölkerung, aus den Südstaaten sind sie nicht wegzudenken. Einige braten sie in der Pfanne, andere in der Fritteuse, einige bestäuben sie mit Mehl, andere fügen Eigelb hinzu oder panieren die Hühnerstücke mit einer scharfen Paste. Einige vermeiden Salz und Pfeffer, andere würzen mit Knoblauch, Zitrone oder Honig. Einig sind sich jedoch alle, wie sie gegessen werden müssen. Natürlich mit den Fingern. *Finger lickin' good* heißt daher auch das Motto einer die gesamten USA überspannenden Fast-Food-Kette für frittierte Geflügelstücke, die allerdings nicht mehr von freilaufenden Hühnern stammen. Auch viele Spitzenrestaurants greifen inzwischen auf überlieferte Rezepte zurück, verbinden sie mit dem Trend zu leichter, gesunder Kost und nutzen die frischen Zutaten der Region. So finden sich in den kulinarischen Hochburgen Washington D. C., Charleston, Savannah, Atlanta und New Orleans eine wachsende Zahl von Restaurants, die vorwiegend biodynamisch angebautes Gemüse und Fleisch aus nachhaltiger Tierzucht verwenden. »Von der Farm auf den Teller« heißt das Konzept, das auf kurze Transportwege setzt und überwiegend saisonale Produkte aus der Region verwendet.

Fische und Schalentiere

Bei einer Küstenlinie von mehr als 2500 Meilen sowie zahllosen Binnengewässern wundert es nicht, dass sich Fische und Schalentiere in vielen delikaten Variationen auf den Tellern wiederfinden. Allein zur Zubereitung des vor allem in Alabama, Mississippi und Louisiana beliebten Wels, *catfish,* wurden diverse Kochbücher verfasst. Wer einmal auf der Veranda eines Restaurants in Natchez-under-the-Hill in der Pfanne gebratenen *Blackened Catfish* verspeist und mit dem Bier einer lokalen Mikrobrauerei dem träge vorbeiziehenden Mississippi zugeprostet hat, wird dies leicht verstehen. Die Mündungsarme des Mississippi gelten als exzellentes Fang und Zuchtgebiet für Flusskrebse. Kein Wunder, dass sich das eiweisshaltige Schalentier hier in der Jambalaya, dem Crawfish Étouffée und vielen Gerichten wiederfindet. Auch an der langen Atlantikküste von Virginia bis Florida gibt es Gerichte mit frisch zubereitetem Fisch, Muscheln, Krebsen und Krabben auf den Speisekarten zahlreicher Gaststätten. In Restaurants größerer Städte, von Washington und Richmond bis Atlanta und New Orleans, stößt man inzwischen vielfach auf *Raw Bars,* an denen man sich aus roh auf Eis drapierten Köstlichkeiten aus dem Meer selbst ein Gericht komponieren kann.

In dem 700-Seelen-Ort Calabash, 35 Meilen südlich von Wilmington, an der Grenze von North zu South Carolina, servieren gut 20 Fischrestaurants einem nicht endenden Gästestrom im Jahr mehr als 300 t Flundern sowie 170 t Krabben, dazu Heilbutt, Delfin, Goldmakrelen, Krebse, Hummer, Muscheln und Austern. Erfreulich, dass bei den ausgezeichneten Naturprodukten eine langsam wachsende Zahl von Restaurants erkennt, dass Fische auch anders als nur paniert und in der Fritteuse gebacken zubereitet werden können.

Die Austern von den ergiebigen, aber stets durch die Ölförderung im Golf von Mexiko gefährdeten Bänken in Louisiana, von Nordflorida und Virginia versorgen allein fast die gesamten USA und werden darüber hinaus auch in viele Länder exportiert. Gedämpft, überbacken, geräuchert, als Oysterburger oder in einer Suppe, vor allem aber roh *on the half shell* mit Zitrone oder einer scharfen Sauce, gelten sie nicht nur in den Südstaaten als Delikatesse.

Mais als Volksnahrungsmittel

Dem Mais ist ein besonderes Kapitel der Südstaaten-Küche gewidmet: mit gekochten und gerösteten Maiskolben, als Popcorn, gebackenen Maisbällchen als Beilage und natürlich als *Grits,* Maisbrei, der wahlweise zum Frühstück mit Butter und Sirup, mit Speck und Würstchen, aber auch zu jeder Tageszeit mit Shrimps oder *Gravy,* brauner Sauce, gegessen wird und aus einer Zeit zu stammen scheint, als die Bäume noch mit der Axt gefällt und die Pflüge hinter dem Ackergaul in die Furche gedrückt werden mussten.

Ähnlich populär ist der Mais noch in flüssigem Aggregatzustand, als Whiskey. Der vermutlich erste Whiskey des Südens wurde Anfang des 17. Jh. in Virginia von einem gewissen Captain George Thorpe gebrannt, noch aus Roggen und mit dem Wasser des James River. Wenig später dominierte der amerikanische Mais, der als Whiskey in Tausenden von Heimdestillerien für den Eigenbedarf und den Weiterverkauf produziert wurde, und war eine überaus beliebte Form, überschüssiges Getreide zwischenzulagern, ohne großen Platzbedarf oder die Gefahr, dass die Ernte verdarb.

»Der hausgemachte Whiskey hat sich ein Monopol geschaffen, die Amerikaner betrunken zu machen«, schrieb Thomas Jefferson schon 1823. Auch heute noch, lange nach der Zeit des Alkoholverbots in den 1930er-Jahren, wird Whiskey auf dem Lande gern heimlich zu Hause in den sogenannten *moonshine distilleries* gebrannt. Der »weiße

Typisches Drive-in-Diner in Panama City Beach an der floridianischen Golfküste

Blitz«, »Tigerschweiß« oder »Pantheratem« ist ein klarer, hochprozentiger Stoff, der scharf schmeckt und sich schnell verkauft. Bekannter sind die Traditionsmarken aus Tennessee wie Jack Daniel's oder Dickel's, die neben dem Bourbon-Whiskey aus dem benachbarten Kentucky weltweit exportiert und auch in den Südstaaten pur, *on the rocks* oder als Long Drink gern geschlürft werden.

Weitere Getränke

Es ist verständlich, dass im warmen Klima des Südens Durstlöscher eine besondere Popularität erlangen. Neben dem unvermeidlichen Eiswasser, das in nahezu jedem Restaurant unaufgefordert und kostenlos serviert wird, ist der Eistee, gesüßt oder mit Zitrone, der beliebteste alkoholfreie Long Drink, der stets serviert wird. Darüber hinaus haben – vielleicht nicht zufällig – sowohl Coca-Cola als auch Pepsi-Cola aus den Hinterzimmern von Apothekern der Südstaaten ihren Siegeszug um die Welt angetreten, wurde Gatorade, ein besonders bei Sportlern beliebtes Erfrischungsgetränk, in Gainesville (Nordflorida) erfunden.

Auch in den Südstaaten nehmen Biersorten von kleineren *Microbreweries,* häufig nach deutschem Reinheitsgebot für einen regionalen Markt produziert, den großen Produzenten wie Miller, Papst, Busch oder Coors Marktanteile ab. Bis auf ›trockene‹ Countys, in denen die Prohibitionszeit noch nachwirkt und Alkohol nur zu medizinischen Zwecken in der Apotheke zu haben ist, kann man in Restaurants, die das Schild *fully licensed* führen, auch hochprozentige Drinks bestellen. Wein und Bier werden in Supermärkten angeboten, Schnäpse gibt es im *Liquor Store.* Der Alkoholausschank an Jugendliche unter 21 Jahre und auch das Trinken in der Öffentlichkeit sind ebenso verboten wie Alkoholkonsum am Steuer.

Weintrinker sollten neben den exzellenten Tropfen der amerikanischen Westküste aus Washington, Oregon und vor allem Kalifornien nicht vergessen, dass auch in einigen Südstaaten respektable Weine produziert werden. Selbst in Arkansas oder South Carolina haben Winzer, nicht selten befördert durch die Tradition europäischer Einwanderer, den Ausbau von Wein vorangetrieben. In Virginia hat schon Thomas Jefferson rund um seinen Plantagensitz Monticello mit Erfolg Weine kultiviert. Doch die Prohibition in den USA, das Verbot, alkoholische Getränke zu produzieren, zu vertreiben und zu konsumieren, das von 1920 bis 1933 in Kraft war, hatte auch in Virginia dem Weinanbau den Garaus gemacht. Inzwischen gehören die Jefferson Vineyards in Charlottesville mit einem preisgekrönten Chardonnay wieder zu den Spitzenweingütern der Ostküste. Auch viele weitere Winzer und Weinkeller, insbesondere im nördlichen Virginia, müssen sich mit ihren Rieslingen, Chardonnays, Cabernet Sauvignons und Pinot Noirs, inzwischen häufig auch aus nachhaltiger Produktion, nicht verstecken.

Kulinarisches Lexikon

Im Restaurant

Ich möchte einen Tisch reservieren.	I would like to book a table.
Bitte warten Sie, bis Ihnen ein Tisch zugewiesen wird.	Please wait to be seated.
Essen nach Belieben zum Einheitspreis	all you can eat
Die Speisekarte, bitte.	The menu, please.
Weinkarte	wine list
Die Rechnung, bitte.	The bill, please.
Frühstück	breakfast
Mittagessen	lunch
Abendessen	dinner
Vorspeise	appetizer/starter
Suppe	soup
Hauptgericht	main course
Nachspeise	dessert
Beilagen	side dishes
Tagesgericht	meal of the day
Gedeck	cover
Messer	knife
Gabel	fork
Löffel	spoon
Glas	glass
Flasche	bottle
Salz/Pfeffer	salt/pepper
Zucker/Süßstoff	sugar/sweetener
Kellner/Kellnerin	waiter/waitress
Trinkgeld	tip
Wo sind die Toiletten, bitte?	Where are the toilets please?

Frühstück

bacon	Schinken
boiled egg	hart gekochtes Ei
cereals	Getreideflocken
cooked breakfast	englisches Frühstück
fried eggs (sunny side up/over easy)	Spiegeleier (Eigelb nach oben/gewendet)
jam	Marmelade (alle – außer mit Orangen)
marmalade	(ausschließlich) Orangenmarmelade
scrambled eggs	Rühreier

Zubereitung

baked	im Ofen gebacken
broiled/grilled	gegrillt
deep fried	frittiert (meist paniert) gebraten)
fried	in Fett gebacken, oft paniert
hot	scharf
rare/medium rare	blutig/rosa
steamed	gedämpft
stuffed	gefüllt
well done	durch

Fisch und Meeresfrüchte

bass	Barsch
clam chowder	Venusmuschelsuppe
cod	Kabeljau
crab	Krebs/Krabbe
flounder	Flunder
haddock	Schellfisch
halibut	Heilbutt
gamba	Garnele
lobster	Hummer
mussel	Miesmuschel
oyster	Auster
prawn	Riesengarnele
salmon	Lachs
scallop	Jakobsmuschel
shellfish	Schalentiere
shrimp	Krabbe
sole	Seezunge
swordfish	Schwertfisch
trout	Forelle
tuna	Thunfisch

Fleisch und Geflügel

bacon	Frühstücksspeck
beef	Rindfleisch
chicken	Hähnchen
drumstick	Hähnchenkeule
duck	Ente

ground beef	Rinderhackfleisch
ham	Schinken
meatloaf	Hackbraten
porc chop	Schweinekotelett
prime rib	saftige Rinderbraten-scheibe
rabbit	Kaninchen
roast goose	Gänsebraten
sausage	Würstchen
spare ribs	Rippchen
turkey	Truthahn
veal	Kalbfleisch
venison	Reh bzw. Hirsch
wild boar	Wildschwein

Gemüse und Beilagen

bean	Bohne
cabbage	Kohl
carrot	Karotte
cauliflower	Blumenkohl
cucumber	Gurke
eggplant	Aubergine
french fries	Pommes frites
garlic	Knoblauch
lentil	Linse
lettuce	Kopfsalat
mushroom	Pilz
pepper	Paprikaschote
peas	Erbsen
potatoe	Kartoffel
hash browns	Bratkartoffeln
squash/pumpkin	Kürbis
sweet corn	Mais
onion	Zwiebel
pickle	Essiggurke

Obst

apple	Apfel
apricot	Aprikose
blackberry	Brombeere
cherry	Kirsche
fig	Feige
grape	Weintraube
lemon	Zitrone
melon	Honigmelone
orange	Orange
peach	Pfirsich
pear	Birne
pineapple	Ananas
plum	Pflaume
rasberry	Himbeere
rhubarb	Rhabarber
strawberry	Erdbeere

Käse

cheddar	kräftiger Käse
cottage cheese	Hüttenkäse
goat's cheese	Ziegenkäse
curd	Quark

Nachspeisen und Gebäck

brownie	Schokoplätzchen
cinnamon roll	Zimtschnecke
french toast	Toast in Ei gebacken
maple sirup	Ahornsirup
muffin	Rührteiggebäck
pancake	Pfannkuchen
pastries	Gebäck
sundae	Eisbecher
waffle	Waffel
whipped cream	Schlagsahne

Getränke

beer	Bier
(on tap/draught)	(vom Fass/gezapft)
brandy	Cognac
coffee	Kaffee
(decaffeinated/decaf)	(entkoffeiniert)
lemonade	Limonade
icecube	Eiswürfel
iced tea	gekühlter Tee
juice	Saft
light beer	alkoholarmes Bier
liquor	Spirituosen
milk	Milch
mineral water	Mineralwasser
red/white wine	Rot-/Weißwein
root beer	dunkle Limonade
soda water	Selterswasser
sparkling wine	Sekt

Symbol einstiger Macht und Diskriminierung: Plantagenvilla in Charleston

Wissenswertes für die Reise

Die Südstaaten der USA im Internet

Neben den rechts genannten Informationsbüros der verschiedenen Bundesstaaten und Botschaften können weitere Adressen hilfreich sein:

www.deep-south-usa.de
Hilfreiche deutschsprachige Seite zu Kultur, Land und Leuten, Sport, Veranstaltungen und Reisetipps in Alabama, Georgia, Louisiana, Mississippi und Tennessee.

www.blueridgeparkway.org
Die Website der Blue Ridge Parkway Association liefert detaillierte Informationen über eine der schönsten Straßen der USA, die auf dem Kamm der Appalachen von Virginia über North bis nach South Carolina führt.

www.appalachiantrail.org
Website der Appalachian Trail Conservancy, die der Pflege und dem Schutz des längsten Wanderweges des amerikanischen Kontinents zwischen Georgia und Maine gewidmet ist. In den Südstaaten sind Wanderer auf dem Gebiet von Virginia, Tennessee, North Carolina und Georgia unterwegs.

www.nps.gov/natr
Die Panoramastraße des Natchez Trace Parkway auf einem früheren indianischen Handelspfad berührt die Bundesstaaten Tennessee, Alabama und Mississippi.

www.southernliving.com
Die Online-Ausgabe der Zeitschrift Southern Living bietet zahlreiche Informationen über Attraktionen, Parks, Termine und Festivals für Reisende.

www.civilwartraveler.com
Die Website bietet Informationen über den Bürgerkrieg in den Staaten der Konföderation, aber auch über Kämpfe und Gedenkstätten in anderen Bundesstaaten.

www.Docsouth.unc.edu
Die von der Universität von North Carolina in Chapel Hill betriebene Website entwickelt mit historischen Dokumenten und Literaturhinweisen ein umfassendes Archiv über das Leben und die Kultur der Südstaaten.

www.travelsouthusa.org
Marketinorganisation der Südstaaten (ohne Washington D. C. und Florida) mit zahlreichen Infos für Reisende (siehe dort: ABOUT US).

www.nps.gov
Informationen zu allen Nationalparks, National Monuments und Seashores.

www.discoveramerica.com/de
Offizielle Seite der USA-Tourismuswirtschaft, auch in deutscher Sprache, mit Informationen und Links zu größeren Städten, Regionen und Bundesstaaten.

www.usa.de
Allgemeines zu den USA, zu Städten und Landschaften sowie Buchungsmöglichkeiten

www.gocampingamerica.com
Hier bekommt man Infos zum Thema Camping in den USA, inkl. einer Suchmaschine für Campingplätze und Bewertungen.

www.koa.com
Homepage der landesweit vertretenen Campingplatzkette.

Touristeninformation

... in Deutschland

(auch für die Schweiz u. Österreich zuständig)

Capital Region USA
Hindenburgstr. 2, 64665 Alsbach
Tel. 06257 687 81, 00800 96 53 42 64 (kostenlose Hotline); crusa@claasen.de, www.capitalregionusa.de: gemeinsame Repräsentanz von Washington D. C., Virginia, Maryland

Georgia Tourism
Horstheider Weg 106 a, 33613 Bielefeld
Tel. 0521 986 04 25
www.georgiaonmymind.de

Fremdenverkehrsbüro New Orleans & Louisiana
Scheidswaldstraße 73, 60385 Frankfurt/M.
Tel. 069 25 53 82 70
www.louisianatravel.de, www.neworleans.de

Memphis & Mississippi
Horstheider Weg 106 a
33613 Bielefeld
Tel. 0521 986 04 20
www.memphis-mississippi.de

North Carolina Travel and Tourism Division
c/o Aviareps Tourism GmbH
Sonnenstr. 9
80331 München
Tel. 089 23 66 21 64
www.de.visitnc.com

South Carolina Tourism Office
c/o ESTM E. Sommer Tourismus Marketing
Postfach 1425
61284 Bad Homburg
Tel. 06172 92 16 04
www.southcarolinausa.de

Tennessee Tourism
Horstheider Weg 106 a
33613 Bielefeld
Tel. 0521 986 04 15, www.tennessee.de

... in den USA

Neben den Fremdenverkehrsämtern der einzelnen Bundesstaaten (s. u.) in den USA sind deren Visitor Center an den Interstate Highways gute Informationsquellen. Sie liegen jeweils an den Grenzen der Bundesstaaten und warten mit einer Vielzahl von aktuellen Informationsmaterialien auf.

Travel South USA
3400 Peachtree Rd. NE., Suite 725
Atlanta, GA 30326, Tel. 404-231-1790
www.travelsouthusa.com

Alabama Tourism Department
401 Adams Avenue, Suite 126
P. O. Box 4927, Montgomery, AL 36103 4927
Tel. 334-242-4169, www.alabama.travel

Arkansas Department of Parks & Tourism
One Capitol Mall, Little Rock, AR 72201
Tel. 501-682-7777, www.arkansas.com

Destination D. C.
901 7th St. NW., 4th Floor, Washington, D. C. 20001-3719, Tel. 202-789-7000
www.washington.org

Georgia Department of Economic Development, Tourism Division
75 5th St NW., Atlanta, GA 30308
Tel. 404-962-4000, www.exploregeorgia.org

Louisiana Office of Tourism
P. O. Box 94291, Baton Rouge
LA 70804-9291, Tel. 225-342-8100
www.louisinatravel.com

Mississippi Division of Tourism
P. O. Box 849, Jackson, MS 39205
Tel. 601-359-3297, www.visitmississippi.org

North Carolina Division of Tourism, Film and Sports Development
4324 Mail Service Center, Raleigh, NC 27699-4324, Tel. 919-733-4171, www.visitnc.com

South Carolina Department of Parks Recreation, and Tourism
Columbia, SC 29201, Tel. 803-734-1700
www.discoversouthcarolina.com

Tennessee Department of Tourist Development
320 6th Ave. N., 5th Floor
Rachel Jackson Bldg., Nashville, TN 37243
Tel. 615-741-2159, www.tnvacation.com

Virginia Tourism Corporation
901 E. Byrd St., Richmond, VA 23219
Tel. 804-545-5500, www.virginia.org

Diplomatische Vertretungen

... in Deutschland

Botschaft der USA
Pariser Platz 2
10117 Berlin
Tel. 030 238 517 74
Fax 030-831 49 26

Konsularabteilung
Clayallee 170
14191 Berlin
Tel. 0900 185 00 55 (Gebühren 1,86 €/Minute aus dem deutschen Festnetz)
http://german.germany.usembassy.gov/visa

... in Österreich

Botschaft der USA
Boltzmanngasse 16
1090 Wien
Tel. 01 31 33 90, Fax 01 310 06 82
http://german.austria.usembassy.gov
Konsularabteilung
Parkring 12
1010 Wien
Fax 01 512 58 35
ConsulateVienna@state.gov

... in der Schweiz

Botschaft der USA
Sulgeneckstrasse 19
3007 Bern
Tel. 031 357 70 11, Fax 031 357 73 44
http://bern.usembassy.gov
Konsularabteilung Zürich
c/o Zürich America Center
Dufourstrasse 101
8008 Zürich
Tel. 043 499 29 60
Fax 043 499 29 61

... in den USA

Botschaft der Bundesrepublik Deutschland
2300 M St. NW.
Washington D. C. 20037
Tel. 202-298-4000, Fax 202-298-4261
www.washington.diplo.de
Die Botschaft ist gleichzeitig zuständig für Washington D. C. und Virginia.
Generalkonsulat Atlanta
Marquis Two Tower, Suite 901, 285 Peachtree Center Ave., NE. Atlanta, GA 30303-1221
Tel. 404-659-4760, www.atlanta.diplo.de
Zuständigkeitsbereich: Alabama, Georgia, Mississippi, North Carolina, South Carolina, Tennessee
Generalkonsulat Houston
1330 Post Oak Blvd., Suite 1850
Houston, TX 77056-3018
Tel. 713-627-7770, www.houston.diplo.de
Zuständigkeitsbereich: Arkansas und Louisiana

Österreichische Botschaft
3524 International Court NW.
Washington D. C. 20008, Tel. 202-895-6700
Fax 202-895-6750, www.austria.org
Zuständigkeitsbereich: alle Südstaaten

Schweizerische Botschaft
2900 Cathedral Ave., Washington D. C. 20008-3499, Tel. 202-745-7900
Fax 202-397-2564, www.eda.admin.ch
Die Botschaft ist gleichzeitig zuständig für Washington D. C. und Virginia.

Generalkonsulat Atlanta
1349 W Peachtree St. NW.
Two Midtown Plaza, Suite 1000
Atlanta, GA 30309, Tel. 404-870-2000
Fax 404-870-2011, www.eda.admin.ch
Zuständigkeitsbereich: Alabama, Arkansas, Florida, Georgia, Louisiana, Mississippi, North Carolina, South Carolina und Tennessee

Karten

Empfehlenswert sind insbesondere die Karten von Rand MCNally, die auch in heimischen Fachbuchhandlungen zu bekommen sind. ADAC-Mitglieder erhalten in den Büros der *American Automobile Association* (AAA) im Übrigen kostenlos hervorragende Karten, außerdem Tourbooks zu den verschiedenen Bundesstaaten mit vielen Informationen. Büroadressen in jedem Tourbook, das man über www.aaa.com und die Eingabe einer Postleitzahl (Zip-Code) und für ausgewählte Bundesstaaten auch beim heimischen ADAC-Büro gegen Gebühr erhält. Dort bekommen Mitglieder auch eine »Show & Save«-Karte, die eine ganze Reihe von durchaus lohnenden Ermäßigungen in Hotels und Restaurants in den USA bietet.

Lesetipps

Romane und Erzählungen

Beecher Stowe, Harriet: Onkel Toms Hütte, München 2006. Die larmoyante Schilderung der unmenschlichen Lebensbedingungen der verschleppten und versklavten Schwarzafrikaner stärkte 1852 die Position der Gegner des Sklavensystems in den USA beträchtlich.

Berendt, John: Mitternacht im Garten von Gut und Böse, München 1997. Die autobiografische Aufklärung eines Mordfalls inmitten einer dem Untergang geweihten Provinz Snobiety führte über Jahre die Literaturcharts der New York Times an und wurde von Clint Eastwood mit Kevin Spacey als Protagonisten kongenial verfilmt (derzeit nur antiquarisch).

Chopin, Kate: Das Erwachen, München 1999. Unverblümte Geschichte über die Emanzipation einer Frau im kreolischen Louisiana des 19. Jh., die um individuelle Freiheit und ihre Selbstbestimmung kämpfen muss, um ihr festgelegtes Rollenbild zu überwinden.

Faulkner, William H.: Licht im August, Reinbek 2010. Die meisterhafte Schilderung von miteinander verwobenen Schicksalen in der Südstaatenstadt im fiktiven Yoknapatawpha County zeigt eine im fanatischen Rassismus erstarrte Gesellschaft. Weitere Romane des Literaturnoberpreisträgers sind z. B. »Griff in den Staub« und »Sartoris«.

Green, Julien: Von fernen Ländern, München 1997. Die opulent auf 1020 Seiten ausgebreitete Familiensaga spielt im Virginia und Georgia des 19. Jh. Die 16-jährige Elisabeth aus England ist zu ihren reichen Verwandten in die Neue Welt gereist, erlebt dort ihre erste Liebe, allerlei Enttäuschungen und die Widersprüche einer im Luxus lebenden Oberschicht.

Jakes, John: Fackeln im Sturm, Bergisch-Gladbach o. J. In der auch verfilmten Romantrilogie porträtiert der Autor den (militärischen) Konflikt zwischen den Nord- und den Südstaaten anhand zweier Familien aus Pennsylvania und South Carolina.

Mitchell, Margret: Vom Winde verweht, Berlin 2000. Berühmtestes Bürgerkriegsepos, der Klassiker der Südstaatenromane. Eine dramatische Liebesgeschichte um das Schicksal der schönen und stolzen Scarlett O'Hara und ihrer Leidenschaft für den Außenseiter und Draufgänger Rhett Butler vor dem Hintergrund des Bürgerkriegs in Georgia und Atlanta.

Russel, Karen: Swamplandia, Zürich 2011. Fantasievoll verquerer Roman in der Tradition der großen Südstaatenerzähler. Der Vergnügungspark Swamplandia der Familie Bigtree ist in der Krise. Das Mädchen Ava muss nach dem Tod der Mutter und dem Verschwinden von Vater und Bruder große Verantwortung für 70 Alligatoren und zunächst auch für die ältere Schwester Osceola übernehmen.

Twain, Mark: Die Abenteuer von Tom Sawyer und Huckleberry Finn, 2-bändig, Zürich 2010. Unübertroffene Schilderungen des Lebens am großen Strom in der Zeit, als farbige Menschen noch versklavt waren. Über Scharlatane und Schatzsuche, raue Sitten, echte Freundschaft und die erste Liebe.

Williams, Tennessee: Endstation Sehnsucht, Frankfurt/M. 2011. Im Bühnenstück prallen zwei Kulturen, die der untergehenden Südstaatenaristokratie und der industriellen Gesellschaft, zerstörerisch zusammen. Blanche Dubois, eine Lehrerin in den Südstaaten, erlebt den Niedergang ihrer Familie bis auch das Herrenhaus versteigert wird. Sie versucht, bei ihrer Schwester Blanche, die in New Orleans mit einem ihrer Meinung nach sozial niedriger gestellten Mann zusammenlebt, unterzukommen, doch es kommt zur Katastrophe.

Ders.: Die Katze auf dem heißen Blechdach, Frankfurt/M. 2011. Geldgier, Neid und Selbsttäuschung um einen sterbenden Familienpatriarchen, genannt »Big Daddy«, in den Südstaaten. Die Familienmitglieder, auch die mit reichlich Sexappeal ausgestattete Maggie sind im Haus versammelt. In dem Theaterstück brechen die Familienstreitigkeiten wieder auf, Hass und Liebe, Heuchelei und Vorurteile entfalten ihre Kraft, der Kampf um das Erbe des noch Lebenden bricht auf.

Wolfe, Tom: Ein ganzer Kerl, München 2010. Auf 1080 Seiten schildert der Bonvivant unter den amerikanischen Schriftstellern den Aufstieg und Niedergang des weißen Establishments mit seinen überkommenen Werten und Normen anhand eines Immobilientycoons in Boomtown Atlanta.

Krimis

Ball, John: In der Hitze der Nacht, Köln 1997. Im Südstaatenkaff Wells wird ein Dirigent ermordet. Polizeichef Gillespie wirkt überfordert und verhaftet als Verdächtigen einen Farbigen am Bahnhof, der sich jedoch als Polizist aus Kalifornien entpuppt. Gillespie willigt widerwillig ein, dass dieser bei den Ermittlungen hilft. Das Buch ist derzeit nur antiquarisch erhältlich. Die Verfilmung mit Sidney Portier und Rod Steiger wurde 1968 mit fünf Oscars prämiert.

Burke, James Lee: Im Dunkel des Deltas, München 1995. Atmosphärisch dichter Krimi, dessen spannungsgeladenes Szenario sich im Süden Louisianas entfaltet. Weitere Louisiana-Romane desselben Autors sind derzeit ebenfalls nur antiquarisch erhältlich.

Connolly, John: Die weiße Straße, Berlin 2006. Knallharter Krimi über einen Fall in South Carolina, wo ein Schwarzer wegen der Vergewaltigung und Ermordung der Tochter eines der reichsten Männer des Bundesstaates hingerichtet werden soll. Eigentlich der richtige Fall für den Privatdetektiv Charlie Parker, der jedoch im Geflecht von Beziehungen, Bedrohungen und Mythen an seine Grenzen gerät (derzeit nur antiquarisch).

Grisham, John: Die Firma; Die Jury, München 1992/1994. Beide Romane sind im mafiotischen und juristischen Milieu in Memphis bzw. im ländlichen Mississippi angesiedelt.

Ders.: Das Gesetz, München 2010, Südstaaten-Stories, mit einem Augenzwinkern erzählt, nicht nur aus dem Juristenmilieu.

Sachbücher

Berendt, Joachim-Ernst: Das Jazzbuch. Fortgeführt von Günther Huesmann, Frankfurt/M. 2007. Ein hilfreiches Nachschlagewerk zu allen Fragen der bedeutendsten Musikrichtung, die auf dem Neuen Kontinent entstand.

Du Bois, William E. B.: Die Seelen der Schwarzen, Freiburg 2008. Der Autor wurde 1868 geboren und entwickelte sich mit diesem Buch, das eine kritische Bestandsaufnahme seiner Zeit ist und für Martin Luther King und Malcolm X bedeutendste Inspirationsquelle war, zum wichtigsten Führer der schwarzen Bürgerrechtsbewegung NAACP.

Wölfer, Jürgen: Lexikon des Jazz, Innsbruck 1999. Wer ist denn nun der größte Jazztrompeter, wer war Billie Holiday und welche Rolle spielten die Südstaaten für die Entwicklung der Stilrichtungen?

Für jüngere Leser

Bray, Libba: Ohne. Ende. Leben. München 2011. Fantastischer Jugendroman über einen 16-Jährigen, der an Kreutzfeldt-Jakob erkrankt und auf der Suche nach einem Dr. X mit seinem Bettnachbarn Gonzo durch die Südstaaten reist, um das Universum zu retten und sich gleichzeitig zu heilen.

Childress, Mark: Abgebrannt in Mississippi, München 2008. Coming-up-Age-Roman, in dem der jugendliche Weiße Daniel Musgrove sich in den 1970er-Jahren auf der Highschool ausgerechnet in eine schwarze Mitschülerin verliebt. Brisant und rührend.

Green, John: Eine wie Alaska, München 2009. Der atmosphärisch dichte, packende Jugendroman über die erste Liebe und das Erwachsenwerden spielt überwiegend in Alabama.

Hoffman, Beth: Die Frauen von Savannah, 2011. Ein frischer, staubfreier Südstaatenroman über ein 12-jähriges Gör, das nach dem tragischen Verlust seiner Mutter die vertraute Umgebung Ohios verlassen und zu einer Tante nach Savannah ziehen muss.

Die Südstaaten als Reiseland

Es gibt viele Gründe, in die Südstaaten zu reisen. Die große Mehrzahl der Urlauber in den Südstaaten unternimmt eine Rundreise, um möglichst viel von der faszinierenden Region mitzubekommen. Doch Vorsicht, das Gebiet ist sehr groß und wer seine Zeit vor allem auf den Interstate Highways verbracht hat, ist zu bedauern. Besser ist es, Schwerpunkte zu setzen und die Rundreise mit Aufenthalten von mehreren Tagen an besonders erholsamen Orten an der Küste oder in den Bergen zu gestalten.

Die **Musik** – Gospel, Country & Western, Jazz und Blues – ist sicherlich ein wichtiges Motiv für eine Reise in die Südstaaten. Konzerte, Festivals, Musikclubs findet man überall, in Nashville genauso wie in Athens, Georgia oder in der Bundeshauptstadt Washington. Hinzukommen die schnelle Tanzmusik der Cajun im Süden von Louisiana und deren schwarzes Gegenstück, der Zydeco. Auf ländlichen Festen wie in den Appalachen, im Flachland von Louisiana oder im Mississippi-Delta können Reisende ganz besondere Musikerlebnisse genießen.

Auch die **Natur** ist faszinierend; zu nennen sind etwa die Wälder und Berge der Appalachen zwischen dem Shenandoah- und dem Great Smoky Mountains National Park; des Weiteren das breite Band des Mississippi zwischen Memphis und New Orleans sowie die Golfküste und die lange Atlantikküste mit fantastischen Stränden, z. B. auf den Outer Banks von North Carolina, auf Hilton Head Island in South Carolina oder entlang der Gulf Islands National Seashore. Dazu kommen eindrucksvolle Küstenmarschen von Virginia bis Florida und ausgedehnte Sumpfgebiete in Virginia, im Süden von Georgia oder im Mündungsdelta des Mississippi.

Die Südstaaten bieten zudem eine eigene **Geschichte** mit Plantagenvillen, Sklavenhütten und Bürgerkriegsschauplätzen in allen Bundesstaaten des Südens. Auch der Unabhängigkeitskrieg gegen Großbritannien hat sich zum großen Teil im Südosten der USA abgespielt. Vor allem in Virginia trifft man immer wieder auf Zeugnisse der Kolonialepoche. Zum besonderen Flair trägt auch die berühmte *Southern hospitality* bei, die geradezu sprichwörtlich einladende Gastfreundschaft. Auch Städtereisen oder besser Städteaufenthalte nehmen an Beliebtheit zu. Washington D. C., dazu Charleston in South Carolina, aber auch Savannah und Atlanta in Georgia, New Orleans oder Nashville und Memphis verlangen mehr als eine kurze Stippvisite.

Sportliche Betätigung gehört in den Südstaaten einfach dazu. Ein dichtes Netz von häufig bestens ausgebauten Wanderwegen nicht nur in den Mittelgebirgen überzieht das Land; viele ehemalige Bahntrassen sind zu Trails für Fahrradfahrer und Inlineskater ausgebaut. Bei den langen Küsten spielen alle Varianten des Wassersports eine große Rolle. Es wird gesegelt, gesurft, auf Wellen geritten, im Seekajak können die Küstenmarschen vom Wasser aus erkundet werden. Außerdem gibt es Wildwasserstrecken in den schäumenden Bächen der Appalachen, bestens geeignet für Kajak- und Kanufahrer oder als Gruppenerlebnis im stabilen Schlauchboot. Golf gehört mit vielen Hundert Golfplätzen zu den beliebtesten Sportarten, die jeder auch ohne Clubmitgliedschaft betreiben oder vergleichsweise günstig hier erlernen kann.

Was ist sehenswert?

Alabama

Grüne Landschaft mit Feldern und Wäldern, dazwischen renommierte Golfplätze wie die vom berühmten Robert Trent Jones Golf Trail. Im Osten ist es hügelig, sonst eher flach. Selma, Montgomery (s. S. 379) und andere Städte zählten zu den Vorreitern der Abspaltung von der Union. Später schrieb hier die Bürgerrechtsbewegung Geschichte, an deren Kämpfe viele Gedenkstätten und Museen erinnern.

Arkansas

In dem unter Reisenden wenig bekannten Bundesstaat westlich des Mississippi findet man u. a. Mittelgebirge mit Wander- und Paddelstrecken, ein Altersheim für Elefanten und die Hauptstadt Little Rock (s. S. 426) mit dem Bill Clinton Presidential Center. Hot Springs (s. S. 437) heißt der bekannte Kurort mit Heißwasserquellen, und an der Grenze zu Oklahoma, bei Fort Smith (s. S. 435), ist der Westen noch bis ins 20. Jh. wild gewesen.

Washington D. C.

Eigentlich gehört die Bundeshauptstadt (s. S. 104) nicht zu den Südstaaten, aber viele Urlauber starten ihre Südstaatenreise hier. Sehenswert ist der District von Columbia allemal, mit seinen Weltklassemuseen zu Kunst, Wissenschaft und Technik sowie zur Geschichte der USA, dem Weißen Haus und dem Kapitol sowie verschiedenen National Memorials zu Abraham Lincoln, Franklin D. Roosevelt und anderen Präsidenten. Den Ruf einer öden Verwaltungsmetropole hat Washington längs abgestreift und präsentiert heute eines der interessantesten Kultur- und Nachtleben der Ostküste der USA.

Florida

Der Norden des Bundesstaates zeigt seine spanische Kolonialvergangenheit zwischen St. Augustine (s. S. 293) am breiten Strand des Atlantiks und Pensacola (s. S. 306) an der Grenze zu Alabama ganz im Westen der Golfküste. Auch bei der Hauptstadt Tallahassee (s. S. 298) ist eine spanische Siedlung rekonstruiert. Dazwischen liegen feine weiße Quarzstrände entlang der als Nationalpark geschützten Golfküste, Baumwoll- und Erdnussfelder, eine sehenswerte Tropfsteinhöhle sowie eine Riesenquelle (s. S. 301), in der schon Tarzan mit Alligatoren um die Wette schwamm.

Georgia

Die Powerstadt und Millionenmetropole Atlanta (s. S. 250) beeindruckt mit hochklassigen Museen, mit einem Nationalpark für Martin Luther King und abwechslungsreichem Kulturleben. Savannah (s. S. 276) offenbart sich als nostalgische Südstaatenstadt wie aus dem Bilderbuch mit dem größten unter Denkmalschutz stehenden historischen Innenstadtdistrikt in den USA. Bei Macon (s. S. 272) stößt man auf beeindruckende Siedlungen indianischer Ureinwohner, weiter südlich auf den Okefenokee-Sumpf (s. S. 274) und an der Küste auf Jekyll Island (s. S. 286).

Louisiana

New Orleans (s. S. 314), die träge Schönheit am Mississippi, hat sich von den durch den Hurrikan Katrina verursachten Überschwemmungen erholt, zumindest im touristischen Zentrum. Prächtige Südstaatenvillen reihen sich etwas weiter flussaufwärts rechts und links des Mississippi aneinander. Gleich im Westen der Metropole beginnt Cajun Country (s. S. 326), in dem die Nachkommen französischer Einwanderer einen ländlichen Dialekt der Bretagne sprechen, vortrefflich gewürzte Gerichte servieren und mit einer lebensfrohen Musik aufspielen, die geradezu zum Tanzen zwingt. Geführte Bootsausflüge im Mündungsdelta des Mississippi geraten zum besonders eindrucksvollen Naturerlebnis (s. S. 328). Weiter im Norden, westlich von Shreveport (s. S. 346), starb 1934 das Gangsterpaar Bonnie & Clyde. Und bei Poverty Point (s. S. 348) schufen Indianer vor rund 3700 Jahren eine Kultstätte und Wohnanlage, die bis zu 6000 Bewohner beherbergte.

Mississippi

Auf den Feldern östlich des Mississippi wurde der Blues geboren. Der Blues Trail (s.

S. 361), an dem viele Sehenswürdigkeiten und Musikclubs aufgereiht sind, erinnert daran. In Oxford (s. S. 365) im Norden des Bundesstaates ist nicht nur die Staatsuniversität »Ole Miss« zu Hause, hier lebte auch der Literaturnobelpreisträger William Faulkner und schrieb Romane und Erzählungen, die heute zur Weltliteratur zählen. Aus Oxford stammt auch der Bestsellerautor John Grisham. Die langen Strände entlang der Golfküste laden zum Bad oder zu einem Besuch der Spielkasinos ein. Der Natchez Parkway kreuzt den Bundesstaat von Südwest nach Nordost und passiert altindianische Kultstätten sowie die Hauptstadt Jackson (s. S. 425) und den Ort Tupelo (s. S. 369), wo Elvis Presley das Licht der Welt erblickte.

North Carolina

Die bewaldete Bergkette der Appalachen mit dem Naturparadies des Great Smoky Mountains National Park (s. S. 192) charakterisiert den Westen; eine Kette vorgelagerter Inseln, die Outer Banks, (s. S. 210) mit der Cape Hatteras National Seashore den Osten; dazwischen liegt das gewellte Hügelland des Piedmont (s. S. 194) mit seinen sehenswerten Städten, zumeist ehemalige Tabakmetropolen wie Winston-Salem, Raleigh-Durham und die ehemalige Hauptstadt New Bern mit dem Palast des königlichen Gouverneurs. In Old Salem erinnern historische Gebäude an die deutschprotestantischen Morawier, die im 18. Jh. hier Glaubesfreiheit suchten. Die Qualla Boundary der Cherokee ist die größte Indianerreservation östlich des Mississippi.

South Carolina

In den Ausläufern der Appalachen im Westen wird gepaddelt und gewandert, an der Küste verführen die Boone Hall Plantation und andere spektakuläre Pflanzervillen sowie atmosphärisch und architektonisch beeindruckende Städte des alten Südens wie Charleston (s. S. 222) oder Beaufort (s. S. 231) zu längeren Aufenthalten. Die Atlantikküste mit dem langen breiten Strand von Myrtle Beach (s. S. 218) sowie vorgelagerten Inseln wie Kiawah, Hunting Island oder Hilton Head Island bieten Urlaubsmöglichkeiten für alle Geschmäcker und Geldbeutel, dazu Sportangebote wie Wandern, Wassersport, Tennis oder Golf. Das Spoleto Festival in Charleston gehört zu den bedeutendsten Kulturfestivals der Vereinigten Staaten.

Tennessee

Lang und schmal grenzt der Osten des Bundesstaates an die Appalachen und den Great Smoky Mountains National Park. Ganz in der Mitte liegt die Hauptstadt Nashville (s. S. 388), das Epizentrum der Country-&-Western-Szene mit der Grand Ole Opry. Im Westen bildet der Mississippi mit Memphis (s. S. 416) die Grenze des Bundesstaates. In der restaurierten Beale Street wird noch immer Blues gespielt, doch die Elvis-Fans pilgern nach Graceland in den Süden der Stadt und besuchen das frühere Wohnhaus des King of Rock. Das Lorraine Hotel, in dem 1968 Martin Luther King einem Attentat zum Opfer fiel, ist Zentrum einer großen Ausstellung zum Kampf um gleiche Bürgerrechte.

Virginia

Zahlreiche National Battlefields zeugen davon, dass der Großteil der Bürgerkriegsschlachten auf dem Territorium Virginias ausgetragen wurde. Das von Thomas Jefferson entworfene Kapitol in der Hauptstadt Richmond (s. S. 153) diente den meisten Parlamentsgebäuden in den USA zum Vorbild. Im historischen Dreieck (s. S. 164) der Städte Williamsburg, Jamestown und Yorktown bewegt man sich dagegen auf kolonialem Terrain. Auch die Pflanzervillen diverser aus Virginia stammender US-Präsidenten, von Washington, Jefferson oder Madison, können besichtigt werden. Ansonsten beeindrucken die Appalachen mit dem wunderschönen

Shenandoah National Park (s. S. 138) und dem nördlichen Teil der Panoramastraße des Blue Ridge Parkway (s. S. 141) sowie Tidewater Virginia (s. S. 163), die Marschenlandschaften und Schwemmländer an den zum Atlantik strebenden Flüssen. Im Norden des Bundesstaates wachsen viele gute Weine, die zu Verkostungen geradezu einladen.

Vorschläge für Rundreisen

Für eine große Rundreise, die alle Sehenswürdigkeiten der Region umfasst, bräuchte man sicherlich ein Vierteljahr. Da nur wenige diese Zeit aufbringen können oder wollen, empfiehlt es sich, eine Auswahl zu treffen, um eine bestimmte Region oder einen thematischen Schwerpunkt besser kennenzulernen. Bei größerem Zeitbudget können kürzere Trips mühelos kombiniert werden.

Ein bis zwei Wochen

Washington D. C. und Virginia: Drei bis vier Tage sollte man schon für die Besichtigung der vielen Sehenswürdigkeiten einplanen. Dann geht es weiter in den Shenandoah National Park und von dort nach Charlottesville, die Heimatstadt von Thomas Jefferson. Über Richmond, die Hauptstadt von Virginia, ist bald das koloniale Williamsburg erreicht. Von dort ist es, vielleicht mit einem Stopp in Fredericksburg und Alexandria, nicht mehr weit bis Washington D. C. (440 Meilen/700 km).

Georgia-Florida-Alabama: Start ist in Atlanta, der größten Stadt in den Südstaaten mit reichem Kulturangebot, zahlreichen Museen und der Martin-Luther-King-Gedenkstätte. Weiter geht es an die Küste nach Savannah, das mit eichengesäumten Straßen und historischen Stadtvillen zum Spaziergang einlädt. Die schöne Strandinsel Jekyll Island im Süden war früher Privatbesitz eines Millionärsclubs. In St. Augustine, bewacht eine spanische Festung die frühere Hauptstadt von Spanisch-Florida. Über Tallahassee geht es nach Panama Beach, Walton Beach und Pensacola entlang der Strände der Gulf Islands National Seashore. Nach Norden ist bald Montgomery, die Hauptstadt von Alabama, erreicht, mit dem Kapitol, auf dessen Stufen Jefferson Davis den Amtseid als Präsident der Konföderation ablegte, und dem Civil Rights Memorial, das die Opfer der Bürgerrechtsbewegung ehrt. Von hier sind es noch knapp drei Stunden Autofahrt bis Atlanta (1160 Meilen/1840 km).

Blick in die Kuppel des Kapitols von Jackson, der Hauptstadt Mississippis

Drei bis vier Wochen

Jazz, Blues und Countrymusic: Startpunkt ist New Orleans, die gebeutelte Schönheit am Mississippi, mit dem French Quarter, besten Restaurants und vielen Jazz- und anderen Musikclubs. Die River Road am Mississippi führt an schlossartigen Pflanzervillen vorbei, über Baton Rouge und St. Francisville nach Natchez, vor dem Bürgerkrieg reichste Stadt des Landes. Ein Stückchen folgt man dem Natchez Trace Parkway, dann geht es wieder nach Westen und schnell ist Vicksburg am Mississippi erreicht, in dem die Bewohner vor 150 Jahren eine der schrecklichsten Belagerungen des Bürgerkriegs erleiden mussten.

Auf der US 61, dem Blues Highway, fährt man durchs Mississippi-Delta, nach Indianola, Cleveland, Merigold und Clarksdale, dorthin, wo der Blus geboren wurde. Bald ist Memphis erreicht, in dem der Rockabilly das Zeitalter des Rock 'n' Roll einläutete und Elvis Presley in Graceland seine letzte Ruhestätte fand. Das Lorraine Hotel, in dem 1968 Martin Luther King erschossen wurde, ist heute eine nationale Gedenkstätte. Nashville, die Hauptstadt von Tennessee, ist mit der Grand Ole Opry und Dutzenden von Musikclubs, das Mekka des Country & Western. Von hier führt der Natches Trace Parkway nach Süden. In Tupelo hat man das Geburtshaus von Elvis Presley als Museum ausgebaut.

Nach eine Stippvisite in Jackson, der Hauptstadt des Bundesstaates Mississippi, geht es weiter an die Golfküste und ihre breiten Strände und großen Spielkasinos zwischen Gulfport und Biloxi. Nach anderthalb Autostunden Richtung Westen ist New Orleans wieder erreicht (1320 Meilen/2110 km).

Von Washington nach Atlanta: Der Start in Washington verzögert sich um einige Tage, weil es hier so viel zu besichtigen gibt. Dann geht es über das koloniale Williamsburg mit Yorktown und Jamestown weiter nach Süden. Nächster längerer Stopp sind die Outer Banks von North Carolina. Das Wright-Brothers Memorial erinnert an den ersten motorisierten Flug der Menschheitsgeschichte und der schöne Strand dort daran, eine Pause am selben einzulegen. Im dynamischen Wilmington, mit alten Häusern und aufregendem Nachtleben ist die Grenze zu South Carolina erreicht. Jetzt geht es am Meer entlang bis ins turbulente Myrtle Beach mit seinem langen breiten Strand und vielen Hotels. Von dort ist es nur noch ein Katzensprung bis zur Südstaatenperle Charleston mit ihren historischen Gebäuden. Auf dem Weg nach Hilton Head Island lohnt eine Besichtigung von Beaufort, ebenfalls mit sehenswertem Altstadtkern. Auf Hilton Head Island ist Entspannung angesagt, baden, Rad fahren, Tennis oder Golf. Es folgt Savannah, schon in Georgia, mit seinen fantastischen historischen Häusern im Zentrum. Auf der Fahrt nach Atlanta bietet sich ein Stopp in Macon an, um die altindianischen Kult- und Siedlungsstätten zu besichtigen. In Atlanta mit seinen vielen Museen und dem Martin Luther King gewidmeten Bezirk rund um die Auburn Avenue kann man sich gut einige Tage aufhalten (1000 Meilen/1600 km).

North und South Carolina: Start in Charlotte, der modernen Metropole von North Carolina. Winston-Salem etwas weiter im Norden hat eine anschauliche koloniale Tradition und ist das Zentrum der geschrumpften Tabakindustrie Nordamerikas. Westlich davon liegt Raleigh, die Hauptstadt des Bundesstaates und mit Durham und Chapel Hill ein modernes Hochschul- und Technologiezentrum. Die vorgelagerte Inselkette der Outer Banks bietet Sehenswürdigkeiten wie das Wrights Brothers Memorial, die untergegangene erste englische Kolonie in der Neuen Welt und dazu herrliche Strände. Im Küstenstädtchen Beaufort (NC) wurde der romantische Hollywood Streifen »Message in a Bottle« gedreht. Die nächsten Stationen entlang der Küste sind das jugendliche Wilmington mit historischem Charme, die Urlaubsmetropole Myrtle Beach am »Grand Strand«, die Südstaatenperle Charleston und das exklusive Ferieneiland Kiawah. Von dort geht es ins Landesinnere, in die moderne Hauptstadt von South Carolina Columbia und weiter in die Ausläufer der Appalachen für eine Schlauchboottour auf dem Chattooga River. Auf dem Weg zum Great Smoky Mountains National Park mit seinen unendlichen Möglichkeiten zum Wandern oder Angeln lohnt ein Stopp in Asheville mit einem beeindruckenden Ensemble von Art-déco-Gebäuden und in der Cheerokee Reservation. Nach einer letzten Fahretappe ist Charlotte, Ausgangspunkt der Rundreise, erreicht (1480 Meilen/2400 km).

Reiseveranstalter

Der Markt der Reiseveranstalter ist vielfältig und reicht vom Anbieter für Mietwagen, Campmobile und Motorräder und den Veranstaltern von luxuriös geführten Busreisen bis zu großen Pauschalreiseveranstaltern (www.dertour.de, www.fti.de, www.tui.com, www.meiers-weltreisen.de), die auch die Südstaaten in ihrem Programm führen. Die Kataloge lassen sich wie ein Reisebaukasten nutzen, bei dem man verschiedene Bausteine zu seiner Südstaatentraumreise kombinieren kann.

Canusa (www.canusa.de/usa-reisen/sued staaten.html) nennt sich der Spezialveranstalter für alle Touren durch die USA und Kanada mit großem Südstaatenangebot, gleichgültig, ob man nun mit dem Motorrad oder dem Wohnmobil oder dem Pkw unterwegs sein möchte. Ein ähnliches Programm bietet CRD International aus dem North America Travelhouse (www.crd.de), gleichzeitig Generalagentur für die US-Bahngesellschaft Amtrak. Auch Mercator Reisen gilt als Spezialist für die USA (www.mercator-reisen.de). Er bietet beispielsweise exklusive Busreisen durch den Südosten oder auch Aufenthalte in Strandhotels in South Carolina. Auch ein Preisvergleich mit aktuellen Angeboten von Internet-Reisebüros wie z. B. expedia.de, opodo.de, swoodoo.com kann sich lohnen.

Urlaub mit Kindern

Gleichgültig, ob Sie an den Stränden der Atlantikküste oder des Golfes von Mexiko urlauben: Familien mit Kindern haben überall Vorfahrt und genießen die ihnen zustehende Aufmerksamkeit. Bis zu erfragenden Altersgrenzen haben Kinder in Bus und Bahn entweder freie Fahrt oder zahlen die Hälfte. In Hotels werden Kinderbetten *(cribs)* bereitgehalten. Viele Unterkünfte verlangen auch keinen Aufschlag für Heranwachsende, wenn diese im Zimmer der Eltern übernachten. Einige verlangen auch kein Geld oder nur einen geringen Satz für die Verpflegung der Kinder. Viele Hotels bieten neben speziellen Programmen auch Babysitter als Service an, um Eltern die Möglichkeit zu ungezwungenen Unternehmungen einzuräumen.

Wem ein Hotel zu eng ist, kann an vielen Orten ein Apartment oder Reihenhaus buchen. Die sind in der Regel nicht nur geräumiger, sondern bieten auch noch den Vorteil der Selbstverpflegung. Dagegen sind die in den Südstaaten häufig anzutreffenden Bed-&-Breakfast-Unterkünfte, die in alten Villen untergebracht und häufig mit Antiquitäten eingerichtet sind, nicht die beste Wahl für Übernachtung mit kleineren Kindern. Einige von ihnen verlangen sogar ein Mindestalter für Jugendliche. In Restaurants werden unaufgefordert Kinderstühle *(booster chairs)* zur Verfügung gestellt und den Kindern eine spezielle Karte offeriert. In *Family Restaurants* gibt es oft extra angelegte Spielecken. Da die Südstaaten dem Äquator sehr nahe sind, empfiehlt es sich, Kinder in besonderem Maße vor der Sonne zu schützen. Nicht nur deshalb, sondern auch aus ›moralischen‹ Gründen wird das Nacktbaden auch von Kindern nicht gern gesehen. In fast allen Bundesstaaten bieten kleine und große Vergnügungsparks Attraktionen für verschiedene Altersgruppen.

In Autos müssen Kinder bis zum Alter von drei Jahren in Kindersitzen *(child safety seat)* transportiert werden. Familien, die mit dem Mietwagen oder Campingmobil reisen, sollten vor Antritt ihrer Fahrt darauf achten, dass entsprechende Sitze vorhanden sind.

Reisende mit Handicap

Auch in den Südstaaten sind die USA besser auf den Umgang mit Körperbehinderten eingestellt als in vielen anderen Reiseländern. Die Kantsteine sind an Straßenkreuzungen abgeflacht, Hotels verfügen über Rampen, viele Sehenswürdigkeiten, National oder State Parks sind für Rollstuhlfahrer zugänglich. Ein Gesetz, der *Americans with Disabilities Act* regelt, dass in nahezu allen öffentlichen Gebäuden und Einrichtungen Zugänge für Menschen in Rollstühlen oder mit anderen Behinderungen geschaffen werden müssen. In zahlreichen Vergnügungsparks kann man am Eingang kostenlos Rollstühle entleihen. Mietwagenformen bieten nach rechtzeitiger Anfrage Wagen mit Handschaltung oder für spezielle Handicaps ausgerüstete Fahrzeuge.

Einreise- und Zollbestimmungen

Pass und Dokumente: Für die Einreise in die Vereinigten Staaten ist ein mindestens noch 90 Tage gültiger Reisepass erforderlich. Für diesen Zeitraum benötigt man kein Visum. Auf dem ersten amerikanischen Flughafen, auf dem aus Europa kommende Jets landen, werden die Einreise- und Zollformalitäten abgewickelt. Ein Abschnitt des Einreiseformulars verbleibt übrigens bis zur Ausreise im Pass.

Bei der Einreisekontrolle werden biometrische Daten erfasst, elektronische Fingerabdrücke und Fotos der Augeniris. Seit 2009 benötigen Reisende zusätzlich eine sogenannte ESTA-Genehmigung, ohne die Fluggesellschaften Reisende nicht mitnehmen dürfen. Diese sollte rechtzeitig vor Reiseantritt über das Internet unter https://esta.cbp.dhs. gov beantragt werden. Die erteilte Einreiseerlaubnis gilt zwei Jahre lang für beliebig viele Einreisen. Das online auszufüllende Formular enthält im Wesentlichen die gleichen Fragen, die auf dem bisherigen Einreiseformular aufgelistet waren. Wer in den USA arbeiten, studieren oder länger als 90 Tage bleiben will, muss bei seinem zuständigen US-Konsulat ein Visum beantragen.

Zollbestimmungen: Die Einfuhr von Pflanzen, Tieren und Lebensmitteln ist nicht gestattet. Gleiches gilt für Drogen aller Art, Handfeuerwaffen und Explosivstoffe. Die Hunde der »Beagle Brigade« erschnüffeln beim Zoll zwischen Rauschgift, Schwarzbrot und Würsten alles, was nicht in die USA importiert werden darf. 50 Zigarren oder 200 Zigaretten sowie 1 l hochprozentiger Alkohol darf jeder mindestens 21 Jahre alte Reisende einführen. Ebenfalls Geschenke bis zu einem Wert von 100 $.

Hotline: Tel. 0190-85 00 55; **Allgemeine Informationen:** Tel. 0190 85 00 50 00 (Bandansage).

Anreise

Täglich verbinden zahlreicher Airlines deutsche Flughäfen sowie Wien und Zürich direkt oder mit Umstieg mit Washington D. C. (IAD), Chicago (ORD) oder New York (JFK/EWR). Die reine Flugzeit dauert je nach Ziel 9–11 Std., bei Umsteigeverbindungen 2–3 Std. länger. Je nach Saison kostet der Transatlantikflug 500–1000 €. Manche Airlines bieten im Rahmen eines Fly-&-Drive-Pakets preiswerte Weiterflüge und Mietwagen an.

Viele Hotels und Mietwagenverleiher haben Shuttlebusse, die ihre Kunden am Flughafen aufnehmen und zur Vermietungsstation bzw. Unterkunft befördern. Wer ein Taxi nimmt, sollte sich vergewissern, dass es ein offizielles und kein privates ist.

Amerikanische Fluggesellschaften erreichen mit einer Umsteigeverbindung nahezu alle Städte der Südstaaten. Für gezielte Recherchen bieten sich neben Reisebüros auch Internetadressen von Online-Anbietern an wie etwa opodo (www.opodo.de) und expedia (www. expedia.de) oder STA-Travel mit vielen Tarifen für Studenten und Jüngere (www.statravel.de) sowie die Webseiten infrage kommender Airlines:

Airlines

www.aa.com: American Airlines/American Eagle.
www.airfrance.de: Air France
www.airtran.com: Airline Contacts AirTran
www.austrian.com: Austrian Airlines
www.britishairways.com: British Airways
www.delta.com: Delta Airlines
www.jetblue.com: JetBlue
www.klm.com: KLM
www.lufthansa.com: Lufthansa
www.nwa.com: Northwest Airlines
www.southwest.com: Southwest Airlines
www.swiss.com: Swiss International Airlines
www.unitedairlines.de: United Airlines
www.usairways.com: US-Airways

Flughäfen

www.bhamintlaisport.com: Birmingham-Shuttlesworth International Airport (BHM), Alabama

www.bluegrassairport.com: Blue Grass Airport (LEX), Kentucky, an der Grenze zu Tennessee

www.chs-airport.com: Charleston International Airport (CHS), South Carolina

www.charlotteairport.com: Charlotte Douglas International Airport (CLT) North Carolina

www.columbiaairport.com: Columbia Metropolitan Airport (CAE), South Carolina

www.atlanta-airport.com: Hartsfield-Jackson Atlanta International Airport (ATL), Georgia

www.jmaa.com: Jackson-Evers International Airport (JAN), Mississippi

www.jia.aero: Jacksonville International Airport (JAX), Florida

www.flymsy.com: Louis Armstrong New Orleans International Airport (MSY), Louisiana

www.mscaa.com: Webseite des Memphis International Airport (MEM), Tennessee

www.nashintl.com: Nashville International Airport (BNA), Tennessee

www.rdu.com: Raleigh-Durham International Airport (RDU), North Carolina

www.flyrichmond.com: Richmond International Airport (RIC), Virginia

www.metwashairports.com: Dulles International Airport (IAD) und des Reagan National Airport (DCA)

Verkehrsmittel im Land

Flugzeug

Fliegen ist in den USA nicht mehr günstiger als hierzulande. Einige »Low Cost«- oder »No-frill«-Airlines versuchen auch in Nordamerika, den Markt aufzumischen. Die Webseite www.airninja.com, die auf diverse Preissuchmaschinen zugreift, kann hilfreich beim Finden einer günstigen inländischen Verbindung sein.

Bahn

Die Strecken der staatlichen Eisenbahngesellschaft Amtrak verbinden die größeren Städte des Landes. Im Südosten gibt es folgende Verbindungen:

Carolinian/Piedmont: New York – Raleigh – Charlotte

City of New Orleans: Chicago – Memphis – New Orleans

Crescent: New York – Atlanta – New Orleans

Northeast Regional: Boston – New York – Washington, DC – Richmond – Lynchburg – Newport News – Virginia Beach

Silver Service / Palmetto: New York – Washington D. C. – Charleston – Savannah – Jacksonville – Orlando – Miami

Sunset Limited: New Orleans – San Antonio – Los Angeles (die Strecke Jacksonville – New Orleans ist nach Katrina nicht wieder in Betrieb genommen worden).

Ein »Amtrak USA Railpass«, den man bereits in Europa erstehen muss, berechtigt gegen eine pauschale Gebühr (389, 579 oder 749 $) 15, 30 oder 45 Tage lang zu unbegrenzten Fahrten. Platzreservierungen sind extra zu bezahlen, Informationen hierzu bietet www.amtrak.com. Eine Übersicht und Buchungsmöglichkeiten für Amtrak findet man beim deutschen Verkaufsbüro des Reiseveranstalters Canada Reise Dienst (CRD) International, Stadthausbrücke 1, 20355 Hamburg, Tel. 040-30 06 16-0, Fax 30 06 16-55, www.crd.de.

Bus

Preiswerte Greyhound-Busse verbinden die Städte miteinander und können von Reisenden vom 16. Lebensjahr an unbegleitet genutzt werden. Das ist gewiss ein Vorteil für jüngere Reisende, die noch keinen Mietwagen buchen können. In den Bussen kommt man auf längeren Strecken schnell ins Gespräch und erfährt viel Ungefiltertes über Land und Leute, über Konflikte und Attraktionen. Allerdings ist nicht zu leugnen, dass die mangelnde Bequemlichkeit, das lange Sitzen und die nicht immer superpünktlichen Busse eher Argumente für andere Verkehrsmittel sind.

Der Bus ist beispielsweise von Washington nach New Orleans 26, von Atlanta nach New Orleans 10 Stunden unterwegs. Mit einem *Greyhound Discovery Pass,* der bereits in Europa zu buchen ist, kann man für einen Pauschalpreis zwischen sieben und 60 Tagen unbegrenzt durch die USA fahren. Der vorab gebuchte Buspass erhält seine Gültigkeit beim Umtausch in einen Originalbuspass an einem der bei Greyhound dafür vorgesehenen Busbahnhöfe. Strecken- und Ticketinformationen gibt es bei www.greyhound.com. Den Amerikapass erhält man in darauf spezialisierten Reisebüros, z. B. beim Flug- und Reiseservice, Lindenstr. 34, 72764 Reutlingen, Tel. 07121 33 01 84, www.buspass.de.

Campingmobil

Campingurlaub ist in den Südstaaten sehr beliebt. Sowohl in den Appalachen als auch an den Stränden der Atlantik- sowie an der Golfküste. Zahlreiche staatliche und private Campingplätze liegen zudem in landschaftlich reizvollen Gebieten. Es gibt drei größere Campingmobilanbieter in den USA. Wegen der gut kalkulierten Komplettangebote, die auch das Haftungsrisiko minimieren, ist es sinnvoll, diese Fahrzeuge über heimische Reiseveranstalter (z. B. Dertour, FTI, Canusa) zu buchen, die die lokalen Anbieter vertreten. El Monte bietet gut gewartete Fahrzeuge in Atlanta und Washington, auch in Miami und Orlando, Cruise America, der Marktführer in Kanada und den USA, verfügt über Stationen u. a. in Atlanta, Washington D. C. und dazu in Florida, Moturis in Atlanta, Charlotte, Nashville und in Orlando.

Die Tarife sind von der Saison und der Größe des Fahrzeugs abhängig. Während ein zu kleines Fahrzeug bei mehreren Wochen auf zu engem Raum für Anspannungen sorgen kann, ist ein zu großes schwierig in den Städten zu fahren und als Spritfresser auch kostspieliger. Für fast alle Modelle ist ein heimischer Pkw-Führerschein ausreichend.

Mietwagen

Wer im Süden der USA vor allem außerhalb der Großstädte und in mehr als zwei Staaten reist, mietet am besten einen Mietwagen. Für den Besuch der Nationalparks ist dies unabhängig vom Komfort ohnehin grundsätzlich notwendig, da in ihnen keine öffentlichen Verkehrsmittel operieren.

Atlanta, Charleston, Memphis, New Orleans, Washington D. C. und mit Einschränkung Nashville lassen sich auch zu Fuß und mit Hilfe öffentlicher Verkehrsmittel entdecken. Dennoch ist ein Auto für das Erreichen zahlreicher Parks, Museen, Unterkünfte oder Restaurants sehr empfehlenswert. Mietwagen sind vorab zu buchen, beispielsweise im Internet bei den oben genannten Reiseveranstaltern, großen Mietwagenunternehmen oder Vermittlungen wie Alamo (www.alamo.de), Holiday Autos (www.holidayautos.de), Sunny Cars (www.sunnycars.de) oder National Car Rental (www.nationalcar.com).

Häufige Bedingung: 21 Jahre Mindestalter und unter 25 Jahren muss eine Zusatzversicherung abgeschlossen werden. Die Preise beginnen inklusive Versicherungen und Steuern bei etwa 200 € pro Woche mit unbegrenzter Kilometerleistung. Aufgrund der üblicherweise mit eingeschlossenen Leistungen wie z. B. einer auf 0 $ reduzierten Selbstbeteiligung ist es günstiger, den Mietwagen statt vor Ort bereits vor der Abreise in Europa zu buchen. Auch hier gilt: je größer das Fahrzeug, desto teurer die Nebenkosten. Ein kleinerer *Van-Conversion* verbraucht ca. 21 l pro 100 km, ein über 30 Fuß langes *Class A Motorhome* schluckt für dieselbe Distanz dagegen rund 35 l.

Fahren per Anhalter ist (nicht nur) in den USA auch wegen unbefriedigender Sicherheit unüblich geworden. Pinnwände im Web, (www.craigslist.org), bieten unter dem Stichwort *rideshare* jedoch auch regelmäßig Mitfahrgelegenheiten an.

Motorrad

Wer als *Easy Rider* durch die Südstaaten brettern möchte, braucht auch einen entsprechenden Führerschein. Der Motorradverleih EagleRider ist bei verschiedenen Reiseveranstaltern im Programm (z. B. Canusa, s. S. 79). Die Produktpalette umfasst Harley-Davidson, BMW und Honda mit mehreren Verleihstationen in den Südstaaten und ebenfalls in Washington D. C., New Orleans, St. Augustine, Daytona. Kosten je nach Typ und Saisonzeit zwischen 21 und 79 € pro Tag.

Auch andere spezialisierte Reiseveranstalter vermitteln Motorräder von Harley-Davidson, BMW und Honda: z. B. www.usareisen.de mit Verleihstationen u. a. in Atlanta, Daytona Beach, Nashville, New Orleans und Washington D. C.

Verkehrsregeln

Die Strecken, die in den USA mit dem Wagen zurückgelegt werden, sind erheblich länger als in der Deutschland, Österreich oder der Schweiz zusammen. Auf den Highways und Interstates gilt ein Tempolimit zwischen 55 mph (88 km/h) bis 70 mph (112 km/h) und innerhalb geschlossener Ortschaften zwischen 25 mph (40 km/h) und 35 mph (56 km/h).

Die Geschwindigkeitsbegrenzungen sollten eingehalten werden, denn die *Highway Patrol* blitzt regelmäßig von versteckten Standpunkten aus, genau dort, wo man es nicht erwartet, und ahndet das Rasen mit hohen Geldstrafen. Wer von der Polizei angehalten wird, sollte ruhig im Auto sitzen bleiben, die Seitenscheiben herunterdrehen und die Hände sichtbar aufs Lenkrad legen.

Besondere Beachtung ist Schulbussen zu widmen, deren Abfahrt mit einem roten Stoppschild angekündigt wird. Sie dürfen auf keinen Fall während des Anfahrens oder beim Halten überholt werden.

Auf mehrspurigen Highways darf rechts und links überholt werden. *Car Pool Lanes* sind auf einigen Autobahnen in der Nähe größerer Städte mit bemerkenswertem Berufsverkehr mit einem Rautensymbol gekennzeichnet. Sie sind Fahrzeugen mit mindestens einem Beifahrer vorbehalten. In den Städten sind Parkuhren die Regel (»Pay & Display«). Das Abschleppen von Autos, deren Parkzeit überschritten ist, ebenfalls. Gleiches gilt beim Parken neben einem Hydranten oder an einem rot gestrichenen Bordstein. Einige wenige Autobahnen sowie verschiedene Brücken (*Causeways* oder *Toll Bridges*) sind gebührenpflichtig. Schilder mit der Aufschrift Toll weisen auf die Höhe der Maut hin. Mit passendem Kleingeld geht's schneller. Oft werden auch Kreditkarten akzeptiert.

Tanken

Die Benzinpreise schwanken nach Wirtschaftslage. Der Preis pro Liter liegt im Schnitt bei 3,40 € pro Gallone (= 3,785 l), also bei etwa 0,90 $ pro Liter. Bei den meisten Tankstellen kann man mit Kreditkarte tanken. Manche verlangen einen Preisaufschlag, wenn nicht bar bezahlt wird.

Nahverkehr

Der öffentliche Nahverkehr ist nicht nur in den Südstaaten der USA dürftig entwickelt. Für Urlauber überschaubar und gut zu nutzen sind die Metro-Systeme in Washington und Atlanta und die Straßenbahnen in Memphis und New Orleans. In mehreren Städten wie Washington D. C, Savannah oder Charleston sind Trolleys im Einsatz, nostalgisch gestaltete Bussse, die auf Rundfahrten die wichtigsten Attraktionen ansteuern und bei den Stopps Besichtigungen erlauben, nach denen man mit einem der nächsten Busse weiterfahren kann.

Buchung

Die Südstaaten bieten eine unermesslich große Auswahl von Unterkünften, vom schlichtesten Hostel mit Mehrbettzimmern bis zur exklusiven Villa mit eigenem Butler. Allerdings bieten auch manche Luxushotels zu bestimmten Jahreszeiten Schnäppchenpreise an, an anderer Stelle offerieren einfache Häuser oft wundervolle landschaftliche Aussichten und beste heimische Kost. Unbedingt sinnvoll ist eine Vorabbuchung in Zeiten der Hochsaison, jedenfalls an beliebten Stränden und im Bereich stark frequentierter Nationalparks. Wer direkt beim Hotel per Telefon, Fax oder E-Mail reserviert, wird aufgefordert, zur Sicherheit eine Kreditkartennummer anzugeben. Diese wird bei zu kurzfristigen Stornierungen (Konditionen abfragen) oder Nichterscheinen *(no show)* zumindest mit dem Preis für eine Übernachtung belastet.

Alle gängigen Hotelketten sind in den Südstaaten bestens vertreten. Die Zahl der unabhängigen Boutique-Hotels ist weiter im Schwinden. Dabei sind die Übernachtungspreise im Südosten, mit Ausnahmen z. B. in Atlanta, Charleston, New Orleans oder Washington, durchgängig etwas günstiger, als in anderen Landesteilen. Vielfach gibt es in den heißen Sommermonaten Preisreduktionen bei Übernachtungen.

Hotels

Luxushotels und Resorts bieten eine Lobby, Restaurants, eine Bar, verfügen über Pool und Fitnessgeräte sowie über einen Wellnessbereich. Die Rezeptionen sind rund um die Uhr besetzt. Viele der privat geführten Häuser werden nicht über Ketten vermarktet. Zimmer in Hotels großer Ketten lassen sich bei deren Zentralen in Europa bzw. im Internet buchen. Das geht auch über Reisebüros, die außerdem Zimmer in Strand- oder Stadthotels aller Kategorien zu günstigen Konditionen aus den Veranstalterkatalogen reservieren. Die günstigsten Zimmer bieten Motels an den Interstate Highways an, deren wichtigste Zielgruppe Trucker und andere Langstreckenfahrer sind. Nachfolgend einige Mittelklasse Hotel- und Motelketten (60–100 $) und Luxushotels (ab 100 $): Best Western Hotels, Tel. 0130-4455, www.bestwestern.de; Holiday Inn, Tel. 0130-815131, www.holidayinn.com; Hyatt Hotels, Tel. 0180-5231234, www.hyatt.de; Radisson Hotels, Tel. 0130-814442, www.radisson.com. Alternativen sind günstige Motels (30–60 $) an den Ausfallstraßen, die passable Unterkünfte anbieten. Aber auch hier hat der Einfluss von Ketten stark zugenommen. Beispiele: Super 8, www.super8.com; Days Inn, www.daysinn.com; Comfort Inn, www.comfortinn.com; Rodeway Inn, www.rodewayinn.com; Quality Inn, www.qualityinn.com; Sleep Inn, www.sleepinn.com; Econo Lodge, www.econolodge.com; Motel 6, www.motel6.com.

Room ensuite: Wird ein Zimmer ›*ensuite*‹ angeboten, schließen sich Privatbad und WC an den Schlafraum an. Bei einem *room with private facilities* muss man sein Bad/WC zwar mit niemandem teilen, aber über den Flur gehen, was bei historischen Gemäuern, sogar bei Schlosshotels, vorkommen kann.

Resorts

Die in schönen Parks und an den malerischsten Stränden errichteten Hotelanlagen verfügen über exquisite Angebote für Sport, Entspannung und Gastronomie. Der Mindestaufenthalt liegt häufig bei 3 bis 7 Tagen. Die Preise pro Übernachtung beginnen bei 150 $. Resortketten wie Ritz Carlton (www.ritzcarlton.com), Sheraton (www.starwood

Traumhafter Platz, um das Zelt aufzuschlagen: Cape Lookout auf den Outer Banks

hotels.com/sheraton) oder W-Hotels (www.starwoodhotels.com/whotels) gehören in diese Kategorie.

Bed & Breakfast

Gemütliche Zimmer in kleinen privaten Pensionen, häufig in historischen Stadtvillen oder Landhäusern untergebracht, nehmen in den USA inzwischen einen festen Platz im Unterkunftsangebot ein. Dabei sind Bed-&-Breakfast-Unterkünfte in Villen oder Landhäusern häufig mit Antiquitäten ausgestattet in touristisch nachgefragten Regionen oder Orten meist teurer als Unterkünfte in modernen Hotels. Dafür gibt es fast immer ein frisch zubereitetes Frühstück und dazu eine *social hour* am Nachmittag, mit Wein, Saft, Käse oder Gebäck, außerdem natürlich eine ganz persönliche Atmosphäre. Vorab informieren kann man sich auf einschlägigen Webseiten wie www.bbonline.com oder www.bedand breakfast.com (auch Buchungen).

Ferienhäuser und Ferienwohnungen

Für Familien oder Gruppen kann es sinnvoll sein, anstelle von Hotels oder Pensionen ganze Wohnungen oder gar Häuser mit mehreren Schlafzimmern, Bädern und eigener Küche anzumieten. Abgesehen von einem Blick in die Kataloge von Reiseveranstaltern wie Dertour, Canusa oder FTI lohnt auch ein Blick in große Tages- und Wochenzeitungen, da hier viele der (deutschsprachigen) Vermieter inserieren. Im Internet können die Angebote von www.interhome.de, www.villas intl.com und www.resortquest.com interessant sein.

Hostels und Jugendherbergen

Jugendliche finden in den Südstaaten rund zehn der nur wenige Dutzend umfassenden US-Jugendherbergen. Sie liegen meist nicht weit von der Atlantikküste entfernt. American Youth Hostels, 733 15th St. NW., Suite 840, Washington D. C. 20005, Tel. 202-783-6161, Fax 202-783-6171, www.hiayh.org gibt Auskunft über deren Lage und die Konditionen. Ergiebige Quellen für Unterkünfte speziell für jüngere Reisende sind u.a. www.hostelhand book.com sowie www.hostelz.com, www. hostels.com und www.ymca.net.

Camping

Sehr viel günstiger als Hotels und Motels sind in der Regel Campingplätze. Zahlreiche Plätze liegen landschaftlich reizvoll in den Appalachen und an den Stränden. Sie sind zumeist mit Strom- und sanitären Anschlüssen auch für Wohnmobile ausgestattet. Hunderte staatlicher und privater Campgrounds finden sich in den Katalogen und Listen der Fremdenverkehrsämter der einzelnen Bundesstaaten (s. S. 68) oder auf Websites wie www.reserveamerica.com.

Die den KOA (Kampgrounds of America) angeschlossenen Einrichtungen veröffentlichen einen »Road Atlas & Camping Guide«, der in Fachreisebüros einsehbar oder erhältlich ist (weitere Infos unter http://koa.com). Viele der Campingplätze in den jeweiligen State Parks lassen sich allerdings gar nicht reservieren, sondern verfahren nach dem Motto: Wer zuerst kommt, mahlt zuerst – *First come, first served.*

Alabama State Parks: www.alapark.com/camping

Arkansas State Parks: www.arkansas stateparks.com/camping-cabins-lodging/camping

Florida State Parks: http://floridastateparks.org/staythenight/camping.cfm

Georgia State Parks: www.gastateparks.org/reservations

Great Smoky Mountains National Park: www.nps.gov/grsm/planyourvisit/carcamping.htm

Gulf Islands National Seashore: www.nps.gov/guis/planyourvisit/camping-on-the-islands.htm

Mississippi State Parks: www.mississippi stateparks.reserveamerica.com

North Carolina State Parks: www.nc parks.gov

South Carolina State Parks: www.southca rolinaparks.com/camp/camp-main.aspx

Tennessee State Parks: www.tn.gov/envi ronment/parks/findapark/camping.shtml

Virginia Department of Conservation and Recreation: www.dcr.virginia.gov/state_parks/cabgen.shtml

Angeln

Für das Angeln in Seen und Flüssen muss eine Lizenz erworben werden. Interessenten für Thunfisch- oder Merlintouren können an organisierten Hochseeangeltouren teilnehmen, bei denen ein Angelschein bereits eingeschlossen ist. Von Piers und Brücken ist das Angeln im Übrigen kostenlos. Schätzungen zufolge liegt die Zahl der aktiven Sportangler in den USA bei 47 Millionen, damit ist Angeln der am weitesten verbreitete Volkssport. Die Anglerinteressen vertritt die American Sportfishing Association, 225 Reinekers Lane Suite 420, Alexandria VA 22314, Tel. 703-519-9691, www.asafishing.org. Für Informationen über das Angeln und die Jagd in den Wildschutzgebieten (National Wildlife Refuges) kann man sich an das Southeast Regional Office des US Fish & Wildlife Service wenden, 1875 Century Boulevard, Suite 400, Atlanta, GA, Tel. 404-679-4000, Fax 404-679-4006, http:// southeast.fws.gov.

Baden

An den langen Atlantik- und Golfküsten der Südstaaten befinden sich einige der schönsten Strände Nordamerikas. Die Sand- und Dünenlandschaft der Outer Banks von North Carolina, Strände auf anderen vorgelagerten Inseln wie Hunting Island und Hilton Head Island in South Carolina oder den Golden Isles von Georgia sowie auf Amelia Island an der Atlantikküste von Florida sind selbst im Sommer nicht überlaufen. Herrliche, feinsandige Strände bietet auch die Golfküste, vor allem um Fort Walton Beach und entlang der Gulf Islands National Seashores. An einigen Strandabschnitten wie Virginia Beach, am 62 Meilen langen Grand Strand von Myrtle Beach in South Carolina, dem Miracle Strip bei Panama Beach in Florida oder Holly Beach in Louisiana tummeln sich in den Sommermonaten Urlauber in Hotelburgen oder Wohnmobilsiedlungen. Das Baden ist in der Regel unkompliziert, da die Strände sanft abgleiten und an nur wenigen Stellen Unterströmungen anzutreffen sind. Inwieweit entlang der Golfküste der Badespaß noch durch die Auswirkungen der zerstörten Bohrleitung der BP-Plattform im Golf von Mexiko beeinträchtigt ist, kann bei den Konsulaten (s. S. 70) oder bei Greenpeace (www.greenpeace.de/oel) erfragt werden.

Golf

Allein in Florida gibt es weit mehr als 1000 Golfplätze. Hinzu kommen noch einmal etwa genau so viele in den Südstaaten. Darunter befinden sich einige der schönsten in den USA. Es ist ein Paradies für Golfer, in dem mehrere Jahre erforderlich wären, auf allen Plätzen einmal gespielt zu haben. Allein Myrtle Beach verfügt beispielsweise über ca. 70 Plätze, schon auf Hilton Head Island sind es 20. Die meisten Anlagen können ohne Clubmitgliedschaft genutzt werden. Viele Resort-Hotels verfügen über eigene oder Vertragsanlagen. Die meisten bieten mehrtägige Kurse zum Erlernen der Sportart bis zur Platzreife an, die in der Regel nach einem Kurzdurchlauf auf deutschen Plätzen akzeptiert wird. Ausrüstungen können gemietet werden. Greenfees sind in den USA, bis auf wenige Ausnahmen, günstiger als in Europa.

Radfahren und Inlineskating

Rails to trails, die in den USA populäre Idee, stillgelegte Eisenbahntrassen in Fahrradwanderwege umzuwandeln, hat in den Südstaaten zahlreiche attraktive Bike Trails geschaffen. Über diese Strecken geben die jeweiligen Tourismusämter Auskunft (s. S. 68). Viele

Fahrradstrecken sind auch für Inlineskater zugelassen. In der United States Cycling Federation (USCF) sind die National Off-Road Bicycle Association (NORBA) und die Profis des U.S. Professional Racing Organization (USPRO) zusammengeschlossen und für Nach- und Anfragen zu erreichen unter NORBA, 1 Olympic Plaza, Colorado Springs, CO 80909, Tel. 719-578-4581, Fax 719-578-4628, www.usacycling.org, sowie bei der National Bicycle League (NBL), 1000 Creekside Plaza, Suite 300, Gahanna, OH 43230 Tel. 614-416-7680, www.nbl.org.

Rafting, Kanu und Kajak

Nicht nur in Ocoee im Osten von Tennessee, wo während der Olympischen Sommerspiele 1996 die Kajakwettbewerbe ausgetragen wurden, sondern an vielen Wildwasserbächen und Flüssen, die die Appalachen verlassen, kann man mit dem Kajak, dem Kanu oder mit robusten Gummiflößen durch die Stromschnellen jagen oder ganz gemütlich dem Lauf der Flüsse folgen. In den Küstengewässern lässt sich per Seekajak wunderbar auf Vogelbeobachtung gehen. Der Spezialist für diese Wassersportarten ist die American Canoe Association, 108 Hanover St, Fredricksburg, VA 22401, Tel. 540-907-4460, www.americancanoe.org.

Reiten

Eigentlich ist der Westen der USA die Region für Reiturlaube, seien es längere Touren, Ausritte in die Wildnis, die Begleitung eines Viehtriebs oder der Urlaub auf einer Ranch. Dennoch gibt es in mehreren Bundesstaaten des Südens, in Alabama, Florida, Georgia, Louisiana, Mississippi, North und South Carolina und Tennessee, Reiterhöfe mit Mietpferden. Auch im Great Smoky Mountains National Park und dem Shenandoah National Park bieten Konzessionäre Ausritte in die Natur an. Die Webseite www.reitenweltweit.de bietet eine Aufstellung von Reitbetrieben auch im Südosten der USA.

Segeln, Windsurfen und Wellenreiten

In den Marinas entlang der Atlantik- und der Golfküste liegen neben PS-starken Motorbooten auch Hunderte von Segelschiffen. Hinzu kommen herrliche Freizeitreviere auf den zahlreichen (Stau-)Seen im Landesinneren. Auf allen Gewässern wird auch ausgiebig gesurft. Informationen über die verbreiteten Segelreviere erhält man bei der United States Sailing Association, P. O. Box 1260, 15 Maritime Dr., Portsmouth, RI 02871-0907, Tel. 401-683-0800, www.ussailing.org. Informationen zum Windsurfen findet man bei www.uswindsurfing.org.

An einigen Abschnitten der Atlantikküste ist die Dünung lang und hoch genug, dass auch Wellenreiter auf ihre Kosten kommen. Die Webseite www.wannasurf.com listet weltweit die besten Surfspots auf, darunter auch mehr als 200 an der Atlantikküste von Virginia bis Nordflorida.

Skifahren

In den Höhenlagen der Appalachen von Wintergreen in Virginia bis nach Helen im südlichen Atlanta gibt es im Winter meist gute bis passable Langlaufpisten sowie eine Reihe von Liften, die sogar kurze Abfahrtstrecken für Skifahrer, Snowboarder und Snowtuber, die die Hänge mit aufgeblasenen Gummireifen herunterrasen, erlauben. Die Webseite www.ski-usa-accommodations.com listet auch diverse Ski-Resorts in Virginia, North Carolina und Georgia auf.

Die Stromschnellen vieler Flüsse bieten ein wahrlich abenteuerliches Vergnügen

Tauchen und Schnorcheln

Entlang der langen Atlantikküste von Virginia bis Florida, am Golf von Mexiko und in verschiedenen Flüssen, Seen oder aufgelassenen Steinbrüchen, kann in den Südstaaten getaucht oder geschnorchelt werden. Die Webseite www.divinglore.com bietet in der Rubrik *USA Diving* und den Stichworten East Coast und Florida zahlreiche Informationen für Interessierte.

Wandern

Mehr als 135 Wandervereinigungen und private Initiativen kümmern sich um den Erhalt und Ausbau von Wegen und die Erstellung von Karten. Sie bieten nicht selten auch geführte Wanderungen an. Diese sind in der Regel bei den örtlichen Handelskammern und Tourismusbüros (s. S. 68) abrufbar. Ansonsten hilft die American Hiking Society, 1422 Fenwick Ln., Silver Spring, MD 20910, Tel. 301-565-6704, Fax 301-565-6714, www.americanhiking.org.

Zwei Fernwanderwege, der Appalachian Trail (www.appalachiantrail.org, siehe Aktiv unterwegs S. 182) und der Cumberland Trail zwischen Chattanooga im Süden und der Cumberland Gap an der Grenze zu Kentucky und Virginia (www.cumberlandtrail.org, s. S. 399) ziehen jedes Jahr viele Hundert Wanderenthusiasten an.

Zuschauersport

American Football, eine Abwandlung des Rugby, ist die populärste Sportart in den USA. In den großen Städten kämpfen 32 Profiteams von Anfang September bis Ende Dezember um die Teilnahme am Endspiel um den *Super Bowl* im Januar. In dem in diesem Buch beschrieben Gebiet sind das die Jacksonville Jaguars, die Tennessee Titans aus Nashville, die Atlanta Falcons, die Carolina Panthers aus Charlotte, die New Orleans Saints und die Washington Redskins. Die *National Football League,* ein finanzstarkes Unternehmen, regelt das Spielgeschehen (www.nfl.com). Darüber hinaus treten die Hochschulmannschaften von mehreren Hundert Universitäten und Colleges gegeneinander an. Auch deren Spiele können bis zu 100 000 Zuschauer im Stadion versammeln.

Baseballfans treffen sich zu oft mehrstündigen Spielenachmittagen von Frühling bis Herbst. Die 30 Profiteams bestreiten in dieser Zeit jeweils rund 160 Spiele. Die führenden Mannschaften treten im Spätherbst in den *World Series,* einer Art Meisterschaftsendrunde der *Major League* gegeneinander an (www.mlb.com). Im Südosten gehören dazu die Atlanta Braves und die Washington Nationals zu den Spitzenteams. Mehrere Hundert Teams aus den vielen mittelgroßen Städten spielen in der *Minor League* gegeneinander.

Basketball ist als Hallensport vor allem im Winter populär. Neben Hunderten von Schul- und Collegeteams ziehen vor allem die Profis der *National Basketball Association* (NBA) die Aufmerksamkeit auf sich (www.nba.com), die zwischen Oktober und Juni ihre Meisterschaft austragen. Im hier beschriebenen Südosten der USA sind das die Atlanta Hawks, die Charlotte Bobcats, die Memphis Grizzlies, die New Orleans Hornets und die Washington Wizards.

Darüber hinaus existiert seit 1997 eine eigene Frauen-Profi-Liga, die WNBA, mit den Teams der Atlanta Dream und den Washington Mystics im Südosten.

Eishockey: Auch in einigen Südstaaten wird Eishockey auf Profibasis (www.nhl.com) gespielt wie bei den Nashville Predators, den Carolina Hurrikanes aus Raleigh und den Washington Capitals. Die Teams tragen auf dem Weg zur Meisterschaft, dem *Stanley Cup,* zwischen Oktober und Mai rund 80 Spiele aus.

NASCAR Autorennen: Rund 35 Rennen mit dem aufgemotzten Boliden der *National Association for Stock Car Auto Racing* (NASCAR) werden in den USA jährlich ausgetragen, mit wachsender Tendenz und immer von mehreren Zehntausend Zuschauern verfolgt. Zu den *Racetracks* im Südosten gehören die großen ovalen *Speedways* von Atlanta mit 124 000 Zuschauerplätzen, von Bristol in Tennessee mit 160 000, von Charlotte in North Carolina mit 140 000, von Darlington in South Carolina mit 63 000, von Martinsville in Virginia mit 65 000, von Nashville in Tennessee mit 50 000 und von Richmond in Virginia mit 112 000 Sitzplätzen. Eine Überrsicht über alle größeren und kleineren Rennen findet man auf der Webseite www.nascar.com.

Fußball wird in den USA *soccer* genannt und gehört zu den beliebten Sportarten an den Schulen. Inzwischen haben sowohl die Herren- als auch die Damennationalmannschaften internationale Erfolge vorzuweisen. Doch die Ebene nationaler Ligen konnte trotz verschiedener Versuche bislang nicht stabil gefüllt werden. Es existieren unterschiedliche, miteinander konkurrierende Profiligen. Deren größte, die *Major Soccer League,* umfasst 18 Teams, die in der Saison von März bis Oktober gegeneinander antreten. In dem beschriebenen Gebiet der Südstaaten ist allein die allerdings sehr erfolgreiche Mannschaft der D. C. United erwähnenswert, die mit VW einen deutschen Ticketsponsor besitzt (www.dcunited.com).

Die USA gelten allgemein als günstiges Einkaufs- und Konsumparadies, einen entsprechenden Dollarumtauschkurs vorausgesetzt. Shopping gehört laut Umfragen zu den wichtigsten Urlaubsvergnügen. Die Südstaaten kommen diesem Bedürfnis durch Einkaufspassagen, *Malls* und *Factory Outlets* entgegen. Deutlich niedrigere Preise und verführerische Angebote erleichtern den Griff zur Kreditkarte. Bedenken sollte man aber auf jeden Fall: Alle Einkäufe müssen später nach Hause transportiert werden und auf die ausgezeichnete Ware kommt noch eine Verkaufssteuer (*sales tax,* 4–7 %). Diese wird für Reisemitbringsel bei der Ausreise nicht erstattet, da sie in den Bundesstaaten in unterschiedlicher Höhe aufgeschlagen wird. Louisiana bietet für die hier gekauften Waren eine Rückvergütung der Umsatzstreuer an (www.louisianataxfree.com). Auch bei Hotelbuchungen vor Ort sind bis zu 10 % Hotelsteuern auf die ausgezeichneten Preise fällig. Bei der Rückreise ins Heimatland beträgt die Freigrenze der Warenmitnahme 430 €, bei Reisenden unter 15 Jahren nur 175 €. Wird dieser Betrag überschritten, tritt der heimische Zoll auf den Plan.

Factory Outlet Malls

Beliebt und geschickt an den Ausfallstraßen oder Abfahrten von Interstate Highways platziert sind *Factory Outlet Malls* mit Verkaufsstellen diverser Markenfabrikanten. Ware mit leichten Fehlern oder aus der zurückliegenden Saison wird oft extrem günstig angeboten. Dennoch sollte man das heimische Preisniveau nicht ganz aus den Augen verlieren. Da *Outlet Center* in der Regel verkettet sind, lässt sich übers Internet leicht nach den Malls im Urlaubsgebiet suchen. *Outlets* mit höherwertigen Markenartikeln findet man über www.premiumoutlets.com, bei den *Tanger Outlets* unter www.tangeroutlet.com. Schnäppchenjäger können in den *Outlet Malls* noch zusätzliche Rabatte erzielen. Entweder im Internet oder bei der Verwaltung *(Management/Office)* der angesteuerten Mall liegen bei besonderen Verkaufsaktionen Couponheftchen aus, die weitere Preisabschläge verheißen.

Reisemitbringsel

Kunstdrucke, Kunsthandwerk, Westernstiefel oder legendär günstige Jeans: die Liste der Mitbringsel kann lang werden. Gourmets mögen angesichts von speziellen Honigsorten, Fans guter Parfüms von in Europa nicht mehr erhältlichen Düften in Verzückung geraten. Beim Kauf von DVDs sollte der Länderspielcode beachtet werden, damit die mit einer »1« gekennzeichneten für die USA, die mit einer »0« (weltweit) oder »2« (Europa) von heimischen Geräten abgespielt werden können. Bei Blue-ray-Discs verzichten viele Filmproduktionsfirmen auf Regionalcodes. Etwa 70 % haben keine Beschränkung. Felle oder Knochen exotischer Tiere könnten dem Washingtoner Artenschutzabkommen unterliegen.

Öffnungszeiten

Auch im Südosten der USA sind die Öffnungszeiten von Geschäften nicht gesetzlich geregelt. So haben Lebensmittel-Supermärkte oft zwischen 8 und 22 Uhr geöffnet, einige größere schließen gar nicht. Große *Shopping Malls* an den Ausfallstraßen sind oft Mo–Sa 10–22 und So 10–18 Uhr geöffnet. In größeren oder Universitätsstädten wird man sicher auch einige Fast-Food-Restaurants finden, die rund um die Uhr geöffnet bleiben. Gleiches gilt auch für diverse Nachtbars, zumindest in Atlanta und New Orleans. Viele Museen sind am Montag geschlossen, Banken haben meist Mo–Fr 9–15 Uhr geöffnet, einige auch am Sa früh. Die Postämter öffnen üblicherweise Mo–Fr 8–17 Uhr sowie am Sa vormittags.

Ausgehen

In den größeren Städten und Urlaubszentren gibt es Diskotheken, Bars und Musikclubs. New Orleans ist wegen seines Nachtlebens in den USA berühmt berüchtigt. Auch in Atlanta, in Memphis, Nashville, in Wilmington, Charleston, Savannah, Richmond oder Washington D. C. sowie in verschiedenen Universitätsstädten sind abends diverse Lokale geöffnet. Es gibt Discotheken und Tanzclubs mit Livemusik, Sportsbars mit Großbildschirmen, auf denen diverse Live-Übertragungen von Profispielen parallel laufen, kleine Jazzkneipen oder Blues-Joints auf dem Lande in Mississippi oder Alabama, in denen begnadete Feierabendmusiker für eine kleine eingeweihte Zuschauerschar spielen.

In verschiedenen Indianerreservationen wie in Cherokee, North Carolina, dazu in New Orleans und entlang der Golf- und der Mississippiküste des gleichnamigen Bundestaates locken Spielkasinos mit der Aussicht auf Nervenkitzel und schnelles Geld. Meist wird das Angebot an Einarmigen Banditen und Spieltischen mit einer Bühnenshow und einer Reihe von Restaurants aufgewertet.

Auf dem Lande werden abends die Bürgersteige früh hochgeklappt, es sei denn, man kennt sich aus.

Multiplexkinos findet man meist in den großen *Malls* am Rande der Städte. In ihnen werden – natürlich auf Englisch – meist ausschließlich aktuellste Hollywoodproduktionen gezeigt. Einige Kinopaläste aus den 1920er- und 1930er-Jahren wie in Jacksonville oder Pensacola in Florida haben in Zentren von Städten überlebt und zeigen heute ein buntes Veranstaltungsprogramm mit interessanten Filmen, Konzerten und Tourneeaufführungen. Unter 17-Jährige dürfen laut Gesetz des jeweiligen Bundesstaates nach 23 oder 24 Uhr nur in Begleitung von Erwachsenen auf den Straßen unterwegs sein.

In den Bars der großen Städte wird die Nacht zum Tag

Geld

100 Cent sind ein Dollar, gebräuchliche Münzen sind *quarter* (25 Cent), *dime* (10), *nickel* (5) sowie 1 Cent. Die Banknoten zu 1, 2, 5, 10, 20, 50 und 100 Dollars haben die gleiche Größe und Farbe und sind leicht zu verwechseln.

Bargeld erhält man mit der Kreditkarte und der Geheimnummer an ATM-Bankautomaten *(Automated Teller Machine)* oder in Banken (gegen Gebühren). An vielen Geldautomaten wird auch die EC-Karte mit Maestro-Funktion akzeptiert, zum Bezahlen in Geschäften allerdings nicht. Hilfreich sind Dollar-Reiseschecks, die von vielen Geschäften und Restaurants wie Banknoten behandelt werden. Euro-Scheine lassen sich nur in größeren Bankfilialen oder Wechselstuben tauschen. Fast unumgänglich ist eine Kredit- oder Guthabenkarte (Debit-Card) von Mastercard, Visa oder American Express, mit deren Hilfe Sicherheiten beim Anmieten eines Pkw hinterlegt oder Hotelzimmer telefonisch reserviert werden können.

Sperrung von EC-und Kreditkarten bei Verlust oder Diebstahl*:

01149-116 116

oder 01149-30 4050 4050
(* Gilt nur, wenn das ausstellende Geldinstitut angeschlossen ist, www.sperr-notruf.de)
Weitere Sperrnummern:
- MasterCard: 01149-69-79 33 19 10
- Visa: 01149-69-79 33 19 10
- American Express: 01149-69-97 97 2000
- Diners Club: 01149-69-66 16 61 23

Bitte halten Sie Ihre Kreditkartennummer, Kontonummer und Bankleitzahl bereit!

Reisekosten

Ab einem Wechselkurs von 1 $ = 0,90 € werden die USA zum günstigen Reiseland. Trotz Preissteigerungen sind Mietwagen und Benzinpreise deutlich billiger als in Europa, ähnliches gilt für Sportausrüstungen oder Kleidung. Der Eintritt in einen Nationalpark kann zwischen 0 und 10 $ liegen, ein Sandwich schlägt mit 5–8 $ zu Buche, ein Softdrink dazu kostet 2–5 $. Hotelzimmer gibt es zwischen 30 und 1000 $/Nacht, doch für 80–120 $ erhält man ein ordentliches Zimmer in einem Mittelklassehotel. Eine Metrokarte in Washington D. C. kostet 1,95 $ pro Fahrt.

Eine (sehr) grobe Kalkulation für die Kosten einer USA-Rundreise liegen bei 130–250 $ pro Tag, je nachdem, ob man zu zweit reist und sich Zimmer und Auto teilt und welche Hotels und Restaurant man aufsucht.

Spartipps

Factory Outlet Malls bieten eine gute Gelegenheit, z. B. gute Kleidung günstig zu erstehen. Natürlich nur, wenn man nicht in einen Kaufrausch verfällt. Wer mehrere Nationalparks besuchen möchte, sollte sich überlegen, ob er nicht beim Kauf eines *America the Beautiful National Pass* für derzeit 80 $ günstiger fährt, als jedes Mal separat Eintritt zu bezahlen. Wer ADAC-Mitglied ist, sollte nachsehen, ob auf seiner Mitgliedskarte das Logo der *American Automobil Association* aufgedruckt ist; damit sind bei diversen Hotels und Restaurants Rabatte möglich.

Trinkgeld

Für Servicekräfte ist es ein wichtiger Teil ihres Einkommens – die Grundgehälter sind oft dürftig. Man gibt ca. 15 % der Gesamtrechnung als *tip*. Garderobenpersonal erwartet 1 $ Trinkgeld pro Kleidungsstück, Parkservicepersonal 1–2 $ bei Fahrzeugabgabe und -abholung. Hotelpagen und Gepäckträger erhalten meist 1 $ pro Gepäckstück. Zimmermädchen freuen sich über ca. 3 $ pro Tag.

Alkohol

Der Verkauf von Alkohol ist reglementiert und kann von Bundesstaat zu Bundesstaat und in deren Countys unterschiedlich geregelt sein; prinzipiell ist er an junge Menschen unter 21 Jahren verboten. Ihnen ist auch der Aufenthalt in Bars mit Alkoholausschank verboten. Für der Alkoholgenuss in der Öffentlichkeit gilt das gleiche. In einem County kann er generell verboten sein, im anderen ist vielleicht das Glas Wein auf einer Restaurantterrasse erlaubt. Manche verstecken daher ihre Bierdose oder Flasche in einer Papiertüte. Alkohol im Auto ist nicht nur für den Fahrer nicht erlaubt, er muss im Kofferraum verstaut sein.

Apotheken ähnliche *Liquor Stores* haben häufig rund um die Uhr geöffnet, bis auf die sonntägliche Kirchgangzeit, also erst wieder ab 13 Uhr. Sollte ein Restaurant keine Lizenz zu Alkoholausschank besitzen, trifft man zuweilen auf den Hinweis: BYOB *(bring your own bottle).* Gäste können dann Wein oder Bier zum Essen selbst mitbringen.

Maße und Gewichte

Die gängigsten Maße
1 *inch* (in) – 2,54 cm
1 *foot* (ft – 12 in) – 30,48 cm
1 *yard* (yd – 3 ft) – 91 cm
1 *mile* (mi) – 1,609 km
1 *square foot* (sq.ft) – 0,093 m^2
1 *acre* (ac) – 0,405 ha
1 *square mile* (sq.mi.) – 640 ac – 2,59 km^2

Gewichte
1 *ounce* (oz) – 28,35 g
1 *pound* (lb) – 453 g
1 *ton* – 907 kg

Flüssigkeiten
1 *pint* (pt) – 0,473 l
1 *quart* (qt) – 0,946 l
1 *gallon* (gal) – 3,785 l

Schwule und Lesben

Sicher ist es in einigen ländlichen Gebieten des Südostens nicht so selbstverständlich, sein Schwulsein so offen zu zeigen wie in New York, Florida oder Kalifornien, doch finden schwule Reisende auch kein durchgehend ausgesprochen feindliches Klima. Einige Publikationen geben hilfreiche Hinweise über schwule und lesbische Einrichtungen und Gemeinden in verschiedenen Orten, beispielsweise Ambush (www.ambushmag.com) in New Orleans, Washington Blade in Washington D. C. (www.washingtonblade.com) und die Southern Voice in Atlanta (http://sovo.com).

Temperaturen

Die Umrechnung für die Temperaturen erfolgt nach der Formel: Fahrenheit minus 32 geteilt durch 1,8 gleich Celsius:
32 °F – 0 °C
50 °F – 10 °C
68 °F – 20 °C
86 °F – 30 °C
104 °F – 40 °C

Verhalten

Schlange stehen wird ernst genommen. Das lernt der eilige Europäer schon bei der Passkontrolle ganz am Anfang der Reise. Ein kleines Gespräch über das Woher und Wohin ist überall schnell im Gange. Nur sollte man das freundliche Interesse nicht mit dem Beginn einer wunderbaren Freundschaft verwechseln, denn viele US-Amerikaner fühlen sich beim entspannten *small talk* sehr wohl. Wenig geschätzt werden dagegen lockere Sitten an Stränden, »oben ohne« beim Sonnenbad oder etwa unbekleidete Kleinkinder. Auch das Wort Toilette kommt den meisten nicht über die Lippen; man fragt nach dem *Rest Room,* dem *Ladies* oder dem *Mens Room*.

Zeit

In den Ostküstenstaaten sowie dem Osten von Tennessee gilt die *Eastern Standard Time* (EST), mit einem Zeitunterschied von 6 Stunden zu Mitteleuropa. West-Tennessee, Alabama, Mississippi, Louisiana und Arkansas liegen in der *Central Standard Time Zone* (CST), ebenso wie der westliche Zipfel des Panhandle von Florida. Der Zeitunterschied zu Mitteleuropa beträgt hier 7 Stunden. Wenn die Uhr in Atlanta 12 Uhr mittags schlägt, ist es in Frankfurt/Main daher bereits 18 Uhr.

In den USA wird die Zeit nach a. m. (von 0–12 Uhr) und p. m. (12–24 Uhr) berechnet. Vom ersten Sonntag im April bis zum letzten Sonntag im Oktober gilt die Sommerzeit, dann werden die Uhren um eine Stunde zurückgestellt.

Bei der Schreibweise des Datums ist folgendes zu beachten: Zuerst wird der Monat, dann der Tag, dann das Jahr genannt: 01/15/1948 ist also der 15. Januar 1948.

Nachhaltig reisen

Die Umwelt schützen, die lokale Wirtschaft fördern, intensive Begegnungen ermöglichen, voneinander lernen – nachhaltiger Tourismus übernimmt Verantwortung für Umwelt und Gesellschaft. Die folgenden Webseiten geben Tipps, wie man seine Reise nachhaltig gestalten kann.

www.fairunterwegs.org: »Fair Reisen« anstatt nur verreisen – dafür wirbt der schweizerische Arbeitskreis für Tourismus und Entwicklung. Die Website liefert ausführliche Informationen zu den USA und vielen anderen Reiseländern.

www.sympathiemagazin.de: Die USA-Ausgabe der Länderhefte zu Alltagsleben, Politik, Kultur, Wirtschaft und Umweltfragen informiert über so unterschiedliche Themen wie Arbeitslosengeld, Indianerstämme, Dating oder Megachurches.

www.sustainabletravelinternational.org: Die 2002 gegründete Organisation fördert umweltschonendes Reisen, informiert über Möglichkeiten, ökologische Fußabdrücke zu minimieren, und ermutigt zu gegenseitigem kulturellem Verständnis.

http://greenhotels.com: Die »Green«-Hotels Association besteht bereits seit 1993. In Alabama, Arkansas, Florida, Georgia, Louisiana, Mississippi, North Carolina, South Carolina, Virginia und Washington D. C. werden mittlerweile knapp 50 Unterkünfte nach strengen Umweltschutzrichtlinien geführt, die weit mehr einschließen, als dass nicht mehr täglich neue Handtücher ausgegeben werden.

www.nps.gov/getinvolved/volunteer.htm: In den Südstaaten und den anderen Regionen der USA kann man in einem der rund 400 Nationalparks und National Monuments unter bestimmten Bedingungen als Freiwilliger helfen, die Natur zu bewahren.

www.conservation.org: Die Organisation Conservation International mit Sitz in Virginia sorgt sich um den Erhalt der Natur, um frisches Wasser, saubere Luft und ausreichend Nahrung für alle Menschen. Sie engagiert sich in verschiedenen Projekten, die weltweit diese Ziele unterstützen und unterstützt Unternehmen, die eine ressourcenschonende Politik betreiben (2011 Crystal Drive, Suite 500, Arlington, VA 22202, Tel. 1-703-341-2400).

Reisezeit und Reiseausrüstung

Klima und Reisezeit

Die Golf- und die südliche Atlantikküste kennen ein subtropisches Klima mit milden Wintern und heißen bis feuchtheißen Sommern. Zwischen März und Juni herrscht hier oft freundliches Sommerwetter. Im Binnenland können gelegentlich Tornados auftreten. Im Spätsommer und Frühherbst ist das Risiko, einen Hurrikan zu erleben, am höchsten. Urlauber und Einheimische werden rechtzeitig vorher gewarnt.

In den Appalachen mit ihren hügeligen Ausläufern in Ost und West sind die vier Jahreszeiten sehr unterschiedlich, in Hoch- und nördlichen Lagen im Winter auch mit Schnee. Besonders schön sind der Sommer, aber auch der Herbst, wenn sich die Blätter der Laubbäume in allen Gelb-, Braun- und Rottönen verfärben. Hauptreisezeit ist in vielen Gebieten der Sommer. An der Golfküste herrscht jedoch zum Karneval Ausnahmezustand, und die Wälder der Appalachen erwarten zur Zeit der Herbstlaubfärbung *(fall foliage)* einen Ansturm.

Klimadaten Washington D. C.

	J	F	M	A	M	J	J	A	S	O	N	D
Mittlere Tagestemperaturen in °C	7	8	12	19	25	29	31	30	26	20	14	8
Mittlere Nachttemperaturen in °C	-1	-1	2	8	13	18	21	20	16	10	4	-1
Mittlere Wassertemperaturen in °C	3	3	8	14	21	25	28	28	25	18	12	5
Sonnenstunden/Tag	5	6	7	7	8	10	9	9	8	7	6	5
Regentage/Monat	8	7	8	7	10	8	8	8	6	6	7	7

Kleidung

Da es, zumindest in den Sommermonaten, außerhalb der Appalachen sehr warm werden kann und die Luftfeuchtigkeit in Küstennähe hoch ist, empfiehlt sich helle, leichte Kleidung, und wegen der Sonnenstrahlung einen Hut zu tragen. In den höheren Lagen der Appalachen kann es auch an Sommerabenden kühl werden. Es schadet daher nicht, eine leichte Jacke oder einen Sommerpullover dabei zu haben. Wärmende Kleidung hilft auch, in durch Klimaanlagen tiefgekühlten Supermärkten oder anderen Innenräumen ein Frösteln zu vermeiden.

Elektrizität

Der Strom kommt auch in den USA aus der Steckdose, jedoch mit 110 und 120 Volt Spannung, Elektrogeräte müssen dies vertragen können. Die amerikanischen Blattstecker mit zwei flachen Kontakten machen die Hilfe eines Adapters erforderlich.

Klimadaten New Orleans

	J	F	M	A	M	J	J	A	S	O	N	D
Mittlere Tagestemperaturen in °C	16	18	22	26	29	32	33	32	30	26	22	18
Mittlere Nachttemperaturen in °C	5	7	11	15	18	22	23	23	21	15	11	7
Mittlere Wassertemperaturen in °C	13	14	17	21	26	28	30	30	28	23	18	14
Sonnenstunden/Tag	5	6	7	8	9	9	8	8	8	8	6	5
Regentage/Monat	13	14	17	21	26	28	30	30	28	23	18	14

Gesundheit

Für die Einreise von Europa in die USA sind keine speziellen Impfungen vorgeschrieben. Die medizinische Versorgung in den USA ist hervorragend, aber teurer als hierzulande. Arzt- und Krankenhausrechnungen müssen umgehend beglichen werden. Eine Kreditkarte ist besonders bei größeren Beträgen in Hospitälern hilfreich. Die Gelben Seiten der Telefonbücher enthalten eine Liste der örtlichen Ärzte und Krankenhäuser. Auch an der Hotelrezeption oder beim lokalen *Chamber of Commerce* (Handelskammer) erhält man Adressen und Telefonnummern von Ärzten und Krankenhäusern. In Notfällen erreicht man Polizei, Feuerwehr oder Krankenwagen über den in den gesamten USA geltenden Notruf 911. Angesichts der eventuell anfallenden Kosten ist zu überlegen, ob man eine Auslandskrankenversicherung mit Rücktransport abschließen sollte.

Apotheken

Schmerzmittel, Medikamente gegen Erkältung und andere nicht verschreibungspflichtige Präparate sind in Supermärkten erhältlich. Die meisten *drugstores* führen Abteilungen für rezeptpflichtige Medikamente *(prescriptions).* In größeren Städten findet man auch Apotheken *(pharmacy).* Einige der Ketten wie CVS oder Walgreen haben entweder sehr lange oder sogar durchgehend geöffnet. Empfehlenswert bei chronischen Erkrankungen ist es, ausreichende Medikamente mitzunehmen. Dazu ist eine ärztliche Bescheinigung, möglichst auf Englisch, erforderlich. Alternativ kann man sich vom Hausarzt die wesentlichen Ingredienzen aufschreiben lassen, um ggf. vergleichbare Präparate auf der Reise erstehen zu können.

Zu starke Sonneneinstrahlung, besonders bei Kindern, gehört zu den Gefahren im Sommer, gegen die man sich durch richtige Bekleidung und eine Sonnenschutzcreme schützen kann. In Küstenmarschen und an anderen Gewässern ›freuen sich‹ viele Moskitos auf menschliche Besucher. Auch hier hilft geeignete Bekleidung und ein (hautfreundliches) Insektenschutzmittel.

Sicherheit

Problematische Witterungsperioden und Regionen sollte man tunlichst meiden. Wer einmal in sicherem Abstand einen Tornado von relativer Nähe aus beobachten möchte, sollte sich genauso an örtliche Behörden wenden wie derjenige, der aus beruflichen Gründen oder aus bloßer Neugier prekäre Stadtviertel oder Gegenden erleben möchte. In jedem Fall ist es zu empfehlen, größere Geldbeträge oder wertvolle Gegenstände im Hotelsafe *(safety deposit box)* zu deponieren.

Wird man bedroht, ist der als am sichersten geltende Weg die sofortige Aushändigung des Geforderten. Dazu sollte man vorsichtshalber einen kleinen Betrag als »Angebot« in der Tasche parat haben. Es kann riskant sein, Anhalter mitzunehmen. Fahrten sollten nur mit lizensierten öffentlichen Taxis unternommen werden.

Kameras, Brief- oder Handtaschen und ganz besonders Portemonnaies gehören niemals auf den Beifahrersitz, auch nicht in die hintere Hosentasche. Wer seine persönlichen Ausweispapiere verloren hat, sollte sich umgehend an sein Generalkonsulatwenden, um sich Ersatzpapiere ausstellen zu lassen (s. S. 70).

Notruf

Für dramatische Fälle gilt der zentrale Notruf 911, der sofort und gebührenfrei mit Ambulanz, Feuerwehr und Polizei verbindet.

Internetzugang

Hotspots in Hotels, Cafés, Bibliotheken, Flughäfen oder *Malls* erlauben den Internetzugang mit einem WLAN-fähigen Laptop. Manchmal wird dafür eine Gebühr erhoben. Verschiedene Hotels fordern eine Tagesgebühr von etwa 10 $, bei vielen anderen ist eine Internetnutzung kostenlos. Wer die notwendigen Adapter für die Verbindung über Telefonkabel nicht dabei hat, kann diese in der Regel an der Hotelrezeption ausleihen.

Internetcafés

Die meisten Internet- oder Cybercafés bieten für kleines Geld den Zugang zum Internet. Örtliche Angebote sind über www.worldof internetcafes.de schnell zu sondieren. Außerdem bieten viele Filialen von FedEx Office mit langen Öffnungszeiten einen Zugang ins Internet (www.fedex.com/us/office).

Post

Postämter sind überwiegend montags bis freitags zwischen 8 und 17 Uhr geöffnet, haben aber oft zwischen 13 und 14 Uhr eine Mittagspause. An Sonnabenden ist die Öffnungszeit meist von 10 bis 13 Uhr. Briefkästen sind dunkelblau und tragen den Aufdruck *US Postal Service.* Eine Postkarte oder ein Brief bis zu einer Unze (31 g) Gewicht nach Europa kosten 98 Cent. Beide sind zwischen fünf und sieben Tagen unterwegs. Briefmarken gibt es bei der Post oder mit Aufschlag an Automaten oder in Kiosken. Die Webseite www.usps.com des *United States Postal Service* informiert über Portohöhe und andere Gebühren sowie die Standorte und Öffnungszeiten der Postämter. Für diverse Dienstleistungen wie Versandpapiere, Porto oder Sendungsverfolgung reicht inzwischen das virtuelle Postamt im Internet, sofern ein Computer mit Druckmöglichkeit zur Verfügung steht. Faxe verschicken Hotels oder Unternehmen wie FedEx, http://fedex.com, Office oder RCA gegen Gebühr. Für Expresspakete bietet sich der Schnelldienst der Post oder spezialisierte Unternehmen wie UPS, www.ups.com, oder Federal Express an.

Telefonieren

Festnetztelefon

Das Telefonnetz der USA wird von privaten Firmen betrieben. Für innerstädtische Telefonate wählt man die 7-stellige Ziffer, bei Ferngesprächen müssen zunächst eine 1 und der 3-stellige *area code* gewählt werden. Die meisten Gespräche werden direkt gewählt. Es ist jedoch gegen Aufpreis möglich, den Operator (Tel. 0) oder den *overseas operator* (Tel. 00) zu buchen. Gebührenfrei sind die Anschlüsse, die mit einer 800 oder 888 beginnen. Sehr viele Hotels und Mietwagenfirmen unterhalten solche Nummern. Die Vorwahlen 700 und 900 sind hingegen gebührenpflichtig und können teuer werden.

In vielen Geschäften, bei Tankstellen oder in Postämtern können *prepaid phone cards* auch für Übersee erworben werden. Sie sind – abgesehen von Skype – meist der günstigste Weg, von der Telefonzelle aus Ferngespräche nach Europa zu führen.

Um nach Hause zu telefonieren, wählt man zunächst die internationale Vorwahl 011, dann den Ländercode: 49 für Deutschland, 43 für Österreich, 41 für die Schweiz, dann die Ortsvorwahl ohne 0, dann die Telefonnummer. So müsste man z. B. für einen Anruf aus Atlanta nach Hamburg die folgende Vorwahlnummer wählen: 011-49-40 wählen.

Auskunft

In den »weißen« Telefonbüchern *(white pages)* findet man die alphabetisch sortierten

Adressen und Telefonnummern von privaten Personen und Unternehmen. Die Gelben Seiten *(yellow pages)* listen Geschäftsadressen nach Kategorien auf.

Wer eine lokale Telefonnummer über die Auskunft erreichen will, muss die 411 wählen. Wer eine Telefonnummer in einem anderen Vorwahlbezirk erreichen möchte, wählt eine 1, dann die dreistellige Ortsvorwahl sowie die Nummer 555-1212. Diese Anfrage wird wie ein entsprechendes Ferngespräch berechnet. Mit Internetzugriff wird alles einfacher, da unter www.whitepages.com sowie www.yellowpages.com die regionalen Telefonverzeichnisse abgerufen werden können.

Mobiltelefon

Auch das heimische Handy tut in den USA seinen Dienst, zumindest falls man mindestens ein Triband-Telefon besitzt. Wer sich länger in den USA aufhält, sollte den Kauf eines Handys mit Gesprächsguthaben erwägen, das es in vielen einschlägigen Geschäften zu kaufen gibt (z. B. bei Best Buy oder Radio Shack sowie bei Verizon). Das bei uns Handy genannte Gerät bekommt man, wenn man ein *cell phone* oder *mobile phone* verlangt. In die USA mitgebrachte Handys schalten automatisch auf die örtlichen Roaming-Partner wie z. B. Verizon, Nextel oder T-Mobile. Wichtig: Auch für in den USA ankommende Gespräche aus Europa werden z. T. nicht unerhebliche Kosten fällig.

Um die Kosten des mobilen Telefonierens auch in den USA überschaubar zu halten, bieten verschiedene Anbieter wie Vodafone oder Base begrenzte Aufschläge auf die Minutenpreise an.

Radio und TV

Zahlreiche Radiosender richten sich an lokale Zielgruppen mit einem spezifischen Musikgeschmack und werden oft von langen Werbeblöcken unterbrochen. Allein im öffentlich-rechtlichen Sender PBS (Public Broadcasting Service) erfährt man Neuigkeiten aus Politik, Wirtschaft und Kultur.

Die größeren nationalen Fernsehsender wie ABC oder CNBC lassen sich überall empfangen. Dazu gibt es regionale und Einkaufskanäle sowie spanischsprachige Programme. Hotels bieten häufig zusätzliche Kabelprogramme wie den HBO (Spielfilme), ESPN (Sport), Comedy Central oder CNN (Nachrichten) kostenfrei an.

Zeitungen und Zeitschriften

Deutschsprachige Zeitschriften und Zeitungen erhält man nur mit Glück und mit Verspätung im Umkreis der internationalen Flughäfen oder in großen Städten wie Atlanta und Washington D. C. Eine größere Zeitung für den Südosten der USA gibt es nicht. Die Washington Post (www.washingtonpost.com) und die Times-Picayune aus New Orleans (www.timespicayune.com), der Virginia Pilot aus Norfolk (http://pilotonline.com) sowie in Atlanta das Atlanta Journal-Constitution (www.ajc.com) finden überregionale Beachtung. Die landesweite Zeitung USA Today (www.usatoday.com) mit einer Printauflage von täglich 1,8 Mio. erscheint auch täglich im Südosten der USA. Darüberhinaus verfügen nahezu alle größeren und mittleren Städte über eine Tageszeitung, die sehr häufig in der Lobby von Hotels ausliegt.

Neben landesweiten Magazinen gibt es einige regionale Zeitschriften wie Southern Living (www.southernliving.com), die sich der Kultur und Lebensart im Südosten der USA widmen. Zumindest in größeren Städten gibt es kostenlose Wochenblätter, die sich über Anzeigen finanzieren und die auf Veranstaltungen und das Restaurantangebot der Region hinweisen.

Sprachführer

Allgemeines

guten Morgen	good morning
guten Tag	good afternoon
guten Abend	good evening
auf Wiedersehen	good bye
Entschuldigung	excuse me/sorry
hallo/grüß dich	hello
bitte	you're welcome/ please
danke	thank you
ja/nein	yes/no
Wie bitte?	Pardon?
Wann?	When?
Wie?	How?

Unterwegs

Haltestelle	stop
Bus	bus
Auto	car
Ausfahrt/-gang	exit
Tankstelle	gas station
Benzin	gas
rechts	right
links	left
geradeaus	straight ahead/ straight on
Auskunft	information
Telefon	telephone
Postamt	post office
Bahnhof	railway station
Flughafen	airport
Stadtplan	city map
alle Richtungen	all directions
Einbahnstraße	one-way street
Eingang	entrance
geöffnet	open
geschlossen	closed
Kirche	church
Museum	museum
Strand	beach
Brücke	bridge
Platz	place/square
Schnellstraße	dual carriageway
Autobahn	motorway
einspurige Straße	single track road

Zeit

3 Uhr (morgens)	3 a. m.
15 Uhr (nachmittags)	3 p. m.
Stunde	hour
Tag/Woche	day/week
Monat	month
Jahr	year
heute	today
gestern	yesterday
morgen	tomorrow
morgens	in the morning
mittags	at noon
abends	in the evening
früh	early
spät	late
Montag	Monday
Dienstag	Tuesday
Mittwoch	Wednesday
Donnerstag	Thursday
Freitag	Friday
Samstag	Saturday
Sonntag	Sunday
Feiertag	public holiday
Winter	winter
Frühling	spring
Sommer	summer
Herbst	autumn

Notfall

Hilfe!	Help!
Polizei	police
Arzt	doctor
Zahnarzt	dentist
Apotheke	pharmacy
Krankenhaus	hospital
Unfall	accident
Schmerzen	pain
Panne	breakdown
Rettungswagen	ambulance
Notfall	emergency

Übernachten

Hotel	hotel
Pension	guesthouse
Einzelzimmer	single room

Doppelzimmer	double room
mit zwei Betten	with twin beds
mit/ohne Bad	with/without bathroom
mit WC	ensuite
Toilette	toilet
Dusche	shower
mit Frühstück	with breakfast
Halbpension	half board
Gepäck	luggage
Rechnung	bill

Einkaufen

Geschäft	shop
Markt	market
Kreditkarte	credit card
Geld	money
Geldautomat	cash machine
Bäckerei	bakery
Lebensmittel	food
teuer	expensive
billig	cheap
Größe	size
bezahlen	to pay

Zahlen

1	one	17	seventeen
2	two	18	eighteen
3	three	19	nineteen
4	four	20	twenty
5	five	21	twenty-one
6	six	30	thirty
7	seven	40	fourty
8	eight	50	fifty
9	nine	60	sixty
10	ten	70	seventy
11	eleven	80	eighty
12	twelve	90	ninety
13	thirteen	100	one hundred
14	fourteen	150	one hundred and fifty
15	fifteen	1000	a thousand
16	sixteen		

Die wichtigsten Sätze

Allgemeines

Sprechen Sie Deutsch?	Do you speak German?
Ich verstehe nicht.	I do not understand.
Ich spreche kein Englisch.	I do not speak English.
Ich heiße …	My name is …
Wie heißt Du/ heißen Sie?	What's your name?
Wie geht's?	How are you?
Danke, gut.	Thanks, fine.
Wie viel Uhr ist es?	What's the time?
Bis bald (später).	See you soon (later).

Unterwegs

Wie komme ich zu/nach …?	How do I get to …?
Wo ist bitte …	Sorry, where is …?
Könnten Sie mir bitte … zeigen?	Could you please show me …?

Notfall

Können Sie mir bitte helfen?	Could you please help me?
Ich brauche einen Arzt.	I need a doctor.
Hier tut es weh.	Here I feel pain.

Übernachten

Haben Sie ein freies Zimmer?	Do you have any vacancies?
Wie viel kostet das Zimmer pro Nacht?	How much is a room per night?
Ich habe ein Zimmer bestellt.	I have booked a room.

Einkaufen

Wie viel kostet …?	How much is …?
Ich brauche …	I need …
Wann öffnet/ schließt …?	When does … open/ … close?

Der Potomac River bietet Kanufahrern ideale Bedingungen

Unterwegs in den Südstaaten

Das Kapitol in Washington

Kapitel 1

Washington D. C. und Virginia

Als ›Capital Region‹ werden die Landschaften und Städte rund um den Hauptstadtbezirk Washington D. C. bezeichnet. In diesem Gebiet gründeten Siedler vor mehr als 400 Jahren die erste dauerhafte englische Kolonie auf nordamerikanischem Boden (Jamestown, 1607). Ihre Nachkommen lehnten sich gegen die Herrschaft des fernen britischen Königs auf und schrieben noch vor der Französischen Revolution bürgerliche Grundrechte in ihre Verfassung.

Washington, die Hauptstadt der jungen Republik, ist nach ihrem ersten Präsidenten benannt. Die auf dem Reißbrett konzipierte Stadt, die fast so viel Marmor für Monumente verbaut hat wie das alte Rom, hat sich zum Machtzentrum der westlichen Welt entwickelt, von vielen bewundert, von anderen gehasst.

Die Metropole mit einem inzwischen sehr lebendigem Kulturleben gilt mit den benachbarten Buchten der Chesapeake Bay als eigenständiges Urlaubsziel, aber auch als Ausgangspunkt für viele Reisen durch die Südstaaten.

Hinzu kommen Atlantikstrände bei Virginia Beach, erlebte Geschichte in der rekonstruierten Kolonialhauptstadt Williamsburg, Plantagenvillen in Virginia mit dem Charme des alten Südens und die bewaldeten grünen Bergketten des Appalachengebirges mit dem Shenandoah National Park.

Zu herbstlichen Weinfesten im Piedmont am Fuß des Mittelgebirges kommen Besucher der nahen Städte. In den Appalachen verfärbt sich dann das Laub zu bunter Blätterpracht, bevor bald darauf in höheren Lagen sogar Wintersportler auf ihre Kosten kommen.

Auf einen Blick

Washington D. C. und Virginia

Sehenswert

1 **Washington D.C.:** Nicht mehr Norden, noch nicht Süden – Washington steht für sich allein. Mit weltberühmten Gebäuden wie dem Weißen Haus und dem US-Kongress, Monumenten wie dem Lincoln Memorial, den Museen entlang der National Mall, mit einem lebendigen Kulturleben sowie exzellenten Hotels und Restaurants ist Washington D. C. schon allein eine Reise wert (s. S. 108).

2 **Shenandoah National Park:** Der bezaubernde Naturpark in der Nähe der US-Hauptstadt war einst durch Abholzung bedroht. Heute verliert sich der Blick wieder über dicht bewaldete Bergketten (s. S. 138).

3 **Historic Triangle:** In Jamestown gingen die ersten britischen Siedler an Land, das restaurierte Williamsburg war die koloniale Hauptstadt von Virginia, in Yorktown errangen die Revolutionäre den entscheidenden Sieg über die britische Armee (s. S. 164).

Schöne Routen

Rundfahrt Washington D. C. – Richmond und zurück: Die ca. 300 Meilen lange Route von Washington über Manassas nach Charlottesville und weiter über Richmond und Fredericksburg zurück nach D. C. ist gleichzeitig eine spannende Rundfahrt durch die Gründungsgeschichte der USA und zu den Auseinandersetzungen des Bürgerkriegs (s. S. 133).

Blue Ridge Parkway: Die Panoramastraße auf dem Kamm der Appalachen beginnt am südlichen Ende des Shenandoah und endet beim Great Smoky Mountains National Park. Beim Blue Ridge Music Center überquert sie die Grenze zu North Carolina (s. S. 141).

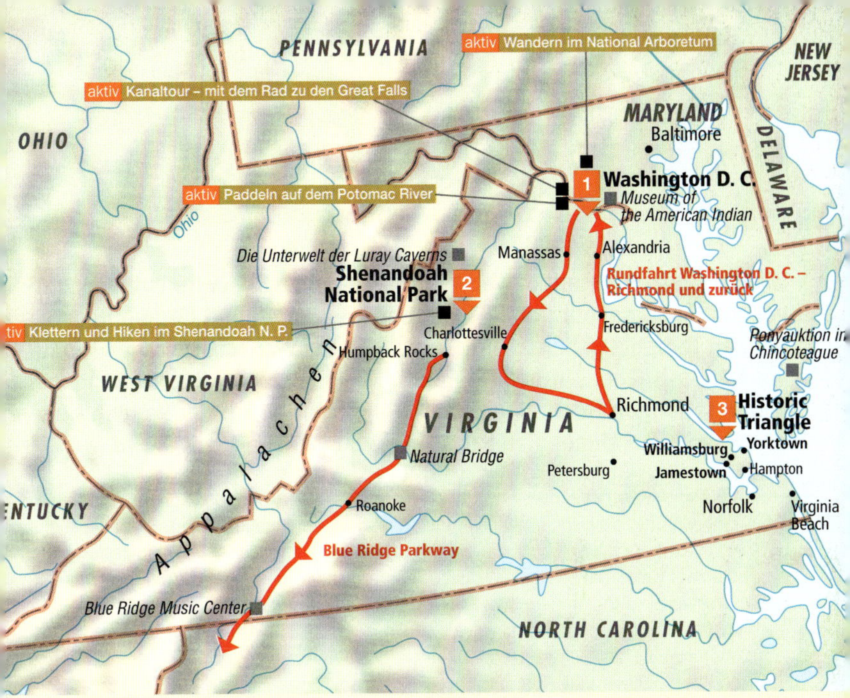

Meine Tipps

Museum of the American Indian: Das Museum zeigt die Kulturen der amerikanischen Ureinwohner und was von ihnen übrig geblieben ist – unromantisch, ohne Kitsch (s. S. 115).

Die Unterwelt der Luray Caverns: Im Shenandoah Valley öffnet sich das Tor in die Unterwelt einer Tropfsteinhöhle mit mächtigen Hallen, ziselierten Säulen und einer Orgel, die bei besonderen Anlässen ertönt (s. S. 141).

Natural Bridge: Die natürliche Felsbrücke hat einst der Geodät George Washington vermessen, später gehörte sie Thomas Jefferson. Heute können alle Besucher das Naturwunder bestaunen (s. S. 144).

Ponyauktion in Chincoteague: Einmal im Jahr werden die wilden Ponys bei Ebbe von der Insel Assateague nach Chincoteague getrieben. Dort werden überzählige Tiere zugunsten der Feuerwehr versteigert (s. S. 162).

aktiv unterwegs

Paddeln auf dem Potomac River: Der Fluss entspringt in West Virginia und mündet nach gut 375 Meilen in die Chesapeake Bay. In Washington kann man die Hauptstadt von der Wasserseite aus erkunden (s. S. 119).

Kanaltour – mit dem Rad zu den Great Falls: Der Chesapeake & Ohio Canal zieht sich von Washington aus fast 300 km nach Westen. Die alten Treidelpfade am Ufer eignen sich bestens für Fahrradtouren (s. S. 123).

Wandern im National Arboretum: Der botanische Garten von Washington ist ein mehr als 200 ha großer Wald mit im Osten der USA heimischen Pflanzen (s. S. 130).

Klettern und Hiken im Shenandoah N. P.: Ein herrliches Wandergebiet, dessen beliebteste Trails u. a. zu Aussichtspunkten auf dem Kamm der Appalachen führen (s. S. 140).

1 Washington D.C. und Umgebung

▶ 1, F/G 1/2

Die Bundeshauptstadt der USA präsentiert sich Besuchern mit prachtvollen Alleen, gesäumt von Regierungsgebäuden und Bauwerken, die antiken Tempeln gleichen, mit Parks, gemütlichen und quirligen Wohnvierteln, mit Geschäften, Restaurants und Nachtclubs. Entlang der kilometerlangen Rasenfläche der Mall liegen einige der weltweit eindrucksvollsten Museen zu Kunst und Wissenschaft aufgereiht.

Etwa 4,5 Mio. Menschen leben im weiteren Einzugsbereich der Metropole, Washington D. C. selbst zählt nur knapp 600 000 Einwohner. Etwa zwei Drittel davon sind Schwarze, nur in westlichen Stadtvierteln wie Foggy Bottom, Georgetown oder Embassy Row leben mehr Weiße als Schwarze. Mehrere Brücken überspannen den Potomac River, der die Kapitale vom Bundesstaat Virginia im Südwesten abgrenzt. Neben allem hauptstädtischen Glanz gibt es in einigen Randgebieten der Innenstadt allerdings auch unübersehbar Armut und Drogenprobleme. Und auch die Zerrüttung der städtischen Finanzen gehört zu den weniger strahlenden Erscheinungsbildern der Stadt am Potomac River. Der Frühling, wenn Azaleen und Dogwood sowie Tausende japanischer Kirschbäume rund um das Tidal Basin blühen, gilt als beste Jahreszeit, um Washington zu besuchen.

Politik und Wirtschaft

Am Regierungssitz der Weltmacht USA wird um politischen Einfluss gerungen. Dabei bemühen sich über 90 000 registrierte Lobbyisten und 60 000 Rechtsanwälte, Interessensgruppen das gewünschte politische Gehör zu verschaffen. Der Einfluss dieser *power broker* auf die Abgeordneten gilt als beträchtlich, ist ihr Werben doch meist mit der Aussicht auf Spendengelder für die Wahlkampfkassen garniert. Dabei gehen vielen Bürgern der USA Einfluss und Macht der Bundesregierung zu weit. Das Misstrauen gegen die anonyme ›Politikmaschine‹ mit ca. 300 000 Angestellten bei den verschiedenen Bundesbehörden und Ministerien sowie 20 000 festangestellten Mitarbeitern der 535 Abgeordneten in Arbeitsstäben, Ausschüssen und Komitees sitzt tief und hat eine lange Tradition, die weit über aktuelle Auseinandersetzungen hinausgeht.

Als Federal District gilt in Washington seit seiner Gründung ein Sonderrecht. Das Territorium gehört zu keinem anderen Bundesstaat, ist jedoch auch selbst keiner. Die im District of Columbia für den Kongress gewählten Abgeordneten haben dort kein Stimmrecht. Die Stadt hat einen gewählten Stadtrat mit Bürgermeister (erst seit 1973), steht aber in Finanzfragen unter der Hoheit des Bundeskongresses. Die US-Regierung ist der größte Arbeitgeber der Region, zusammen mit diversen Verbänden und Firmenvertretungen, die sich in der Nähe der politischen Entscheidungsträger angesiedelt haben. Restaurants, Hotels und andere Dienstleistungsunternehmen machen den zweitwichtigsten Wirtschaftssektor der Stadt aus, die fast 20 Mio. auswärtige Besucher im Jahr zählt. Große Industriebetriebe wird man in Washington vergeblich suchen, ebenso wie Wolkenkratzer. Nach einem ungeschriebenen Gesetz darf kein Gebäude höher sein als das Kapitol. Erst in Arlington in Virginia, gegenüber den Watergate-Gebäuden, ragen einige Bürotürme aus Stahl und Glas über dem Potomac River in den Himmel.

Stadtgeschichte

George Washington selbst steckte als ehemaliger Landvermesser 1791 beim Potomac River auf der Grenze von Virginia zu Maryland ein Karree mit einer Seitenlänge von je 10 Meilen ab, auf dem sich die Hauptstadt der jungen USA entwickeln sollte. Ein Mitkämpfer im Krieg gegen die Engländer, der Franzose Pierre Charles L'Enfant, wurde beauftragt, den Plan für einen »District of Columbia« zu entwerfen. Der Franzose, der als Sohn eines Hofmalers von Louis XVI. in Versailles aufgewachsen und mit repräsentativer Architektur vertraut war, sah eine Hauptstadt mit knapp 1 Mio. Bewohnern voraus, das imposante Zentrum eines ausgedehnten Staates. Plätze waren mit breiten, diagonalen Boulevards verbunden, vom Parlamentsgebäude führte die großzügig proportionierte, begrünte Mall, von der eine weitere Achse nach Norden auf den Präsidentensitz zulief, nach Westen an den Potomac River. Zahlreiche Änderungen stutzten den Entwurf von L'Enfant zurecht – in den 13 Bundesstaaten der USA lebten zu dieser Zeit zusammen nicht einmal 3 Mio. Menschen. Schließlich wurde der häufig unbequeme und wenig kooperative Baumeister entlassen. Er starb 1825 verarmt, vereinsamt und vergessen. Erst um die Wende zum 20. Jh. erinnerte man sich seiner erneut. Seit 1909 hat L'Enfant ein Grab auf dem Ehrenfriedhof von Arlington, nicht weit von den letzten Ruhestätten der Brüder John F. und Robert Kennedy. Und Fußgänger können heute auf der Freedom Plaza an der Pennsylvania Avenue über den reproduzierten Entwurf des Baumeisters spazieren, der mit seinen Plänen seiner Zeit um einiges voraus war.

Lange blieb der Regierungssitz des Bundesstaates wenig mehr als ein zu groß geratenes Dorf mit wenigen Tausend Einwohnern. Auf der sumpfigen Mall wurden Schweine, Kühe und Gänse gehalten. Schon im Jahr 1846 verlangte Virginia die Gebiete südlich des Potomac River zurück, da die Bundeshauptstadt nur wenig wuchs. Der englische Schriftsteller Charles Dickens beklagte bei einem Besuch lange Häuserlücken an den breiten Prachtstraßen, wunderte sich über die fehlende Öffentlichkeit bei den öffentlichen

Am westlichen Ende der Washington Mall: der 169 m hohe Marmor-Obelisk

Washington D. C.

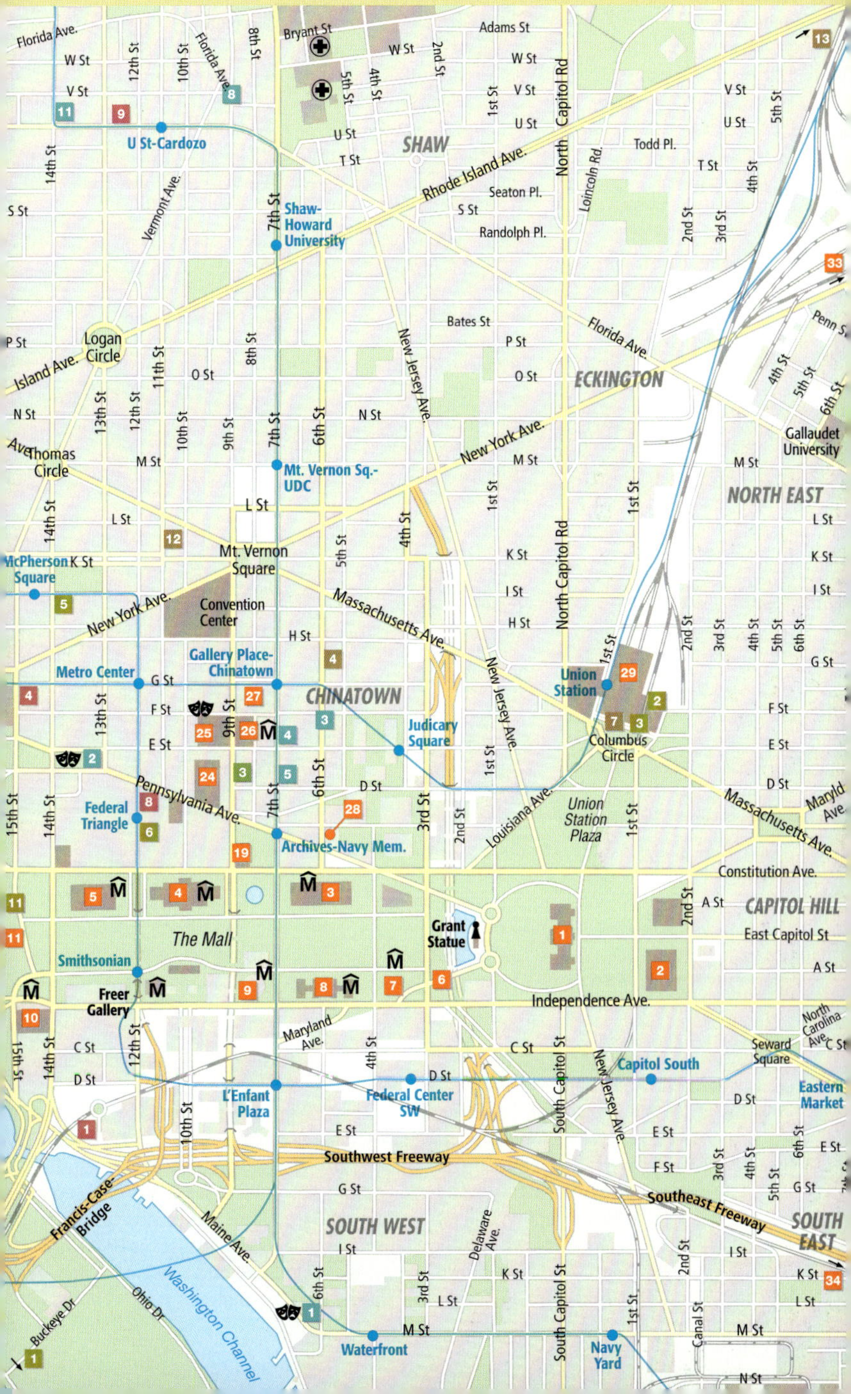

SHAW
ECKINGTON
NORTH EAST
CHINATOWN
CAPITOL HILL
SOUTH WEST
SOUTH EAST
U St-Cardozo
Shaw-Howard University
Mt. Vernon Sq.-UDC
Mt. Vernon Square
Convention Center
Logan Circle
Thomas Circle
McPherson Square
Metro Center
Gallery Place-Chinatown
Judiciary Square
Union Station
Columbus Circle
Union Station Plaza
Federal Triangle
Archives-Navy Mem.
The Mall
Smithsonian
Freer Gallery
Grant Statue
L'Enfant Plaza
Federal Center SW
Capitol South
Eastern Market
Seward Square
Gallaudet University
Waterfront
Navy Yard
Southwest Freeway
Southeast Freeway
Francis-Case-Bridge
Washington Channel
Maine Ave.
Ohio Dr
Buckeye Dr
Florida Ave.
Rhode Island Ave.
New York Ave.
Massachusetts Ave.
Pennsylvania Ave.
New Jersey Ave.
Louisiana Ave.
Constitution Ave.
Independence Ave.
Maryland Ave.
Delaware Ave.
North Carolina Ave.
Maryld Ave.
Vermont Ave.
Penn S
East Capitol St
North Capitol Rd
South Capitol St
Lincoln Rd.
Canal St
Bryant St
Adams St
Todd Pl.
Seaton Pl.
Randolph Pl.
Bates St

Washington D. C.

Sehenswert
1 Kapitol
2 Library of Congress
3 National Gallery of Art
4 Museum of Natural History
5 National Museum of American History
6 Botanischer Garten
7 National Museum of the American Indian
8 National Air and Space Museum
9 Hirshhorn Museum
10 US Holocaust Memorial Museum
11 Washington Monument
12 Jefferson Memorial
13 Franklin Delano Roosevelt Memorial
14 Martin Luther King Memorial
15 Korean War Veterans Memorial
16 National World War II Memorial
17 Lincoln Memorial
18 Vietnam Veterans Memorial
19 Albert Einstein
20 Theodore Roosevelt Island National Memorial
21 John F. Kennedy Center for the Performing Arts
22 Weißes Haus
23 Lafayette Square
24 Edgar Hoover Building
25 Ford's Theatre
26 International Spy Museum
27 Reynolds Center for American Art and Portraiture
28 Newseum
29 Union Station
30 National Cathedral
31 U Street
32 Connecticut Avenue
33 National Arboretum
34 Frederick Douglass National Historic Site

Übernachten
1 The Jefferson
2 Park Hyatt Washington D. C.
3 The Normandy Hotel
4 Fairfield Inn & Suites
5 Hotel Lombardy
6 Savoy Suites Georgetown
7 Phoenix Park Hotel
8 Holiday Inn Georgetown
9 The Latham Hotel
10 The Quincy
11 Allen Lee Hotel
12 Washington International Youth Hostel
13 Cherry Hill Park

Essen & Trinken
1 CityZen
2 Nora
3 Kinkeads's
4 Old Ebbitt Grill
5 Meskerem
6 Pizzeria Paradiso
7 Pesce
8 Old Post Office
9 Ben's Chili Bowl

Einkaufen
1 Melody Record Shop
2 Kramerbooks & Afterword Café
3 Penn Camera Exchange
4 Shops at Georgetown Park
5 Georgetown Flea Market
6 Potomac Mills

Abends & Nachts
1 Arena Stage
2 National Theater
3 Sidney Harman Hall
4 Lansburgh Theatre
5 Woolly Mammoth Theatre Company
6 Madam's Organ
7 DC Improv Comedy Club
8 9:30 Club
9 Blues Alley
10 Ozio
11 Marvin

Aktiv
1 Tourmobile
2 Old Town Trolley Tours
3 Gray Lines
4 Scandal Tours
5 Capital Segway
6 Bike the Sights
7 Big Wheel Bikes
8 Canal Clipper Tours
9 Boat House at Fletcher's Cove
10 Thompson's Boat Center
11 National Gallery Sculpture Garden Ice Rink

Gebäuden und taufte Washington die »Stadt der wundervollen Absichten«.

Während des Bürgerkriegs glich Washington einem Heerlager, allein im Kapitol nächtigten 3000 Soldaten. Nach der Kapitulation der Südstaaten strömten mehr als 40 000 befreite Sklaven in die Hauptstadt. In den folgenden 40 Jahren wurden die wichtigsten Straßen gepflastert, dazu ein Abwassersystem gebaut und Plätze begrünt. Zu Beginn des 20. Jh. kamen die Arlington Memorial Bridge, das Lincoln Memorial, das Tidal Basin mit mehreren Hundert von Japan geschenkten Kirschbäumen und die von den Wasserspielen in Versailles inspirierten Reflection Pools entlang der Mall hinzu. Für den Bau von Denkmälern und repräsentativen Regierungsgebäuden wurde fast so viel Marmor wie einst für die Repräsentationsbauten im antiken Rom benötigt.

Capitol Hill

Cityplan: S. 110
Wer sich in Washington zurechtfinden will, muss sich den Standort des weithin sichtbaren Kongressgebäudes merken. Es dient nicht nur als Sitz des Parlaments mit seinen beiden Kammern, sondern auch als markanter Mittelpunkt eines gedachten Koordinatenkreuzes, das die Stadt in vier Quadranten – Nordost (NE.), Südost (SE.), Nordwest (NW.), Südwest (SW.) – einteilt, deren Kürzel häufig Straßennamen beigestellt sind.

Kapitol 1

Das auf einem Hügel erbaute Kapitol, dessen Kuppel an den Petersdom in Rom erinnert, gehört zu den wichtigsten Sehenswürdigkeiten der Stadt. Einer ganzen Generation von Kapitolen in verschiedenen Bundesstaaten diente das Wahrzeichen von Washington D. C. als Vorbild. George Washington, Präsident der jungen USA, legte 1793 den Grundstein für das Parlamentsgebäude auf dem Jenkins Hill. Im Jahre 1814 versuchten englische Truppen im Krieg gegen die jungen USA, das Gebäude als Symbol der Rebellion gegen die ehemalige Kolonialmacht niederzubrennen, ein Wolkenbruch konnte das Schlimmste verhindern. Nach diversen Um- und Ergänzungsbauten beherbergt es heute Sitzungssäle und Büros beider Kammern des Parlaments, des Repräsentantenhauses und des Senats. Seit der Vereidigung von Präsident Andrew Jackson 1829 werden alle US-Präsidenten in einer feierlichen Zeremonie vor dem Ostportal des Kapitols in ihr Amt eingeführt.

Eine mächtige Kuppel krönt die Rotunde, acht monumentale Ölgemälde an den Wänden illustrieren Ereignisse der amerikanischen Geschichte. Die allegorische Darstellung in der Kuppel, die George Washington umgeben von römischen Gottheiten zeigt, stammt von Constantino Brumidi, Bilder und Statuen in Nebenräumen wie der Statuary Hall ehren Frauen und Männer, die Bedeutendes für die USA geleistet haben (Capitol Hill, Tel. 202-226-8000, www.visitthecapitol.gov, Mo–Sa 8.30–16.30 Uhr, Eintritt frei).

Library of Congress und Umgebung

Die **Library of Congress** 2 wurde bereits 1800 als Bibliothek für die Abgeordneten eingerichtet. Nach einer aufwendigen Restaurierung beherbergt die Nationalbibliothek heute 110 Mio. Bücher, Manuskripte, Briefe und Filme, die der Öffentlichkeit zugänglich sind. Während einer Führung durch das Gebäude ist auch ein Blick in den achteckigen Lesesaal möglich, den eine von marmornen Säulen getragene, fast 40 m hohe Kuppel überwölbt. Im angeschlossenen **Mary Pickford Theatre** werden seltene Filme und Videos aus dem Fundus von mehr als 700 000 archivierten Streifen gezeigt (Independence Ave. SE., Tel. 202-707-8000, www.loc.gov, unterschiedliche Öffnungszeiten zu den diversen Einrichtungen und Programmen, zur Kongressbibliothek und dem Medienzentrum, Eintritt frei).

Der **Oberste Gerichtshof** der USA, der alljährlich etwa 100 Grundsatzurteile in letzter Instanz fällt, schließt sich nördlich an die Library of Congress an. Gleich östlich der Nationalbibliothek beherbergt die **Folger Shakespeare Library** eine umfangreiche Sammlung von Werken über den bedeutendsten englischsprachigen Dramatiker sowie ein elisabethanisches Theater.

National Mall – Museen

Cityplan: S. 110
Vom Capitol Hill erstreckt sich die offene Grünfläche der Mall bis zum Lincoln Memorial Richtung Westen. Sie wird im Norden und Süden von einer Phalanx weltweit einmaliger Museen flankiert. Neun davon gehören zur **Smithsonian Institution,** die noch weitere sieben Museen und den sehenswerten Zoo in Washington sowie zwei Sammlungen in New York City unterhält. Das einzigartige Konglomerat von Museen und Forschungseinrichtungen verdankt seine Existenz dem großzügigen Erbe des 1829 verstorbenen englischen Wissenschaftlers James Lewis Smithson, der die USA zwar nie besuchte, aber mit einem Legat von 500 000 $ 1835 den

Kultur und Wissenschaft: die Smithonian Institution Thema

Der letzte Wille von James Lewis Smithon war eindeutig. Sollte sein Neffe ohne direkte Nachkommen sterben, würde sein Vermögen den USA vermacht werden, um damit »in Washington eine Einrichtung für den Fortschritt und die Verbreitung des Wissens zu begründen«.

Bereits 1836, sieben Jahre nach Smithon, schied auch sein Neffe dahin, ohne Erben. US-Präsident Andrew Jackson schickte einen Emissär nach London, der bald darauf mit Kisten voller Goldmünzen in die USA zurückkehrte. Doch schon vor dessen Ankunft hatten die Politiker der Versuchung nicht widerstehen können und das Geld in Anleihen verschiedener Bundesstaaten angelegt. John Quincy Adams, Kongressabgeordneter und vormaliger US-Präsident, machte sich zum Anwalt von Smithons Anliegen. 10 Jahre nachdem das Geld die USA erreicht hatte, verabschiedete der Kongress ein Gesetz, dass die Stiftung begründete und noch immer den Rahmen ihrer Arbeit vorgibt.

Die Gründe für das ungewöhnliche Testament von John Smithon liegen im Dunkeln. Einige vermuten, er habe seine Ablehnung der Klassengesellschaft in England ausdrücken wollen. Smithon wurde als illegitimer Sohn von Hugh Smithson Percy, Herzog von Northumberland, und Elisabeth Keate Macie, 1765 in Paris geboren und war zwar Bürger Britanniens, aber nur mit eingeschränkten Bürgerrechten und ohne Anerkennung seiner adligen Abkunft. Der in Oxford ausgebildete Mineraloge und Chemiker wurde schon mit 22 Jahren Mitglied der Royal Society of London.

Aus der kleinen Stiftung in Washington, die sich mit der Mehrung wissenschaftlicher Erkenntnisse und ihrer praktischen Umsetzung befasste, ist eine Einrichtung geworden, die auf vielen geistes- und naturwissenschaftlichen Gebieten sowie in der Kunst die Forschung unterstützt und mit einer Fülle erstklassiger Museen, die Besuchern zudem kostenfreien Eintritt gewähren, den Willen ihres Stifters erfüllt. Die 140 Mio. Ausstellungsobjekte reichen von den ältesten je gefundenen Fossilien bis zu Meisterstücken der modernen Kunst, vom 45,5 Karat schweren Hope-Diamanten bis zum Originalkompass, den Lewis und Clark 1804 während ihrer Expedition in den amerikanischen Nordwesten benutzten. Der US-Kongress trägt das Budget der Stiftung zu 80 %. Dazu kommen private Spenden und Sponsoren, die Erträge aus dem angelegten Stiftungsgeld, der Verkauf in den Museumssshops sowie die unentgeltliche Arbeit Tausender Freiwilliger. Von den 19 Museen stehen zwei in New York, die übrigen, darunter auch der Nationale Zoologische Garten, in Washington. Hinzu kommen Forschungseinrichtungen, vom »Tropical Research Institute« in Panama bis zum »Astrophysical Observatory« in Cambridge, Massachusetts.

Einem Aufsichtsgremium, dem *Board of Regents,* gehört auch der Vizepräsident der USA an. Es ernennt u. a. den Sekretär der Stiftung, der als Direktor ihre gesamten Aktivitäten koordiniert. Die Verwaltung ist neben einem exzellenten Informationszentrum für Besucher im 1855 fertiggestellten roten Backsteingebäude »The Castle« an der Mall untergebracht. Hier ruhen seit 1904 auch die Überreste des Stiftungsbegründers, der als Lebender nie Nordamerika besucht hatte und 75 Jahre nach seinem Tod von Genua nach Washington überführt wurde.

Grundstein für die nach ihm benannte Stiftung legte.

National Gallery of Art 3

Die National Gallery of Art gehört zu den bedeutendsten Kunstmuseen der Welt. Im neoklassizistischen West Building werden Gemälde und Zeichnungen vom Mittelalter bis in die Gegenwart präsentiert, darunter Werke von Raphael, Velázquez, Dürer, Rembrandt und das Bildnis der »Ginevra de' Benci« von Leonardo da Vinci, das einzige Werk des Renaissancekünstlers, das außerhalb Europas zu sehen ist. Das von I. M. Pei wie zwei ineinander geschobene Dreiecke gestaltete East Building beherbergt Kunst des 20. Jh., unter anderem Werke von Henry Moore, Alexander Calder, Pablo Picasso und Joan Miró. Die Cafeteria im Tunnel, der die beiden Gebäudetrakte verbindet, gehört zu den beliebtesten Lunch-Restaurants der Stadt (Smithsonian Institution, Constitution Ave., zwischen 3rd St. und 7th St. NW., Tel. 202-737-4215, www.nga.gov, Mo–Sa 10–17, So 11–18 Uhr, Eintritt frei).

Museum of Natural History 4

An die Kunstgalerie schließt sich das **National Museum of Natural History** an, eine Schatzkiste der Naturwissenschaften, mit Mammuts und Dinosauriern, Walen und Spinnenzoo sowie einer exzellenten Mineralien- und Edelsteinsammlung, die vom 45,5-karätigen Hope-Diamanten gekrönt wird (10th St./Constitution Ave., Tel. 202-633-1000, www.mnh.si.edu, tgl. 10–17 Uhr, im Sommer oft bis 19 Uhr, Eintritt frei).

National Museum of American History 5

Das National Museum of American History präsentiert die neuere amerikanische Geschichte mit einer Fülle unterschiedlicher Exponate – u. a. einen Laden aus der Zeit der vorletzten Jahrhundertwende, ein Foucaultsches Pendel, Gewänder der First Ladies und das erste, 9,12 x 12,77 m große Sternenbanner aus dem Jahre 1814 (Constitution Ave., zwischen 12th St. und 14th St., Tel. 202-633-1000, www.americanhistory.si.edu, tgl. 10–17.30 Uhr, im Sommer oft bis 19 Uhr, Eintritt frei).

Botanischer Garten 6

An der Südflanke der Mall zeigt der schon 1850 angelegte **United States Botanic Garden** tropischen Dschungel und andere Themengärten im riesigen Gewächshaus oder im Freien. Zu den Schwerpunkten gehören die Bedeutung der Pflanzenwelt für die Menschen, der Naturschutz und die Evolution der pflanzlichen Lebensformen (100 Maryland Ave. SW., Tel. 202-225-8333, www.usbg.gov, tgl. 10–17 Uhr, Eintritt frei).

National Museum of the American Indian 7

Gleich daneben gibt das National Museum of the American Indian einen faszinierenden Einblick in Geschichte, Kultur und Glaubenswelt der indianischen Urbevölkerung Nordamerikas. Das erst 2004 eröffnete Gebäude aus ockerfarbenem Sandstein imitiert mit seinem kurvenförmigen Erscheinungsbild durch Wind und Wetter geformte Felsformationen des Südwestens. Nur ein Teil der mehr als 1 Mio. Exponate können jeweils in den aktuellen Ausstellungsetagen gezeigt werden. Masken, Trachten, Kanus, Totempfähle, Modelle von Behausungen, Filmclips mit Erzählungen indianischer Zeitzeugen, Dokumente zur Geschichte der Vertreibung und vieles mehr lassen ein lebendiges Bild einer hoch entwickelten Kultur entstehen, die zu einem großen Teil mit der Eroberung des Kontinents durch europäische Siedler zerstört wurde (4th St./Independence Ave. SW., Tel. 202-633-1000, www.nmai.si.edu, tgl. 10–17.30 Uhr, Eintritt frei).

National Air and Space Museum 8

Alljährlich besuchen über eine 1 Mio. Menschen das **National Air and Space Museum,** in dem alles ausgestellt ist, was in der Luft- und Raumfahrt jemals von Interesse war, von den ersten Flugapparaten der Gebrüder Wright bis zum X-Wing-Raumjäger von Luke

Skywalker. Das IMAX-Kino zeigt auf einer riesigen Leinwand atemberaubende Filme über die Kunst des Fliegens und die Eroberung des Weltalls (4th St./Independence Ave., Tel. 202-633-2214, www.nasm.si.edu, tgl. 10–17.30, im Sommer oft bis 19 Uhr, Eintritt frei).

Im **Steven F. Udvar-Hazy Center** nicht weit vom Dulles International Airport zeigt das National Air & Space Museum in umgebauten Hangars Flugzeuge aus vielen Ländern und Epochen (4390 Air & Space Museum Pkwy, Chantilly, Virginia 20151, Tel. 703-572-4118, Eintritt frei).

Hirshhorn Museum und Umgebung

Das **Hirshhorn Museum** 9 präsentiert moderne Kunst und einen großartigen Skulpturengarten Smithsonian Institute, Independence Ave./7th St. SW., Tel. 202-633-4674, www.hirshhorn.si.edu, tgl. 10–17.30 Uhr, Eintritt frei). Die benachbarte **Freer- und die Arthur M. Sackler-Galerien** besitzen erlesene Sammlungen asiatischer Kunst, das **National Museum of African Art** (950 Independence Ave. SW., gleiche Öffnungszeiten, Eintritt frei) konzentriert sich auf die Kunstschätze südlich der Sahara.

US Holocaust Memorial Museum 10

Im **US Holocaust Memorial Museum** wird die Geschichte des Mordes an 6 Mio. Juden und anderen von den Nazis Verfolgten auf beklemmende Weise dokumentiert (100 Raoul Wallenberg Plaza, Tel. 202-488-0400, www.ushmm.org, tgl. 10–17.30 Uhr, Eintritt frei).

Memorials und Monuments an der Mall

Cityplan: S. 110

Washington Monument 11

Der 170 m hohe Obelisk des Washington Monument liegt auf dem Kreuzungspunkt der Linien zwischen dem Kapitol im Westen und dem Lincoln Memorial im Osten sowie dem Jefferson Memorial im Süden und dem Weißen Haus im Norden. Ein Ring aus 50 Flaggen umgibt das höchste Bauwerk der Kapitale, das von der mit einem Fahrstuhl im Inneren erreichbaren Aussichtsplattform auch den besten Rundblick auf die Stadt bietet. Es ist dem ersten Präsidenten der USA gewidmet, der mehrere Jahre Großmeister der Freimaurerloge von Alexandria war. So wurde beim Bau ganz in der Tradition der Freimaurer auf Stahlträger verzichtet (15th St., zwischen Constitution Ave. und Independence Ave., Tel. 202-426-6841, www.nps.gov/wamo, im Sommer von 8–22, im Winter 9–17 Uhr, derzeit wegen Restaurierungsarbeiten geschl., Eintritt frei, telefonische Reservierung 2 $).

Jefferson Memorial 12

Es war nicht einfach, 1943 im Grundriss der Hauptstadt einen würdigen Standort für das **Jefferson Memorial** zu finden, ohne den harmonischen Entwurf des Baumeisters L'Enfant zu zerstören. Das Denkmal, dem römische Tempel als Vorbild dienten, markiert am Ufer des Tidal Basin das Ende einer Achse, die vom Weißen Haus über das Washington Monument nach Süden verläuft. Im Innern steht der Verfasser der Unabhängigkeitserklärung, Außenminister von George Washington, Vizepräsident von John Adams und dritter Präsident der USA (1801–09) als 6 m große Bronzestatue auf einem Podest aus schwarzem Granit. An den Wänden der Rotunde sind Sätze aus der Unabhängigkeitserklärung und Auszüge aus anderen Texten von Thomas Jefferson zu lesen. Im Frühling, wenn Tausende Kirschbäume um das Tidal Basin blühen, zieht das Memorial Heerscharen von Besuchern an (Ohio Dr., Tel. 202-426-6841, www.nps.gov/thje, 24 Std. geöffnet, Eintritt frei).

Franklin Delano Roosevelt Memorial 13

Wenige Hundert Meter weiter nördlich, zwischen Potomac River und Tidal Basin, wurde 1997 das **Franklin Delano Roosevelt Memorial** für den von 1933 bis 1945 regierenden Präsidenten eingeweiht, das vierte Presidential Memorial der Kapitale. Besucher wan-

Das Jefferson Memorial erinnert an antike römische Tempel

dern durch eine parkähnliche Anlage, die in vier Abschnitte untergliedert ist – jede davon symbolisiert eine der vier Amtszeiten des Präsidenten. Einige der bekanntesten Bildhauer der USA – Leonard Baskin, Neil Estern und George Segal – wirkten bei der Gestaltung des Memorials mit und schufen eindrucksvolle Figurengruppen wie etwa die Warteschlange vor einer Suppenküche in der Zeit der Weltwirtschaftskrise. Das Denkmal wurde für Rollstuhlfahrer zugänglich gemacht, auch Roosevelt war nach einer Kinderlähmung auf einen Rollstuhl angewiesen (West Potomac Park, 1850 W. Basin Dr., Tel. 202-426-6841, www.nps.gov/frde, 24 Std. geöffnet, Eintritt frei).

Martin Luther King National Memorial 14

Im Oktober 2011 eröffnete die nationale Gedenkstätte nicht weit vom Roosevelt Memorial mit einer Rede von Präsident Obama, es ist das erste Denkmal an der Mall, das eine afroamerikanische Persönlichkeit ehrt. Um eine 10 m hohe, aus einem Granitblock gearbeitete überlebensgroße Skulptur erinnern in Stein gemeißelte Zitate aus Kings Reden und Predigten an dessen Vermächtnis des gewaltlosen Kampfes um gleiche Bürgerrechte (1964 Independence Ave. SW., Tel. 202-737-5420, www.mlkmemorial.org, 24 Std. geöffnet, Besucherzentrum nur tagsüber, Eintritt frei).

Korean War Veterans Memorial 15

Im West Potomac Park südlich des Reflecting Pool haben die Veteranen des Koreakriegs 1995, genau 42 Jahre nach Ende des dreijährigen Konflikts, ein **Korean War Veterans Memorial** erhalten. Auf einer polierten Granitwand wurden mit Lasertechnik Bilder der Kämpfe eingraviert. Eine stählernde Skulpturengruppe aus 19 Soldaten, alle mit dem gleichen starren Gesichtsausdruck, ist auf einem dreieckigen Feld angeordnet wie ein Trupp auf Patrouille (Tel. 202-426-6841, www.nps.gov/kwvn, 24 Std. zugänglich, Eintritt frei).

Nat. World War II Memorial 16

Erst 2004 wurde das National World War II Memorial an der Mall eingeweiht. Die konventionell gestaltete ovale Anlage mit Springbrunnen und Ehrensäulen erinnert an die 16

Mio. amerikanischen Soldaten, die in Europa und im Pazifik im Einsatz waren und an die 400 000 auf den verschiedenen Kriegsschauplätzen Gefallenen (Tel. 202-426-6841, www.wwiimemorial.com, 24 Std. zugänglich, Eintritt frei).

Lincoln Memorial 17

Im monumentalen **Lincoln Memorial** zwischen dem westlichen Ende der Mall und dem Ufer des Potomac River blickt der 6,5 m große, marmorne Präsident nachdenklich nach Osten zum Kapitol. 36 dorische Säulen, eine für jeden Bundesstaat, der im Todesjahr von Lincoln der Union angehörte, schmücken das Monument. Im Innern, das einem griechischen Tempel nachempfunden wurde, sind Passagen der Antrittsrede zur zweiten Präsidentschaft und die Ansprache Lincolns nach dem Sieg der Unionstruppen in Gettysburg in den Stein gemeißelt. Von der Außentreppe des Denkmals hielt Martin Luther King 1963 vor Hunderttausenden seine »I have a dream«-Rede (Potomac Park, Ecke 23rd St. NW., Tel. 202-426-6841 www.nps.gov/linc, 24 Std. zugänglich, Eintritt frei).

Vietnam Veterans Memorial 18

Nördlich des Reflecting Pool, der sich fast bis zur Ringstraße um das Lincoln Memorial hinzieht, liegt das schlichte, doch nicht minder eindrucksvolle **Vietnam Veterans Memorial,** in dessen wie ein offener Winkel geformte, polierte schwarze Granitplatten die Namen der 60 000 im Vietnamkrieg gefallenen oder vermissten Amerikaner eingraviert sind.

Die Gedenkstätte wurde von der 1982 erst 21-jährigen Yale-Studentin Maya Ying Lin entworfen, die eine bundesweite Ausschreibung für sich entscheiden konnte. Hier steht nicht strahlender Patriotismus im Vordergrund, sondern das Gedenken an tote Freunde und Verwandte. Eine Skulptur mit drei jungen Soldaten in Kampfausrüstung sowie eine weitere von drei weiblichen Armee-Angehörigen wurden auf Drängen von Veteranenverbänden später hinzugefügt (Tel. 202-426-6841, http://thewall-usa.com, 24 Std. zugänglich, Eintritt frei).

Albert Einstein 19

In einem kleinen Park an der Constitution Avenue sitzt ein überlebensgroßer bronzener **Albert Einstein,** in direkter Nachbarschaft zur **National Academy of Science,** leicht verschmitzt lächelnd und entspannt zurückgelehnt, mit einem Buch in der Hand, auf dem die Formel $E = mc^2$ zu erkennen ist (2101 Constitution Ave. NW., Tel. 202-334-2000).

Nördlich der Mall

Cityplan: S. 110

Theodore Roosevelt Island National Memorial 20

Gut 3 Meilen Wanderwege durchkreuzen die 36 ha große verwilderte Insel im Potomac River. Sie ist mit der Ehrensäule des **Theodore Roosevelt Island National Memorial** dem 25. Präsidenten der USA gewidmet, der zu Beginn des 20. Jh. viele Regionen als Nationalparks schützen ließ (Zugang über Fußgängerbrücke von Rosslyn in Arlington, Tel. 703-289-2500, www.nps.gov/this, Sonnenauf- bis -untergang).

John F. Kennedy Center und Umgebung

Vis-à-vis der Roosevelt-Insel erhebt sich der mächtige Bau des **John F. Kennedy Center for the Performing Arts** 21 am Washingtoner Ufer des Potomac River, zu dessen Ausgestaltung Italien 3700 t besten Carrara-Marmors stiftete. Sechs hervorragende Theater präsentieren allabendlich Theater- und Ballettaufführungen, Konzerte und Filme (kostenlose Führungen Mo–Fr 10–17, Sa/So bis 13 Uhr, s. S. 127).

Unmittelbar hinter dem Kulturtempel lässt sich am Potomac River der legendäre **Watergate-Komplex** ausmachen, der Büroräume, Apartments und Geschäfte beherbergt. Über den Watergate-Skandal, den Einbruch ins Wahlkampfhauptquartier der Demokratischen Partei 1972, stürzte wenig später der damalige republikanische Präsident Richard Nixon.

aktiv unterwegs

Paddeln auf dem Potomac River

Tour-Infos

Start: Thompson's Boat Center 10 (s. S. 131)
Länge: variabel, zum Beispiel sind es bis zum Lincoln Memorial 3 Meilen
Dauer: 2–3 Std.
Wichtige Hinweise: Die Boote kann man z. B. beim Thompson's Boat Center leihen, Mo–Sa 6–20, So 7–19 Uhr, Kanu 12 $/Std., 24 $/Tag oder Doppelkajaks für 17 $/Std., 40 $/Tag, s. S. 131.

Der Potomac River biegt bei Georgetown nach Süden ab und fließt dann als breiter Strom Richtung Chesapeake Bay – ideal für eine Bootstour, um sich Washington, die Skyline von Arlington und Roosevelt Island von der Wasserseite aus anzusehen. Verschiedene Anbieter in Washington Harbor und Georgetown vermieten Paddel- und Ruderboote oder Kajaks. Von den Anlegern sind es 3 Meilen bis zum Lincoln Memorial und zurück.

Vom Anleger des Thompson's Boat Center führt eine mögliche Route zunächst flussabwärts. Links zieht der Büro- und Apartmentkomplex des **Watergate Center** vorbei. Der Einbruch in das hier gelegene Wahlkampfzentrum der Demokratischen Partei 1972 führte zwei Jahre später zum Rücktritt des republikanischen US-Präsidenten Nixon. Kurz darauf geht es, wieder am linken Ufer, um Kultur. Im wuchtigen Bau des **John F. Kennedy Center for the Performing Arts** 21 sind mehrere Theater und Konzertsäle untergebracht. Kurz hinter der Theodore Roosevelt Memorial Bridge erscheint links die Silhouette des **Lincoln Memorial** 17 am westlichen Ende der National Mall. Auf dem Weg zurück zum Bootszentrum passiert das Boot die im Fluss liegende, dicht bewaldete **Roosevelt Island**. Sie ist Theodore Roosevelt (1858–1919) gewidmet, der sich als US-Präsident sehr für die großen Nationalparks in den USA engagierte.

Weißes Haus 22

Das Weiße Haus, Wohnort und Amtssitz aller amerikanischen Präsidenten nach George Washington, ist wie die anderen Regierungsbehörden in Washington für die Öffentlichkeit zugänglich. (1600 Pennsylvania Ave. NW., Tel. 202-456-7041, www.whitehouse.gov. Ausländische Besucher müssen Führungen bei der Botschaft des jeweiligen Landes in Washington zwischen 6 Monaten und 21 Tagen im Voraus beantragen, Di–Do 7.30–11, Fr 7.30–12, Sa 7.30–13 Uhr, Eintritt frei).

Lafayette Square 23

Auf dem Lafayette Square direkt hinter dem Weißen Haus mit dem zentralen Reiterstandbild des Generals und Präsidenten Andrew Jackson treffen sich als Skulpturen noch einmal ausländische Mitstreiter der amerikanischen Revolution – die Franzosen Marquis de Lafayette und Comte de Rochambeau, der Pole Tadeusz Koskiusko und der preußische Baron von Steuben. Das kleine, im Stil des beginnenden 19. Jh. eingerichtete **Decatur House** gegenüber der **Steuben-Statue** erinnert an den Seehelden Stephen Decatur, der 1814 half, die Engländer aus der Stadt zu vertreiben.

Entlang der Pennsylvania Avenue

Cityplan: S. 110
Der Weg vom Weißen Haus zum Kapitol führt über die gut eine Meile lange Prachtstraße Pennsylvania Avenue zunächst zum Old Post Office, das zu einem riesigen Einkaufs- und Esstempel umgestaltet wurde.

Pierre-Charles L'Enfants Visionen: Hauptstadt nach Plan

Es gehörte schon eine gehörige Portion visionäre Vorstellungskraft dazu, für einen fast bankrotten, gerade unabhängig gewordenen Staat von 3 Mio. Einwohnern, eine Hauptstadt für 1 Mio. Bewohner in den morastigen Boden beim Zusammenfluss von Anacostia und Potomac River zu träumen und exakt zu planen.

Schon ein Jahr bevor der Kongress 1790 beschlossen hatte, eine Federal City als ständige Hauptstadt der jungen USA errichten zu lassen, bot der junge französischstämmige Mitstreiter im Stab von George Washingtons Armee, der Ingenieur Pierre-Charles L'Enfant, an, einen Plan zu entwerfen, der »prächtig genug wäre, eine große Nation zu zieren«. Präsident George Washington mochte den ehemaligen Major seiner Pioniertruppen, der sich nach dem Revolutionskrieg als Architekt und Designer einen Namen erworben hatte. Seine künstlerische Ausbildung hatte er an der königlichen Akademie für Malerei und Bildhauerei in Paris erhalten, bevor er sich 1776 als 22-Jähriger voll revolutionärer Begeisterung der Kontinentalarmee von George Washington angeschlossen hatte. Gleich nach Übernahme des großen Auftrags machte er sich an die Arbeit und erkundete das Terrain für die Innenstadt. Bereits sechs Monate später legte L'Enfant seinen Entwurf für den Grundriss der künftigen Hauptstadt vor. Er war weder bescheiden noch an die instabile innere Verfassung oder die minimalen finanziellen Möglichkeiten des jungen Staates angepasst. Das Raster von rechteckig zueinander angelegten Straßen mit diagonalen Achsen als baumbestandene, 50 m breite Alleen, mit regelmäßigen Freiräumen, Parks und Plätzen an den großen Kreuzungspunkten, geschmückt mit Statuen, Brunnen und Monumenten erinnert in seiner Struktur an eine barocke Gartenanlage wie in Versailles. Die breiten Avenues trugen die Namen der damals beigetretenen 15 Bundesstaaten.

Die großzügige Planung mit einer 130 m breiten und einer Meile langen Grand Avenue, der heutigen Mall, an der sich Botschaften ausländischer Staaten und kulturelle Einrichtungen aneinanderreihen sollten, mit prächtigen marmornen Regierungs- und Parlamentsgebäuden, römischen und griechischen Tempelbauten ähnlich, entsprach nicht dem bescheidenen Ansatz eines neuen Jerusalem, von dem die puritanischen Pilgerväter aus Massachusetts träumten, sondern erweckte die Größe des republikanischen Rom, das Ideal der Pflanzer von Virgina, zu neuem Leben. Die 1,5 Meilen lange Pennsylvania Avenue zwischen dem Congress House auf dem Hügel des Kapitols, der damals noch Jenkins Hill hieß und dem später Weißes Haus genannten Executive Mansion des Präsidenten macht die Dramaturgie der Stadtarchitektur noch heute deutlich, in dem sie Exekutive und Legislative räumlich voneinander trennte, sie aber gleichzeitig in Blickkontakt zueinander stellte.

Der kühne Plan des Pierre-Charles L'Enfant hatte seit seiner Veröffentlichung mit Schwierigkeiten und Widersachern zu kämpfen. Mangelnde Finanzierung bei gleichzeitiger Überschreitung des Budgets behinderten die Arbeiten. L'Enfant galt zudem als hartnäckig, er legte sich schnell und konsequent mit wichtigen Politikern, Bürokraten und Grundbesitzern an, die sich von ihm übertölpelt

Thema

fühlten und ihn bald nur noch *»l'enfant terrible«* schimpften. George Washington war schon 1792 gezwungen, seinen Stadtbaumeister zu entlassen und beauftragte dessen Assistenten, die Bauplanung zu übernehmen. Als Regierung und Parlament 1800 von Philadelphia an den Potomac umzogen, waren viele Gebäude nicht fertig, Straßen wie die morastige Pennsylvania Avenue nicht gepflastert. L'Enfant starb 1825, verbittert und verarmt im benachbarten Maryland. Die angebotene Abfindung von 2500 $ für seine Arbeit hatte er zurückgewiesen. Erst um die Wende des 19. zum 20 Jh. erfuhr der Architekt Washingtons eine späte Rehabilitierung. Im Jahre 1909 wurden die Überreste von L'Enfant auf den Ehrenfriedhof von Arlington überführt. Heute wacht eine National Capital Planning Commission darüber, dass nicht gegen den L'Enfant-Rahmenplan verstoßen wird und dass kein Gebäude den 1910 verabschiedeten *Height Limitation Act* verletzt, der Gebäude über 45 m (150 ft) Höhe verbietet, die ebenfalls den Gesamteindruck der Innenstadt verändern würden. Die zwischen D Street und Southwest Freeway eingequetschte L'Enfant Plaza, eingeschlossen von einem massigen Gebäudekomplex, ist eher ein Anschlag auf den Namen des legendären Baumeisters als eine Ehrung. Dafür ist schon eher die Freedom Plaza geeignet, die nahe dem Weißen Haus von der Pennsylvania Avenue umrahmt wird und auf die das Frontispiz seines Planentwurfs mit der Topografie des Stadtzentrums eingraviert ist. Hier herrscht immer Betrieb, Fußgänger spazieren über das von L'Enfant entworfene Modell, bei gutem Wetter bleiben zuweilen Passanten stehen und erkennen bewundernd den historischen Grundriss der Metropole.

Pennsylvania Avenue: pulsierende Schlagader der Bundesmetropole

Edgar Hoover Building 24

Kurz darauf passiert die Avenue die Gebäude des Justizministeriums und des bunkerartigen **Edgar Hoover Building,** des Hauptquartiers des FBI (Federal Bureau of Investigation), das als eines der wenigen Regierungsgebäude der US-Hauptstadt seit den Terroranschlägen vom September 2001 in New York und Washington nicht mehr zu besichtigen ist (www.fbi.gov).

Ford's Theatre 25

Das Ford's Theatre hinter der FBI-Zentrale zeigt erst seit 1968 wieder Stücke, mehr als 100 Jahre nachdem der Schauspieler John Wilkes Booth am 14. April 1865 den US-Präsidenten Abraham Lincoln während einer Vorstellung erschoss. Eine Ausstellung in dem als National Historic Site geschützten Gebäude erinnert an das Attentat (511 10th St. NW., Tel. 202-347-4833, www.nps.gov/foth, tgl. 9–17 Uhr, Einschränkungen der kostenlosen Besichtigung bei Theatervorstellungen).

International Spy Museum 26

Auf der gegenüberliegenden Straßenseite der F Street zeigt das **International Spy Museum** in einer populär aufgemachten Ausstellung das Handwerk der politischen und militärischen Spionage sowie berühmte Fälle aus der jüngeren Geschichte. Besucher können in einem interaktiven Spiel ihre einschlägigen Talente als potenzielle Agenten prüfen (800 F St. NW., Tel. 202-393-7798, www.spymuseum.org, tgl. ab 9 Uhr, unterschiedliche Schließungszeiten, Erw. 18 $, Kinder 5–11 J. 15 $).

Reynolds Center und Umgebung

Das in einem tempelähnlichen Gebäude des **Reynolds Center for American Art and Portraiture** 27 untergebrachte **Smithonian American Art Museum** präsentiert eine einzigartige Sammlung amerikanischer Kunst, mit Werken u. a. von Christo, Hockney, Hopper, Lichtenstein, O'Keefe und Rauschenberg. Die **National Portrait Gallery,** ebenfalls ein Museum der Smithonian Institution, ist im gleichen, wunderbar restaurierten Gebäude untergebracht. Sie zeigt ausschließlich Porträts, Bilder und Plastiken aus Nordamerika, und zwar aus voreuropäischer Zeit bis heute: Zu sehen sind Indianer, Trapper, Künstler, Soldaten, Verbrecher und auch die komplette Sammlung amerikanischer Präsidentenporträts (Eingang Ecke 8th St./F St. NW., Tel. 202-633-1000, http://americanart.si.edu, www.npg.si.edu, tgl. 11.30–19 Uhr, Eintritt frei).

Vis-à-vis haben die Profi-Basketballer und -Eishockeyspieler der Hauptstadt mit der Arena des **Verizon Center** in der F Street eine Spielstätte, in der das ganze Jahr über Sport- und Kulturveranstaltungen stattfinden. Außerdem werden in einer Galerie Fotos und Sportmemorabilien ausgestellt. Weiter im Norden schließt sich das kleine **Chinatown** von Washington an; mit einem mächtigen, die H Street überspannenden **Friendship Arch** ist es nicht zu verfehlen.

Newseum 28

Im Newseum illustriert eine spannende Ausstellung die Geschichte der Nachrichtenübermittlung von der Buschtrommel bis zum Internet. Bild-, Text- und Tondokumente zeigen, wie Nachrichten gesellschaftliche Entwicklungen widerspiegeln oder verzerren. Preisgekrönte Fotografien, TV-Studios, auch eines für Kinder, und die Dokumentation berühmter Reportagen machen den Besuch zum Erlebnis (555 Pennsylvania Ave. NW., Tel. 202-292-6100, www.newseum.org, tgl. 9–17 Uhr, Erw. 20 $, Kinder 7–18 J. 13 $).

Union Station 29

Über die Louisiana Avenue fällt der Blick auf die 1907 eröffnete **Union Station,** der die Diokletianthermen im antiken Rom als Vorbild dienten. Wer das Gebäude durch einen 15 m hohen »Konstantinbogen« betritt, hat die Wahl zwischen knapp 100 verschiedenen Restaurants und originellen Geschäften, kann restaurierte Fresken im Stil des französischen Neoklassizismus und Kassettendecken, Kunst und geschmackvollen Kitsch bewundern und natürlich eine Fahrkarte nach New York oder Miami lösen.

aktiv unterwegs

Kanaltour – mit dem Rad zu den Great Falls

Tour-Infos

Start: Big Wheel Bikes 7, gleich beim Chesapeake & Ohio Canal südlich der M St.
Länge: 25 Meilen; **Dauer:** 3–4 Std.
Schwierigkeitsgrad: moderat
Wichtige Hinweise: Fahrradverleih z. B. bei Big Wheel Bikes (s. S. 131)

Es geht los in Georgetown (s. u.). Hier startet der **Capital Crescent Trail,** westlich der Key Bridge nach Arlington. Die ersten 2,5 Meilen fährt man auf dem hier asphaltierten Trail zwischen dem Potomac River und dem Chesapeake und Ohio Canal bis zum **Boat House at Fletcher's Cove** und kommt zügig voran. Eigentlich merkt man kaum, dass man flussaufwärts und damit leicht bergauf fährt.

Ab dem Bootshaus ist der Weg nicht mehr asphaltiert. Nun wechselt man auf den alten Treidelpfad, auf dem vor 150 Jahren die Lastkähne flussaufwärts gezogen wurden, auch dies eine bequeme, von Bäumen gesäumte Strecke; immer wieder bieten sich herrliche Ausblicke ins grüne Tal des Potomac River.

Nach etwa 9 Meilen gelangt man an ein Hindernis: Bei **Widewater** wird der Pfad auf 400 m so felsig und holperig, dass das Rad geschoben und teils getragen werden muss. Wer will, kann hier einen kleinen Umweg fahren. Kurze Zeit später beginnt schon das Areal des **Great Falls Park** mit den rauschenden Stromschnellen des Potomac River. Wer die Fälle bewundern will, sollte das Rad anschließen. Vom **Overlook Walkway** hat man beste Aussicht auf das schäumende Wasser.

Zurück geht es auf derselben Strecke. Eine interessante Alternative führt beim **Great Falls Tavern Museum** auf den Radweg des MacArthur Boulevards in einem weiten Borgen zum **Dalecarlia Reservoir.** Wer zwischendurch Hunger auf einen exzellenten Burger oder ein Filetsteak verspürt, bekommt beides im **Old Angler's Inn** (10801 MacArthur Blvd.). Über den kurzen Little Falls Trail ist der altbekannte **Capital Crescent Trail** schnell erreicht, der zuverlässig wieder zurück nach Georgetown führt.

Foggy Bottom, Georgetown und der Westen

Cityplan: S. 110

Georgetown, einst ein kolonialer Tabakhafen von Maryland am Potomac River, ist heute eine der begehrtesten Adressen von Washington. Rechts und links von Wisconsin Avenue und M Street mit Boutiquen, Buch- und CD-Läden, Restaurants, Cafés und Bars laden baumbestandene und mit Kopfstein gepflasterte Seitenstraßen zum Bummeln entlang aufwendig renovierter Häuser aus dem 18. und 19. Jh. ein. Im ältesten Gebäude, dem 1764 aus Feldstein errichteten und heute mit zeitgenössischem Mobiliar be-

Mitten in der Großstadt und fast auf dem Land: die Treidelpfade am C-&-O-Kanal

stückten **Old Stone House** in der 3051 M Street, lebte einst ein Möbeltischler. Von **Washington Harbor,** einem modernen Gebäudeensemble mit Apartments, Büros, Restaurants und Geschäften am Ufer des Potomac River, hat man einen herrlichen Blick über den Fluss, auf die Theodore-Roosevelt-Insel und bis zu den Watergate-Gebäuden und zum Kennedy Center.

Im Wohngebiet zwischen dem Glover Archbold Park und dem Rock Creek Park mit ausgedehnten Grünflächen leben viele Studenten der Georgetown und der American University.

Tipp: Romantische Pfade

In Georgetown beginnt auch der **Chesapeake & Ohio Canal,** der sich einst bis ins knapp 190 Meilen ferne Cumberland erstreckte (s. Thema S. 28). Arbeitspferde und Mulis schleppten Mitte des 19. Jh. Lastkähne auf Treidelpfaden die Wasserstraße entlang, bis sich erwies, dass die Eisenbahn Güter schneller und billiger transportieren konnte. Inzwischen erfreuen sich Spaziergänger und Ausflügler auf dem Fahrrad und zu Pferde an den romantischen Wegen am Kanal. Einige nostalgische »Canal Clipper« legen im Sommerhalbjahr zu Ausflugsfahrten ab.

National Cathedral 30

Die mächtige, erst im Jahr 1990 vollendete neogotische **Washington National Cathedral,** ein interkonfessionelles Gotteshaus auf dem Saint Alban Hill nördlich der Kreuzung von Wisconsin und Massachusetts Avenue, überragt die Stadtviertel Glover Park und Embassy Row und ist sogar von Downtown gut auszumachen (3101 Wisconsin Ave. NW., Tel. 202-537-6200, www.nationalcathedral.org, Mo–Fr 10–17.30, Di und Do bis 20, Sa 10–16.30, So 13–16 Uhr, Erw. 5 $ inkl. Tour).

Adams Morgan und DuPont Circle

Cityplan: S. 110

Auch wenn die meisten Sehenswürdigkeiten von Washington nicht weit von der Mall entfernt liegen, lohnt es sich, gelegentlich der steinernen Pracht von Downtown zu entfliehen, um einigen der Neighborhoods einen Besuch abzustatten.

Das grüne Tal des Rock Creek, der mit kurvigem Lauf der Mündung in den Potomac River zustrebt, begrenzt **Adams Morgan** nach Westen. In dem lebhaften Viertel gibt es arabische, hispanische und jamaikanische Gemeinden; in den letzten Jahren haben sich hier interessante Restaurants und Musikclubs etabliert, wodurch das Multikultiviertel insbesondere am Wochenende zum Ziel derjenigen wird, die Entertainment suchen. Die **U Street** 31 galt lange als Washingtons »Black Broadway«, in dessen Kellerkneipen schon Duke Ellington, Ella Fitzgerald, Miles Davies und Nat King Cole aufgetreten sind.

Die Massachusetts, New Hampshire und Connecticut Avenues teilen den **DuPont Circle** südlich von Adams Morgan wie eine Torte in handliche Portionen auf. Die angrenzenden Straßenzüge mit Galerien, Buchläden, netten Cafés und guten Restaurants sind auch bei der *Gay community* der Stadt sehr beliebt. Zwischen Buchhandlungen, vegetarischen Restaurants und Antiquitätengeschäften an der **Connecticut Avenue** 32 wirken zahlreiche Institutionen der alternativen politischen Szene. Nicht weit vom Verbindungsbüro der europäischen Grünen koordinieren die Zentralen von Amnesty International oder des Peace Center der nationalen Friedensbewegung ihre Aktivitäten.

Der **Le Droit Park** grenzt östlich an den DuPont Circle und zieht sich beiderseits der Rhode Island Avenue nach Nordosten. Die **Metropolitan A. M. E. Church** und das **Bethune Council House** nicht weit vom Logan Circle gehören zu den Versammlungsorten der schwarzen Bevölkerungsmehrheit von Washington, in denen *black history* geschrieben wurde.

Nördlich und östlich vom Capitol Hill

Cityplan: S. 110

National Arboretum 33

Weiter im Osten, am Lauf des Anacostia River, breitet sich das **National Arboretum** über eine Fläche von knapp 2 km^2 aus. Entlang der rund 9 Meilen langen Wege durch das grüne Paradies sind verschiedene Themengärten und Parkanlagen mit einheimischen und asiatischen Pflanzen angelegt. Berühmt ist die Bonsai-Ausstellung mit eigener Zucht, aus der jedes Jahr Miniaturpflanzen verkauft werden (s. Aktiv unterwegs, S. 130).

Frederick Douglass National Historic Site 34

Eine sehenswerte Ausstellung in der **Frederick Douglass National Historic Site,** dem ehemaligen Wohnhaus des früheren Sklaven und späteren Ratgebers von Präsident Lincoln noch südlich des Anacostia River, vermittelt Einblicke in die erstaunliche Karriere des schwarzen Politikers und Bürgerrechtsaktivisten, der vom Sklaven zum Präsidentenberater und Buchautor aufstieg (Cedar Hill, 1411 W. St. SE., Tel. 202-426-5961, www.nps.gov/frdo, April–Sept., tgl. 9–17 Uhr, sonst bis 16.30 Uhr, Eintritt frei, s. a. S. 42).

Infos

Washington D. C. Convention Visitors Association: 901 7th St. NW., 4. Etage, Tel. 202-789-7000, Fax 202-789-7037, www.washington.org.

Visitor Information Center: 1455 Pennsylvania Ave., Tel. 202-208-1631, außerdem 506 9th St. NW., Tel. 202-638-7330, http://vrc.dc.gov, tgl. 9–17 Uhr. Zudem gibt es Informationskioske u. a. im Air and Space Museum, am National Airport, am Washington Monument, am Lafayette Park sowie beim Lincoln Memorial.

Übernachten

Traditionelle Eleganz ▶ **The Jefferson** 1**:** 1200 16th St. NW., Tel. 202-448-2300, www.jeffersondc.com. Exklusives Luxushotel mit Spitzenservice nur vier Straßenblocks vom Weißen Haus und dicht bei den Museen an der National Mall. DZ ab 375 $.

Modern & stylisch ▶ **Park Hyatt Washington DC** 2**:** 1201 24th St. NW., Tel. 202-798-1234, www.parkwashington.hyatt.com. Zentral gelegenes und sehr modernes Hotel,

Tipp: Bed & Breakfast

Wer etwas länger in Washington bleiben kann und nicht im Hotel wohnen möchte, wendet sich am besten an die **Accommodations Ltd.** Sie vermittelt Zimmer mit Frühstück sowie möblierte Apartments (1339 14th St. NW., Tel. 877-893-3233 oder 413-582-9669, www.bedandbreakfastdc.com).

High-Speed-Internetzugang. DZ ab 270 $ (Morgenzeitung inkl.).

Im Botschaftsviertel ▶ **The Normandy Hotel** 3: 2118 Wyoming Ave. NW., Tel. 202-483-1350, www.doylecollection.com. Elegant-romantische Herberge inmitten des Botschaftsviertels. DZ ab 220 $.

Gute Lage ▶ **Fairfield Inn & Suites** 4: 500 H St. NW., Tel. 202-289-5959, www.marriott.com. In Chinatown am nördlichen Rand des Zentrums. 2011 Neueröffnung nach umfangreicher Renovierung. DZ ab 190 $.

Im Stil der 1920er-Jahre ▶ **Hotel Lombardy** 5: 2019 Pennsylvania Ave., Tel. 202-828-2600, www.hotellombardy.com. Historisches Hotel mit allen modernen Annehmlichkeiten und zentraler Lage. Am Wochenende vergünstigte Angebote. DZ ab 160 $.

Fantastische Aussicht ▶ **Savoy Suites Georgetown** 6: 2505 Wisconsin Ave. NW., Glover Park, Tel. 202-337-9700, www.savoysuites.com. Ruhige Nachbarschaft und dennoch sehr zentral. Studios, meist mit Küchenzeile. DZ ab 160 $.

Irischer Charme ▶ **Phoenix Park Hotel** 7: 520 N. Capitol St, NW., Tel. 202-638-6900, www.phoenixparkhotel.com. Elegant und doch bodenständig, direkt beim Kapitol. Mit beliebtem Restaurant und Pub, dieser mit großer Auswahl an Bieren. DZ 140 $.

Verlässlich ▶ **Holiday Inn Georgetown** 8: 2101 Wisconsin Ave. NW., Tel. 202-338-4600, www.holidayinn.com. Günstig gelegenes Kettenhotel in Georgetown mit Außenpool und kostenlosem Shuttle-Service in die Nachbarschaft. DZ ab 120 $.

Boutique-Hotel ▶ **The Latham Hotel** 9: 3000 M St., NW., Tel. 202-726-5000, www.thelatham.com. Das einzige Hotel in Georgetown mit Poolbereich auf dem Dach. Niveauvoll eingerichtete Zimmer. Im Haus das Restaurant »Citronelle« mit französischer Küche. DZ ab 100 $.

Zentral und komfortabel ▶ **The Quincy** 10: 1823 L St. NW., Tel. 202-223-4320, www.thequincy.com. Modernes Hotel im Herzen von Downtown mit bestens ausgestatteten Zimmern, einige davon auch mit Küchenecke. DZ ab 100 $.

Günstig ▶ **Allen Lee Hotel** 11: 2224 F St. NW., Foggy Bottom, Tel. 202-331-1224, www.theallenleehotel.com. Ein hostelartiges Hotel in zentraler Lage, kleine Zimmer, mit und ohne Bad, kleine Preise. DZ ab 100 $.

Für Jüngere ▶ **Washington International Youth Hostel** 12: 1009 11th St. NW., Tel. 202-737-2333, www.hiwashingtondc.org. In sicherem Viertel an der Ecke zur K-Street. Übernachtung im Meerbettzimmer ab 29 $, EZ/DZ mit Zuschlag.

... in College Park (ca. 4 Meilen nordöstl. der Stadtgrenze in Maryland):

Camping ▶ **Cherry Hill Park** 13: 9800 Cherry Hill Rd., Tel. 301-937-7116, www.cherryhillpark.com. Mit 400 Stellplätzen, Waschmaschinen, Swimmingpools und mehr. Stellplatz für ein Campmobil ab 60 $.

Essen & Trinken

Offene Küche ▶ **CityZen** 1: 1330 Maryland Ave. SW., im Mandarin Oriental Hotel, Tel. 202-787-6006, www.mandarinoriental.com, Di–Do 18–21.30, Fr/Sa 17.30–21.30 Uhr. Preisgekröntes Restaurant mit offener Showküche. Leichte, moderne Menüs, auch für Vegetarier, bester Service. 3-Gänge-Menü ab 80 $.

Gesund und lecker ▶ **Nora** 2: 2132 Florida Ave. NW./R St., Tel. 202-462-5143, www.noras.com, Mo–Do 17.30–22, Fr/Sa 17.30–22.30 Uhr. Wechselnde fantasievolle Gerichte ausschließlich mit Bioprodukten zubereitet. Hervorrangende Weinliste. Hauptgerichte ab 24 $.

Amerikanische Brasserie ▶ **Kinkeads's** 3: 2000 Pennsylvania Ave. NW., Tel. 202-296-7700, www.kinkead.com, Mo–Fr 11.30–

14.30, So–Do 17.30–22, Fr/Sa 17.30–22.30 Uhr. Lebhaftes Lunch- und Dinner-Restaurant mit exzellenter amerikanischer Küche, hervorragende Fisch- und Muschelspezialitäten. Gerichte ab 16 $.

Lokaler Favorit ▶ Old Ebbitt Grill 4: 675 15th St. NW., Tel. 202-347-4800, www.ebbitt.com, Mo–Sa 7.30–13, Sa/So 8.30–13, Bar So–Do bis 2, Fr/Sa bis 3 Uhr. In den 1856 eröffneten getäfelten Räumen hat schon der US-Präsident Ulysses S. Grant gespeist. Beliebte Austernbar. Gerichte 11–26 $.

Exotisch lecker ▶ Meskerem 5: 2434 18th St. NW., Tel. 202-462-4100, www.meskeremethiopianrestaurantdc.com, So–Do 11–24, Fr/Sa 11–2 Uhr, Bar Fr/Sa länger geöffnet. Originelles Restaurant mit authentisch äthiopischen Speisen wie dem würzigen Eintopf »Watt« mit Fleisch oder vegetarisch. Hauptgerichte ab 10 $.

Ofenfrische Pizza ▶ Pizzeria Paradiso 6: 2003 P St. NW., Tel. 202-223-1245, www.eatyourpizza.com, Mo–Do 11.30–23, Fr/Sa 11.30– 24, So 12–22 Uhr. Alteingesessenes italienisches Restaurant bekannt für seine Steinofen-Pizza und leckere Panini, Filialen in Georgetown und Alexandria. Pizzen 10–13 $.

Bistro-Atmosphäre ▶ Pesce 7: 2002 P St. NW., Tel. 202-466-3474, Mo–Fr 11.30–14.40, Mo–Do 17.30–22, Fr/Sa 17.30–22.30 Uhr. Exzellente Adresse für Liebhaber von Meeresfrüchten, es gibt auch eine moderne Bar. Gerichte 8–31 $.

Klassisch amerikanisch ▶ America 29: 50 Massachusetts Ave. NE., im Westflügel der Union Station, Tel. 202-682-9555, www.arkrestaurants.com/america.html, tgl. 11.30–22 Uhr. Lebhaftes Bistro-Restaurant über zwei Etagen mit amerikanischen Klassikern aus vielen Bundesstaaten. Gerichte ab 8 $.

Große Auswahl ▶ Old Post Office 8: 1100 Pennsylvania Ave. NW., Tel. 202-289-4225, www.oldpostofficedc.com, Mo–Sa 10–20, So ab 12, Winter bis 19 Uhr. Food Court im weiträumigen Atrium der zu einer Einkaufsgalerie umgebauten, ehemaligen Hauptpost. Über ein Dutzend unterschiedlichster Restaurants und Diners steht zur Auswahl. Danach lohnt sich ein kleiner Verdauungsspaziergang auf den 120 m hohen Observation Tower, nur bis 19/20 Uhr geöffnet. Gerichte ab 6 $.

Bester Chili Dog in town ▶ Ben's Chili Bowl 9: 1213 U St. NW., Tel. 202-667-0909, www.benschilibowl.com, Mo–Do 6–14, Fr bis 16, Sa 7–16, So 11–23 Uhr. Ben's Famous Half Smokes, Chili con Carne und seine leckeren Burger haben schon Bill Cosby und Präsident Barack Obama geschmeckt. Gerichte ab 4 $.

Einkaufen

Mitbringsel und Designeraccessoires ▶ Museumsshops 3: Die »Giftshops« sind meist gute Adressen für Mitbringsel. Bekannt für ihre originelle Auswahl sind die Läden in den vielen Smithsonian-Museen in Washington. Schöne Drucke, Bücher und Spiele gibt es beispielsweise im Giftshop der National Gallery of Art, Constitution Ave., zwischen 3rd und 7th St. NW., Tel. 202-737-4215, www.nga.gov, Mo–Sa 10–17, So 11–18 Uhr).

Shopping mit Geschichtsflair ▶ Union Station 29: 2nd St. W./40 Massachusetts Ave., NE., Tel. 202-289-1908, www.unionstationdc.com. Mit über 25 Millionen Besuchern Washingtons meistbesuchte Attraktion. In dem historischen Gebäude finden auch Veranstaltungen statt, vor allem jedoch kann man hier in mehreren Dutzend Läden shoppen und speisen.

Musik ▶ Melody Record Shop 1: 1623 Connecticut Ave. NW., Tel. 202-232-4002, www.melodyrecords.com. Führt mehrere Tausend CDs und DVDs von Klassik bis Blues, viele zu herabgesetzten Preisen.

Bücher ▶ Kramerbooks & Afterword Café 2: 1517 Connecticut Ave., NW., Tel. 202-387-1400, www.kramers.com. Ein besonderer Mix aus Buchladen und Café-Bistro (kleine Speisen ab 6 $). Hier verbringt man gerne Zeit beim Schmökern. Beliebter Treffpunkt, da das Geschäft bis 1 Uhr nachts geöffnet hat.

Historische Souvenirs ▶ Library of Congress Gift Shop 2: 101 Independence Ave. SE., Tel. 202-707-6400, www.loc.gov, Mo–Sa 9.30–17 Uhr. Ein lohnenswerter Souvenirladen. Neben Geschichtsbüchern gibt es auch viele Replika und Memorabilia.

Foto und Optik ▶ **Penn Camera Exchange** 3: 840 E. St. NW., Tel. 202-347-5777, www.penncamera.com. Der beste Fotoladen der Stadt, oft Rabatt auch auf Markenfabrikate.

Edel-Mall ▶ **The Shops at Georgetown Park** 4: 3222 M St. NW., Tel. 202-342-8190, www.shopsatgeorgetownpark.com. Mo–Sa 10–20 Uhr, Sa 12–18 Uhr. Dreistöckiges Einkaufsparadies mit mehr als 100 Fachgeschäften, Boutiquen und Restaurants. Hier gibt es alles, von Designer-Sonnenbrillen und Reisegepäck bis zu Kinderspielzeug.

Flohmarkt ▶ **Georgetown Flea Market** 5: Wisconsin Ave./1819 35th St. Seit knapp 40 Jahren von März–Dez. So 9–17 Uhr.

... in Woodbridge (30 Meilen südl. der Stadt):

Outlet-Mall südlich von Washington ▶ **Potomac Mills** 6: 2700 Potomac Mills Circle, Tel. 703-496-9301, an der I-95, www.potomacmills.com. Großes Factory-Outlet-Zentrum mit über 200 Geschäften und einem respektablem Preisnachlass auf Markenfabrikate.

Abends & Nachts

Info und Vergünstigungen: In der Freitagsbeilage der Washington Post sind Spielpläne, Konzerte und Veranstaltungen aufgelistet. Eine gute Übersicht bietet auch das kostenloses Magazin The City Paper, das in Hotels, Restaurants oder Buchläden ausliegt. Bei TICKETplace, 407 7th St. NW. (zwischen D St. und E St.), Tel. 202-393-2161, Mi–Fr 11–18 Uhr, Sa 10-17 Uhr, www.ticketplace.org, kann man Tickets für Aufführungen am gleichen Abend für den halben Preis erwerben.

Konzerte, Oper, Ballett, Theater ▶ **John F. Kennedy Center for the Performing Arts** 21: New Hampshire Ave. NW., am Rock Creek Pkwy, Tel. 202-416-8340, Tickets Tel. 202-467-4600, www.kennedy-center.org. Im **Opera House** treten die Oper und das Ballett auf, auf der Bühne der **Concert Hall** musiziert das **National Symphony Orchestra,** im **Terrace Theater** werden Kammerspiele inszeniert und es treten Solisten zu Konzerten auf, das **Eisenhower Theater** präsentiert unterschiedliche Produktionen, von anspruchsvollen Theaterstücken und Konzerten bis zu Opern- oder Ballettaufführungen, im **Theater Lab,** 733 8th St. NW., Tel. 202-824-0449, www.theatrelab.org, verfolgen tagsüber junge Zuschauer die Stücke des Kindertheaters, abends lachen Erwachsene über Komödien, Clowns und Humoristen.

Theater ▶ **Arena Stage** 1: 1101 6th St. SW., Tel. 202-554-9066, www.arenastage.org. Das feste Ensemble zeigt Sprech- und Musikstücke, organisiert Lesungen und führt experimentelle Stücke auf drei Bühnen mit 1300 Sitzplätzen auf. **National Theater** 2: 1321 Pennsylvania Ave. NW., Tel. 202-628-6161, www.nationaltheatre.org. Aufführung aktueller Broadway-Musicals. Die Shakespeare-Inszenierungen des **Shakespeare Theatre** (Tel. 202-547-1122, www.shakespearetheatre.com) mit den beiden Spielstätten **Sidney Harman Hall** 3 (610 F St. NW.) und dem ein Block südlich davon liegenden **Lansburgh Theatre** 4 (450 7th St. NW.) genießen internationales Renommee. **Woolly Mammoth Theatre Company** 5: 641 D St. NW., Tel. 202-393-3939, www.woollymammoth.net. Moderne und avantgardistische Stücke.

Blues-Bar ▶ **Madam's Organ** 6: 2461 18th St. NW., in Adams Morgan, Tel. 202-667-5370, www.madamsorgan.com, Mo–Fr 17–2, Sa 12–3, So 12–2 Uhr. Stadtbekannte Bar mit Livemusik und Tanzfläche; vor allem Blues, Jazz und R & B. Außerdem wird *Soul food* serviert und es gibt einen Poolbillard-Bereich.

Comedianclub ▶ **DC Improv Comedy Club** 7: 1140 Connecticut Ave. NW., Tel. 202-296-7008, www.dcimprov.com, Fr/Sa 22–1 Uhr, So gelegentlich. In diesem berühmten Club treten abends die besten Comedians des Landes auf. Einige der berühmtesten haben hier ihre Karriere begonnen. Mit Bar und Restaurant (Di–So ab 20 Uhr).

Livemusik ▶ **9:30 Club** 8: 815 V St. NW., Tel. 202-265-0930, www.930.com, unterschiedliche Öffnungszeiten je nach Konzert. Einer der meistbesuchten Clubs der Stadt. Neben Rocklegenden treten auch Indie-Bands und Musiker anderer Genres auf.

Ein besonderes Erlebnis: Metropolenerkundung und Sightseeing mit dem Fahrrad

Jazz und Blues ▶ **Blues Alley** 9: 1073 Wisconsin Ave. NW., Tel. 202-337-4141, www.bluesalley.com, meist zwei Shows, 20 und 22 Uhr. Traditionsreicher Jazz- und Blues-Club in Georgetown. 20–40 $.

Zigarren- & Cocktail-Lounge ▶ **Ozio** 10: 1813 M St. NW., Tel. 202-822-6000, www.oziodc.com, Mo–Do 17–2, Fr/Sa 17–3, So 18–2 Uhr. Lounge Club im Art-déco-Stil auf 4 Stockwerken. Auf unzähligen Sofas und in Sesseln kann man hier Zigarren, Cocktails und Martinis genießen. Es gibt auch einen Nichtraucherbereich.

Lounge mit Dachterrasse ▶ **Marvin** 11: 2007 14th St., NW., Tel. 202-797-7171, www.marvindc.com, Mo–Do 17.30–2, Fr/Sa 17.30–3, So 11–2 Uhr. Unten Restaurant, oben Lounge mit Terasse. Gespielt wird ein Mix aus neuem und altem Soul. Die Terrasse wird geheizt und ist ganzjährig geöffnet.

Aktiv

Stadttouren ▶ **Tourmobile** 1: 1000 Ohio Drive SW., Tel. 202-544-5100, www.tourmobile.com. Die weißen Busse fahren auf einer Rundstrecke an den wichtigsten Sehenswürdigkeiten vorbei. Mit einer Tageskarte kann man die Fahrt beliebig oft unterbrechen. Erw. 27 $, Kinder bis 11 J. 13 $. **Old Town Trolley Tours** 2: Tel. 202-832-9800, www.trolleytours.com. Die nostalgischen Trolleys bieten einen ähnlichen Service und fahren sogar bis nach Georgetown. Erw. 32 $, Kinder bis 12 J. 16 $. **Gray Lines** 3: Tel. 202-289-1995, www.graylinedc.com. Das Busunternehmen hat auch deutschsprachige Stadtrundfahrten im Programm sowie Ausflüge durch schwarze Wohnviertel und bis nach Mount Vernon. Über 20 Touren, von der 2-stündigen »Taste of DC«-Tour (Erw. 25 $, Kinder bis 11 J. 12 $) bis zur 2-tägigen »Grand Tour« (Erw. 125 $, Kinder bis 11 J. 60 $). **Scandal Tours** 4: Tel. 301-587-5291, www.gnpcomedy.com. Die Mini-Busse fahren auf einer Route von »Skandalen, Affären und spektakulären Verbrechen«, nur für Gruppen, 35 $/Pers.

Segway-Touren ▶ **Capital Segway** 5: 1350 I St. NW., Tel. 202-682-1980, www.capitalsegway.com. Diverse geführte Touren durch die Hauptstadt. 3-stündige Tour 70 $.

Stadtrundfahrt mit dem Fahrrad ▶ **Bike the Sights** 6: 1100 Pennsylvania Ave., Tel. 202-842-2453, www.bikethesights.com. Geführte 3-stündige Rundfahrt mit dem Fahrrad, es gibt auch einen Radverleih. 40 $, Kinder bis 12 J. 30 $.

aktiv unterwegs

Wandern im National Arboretum

Tour-Infos

Start: Parkeingang an der R St. NE. (s. u.)
Länge: 7,5 Meilen
Dauer: 4–5 Std.
Schwierigkeitsgrad: moderat
Wichtige Hinweise: Das Arboretum ist täglich zwischen 8 und 17 Uhr geöffnet, der Eintritt ist frei. Anreise mit dem Auto über die New York Avenue NE. Bei der Bladensburg Road NE. rechts abbiegen, nach 600 m links auf die R St. NE. Nach weiteren 500 m ist der Parkeingang erreicht. Die Orange und die Blue Line der Metro bei der Stadium Armory Station verlassen, dann weiter mit dem Metrobus B 2 bis Bladensburg Rd./R St., dann 500 m zu Fuß.
Karte: Cityplan S. 110

Ein 7,5 Meilen langer Wanderweg im Botanischen Garten? Kein Problem, wenn der Trail genügend Kurven hat. Und die sind, mit Höhenunterschieden von insgesamt ca. 700 m, wiederum im **National Arboretum** 31 kein Problem. Vom Eingangsgebäude führt die **Hickey Lane** nach Nordosten, über die Querstraße **Valley Road** und in einem schönen Bogen die **Conifer Valley Road** nach rechts, mitten in ein Gehölz von Zwergkoniferen, die »Gotelli Collection«.

Parallel zur **Hickey Hill Road** führt ein Naturweg durchs Gelände mit chinesischen Redwoods, Kamelien und Japanischem Ahorn. Der schmale Einschnitt, durch den ein Bach fließt, markiert auch die Grenze des Parkgeländes und wird von einer kleinen roten Pagode bewacht. Weiter geht es nach links zur **Crabtree Road.** Gleich der erste un-

gepflasterte Weg nach rechts führt ins Farm Valley, ein Tal, in dem Farne dicht an dicht wachsen. Zurück auf der Crabtree Road erreicht die nächste Abzweigung nach links den Hain amerikanischer Baumarten.

Nach Norden entlang der **Eagle Nest Road** ist die **Azalea Road** schnell erreicht, die nach knapp 200 m zum 61 m hohen Mt. Hamilton hinauf- und zur Azalea Road wieder herunter kurvt. Vom ›Berggipfel‹ lässt sich in der Ferne die Kuppel des Kapitols ausmachen. Im Frühling sieht man hier bis zu 15 000 Azaleen. Wieder führt die Eagle Nest Road nach Norden, doch quer über die Wiese geht es nun nach rechts, zu den Kapitolsäulen, die 130 Jahre lang den östlichen Portikus des Kapitols stützten.

Die **Beechwood Road** kreuzt die **Ellipse Road,** führt bis zur **Valley Road.** Dieser folgt man am **Beech Spring Pond** vorbei, biegt nach links ab und geht die **Holly Spring Road** wieder nach Norden. Der Anblick der japanischen Aprikosenbäume am Wegesrand ist besonders zur Blütezeit im Winter eine Augenweide. Nach links auf der **Meadows Road** gen Westen lohnt sich ein kleiner Schlenker nach links zur mächtigen, über 200 Jahre alten schmalblättrigen Weiden-Eiche. Etwas weiter gehört der Besuch der chinesisch-japanischen Bonsai und Penjing Collection zum Pflichtprogramm. In drei Pavillons gedeihen inzwischen mehr als 150 Zwergbäume. Nach einer letzten Stippvisite im Kräutergarten ist die botanische ›Weltreise‹ im National Arboretum zu Ende. Jetzt ist eine Stärkung im **Arbor Café** gerade richtig, das schließt allerdings schon um 15.30 Uhr (3501 New York Ave. NE., Tel. 202-245-2726, www.usnausda.gov). In der warmen Jahreszeit versorgt eine mobile Snack-Station die Parkbesucher mit Sandwiches, Salaten und Getränken bei der Terrasse des Verwaltungsgebäudes.

Fahrradverleih ▶ Big Wheel Bikes 7: 1034 33rd St. NW., gleich beim C & O Canal südlich der M St., Tel. 202-337-0254, www.bigwheelbikes.com. Unterschiedliche Räder von 5 $/Std. (mind. 3 Std.) und 25 $/Tag bis 100 $/Tag, Kinder 5 $/Std. (mind. 3 Std.) und 25 $/Tag.

Bootsausflüge ▶ Canal Clipper Tours 8: Informationen beim C & O Canal National Historical Park, Tel. 202-653-5190 oder 301-739-3714, www.nps.gov/choh, unterschiedl. Zeiten. Wie in alten Zeiten veranstaltet der National Park Service zwischen April und Okt. Bootstouren in von Mauleseln am Ufer gezogenen alten Frachtkähnen, ab 5 $/Pers.

Boots- und Radverleih ▶ Boat House at Fletcher's Cove 9: 4940 Canal Rd. NW., nordwestlich von Georgetown, Tel. 202/244-0461, www.fletcherscove.com. Verleih von Ruderbooten, Kanus und Kajaks, dazu Verkauf von Angelausrüstung und Angelscheinen. Kosten je nach Boot 10–12 $/Std. und 24–40 $/Tag, auch Radverleih 7 $/Std. und 28 $/Tag. **Thompson's Boat Center 10:** 2900 Virginia Ave. am Rock Creek Pkwy NW., Tel. 202-333-4861, www.thompsonboatcenter.com, ca. 12 $/Std. und 24 $/Tag (Kanu) oder Doppelkajaks 17 $/Std. und 40 $/Tag, s. a. Aktiv unterwegs S. 119.

Wandern ▶ National Arboretum 31: 3501 New York Ave. NE., Tel. 202-245-2726, www.usna.usda.gov, s. a. Aktiv unterwegs S. 130

Schlittschuhfahren ▶ National Gallery Sculpture Garden Ice Rink 11: National Mall/Constitution Ave. NW./7th St., Tel. 202-289-3360, nur in den Wintermonaten. Leckere Kleinigkeiten im Pavilion-Café. Eintritt für 2 Std. 7 $, Kinder bis 12 J. 6 $, es gibt auch einen Verleih von Schlittschuhen für 3 $ (Ausweis als Pfand erforderlich).

Termine

National Cherry Blossom Festival: Ende März bis Anfang April. Kirschblütenfest zum Andenken an die von Tokio 1912 gestifteten 3000 Kirschbäume. Paraden, Konzerte, www.nationalcherryblossomfestival.org.

Unabhängigskeitstag/Independence Day: 4. Juli. Mit großer Parade, diversen Konzerten und gigantischem Feuerwerk am Potomac River.

Smithonian Folklife Festival: Anfang Juli. www.folklife.si.edu. Volkskultur mit Musikprogramm, Gesang, Tanz, Lesungen und Kochvorführungen und mehr beim Fest für globale zeitgenössische Kultur der Smithonian Institution.

The Taste of DC: Erstes Wochenende im Okt. Die Chefs der Restaurants kochen auf der Pennsylvania Avenue, mit über 80 Essensständen, Wein- und Bier-Pavillon sowie Livemusik, www.thetasteofdc.org, Tel. 202-618-3663.

Verkehr

Flug: Washington Dulles International Airport (IAD), Aviation Dr. & Autopilot Dr., Sterling, VA. Tel. 703-572-2700, www.metwashairports.com. Der weitläufige Flughafen wird von den meisten europäischen und US-Airlines angeflogen. Transfer per Metrobus A 5 zur L'Enfant Plaza. Die Minibusse des »Washington Flyer Super Shuttle« fahren für ca. 30 $ von den Terminals bis zur gewählten Adresse in Downtown, www.supershuttle.com.

Ronald Reagan Airport (DCA): 1 Aviation Circle, Arlington, VA, Tel. 703-417-1005, www.metwashairports.com. Verbindungen zwischen Washington D. C. und vielen anderen Flughäfen in den USA, nur 3–4 Meilen von Downtown. Anschluss an das Metronetz der Blue und Yellow Line.

Baltimore International Airport (BWI): 7062 Elm Rd., Baltimore, MD, Tel. 410-508-7100, www.bwiairport.com. Internationale und nationale Verbindungen. Der Flughafen südlich von Baltimore ist ca. 45 Autominuten mit der Metrobus Route B 30 von Washington D. C. entfernt. Die Fahrt mit einem Minibus des Supershuttle nach Downtown Washington kostet ca. 37 $.

Zug: Amtrak, Union Station, 50 Massachusetts Ave. NE., Tel. 1-800-872-7245, www.amtrak.com. Amtrak verbindet Washington täglich mit New York, Chicago, Atlanta, Miami und der Westküste.

Bus: Greyhound, 2 Massachusetts Ave. NE., Tel. 202-289-5141, www.greyhound.com. Das Terminal befindet sich gleich hinter der Union Station.

Mietwagen: Alle wichtigen Autoverleiher sind an den Flughäfen und mit einem Stadtbüro in Washington D. C. vertreten.

Fortbewegung in der Stadt

Metro: Die Metro mit 86 Stationen und einer Streckenlänge von gut 100 Meilen/160 km hält in der Nähe der meisten Attraktionen. Es gibt 5 Linien: Rot, Gelb, Grün, Blau und Orange. Die Rote Linie wird generalüberholt, hier kann es in den nächsten Jahren immer wieder zu Verspätungen kommen. Fahrkarten erhält man an Automaten in den Stationen. Die Tickets kosten zwischen 1,35 und 4 $ (Tel. 202-637-7000, www.wmata.com).

Bus: Auch das flächendeckende Busnetz mit 1500 Bussen und 340 Linien ist in den Metro-Verkehrsverbund integriert. Die rot-grauen Busse des DC-Circulator fahren auf 5 Strecken durch die Innenstadt, pro Fahrt 1 $ (Tel. 202-962-1423, www.dccirculator.com).

Taxi: Die Tarife für Taxen wie Yellow Cab (Tel. 202-544-1212) oder Diamond Cab (Tel. 202-387-6200) setzen sich aus einer Grundgebühr, einer Entfernungs- und Zeitpauschale sowie etwaigen Zusatzkosten wie Telefonanforderung, Zahl der Passagiere oder Wochenendzuschlag zusammen. Viele Fahrer nehmen nur Bargeld (im Stadtzentrum und auch entlang der Mall lassen sich zahlreiche Besichtigungen zu Fuß erledigen).

Arlington und Umgebung

Der riesige Ehrenfriedhof von Arlington liegt jenseits des Potomac River in Virginia, ist jedoch schnell über die Arlington Memorial Bridge erreichbar. Der **Arlington National Cemetery** ist zum Teil auf dem früheren Areal des Arlington House von Robert E. Lee errichtet; der Oberbefehlshaber der (Südstaaten-)Armee von Virginia wurde enteignet, da er während des Bürgerkriegs die Abgaben nicht persönlich entrichtet hatte.

Mehr als 260 000 Soldaten sind unter endlosen Reihen schlichter weißer Holzkreuze bestattet, darunter Robert Kennedy und sein

Bruder John F. Kennedy. Zu dem besonders eingefassten und mit einer Marmorplatte versehenen Grabmal des 1963 ermordeten Präsidenten, neben dem seine 1997 verstorbene Witwe Jacqueline Kennedy Onassis liegt, pilgern täglich mehrere Tausend Besucher.

Viele besuchen auch das **Grab des Unbekannten Soldaten,** besonders zum Wechsel der Ehrenwache, das **Iwo Jima Memorial** der Marine-Infanterie und die Ende 1997 eingerichtete Gedenkstätte des **Women's Memorial** für die mehr als 1,8 Mio. Frauen, die seit den Tagen der Revolutionsarmee in den Streitkräften der USA gedient haben (Arlington, VA 22211, Tel. 877-907-8585, www.arlingtoncemetery.mil, April–Sept., tgl. 8–19, Okt.–März bis 17 Uhr).

Pentagon

Das Pentagon schließt sich östlich des S. Washington Boulevards an. Es gilt mit seinen insgesamt 60 000 m Fluren, mehreren Tausend Arbeitsräumen (und allein 284 Toiletten) als größtes Bürogebäude der Welt. Eine Führung (nur bei Vorlage des Passes) informiert über die Geschichte des Verteidigungsministeriums der USA und Aspekte der amerikanischen Militärpolitik (Boundary Channel Dr., Tel. 703-697-1776, http://pentagon.osd.mil, tgl. 9–15 Uhr, Eintritt frei).

National Airport

Der südöstlich vom Pentagon am Ufer des Potomac gelegene stadtnahe National Airport von Washington ist selten auf einer Liste von Sehenswürdigkeiten zu finden. Doch wer auf dem nach Ronald Reagan benannten Flughafen landet oder abfliegt, sollte auf die kunstvollen Mosaiken achten, die Künstler in den 1930er-Jahren im Rahmen von Arbeitsbeschaffungsmaßnahmen in den Fußboden des alten Abfertigungsgebäudes eingearbeitet haben (1 Aviation Circle, Washington D. C. 20001-6000, www.met washairports.com).

Infos

Arlington Convention and Visitors Service (ACVS): 1100 N. Glebe Rd. Suite 1500, Tel. 800-296-7996, www.stayarlington.com.

Übernachten

Stilvoll ▶ Palomar Arlington: 1121 19th St., North, Tel. 703 351-9170, www.hotelpalomar-arlington.com. Boutique-Hotel mit individuell gestalteten Zimmern, einem durchgehend geöffneten Fitnesscenter, einem exquisiten italienischem Restaurant »Domaso Trattoria Moderna« und Aussicht auf den Potomac River. Als »Eco-friendly«-Hotel beweist es zudem, dass gehobener Komfort und Umweltfreundlichkeit sich nicht ausschließen müssen. DZ ab 135 $.

Günstige Lage, fantastische Aussicht ▶ Key Bridge Mariott: 1401 Lee Hwy, Tel. 703-524-6400, www.mariott.com, tgl. 17–22 Uhr. Direkt an der Key Bridge des Potomac River gelegenes Hotel, mit idealer Verbindung zu Georgetown. Die Zimmer sind sauber und gemütlich eingerichtet, aus vielen genießt man einen wunderbaren Blick auf Downtown Washington D. C. oder Georgetown, außerdem Pool und Fitnessraum. DZ ab 110 $.

Essen & Trinken

Rund ums Steak ▶ Ray's The Steaks: 2300 Wilson Blvd., Tel. 703-841-7297, www.raysthesteaks.com. Restaurant mit fantastischen Steaks, aber auch leckeren Beilagen und einer imposanten Weinauswahl. Die Plätze im Restaurant sind heiß begehrt, sodass man sich nicht wundern sollte, wenn die Rechnung bereits zum Dessert gebracht wird. Sehr empfehlenswert ist die Key Lime Pie. Hauptgerichte ab 18 $.

Abends & Nachts

Wein und Häppchen ▶ Tallula: 2761 Washington Blvd., Tel. 703-778-5051, www.tallularestaurant.com, So–Do 17.30–22, Fr/Sa 17.30–22.30 Uhr. Knapp 60 Weine schenken die Bartender des Tallula offen aus, auch die saisonal wechselnde Karte für Flaschenweine ist mit 350 Positionen beachtlich. Dazu kann man einen Happen aus der feinen Käse- und Charcuterie-Karte wählen. Zusätzlich vorzügliches Dinner-Menü, die EatBar nebenan lockt mit einem wechselndem Angebot leckerer Häppchen und einem Filmprogramm am So. Käse pro Sorte 2 $, Glas Wein ab 3,50 $.

Alexandria

Eigentlich ist Washington D. C. ein Vorort von Alexandria. Schon Ende des 17. Jh., lange vor Gründung der Bundeshauptstadt, ließen sich Schotten und Engländer am Ufer des Potomac River nieder. Der Umschlagplatz für Tabak, nach dem Landbesitzer John Alexander Alexandria benannt, entwickelte sich nach Boston zum zweitwichtigsten britischen Kolonialhafen an der Ostküste.

Als das Parlament der jungen USA sich jedoch entschieden hatte, seinen Regierungssitz am Zusammenfluss von Anacostia und Potomac River zu errichten, sahen sich die Bewohner des Hafenstädtchens unvermittelt dem Hauptstadtbezirk zugeschlagen. Erst als Virginia 1846 das dafür zur Verfügung gestellte Terrain südlich des Potomac zurückforderte, da sich Washington D. C. nur recht schleppend entwickelte, erlebte Alexandria seine Wiedergeburt als selbstständige Gemeinde.

Old Town District

Im Old Town District blieben zahlreiche Geschäftshäuser aus dem 18. und 19. Jh. erhalten. Die Lee-Familie besaß zwei große Stadtvillen in der **Oronoco Street,** die heute besichtigt werden können. In **Gadsby's Tavern,** dem beliebtesten Gasthof der Stadt, zählte einst der Besitzer von Mount Vernon, George Washington, zu den gern gesehenen Besuchern. Das Lokal bewirtet seine Gäste wie eh und je, der Ballsaal im ersten Stock ist wie zur Zeit von Washington hergerichtet (s. S. 135).

In der 1773 eingeweihten **Christ Church** nahm schon George Washington am Gottesdienst teil. Robert E. Lee wurde hier 1853 konformiert (118 N. Washington St., Tel. 703-549-1450, www.historicchristchurch.org, Mo–Fr 9–16, Sa 9–13, So 14–16.30 Uhr).

George Washington Masonic National Memorial

Das George Washington Masonic National Memorial auf dem Shooters Hill erinnert mit einem 100 m hohen, dem historischen Leuchtfeuer im ägyptischen Alexandria nachempfundenen Turm und einer umfassenden Sammlung von Memorabilia an den ersten Präsidenten der USA, der mehrere Jahre als Großmeister der örtlichen Freimaurerloge vorstand (110 Callahan Dr., Tel. 703-683-2007, http://gwmemorial.org. Okt.–März Mo–Sa 10–16, So ab 12, April–Sept. Mo–Sa 9–16, So ab 12 Uhr, Hauptgebäude frei, Ausstellungen im Turm 5 $).

Waterfront Park

Neben privaten Segel- und Motorbooten liegen verschiedene Ausflugsschiffe wie die »Admiral Tilp« beim Waterfront Park am Fuße der Prince Street. Eine frühere Fabrik für Torpedoteile am Potomac River dient nun friedlichen Zwecken und beherbergt Werkstätten und Studios von Künstlern, denen man bei der Arbeit über die Schulter sehen kann, sowie ein hervorragendes Zentrum für städtische Archäologie.

National Children's Museum

Am gegenüberliegenden Ufer des Potomac, also schon in Maryland, hat sich das National Children's Museum der Hauptstadt eingerichtet. Geboten werden viele Experimente zu Naturgesetzen und ein spielerisches Kennenlernen unterschiedlicher Kulturen. 2013 soll ein riesiger neuer Komplex im National Harbor eingeweiht werden (112 Waterfront St., Oxon Hill, MD, Tel. 301-686-0225, www.ncm.museum, Nov.–März Mo–Fr 10– 15, Sa bis 17, So 11–17, April–Mai Mo–Sa 10–17, So 11–17, Juni bis 6. Sept. Mo–Do 10–17, Fr/Sa 10–19, So 11–17, 7. Sept.–Okt. Mo–Sa 10–17, So 11–17 Uhr, Eintritt frei, Spende erwünscht).

Infos

Alexandria Visitors Center at Ramsay House: 221 King St., Tel. 703-746-3301, http://visitalexandriava.com, tgl. 9–17 Uhr.

Übernachten

Ort der Muße ▶ **Morrison House:** 116 S. Alfred St., Tel. 703-838-8000, www.morrisonhouse.com. Elegantes Hotel in einem schönem Backsteingebäude mit historischer

Der Turm des George Washington Masonic National Memorial ist den Leuchtfeuern im Alten Ägypten nachempfunden

Nachbarschaft. In den edel eingerichteten Zimmern kann man Masseure und Kosmetiker empfangen und sich nach allen Regeln der Kunst verwöhnen lassen. Dazu kommen der abendliche Weinempfang, Betreuungsangebote für Kinder und das ausgezeichnete Restaurant »The Grille«. DZ ab 269 $.

Altstadt ▶ Hampton Inn Old Town: 1616 King St., Tel. 703-299-9900, www.hamptoninn.com. Günstig gelegen, um die Altstadt zu erkunden. Gute Verkehrsanbindung und schöne Aussicht über die Stadt. Außenpool im Sommer geöffnet. DZ ab 139 $.

Komfortabel und günstig ▶ Quality Inn & Suites Near Ft. Belvoir: Richmond Hwy, Tel. 703-780-0300, www.qualityinn.com. Schlichte Unterkunft mit sauberen Zimmern, freundlichem Empfangs- und Frühstücksbereich und kleinem Fitnessraum. Die Woodland Plantation ist in Spazierweite, Mount Vernon und Old Town Alexandria liegen eine kurze Autofahrt entfernt. DZ ab 84 $.

Essen & Trinken

Altehrwürdig ▶ Gadsby's Tavern: 138 N. Royal St., Tel. 703-548-1288, www.gadsbystavernrestaurant.com, Mo–Sa 11.30–15, 15.30–22, So 11–22 Uhr. Historischer Gasthof im Zentrum, der schon George Washington zu seinen Gästen zählte. Lecker sind insbesondere die diversen Fleischspezialitäten und die gegrillte Entenbrust mit Maispudding und Portwein-Orangen-Glace. Gerichte 22–30 $.

Meerestiere ▶ Fish Market: 105 King St., Tel. 703-836-5676, www.fishmarketva.com, tgl. Lunch 11.30–16, Dinner 16–23 Uhr. Beliebtes Lokal mit allem, was das Meer hergibt. Fische, Shrimps, Muscheln, Krebse und Hummer gibt es als Tellergerichte, im Sandwich, zu Burger verarbeitet, in Pasta, Suppen und Salaten. Gerichte 10–29 $.

Viel Charme ▶ The Majestic Café: 911 King St., Tel. 703-837-9117, www.majesticcafe.com, Mo–Do 11.30–14.30, 17.30–22, Fr/Sa bis 22.30, So 13–21 Uhr. Der schön renovierte historische Diner bietet lecker zubereitete amerikanische Kost für jeden Geschmack, vom New-York-Stripsteak und dem Meeresfrüchte-Eintopf bis zur vegetarischen Gemüsepfanne. Gerichte 11–26 $.

BBQ und mehr ▶ **Kings Street Blues:** 112 N. Saint Asaph St., Tel. 703-836-8800, www.kingstreetblues.com, Mo–Do 11.30–22, Fr/Sa bis 23, So 11–22 Uhr. Symphatisches Familienrestaurant mit Südstaaten-Küche in originell gestalteten Räumen. Gerichte 13–20 $.

Einkaufen

Kunst und Kunsthandwerk ▶ **Torpedo Factory Art Center:** 105 N. Union St., Tel. 703-838-4565; www.torpedofactory.org. Verkauf von Werken der mehr als 80 hier arbeitenden Künstler.

Abends & Nachts

Jazz-Bar ▶ **Two-Nineteen:** 219 King St., Tel. 703-549-1141, www.219restaurant.com. Die Basin Street Lounge ist in einem über 100 Jahre alten, schön restaurierten Gebäude untergebracht und bietet die ganze Woche über Jazz- und Blues-Konzerte.

Country ▶ **Birchmere:** 3901 Mount Vernon Ave., Tel. 703/549-5919. www.birchmere.com. Bekannter Auftrittsort renommierter Folk- und Countrystars.

Verkehr

Bus: Kostenloser Pendelservice mit Trolleys, mehrere Stopps zwischen der King Street Metro Station und dem Potomac River.

Metro: Moderne U-Bahn, die Washington D. C. mit Alexandria an 5 Haltestellen verbindet, Tel. 202-637-7000, www.wmata.com.

Wassertaxi: Potomac Riverboat Co., Tel. 703-684-0580, http://potomacriverboatco.com. Ganztägige Verbindung auf dem Wasserweg zwischen Alexandria, Mt. Vernon, National Harbor und Georgetown, *one-way* 8 $.

Mount Vernon

Vom Hügel des Mount Vernon, dem Landsitz von George Washington etwa 8 Meilen südlich von Alexandria, bietet sich ein herrlicher Blick auf das bewaldete Tal des Potomac River. Schon Washingtons Vater Augustine und dessen Bruder Lawrence hatten begonnen, die Tabakplantage zu bewirtschaften, George Washington erweiterte sie dann auf eine Anbaufläche von 3200 ha.

Mit klaren Linien und der erlesenen Inneneinrichtung zeugt die **Villa Mount Vernon** vom Wohlstand und Geschmack ihrer Besitzer. Mehr als die vielen kostbaren Möbel und Bilder beeindruckt ein an die Wand gehängter Schlüssel der Pariser Bastille, den der Marquis de Lafayette nach deren Erstürmung George Washington bei einem Besuch als Geschenk überreichte.

Unweit der Grabstätte, in der Martha und George Washington bestattet sind, erinnert der **Friedhof für Arbeitssklaven** daran, auf welcher Grundlage das Vermögen nicht nur dieser Plantagenbesitzer entstand (George Washington Pkwy, 8 Meilen südl. von Alexandria, Tel. 703-780-2000, www.mountver

Die reißenden Stromschnellen des Potomac River im Great Falls Park

non.org, April–Aug., tgl. 8–17, März u. Sept.–Okt., tgl. 9–17, sonst 9–16 Uhr, Erw. 15 $, Kinder bis 11 J. 7 $).

Nordwestlich von Washington D. C.

Von Aussichtspunkten im über 300 ha großen **Great Falls Park** rund 16 Meilen nordwestlich des Zentrums der Hauptstadt kann man den Potomac River beobachten, wie der seinen Weg durch die rauschenden Stromschnellen der Mather-Schlucht und über steile Felsklippen Richtung Atlantik sucht und dabei auf einer Strecke von einer Meile mehr als 25 m abfällt. Ein schöner Spazierweg führt am Ufer des ehemaligen Patowmack-Kanals entlang, der einst Schiffen half, die schäumenden Wasser zu umgehen. Im **Great Falls Tavern Museum** am gegenüberliegenden Ufer in Maryland, das nur mit einem Umweg zu erreichen ist (s. Aktiv unterwegs S. 123), und im Visitor Center innerhalb des Parks informieren Ausstellungen über die Geologie von Virginia und die Geschichte des Chesapeake and Ohio Canal, der einst die Fahrt von Lastkähnen von Washington nach Cumberland in Ohio erlaubte (9200 Old Dominion Dr., Tel. 703-285-2965, www.nps.gov/grfa, tgl. 7 Uhr bis Sonnenuntergang, 5 $/Pkw oder 3 $/Pers.).

Die **Wolf Trap Foundation for the Performing Arts** bei Vienna rund 12 Meilen westlich vom Zentrum von Washington D. C. ist die einzige vom National Park Service betreute Anlage, die der darstellenden Kunst gewidmet ist. Das Freilufttheater mit 6800 Plätzen, zwei Theaterscheunen, einem Opernensemble für Nachwuchssänger, mit Kinderprogrammen, Seminaren für Musiker, Workshops und Ausstellungen lockt im Sommer Zehntausende von Besuchern in das Kulturzentrum, das in einem weitläufigen Park liegt (1645 Trap Rd., Tel. 703-255-1900, Tickets Tel. 1-877-965-3872, www.wolftrap.org, www.nps.gov/wotr, 5 $/Pkw oder 3 $/ Pers.).

Virginia

Einsame Atlantikstrände und Badeorte voller Trubel, Marschlandschaften, die *rolling hills* des Piedmont mit fruchtbaren Feldern, auf denen sogar Trauben gedeihen, das dicht bewaldete Gebirge der Appalachen, lebhafte Städte – Virginia hat alles, was zu einer idealen Urlaubsregion gehört. Hinzu kommt eine reiche Geschichte, nicht »vom Winde verweht«, sondern im Bewusstsein der Menschen verankert.

2 Shenandoah National Park ►1, D/E 1/2

Der Anblick der Berge und Wälder des Shenandoah National Park verführt dazu, sich ins Gras zu legen, die Gedanken der Geschwindigkeit eines plätschernden Baches anzupassen, für einen den Weg querenden Käfer stehenzubleiben und die verschiedenfarbigen Schmetterlinge zu bestaunen, die nachmittags auf den Lichtungen die Wildblumen umflattern. Morgens ziehen Weißwedelhirsche äsend in Sichtweite der Skyland Lodge (s. S. 139) vorbei. Tagsüber kann man mit dem Fern-glas riesige Truthahngeier, Falken, Habichte, Waldhühner oder Spechte beobachten. Scheue Luchse oder einen der etwa 600 Schwarzbären bekommt man selten zu Gesicht, eher schon einen vorwitzigen Waschbären, der auf der Suche nach Essbarem Abfalleimer durchwühlt.

Der National Park erscheint als unberührte Natur, ist aber überwiegend ein Meisterstück geschickter Wiederaufforstung. Indianische Ureinwohner, welche die Region Shenandoah, Tochter der Sterne, genannt haben, nutzten die Wälder als Jagdgründe. Die Besiedlung durch weiße Pioniere, die den Indianern folgten und die Wälder, wenn nötig, abholzten, hatte den Baumbestand drastisch reduziert. Staatliche Landkäufe, private Spenden und der Einsatz von Forstarbeitern im Rahmen von Arbeitsbeschaffungsmaßnahmen der Regierung Roosevelt zur Überwindung der Wirtschaftskrise in den 1930er-Jahren halfen, die Wälder wieder aufzuforsten, Straßen, Wanderwege und Schutzhütten anzulegen.

Der **Skyline Drive,** der den Park von Nord nach Süd auf gut 100 Meilen Länge auf dem Kamm des Gebirges durchzieht, darf nur von Privatwagen und Campmobilen befahren werden. Wanderer dagegen können den Park auf mehr als 500 Meilen markierte Wege erkunden, vom 400 m langen Rundweg am **Pass Mountain Overlook** bis zur Rundwanderung **Browns Gap – Rockytop – Big Run Portal** mit einer Länge von etwa 15 Meilen und einer Dauer von etwa zwölf Stunden. Die gut zwei Dutzend Strecken, die zu einem der vielen Wasserfälle führen, gehören zu den beliebtesten. Sie sind, wie auch die für Pferd und Reiter freigegebenen Servicewege, in Broschüren beschrieben, die in den Lodges und Besucherzentren ausliegen.

Infos

Shenandoah National Park: Headquarter, 3655 Hwy 211 E., Luray, im Shenandoah Valley, VA 22835, Tel. 540-999-3500, tgl. 8.30–17 Uhr, 10 $/Pkw. Dazu Infos im Dickey Ridge Visitor Center, MP 4,6 und dem Harry F. Byrd Sr. Visitor Center, MP 51 am Skyline Drive.
Shenandoah National Park Association: 3655 US 211 E., Luray, Tel. 540-999-3582, www.snpbooks.org, tgl. 8.30–17 Uhr. Verkauf von Broschüren und Handbüchern, die alle markierten Wanderwege beschreiben auch in den Visitor Center des Nationalparks.

Gut erschlossen: Es gibt 500 Meilen Wanderwege im Shenandoah-Nationalpark

Übernachten, Essen

Im Nationalpark ▶ Skyland Lodge: MP 41,7, Tel. 540-999-2211, **Big Meadows Lodge,** MP 51,2, Tel. 540-999-2221, **Lewis Mountain Cabins,** MP 57,5, Restaurant. Tel. 540-843-2100, www.visitshenandoah.com/accommodations.aspx. Rustikale Unterkünfte von einfachen Hütten bis zur komfortablen Suite. DZ 110–230 $. Skyland und Big Meadows Lodge bieten eine saisonale herzhafte Regionalküche, geöffnet von April/Mai–Nov. Hauptgerichte ab 13 $.

Camping ▶ National Park Campgrounds: Mathew Arm, MP 22,1, Mitte Mai–Okt., Big Meadows, MP 51,2, Ende März–Nov., Lewis Mountain, MP 57,5, Mitte April–Okt., Loft Mountain, MP 79,5, Mitte Mai–Okt., Reservierung Tel. 877-444-6777, www.Recreation.gov. Stellplätze 15–25 $.

Aktiv

Outdoor ▶ Eine Liste lizensierter Anbieter von Aktivitäten bietet www.nps.gov/shen/planyourvisit/permitted-business-services.htm.

Wandern ▶ Rund 500 Meilen ausgewiesene Wanderwege können individuell oder bei kurzen begleiteten Wanderungen mit einem Park Ranger erkundet werden, auch Tagestouren mit Übernachten und Lunchpaket (ab 123 $).

Fahrradfahren ▶ Ist erlaubt auf dem Skyline Drive und anderen gepflasterten Straßen, nicht auf Wanderpfaden oder *cross country.*

Angeln ▶ In vielen der 70 Bäche darf vor allem nach Forellen geangelt werden. Genauere Informationen gibt es in den Visitor Center und Angelshops.

Klettern ▶ Einige kommerzielle Anbieter haben Kletterstrecken in den Felsen im Programm (s. Einträge bei den jeweiligen Orten).

Reiten ▶ Knapp 190 Meilen Reitpfade sind im Park ausgewiesen. Man kann mit dem eigene Pferd oder mit den lizensierten **Skyland Stables** reiten, Tel. 540-999-2210, www.visitshenandoah.com/horseback-riding.aspx.

Shenandoah Valley

▶ 1, D/E 1/2

Der Shenandoah River fließt in einem bis zu 19 Meilen breiten Tal nach Nordosten und mündet nach etwa 125 Meilen in den Poto-

aktiv unterwegs

Klettern und Wandern im Shenandoah N. P.

Tour-Infos

Start: Parkplatz an der SR 600/Nethers Rd.
Länge: 8 Meilen; **Dauer:** 5–7 Std.
Wichtige Hinweise: Zugangsgebühr zum Nationalpark 10 $/Pkw inkl. Beifahrer. Anreise von Sperryville (im Osten) auf der US 522 eine Meile nach Süden, dann auf die Rte. 231 nach rechts für 8 Meilen, dann die Rte. 602 (die in die 707 und die 600 übergeht) wieder nach rechts. Nach 3 Meilen ist der Parkplatz erreicht. Gutes Schuhwerk ist unumgänglich, dazu genügend Wasser, Proviant sowie Sonnenschutzmittel und Insektenabwehrspray mitnehmen. Der Parkplatz am Startpunkt ist auf 200 Autos beschränkt, an schönen Wochenenden kann es eng werden.

Gleich nach der **Old Rag Parking Area** geht es mitten im Wald in Serpentinen bergauf. Nach einer Meile fallen rechter Hand große Felsplatten auf – eigentlich ein guter Platz für eine kurze Pause. Wer im Frühsommer wandert, kann nicht umhin, die rosaroten Blüten des Berglorbeers zu bewundern, der entlang dem Trail üppig gedeiht.

Weiter geht's, immer der **blauen Markierung** an den Felsen folgend. Eine kurze Kletterpassage über mächtige Felsbuckel wird abgelöst von schmalen Spalten, durch die immer nur eine Person passt. Trittlöcher im Fels erleichtern den Durchstieg durch eine schmale **Lava Dike Passage.** Gleich geht es wieder hinunter und dann erneut bergauf, noch einmal durch einen Lava Dike, der unter einen massiven Felsüberhang führt.

Es wird nicht einfacher. Eine rund 1,50 m hohe Felskante gilt es zu überwinden, die Hilfe eines Mitwanderers macht es einfacher. Der nächste Abschnitt führt, ohne neue Herausforderung, durch ein Wäldchen, doch gleich schließen sich erneut zu überkletternde Buckelfelsen an.

Nach rund 3 Meilen Wander-Kletterstrecke und einem Höhenunterschied von gut 700 m ist der Granitgipfel erreicht. Der Panoramablick vom gut 1000 m hohen Felsengipfel geht über Täler und Bergkuppen des Nationalparks in die Ferne. Immerhin rund 100 000 Wanderer pro Jahr lassen sich diese Aussicht nicht entgehen.

Nun gilt es, die blaue Markierung für den Abstieg über den **Saddle Trail** zu finden. Auch hier erfreut sich der Wanderer wieder an der spektakulären Blütenpracht des Berglorbeers. Zur Schutzhütte **Bird's Nest Shelter No. 1** erleichtern eine in den Stein gehauene Treppe und Serpentinen den Weg. Wer Rast machen möchte, kann es hier tun. Bei der Weggabelung geht es nun nach rechts in den Wald bis zum nächsten Unterschlupf, dem **Old Rag Shelter.**

Bei der nächsten Gabelung führt der Weg wieder nach rechts auf die **Old Rag Fire Road** und erneut nach rechts auf die gelb markierte **Weakly Hollow Road.** Die recht lange Strecke ohne großes Gefälle eignet sich zum Auslaufen, doch wer nach rechts hinaufschaut, wird immer wieder von Gipfelbildern des **Old Rag Mountain** in der Abendsonne erfreut. Nach gut 2 Meilen ist der Parkplatz wieder in Sicht.

mac, der sein Wasser an Washington vorbei in die weitverzweigte Chesapeake-Bucht führt. Die Blue Ridges und der kleine Gebirgszug der Massanutten Mountains begrenzen das Tal nach Osten, im Westen erhebt sich die Bergkette der Shenandoah Mountains. Indianer nutzten die bewaldeten Berge als Jagdgebiet, später durchstreiften weiße Trapper und Abenteurer die Wälder. Bis zum Ende des 19. Jh. fristeten die Farmer in den Bergen und Seitentälern ein abgeschiedenes, karges Leben, lehnten Einflüsse von Fremden, *furinners,* ab. Heute wird im Tal Landwirtschaft betrieben. Auf großen Apfelplantagen bei Winchester und nördlich von Roanoke feiert man im Frühjahr die Apfelblüte, Winzereien bieten Weinproben an. Staatswälder begrenzen die Koppeln für die Zucht der Vollblutpferde bei Lexington sowie die Weiden für Schafzucht und etwas Milchwirtschaft.

Der **Battlefield Park and Hall of Valor** am nördlichen Ortsrand von New Market erinnern an den vergeblichen Versuch des deutschstämmigen Unionsgenerals Franz Sigel, 1864 mit seiner Armee in das Shenandoah-Tal vorzudringen. Die Südstaatler unter General Breckenridge, verstärkt durch 250 jugendliche Kadetten aus dem 75 Meilen weiter südlich gelegenen Virginia Military Institute, hielten dem militärischen Druck stand. In der ›Ruhmeshalle‹ wird an den Mut der ›Kindersoldaten‹ erinnert. Jedes Jahr Mitte Mai spielen Freiwillige in historischen Uniformen die Bürgerkriegsschlacht nach.

Tipp: Luray Caverns

Im Kalksteinuntergrund des Shenandoah-Tals schuf das Regenwasser in vielen Tausend Jahren zahlreiche Tropfsteinhöhlen. Von mehreren der Öffentlichkeit zugänglichen Höhlensystemen ziehen die Luray Caverns östlich von New Market als Virginias größte mit ihren mächtigen Stalagmiten, mit Kristallen und klaren unterirdischen Gewässern die meisten Besucher an (US 211 Bypass, Tel. 540-743-6551, www.luraycaverns.com, tgl. ab 9 Uhr, Schließung zwischen 17–19 Uhr).

Blue Ridge Parkway ▸ 1, D 3

Karte: S. 146

Der Blue Ridge Parkway windet sich wie ein grünes Band über eine Länge von 470 Meilen auf dem Kamm des Appalachen-Gebirges vom Shenandoah National Park in Virginia bis zum Great Smoky Mountains National Park im Süden an der Grenze von North Carolina und Tennessee. Die zweispurige Straße, auf der nur eine Höchstgeschwindigkeit von 45 mph erlaubt ist, wird vom National Park Service betreut. Sie verläuft durch ausgedehnte Wälder, die sich, insbesondere in der Dämmerung, in blaugrün verschachtelten Berg- und Hügelketten zu verlieren scheinen. Der Parkway führt nicht durch Städte, sondern passiert sie in angemessenem Abstand, Werbung und gewerblicher Verkehr sind ausgesperrt. Zur Markierung und besseren Orientierung sind am Straßenrand Mile Posts, MP, angebracht. MP 0 steht am südlichen Ende des Shenandoah N. P. bei Rockfish Gap, der MP 469 im Süden bei der Grenze zur Cherokee Reservation. Abzweigungen führen zu Attraktionen und sehenswerten Orten links und rechts der Panoramastrecke. Das Besucherzentrum von **Humpback Rocks** liegt fast am Nordende des Blue Ridge Parkway (MP 5,8, Tel. 540-943-4716, Mitte April bis Ende Okt., tgl. 9/10–17 Uhr).

Infos

Blue Ridge Parkway, National Park Service: 199 Hemphill Knob Rd., Asheville, NC 28803-8686, Tel. 828-271-4779, www.nps.gov/blri, 24 Std. geöffnet.
Blue Ridge Parkway Association: Asheville, NC 28802-2136, Infos unter www.blueridgeparkway.org, http://blueridgeparkway75.org.

Staunton 1

In die Kleinstadt Staunton (24 000 Einw.) gelangt man 14 Meilen westlich der Panoramastraße. Woodrow Wilson, der als achter und bislang letzter Präsident aus Virginia die USA von 1913 bis 1921 regierte, wurde 1856 in

Einzigartiges Naturschauspiel: Indian Summer in den Blue Ridge Mountains

Staunton geboren. Das herrschaftliche presbyterianische Pfarrhaus, in dem Wilson aufwuchs, ist heute das **Woodrow Wilson Museum** und kann besichtigt werden (20 N. Coalter St., Tel. 540-885-0897, www.woodrowwilson.org, März–Okt. Mo–Sa 9–17, So 12–17, Nov.–Febr. Mo–Sa 10–16, So 12–16 Uhr, Erw. 12 $, Kinder bis 12 J. 3 $).

Am südöstlichen Stadtrand dokumentiert das **Museum of American Frontier Culture** die Traditionen amerikanischer Farmer; es sind rekonstruierte Bauernhöfe aus verschiedenen Ländern ausgestellt, u. a. aus dem deutschen Rheinland (1290 Richmond Ave., Tel. 540-332-7850, www.frontiermuseum.org, Mitte März–Nov., tgl. 9–17, sonst 10–16 Uhr, Erw. 10 $, Kinder bis 12 J. 6 $).

Einige Meilen weiter im Norden bei **Harrisonburg** muten die Kalksteinsäulen des **Natural Chimney's Regional Park** wie Fabrikschlote oder Burgtürme an. Letzteres mag auch die Veranstalter des Ritterturniers beflügelt haben, das seit 1821 am Fuße der ›Burgzinnen‹ ausgetragen wird (s. S. 143).

Infos

Staunton-Augusta Travel Information Center: 1290 Richmond Rd., Fronier Culture Museum, Tel. 540-332-3972, www.visitstaunton.com, Mitte März–Nov., tgl. 9–17 Uhr.

Übernachten

Gemütlich-elegant ▶ Frederick House: 28 N. New St., Tel. 540-885-4220, www.frederickhouse.com. Angenehmes B & B nicht weit vom Ortszentrum. DZ ab 170 $.

Essen & Trinken

Pizzavielfalt ▶ Shenandoah Pizza: 19 E. Beverley St., Tel. 540-213-0008, www.shen

andoahpizza.com. Ausgezeichnete Pizzeria In Downtown Staunton. Ob klassisch, vegetarisch oder kreativ, Pizzaliebhaber kommen hier auf ihre Kosten. Gerichte 6–25 $.

Termine

Hall of Fame Championships: Mitte Juni. Ritterturnier mit Mittelalterfest, Mount Solon, Natural Chimneys Regional Park, Tel. 434-983-2989.

Otter Creek 2

Bei Otter Creek und dem benachbarten James River Visitor Center sowie dem Peaks of Otter Visitor Center (s. r.), 20 Meilen weiter südlich, starten viele Wanderwege in die umliegenden Berge. Das James-River-Besucherzentrum erzählt die Geschichte des gleichnamigen Flusses, der wenig weiter westlich in den Bergen entspringt und über Richmond der Chesapeake Bay zustrebt. Er ist wie auch die erste dauerhafte englische Siedlung Jamestown nach König James I. von England benannt.

Infos

James River Visitor Center: MP 63,6, Tel. 828-298-0398, und **Peaks of Otter Visitor Center:** MP 86, Tel. 540-586-4357, sind gute Ausgangspunkte für Wanderungen, Ende Mai bis Ende Okt., tgl. 9–17 Uhr.

Übernachten

Sowohl bei Otter Creek als auch bei den Peaks of Otter gibt es einfache Campingplätze, eine telefonische Reservierung mindestens 2 Tage im Voraus ist erwünscht.
Camping ▶ **Peaks of Otter Campground:** 10454 Peaks Road, Bedford VA 24523, Tel. 1-800-933-7275. Zeltplatz ab 16 $.

Lexington 3

Eine der schönsten Städte im Shenandoah-Tal, liegt nur 7 Meilen westlich des Parkways. Das Städtchen Lexington mit seinen fast 7000 Einwohnern hat sich große Mühe gegeben, sein pittoreskes Erscheinungsbild mit Häusern aus dem 19. Jh. zu erhalten. Im Sommer erwartet die Besucher ein besonderes Vergnügen, wenn das ausgezeichnete **Theater at Lime Kiln** in einem ehemaligen Steinbruch eine gelungene Mischung von modernen Inszenierungen, klassischen Stücken und Musiktheater inszeniert. Das **Virginia Horse Center** präsentiert Pferdefreunden und -händlern Vollblüter und Araber aus den besten Gestüten von Virginia. Das weitläufige Gelände bietet Platz für 500 Boxen, Rennbahnen, ein Polofeld, Reitwege durch Wälder sowie ein Hotel mit Restaurant (s. S. 145). Im April gibt das **Virginia Horse Festival** (s. S. 145).

Die Geschichte der städtischen Universität geht bis auf George Washington zurück, der die **Liberty Hall Academy** mit einer großzügigen Spende aus einer Finanzkrise rettete. Sechs Monate nach dem Ende des Bürgerkriegs ritt Robert E. Lee die Hauptstraße von Lexington entlang, um sein neues Amt als Präsident der Hochschule anzutreten, die

Tipp: Natural Bridge

Eine natürliche Felsbrücke von 66 m Höhe und knapp 30 m Spannweite bahnte sich der Cedar Creek im Laufe von mehreren Tausend Jahren durch den Kalkstein. Das Naturwunder der **Natural Bridge** **4**, auf halbem Wege zwischen Roanoke und Lexington, galt den Monokan-Indianern als Brücke des ›Heiligen Geistes‹, da sie ihnen einst einen Fluchtweg vor den Shawnee bot.

Ein junger Landvermesser namens George Washington war von der Meisterleistung der Natur so beeindruckt, dass er seine noch heute lesbaren Initialen in den Fels meißelte. Später erstand der Rechtsanwalt und spätere US-Präsident Thomas Jefferson das Gelände für 20 Shilling und ließ eine Hütte darauf errichten (15 Appledore Ln., an der US11/SR 130, Tel. 540-291-2121, www.naturalbridgeva.com, unterschiedliche Öffnungszeiten s. Webseite). Über die massive Naturbrücke führt heute die Bundesstraße US 11; ein touristisches Zentrum am Rande der Schlucht mit Hotels, Restaurants, Wachsfigurenkabinett, Wanderwegen, einer Tropfsteinhöhle und dem abendlichen Licht- und Tonspektakel »Das Erlebnis der Schöpfung« im Sommer versorgt die Besucher.

Übernachten

Atemberaubende Aussicht ▶ **The Blacksmith Inn:** 185 Orchard Vale Way, Tel. 540-291-4000, www.blacksmithinn-lexington.com. Mitten in der Natur gelegenes B & B mit fantastischem Blick auf Berge und Wälder. Die herzlichen Gastgeber beraten gerne bei Ausflügen und bereiten ein fantastisches Frühstück zu. Sehr zu empfehlen sind auch der English Afternoon Tea oder die abendlichen Fish 'n' Chips. DZ ab 135 $.

Beim Naturwunder ▶ **Natural Bridge Hotel & Conference Center:** 15 Appledore Ln., Kreuzung US 11/SR 130, Tel. 540-291-2121 http://www.naturalbridgeva.com/hotel.htm. Repräsentatives Hotel mit elegantem Restaurant; ganz in der Nähe befinden sich viele lokale Attraktionen, etwa ein Museumsdorf der Monacan Indians und ein Spielzeugmuseum, Tropfsteinhöhlen und der Cedar Creek Pfad zur Natural Bridge. DZ ab 70 $.

Camping ▶ **Natural Bridge/Lexington Koa:** 214 Kildeer Lane, US 11/I-81, Exit 180/180 B, Tel. 540-291-2770, http://koa.com/campgrounds/natural-bridge. Zwischen Blue Ridge und Alleghany Mountain gelegener Zeltplatz mit Pool, Mini-Markt und Heuwagenfahrten am Wochenende. Zeltplatz mit Wasser/Stromanschluss bis zu 6 Pers. ab 30 $/Tag, Hütte bis zu 4 Pers. ab 50 $/Tag.

Essen & Trinken

Elvis und Marilyn ▶ **Pink Cadillac Diner:** 4743 S. Lee Hwy, Tel. 540 291-2378 www.pinkcadillacdineronline.com. All American Restaurant, das sich den 1950er-Jahren verschrieben hat und sich mit einer entsprechend bunten Inneneinrichtung präsentiert. Speisekarte mit Klassikern wie Burgern, Hot Dogs und Steaks, aber auch mit vegetarischen Speisen und leckeren Sandwiches. Gerichte 6–14 $.

nach seinem Tod in Washington and Lee University umbenannt wurde. Eine Ausstellung in seiner Begräbniskirche erinnert an den Oberkommandierenden der Südstaatenstreitkräfte (Lee Chapel and Museum, Letcher Ave., Tel. 540-458-8768, April–Okt. Mo–Sa 9–17, So 13–17 Uhr, Erw. 5 $, Museumsshop).

General Thomas »Stonewall« Jackson, wie Lee eine Bürgerkriegslegende, war bis 1861 als Dozent für Artillerie an der zweiten Hochschule der Stadt, dem **Virginia Military Institute** tätig. Auch George C. Marshall, 1939 Chef des US-Generalstabs, später Außen- und Verteidigungsminister, absolvierte eine Ausbildung am »West Point des Südens« (Jackson Memorial Hall, 415 Letcher Ave., Tel. 540-464-7334, www.vmi.edu, tgl. 9–17 Uhr). Die vier Generäle und ihre Beziehung zu Lexington werden in verschiedenen Museen und Gedenkstätten gewürdigt.

Infos

Lexington Visitor Center: 106 E. Washington St., Tel. 540-463-3777, www.lexingtonvirginia.com, Jan.–Aug. tgl. 8.30–18, sonst 9–17 Uhr.

Übernachten

Historisches Flair ▶ Maple Hall: 11 N. Main St., Tel. 877-283-9680, www.lexington historicinns.com/maple-hall.php. Ehemalige Plantagenvilla mit herrlichem Garten. Von den antik dekorierten Zimmern bietet sich ein wunderschöner Blick auf die umliegenden Wälder und die sanfte Hügel- und Berglandschaft. Mit Pool und Tennisplatz. In der Nähe beginnen Wanderpfade. DZ ab 125 $.

Für Pferdeliebhaber ▶ Comfort Inn Virginia Horse Center: I-64/US11, 62 Comfort Way, Tel. 540-463-7311, www.comfortinn.com. Komfortables Hotel mit kleinem Pool. Nicht weit vom Virginia Horse Center, dem Virginia Military Institute und der Washington and Lee University. DZ ab 104 $.

Essen & Trinken

Leger ▶ The Palms: 101 W. Nelson St., Tel. 540-463-7911, www.thepalmslexington.com, 11.30–22 Uhr. Nette Mischung aus Bar und Restaurant, wo neben Snacks und Drinks Pasta, Steaks und Burger auf der Karte stehen, beliebt bei Studenten. Gerichte 7–22 $.

Einkaufen

Kunst und Kunsthandwerk ▶ Artists in Cahoots: Alexander Witherow House, 1 W. Washington St., Tel. 540-464-1147, www.artistsincahoots.com. Ateliers und Verkauf von Produkten einer Künstlerkooperative, Mo–Sa 10–17.30 Uhr.

Abends & Nachts

Freilufttheater ▶ Theater at Lime Kiln: Borden Rd., nahe der US 60 W., Tel. 540-463-7088, www.theateratlimekiln.com, Vorstellungen meist ab 19.30 Uhr (s. S. 143).

Termine

Virginia Horse Festival: April. Für Pferdefreunde interessante Leistungsschau über die Pferdezucht Virginias mit abwechslungsreichem Rahmenprogramm, Virginia Horse Center, 487 Maury River Rd., Tel. 540-464-2950, http://horsecenter.org.

Hot Springs 5

Eine knappe Autostunde westlich von Lexington liegt **Hot Springs** inmitten der dicht bewaldeten **Warm Spring Mountains** mit ihren schwefelhaltigen warmen Quellen, deren lindernde Wirkung bei einer Vielzahl von Krankheiten schon die indianischen Ureinwohner schätzten. Im mächtigen, denkmalgeschützten Grand Hotel Homestead wird man einen durch Zuschüsse von Krankenkassen mitfinanzierten Kurbetrieb allerdings vergeblich suchen. Nach Jahrzehnten des Niedergangs und aufwendigen Renovierungen erlebt Hot Springs als luxuriöser Sport- und Fitness-Urlaubsort eine Wiedergeburt.

Infos

Bath County Chamber of Commerce: 2696 Main St., Hot Springs, Tel. 540-839-5409, www.discoverbath.com, Mo–Sa 10–16.30 Uhr.

Übernachten

Bade- und Skihotel ▶ The Homestead: 7696 Sam Snead Hwy, Tel. 540-839-1766, www.thehomestead.com. Luxuriöses Badehotel mit langer Tradition. Golf- und Fitnessresort mit umfangreichen Sportanlagen. Im Winter wird Ski gefahren, breites Angebot für andere Outdoor-Aktivitäten. DZ ab 200 $.

Essen & Trinken

Gute Weine ▶ Waterwheel Restaurant: Gristmill Sq., Warm Springs, 4,5 Meilen nordöstlich von Hot Springs, Tel. 540-839-2231, tgl. 18–21, So Brunch 11–14 Uhr. Gespeist wird in einer umgebauten alten Mühle, erlesener Weinkeller. Hauptgerichte ab 25 $.

Appomattox 6

Als General Lees ausgehungerte Armee Petersburg nicht mehr halten konnte, floh sie Richtung Westen. Nach einem letzten vergeblichen Versuch, sich mit anderen Truppenteilen zu vereinigen, beschloss Lee, den Krieg für die Armee von Nordvirginia zu be-

Blue Ridge Parkway, Virginia

enden. Im Gerichtsgebäude von **Appomattox** übergab er dem Oberbefehlshaber der Nordstaatenarmee, General Grant, am 9. April 1865 die unterzeichnete Kapitulationsurkunde. Der **Appomatox Court House National Historical Park** rund 50 Meilen östlich vom Blue Ridge Parkway dokumentiert das Ereignis in den restaurierten Räumen (an der VA 22, Tel. 434-362-8987, www.nps.gov/apco, tgl. 8.30–17 Uhr, 5 $/Pkw, 3 $/Pers., Vorträge u. ä. nicht inbegriffen, ca. 4 $).

Roanoke und Umgebung

Das ca. 30 Meilen südlich der Peaks of Otter liegende **Roanoke** 7 (100 000 Einw.) gilt als kommerzielles Zentrum von Südwest-Virginia, mit renommierten Kliniken und medizinischen Forschungseinrichtungen. Das **Center in the Square** in einem renovierten Lagerhaus gegenüber vom traditionellen Marktplatz wurde zu einem Kulturzentrum mit Galerien, Geschäften und dem Mill Mountain Theatre umgestaltet (www.centerinthesquare.org).

Knapp 13 Meilen östlich von Roanoke kann man auf der ehemaligen kleinen Tabakfarm Burroughs das **Booker T. Washington National Monument** besichtigen. Der spätere Pädagoge, Bürgerrechtler und Präsidentenberater, der auf einer Inventarliste der Farm von 1861 noch mit einer Zeile: »1 Negerjunge (Booker) – 400 Dollars« aufgeführt ist, gründete 20 Jahre später in Tuskegee, AL, eine Schule für ehemalige Sklaven (12130 Booker T. Washington Hwy, Hardy, Tel. 540-721-2094, www.nps.gov/bowa, tgl. 9–17 Uhr, Eintritt frei, s. a. S. 381).

Infos

Roanoke Valley Convention & Visitors Bureau: 101 Shenandoah Ave., Tel. 540-342-6025, www.visitroanokeva.com, Mai bis Ende Okt. tgl. 9–17 Uhr.

Übernachten

Im Herzen der Blue Ridge Mountains ▶
Hotel Roanoke: 110 Shenandoah Ave., Tel.

540-985-5900, www.hotelroanoke.com. Traditionshotel im Tudorstil. Neben edel gestalteten Zimmern, Pool, Fitnessraum und Spa-Angeboten, erhält man durch Buchung eines Golf-Pakets, Zugang zu drei der besten Golfplätze und -clubs der Region. DZ ab 110 $

Komfortabel und doch preiswert ▶ **Econo Lodge Civic Center:** 308 Orange Ave., Tel. 540-343-2413, www.econolodge.com. Einfache Herberge im Roanoke Valley gegenüber dem Roanoke Civic Center. Das Hotel hat saubere Zimmer und befindet sich nur eine Meile entfernt vom Kulturkomplex Center in the Square mit einigen Galerien, Oper und Theater (s. S. 146). DZ ab 50 $ (kleines Frühstück inkl.).

Essen & Trinken

Old fashioned cookin' ▶ **Thelma's Chicken & Waffles:** 315 Market St., Tel. 540-343-8888, www.thelmaschickenandwaffles.biz. Nichts für Menschen, die auf ihren Cholesterinspiegel achten. Neben der Spezialität des Hauses, Waffeln und Hühnchenvariationen, gibt es noch viele andere verboten-leckere Gerichte wie gegrillte Rippchen, Zwiebelringe, Schweinekoteletts, Bratkartoffeln, Omelettes und ein ähnlich deftiges Frühstücksangebot. Gerichte 4–14 $.

Abends & Nachts

Regionaltheater ▶ **Mill Mountain Theatre:** Center in the Square, 1 Market Sq. Tel. 540-342-5740, www.millmountain.org. Im kleinen Theater werden Theaterstücke, Lesungen, Musikkonzerte und Theater-Schulprojekte aufgeführt.

Termine

Festival in the Park: Letztes Wochenende im Mai (Memorial Day). Traditionelles Stadtfest, das seit 1968 begangen wird, mit Kunsthandwerk, Konzerten, Tanz und Imbissständen lokaler Spezialitäten, Tel. 540-342-2640, www.roanokefestival.org.

Verkehr

Bus: Greyhound, 26 Salem Ave. SW., Tel. 540-343-5436, www.greyhound.com.

Rocky Knob Visitor Center 8

Das **Rocky Knob Visitor Center** bietet Informationen, eine einfache Lodge und einen Campingplatz. In Mabry Mill, gleich südlich am Parkway, sind mehrere Siedlergebäude restauriert, darunter eine Wassermühle aus der Wende zum 20. Jh. In den Sommermonaten zeigen Parkmitarbeiter den Besuchern, wie die Siedler einst lebten (MP 169, Tel. 540-745-9662, Ende Mai bis Ende Okt. tgl. 9–17 Uhr).

Blue Ridge Music Center 9

Kurz vor der Grenze zum südlichen North Carolina lohnt ein Stopp beim **Blue Ridge Music Center**. Im Amphitheater geben Banjo und Fiddle Freiluftkonzerte, eine im Mai 2011 neu eröffnete Ausstellung »Roots of American Music« zeigt mit Video- und Musikclips den Einfluss der Folkmusik auf die amerikanische Kultur (MP 213, Tel. 276-236-5309, Sommer tgl. 9–19, Frühjahr und Herbst Mi–So 9–17, Konzerte So–Do 10–16 Uhr, Eintritt frei).

Übernachten

Rustikal ▶ **Doe Run:** MP 189, Tel. 276-398-4099, www.doerunlodging.com. Rustikal, mit herrlicher Aussicht und Restaurant. Ab 125 $.

Abingdon 10

Abingdon liegt zwar noch in den Blue Ridge Mountains, doch schon einige Dutzend Meilen vom Parkway entfernt. Dennoch, der schon 1778 auf einem Camp von Daniel Boone begründete Ort, verdient schon wegen seines in den wirtschaftlich schwierigen 1930er-Jahren eröffneten **Barter Theatre** eine Erwähnung. In dem renommierten Regionaltheater, in dem Schauspieler wie Gregory Peck, Ernest Borgnine oder Kevin Spacey ihre Karriere begannen, war es einst üblich, den Eintritt mit sog. *barterware,* z. B. Würsten oder Marmelade, zu bezahlen. Auch Künstler akzeptierten Naturalien als Honorar. So sollen Tennessee Williams und Thornton Wilder mit einem guten Schinken aus Virginia zufrieden gewesen sein, der Vegetarier George Bernhard Shaw akzeptierte Spinat als Honorar für die Aufführung seiner Stücke.

Harpers Ferry: Zusammenfluss von Shenandoah und Potomac River

Infos

Abington Convention & Visitors Bureau: 335 Cummings St., Tel. 276-676-2282, www.abingdon.com, tgl. 8.30–17 Uhr.

Abends & Nachts

Schauspiel ▶ **Barter Theatre:** 127 W. Main St., Tel. 540-628-3991, www.bartertheatre.com. Traditionsreiches Theater (s. S. 147).

Das Piedmont von Virginia

Das leicht gewellte Plateau zwischen den Appalachen und der breiten Küstenebene zieht sich von Harpers Ferry an der Grenze zu Maryland und West Virginia über Leesburg und Middleburg nach Richmond und Petersburg. Viele Patrioten wie Thomas Jefferson oder James Madison, die gegen die britische Kolonialherrschaft aufstanden und zu Präsidenten der jungen USA gewählt wurden, stammen aus dieser Region. Später wurden hier die meisten Schlachten des Bürgerkriegs geschlagen, an die sorgsam gepflegte Militärparks erinnern. Die besten Weine aus Virginia stammen von Winzern und Kellereien aus dem Piedmont nördlich von Richmond. Die Hauptstadt von Virginia war für wenige Jahre auch Hauptstadt der Konföderierten Staaten. Heute präsentiert sie sich als moderne Metropole, trotz ihrer durch die Bürgerkriegsgeschichte dominierten Vergangenheit.

Harpers Ferry ▶ 1, E 1

Der Ort markiert die Grenze zwischen den Bundesstaaten Virginia, West Virginia und Maryland. Hier mündet der Shenandoah River in den Potomac, der sich im Laufe der Jahrtausende ein tief eingeschnittenes, bewaldetes Tal geschaffen hat.

Der **Harpers Ferry National Historical Park** umfasst Gebäude und Straßenzüge am Nordufer des Shenandoah, direkt an der Mündung des Flusses. Hier hatte der radikale Gegner der Sklaverei John Brown mit einer Schar Gleichgesinnter 1859 ein Armeedepot überfallen, wurde jedoch von einer Armeeeinheit unter dem Kommando des päteren Südstaatengenerals Robert E. Lee gefangengesetzt und nach einer Gerichtsverhandlung hingerichtet.

Infos

Harpers Ferry National Historical Park: Visitor Center, 171 Shoreline Dr. Tel. 304-535-6029, www.nps.gov/hafe, tgl. 8–17 Uhr, 6 $/Pkw, 4 $/Pers.

Winchester ▶ 1, E 1

Das 1732 von deutschen, schottischen und irischen Siedlern gegründete Städtchen mit heute knapp 25 000 Einwohnern liegt inmitten weitläufiger Apfelplantagen, deren Blüte Anlass mehrtägiger Feste ist. Während des Bürgerkriegs soll das Städtchen nicht weniger als 72 Mal abwechselnd von den Nord- und den Südstaaten besetzt gewesen sein. Das **Museum of the Shenandoah Valley** erzählt die wechselhafte Geschichte des Ortes (901 Amherst St., Tel. 540-662-1473, www.glenburniemuseum.org, Di–So 10–16 Uhr, Museum oder Garten Erw. 8 $).

Infos

Winchester-Frederick County Convention & Visitors Bureau: 1400 S. Pleasant Valley Rd., Tel. 540-542-1326, www.visitwinchesterva.com, tgl. 9–17 Uhr.

Termine

Shenandoah Apple Blossom Festival: Ende April bis Anfang Mai. 10 Tage Kunst, Kultur und Vergnügen mit Krönung der Apfelkönigin »Queen Shenandoah«.

Loudoun County und Waterford Village ▶ 1, F 1

Nordöstlich von Front Royal am Nordausgang des Shenandoah National Park erstreckt sich die ländliche Idylle des Loudoun County mit sanften Hügeln, *rolling hills,* Feldern, Weingütern und Wäldern. Ortschaften wie **Waterford Village** erinnern an die Quäker, die ihre Siedlungen in der ersten Hälfte des 18. Jh. errichteten. Die Quäker bewirtschafteten nur kleine Farmen, da sie Sklavenarbeit ablehnten. Die Nähe zu Washington hat die Einwohnerzahl des Städtchens in den letzten Jahren auf rund 40 000 Menschen stark ansteigen lassen (an der CR 662, Tel. 703-882-3018, www.waterfordvillage.org).

Nordvirginia hat als Pferdezuchtgebiet die englische Tradition der Fuchsjagden mit Pferden und Hunden bewahrt. **Morven Park** am nördlichen Stadtrand von Leesburg beherbergt auf einem Landsitz des einstigen Gouverneurs von Virginia Westmoreland Davis, der an das Weiße Haus in Washington erinnert, nicht nur ein Institut für Pferdezucht, sondern auch das **Museum of Hounds and Hunting.** Eine Sammlung von etwa 100 Kutschen ist eine zusätzliche Attraktion für Pferdeliebhaber (17263 Southern Planter Ln., Tel. 703-777-2414, www.morvenpark.com, www.mhhna.org, April–Okt. tgl. 11–17, sonst 12–17 Uhr, Eintritt frei, Tour 10 $).

Infos

Loudoun Convention & Visitors Association: 112-G South St. SE., Leesburg, Tel. 703-777-7427, www.visitloudoun.org, tgl 9–17 Uhr.

Übernachten

Guter Service ▶ **Comfort Suites:** 80 Prosperity Ave., Tel. 703-669-1650, www.comfortsuitesleesburg.com. Modernes Hotel mit sauberen, stilvollen Zimmern, Innenpool, Fitness- und Konferenzraum und hilfsbereiten Mitarbeitern. Dowtown Leesburg, ein Shopping Center und zahlreiche Restaurants sind nur einen kleinen Spaziergang weit entfernt. DZ ab 100 $.

Essen & Trinken

Fine Dining ▶ **Tuscarora Mill:** 203 Harrison St., Tel. 703-771-9300, www.tuskies.com, Mo–Do 11.30–23, Fr/Sa bis 24, So bis 21 Uhr. In einer umgebauten Mühle werden frisch und kreativ zubereitete Speisen und edle Weine serviert. Ein wahrer Gaumenschmaus sind z. B. die geschmorte Lammkeule und warme Käsekuchen-Krapfen mit Beerensauce. Gerichte 6–32 $.

Termine

Loudoun Hunt Pony Horse Trials: Ende April. Morven Park (s. o.), www.loudounhunt.ponyclub.org. Pferdeschau, Dressur- und Springwettbewerbe.

Middleburg ► 1, F 1

Schon seit alten Zeiten gilt das 1787 gegründete Middleburg als Ort für Fuchsjagden und Pferderennen. Heute spielen die vielen Weingüter und Kellereien in »Washington's Wine Country« eine größere Rolle. Vor allem an Wochenenden kommen die Washingtonians aufs Land, kaufen einige Flaschen Wein und schätzen die ländlich feine Küche in vielen Traditionsgasthöfen.

Übernachten

Gemütlich ► **Middleburg Country Inn:** 209 E. Washington St. Tel. 540-687-6082, www.middleburgcountryinn.com. Angenehmes B & B im Ortszentrum mit herzlichen Gastgebern und köstlichem Frühstück. DZ ab 110 $.

Essen & Trinken

Traditionsgasthof ► **Red Fox Inn:** 2nd E. Washington St., Tel. 540-687-6301, www.redfoxinn.com, Mo–So 11–15 u. 17–21, So 16–20 Uhr. Bereits im Jahr 1728 gegründeter Landgasthof (DZ 125–250 $) mit exzellenter Küche und einigen Zimmern. Hauptgerichte 14–32 $.

Zwischen Washington D.C. und Richmond

Manassas ► 1, F 2

Im Juli 1861 marschierte die gut ausgerüstete, aber schlecht ausgebildete Unionsarmee von 35 000 Mann unter General Irwin McDowell von Washington nach Süden. Richmond, die Hauptstadt von Virginia, sollte im Handstreich genommen, der Spuk der Sezession der Südstaaten beendet werden, bevor er richtig begonnen hatte.

Bei Manassas an den Ufern des Flüsschens Bull Run trafen die Soldaten auf eine Armee von 22 000 Konföderierten unter General P. G. T. Beauregard. Sogar aus Washington waren Schaulustige mit Kutschen angereist, die sich das Spektakel bei einem Picknick nicht entgehen lassen wollten.

Die Schlacht wurde jedoch kein sommerlicher Spaziergang, sondern geriet zum blutigen Auftakt eines vier Jahre währenden, erbitterten Bürgerkriegs. Am Abend zählte man 3500 Tote. Ein Strom von Unionssoldaten und Zuschauern flüchtete panikartig Richtung Washington. Im **National Military Park** werden diese und eine spätere Schlacht des Bürgerkriegs auf Leuchtkarten erläutert (12521 Lee Hwy, Tel. 703-361-1339, www.nps.gov/mana, tgl. 8.30–17 Uhr).

Infos

Prince William County / Manassas Visitors Bureau: 10611 Balls Ford Rd., Suite 110, Woodbridge, Tel. 703-396-7130, www.visitpwc.com, tgl. 9–17 Uhr.

Montpelier Station ► 1, E 2

James Madison, Außenminister unter Thomas Jefferson und später vierter Präsident der USA sowie einer der Väter der Verfassung, hat den größten Teil seines Lebens in dem prächtigen **Herrenhaus** gelebt, das jüngst aufwendig restauriert wurde. Zum Besitz der 1,5 mi² großen Tabakplantage gehören einige Dutzend weiterer Gebäude, Gartenanlagen, Wälder und eine Pferdereitbahn. James und Dolley Madison sind im Familiengrab auf dem Gelände begraben. Ein Besucherzentrum beschreibt das Leben und politische Wirken des engen Freundes von Thomas Jefferson (11407 Constitution Hwy/SR 20, Orange, Tel. 540-672-2728, www.montpelier.org, April–Okt. 9–17, sonst 9–16 Uhr, Erw. 14 $, Kinder bis 14 J. 7 $).

Charlottesville ► 1, E 3

Das Universitätsstädtchen Charlottesville mit seinen etwa 45 000 Einwohnern liegt im landschaftlich reizvollen hügeligen Vorland der Appalachen. Auf Weinbergen um den Ort herum, vor allem aber entlang der US 20 nach Norden werden gute Tropfen gezogen und in Probierstuben ausgeschenkt. Die muntere kleine Stadt ist besonders eng mit dem Leben von Thomas Jefferson verbunden.

Die **Universität von Virginia** in Charlottesville, das »Kind von Thomas Jefferson«, sollte nach dessen Willen im Gegensatz zu der noch unter britischer Kolonialherrschaft gegründeten Hochschule von Harvard in Massachusetts und dem College of William and Mary in Williamsburg der Verbreitung des Allgemeinwissens dienen. Natur- und Geisteswissenschaften vermittelte man unter den Grundprämissen, dass sich deren Inhalte durch die Ergebnisse der Forschung beständig ändern und ein Studium unabhängig von Stand und Herkunft möglich sein müsse.

Gemeinsam mit einem Architekten entwarf Jefferson die Pläne für den Campus, für Wohnhäuser und Lehrgebäude. Die Rotunde des Hauptgebäudes entspricht einem Modell des römischen Pantheon im Verhältnis 1 : 2. Zur ersten Generation der Studenten gehörte auch Edgar Allan Poe, der 1826 für klassische und moderne Sprachen eingeschrieben war. Sein restauriertes Zimmer im Westflügel der Universität kann besichtigt werden (University Ave., Tel. 434-924-7969, www.virginia.edu, tgl. 10–16 Uhr, Start der Führungen in der Rotunde, Eintritt frei).

Monticello ▶ 1, E 3

Monticello, gut 2 Meilen südöstlich von Charlottesville auf einem Hügel errichtet, wurde mehr als 40 Jahre lang nach den Plänen und Ideen von Jefferson erbaut und wieder umgestaltet, bis die Plantagenvilla ihr heutiges, vollkommenes Erscheinungsbild erhielt. Die Gesamtkonzeption und die Anlage des Gartens, viele Innendetails und die Einrichtung gehen auf Pläne von Jefferson selbst zurück, der als Architekt ein meisterhafter Autodidakt war. Die Besichtigung der Wohn- und Arbeitsräume eröffnet manch überraschenden Blick auf den Staatsmann und bürgerlichen Revolutionär, auf kleine, praktische Erfindungen und Einrichtungen. Auf einem Obelisken bei seinem Grab sind die drei Leistungen eingemeißelt, die er selbst als sein wichtigstes Erbe bezeichnet hatte: »Autor der amerikanischen Unabhängigkeitserklärung – des Rechts auf Religionsfreiheit in der Verfassung von Virginia – Vater der Universität von Virginia« (Visitor Center, Thomas Jefferson Pkwy, Tel. 434-984-9822, www.monticello.org, tgl. 9–19 Uhr, letzte Tour beginnt um 18.10 Uhr, Erw. 20 $, Kinder bis 11 J. 8 $).

Ash Lawn ▶ 1, E 3

Ash Lawn, nur 2 Meilen südlich von Monticello, hieß früher Highland und war 20 Jahre lang Wohnsitz der **Familie Monroe.** James Monroe, enger Freund und Bewunderer von Jefferson, war wie dieser zunächst Botschafter in Frankreich und dann Präsident der USA. Die von ihm 1823 verkündete **Monroe-Doktrin** postulierte den Anspruch der Staaten des amerikanischen Kontinents, ihre Angelegenheiten ohne Einflussnahme durch die europäischen Kolonialmächte zu regeln (1000 James Monroe Pkwy, Tel. 434-293-8000, www.ashlawnhighland.org, wechselne Öffnungszeiten s. Webseite, Erw. 10 $, Kinder bis 11 J. 5 $)

Infos

Charlottesville-Albemarle County Convention & Visitors Bureau: 610 E. Main St., Tel. 434-293-6789, www.visitcharlottesville.org, Mo–Sa 10–17 Uhr.

Übernachten

Very british ▶ **Silver Thatch Inn:** 3001 Hollymead Dr., Tel. 434-978-4686, www.silverthatch.com. Schönes B & B mit reicher Geschichte, hervorragendem Restaurant und ausgezeichneter Weinkarte. Romantische Zimmer mit kolonialem Dekor, Tea-Room, English Pub und Pool. DZ ab 170 $.

Entspannend ▶ **Clifton Inn:** 1296 Clifton Inn Dr., Tel. 434-971-1800, www.cliftoninn.net. Elegantes B & B in kolonialer Villa mit geräumigen Zimmern. Das Hotel umgibt eine liebevoll angelegte Gartenlandschaft, inklusive Pool. Im Preis inbegriffen sind Frühstück und Afternoon Tea mit Gebäck. DZ ab 170 $.

Modern und preiswert ▶ **Holiday Inn Monticello:** 1200 5th St., Tel. 434-977-5100, www.himonticello.com. Modernes Hotel mit Außenpool, Fitnessraum und hauseigenem Restaurant. Alle Attraktionen von Charlottesville sind nur eine kurze Autofahrt entfernt. DZ ab 63 $.

Camping ▶ **Charlottesville KOA:** 3825 Red Hill Rd., Tel. 434-296-9881, www.charlottesvillekoa.com. In ein Wäldchen eingebetteter Zeltplatz mit Außenpool, Sportplatz und Bi-

Gesamtkunstwerk: Thomas Jeffersons Plantagenvilla »Monticello«

berteich rund 8 Meilen von Monticello und 10 Meilen von Downtown Charlottesville entfernt. Zeltplatz oder Stellplatz für Campmobile ab 30 $, Blockhäuschen ab 50 $.

Essen & Trinken

Französisch ▶ **C & O Restaurant:** 515 E. Water St., Tel. 434-971-7044, www.candorestaurant.com, So–Do 17.30–22, Fr/Sa bis 23 Uhr. Weitläufiges Lokal mit freundlichem Bistro, Patio, Terrasse im Parterre und elegantem Restaurant im ersten Stock. Geboten wird leckere mediterrane Küche mit französischem Schwerpunkt. Die köstlichen Desserts sollten auf keinen Fall verschmäht werden. Hauptgerichte ab 22 $.

Meeresfrüchte ▶ **Blue Light Bar & Grill:** 120 E. Main St., Tel. 434-295-1223, www.bluelightgrill.com, So–Do 17.30–22, Fr/Sa bis 23 Uhr. Modernes Restaurant mit imposanter Austernbar. Die Hauptgerichte sind asiatisch inspiriert. Gut sortiertes internationales Weinangebot. Gerichte 10–22 $.

Indisch ▶ **Milan Indian Cuisine:** 1817 Emmett St., Tel. 434-984-2828, www.milan-indian-cuisine.com, Mo–Fr 11.30–14.30, Sa, So 12–15, So–Do 17–22, Fr/Sa 17–22.30 Uhr. Große Auswahl an sorgfältig zubereiteten indischen Gerichten, von Huhn und Lamm bis zu Meeresfrüchten und vegetarischen Köstlichkeiten, von mild bis *Indian hot*! Gerichte 10–20$.

Traditionshaus ▶ **Michie Tavern:** 683 Thomas Jefferson Pkwy, Tel. 434-977-1234, www.michietavern.com, tgl. 11.30–15 Uhr. Historischer Gasthof aus dem 18. Jh., den man auch im Rahmen von Führungen besichtigen kann. Die Taverne bietet eine rustikale Küche mit einem Lunch-Büfett, das sich an Rezepten aus seiner Entstehungszeit anlehnt. Gerichte 11–17 $.

Abends & Nachts

Musik und Bier ▶ **Miller's Downtown:** 109 W. Main St., Tel. 434-971-85 11, www.millersdowntown.com, tgl. 11.30–2 Uhr. Die Bar überzeugt mit ihrer riesigen Auswahl an Cocktails und Biersorten, der Livemusik am Abend und der gemütlichen Außenterrasse. Der altmodische Drugstore/Diner serviert

Burger, Sandwiches, Fisch und Meeresfrüchte. Gerichte 9–20 $.

Verkehr

Bahn: Amtrak, 810 W. Main St., www.amtrak.com. Stopp der »Crescent«-Linie auf dem Weg von New York nach New Orleans.
Bus: Greyhound, 310 W. Main St., Tel. 434-295-5131, www.greyhound.com.

Fredericksburg ▶ 1, F 2

Beschauliche Straßen mit Kopfsteinpflaster, restaurierte, historische Stadtvillen, Geschäfte, die wie zu kolonialen Zeiten selbstgemachte Seife oder altertümliche Töpfe, Pfannen und andere Haushaltsgeräte anbieten – die Altstadt von Fredericksburg, eines 1728 bei einer Furt über den Rappahannock River gegründeten Marktortes, von dem die Tabak- und Getreideernte der umliegenden Region verschifft wurde, umfasst 40 Straßenzüge. Auf der Ferry Farm am gegenüberliegenden Flussufer wuchs der jugendliche George Washington auf. James Monroe, der fünfte Präsident der USA, praktizierte einige Jahre als Rechtsanwalt im Städtchen, bevor er mit der Kandidatur zum Senat seine politische Karriere begann.

In der von Charles Washington gegründeten Golden Eagle Tavern, die später **Rising Sun Tavern** hieß, debattierten schon dessen älterer Bruder George mit Patrick Henry, Thomas Jefferson und den Lees aus Virginia bei einem guten Glas Madeira oder einigen Bechern Ale über Politik und Landwirtschaft (1306 Caroline St., Tel. 540-373-1776, www.apva.org, März–Okt. Mo–Sa 10–17, So 12–16 Uhr, sonst 1 Std. kürzer, Erw. 5 $, Kinder unter 18 J. 2 $).

Im **Apothekerladen** von Dr. Hugh Mercer, einem ausgewanderten schottischen Revolutionär und späteren General in der Armee von George Washington, trafen sie sich zuweilen am nächsten Tag wieder. Regale, Flaschen und Tiegel zum Aufbewahren und Mischen der Medikamente stehen noch an derselben Stelle wie vor über 200 Jahren. Folterwerkzeugen gleich erscheinen die Apparaturen, mit denen Dr. Mercer einst Zähne zog oder gebrochene Knochen richtete (1020 Caroline St., Tel. 540-373-3362, www.apva.org, März–Okt. Mo–Sa 9–16, So 12–16, Nov.–Febr. Mo–Sa 10–15, So 12–16 Uhr, Erw. 5 $).

Gegen Ende des 18. Jh. gehörte dem jungen Rechtsanwalt James Monroe einige Jahre ein Haus in Fredericksburg. Heute ist in ihm die **James Monroe Museum and Library** untergebracht, mit umfangreichen Dokumenten aus der Karriere des späteren US-Präsidenten. Die Louis-XVI-Möbel stammen aus der Zeit, als er in Frankreich die USA als Botschafter vertrat (908 Charles St., Tel. 540-654-1043, www.umw.edu/jmmu, März–Nov. Mo–Sa 10–17, So 13–17, Dez.–Febr. 9–16 Uhr, Erw. 5 $).

Insgesamt 16 Schlachtfelder des Bürgerkriegs im **Fredericksburg Spotsylvania National Military Park** erzählen von der blutigsten Epoche in der Geschichte der Stadt. Mehr als 100 000 Soldaten, zwei Drittel aus der Armee der Nordstaaten, verloren bei den Kämpfen von Fredericksburg, Chancellorsville, Spotsylvania Court House und The Wilderness ihr Leben (1013 Lafayette Blvd., Tel. 540-373-6122, www.nps.gov/frsp, von Sonnenauf- bis -untergang, Eintritt frei).

Infos

Fredericksburg Visitor Center: 706 Caroline St., Tel. 540-373-1776, www.visitfred.com, Sommer 9–19, sonst bis 17 Uhr.

Übernachten

In altem Herrenhaus ▶ **Kenmore Inn:** 1200 Princess Anne St., Tel. 540-371-7622, www.kenmoreinn.com. Das B & B in einem Haus aus dem 18. Jh. gehörte einst dem Schwager von George Washington. DZ ab 155 $.
Zentral ▶ **Best Western Central Plaza:** 3000 Plank Rd., Tel. 540-786-7404, www.bestwestern.com. Nahe der Altstadt und gegenüber vom Central Park gelegenes, preiswertes Hotel mit sauberen und komfortablen Zimmern. DZ ab 65 $.

Essen & Trinken

Klein und fein ▶ **Bistro Bethem:** 309 William St., Tel. 540-371-9999, www.bistrobet

Thomas Jefferson – Philosoph, Plantagenbesitzer, Politiker

Er war Jurist, Philosoph, Architekt, Plantagenbesitzer, Erfinder, Schriftsteller und Politiker. Er gehörte zu den Mitgliedern des amerikanischen Kolonialkongresses, war Gouverneur von Virginia, Botschafter am französischen Hof, Außenminister und dritter Präsident der USA.

In seiner Tischrede bei einer Versammlung amerikanischer Nobelpreisträger, die zu Beginn der 1960er-Jahre zum Dinner ins Weiße Haus geladen waren, hob der damalige Präsident John F. Kennedy hervor, dass an diesem Ort keine so eindrucksvolle Versammlung menschlicher Begabungen mehr zusammengekommen sei, seitdem Jefferson dort allein sein Abendessen verspeist habe. In der Tat, der am 13. April 1743 auf dem Gut Shadwell bei Charlottesville geborene Sohn des Landvermessers und Pflanzers Peter Jefferson konnte auf so ungewöhnlich vielen Gebieten Talent und Meisterschaft entfalten, dass sein Lebenswerk ihn weit über das seiner Zeitgenossen und Nachfolger erhob.

Eine von Jefferson 1774 veröffentlichte Streitschrift erregte wegen ihrer klugen Attacken auf die Autorität des britischen Parlaments und der klaren Begründung der Rechte der Kolonisten weithin Aufsehen. Der 33-jährige Abgeordnete wurde bald darauf vom Nationalkongress der nordamerikanischen Kolonien beauftragt, einen Entwurf für eine Unabhängigkeitserklärung zu verfassen. Bereits nach etwas mehr als zwei Wochen lag dem Kongress ein Dokument vor, das mit großer Mehrheit angenommen wurde; gestrichen wurde allerdings eine Passage, die sich gegen den Sklavenhandel aussprach.

Aufbauend auf den Ideen der Aufklärung, entwickelt Jefferson die Prinzipien des neuen politischen Systems: »Folgende Wahrheiten halten wir als selbstverständlich: dass alle Menschen gleich geschaffen sind; dass sie von ihrem Schöpfer mit gewissen unveräußerlichen Rechten ausgestattet sind; dass dazu Leben, Freiheit und das Streben nach Glück gehören; dass zur Sicherung dieser Rechte Regierungen unter Menschen eingesetzt werden, die ihre rechtmäßige Macht aus der Zustimmung der Regierten herleiten; dass, wann immer eine Regierungsform sich als diesen Zielen abträglich erweist, es das Recht des Volkes ist, sie zu ändern oder abzuschaffen und eine neue Regierung einzusetzen.«

Auch mit seinen Gesetzentwürfen für den Bundesstaat Virginia zeigte sich Jefferson als Verfechter der Aufklärung, das Reformgesetz über die Religionsfreiheit schloss die Trennung von Staat und Kirche ein, eine Landreform enteignete die britischen Großgrundbesitzer und brach deren wirtschaftlichen Einfluss auf die ehemalige Kolonie, der Entwurf eines dreistufigen Bildungssystems und die unter dem Titel »Verhältnis von Verbrechen und Strafe« zusammengefassten Gedanken zur Neuordnung des Strafrechts waren ihrer Zeit weit voraus.

Die Aufgabe, die außenpolitische Isolierung der USA zu überwinden, führte Jefferson 1784 in der Nachfolge von Benjamin Franklin fünf Jahre als Botschafter an den französischen Hof. Reste römischer Bauten wie die Maison Carrée in Nîmes und der antikisierende Baustil von Andrea Palladio in Norditalien inspirierten Jefferson zum Entwurf des Kapitols in Richmond und vieler anderer öffentlicher und privater Gebäude nicht nur in Virginia.

Im Jahr der Französischen Revolution von George Washington als Außenminister zurück-

Wirkungsstätte eines klugen Staatsmannes: Jeffersons Domizil »Monticello«

gerufen, begab sich Jefferson wieder in die heimatliche politische Arena. 1801 wurde er zum Präsidenten der USA gewählt. Seine Regierungszeit bis 1809 war von dem Bemühen geprägt, den Staat und seine Entwicklung zu stabilisieren – keine leichte Aufgabe, während sich die Ereignisse in Europa überstürzten. Der gekonnt inszenierte Schachzug, das riesige Louisiana-Territorium westlich des Mississippi von Frankreich zu kaufen, verdoppelte das Staatsgebiet der USA nahezu und ließ zudem spätere Großmachtambitionen erahnen.

Nach dem Ende seiner Amtszeit zog sich Jefferson aus der aktiven Politik zurück, beschränkte sich auf die Korrespondenz mit seinen Nachfolgern und anderen Zeitgenossen, fungierte als Vorsitzender der Amerikanischen Philosophischen Gesellschaft, verfasste ein Grundlagenwerk zur Grammatik, entwarf die Pläne für seine Villa Monticello und weitere Gebäude wie die der 1819 gegründeten Universität in Charlottesville. Gleichzeitig bemühte er sich mit nur mäßigem Erfolg um die wirtschaftliche Leitung seiner mit Hilfe von 150 Sklaven bewirtschafteten Plantage. Mit seiner ›Haussklavin‹ Sally Hemmings hatte er mehrere inoffizielle Kinder.

Im Frühjahr 1826 verschlechterte sich der Gesundheitszustand von Jefferson. Dem Bürgermeister von New York, der ihn zu den Jubiläumsfeierlichkeiten der Unabhängigskeitserklärung eingeladen hatte, schrieb er in seinem Absagebrief: »Die allgemeine Verbreitung des Lichts des Wissens hat bereits jedem die unbestreitbare Wahrheit offenbart, dass die Menschen nicht mit Sätteln auf ihrem Rücken geboren werden, dass keine Auserwählten geboren werden, mit Stiefeln und Sporen angetan, bereit, erstere durch das Gesetz von Gottes Gnaden in ihre Gewalt zu bekommen.« Jefferson starb im Alter von 83 Jahren am 4. Juli 1826, dem 50. Jahrestag der von ihm verfassten Unabhängigkeitserklärung.

hem.com, Di–Sa 11.30–14.30 u. 17–22, So bis 21 Uhr, Mo geschl. Saisonal wechselnde, moderne amerikanische Küche mit südlichem Flair. Das Restaurant ist liebevoll gestaltet, das Personal herzlich und professionell, das Essen rundherum lecker und die Weinkarte vorzüglich. Gerichte 7–28 $.

Einkaufen

Antiquitäten ▶ **Old Town:** Wer nach Antiquitäten Ausschau hält, könnte im historischen Zentrum mit rund 120 Geschäften fündig werden.

Verkehr

Bahn: Amtrak, 200 Lafayette Blvd. Die Züge des »Silver Service« halten auf dem Weg von New York nach Miami in Fredericksburg.

Nahverkehr: Die Vorortzüge des Virginia Railway Express verkehren regelmäßig zwischen Fredericksburg und Washington D. C., www.vre.org.

Richmond ▶ 1, F 3/4

Wildwasserkajaks bahnen sich ihren Weg durch die Stromschnellen des schäumenden und sprudelnden James River, vorbei an der Flussinsel Belle Isle, an den restaurierten Überresten der Metallfabrik Tredegar Ironworks, die einst half, die Südstaatenarmee mit Kanonen zu versorgen, an der modernen Skyline von Richmond entlang. Die dynamische Metropole mit 200 000 Einwohnern innerhalb der Stadtgrenzen und mehr als 1 Mio. im Einzugsbereich ist ein bedeutender Standort für die Elektronikindustrie. Die Stadt hat alte Wohn- und Gewerbeviertel wie Church Hill, den Fan District, Shockhoe Slip, Shockhoe Bottom oder Jackson Ward restauriert und mit Leben erfüllt. Wo einst verfallene Fabriken an bessere Zeiten erinnerten, füllen sich inzwischen abends Restaurants und Musikclubs.

Die Hauptstadt des Bundesstaates Virginia ist trotz umfangreicher Kolonial- und Bürgerkriegsbiografie nicht in ihrer Geschichte erstarrt. Bereits 1737 gründete William Byrd II. auf Beschluss des Parlaments der Kolonie, dem House of Burgesses, die Stadt am Nordufer des James River. Während des Krieges gegen die englische Kolonialmacht wurde Virginias Regierungssitz dann von Williamsburg nach Richmond verlegt.

Zur Zeit des Bürgerkriegs rannten die Unionstruppen immer wieder gegen Richmond an. So ist die ehemalige Hauptstadt der Konföderation von mehreren Schlachtfeldern umgeben.

Bürgerkriegsmuseen und Gedenkstätten

Beim **Chimborazo General Hospital,** einst das größte Kriegslazarett von Virginia, sowie bei Cold Harbor, wo im Juni 1864 7000 Soldaten in einem 30-minütigen Gefecht ihr Leben verloren, geben Besucherzentren Einblicke in die Kriegsstrategien von Nord- und Südstaaten, aber auch in persönliche Schicksale (National Battlefield Park, 3215 E. Broad St./33th St., Tel. 804-226-1981, www.nps.gov/rich, tgl. 9–17 Uhr).

Ansichten ausgebrannter Ruinen kann man heute allenfalls noch im ausgezeichnet geführten **Museum of the Confederacy** mit einer reichen Sammlung von Bürgerkriegsmemorabilia betrachten. Das angrenzende **White House of the Confederacy** mit der Wohnung und den Arbeitsräumen des Präsidenten Jefferson Davis wurde detailgetreu restauriert (1201 E. Clay St., Tel. 804-649-1861, www.moc.org, Mo–Sa 10–17, So 12–17 Uhr, Erw. 9 $, Kinder bis 13 J. 5 $).

Auf dem Gelände der ehemaligen Kanonenfabrik ist inzwischen das **American Civil War Center** eingezogen, das mit Dokumenten, Fotos, Filmen und interaktiver Technik den Bürgerkrieg aus drei Blickwinkeln schildert: dem der Union, der Konföderation und der afroamerikanischen Sklaven (500 Tredegar St., Tel. 804-780-1865, www.tredegar.org, tgl. 9–17 Uhr, Erw. 8 $).

Denkmäler von Südstaaten-»Kriegshelden« wie das Reiterstandbild von General Lee, Statuen des Präsidenten Jefferson Da-

Die Lobby des Jefferson Hotels

vis, der Generäle »Stonewall« Jackson und J. E. B. Stuart sowie von Matthew Maury, der während des Bürgerkriegs den Torpedo entwickelte, schmücken den breiten Prachtboulevard der **Monument Avenue,** der von sehr schönen Stadtvillen gesäumt wird. Ein Denkmal des aus Richmond stammenden und an Aids verstorbenen schwarzen Tennisstars Arthur Ashe gibt der monumentalen Straße eine zivile Note.

State Capitol und Umgebung

Gemeinsam mit dem französischen Architekten Charles-Louis Clérisseau und angeregt von der römischen Maison Carrée im südfranzösischen Nîmes entwarf Thomas Jefferson das **State Capitol,** den Sitz des Parlaments von Virginia. Der klassizistische Kuppelbau mit korinthischen Säulen diente einer ganzen Generation repräsentativer Parlamentsgebäude in den USA als Vorbild. Der französische Bildhauer Jean-Antoine Houdon schuf die eindrucksvolle lebensgroße Statue von George Washington in der Rotunde, die einzige, für die er je Modell gestanden hat. Aus Wandnischen blicken die Büsten der sieben anderen US-Präsidenten aus Virginia auf ihren Vorgänger (9th St./ Grace St., Tel. 804-698-1788, www.virginiacapitol.gov, Führungen Mo–Sa 9–16, So 13–16 Uhr, Eintritt frei).

Südlich des Kapitols beginnt der markierte Spazierweg des **Canal Walk,** der an historischen Häusern und Orten vorbei bis zu den Schleusen des **Kanawah Canal** führt. Dieser half einst Lastkähnen, die zuvor unüberwindlichen Stromschnellen des James River bei Richmond zu umgehen.

Edgar Allen Poe Museum

Edgar Allan Poe hielt sich die längste Zeit seines kurzen Lebens (1809–49) in Richmond auf. In der Redaktion des Southern Literary Messenger war er berühmt für seine glänzenden Literaturkritiken und berüchtigt für seinen exzessiven Alkoholkonsum. Das **Edgar Allen Poe Museum** ist in einem der ältesten Gebäude der Stadt, dem Old Stone House, untergebracht, in dem Poe allerdings nie gelebt hat. Der Raven Room wurde mit Illustrationen zu seinem bekanntesten Gedicht geschmückt (1913 E. Main St., Tel. 804-648-5523, www.poemuseum.org, Di–Sa 10–17, So 11–17 Uhr, Erw. 6 $; Studenten 5 $).

Virginia Museum of Fine Arts

Nicht nur wegen der Sammlung von Fabergé-Objekten, darunter fünf der berühmten juwelenbesetzten »Eier«, ist das **Virginia Museum of Fine Arts** im Fan District einen Besuch wert. In den lichten Räumen finden eine bemerkenswerte Sammlung fernöstlicher Kunst, aber auch Werke europäischer Impressionisten sowie die provokanten Alltagsplastiken aus farbigem Wachs von Duane Hanson Platz, die wegen ihres lebensechten Aussehens von Museumsbesuchern des Öfteren mit anderen Gästen verwechselt werden (200 N. Boulevard, Tel. 804-340-1400, www.vmfa.state.va.us, Sa–Mi 10–17, Do–Fr 10–21 Uhr).

Infos

Richmond Metropolitan Convention & Visitors Bureau: 401 N. Third St., Tel. 804-783-7450, www.visitrichmondva.com, tgl. 9–17, im Sommer bis 18 Uhr.

Übernachten

Traditionsherberge ▶ **The Jefferson Hotel:** 101 W. Franklin St., Tel. 804-788-8000, www.jeffersonhotel.com. Flaggschiff der Hotellerie im Stil der Jahrhundertwende mit illustrer Gästeliste und Spitzenrestaurant. Imposante Eingangshalle und klassisch elegante Zimmer, dazu luxuriöser Spa-Bereich sowie ein Massage- und Schönheitssalon. DZ ab 239 $.

Mittendrin ▶ **Museum District Bed & Breakfast:** 2811 Grove Ave., Tel. 804-359-2332, www.museumdistrictbb.com. Schöne Villa mit drei elegant eingerichteten Zimmern in unmittelbarer Nähe zum Museum of Fine Arts, der Monument Avenue sowie vielen Restaurants und Musikkneipen. DZ ab 120 $.

Charmantes Stadthotel ▶ **Linden Row Inn:** 100 E. Franklin St., Tel. 804-783-7000, www.lindenrowinn.com. In Downtown Richmond gelegenes Boutique-Hotel in einer renovierten Villa mit Nebengebäuden. Das Hotel verfügt über mit Liebe zum Detail gestaltete helle Zimmer, einen lauschigen Hof mit Springbrunnen und ein ausgezeichnetes Restaurant. DZ ab 100 $.

Zentral und günstig ▶ **Massad House Hotel:** 11 N. 4th St., Tel. 804-648-2893, www.massadhousehotel.com. Sympathisches Hotel im zentralen Bankenviertel mit sauberen Zimmern und gutem Preis-Leistungs-Verhältnis. DZ ab 80 $.

Essen & Trinken

Fleischlos glücklich ▶ **Impanema Café:** 917 W. Grace St., Tel. 804-213 0190, www.ipanemaveg.com, Mo–Fr 11–17.30 u. tgl. 17.30–23 Uhr. Veganisch-vegetarisches Restaurant, das selbst unbeugsame Karnivoren überzeugt. Sehr lecker ist z. B. das rote Kokosnuss-Curry mit Mango, Cashewnüssen, geschmortem Grüngemüse, Mungobohnen und Reis, eigene Bäckerei mit fantastischen Kuchen und Torten. Gerichte 14–18 $.

Allseits beliebt ▶ **Millie's Diner:** 2603 E. Main St., Tel. 804-643-5512, http://milliesdiner.com, Di–Fr 11–14.30 u. 17.30–22.30, Sa 10–15, 17.30–22.30, So 9–15, 17.30–21.30 Uhr, Mo geschl. Gemütliches Restaurant in einem kleinem Backsteinbau, das sich mit seiner delikaten Küche und der internationalen Wein-und Bierkarte einen Namen gemacht hat. Musik kommt aus der nostalgischen Jukebox. Gerichte 12–31 $.

Japanisch ▶ **Moshi Moshi:** 3321 W. Cary St., Tel. 804-359-1151, www.moshimoshirva.com, Mo–Do 11.30–14.30 u. 17.30–22, Fr bis 23, Sa 12–23, So 16–21 Uhr. Kleines Restaurant in Carytown, das neben gutem Sushi und anderen Hauptspeisen auch sehr leckere u. kreative Salate zubereitet. Gerichte 9–28 $.

In der Trust Company ▶ **Bank and Vault:** 1005 E. Main St.,Tel. 804-648-3070, www.bankandvault.com, Mo–Fr 11–14 u. 17–22, Sa ab 17 Uhr, So geschl. Modernes Restaurant, das im imposanten Gebäude einer ehemaligen Treuhandgesellschaft untergebracht ist. Die Steaks sind fantastisch. Gerichte 6–25 $.

Spaghetti und mehr ▶ **Joe's Inn:** 205 N. Shields Ave., Tel. 804-355-2282, www.joesinn.com, Mo–Do 9–24, Fr/Sa 8–2, So 8–24 Uhr. Italienisches Restaurant mit gewaltigen Portionen. Das seit 20 Jahren gut besuchte Lokal serviert leckere Pastagerichte, Salate und Suppen. Gerichte 9–16 $.

Einkaufen

»A mile of style« ▶ **Carytown:** W. Cary St., am südlichen Ende des Museumsviertels, www.carytown-va.com. Die Shoppingmeile nahe des Fan Disctrict ist bekannt für ihr künstlerisches Flair und umfasst über 300 Geschäfte, Cafés und Firmensitze. Im August zieht das beliebte »Watermelon Festival« zusätzliche Zuschauer an.

Abends & Nachts

Kino ▶ **Byrd Theater:** 2908 W. Cary St., Tel. 804-353-9911, www.byrdtheatre.com. Die 1928 erbaute Grande Dame der Kinopaläste ist seit Langem denkmalgeschützt, auch wegen ihrer Wurlitzer-Orgel. Diese spielt wie ›zu alten Zeiten‹ Sa vor den Spätvorführungen ein kleines Konzert.

Dinner, Drinks und Zigarren ▶ **Havana 59:** 16 N. 17th St., Tel. 804-780-2822, www.havana59.net, Mo–Sa ab 16.30 Uhr bis spät in der Nacht. Liebhaber kubanischer Genussmittel können sich hier an Gerichten der Cocina Cubana und Inselcocktails wie dem »Original Mojito« oder »Havana Hurricane« erfreuen, werden aber auch das Angebot der legalen Zigarren, z. B. der lokal beliebten »Shockoe Valley Robusto« zu schätzen wissen. Gerichte 9–25 $, Zigarren 10–25 $.

Jazz ▶ **Bogart's:** 1903 W. Cary St., Tel. 804-353-9280, www.bogartsinthefan.com, tgl. 11.30–1 Uhr. Gemütliche Bar im Fan District, mit Lunch- und Dinner-Menü. Ab 21 Uhr wird an fast jedem Abend Live-Jazz geboten. Gerichte 9–20 $.

Aktiv

... in Doswell (ca. 20 Meilen nördl. von Richmond):

Freizeitpark ▶ **Kings Dominion:** 16000 Theme Pkwy, Tel. 804-876-5000, www.kings

dominion.com, wechselnde Öffnungszeiten, s. Webseite. Großer Vergnügungspark mit diversen Achterbahnen, einem Wasserpark, Live-Shows und vielem mehr. Eintritt 59 $, Kinder 37 $.

Termine

Festival of Arts: Juni bis Aug. Seit 1956 werden im Dogwood Dell Amphitheater des Byrd Park Kunstausstellungen, Theater, Tanz und Konzerte der unterschiedlichsten Richtungen geboten. Auf der Ha'Penny-Bühne finden an So nachmittagen zudem Kinderprogramme mit Theater, Musik, Jonglieren und vielem mehr statt, Byrd Park, 6000 S. Blvd., Tel. 804-646-1437, www.richmondgov.com/parks.
Watermelon Festival: Aug. Beliebtes Sommerfest auf der Shoppingmeile Carytown mit viel Musik und kulinarischen Angeboten.

Verkehr

Flug: Richmond International Airport (RIC), 1 Richard E. Byrd Terminal Dr., Tel. 804-226-3000, www.flyrichmond.com. Diverse Flugverbindungen in die USA und nach Kanada.
Bahn: Amtrak, 7519 Staples Mill Road, Tel. 804-646-6246, www.amtrak.com. Stopp der »Palmetto«-Linie auf dem Weg von New York nach Miami.
Bus: Greyhound, 2910 N. Blvd., Tel. 804-254-5910, www.greyhound.com.
Nahverkehr: Greater Richmond Transit Co., Tel. 804-358-4782, www.ridegrtc.com. Diverse Buslinien innerhalb der Stadt und im Henrico County.

Umgebung von Richmond

Petersburg ► 1, F 4

Insgesamt zehn Monate kämpften die Generäle Lee und Grant mit ihren Armeen um den Straßen- und Eisenbahnknotenpunkt Petersburg, 23 Meilen südlich von Richmond. Die längste Belagerung des Bürgerkriegs kostete 42 000 Nordstaatlern und 28 000 konföderierten Soldaten das Leben. Das **National Battlefield** von Petersburg zeigt die Schrecken der Belagerung (Visitor Center, Tel. 804-732-3531, www.nps.gov/pete, tgl. 9–17 Uhr, 5 $/Pkw, 3$/Pers.).

Am Rande des mit 30 000 Gräbern größten Soldatenfriedhofs von Petersburg steht die kleine **Old Blandford-Church,** die noch in kolonialen Zeiten errichtet wurde. Die 15 farbigen Buntglasfenster, die aus der Werkstatt von Louis Comfort Tiffany stammen, wurden erst später eingesetzt (111 Rochelle Ln., Tel. 804-733-2396, Mo–Sa 10–16, So 12–16 Uhr, Erw. 5$, Kinder 4 $).

Infos

Petersburg Visitor Center: 19 Bollingbrook St., Tel. 804-733-2400, www.petersburg-va.org/tourism/visitors.htm, Mo–Sa 9–16, So 13–17 Uhr.

Übernachten

In Antebellum-Villa ► **Walker House:** 3280 S. Crater Road, Tel. 804-861-5822, www.walker-house.com, Mi–So 11–20.30 Uhr. Schönes B & B in alter Villa mit umliegenden Gärten und geräumigen, aufwendig möblierten Zimmern, alle mit privatem Bad und Blick auf die Natur, einige mit Kamin oder Whirlpool. Die Terrassen und der Wintergarten laden zum Entpannen ein. DZ ab 100 $.

Essen & Trinken

Legendär ► **King's Famous Barbeque:** 2910 S. Crater Rd., Tel. 804-732-0975, www.kingsfamousbarbecue.com, Mo/Di geschl. Seit drei Generationen werden hier langsam gebrutzelte und geräucherte BBQ-Gerichte vom Schwein, Rind und Hühnchen serviert. Dazu gibt es die hausgemachte, legendäre »King's BBQ-Sauce«. Gerichte 8–15 $.

Buchten und Küsten im Osten

Chesapeake Bay ► 1, G/H 1–4

Für Geografen ist die Chesapeake Bay eine verzweigte Meeresbucht, die sich mit einer Breite zwischen 3 und 25 Meilen fast 200 Meilen ins Landesinnere erstreckt, die von drei Dutzend Flüssen und einigen Hundert

Die Chesapeake Bay: Die Ruhe täuscht – Abertausende von Zugvögeln rasten hier

Bächen gespeist wird und eine durchschnittliche Tiefe von nur 6 m aufweist.

Für Biologen ist das flache, vom Wechsel der Gezeiten geprägte Gemisch von Salz- und Süßwasser eine der wichtigsten, wenngleich gefährdeten Kinderstuben für viele Fisch- und Muschelarten an der amerikanischen Atlantikküste. Für Hunderttausende von Kanada-Gänsen, Tundraschwänen und anderen Zugvögeln, die sommers wie winters zwischen dem Nordosten der USA und Kanada sowie der warmen Karibik pendeln, ist die Bucht ein bevorzugter Rastplatz auf dem Weg nach Süden.

Für die Städter, die im Einzugsbereich der Chesapeake Bay wohnen, sind das Gewässer und seine Küstenlinie mit ausgedehnten Marschen und Strandbuchten vor allem ein wunderschönes Erholungsgebiet unmittelbar vor der Haustür. Rund 15 Mio. Menschen in Pennsylvania, Maryland, Delaware, Virginia und Washington D. C. leben an Wasserläufen, die der Bucht zustreben. Abwässer aus deren Haushalten und der Industrie gefährden jedoch die Lebensbedingungen für Tiere und Pflanzen, starke Überfischung hat den einst unerschöpflich scheinenden Bestand an Barschen, Heringen und Flundern drastisch reduziert. Private Initiativen und öffentliche Programme bemühen sich seit Jahren mit wechselndem Erfolg, die Umweltschäden zu reduzieren und das gefährdete ökologische Gleichgewicht der Bucht wieder zu stabilisieren.

Urlauber, die mit ihren Jachten das weite Gewässer vor allem im Sommer bevölkern, können den Kampf um die Lebensbedingungen in der Bucht nur erahnen. Die Flussmündungen und Buchten, die Inseln und Häfen gelten zu Recht als herrliches Segelrevier und als die der schönsten an der Ostküste. Auf den Speisekarten der zahlreichen Fischrestaurants sind leckere Streifenbarsche ebenso zu finden wie köstliche *crab cakes* mit Orangen-Tartar-Sauce oder die fleischigen Austern aus der Bay, die roh *on the half shell,* gedünstet oder gebacken serviert werden.

In der Bucht wurden in den letzten 100 Jahren mehr Austern gezüchtet oder gefangen als an jedem anderen Ort der Welt. Lange

Tipp: Chincoteague Ponys

Die berühmtesten Einwohner von **Assateague** ▶ 1, J 2/3, einer lang gestreckten Insel vor der Küste von Delmarva, sind wilde Ponys. Zum Höhepunkt des **Chincoteague Fireman's Carnival** werden alljährlich am letzten Mittwoch im Juli die frei lebenden Ponys von Assateague durch die Meeresfurt des Assateague Channel auf die Nachbarinsel **Chincoteague** getrieben. Einer Überlieferung zufolge sollen die Tiere von zurückgelassenen Pferden spanischer Konquistadoren abstammen, wahrscheinlich sind die Tiere jedoch Nachkommen von Herden virginischer Steuerflüchtlinge aus dem 17. Jh., die ihre Reittiere auf Assateague weiden ließen, um den Abgaben in Virginia zu entgehen. Das erste Fohlen, das nach Durchschwimmen des Assateague Channel das Ufer von Chincoteague erreicht, wird verschenkt, die übrigen kommen bei einer **Versteigerung** der freiwilligen Feuerwehr zugute. Freitags geht es für die nicht verkauften Pferde dann zurück auf ihre Heimatinsel. Der spektakuläre Zug der etwa 150 Wildpferde wird alljährlich von einigen Tausend Schaulustigen beobachtet.

war das Austernfischen nur mit Skipjack-Booten erlaubt, die man an ihren typischen Dreieckssegeln erkennt. Einige dieser historischen Fischkutter schwimmen noch als Freizeitboote auf den Gewässern der Bay.

Engländer gründeten 1607 mit Jamestown am südlichen Ende der Chesapeake Bay die erste europäische Niederlassung in der Region. Ein Jahr später erkundete der englische Kapitän John Smith, der später als Liebhaber der schönen Häuptlingstochter Pocahontas in die (Zeichentrickfilm-)Geschichte eingehen sollte, die riesige Bucht mit all ihren Zuflüssen und fertigte eine erstaunlich genaue Karte an. Kurz darauf ließen sich Siedler an den geschützten Wasserarmen nieder. Während des Unabhängigkeitskampfes und im Krieg von 1812 zwischen Großbritannien und den jungen USA war die Zufahrt in die Bay umkämpft.

Delmarva-Halbinsel ▶ 1, H/J 1–4

Die lang gestreckte Delmarva-Halbinsel (Abkürzung aus Delaware, Maryland und Virginia) schirmt die Bucht zum Atlantischen Ozean ab. Von der südlichen Landzunge bei Cape Charles führt der Chesapeake-Bay-Bridge-Tunnel 23 Meilen unter und über dem Wasser bis nach Norfolk. Entlang der Atlantikküste oder in den Marschenbuchten kann man schwimmen, mit dem Kanu fahren, Adler und Wasservögel beobachten, angeln oder segeln. In den Restaurants am Wasser oder bei einem der vielen Seafood-Festivals wird die dann notwendige Stärkung mit einer köstlich gedämpften *blue crab,* mit gebackenen Taschenkrebsen oder anderen Spezialitäten der Chesapeake Bay zum Genuss.

Hier tummeln sich trotz ernster Umweltprobleme viele Fische und gedeihen die fleischigen Virginia-Austern. Köstlich schmecken die frisch gepflückten Eastern-Shore-Erdbeeren, die man im Sommer an Straßenständen kaufen kann.

Chincoteague ▶ 1, H 3

Die 7,5 Meilen lange und bis zu 1,5 Meilen breite Insel vor der Küste der Eastern Shore ist durch eine Brückenstraße mit dem Festland verbunden. Noch vorgelagert ist das lang gezogene Assateague Island, das sich weit ins nördliche Maryland zieht. Assateague steht als National Seashore komplett unter Naturschutz. Neben dem Tourismus gehören Fang und Verarbeitung von Austern, Muscheln und Krebsen zu den Stützen der Ökonomie der gut 4000 Insulaner.

Infos

Chincoteague Chamber of Commerce: 6733 Maddox Blvd., Tel. 757-336-6161, http://chincoteaguechamber.com, Mo–Sa 9–16.30 Uhr.

Übernachten

Im Himmelbett ▶ Channel Bass Inn: 6228 Church St., Tel. 757 336 6148, www.channelbassinn.com. B & B in restaurierter Villa von 1870, es gibt ein opulentes Frühstück und Afternoon Tea. DZ ab 130 $.

Country-Herberge ▶ Refuge Inn: 7058 Maddox Blvd., Tel. 757-336-5511, www.refuginn.com. Nettes Hotel mit Pool und Terrassen. DZ ab 90 $.
Gemütlich ▶ The Lighthouse Inn: 4218 Main St., Tel. 757-336-3383, www.mylighthouseinn.com. Familienbetriebenes Hotel in Downtown Chincoteague. Die Zimmer sind sauber und freundlich eingerichtet, das Hotel verfügt über einen Außenpool und zwei Whirlpools. DZ ab 60 $.
Camping ▶ Maddox Familiy Campground: 6742 Maddox Blvd., Tel. 757-336-3111. Ordentlicher, sauberer Campingplatz ohne besonderen Luxus. Stellplätze ab 40 $.

Essen & Trinken

Fisch mit Musik ▶ AJ's on the Creek: 6585 Maddox Blvd., Tel. 757-336-5888, www.ajsonthecreek.com, Sommer Mo–Sa 11.30–21, sonst Lunch bis 14 u. Dinner 17–21 Uhr. Restaurant mit Terrasse an einem Bach. Speisekarte mit Pasta, Fisch und Fleisch, Livemusik am Wochenende. Gerichte 6–30 $.

Termine

Chincoteague Seafood Festival: Anfang Mai. Dutzende von Ständen mit frisch zubereiteten Muscheln, Austern, Krebsen und Fisch, Tom's Cove Park, 8128 Beebe Rd., Chincoteague Island, http://chincoteaguechamber.com.
Pony Swim/Chincoteague Fireman's Carnival: Ende Juli. http://chincoteaguechamber.com. Seit über 80 Jahren werden die Ponys von Assateague Island durch die Furt nach Chincoteague getrieben, wo die überschüssigen Tiere versteigert werden.

Wallops Island ▶ 1, H 3

Nur 5 Meilen südwestlich von Chincoteague, auf **Wallops Island,** unterhält die NASA eine Raketenabschussanlage, von der jedoch nur kleinere Raketen gestartet werden, die sich mit Klimaforschung oder der Entwicklung treibstoffsparender Technologien beschäftigt. Das **NASA Visitor Center** erklärt die Aufgaben der NASA und erläutert die speziellen Aufgaben der Wallops Flight Facility (Tel. 757-824-1344, http://sites.wff.nasa.gov/WVC, Juli–Aug., tgl. 10–16, Sept.–Juni Do–Mo 10–17, So 12–16, Dez.–Febr. Mo–Fr 10–16 Uhr, Eintritt frei).

Tidewater Virginia

Die Bezeichnung Tidewater für den Osten von Virginia deutet auf den Tidenhub des Atlantiks hin, der sich bis in die Chesapeake Bay und die weiten Mündungen der Flüsse bemerkbar macht. Die Tabakplantagen früherer Jahre sind inzwischen meist Weizen- und Maisfeldern gewichen. Auf nicht wenigen Feldern werden Rohstoffe für Biotreibstoff produziert.

George Washington's Birthplace ▶ 1, G 3

Auf der **Pope Creek Plantation** südlich des Potomac River, ein im Marchland am südlichen Flussufer gelegenes Anwesen, gebar Mary Ball, Ehefrau des Tabakpflanzers Augustine Washington am 22. Februar 1732, einen Sohn, den sie George nannten. Das wiederaufgebaute Geburtshaus des ersten Präsidenten der Vereinigten Staaten im **George Washington's Birthplace National Monument** wird im Sommer von kostümierten Darstellern bevölkert, die dem heutigen Besucher Einblicke in das Landleben vor etwa 280 Jahren bieten (1732 Popes Creek Rd., Tel. 804-224-1732, www.nps.gov/gewa, tgl. 9–17 Uhr, Eintritt frei).

Stratford Hall ▶ 1, G 3

Nicht weit entfernt von der Familie Washington lebte die befreundete Familie Lee in dem herrschaftlichen Anwesen **Stratford Hall.** Thomas Lee, Gründer der Familiendynastie, war zu Beginn des 18. Jh. als Beauftragter des englischen Großgrundbesitzers Lord Fairfax tätig; fünf seiner Söhne spielten prominente Rollen im amerikanischen Unabhängigkeitskampf und in der jungen amerikanischen Republik. Ein Cousin, General »Light Horse« Henry Lee, wurde später zum Gouverneur von Virginia gewählt. Dessen Sohn

Robert Edward Lee erblickte 1807 auf Stratford Hall das Licht der Welt und errang als Oberbefehlshaber der Armee von Nordvirginia Ruhm in den Gefechten des Bürgerkriegs. Die gut restaurierte und von einer Stiftung bewirtschaftete Plantage steht zur Besichtigung offen (483 Great House Rd., nahe der SR 214, Tel. 804-493-8038, www.stratfordhall.org, tgl. 9.30–16 Uhr, Erw. 10 $, Kinder bis 11 J. 5 $).

Mattaponi und Pamunkey Indian Reservation ► 1, G 3

Zwischen den Plantagen am Potomac und denen weiter südlich am James River erstrecken sich weite Soja- und Getreidefelder, aufgelockert durch Waldgebiete. Etwa 130 Nachfahren der 1200 Indianer, die in Virginia die europäische Kolonisation überlebten, wohnen in den beiden 400 ha großen **Reservaten Mattaponi** und **Pamunkey** an den gleichnamigen Flüssen.

3 Historic Triangle

Am Oberlauf des James River, zwischen Richmond und Jamestown, liegen die ältesten Plantagen von Nordamerika. Tabak, erstes bedeutendes Ausfuhrprodukt der Kolonie und verantwortlich für den Reichtum und die Bedeutung von Virginia bis ins 19. Jh., wurde direkt von den Anlegestellen der Plantagen am Flussufer auf seegängige Schiffe umgeschlagen – ein Umstand, der das nur langsame Entstehen bedeutender Häfen in Virginia erklärt. Obwohl schon 1619 das erste holländische Handelsschiff mit westafrikanischen Sklaven Virginia erreichte, setzte sich die Sklavenwirtschaft auf den Tabakplantagen erst einige Jahrzehnte später durch. Zunächst waren die bewirtschafteten Flächen zu klein und die englischen Arbeitskräfte, die sich die Überfahrt in die Neue Welt mit mehrjähriger kostenloser Arbeit verdienen mussten, zu billig.

Die drei Orte **Jamestown, Williamsburg** und **Yorktown,** durch die Panoramastraße des Colonial Parkway miteinander verbunden, verkörpern knapp 175 Jahre britischer Kolonialherrschaft, von ihren Anfängen 1607 bis zur bitteren Niederlage der Truppen von General Cornwallis 1781. Gut 20 Jahre nach dem Scheitern des ersten englischen Versuchs, auf den Outer Banks von North Carolina eine Kolonie zu gründen, riskierten die Eigner der Londoner Virginia Company am Unterlauf des James River einen zweiten Vorstoß. Drei mit 104 Kolonisten überbelegte kleine Schiffe landeten 1607 am Ufer des Flusses. Die Siedler nannten ihre Niederlassung Jamestown (s. S. 165) nach dem englischen König James I.

Charles City ► 1, F 4

Die Region um Charles City war von Anfang an eng mit der amerikanischen Geschichte verbunden. Benjamin Harrison, einer der Unterzeichner der Unabhängigkeitserklärung, und dazu mit William Henry Harrison und John Tyler der neunte und der zehnte US-Präsident sind hier geboren. Mehrere der ältesten Plantagenvillen des Landes stehen am Ufer des James River.

Shirley Plantation ► 1, F 4

Schon 1613, sechs Jahre nachdem mit Jamestown die erste dauerhafte britische Siedlung in Nordamerika errichtet worden war, wurde auch die Shirley Plantation gegründet. Seit 1660 befindet sie sich im Besitz der Familien Hill und Carter. Der heutige zweistöckige Backsteinbau stammt aus dem frühen 18. Jh., ist hervorragend renoviert und vermittelt mit den Nebengebäuden den authentischen Eindruck einer reichen Tabakplantage. Eine aus Walnussholz kunstvoll geschnitzte Innentreppe führt ohne stützende vertikale Balken bis in die zweite Etage (501 Shirley Plantation Rd., www.shirleyplantation.com, tgl. 9.30–16.30 Uhr).

Berkeley Plantation ► 1, F 4

Neben einigen weiteren Plantagensitzen am James River kann auch die Berkeley Plantation der Harrison-Familie, der ein Unterzeichner der »Declaration of Independence« und ein US-Präsident entstammen, besichtigt werden. Der Plantagensitz am James

River stammt aus dem Jahr 1726 (12602 Harrison Landing Rd., SR 5, Tel. 804-829-6018, www.berkeleyplantation.com, Jan. bis Mitte März tgl. 10.30–15.30, Mitte März–Dez., tgl. 9.30–16.30 Uhr, Erw. 11 $, Kinder bis 12 J. 6 $).

Sherwood Forest ▶ 1, F 4

Das imposante, fast 100 m lange Plantagengebäude von Sherwood Forest aus den 1720er-Jahren gelangte Mitte des 19. Jh. in den Besitz der Tyler-Familie. John Tyler, Vizepräsident des benachbarten William Henry Harrison von der Berkeley Plantation wurde nach dessen Tod zum allerdings umstrittenen Präsidenten ernannt. Sherwood Forest befindet sich noch immer in Familienbesitz und ist von einer gestalteten Parkanlage umgeben, in der auch der älteste Ginko-Baum der USA aus dem Jahre 1850 steht (14501 John Tyler Memorial Hwy, Tel. 804-829-5377, www.sherwoodforest.org, tgl. 9–17 Uhr, Eintritt Park Erw. 10 $, Kinder bis 14 J. frei, Tour durchs Haus mit Anmeldung 35 $).

Jamestown ▶ 1, G 4

Ohne Unterstützung durch Indianer hätte die Niederlassung nicht einmal den ersten Winter überlebt, auch so waren von den insgesamt 500 Kolonisten der ersten vier Jahre 1611 gerade noch 60 am Leben. Von den 7300 Menschen, die bis 1624 die Neue Welt erreicht hatten, waren 6000 durch Krankheiten und Kämpfe mit den Indianern umgekommen.

Erst in der Mitte des 17. Jh. stabilisierte sich die Kolonie, dafür waren von den einst 200 indianischen Dörfern nur noch zwölf existent. Auseinandersetzungen um Landzuteilungen und die Indianerpolitik führten 1676 zu einer Rebellion von Siedlern gegen den Gouverneur, in deren Verlauf Jamestown niedergebrannt wurde. Nachdem 1699 Williamsburg zur neuen Kolonialhauptstadt gekürt worden war, verfiel die erste dauerhafte britische Siedlung in Nordamerika.

Vom **historischen Jamestown** im National Historical Park blieb bis auf Grundmauern und Fundamente sowie die Ruine der 1639 erbauten Kirche nicht viel erhalten. Ein anschaulich gestaltetes Visitor Center sowie Wander- und Fahrwege durch das ehemalige Siedlungsgebiet vermitteln dennoch einen guten Eindruck von den Lebensumständen vor mehr als 300 Jahren (Colonial Pkwy, Tel. 757-856-1206, www.nps.gov/jame, tgl. 9–17 Uhr, Erw. 10 $).

Angrenzend kann man das **Jamestown Settlement** besichtigen, mit der Rekonstruktion eines Powhatan-Dorfes, dem neu errichteten Fort James und anderen Gebäuden des alten Jamestown sowie Nachbauten der drei ersten Kolonistenschiffe, »Susan Constant«, »Godsped« und »Discovery«. Im Sommer ist das Freilichtmuseum von Darstellern in historischen Kostümen ›bewohnt‹, die das Leben der frühen Siedler vor Augen führen (Rte. 31, nahe dem Colonial Pkwy, Tel. 757-253-4838, http://historyisfun.org, tgl. 9–17 Uhr, 15,50 $, Kinder bis 12 J. 7,25 $).

Essen & Trinken

Herzhaft und lecker ▶ Old Chickahominy House: 1211 Jamestown Rd., Tel. 757-229-4689, www.oldchickahominy.com, nur Frühstück und Lunch. Das im Kolonialstil gehaltene Restaurant in einem historischen Gebäude erinnert an traditionelle *tea rooms* und hat sich auf Frühstück und Lunch spezialisiert. Zum *early breakfast* gibt es Eier und Schinken, leckeres Gebäck, Landspeck, Pfannkuchen, Würstchen und Maisgrütze. Zum Lunch werden Brunswick-Eintopf, Huhn, Knödel, Ostsalat und fantastische hausgemachte Torten gereicht. Gerichte 9–15 $.

Williamsburg ▶ 1, G 4

Als der Gouverneur von Virginia, Francis Nicholson, 1699 durchgesetzt hatte, dass die Hauptstadt weiter ins Landesinnere verlegt wurde, existierte dort bereits seit sechs Jahren die nach Harvard bei Boston zweitälteste Hochschule der Kolonien, das **College of William and Mary.** Zu den berühmten Absolventen gehören mit George Washington, Thomas Jefferson, James Monroe und John Tyler vier spätere US-Präsidenten. Die Hauptstadt der Kronkolonie erhielt zu Ehren des englischen Königs William III. den Namen Williamsburg.

Nachdem Thomas Jefferson 1779 als Gouverneur von Virginia den Regierungssitz nach Richmond verlegt hatte, fiel die koloniale Metropole in einen Dornröschenschlaf. Dieser fand erst 1926 ein Ende, als es einem Pfarrer gelang, seinen Enthusiasmus für die Restaurierung der halbverfallenen einstigen Hauptstadt auf den Milliardär John D. Rockefeller zu übertragen. Dessen Spende für den Aufbau einer Stiftung (100 Mio. $) fand bis heute zahlreiche Nachahmer.

Wer in der Nebensaison oder morgens vor den großen Touristenströmen die **Duke of Gloucester Street** zwischen dem roten Backsteinbau des Kapitols und dem College entlangspaziert, fühlt sich 350 Jahre zurückversetzt. Rund 90 Wohnhäuser, Stadtpaläste, Werkstätten und Geschäfte wurden inzwischen restauriert.

Auch in der **Raleigh Tavern,** inoffizieller Versammlungsort des wegen »Aufsässigkeit« mehrfach aufgelösten Parlaments (»House of Burgesses«), kann wieder der Becher gehoben werden. Darsteller in historischen Kostümen demonstrieren hauptstädtisches Leben des 18. Jh. Das Gebäude des **Kapitols** am östlichen Ende der Duke of Gloucester Street ist nach dem ersten Regierungsgebäude von 1701 gestaltet. Der **Gouverneurs-Palast** am Palace Green hat den Vorläuferbau von 1722 zum Vorbild, stammt aber aus dem Jahr 1934.

Leichte Vergnügungen modernerer Art bietet **Busch Gardens Williamsburg** 3 Meilen östlich der Stadt an der US 61. Der Themenpark mit mehr als 100 Attraktionen und Shows wirkt als zusätzlicher Publikumsmagnet für die Region (s. S. 167).

Infos

Greater Williamsburg Chamber & Tourism Alliance: 421 N. Boundary St., Tel. 757-229-6511, www.williamsburgcc.com, Mo–Fr 8.30–17 Uhr.

In Williamsburg erhalten die Besucher Einblicke in die junge Geschichte der USA

Übernachten

Luxus ▶ Williamsburg Inn: 136 E. Francis St., 757-253-2277, www.history.org. Elegantes Grand-Hotel im englischen Landhausstil mit hellen, wunderschön gestalteten Zimmern und großen Marmorbädern. Das Hotel verfügt über einen Golfplatz, Innen- und Außenpools sowie einen Rundumservice, der nichts zu wünschen übrig lässt. Im »Regency Room« und im »Terrace Room« lässt es sich exzellent dinieren. DZ ab 364 $.

Überzeugend ▶ Hampton Inn & Suites Williamsburg Historic District: 911 Capitol Landing Rd., Tel. 757-941-1777, www.hamptoninn.hilton.com. Sehr geschmackvoll eingerichtete, gepflegte Zimmer, hilfsbereites Personal, Swimmingpool und Fitnessraum. Das leckere Frühstück gibt's inklusive. DZ ab 76 $.

Gute Lage zu bestem Preis ▶ Governor's Inn: 506 N. Henry St., Tel. 757-253-2277, www.history.org. Komfortables Hotel, nur drei Blöcke von Colonial Williamsburg enfernt und mit kostenlosem Shuttle-Service zu Busch Gardens und Water Country. Das Hotel verfügt über einen Außenpool. DZ ab 50 $.

Camping ▶ Williamsburg KOA: 4000 Newman Rd., Tel. 757-565-2734, www.williamsburgkoa.com. Großer Zeltplatz nahe Colonial Williamsburg, Jamestown, Yorktown, Busch Gardens und Water Country. Zwei beheizte Pools, Volley- und Basketballfeld, Spielplätze und andere Möglichkeiten der Freizeitaktivität. Zeltplatz ab 23 $, Platz für Campmobile ab 33 $, Blockhaus bis zu 4 Pers. ab 47 $. **Anvil Campground:** 5243 Moreton Rd., von I-64, Abfahrt 238, Tel. 757-526-2300, www.anvilcampground.com. Zentral gelegener Campground mit Swimmingpool, Spielplätzen, Basketballplatz und Shuttle-Services zu den lokalen Attraktionen. Zeltplatz ab 25 $, Stellplatz für Campmobile ab 35 $, Wohnhäuschen mit Badezimmer und Küche ab 90 $.

Essen & Trinken

Speisen wie im 18. Jh. ▶ Shields Tavern: 422 E. Duke of Gloucester St., Tel. 757-229-2141, www.history.org, Di–Sa 11.30–14.30 u. 17–19.45 Uhr, Mo geschl. In den insgesamt elf historischen Esszimmern mit Kaminen und schöner Atmosphäre bekommt man zum Lunch oder Dinner *Southern comfort food* serviert, das von kolonialen Rezepten inspiriert ist. Gerichte 11–27 $.

Stilvoll und modern ▶ The Trellis Restaurant: 403 Duke of Gloucester St., Tel. 757-229-8610, www.thetrellis.com, tgl. 11–15, 17–21 Uhr. Moderne amerikanische Küche mit frischen Zutaten aus der Region. Hier kann man vorzüglich frühstücken, zu Mittag und Abend essen. Außerdem treten freitags Jazzmusiker auf. Gerichte 10–28 $.

Bunt gemischt ▶ Food For Thought: 1647 Richmond Rd., Tel. 757-645-4665, www.foodforthoughtrestaurant.com, So–Do 11.30–21, Fr/Sa bis 21.30 Uhr. Familienfreundliches, farbenfrohes Restaurant mit breitgefächerter Speisekarte. Neben klassischen amerikanischen Gerichten wie Schmorbraten und Spareribs beherrschen die Köche auch Thai-Gerichte, jamaikanisches *jerk chicken*, allerlei vegetarische Köstlichkeiten; außerdem warten sie sogar mit glutenfreien Speisen auf. Gerichte 9–17 $.

Einkaufen

Koloniale Mitbringsel ▶ Historic Area: In den alten Läden von Colonial Williamsburg lässt sich so manches originelle Mitbringsel erstehen: Reproduktionen von Möbeln, Dreieckshüte, Seifen, Federkiele, Töpferwaren und vieles andere mehr.

Outlet-Mall ▶ Premium Outlets: 5715-62A Richmond Rd., Tel. 757-565-0702, www.premiumoutlets.com. In 125 Geschäften reduzierte Ware diverser Markenfabrikate von Adidas bis zu Tommy Hilfiger.

Aktiv

Freizeitpark ▶ Bush Gardens Williamsburg: 1 Busch Gardens Blvd., Tel. 800-343-7946, www.buschgardens.com, wechselnde Öffnungszeiten siehe Webseite. Riesiger Vergnügungspark in schöner Naturlandschaft. Die Namen der Attraktionen und Fahrgeschäfte sind von europäischen Orten inspiriert, etwa bei der schwindelerregenden Achterbahn »Loch Ness Monster«, der aufregenden Bootsfahrt »Escape from Pompeii« oder der Geisterbahn »Curse of Dark Castle« in einem bayrischen Fantasieschloss. Erw. 64 $, Kinder 3–9 J. 54 $.

Yorktown ▶ 1, G 4

Der früher geschäftige Tabakhafen liegt am östlichen Ende des Colonial Parkway. Eine günstige Truppenkonstellation ermöglichte dort im Oktober 1781 einer amerikanisch-französischen Armee den Sieg über ein Hauptkontingent englischer Einheiten unter deren General Cornwallis. Die Gefangennahme von 8000 gut ausgebildeten Soldaten und von einem der bekanntesten Generäle löste im fernen London einen Schock aus und ließ diejenigen die Überhand gewinnen, die meinten, dass England nicht weltweit auf mehreren Schauplätzen gleichzeitig erfolgreich Kriege führen könne. Mit der Ratifizierung eines Friedensvertrags im September 1783 waren die USA auch eine von der ehemaligen Kolonialmacht anerkannte, unabhängige Republik.

Das **Yorktown Battlefield Visitor Center** des **Colonial National Historic Park** zeigt unter anderem ein von George Washington genutztes Zelt, eine Geschützstellung und die Kapitänskajüte einer britischen Fregatte (südl. Ende des Colonial Pkwy, Tel. 757-898-2410, www.nps.gov/yonb, tgl. 9–17 Uhr, Erw. 10 $, Kinder bis 15 J. frei).

Im **Yorktown Victory Center** sind die Stellungen der Armeen, die Schanzen und Geschützpositionen rekonstruiert. Beim alljährlichen Siegesfest spielt eine britische Militärkapelle in historischen Kostümen »The world turned upside down« wie am 19. Oktober 1781 (Old SR 238, Tel. 757-887-1776, www.historyisfun.org, tgl. 9–17 Uhr, Erw. 9,50 $, Kinder bis 12 J. 5,25 $).

Infos

York County Public Information Office: 100 County Dr., Tel. 757-890-3500, http://visityorktown.org, tgl. 9–17 Uhr. Hier kann man sich auch über die zahlreichen Events informieren, die die Region veranstaltet.

Hampton Roads

Die Region von Hampton Roads umfasst die Hafengebiete von vier größeren Städten – Hampton und Newport News nördlich sowie Norfolk und Portsmouth südlich der Mündung des James River in die Chesapeake Bay. Weiter im Südosten schließt sich noch Virginia Beach an. Fast 1,7 Mio. Menschen leben in dieser wirtschaftlich dynamischen Region.

Die Bedeutung als wichtigster Handelshafen der mittleren Atlantikküste wird mit den mächtigen **Werftanlagen** der privaten Norfolk Naval Shipyard in Portsmouth aufgewertet. Die Norfolk Naval Base ist zudem Heimathafen von mehr als 125 Kriegsschiffen. Hampton und Norfolk haben ihre zum Wasser hin orientierten Zentren als Fußgängerzonen mit Galerien, Restaurants und Geschäften ausgebaut.

Einige interessante Kunstsammlungen wie das **University Museum** in Hampton oder das **Chrysler Museum** in Norfolk zeigen neben Werken amerikanischer Künstler von Lichtenstein bis Motley und Tanner auch Bilder und Plastiken europäischer Künstler – Renoir, Matisse oder Picasso – sowie eine umfassende Ausstellung von Glaskunst.

Die 23 Meilen lange Tunnel-Brücken-Verbindung auf die Eastern Shore nimmt in Norfolk ihren Anfang.

Newport News ▶ 1, G 4

Das **Mariners' Museum** in Newport News dokumentiert die maritime Tradition von Region und Stadt mit einer umfassenden Ausstellung zur Seefahrt. Von geschnitzten Schiffsminiaturen, deren Einzelheiten erst unter der Lupe deutlich werden, Modellen von ägyptischen und römischen Kriegs- und Handelsschiffen bis zu einem japanischen Unterseeboot werden 3000 Jahre Schifffahrtsgeschichte nachgezeichnet. Das mit Eisenplatten gepanzerte Kriegsschiff »USS Monitor« war im Bürgerkrieg auf Selten der Union im Einsatz. Ein eigenes Ausstellungszentrum birgt Überreste des 1862 vor Cape Hatteras gesunkenen Schiffes (100 Museum

Dr., Tel. 757-596-2222, www.marinersmuseum.org, Mi–Sa 10–17, So 12–17 Uhr, Erw. 14 $, Kinder bis 12 J. 8 $).

Das **Virginia Living Museum** widmet sich den Lebensbedingungen in den unterschiedlichen Landschaftstypen von Virginia, von der kühleren Bergregion der Appalachen bis zu den Feuchtgebieten der Küstenebene, und zeigt in gestalteten Lebensräumen die entsprechenden Pflanzen und Tiere (524 J. Clyde Morris Blvd., Tel. 757-595-1900, www.thevlm.org, Mai–Sept., tgl. 9–17, sonst Mo–Sa 9–17, So 12–17 Uhr, Erw. 17 $, Kinder bis 15 J. 13 $).

Infos

Newport News Visitor Center: 13560 Jefferson Ave., Tel. 757-886-7777, www.newport-news.org, tgl. 9–17 Uhr.

Hampton ►1, G 4

Rund 150 000 Menschen leben in der 1610 gegründeten Hafenstadt. Das zwischen 1819 und 1834 errichtete **Fort Monroe** schützt in strategisch wichtiger Lage an der Südspitze der Halbinsel die Einfahrt in den James River. Im **Casemate Museum** sind Befestigungen und Batterien, aber auch die Gefängniszelle des früheren Präsidenten der Konföderation, Jefferson Davis, zu besichtigen, der hier nach dem verlorenen Bürgerkrieg zwei Jahre ohne Gerichtsverfahren eingekerkert war. Der spätere General Robert E. Lee diente im Fort während der Bauarbeiten 1831, der Schriftsteller Edgar Allan Poe war während seiner kurzen Militärkarriere von 1828 bis 1829 bei der Artillerie stationiert (Fort Monroe, Tel. 757-727-3391, www.monroe.army.mil, tgl. 10.30–16.30 Uhr, Eintritt frei).

Hinter der eindrucksvolle 30 m hohen Glasfassade des **Virginia Air and Space Center** von Langley schweben, an Drahtseile gebunden, Raketen, Raumkapseln und Satelliten in der riesigen Eingangshalle. Das Raumfahrtzentrum, das auch IMAX-Filme auf einer Riesenleinwand zeigt, ist zugleich offizielles Besucherzentrum des benachbarten Forschungszentrums der NASA. Auf dem Gelände trainierten in den 1960er-Jahren Mercury-Astronauten für ihren Einsatz in der Erdumlaufbahn (600 Settlers Landing Rd., Tel. 757-727-0900, www.vasc.org, Sept.–Mitte März Di–Sa 10–17, So 12–17, Mitte März–Mai Mo–Sa 10–17, So 12–17 Uhr, Erw. 9,50 $, Kinder bis 11 J. 7,50 $).

Das **University Museum** im Zentrum des Campus der Hampton Universität, zeigt eine umfangreiche Sammlung afrikanischer und afroamerikanischer Kunst (nahe der County St., Tel. 757-727-5308, http://museum.hamptonu.edu, Mo–Fr 8–17, Sa 12–16 Uhr, Eintritt frei).

Infos

Hampton Visitor Center: 120 Old Hampton Ln., Tel. 757-727-1102, www.hamptoncvb.com, Mo–Sa 9–17 Uhr, So 13–17 Uhr.

Übernachten

Komfortabel ► **Courtyard by Marriott:** 1917 Coliseum Dr., Tel. 757-838-3300, www.marriott.com/hotels/travel/phfch-courtyard-hampton. Modernes Hotel mit Fitnessraum, Außen- und Whirlpool, Businesscenter für Geschäftsreisende, dazu sehr gequeme Betten. Das Peninsula Town Center mit großem Shoppingbereich, und die Sporteinrichtung Boo Williams Sportsplex sind fußläufig erreichbar, zahlreiche andere Sehenswürdigkeiten liegen nur wenige Autominuten entfernt. DZ ab 125 $.

Hell und freundlich ► **Quality Inn Convention Center:** 1813 W. Mercury Blvd., Tel. 757-838-8484 www.qualityinn.com/hotel-hampton-virginia-VA470. Nettes Hotel mit komfortablen Zimmern, unweit der Autobahn, vom Virginia Air and Space Center Museum und dem Strand von Buckroe Beach. DZ ab 80 $ (inkl. Frühstück).

Gut und günstig ► **Candlewood Suites:** 401 Butler Farm Rd., Tel. 757-766-8976, www.ichotelsgroup.com. Hotel mit gepflegten Zimmern, einem Waschsalon und einem Fitnesscenter. Mit dem Auto erreicht man innerhalb weniger Minuten zahlreiche Attraktionen wie etwa das Virginia Air and Space Center in Langley oder Fort Monroe an der südlichsten Spitze von Hampton. DZ ab 70 $.

Essen & Trinken

Beliebt ▶ **Smitty's Better Burger:** 1313 N. King St., Tel. 757 723-0661, www.smittys betterburger.com, Mo–Sa 11–21, So 11–18 Uhr. Das familienbetriebene Burger-Restaurant erfreut die Bewohner Hamptons seit über 50 Jahren. Leckerer und selbstverständlich origineller als jede Fast-Food-Kette und dazu ein attraktives Preis-Leistungsverhältnis. Gerichte 2–14 $.

Tapas Lounge ▶ **Six Little Bar Bistro:** 6 E. Mellen St., Tel. 757-722-1466, www.littlebar bistro.com, tgl. 17–2 Uhr. Geschmackvoll eingerichtetes kleines Bistro mit großer Auswahl an warmen und kalten Tapas. Darüber hinaus gibt es fantastische Cocktails und Martinis. Gerichte 5–12 $.

Termine

Hampton Jazz Festival: Ende Juni. Seit bald 30 Jahren gehört das dreitägige Hampton Jazz Festival zu den bekanntesten Musikereignissen in den USA, Tel. 757-838-4203, www.hamptonjazzfestival.com.

Norfolk ▶ 1, G 4/5

In der bedeutenden Hafenstadt leben eine viertel Million Menschen. Das urbane Zentrum der Hampton-Roads-Region ist Heimat von Reedereien, Versicherungen, Eisenbahngesellschaften sowie der **Naval Station Norfolk,** dem größten Marinestandort der Welt. Hier werden mehr als 100 Zerstörer, Kreuzer, U-Boote und Flugzeugträger zwischen ihren weltweiten Einsätzen gewartet (Naval Tour and Information Center, 9079 Hampton Blvd., Tel. 757-444-7955. Hier auch Start der regelmäßigen 45-minütigen Busrundfahrten, wechselnde Zeiten, Erw. 10 $, Kinder bis 11 J. 5 $).

Auch das **Douglas McArthur Memorial** steht für die militärische Tradition der Stadt. Das Mausoleum und Museum für den Armeegeneral und ›Helden‹ des Zweiten Weltkriegs steht inmitten der Stadt. McArthur wurde als umstrittener Kommandeur während des Koreakriegs wegen Insubordination von Präsident Truman aus dem aktiven Dienst entlassen (McArthur Sq., Tel. 757-441-2965, www.macarthurmemorial.org, Mo–Sa 10–17, So 11–17 Uhr, Eintritt frei, Spende erwünscht).

Nauticus heißt das multimediale Informations- und Erlebniszentrum zum Thema Wasser und Schifffahrt an der Hafenpromenade von Norfolk. Es bietet virtuelle Reisen in die Tiefsee, Aufklärung über das empfindliche ökologische Gleichgewicht des Ozeans, Informationen zum Schiffsbau und Darstellungen moderner Seeschlachten (One Waterside Dr., Tel. 757-664-1000, www.nauticus.org, Mai–Sept., tgl. 10–17, sonst Di–Sa 10–17, So 12–17 Uhr, Allgemeine Sammlung kostenlos, Erw. 11 $, Kinder bis 12 J. 8,50 $).

Das **Chrysler Museum of Art** präsentiert eine enorme Spannbreite bildender Kunst von altägyptischen Kulturen bis in die Gegenwrt. Mit einerseiner Sammlung vor allem französischer und italienischer Malerei vieler Epochen und einer repräsentativen Schau neuerer amerikanischer Malerei und Glaskunst gehört es zu den wichtigsten Kunstmuseen der US-amerikanischen Südstaaten (245 W. Olney Rd., Tel. 757-664-6200, www.chrysler.org, Mi 10–21, Do–Sa 10–17, So 12–17 Uhr, Erw. 7 $).

Infos

Norfolk Convention & Visitors Bureau: 232 E. Main St., Tel. 757-664-6620, www.visitnor folktoday.com, Mo–Fr 8.30–17 Uhr.

Übernachten

Eleganter Hotelturm ▶ **Waterside Mariott:** 235 E. Main St., Tel. 757-627-4200, www.mar riott.com. Gleich am Waterside Marketplace, mit fantastischer Aussicht. DZ ab 150 $.

Günstig ▶ **Americas Best Value Inn:** 9601 4th View St., Tel. 757-480-9611, www.ameri casbestvalueinn.com. Einfache Herberge an der Autobahnabfahrt, Vis-à-vis der Chesapeake Bay Beach. DZ ab 55 $.

Essen & Trinken

Steaks und Weine ▶ **Byrd & Baldwin Brothers Steakhouse:** 116 Brooke Ave., Tel. 757-222-9191, www.byrdbaldwin.com, Mo–Do 17–22, Fr/Sa bis 23 Uhr. Gut abgehangene Steaks aus dem Mittleren Westen, dazu

Die Skyline des betriebsamen Norfolk, des größten Marinestandorts der Welt

eine große Weinauswahl. Hauptgerichte 20–42 $.

Meeresfrüchte ▶ **A.W. Shucks Raw Bar & Grill:** 2200 Colonial Ave., Tel. 757-664-9117, tgl. 11–1.30 Uhr. Im komfortablen Restaurant mit rohen Backsteinwänden essen viele Einheimische Fisch und Meeresfrüchte – frisch und lecker. Hauptgerichte 10–20 $.

Abends & Nachts

Disco ▶ **Time Lounge:** 271 Granby St. Entspannte Tanz-Lounge mit DJs und aktuellen Songs.

Termine

Harborfest: Anfang Juni. Großes Fest am Hafen von Norfolk, mit Musik, Großseglerparade, diversen Essens- und Verkaufsständen, www.festevents.org.

Portsmouth ▶ 1, G 5

Wer von Norfolk den Elisabeth River per Brücke oder Fähre überquert, befindet sich unvermittelt in Portsmouth, wo einige Straßenzüge mit schön restaurierten Häusern aus dem 18. Und 19. Jh. zu einem kurzen Bummel einladen. Einen längeren Besuch, vor allem für Reisende mit Kindern, ist das zu vielen Experimenten einladende und interessant gestaltete **Children's Museum of Virginia** wert, in dem Junggebliebene aller Altersstufen ihre Fantasie anregen lassen und gleichzeitig spielerisch zu Einsichten über naturwissenschaftliche Zusammenhänge gelangen können (221 High St., Tel. 757-393-5258, www.childrensmuseumva.com, Mai–Sept. Mo–Sa 9–17, So 11–17 Uhr, Erw. 11 $, Kinder 2–17 10 $).

Das **Naval Shipyard Museum** zeigt als Marinemuseum der US Navy viele Modelle von Militärschiffen, Uniformen und die Geschichte der US-Kriegsmarine (2 High St., Tel. 757-393-8591, www.portsnavalmuseums.com, Mo–Sa 10–17, So 13–17 Uhr, Erw. 4 $, Kinder bis 17 J. 2 $).

Infos

Portsmouth Visitor Information Center: 6 Crawford Pkwy, Tel. 757-393-5111, www.visitportsva.com, tgl. 9–17 Uhr.

Abends & Nachts

Kino ▶ **Commodore Theatre:** 421 High St., Tel. 757-393-6962, www.commodoretheatre.

com. Im bestens restaurierten Art-déco-Palast werden, mit neuester Technik, noch immer Filme gezeigt, Erw. 8 $, Kinder bis 13 J. 7 $.

Virginia Beach ▶ 1, H 4

Virginia Beach südlich des Brückentunnels rühmt sich seines langen und breiten Sandstrands, ist aber mit mehr als 400 000 Einwohnern im Stadtgebiet gleichzeitig die bevölkerungsreichste Stadt von Virginia. Das große Angebot an Hotelzimmern mit dazugehöriger touristischer Infrastruktur lockt in den Sommermonaten zusätzlich Zehntausende aus Washington, Richmond und anderen Städten zum Wochenendtrip an den Atlantik.

Das **Virginia Aquarium & Marine Science Museum** widmet sich den marinen Ökosystemen des Bundesstaates. Riesige Aquarien und Terrarien zeigen pflanzliche und tierische Bewohner von Salzwassermarschen und Küstengewässern. Eindrucksvoll zeigt die Ausstellung »Journey of Water« die Reise eines Wassertropfens quer durch Virginia, von den Bergen bis zum Meer (717 General Booth Blvd., Tel. 757-385-3474, www.virginiaaquarium.com, tgl. 9–18 Uhr, Erw. 12 $, Kinder bis 14 J. 8 $, für Sonderschauen Aufpreis).

Infos

Virginia Beach Visitors Center: 2100 Parks Ave., Tel. 757-491-7866, www.visitvirginiabeach.com, tgl. 9–17 im Sommer bis 19 Uhr.

Übernachten

Klassisch ▶ **Cavalier Hotel:** 4201 Atlantic Ave., Tel. 757-425-8555, www.cavalierhotel.com. Weitläufiges Traditionshotel mit imposanter Lobby auf einem kleinen Hügel gleich hinter dem Strand. Das alterwürdige Haus verfügt über gemütlich eingerichtete Zimmer, mehrere Restaurants, Pool, Tennisplätze, Billard, Bibliothek und vieles mehr. DZ ab 109 $.

Meerblick garantiert ▶ **The Breakers Resort Inn:** 16th St., Tel. 757-428-8555, www.breakersresort.com. Schmales Strandhotel,

Der Strand von Virginia Beach erstreckt sich über eine Länge von fast 30 Meilen

in dem alle Zimmer mit Balkons ausgestattet und auf das Meer ausgerichtet sind. Weitere Annehmlichkeiten: Außenpool, kostenloser Fahrradverleih und ein hauseigener Coffeeshop. DZ ab 50 $.

Direkt am Strand ▶ **Seaside Hotel:** 2705 Atlantic Ave., Tel. 757-428-9341, www.seasidehotelvb.com. Familienfreundliches Strandhotel mit sauberen Zimmern, Bad und Kühlschrank, zum Teil auch mit Esstisch und Küchenzeile. Dazu kommen ein Swimmingpool, ein Atrium-Garten sowie eine Sonnenterrasse. DZ ab 45 $.

Hostel ▶ **Angie's Guest Cottage:** 302 24th St., Tel. 757-491-1830, www.angiescottage.com. Putzmuntere Jugendherberge in Spazierweite zum breiten Strand, zu Geschäften und Restaurants. Der nahe Seashore State Park ist ideal für Spaziergänge und Radtouren. Bett im Mehrbettzimmer ab 15 $, DZ 75 $.

Camping ▶ **Virginia Beach KOA:** 1240 General Booth Blvd., Tel. 757-428-1444, http://koa.com/campgrounds/virginia-beach. Schöner, weitläufiger Campingplatz, zwei Meilen vom Strand entfernt mit großem Pool, Mini-Golf-, Spielplatz und Open-Air-Kino. Stellplätze für Zelte und Campmobile ab 30 $.

Essen & Trinken

Gourmetrestaurant ▶ **Terrapin:** 3102 Holly Rd, Pinewood Sq., Suite 514, Tel. 757-321-6688, www.terrapinvirginiabeach.com, Mo–Do 17.30–21.30, Fr/Sa bis 22, So 17–21 Uhr. Renommiertes Lokal mit dezent-edlem Interieur, nicht weit vom Meer. Köstlich sind z. B. die knusprige Ente mit gemischten Wildpilzen, Frühlingszwiebeln und Schnittlauch-Kartoffelpüree oder das Buttermilch-Backhuhn mit Trüffel-Makkaroni und saisonalem Gemüse. Gerichte 17–44 $.

Meeresfrüchte ▶ **Charlie's Seafood Restaurant:** 3139 Shore Dr., Tel. 757-481-9863, www.charliesseafood.com, Di–So 11.30–21.30 Uhr, Mo geschl. Das urige Restaurant mit schlichtem Dekor serviert schon seit mehr als 60 Jahren leckere Fisch-, Krebs-, Muschel- und Shrimps-Gerichte. Gerichte 13–20 $.

Aktiv

Freizeitwasserpark ▶ **Ocean Breeze Water Park:** 849 General Booth Blvd., Tel. 757-422-4444, www.oceanbreezewaterpark.com, s. Webseite für wechselnde Öffnungszeiten. Vergnügungspark rund ums Wasser. Hauptattraktion sind seine 16 Wasserrutschen, daneben gibt es ein Wellenbad und Wasserspielplätze. Kinder 3–9 J. 22 $, ab 10 J. und Erw. 30 $.

Radfahren ▶ **Cherie's Bicycle & Blade Rentals:** Boardwalk, Tel. 757-437-8888, tgl. 7.30–23 Uhr. Verleih von Fahrrädern an mehreren Stationen des Boardwalk. Ab 9 $/Std., auch Tages- und Wochenraten.

Angeln ▶ **Lynnhaven Inlet Fishing Pier:** 2350 Starfish Rd., Tel. 757-481-7071, www.lynnhavenpier.com. Verleih von Angelausrüstungen, Verkauf von Ködern und Tageslizenzen (24 Std. geöffnet) zum Fischen. Der Pier erstreckt sich rund 500 m ins Meer, die Saison beginnt im Mai und endet im Oktober. Tageskarte ab 12 $.

Termine

Neptune Festival: Ende Sept., Anfang Okt. Mehrtägiges Event mit Konzerten, Ausstellungen, einem Sandskulpturenwettbewerb sowie einem Triathlon, www.neptunefestival.com.

Great Dismal Swamp

▶ 1, G 5

Nur wenig weiter im Südwesten erstreckt sich ein riesiges Sumpfgebiet von Virginia über die Grenze bis nach North Carolina. Trotz verschiedener Versuche, es trocken zu legen und extensivem Holzeinschlag in den letzten zwei Jahrhunderten präsentieren sich weite Teile des **Great Dismal Swamp** wie unberührte Natur, mit Sumpfzypressen, Pinien, Kiefern und Farnen. In dem 43 000 ha großen heutigen Naturschutzgebiet leben Bären, Luchse und Reptilien nahezu ungestört von der menschlichen Zivilisation. Dazu kommt eine reiche Vogelwelt mit mehr als 150 Arten (3100 Desert Rd., Suffolk, Tel. 757-986-3705, http://greatdismalswamp.fws.gov).

Die Strände von North Carolina bieten weite Dünenlanschaften und Einsamkeit

Kapitel 2

North Carolina und South Carolina

Im Nordwesten liegen die dicht bewaldeten Bergketten der Appalachen mit herrlichen Wandermöglichkeiten und Wildwasserstrecken. Dann schließt sich nach Südosten hin das Piedmont an, eine leicht hügelige, abfallende Ebene, die landwirtschaftlich intensiv genutzt wird. Ihm folgt ein breiter Küstenstreifen mit Marschen und Sümpfen, mit vorgelagerten Inseln und herrlichen Stränden. In beiden Carolinas finden sich diese drei Landschaftstypen in ähnlicher Weise. Die US-Bundesstaaten gehörten zu den ältesten Kolonien Großbritanniens in Nordamerika. Der britische König Karl II. aus dem Hause Stuart hatte die nach seinem einst in London hingerichteten Vater Karl I. benannte Besitzung Carolina 1663 gründen lassen. Da sich deren nördliche und südliche Teile recht unterschiedlich entwickelten, wurde die Kolonie 1729 in eine eigenständige Nord- und Südprovinz geteilt.

Mit den Smoky Mountains und dem Blue Ridge Parkway in North Carolina, mit der schmalen Sichel naturgeschützter Inseln vor der Küste sowie historischen indianischen Siedlungen und bestens erhaltenen kolonialen Orten und Gebäuden gehört das dynamische North Carolina zu den weniger bekannten, aber umso attraktiveren Bundesstaaten entlang der Ostküste. Ähnliches gilt für die Schönheiten von South Carolina, mit Ausnahme von Charleston und seinen Plantagenvillen und Parkanlagen in der Umgebung. Der über 60 Meilen lange Grand Strand nördlich und südlich von Myrtle Beach ist jedenfalls bei US-Amerikanern kein Geheimnis mehr. Mit rund 150 Golfplätzen ist die Region ein Dorado für Golfer.

Auf einen Blick

North Carolina und South Carolina

Sehenswert

Biltmore Estate: Den Palast mit 256 Zimmern ließ sich der Multimillionär George Vanderbilt bei Asheville erbauen (s. S. 186).

Oconaluftee Indian Village: Nachbau eines Dorfes der Cheerokee in der Reservation am Rande der Smoky Mountains (s. S. 190).

4 **Great Smoky Mountains N.P.:** Das botanische Paradies mit rund 800 Meilen Wanderwegen gehört zu den bedeutendsten Naturschönheiten der USA (s. S. 192).

5 **Outer Banks:** Die schmale, fast 140 Meilen lange Sichel von Inseln gehört zu den attraktivsten Strandurlaubsgebieten der Ostküste (s. S. 210).

6 **Charleston:** Noch immer strahlt die Stadt den Reichtum aus, den Plantagenbesitzer vor rund 160 Jahren anhäuften (s. S. 222).

Schöne Routen

Blue Ridge Parkway: Die Panoramastraße zieht sich auf dem Kamm der Appalachen entlang, immer mit traumhaften Ausblicken über Bergketten (s. S. 178).

Im Piedmont von North Carolina: Die Rundreise führt von Charlotte über Winston-Salem zur Hauptstadt Raleigh und zu altindianischen Siedlungen (s. S. 194).

Myrtle Beach und Grand Strand: Das ca. 62 Meilen lange Strandgebiet zieht jedes Jahr viele Millionen Besucher an. Auf sie warten neben Badefreuden aber auch einsame Strandabschnitte (s. S. 218).

Upcountry South Carolina: Der Norden des Bundesstaates hat viel zu bieten – Wälder und Wildwasserflüsse an den Hängen der Appalachen, Plantagenvillen und Schauplätze des Unabhängigkeitskrieges (s. S. 242).

Meine Tipps

Meeresmuseum: Das Piratenschiff »Queen Anne's Revenge« wurde jüngst auf dem Boden des Ozeans entdeckt und kann im Maritime Museum in Beaufort (NC) besichtigt werden (s. S. 214).

Die Longdrinks der Südstaaten genießen: Mit dem Planters Punch wurde einst in der Bar des Mills House Hotel auf die Sezession angestoßen. Noch heute sind die Südstaaten-Longdrinks ein Genuss (s. S. 229).

Stand-up Paddle Boarding: Die Trendsportart hat die Ostküste erreicht. Auf Hilton Head Island werden Anfänger in die Geheimnisse des Steh-Paddelns eingeweiht (s. S. 236).

Brattonsville: Rund 30 Gebäude geben ein authentisches Bild vom Leben auf einer Plantage der Kolonialzeit. Auf dem Gelände wurden Teile des Films »The Patriot« mit Mel Gibson und Kate Blanchett gedreht (s. S. 245).

aktiv unterwegs

Auf dem Appalachian Trail von Carvers Gap nach Roan High Bluff: Der kurze Abschnitt des insgesamt fast 1900 Meilen langen Fernwanderwegs bietet herrliche Ausblicke in die Appalachen (s. S. 182).

Drachenfliegen im Jockey's Ridge S. P.: Wagemutige können es den Gebrüdern Wright gleichtun und mit Drachen von den über 30 m hohen Dünen schweben (s. S. 211).

Mit dem Kajak auf dem Congaree River: Die Flüsschen Saluda und Broad verbinden sich bei Columbia zum Congaree River. Hier startet ein gut 3 Meilen langer Kajaktrip (s. S. 237).

Whitewater Rafting am Chattooga Ridge: Die Schlauchboote gleiten den Chattooga River hinunter – ein adrenalinstarkes Vergnügen (s. S. 243).

North Carolina

Die verschachtelten Bergketten der Appalachen verlieren sich am Horizont, dann folgen nach Osten das Piedmont, eine sanft gewellte Landschaft mit Wäldern, Baumwoll- und Tabakfeldern, und die Küstenregion mit Marschen und Stränden. Auf den Outer Banks, einem Urlaubsparadies an der Atlantikküste, unternahmen die Engländer Ende des 16. Jh. den ersten Versuch, eine Kolonie in der Neuen Welt zu gründen.

Der Blue Ridge Parkway bis Asheville ▶ 2, F–H 2/3

Karte: rechts

Der Blue Ridge Parkway windet sich ca. 470 Meilen auf dem Kamm des Appalachen-Gebirges vom Shenandoah National Park in Virginia bis zum Great Smoky Mountains National Park im Süden an der Grenze von North Carolina und Tennessee. Die 1935 eingeweihte zweispurige Straße, auf nur der eine Höchstgeschwindigkeit von 45 mph erlaubt ist, verläuft durch endlos scheinende Wälder, die sich insbesondere in der Dämmerung, in der blaugrünen Weite verschachtelter Berg- und Hügelketten zu verlieren scheinen. Der vom National Park Service betreute Parkway führt nicht durch Städte, sondern passiert sie in angemessenem Abstand, Werbung und gewerblicher Verkehr sind ausgesperrt. Zur Markierung und besseren Orientierung sind am Straßenrand Mile Posts (MP) angebracht. MP 0 steht am nördlichen Ende des Parkways bei **Rockfish Gap** in Virginia, MP 469 ganz im Süden, kurz vor der Grenze zur Cherokee Reservation. Beim Mile Post 216,9 und dem Rastplatz von **Cumberland Knob** überquert die Panoramastraße die Grenze von Virginia nach North Carolina. Viele Sehenswürdigkeiten und Campingplätze entlang der Strecke sind nur im Sommerhalbjahr geöffnet. Das **Blue Ridge Music Center** beim Mile Post 213 zelebriert urtümliche Countrymusic mit Fiedel und Banjo (www.blueridgemusiccenter.org, Öffnungszeiten s. S. 147).

Tipp: Go Blue Ridge Card

Wer sich bei der Fahrt auf dem Blue Ridge Parkway Zeit lässt und viele Attraktionen am Rande sehen will, sollte den Kauf der *Go Blue Ridge Card* überlegen, die je nach Gültigkeitsdauer für 84–144 $ freien Eintritt in diversen Museen, Touren oder Naturattraktionen ermöglicht (www.goblueridgecard.com).

Infos

Blue Ridge Parkway, National Park Service: 199 Hemphill Knob Rd. Asheville, NC 28803-8686, Tel. 828-271-4779, www.nps.gov/blri, 24 Std. geöffnet.

Blue Ridge Parkway Association: Asheville, NC 28802-2136, Infos unter www.blueridgeparkway.org, http://blueridgeparkway75.org.

Doughton Park und Stone Mountain State Park 1

In **Doughton Park** (MP 238,5) und dem sich gleich östlich anschließenden **Stone Mountain State Park** starten ein Dutzend Wanderwege von insgesamt gut 30 Meilen Länge. Vom Parkplatz am Wildcat Rocks Overlook beginnt ein knapp 1 Meile langer moderater Fußweg bergauf zum **Fodder Stack** mit schönem Ausblick. Doughton Park wiederum ist ein guter Platz für ein Picknick. Gleichzeitig zeigen restaurierte Siedlerhütten aus den

1880er-Jahren, wie die Pioniere vor 130 Jahren in den kaum erschlossenen Bergen gelebt haben. Wer im Wohnmobil unterwegs ist oder ein Zelt dabei hat, übernachtet auf dem schön gelegenen Bluffs Campground (s. u.).

Übernachten

Berg-Panoramablick ▸ **Buffalo Tavern:** 958 W. Buffalo Rd., West Jefferson, Exit beim MP 261, Tel. 877-615-9678, www.buffalotavern.com. Helles und freundliches B & B mit 4 Zimmern und üppigem Frühstück. Ab 70 $.

Camping ▸ **Bluffs Campground:** Doughton Park, MP 241,1, Tel. 336-3728-568, www.nps.gov/blri. Zeltplätze ab 16 $.

Tweetsie Railroad und Umgebung

Auch **Tweetsie Railroad** 2, ein familiärer Vergnügungspark mit einer Dampflokomotive, die täglich mehrfach von ›Gangstern‹ überfallen wird, sowie allerlei Karussells und Attraktionen im Western-Stil ist in wenigen Minuten von Blowing Rock erreicht (Blowing Rock, US 321, Exit 291, Tel. 1-877-8933-8743, www.tweetsie.com, Mai–Okt., Juni–20. Aug. tgl. 9–18, sonst Fr–So 9–18 Uhr, Tageskarte Erw. 34 $, Kinder bis 13 J. 22 $).

Gleich südlich, wieder auf dem Parkway, überspannt das auf Betonstelzen an den Berg geschmiegte **Linn Cove Viaduct** (MP 304) einige Meilen der Panoramastraße. Ein Visitor Center (Tel. 828-733-1354) informiert über die Landschaft und den komplizierten Bau dieses erst 1983 fertiggestellten Straßenabschnitts.

Blowing Rock 3

Für den weiten Panoramablick vom knapp 1250 m hohcn Blowing Rock in die Berglandschaft der Appalachen muss man den Parkway kurz über die Ausfahrt Boone 3 Meilen nördlich vom Cone Park verlassen (MP 291). Die mächtige Felsklippe hat ihren Namen von den starken Aufwinden am Berg, die Laubblätter oder Schneeflocken nach oben wirbeln lassen (www.theblowingrock.com).

Moses H. Cone Memorial Park 4

Die frühere Villa von Moses und Berta Cone, deutsch-jüdischen Einwanderern und Großproduzenten von Jeansstoffen gegen Ende des 19. Jh., ist längst zum Moses H. Cone Memorial Park mit Museum und Besucherzentrum des Blue Ridge Parkway ausgebaut worden (MP 294). Im Parkway Craft Center demonstrieren Handwerker und Kunsthandwerker während der Sommermonate ihre traditionellen Fertigkeiten und Kentnisse. Auf dem benachbarten Gelände des **Julian Price Memorial Park** befindet sich der größte Campingplatz entlang des Blue Ridge Parkway (MP 297, s. u.).

Übernachten

Camping ▶ **Julian Price Park:** nahe Moses Cone Estate, MP 297, Tel. 828-295-7591 oder 1-877-444-6777. Der größte Campingplatz der Region, mit Picknicktischen, sanitären Einrichtungen und Plätzen für Campmobile und Zelte. Zeltplätze ab 16 $.

Skiregion zwischen Boone und Banner Elk 5

Nordwestlich des Parkway, zwischen den Städchen **Boone** und **Banner Elk,** liegt ein halbes Dutzend Skiorte in den Bergen verstreut, davon allein Beek Mountain und Sugar Mountain mit 30 markierten Pisten und Höhenunterschieden bis zu 400 m.

Übernachten

Gepflegt ▶ **Country Inn & Suites:** 818 E. King St., Boone, Exit beim MP 276,4, Tel. 828-264-4234, www.countryinns.com/boone-hotel-nc-28607/ncboone. Gepflegte Ketten-Unterkunft mit gutem Service und besten Ausblicken. Dazu Frühstück und kostenloses WLAN, Pool. DZ ab 60 $.

Abends & Nachts

Freilufttheater ▶ **Horn in the West:** 591 Horn in the West Dr., Boone, Exit beim MP 276,4, Tel. 828-264-2120, www.horninthewest.com, Shows Mitte Juni–Mitte Aug. Di–So 19.30 Uhr Einlass. Das gefühlsstarke ›Outdoor Drama‹ über die Besiedlung der Neuen Welt und die Flucht vor der britischen Kolonialtyrannei wird schon seit 1952 in den Sommermonaten gezeigt.

Grandfather Mountain 6

Der Grandfather Mountain (MP 305) liegt nur eine Meile vom Parkway entfernt an der US 221. Seine »Mile High«-Hängebrücke überspannt in einer Höhe von 1600 m über dem Meeresspiegel ein 25 m tiefes Tal. Im angeschlossenen kleinen Zoo sind Schwarzbären, Otter, Rotwild und andere heimische Tiere untergebracht (Tel. 828-733-4337, www.grandfather.com). Im Hochsommer wird es hier gälisch. Dann versammeln sich alljährlich bis zu 30 000 Abkömmlinge schottischer Einwanderer zu den »Mountain Highland Games and Gathering of the Clans« zu Dudelsack und Wettkämpfen schottischer Sportarten wie Baumstammweitwurf (s. u. ›Termine‹).

Essen & Trinken

Leichte Küche ▶ **River Dog Coffeehouse & Café:** knapp 4 Meilen vom Parkway an der US 221, Linville, Tel. 828-733-9333. Espresso, fantasievoll belegte Sandwiches, Salate, Bier und Wein, WLAN. Gerichte ab 5 $.

Termine

Mountain Highland Games and Gathering of the Clans: 2. Wochenende im Juli. 30 000 Nachkommen schottischer Einwanderer halten das keltische Erbe ihrer Vorfahren hoch, musizieren und ermitteln messen ihre Fertigkeiten beim Tanz, Schafscheren, Hammerwurf und einem 1500 m-Lauf bergauf (Grandfather Mountain, Linville, Tel. 828-733-1333, www.gmhg.org).

Linville Falls 7

Die Linville Falls (MP 316,4) bieten eine Recreation Area mit Picknickplätzen, Campingplatz sowie einem Visitor Center mit vielen Informationen über die Berglandschaft. Wer sich etwas die Beine vertreten möchte, kann sich zwischen einem nur 800 m langen, aber anstrengenden Wanderweg in die Schlucht »Plunge Basin« in die Schlucht und dem

Der Appalachian Trail – eine Institution

Thema

Gibt es Menschen, die eine 2135 Meilen lange Wanderung machen? Es gibt sogar einen Club, die Appalachian Long Distance Hiker Association, deren Mitglieder die 2135 Meilen lange Strecke auf dem Kamm der Appalachen von Georgia bis Maine zurückgelegt haben.

Wer plant, es den Langstreckenwanderern gleichzutun, muss viel Zeit, etwas Geld, dazu eine gute Kondition und ein ausgeglichenes Gemüt mitbringen, dann erwarten ihn Naturerlebnisse besonderer Art. Von Norden überquert der Pfad bei Harpers Ferry die Grenze der Bundesstaaten West Virginia und Virginia, nachdem zuvor vom Nordosten der USA aus Neuengland und die Mid-Atlantic-Staaten durchschritten wurden. Der Pfad zieht sich knapp 500 Meilen durch Virginia, durch Wälder und die Berglandschaft des Shenandoah N. P. Viele gut ausgebaute Wald- und Bergpfade rechts und links des Weges führen zu schönen Aussichtspunkten oder Wasserfällen. Südlich von Shenandoah folgt der Appalachian Trail (A. T.) in angemessenem Abstand dem Blue Ridge Parkway nach Süden, durch die endlosen Wälder des George Washington und des Jefferson National Forest. Hohe Bäume und raue Felsen machen die Wanderung hier zu einem besonderen Erlebnis. Im Juni oder Juli können Wanderer die Farbenpracht des in voller Blüte stehenden wilden Rhododendron und der Azaleen bewundern.

Weiter geht es durch den Cherokee National Forest. Der Pisgah National Forest schließt sich weiter südlich an, die Berge werden höher und schroffer, bis der A. T. den Great Smoky Mountains National Park durchquert und mit dem 2025 m hohen Clingmans Dome den höchsten Gipfel der Strecke passiert. In Georgia zieht sich der A. T. durch den hügeligen Chattahoochee National Forest bis zum südlichen Endpunkt Springer Mountain.

Es hat von 1921 bis 1936 gedauert, um Dutzende Wanderwege zu verbinden, neue anzulegen, die Interessen von Behörden sowie von mehr als 1000 privaten Grundbesitzern zu vereinen und so den A. T. zu sichern. Die meisten Wanderer nutzen einzelne Abschnitte des Trails für Tageswanderungen, viele planen Wochenenden ein, und immerhin jährlich rund 1000 Mutige nehmen es sich vor, die gesamte Strecke zu durchmessen. Nur knapp 150 erreichen nach etwa fünf Monaten den nördlichen Endpunkt der Strecke in Maine. Karten und Logbücher, die jeden Abschnitt des Weges genau beschreiben, geben den Wanderern detaillierte Streckeninformationen, die gut 200 Schutzhütten, die alle 10 Meilen am Wege liegen, sind auch zur Übernachtung gedacht.

Der A. T. ist inzwischen eine Institution, die vom Kongress der USA als *scenic trail* durch den *National Trails System Act* geschützt wird. Über 100 000 unentgeltliche Arbeitsstunden im Jahr absolvieren Freiwillige der Appalachian Trail Conference (A. T. C.) allein, um die Strecke zu pflegenn.

Info: Die gemeinnützige Vereinigung der A. T. C. umfasst 21 000 Mitglieder, 40 Unternehmen und mehr als 70 Clubs und andere Organisationen. Büro für Georgia, North Carolina und Tennessee, 160A Zillicoa St., Asheville, NC 28801, Tel. 828-254-3708, www.appalachiantrail.org, dort auch Informationen zu Shuttle-Service-Angeboten, die Wanderer zu verschiedenen Punkten des Weges bringen.

aktiv unterwegs

Auf dem Appalachian Trail von Carvers Gap nach Roan High Bluff

Tour-Infos

Start: Carvers Gap, TN 143/NC 261, auf der Grenze von North Carolina und Tennessee, Parkplatz des früheren Cloudland Hotels.
Länge: ca. 6 Meilen
Dauer: 4–5 Std.
Schwierigkeitsgrad: moderat
Hinweis: Anreise aus North Carolina über die NC 261 nördlich von Bakersville. Der Rückweg führt über den Appalachian Trail zurück nach Carvers Gap. 2 Meilen des Weges in den Rhododendron Gardens des Roan Mountain S. P., www.roanmountain.com/statepark.htm

Der Appalachian Trail nach Süden startet nicht weit vom Schild des Forest Service beim Parkplatz in 1680 m Höhe in **Carvers Gap** 8. Der Weg führt in der Trasse einer 130 Jahre alten Zufahrtsstraße zum früheren Cloudland Hotel in Serpentinen bergauf. Zunächst geht es durch Nadelwald, den Weg säumen Wildblumen, Moose und Farne. Nach rund 1,3 Meilen führt ein kurzer Seitenweg zu einer einfachen Schutzhütte, dem **Roan High Knob Shelter** in 1916 m Höhe. Hier kann man picknicken; Appalachian-Trail-Fernwanderer finden im Obergeschoss Platz zum Schlafen.

Jetzt führt der Trail wieder bergab, an wuchtigen Felsen und Blaubeerbüschen vorbei. Weiter talwärts blockiert eine Felsnadel den geraden Weg und der Appalachian Trail windet sich um das Hindernis herum. Dahinter kann man noch den Bauplatz einer längst nicht mehr existierenden Hütte ausmachen. Bei zwei Weggabelungen führt der Appalachian Trail nach rechts. Vom früheren rustikal-mondänen Cloudland Hotel sind nur noch einige Teile des steinernen Fundaments erhalten. In den 250 Zimmern der im Jahr 1885 ganz aus Fichten-, Ahorn- und Kirschholz erbauten Herberge nächtigten um die Jahrhundertwende Politiker, Wirtschaftskapitäne und Künstler. Ein Golfplatz, Tennisplätze, ein Ballsaal und Reitpferde dienten neben der gut bestückten Bar zur Zerstreuung.

Von Osten grüßen der Gipfel des **Mount Mitchell** und die Kette der **Black Mountains** herüber. Ein Pfad nach links, der **Cloudland Trail,** verlässt hier den Appalachian Trail. Nach einem Picknickplatz steigt er an, es wird felsiger. Knapp 1,5 Meilen nach dem alten Parkplatz des Cloudland Hotel ist die **Roan-High-Bluff-Aussichtsplattform** erreicht, mit Weitblick in die bewaldete Berglandschaft des Roan Mountain State Park.

Vom extensiven Holzeinschlag bis vor 70 Jahren ist nicht mehr viel zu erkennen. Auf dem Weg zurück zum Cloudland Hotel zweigen kleine Rundwege in die üppigen **Rhododendron Gardens** ab. Der ›Umweg‹ lohnt sich vor allem im Juni, wenn Hunderte der bis zu 2,5 m hohen immergrünen Catawba-Rhododendronbüsche herrlich in Lavendel- und Rottönen blühen.

0,8 Meilen langen moderaten Trail »Erwins View« mit Aussicht auf die Wasserfälle und entscheiden (Visitor Center, Tel. 828-765-1045).

Übernachten

Bed, Breakfast und Golf ▶ **The Inn at Blue Ridge:** 17677 Hwy 221 N., Marion, Exit MP 317,4, Tel. 828-756-7001, www.theinnatblueridge.com. 12 große Zimmer mit Kamin, Kühlschrank und Balkon bzw. Terrasse zum benachbarten Golfplatz. DZ ab 80 $.

Camping ▶ **Linville Falls Trailer Lodge & Campground:** 717 Gurney Franklin Rd., Exit 317/US 221, Tel. 828-765-2681, www.linvillefalls.com. Gemütlicher Zeltplatz im Wald, für Campmobile und Zelte, dazu gibt es 8 Blockhütten. Zeltplätze 20 $, Campmobile 32–35 $, Blockhütten ab 90 $.

Spruce Pine 9

Rund 14 Meilen weiter südlich in Pruce Pine informiert das kleine **Museum of North Carolina Minerals** über die einst reichen Fundstätten für Halbedelsteine in den Bergen; 300 Stücke wrden gezeigt (Old NC 226 Hwy, MP 331, nördlich von Grassy Creek, Tel. 828-765-2761, tgl. 9–17 Uhr, Eintritt frei).

Mount Mitchell State Park 10

Ein kleiner Abzweiger vom Parkway führt direkt zum Mount Mitchell State Park in den Black Mountains, dem mit 2037 m höchsten Gipfel in den USA östlich des Mississippi. Der Panoramablick vom Aussichtsturm, diverse Trails durch die Natur und ein kleines Museum zur Naturgeschichte der Region locken zu einer Fahrtunterbrechung. Ein Picknickrestaurant serviert Herzhaftes (2388 Hwy 128, MP 356, Burnsville, Tel. 828-675-4611, www.ncparks.gov/Visit/parks/momi/main.php, Eintritt frei).

Folk Art Center 11

Das Folk Art Center am Blue Ridge Parkway kurz vor Asheville spiegelt eine Tradition wider, die sich von den ersten weißen Siedlern aus Nordirland bis heute erstreckt. Kunsthandwerker der Southern Highland Handicraft Guild stellen Töpferwaren, Körbe, Puppen, Quilts und Musikinstrumente zum Verkauf aus. Seit mehr als 60 Jahren lädt das Mountain Dance and Folk Festival am ersten Wochenende im August Amateure und Profis aus der Bergregion der Appalachen nach Asheville ein. Der Rhythmus der Musiker, Tänzer und Schuhplattler, die häufig keine Noten lesen können, aber Musik im Blut haben, nimmt dann das benachbarte Asheville gefangen (s. S. 186).

Asheville ▶ 2, F 3

Karte: S. 179

Aus unterschiedlichen Himmelsrichtungen öffnen sich die bewaldeten Täler und geben den Blick auf **Asheville** 12 frei. Bei klarem Wetter kann man hinter den Türmen und Hochhäusern der Stadt die entfernte Kulisse der Smoky Mountains ausmachen. Asheville wurde 1797 gegründet, doch erst 100 Jahre später, nachdem eine Eisenbahnstrecke den Ort an den Rest der Welt angeschlossen hatte, erlebte das Städtchen von 2600 Einwohnern einen Boom.

Um die Wende zum 20. Jh. entdeckten Reiche und Berühmte wie die Fords, Rockefellers, Vanderbilts, Thomas Edison und Theodore Roosevelt den Reiz der Mittelgebirgslandschaft und ihres angenehmen Klimas. Das 1912 erbaute Luxushotel Grove Park Inn beherbergte die meisten von ihnen, der Millionenerbe George Vanderbilt zog es allerdings vor, etwas außerhalb des Ortes einen eigenen Palast mit 255 Zimmern zu errichten, das heutige **Biltmore Estate** (s. S. 186). Heute können sich in der Stadt 70 000 und in der Region mehr als 180 000 Einwohner glücklich schätzen, in herrlicher Umgebung und angenehmem Klima zu wohnen. Im kompakten Zentrum von Asheville findet man einige interessante Gebäude vor allem aus dem frühen 20. Jh., darunter das nach Miami Beach umfangreichste Ensemble von Art-déco-Häusern.

Die **City Hall** mit achteckigem Kuppeldach aus rosafarbenen und grünen Schindeln, die

Biltmore Estate: ein Schloss mit 255 Zimmern und riesiger Parkanlage

aus Kalkstein und Granit gestaltete **S-&-W-Cafeteria** und die **First Baptist Church,** ebenfalls mit achteckiger Kuppel aus verschiedenfarbigen Ziegeln, wurden in den letzten Jahren restauriert. Den außergewöhnlich reichen Bestand an historischen Gebäuden verdankt man der jahrelangen Finanznot der Gemeinde, deren Kasse schlicht zu leer war, um die Innenstadt zu ›sanieren‹ und die alten Häuser abzureißen.

Ein knapp 2 Meilen langer **Urban Trail** führt an den Architekturschätzen der Innenstadt entlang. Rosa Granitblöcke am Wegesrand erläutern deren Geschichte. Der Trail führt auch zum **Pack Square,** dem großen grünen Zentrum der Stadt. Mehrere Springbrunnen erfreuen Besucher jeden Alters, ebenso wie kleine Geschäfte und Cafés. Auch die Restaurantszene der Stadt hat sich in den letzten Jahren entwickelt und ein modernes, kosmopolitisches Gesicht bekommen.

Der **River Arts District** von Asheville mit diversen Galerien und Kunstgewerbeläden zeigt, dass die Stadt nichts von ihrer traditionellen Attraktivität für Künstler verloren hat. F. Scott Fitzgerald war in den 1930er-Jahren Stammgast im mondänen **Grove Park Inn,** O. Henry (William Porter), Autor von 400 Kurzgeschichten, lebte nach seiner Heirat 1907 einige Jahre in Asheville und ist hier auch begraben (s. a. S. 201).

Der Gasthof Old Kentucky Home von Julia Wolfe war das karge Zuhause ihres Sohnes Thomas, der später als bekannter Schriftsteller in seinem stark autobiografisch geprägten Roman »Schau heimwärts, Engel« die Stadt, ihre Bewohner und die Gäste eines Dixieland genannten Gasthofs nicht gerade vorteilhaft porträtierte. Nach jahrelanger Ächtung des berühmten Sohns ist sich Asheville inzwischen dessen Bedeutung bewusst; der Gasthof wurde zu einem **Thomas Wolfe Memorial** umgebaut, das man besichtigen kann (48 Spruce St., Tel. 828-253-8304, www.wolfememorial.com, Nov.–März Di–Sa 10–16, So ab 13, sonst Di–Sa 9–17, So ab 13 Uhr, Erw. 1 $, Kinder 0,50 $). Der mit 38 Jahren an Tuberkulose gestorbene Schriftsteller ist auf dem städtischen Friedhof, natürlich unter einem Engel, begraben.

Infos

Asheville Convention & Visitors Bureau: 36 Montford Ave., Tel. 828-258-6101, www.ashevillechamber.com, Mo–Fr 8.30–17.30, Sa/So 9–17 Uhr.

Übernachten

Luxuriös ▶ Grove Park Inn: 290 Macon Ave., Tel. 828-252-2711, www.groveparkinn.com. Historisches Grand Hotel von 1913 vor der Bergkulisse der Blue Ridge Mountains, viele Sportangebote und Spitzenrestaurant (s. u.). DZ ab 300 $.

Bezaubernd ▶ Beaufort House Inn: 61 N. Liberty St., Tel. 828-254-8334, www.beauforthouse.com. Romantisches B & B in viktorianischem Gebäude in ruhiger Umgebung. Viele Annehmlichkeiten wie die einladende Terrasse, der weitläufige Garten, Kamine, Zimmer mit Whirlpool und Parkett, auch exzellentes Frühstück. DZ ab 129 $.

Blockhäuser ▶ Log Cabin Motor Court: 330 Weaverville Hwy, Tel. 828-645-6546, www.cabinlodging.com. 18 rustikale Blockhäuser mit kleiner Küche oder Kühlschrank im nostalgischen Ambiente von 1930. Ab 65 $.

... in Swannanoa (ca. 10 Meilen östl. von Asheville):

Camping ▶ KOA Asheville East: 2708 Hwy 70 E., Tel. 828-686-3121, http://koa.com/campgrounds/asheville-east. Gut ausgestatteter Campingplatz für Campmobile, dazu Cabins zum Übernachten und Bootsverleih. Stellplätze ab 39 $.

... in der Nähe von Candler (15 Min. südwestl. von Asheville):

Rustikal ▶ Mountain Springs Cabins: 27 Emma's Cove Rd., Tel. 828-665-1004, www.mtnsprings.com. 15 rustikale, modern eingerichtete Blockhütten mit Kamin, Veranda und Bergblick. Cabins ab 110 $.

Essen & Trinken

Exquisit ▶ Horizons: 290 Macon Ave., Tel. 828-252-2711, www.groveparkinn.com/Leisure/Dining/Horizons, Di–Do 18–21, Fr/Sa 18–21.30 Uhr. Die vom Küchenchef Duane Fernandes angerichteten Speisen sind eine Freude für Gaumen und Augen. Das Edelrestaurant im Grove Park Inn kombiniert erlesene Zutaten mit frischen Produkten der Region, z. B. schwarzen Zackenbarsch mit Kräuterspätzle, Blattspinat und Wildpilzen. Dazu Weine aus preisgekröntem Keller. Gerichte 8–40 $.

Mit Südstaatenakzent ▶ Magnolia's Raw Bar & Grille: 26 Walnut St., Tel. 828-251-5211, Mo–Fr 11.30–21, Sa ab 17 Uhr. Internationale Spezialitäten, köstlicher »Seafood Steampot« mit Hummer, Krebsen und Muscheln. Auf der Terrasse spielt eine Combo. Hauptgericht 10–20 $.

Bistro-Café ▶ Laughing Seed Café: 40 Wall St., Tel. 828-252-3445, tgl. 11.30–21, Fr/Sa bis 22 Uhr. Leckere vegetarische Kreationen. Hauptgericht ab 8 $.

Gut und günstig ▶ Brixx Pizza: 30 Town Square Blvd., Tel. 828-654-0046, www.brixxpizza.com/asheville.html, Mo–Sa 11–1, So 11–23 Uhr. Sympathisches Familienrestaurant für den kleinen Geldbeutel. Menü mit leckerer Holzofenpizza, auch Suppen, Salaten und Sandwiches, dazu eine große Bierauswahl. Gerichte 4–13 $.

Einkaufen

Kunst und Kunsthandwerk ▶ Folk Art Center: Blue Ridge Pkwy, MP 382, kurz vor Asheville, Tel. 828-298-7928, www.southernhighlandguild.org. Die Kunsthandwerker der Southern Highland Handicraft Guild stellen aus und verkaufen ihre Produkte. **Grovewood Gallery & Museums:** 111 Grovewood Rd., Tel. 828-253-7651, Museum: April–Dez. Mo–Sa 10–17, So 11–17 Uhr, Jan.–März geschl. Teppiche mit modernen und traditionellen Ornamenten, Möbel, Geschirr, Besteck und Schmuck, vorwiegend aus dem Südosten der USA. **Blue Spiral 1:** 38 Biltmore Ave., Tel. 828-251-0202, www.bluespiral1.com. Auf drei Ebenen südlich vom zentralen Pack Square sind die Arbeiten von rund 100 Künstlern und Kunsthandwerkern zum Verkauf ausgestellt.

Markt ▶ Grove Arcade Public Market: 1 Page Ave. Diverse Geschäfte und Restaurants im Inneren des neogotischen Gebäudes werden ergänzt durch Stände lokaler Farmer sowie von Kunsthandwerkern gleich draußen am Battery Park Square.

Abends & Nachts

Livemusik ▶ Stella Blue: 31 Patton Ave., Tel. 828-236-2424, unterschiedliche Öffnungszeiten. Abends mit mehreren Live-Bands, Rock, Hip-Hop oder Jazz.

Musik und Pizza ▶ Barley's: 42 Biltmore Ave., Tel. 828-252-0504, www.barleystaproom.com, von mittags bis Mitternacht. Pizza, 40 Biere vom Fass und entspannte Stimmung zur Musik von Bluegrass-, Country- und Jazz-Bands. Pizza ab 10 $.

Aktiv

Stadttouren ▶ Asheville Historic Trolley Tours: 37 Montford Ave., Tel. 1-888-667-3600, www.ashevilletrolleytours.com, Erw. 19 $, Kinder bis 17 J. 12 $. Der nostalgische weiße Bus fährt an diversen Sehenswürdigkeiten vorbei, an denen man aussteigen und nach einiger Zeit in den nächsten Bus wieder einsteigen kann. **Moving Sidewalk Tours:** 36 Montford Ave., Tel. 828-776-8687, www.movingsidewalktours.com. Von der Lobby des Asheville Visitor Information Center geht es auf Segways durch die Innenstadt. Touren starten um 9, 13, 17 Uhr, Mo–Fr 55 $, Sa/So 65 $.

Mountainbiking ▶ Asheville Cycling: Die Stadt ist ein idealer Ausgangspunkt zum Mountainbiking in der Umgebung. Das Visitor Bureau, Tel. 828-258-6101 (s. S. 185), oder die Webseite www.ashevillecycling.com informieren über Routen und Verleih von Rädern.

Termine

Mountain Dance & Folk Festival: 1. Aug. Woche. Diana Wortham Theatre, 2nd S. Pack Sq., MP 382, Tel. 828-257-4530, www.folkheritage.org/75thannua.htm. Tänzer, Sänger und Musiker aus North Carolina und Georgia zeigen ihre Kunst von 19–22 Uhr, Erw. 20 $.

Verkehr

Bus: Greyhound, 2nd Tunnel Rd., Tel. 828-253-8451. Beim Terminal starten die Fernbusse von Greyhound.

Nahverkehr: Asheville Transit Center, 49 Coxe Ave., Tel. 828-253-5691, www.ashevillenc.gov/residents/transportation/city_bus. Busse des städtischen Transit Center bedienen die Stadt und die nähere Umgebung.

Umgebung von Asheville

▶ 2, F 3

Karte: S. 179

Biltmore Estate 13

Der holländische Bauer Jan Aertson van der Bilt, der im ausgehenden 17. Jh. in die Neue Welt ausgewandert war, hätte es sich sicher nicht träumen lassen, dass sein Ur-Ur-Enkel einst in der Kopie eines Loire-Schlosses wohnen würde, dem **Biltmore Estate.** George Washington Vanderbilt zeigte wenig Neigung, das von seinen Vorfahren erarbeitete Vermögen weiter zu mehren; er war den schönen Künsten zugeneigt und liebte ausgedehnte Reisen. Nach dem Tode seines Vaters konnte er sich endlich den Traum erfüllen, einem Mitglied des englischen oder französischen Adels des 17. Jh. gleich, ein Schloss zu bewohnen.

Nachdem 1000 Handwerker, Landschaftsgärtner und Architekten fünf Jahre lang gemauert, getischlert, gerodet und gepflanzt hatten, wurde das Anwesen zum Weihnachtsfest 1895 eingeweiht. Anders als in den Schlössern an der Loire brauchten seine Bewohner nicht auf elektrisches Licht, eine Zentralheizung, auf ein Hallenbad, eine Kegelbahn oder eine Sporthalle zu verzichten. 80 Hausbedienstete sorgten für Bequemlichkeit und Sauberkeit. Das noch heute in Familienbesitz befindliche Schloss sowie die Ländereien mit Gärten und einem Weingut können besichtigt werden. Die luxuriöse Einrichtung mit Tausenden in Europa erworbenen Antiquitäten kann man im Originalzustand bestaunen (1 N. Pack Sq., nördlich der I-40, Exit 50, Tel. 828-255-1700, www.biltmore.com, tgl. 9–17 Uhr, Erw. 59–69 $, Kinder 10–16 J. 29,50–34,50 $).

North Carolina Arboretum 14

Das North Carolina Arboretum zeigt am Südrand von Asheville auf 175 ha die ganze Pracht der Flora in den südlichen Appalachen. Besucher können die Natur auf Waldwanderwegen erkunden, sich an stets blühenden Blumenrabatten erfreuen oder darüber hinaus eine der schönsten Bonsaiausstellungen Nordamerikas bewundern (MP 393, Tel. 828-665-2492, www.ncarboretum.org, April–Okt. tgl. 8–19, sonst bis 21 Uhr, Eintritt frei, Parkgebühr 8 $).

Chimney Rock Park 15

Der Chimney Rock Park, ein privater, 400 ha großen Naturpark nahe dem Lake Lure liegt gut 20 Meilen östlich von Asheville. Ein 100 m hoher Granitmonolith, der Chimney Rock, ragt spektakulär wie ein riesiger Schornstein empor. Vom Parkeingang windet sich ein gut 3 Meilen langer Weg hinauf, vorbei an Bergwiesen und lichten Wäldern. Bei der letzten Etappe hilft ein Fahrstuhl, der im Innern des Felsens auf dessen Spitze führt. Wer gut zu Fuß ist, klettert über verschachtelte Treppen, Holzstiege und Wege nach oben. Von der Spitze des Kaminfelsens erwartet Besucher bei klarem Wetter ein atemberaubender Blick. Ein Wanderweg führt zum 123 m hohen **Hickory Nut Wasserfall,** den Kinogänger als dekorative Kulisse im Film »Der letzte Mohikaner« von 1992 erkennen werden (US 64/74 A, 25 Meilen südöstl. von Asheville, Tel. 828-625-9611, www.chimneyrockpark.com, April–Mitte Okt. 8.30–19, sonst bis 18 Uhr).

Übernachten

Luxus rustikal ▶ **Esmeralda Inn:** 910 Main St., Tel. 828-625-2999, www.theesmeralda.com. Gelungener Nachbau der rustikalen Herberge von 1890, die nach 100 Jahren abgebrannt war. 14 komfortable Zimmer, WLAN gratis, Billard, Filme am Abend, exzellente Küche mit frischen Produkten. DZ ab 90 $.

Brevard und Hendersonville 16

Auf der Hitliste der beliebtesten Orte, in denen Senioren aus den USA ihren Lebensabend verbringen, stehen ganz oben **Brevard** und **Hendersonville** zwei Orte südlich von Asheville. Das milde Klima, eine anmutige Landschaft mit Wäldern, Apfelplantagen, Seen und Flüssen, mit einem vielseitigen Kulturangebot und einer niedrigen Kriminalitätsrate soll, einigen Statistiken zufolge, so gesund sein, dass man dort zehn Jahre länger lebt als in anderen Gemeinden. Ganz in der Nähe von **Brevard** befindet sich der **Cradle of Forestry** mit einem Park – die erste Forstwirtschaftsschule in den USA, entstanden aus der Waldaufsicht für das Biltmore Estate (www.cradleofforestry.com).

Die **Historic Johnson Farm** war 1874 Mittelpunkt einer Tabakplantage. In den 1920er-Jahren mutierte sie zur Sommerfrische für Urlauber aus dem Norden. Heute können Besucher in den zu einem Museum umgebauten Gebäuden nachempfinden, wie das Leben auf einer Farm gegen Ende 19. Jh. oder in einer Fremdenpension vor 90 Jahren zuging (3346 Haywood Rd., Tel. 828-891-6585, www.historichendersonville.org, Juni–Aug. Mo–Do, Sept.–Mai Di–Fr, Führungen 10.30, 13.30 Uhr, Erw. 5 $, erm. 3 $).

Infos

Visitor Information Center: 201 S. Main St., Tel. 828-693-9708, www.historichendersonville.org, Mo–Fr 9–17 Uhr.

Übernachten

Bester Ausblick auf die Berge ▶ **Echo Mountain Inn:** 2849 Laurel Park Hwy, Tel. 828-693-9626, www.echoinn.com. B & B in einem 1896 erbauten herrschaftlichen Haus mit 32 Gästezimmern. In der Nähe starten mehrere Wanderwege. DZ ab 105 $.

Best Western ▶ **Hendersonville Inn:** 105 Sugarloaf Rd., Tel. 828-692-0521, www.bestwestern.com. Modernes Kettenhotel nicht weit von Asheville und Chimney Rock. Kostenloser HBO-Kabelkanal, WLAN, kleiner Swimmingpool. DZ ab 60 $.

Essen & Trinken

Fine Dining ▶ **Flight Wood Grill & Wine Bar:** 401 N. Main St., Tel. 828-694-1030, www.flightwoodgrill.com, ab 17 Uhr. Entenbrust mit Kirschsauce oder Shrimps & Grits im Südstaatenstil. Hauptgerichte 18–34 $.

Beschwingt ▶ **Café on the Veranda:** 130 Sugarloaf Rd., Tel. 828-692-0393, www.adayinthecountry.com, Mo–Sa 11.30–15.30 Uhr. Munteres Café im Gewächshaus und Teil des Geschenkeshops »A Day in the Country«. Serviert werden Tees, Kaffee, Gebäck, Salate, köstliche Suppen und andere leichte Speisen. Gerichte 5–8 $.

Einkaufen

Antiquitäten ▶ In der **Historic Main Street** im Zentrum von Hendersonville finden Besucher zahlreiche Geschäfte für Antiquitäten sowie Kunsthandwerk und Gebrauchsgegenstände.

Retro ▶ **Mast General Store:** 57 N. Main St., Tel. 828-696-1883, www.mastgeneralstore.com/Communities/hv. Der Main Store in Hendersonville wurde 1905 eröffnet. Inzwischen gibt es Filialen in mehreren Städten des Südostens. Verkauft wird alles Mögliche, von Outdoor-Bekleidung über Spielzeug bis zu Schuhen, alles mit einem leichten Touch von Gestern.

Abends & Nachts

Stadttheater ▶ **Hendersonville Little Theatre:** 1025 State St., Tel. 828-692-1082, www.hendersonvillelittletheater.org. Das Stadttheater von Hendersonville ist bekannt wegen seines stets ambitionierten Spielplans, der »Dr. Jekyll and Mr. Hyde«, »Driving Miss Daisy« oder »Steel Magnolias« umfasst und zeitgenössische Aufführungen mit solchen moderner Klassikern verbindet.

Termine

North Carolina Apple Festival: 1. Wochenende im Sept. Tel. 828-697-4557, www.ncapplefestival.org. Großes Straßenfest in Hendersonville zur Apfelernte, mit Kulturprogramm, Sportwettbewerben, Essen und Trinken, und das seit über 65 Jahren.

Tipp: Mountain Trail

Der gut 1 Meile lange **Frying Pan Mountain Trail** führt vom Campground (MP 408,6) hinter der Rangerstation hinauf auf den 1661 m hohen Gipfel des Mount Pisgah. Vom Beobachtungsturm für Waldbrände bietet sich ein traumhafter Rundumblick über die bewaldeten Berge.

Flat Rock 17

Das ebenfalls südlich von Asheville liegende **Flat Rock** wurde im 19. Jh. auch »Little Charleston in the mountains« genannt. Hier hatten reiche Familien aus Charleston und aus anderen Orten im feuchtheißen Küstengebiet ihre Sommerhäuser. Die Gebäude aus dieser Zeit stehen inzwischen unter Denkmalschutz, dazu kommen als überregional bekannte Attraktionen das **Flat Rock Playhouse** als eine der führenden Bühnen des Landes (s. u.) und das **Carl Sandburg Home National Historic Site,** langjähriges Wohnhaus und Arbeitsplatz des amerikanischen Dichters, Journalisten und Historikers, der hier 1967 starb (81 Carl Sandburg Ln./Little River Rd., Tel. 828-693-4178, www.nps.gov/carl, Park Sonnenauf- bis Sonnenuntergang, Einrichtungen tgl. 9–17 Uhr, Eintritt frei).

Abends & Nachts

Staatstheater ▶ **Flat Rock Playhouse:** 2661 Greenville Hwy/Hwy 225 S., Tel. 828-693-0731, www.flatrockplayhouse.org. In den 1950er-Jahren als Sommertheater der »Company of Vagabond Players« gestartet, bietet das inzwischen offizielle Staatstheater von North Carolina von Anfang April bis Mitte Oktober ein exzellentes Bühnenprogramm mit Schauspiel und Musical; des Weiteren hat man die Aufgabe übernommen, jährlich 600 Studenten im darstellenden Spiel für den Einsatz in Kindergärten, Schulen und professionellen Theatergruppen zu unterrichten.

Mount Pisgah 18

Der Rast- und Campingplatz beim **Mount Pisgah** war früher Teil des riesigen Biltmore Estate. »Peak of the Parkway«, den Gipfel des Blue Ridge Parkway, nennt man den prominenten Platz zur Einkehr auch, der zudem ein Restaurant und eine Unterkunft bietet (MP 408,6, s. u.).

Übernachten

Berglodge ▶ **Pisgah Inn:** Blue Ridge Pkwy, MP 408,6, Tel. 828-235-8228, www.pisgahinn.com, Mai–Nov. Der Gasthof befindet sich in herrlicher Lage auf einer Höhe von 1524 m

Der Mount Pisgah ist ein Dorado für Kletterer

mit Panoramablick auf die Bergwelt, die Zimmer sind ordentlich. DZ ab 100 $.
Camping ▶ **Mount Pisgah Campground:** gehört zum Pisgah Inn, MP 408,6, Tel. 1-877-444-6777, geöffnet ab Mai. Plätze ab 19 $.

Essen & Trinken

Herzhaft ▶ **Pisgah Inn:** Adresse s. Übernachten. Serviert wird Frühstück, Lunch und Abendessen. Herzhafter Landschinken, gute Forellen. Gerichte 6–21 $.

Aktiv

Klettern ▶ **Fox Mountain Guides and Climbing School:** 3228 Asheville Hwy, Pisgah Forest, Tel. 1-888-284-8433 oder mobil 828-702-5689, www.foxmountainguides.com. Die einzige lizensierte Kletterschule in den

Südstaaten nimmt ganze Familien in die Berge des Pisgah National Forest. Kinder ab 6 Jahren können an einem 2-stündigen Schnupperkurs teilnehmen. Halber Tag 160 $, ganzer Tag 195 $, bei 4 Teilnehmern 70 $ bzw. 80/Pers.

Qualla Boundary ▶ 2, E 3

Karte: S. 179

Cherokee Reservation

Das Zentrum des Qualla Boundary genannten Reservats, in dem 8500 Amerikaner indianischer Abstammung leben, heißt **Cherokee** 19. Sie sind die Nachfahren jener etwa 1000 Cherokee, die der Deportation des Stammes von 16 000 Menschen nach Oklahoma durch Flucht in die Berge entkamen. Die Hauptstraße durch den Ort ist geeignet, Illusionen vom Überleben einer indianischen Kultur zu zerstören. Souvenirläden reihen sich an Bingo-Arkaden, an ein Spielkasino, das wiederum vom Christmas Shop und vom Cherokee Fun Park abgelöst wird.

Der zwiespältige Eindruck von der Cherokee Reservation zwischen ausufernder Kommerzialisierung indianischer Folklore und der Überlieferung kulturellen Erbes macht die problematische Situation nicht nur der Cherokee deutlich. Inmitten des *American way of life* eigene Traditionen zu bewahren, erweist sich als äußerst schwierig. Hinzu kommt, dass von den gut 8000 Einwohnern der Qualla Boundary sich gerade noch 2000 als *full blood Cherokee* bezeichnen können und jeder zweite Gewerbetreibende in der Reservation ein weißer Pächter ist. Die indianische Schriftsprache, die der Cherokee Sequoyah 1821 entwickelte, wird in der örtlichen Highschool nur noch als Zusatzkurs angeboten.

Der gutgemeinte Ratschlag, sich stärker auf eigene Traditionen zu besinnen, weniger vom Tourismus abhängig zu werden und sich deutlicher von der weißen Zivilisation abzugrenzen, ist angesichts der besonders im Winter hohen Arbeitslosigkeit ohne großen praktischen Wert. So bleibt der Appell, für einige schnelle Dollars nicht jede Geschmacklosigkeit zuzulassen, ein Aufruf, der auch an viele andere Tempel der Massenkultur gerichtet werden könnte.

Die Cherokee nennen die Bergwälder *shaconage,* ständiger blauer Dunst. In ihren Legenden heißt es, dass während langer, unergiebiger Friedensverhandlungen zwischen feindlichen Stämmen sieben Tage lang die Friedenspfeife nicht ausging. Darüber war der große Geist so erzürnt, dass er die unfähigen Unterhändler in Pflanzen mit einem weißgrauen Blütenkelch, die Indianerpfeifen, verwandelte und den Rauch der Friedenspfeifen als Mahnung für die Menschen, ernsthaft den Frieden zu suchen, über den Bergen beließ. Heutige Wissenschaftler haben für den leicht bläulichen Schimmer in der Luft und für die Wolken, die sich um die Bergspitzen legen, den intensiven Stoffwechsel von Millionen von Pflanzen und aufsteigende Luftfeuchtigkeit als nüchterne Erklärung parat.

Museum of the Cherokee Indian

Zum Glück besteht die Qualla Boundary nicht nur aus der Main Street ihres größten Ortes. Im ausgezeichneten Museum of the Cherokee Indian wird die indianische Besiedlung des nordamerikanischen Kontinents nachgezeichnet und mit einer Ausstellung von Werkzeugen, Waffen und Haushaltsgegenständen aus verschiedenen Kulturepochen dokumentiert (589 Tsali Blvd., Tel. 828-497-3481, www.cherokeemuseum.org, Mitte Juni–Aug. Mo–Sa 9–19, So bis 17, sonst tgl. 9–17 Uhr, Erw. 10 $, Kinder 6–12 J. 6 $).

Oconaluftee Indian Village

Der Nachbau einer indianischen Siedlung aus der Mitte des 18. Jh. veranschaulicht die Lebensweise der Cherokee in Dörfern mit festen Holz- und Lehmhäusern. Stammesmitglieder demonstrieren alte Jagdtechniken und Handwerkskünste, etwa das mühsame Ausbrennen eines Einbaumkanus, und erläutern die Stammesorganisation sowie das frühere Glaubenssystem am zeremoniellen Platz vor dem großen Beratungshaus (218 Drama

Rd., Abzweig von der US 441, 2,5 Meilen nördl. vom Ort, Tel. 828-497-2315, Mai bis Ende Okt., Touren zwischen 9–17.30 Uhr, Erw. 18 $, Kinder 6–12 J. 10 $).

Mountainside-Amphitheater

Seit mehr als 60 Jahren wird von Mitte Juni bis Ende August das Drama »Unto these Hills« im 2800 Sitze fassenden **Mountainside-Amphitheater** aufgeführt. Das Stück stellt mit Szenen, Bildern, Tänzen und Gesängen die Geschichte der Cherokee dar, von der Begegnung mit der Expedition des spanischen Konquistadors Hernando de Soto im Jahr 1540 über die gewaltsame Vertreibung aus den angestammten Siedlungsgebieten in den südlichen Appalachen bis zum Tod Tausender während der Deportation nach Oklahoma 300 Jahre später (s. ›Abends & Nachts‹).

Infos

Visitor Center: 498 Tsali Blvd., Tel. 828-497-3481, www.cherokee-nc.com, tgl. 8–17 Uhr.

Übernachten

Luxus ▶ **Harrah's Cherokee Casino:** 777 Casino Dr./US 19, Tel. 828-497-7777, www.harrahscherokee.com. 15-stöckiger Hotelturm mit 576 großen Zimmern in indianischem Dekor, 2 Restaurants und Casino, Pool, Sauna. DZ 80 $.

Solide ▶ **Riverside Motel:** US 441/Old Rte. 441, Tel. 828-497 9311, www.riversidemotelnc.com. Einfache Herberge in schöner Lage direkt am Fluss, solide aus Stein gebaut, die sich angenehm von den Kettenhotels abhebt. DZ ab 75 $.

Am Fluss ▶ **Newfound Lodge:** 1192 Tsali Blvd., Tel. 828-497-2746, www.mountainshops.com/newfoundlodge/index.html. Individuelles Hotel mit großen Fenstern und Balkonen zum Fluss. Guter Angel- und Badeplatz, dazu Pool. DZ ab 70 $.

Einfach ▶ **Baymont Inn Cherokee:** 1455 Aqoni Rd., Tel. 828-487-2102, http://baymontinns.com. Der wuchtige Bau birgt einige Annehmlichkeiten: saubere Räume mit Mikrowelle und Kaffeemaschine, kostenloses kleines Frühstück, dazu WLAN. DZ ab 60 $.

Ordentliches Kettenhotel ▶ **Holiday Inn Cherokee:** 37 Tsalagi Rd., Tel. 828-497-9181, www.holiday-inn.com. Mit Whirlpool und Pool, WLAN. DZ ab 55 $.

Camping ▶ **Mingo Falls Campground:** Big Cove Rd., Tel. 828-497-9944, www.cherokee-nc.com. Vis-à-vis von den **Mingo Falls** in der Reservation gelegener Campingplatz.

Essen & Trinken

Chinesisch ▶ **Happy New Garden:** Acquoni Rd./Great Smoky Center, Tel. 828-497-4310, Mo geschl. Kräftige chinesische Küche vom Büfett oder à la carte. Shrimps im Teigmantel, Hühnchen und Brokkoli mit chinesischen Gewürzen und vieles mehr. Gerichte 6–12 $.

Frühstück ▶ **Peter's Pancakes & Waffles:** 1384 Tsali Blvd., Tel. 828-497-5116. Kaffee mit Tageszeitung und Pfannkuchen. Morgens ist es bei Peter's am vollsten. Es gibt auch herzhafte Varianten, mit Schinken, Eiern und Maisgrütze. Mittags kommen noch Sandwiches und Hot Dogs zum Angebot hinzu. Frühstück ab 3,50 $.

Einkaufen

Kunsthandwerk ▶ **Qualla Arts & Crafts Mutual:** 645 Tsali Blvd., Tel. 828-497-3103. Die ausgezeichnete Verkaufsausstellung der Cherokee-Kunsthandwerker ist eine Alternative zu vielen Geschmacksverirrungen der Souvenirläden entlang der Hauptstraße durch Cherokee, Juni–Aug. Mo–Sa 8–19, So 9–17, sonst Mo–Sa 8–16.30, So 9–17 Uhr, Jan.–Febr. geschl.

Abends & Nachts

Theater ▶ **Mountainside Theater:** 688 Drama Rd., Abzweig von der US 441, 5 Meilen nördl. vom Ort, Tel. 828-497-2111, Mo–Sa 21 Uhr, Mitte Juni bis Ende Aug. Freilufttheater »Unto these Hills« über die Geschichte der Cherokee-Indianer und ihrer Vertreibung.

Spielkasino ▶ **Harrah's Cherokee Casino:** 777 Casino Dr./US 19, Tel. 828-497-8899, www.harrahscherokee.com, durchgehend geöffnet.

Um den blauen Dunst der Blue Smoky Mountains ranken sich indianische Mythen

öffnet, angeschlossenes Hotel mit Restaurant und Golfplatz.

Aktiv

Angeln ▶ **Cherokee Fish and Game Management:** Unter Tel. 828-497-5201 oder im Visitor Center erhält man alle notwendigen Informationen zum Angeln. Die Bestände in den insgesamt gut 30 Meilen Flüssen mit Angelplätzen werden jährlich mit etwa 400 000 Forellen aufgestockt.

Termine

Cherokee Indian Fair: Okt. Auf dem Messegelände mit Musikgruppen, Tänzen, einem Kostümumzug und Feuerwerk, dazu Verkaufsausstellung von Kunsthandwerk.

4 Great Smoky Mountains N. P. ▶ D/E 2/3

Karte: S. 179

Die südlichen Appalachen mit dem Great **Smoky Mountains National Park** gelten als ein botanisches Paradies. Mehr als 1500 verschiedene Pflanzen-, allein 130 unterschiedliche Baumarten, konnten Botaniker bislang bestimmen. Obwohl der Massentourismus die Smokies von Norden und Süden mit Hotelbauten, Vergnügungsparks und Autokarawanen bedrängt, ist die Natur zumindest vor direkten Attacken geschützt. In den riesigen Staatswäldern zählt seit 1934 ein gut 2000 km² großes Oval zu den Nationalparks der USA.

Es sind nicht tiefe Schluchten, reißende Wasserfälle oder gewaltige Bergmassive, welche die Smokies zu einem der beliebtesten Nationalparks der USA werden ließen. Die riesigen Wälder, die mehr als 800 Meilen Wanderwege, das Panorama der imposanten Berge, von denen knapp 20 eine Gipfelhöhe von 1800 m überschreiten, die Blütenpracht der sommerlichen Wildblumen, die Laubfärbung im September und Oktober sowie der Tierreichtum – besonders Rotwild, zu dem auch mächtige Wapiti-Hirsche zählen, locken alljährlich über 10 Mio. Besucher in den Park, und damit mehr als in den Grand Canyon und die Yellowstone- und Yosemite-Nationalparks zusammen. Auch wenn die Ranger seit einiger Zeit Auswirkungen der Luftverschmutzung registrieren müssen und ein Schädling die in höheren Lagen wachsende Fraserföhre angreift, präsentiert sich die Natur vielerorts in verschwenderischer Fülle. An zahlreichen Bächen und Flüsschen kann man im Sommer herrlich baden; nicht nur bei Kindern beliebt ist das *inner tubing,* der Tanz mit aufgeblasenen Autoschläuchen über die Stromschnellen. Zehn Campingplätze und eine nur zu Fuß erreichbare Summer Lodge auf dem Mount LeConte ermöglichen die Übernachtung innerhalb der Parkgrenzen.

Über zwei Rundstrecken können Autofahrer die Natur erkunden. Der fünf Meilen lange **Roaring Fork Motor Nature Trail** nahe dem Sugarland Visitor Center am Nordende des Parks führt entlang der Stromschnellen des Roaring Fork durch jüngere und alte Baumbestände und vorbei am Cherokee Orchard, einer ehemaligen kleinen Apfelplantage.

Die Autostrecke zum **Cades Cove** schlängelt sich parallel zum Little River und zum Laurel Creek durch den Nordwestteil des Parks. Im ovalen, ehemals bewirtschafteten Talgrund führt ein Rundkurs von 11 Meilen zu wiederaufgebauten Bauernhäusern, Scheunen, einer Sägerei und einer Kornmühle aus dem 19. Jh., die Eindrücke vom harten Leben der frühen Siedler vermitteln.

Unter den vielen Tieren, die im National Park heimisch sind, leben inzwischen sogar wieder 400 bis 600 Schwarzbären, denen man allerdings nicht zu nahe kommen sollte.

Infos

Great Smoky Mountains National Park: 107 Park Headquarters Rd., Gatlinburg, TN 37738, Tel. 865-436-1200, www.nps.gov/grsm. Vier Besucherzentren gibt es im Park: im **Cades-Cove-Tal,** auf halber Strecke des 11 Meilen langen Rundkurses durch das Tal; bei **Oconaluftee,** zwei Meilen nördlich von Cherokee an der US 441; **Sugarlands,** zwei Meilen südlich von Gatlinburg an der US 441 und beim **Clingmans Dome,** an der Clingmans Dome Road, beim Startpunkt für den Bergwanderweg auf den Clingmans Dome. Visitor Center befinden sich zusätzlich außerhalb der Parkgrenzen auf halbem Weg zwischen Pigeon Forge und Gatlinburg an der US 441, bei Sevierville und bei Townsend, ebenfalls in Tennessee.

Übernachten

Urige Herberge ▶ **LeConte Lodge:** auf dem LeConte Mountain, Tel. 865-429-5704, www.leconte-lodge.com, Reservierungsbüro: 250 Apple Valley Rd. Fünf Wanderwege führen auf den Berg und zur rustikalen Lodge mit Haupthaus und Blockhütten in knapp 1940 m Höhe. Um einen der 50 Übernachtungsplätze zu erhalten, sollte man bis zu einem Jahr im Voraus reservieren, Verpflegung mit Frühstück und Abendessen ca. 40 $. Übernachtung ca. 80 $.

Camping ▶ Es gibt **10 ausgebaute Campingplätze,** die mit dem Auto erreichbar sind, sowie mehrere einfache Backcountry Campgrounds in der Wildnis; außerdem 5 Campingplätze, die auch auf Pferde eingestellt sind (www.nps.gov/grsm/planyourvisit/car camping.htm).Plätze 14–23 $.

Aktiv

Rangerprogramm ▶ **Angebote der Parkranger,** von Mitte Juni bis Okt., Wanderungen, Erzählungen am Lagerfeuer etc.

Fahrradfahren ▶ Am besten im **Cades Cove,** Fahrradverleih am dortigen Campground Store, Tel. 865-448-9034, tgl. 9–16, April–Aug. bis 19 Uhr, kein Mountainbiking.

Angeln ▶ Mit Angelschein, der in Tennessee (www.tn.wildlifelicense.com/index.php) oder North Carolina (www.ncwildlife.org) für den jeweiligen Teil des Nationalparks erhältlich ist, **an fast allen Bächen und Flüssen,** seit einigen Jahren gibt es wieder wilde Forellen.

Wandern ▶ Fast endlose Möglichkeiten auf attraktiven markierten Wanderwegen und im Backcountry. **Wanderkarten** gibt es im Visitor Center und eine Download-Gesamtübersicht unter www.nps.gov/grsm/planyourvisit/up load/GSMNPBackcountryMap.pdf).

Reiten ▶ Mehrere Ställe bieten Ausritte im National Park an, im **Cades Cove** (http://cadescovestables.com) auch mit Kutschenfahrten, in **Smokemont** bei Cherokee (www.smokemontridingstable.com), in **Sugarland** vier Meilen östlich von Gatlinburg (www.sugar landridingstables.com). 1 Std. ca. 25 $.

Wildwassertrips und Klettern ▶ **Rafting in the Smokies:** Outpost, Hartford Rd., Exit 447, gleich vis-à-vis der Ampel, Tel. 865-436-5008, www.raftinginthesmokies.com. Im Schlauchboot auf dem Upper und Lower Pigeon River, dazu Zip-Lining und Seilklettergarten. Raftingtouren 39 $/Pers.

Charlotte ▶ 2 H 3

Karte: S. 179

Rund ein Drittel der Fläche von North Carolina wird vom Piedmont eingenommen. Die weißen Siedler fanden hier zwischen der Bergkette der Appalachen und dem Schwemmland der Küste nicht nur indianische Kulturen, sondern auch sanfte Hügel und fruchtbare lehmige Erde vor, ideal für den Anbau von Tabak. Die Tabakindustrie gehört noch immer zu den wichtigen Wirtschaftszeigen des Bundesstaates, am besten zu sehen in Winston-Salem, Durham oder Kenly. Doch die Region hat sich weiterentwickelt, mit Verwaltungszentren, Hochschul- und Forschungseinrichtungen wie z. B. im dynamischen Charlotte und im North Carolina Triangle mit Raleigh, Durham und Chapel Hill.

Stadtgeschichte

Die ersten königstreuen Siedler benannten ihre Stadt 1768 nach Charlotte von Mecklenburg, der Gemahlin des britischen Regenten Charles III. Doch nur sieben Jahre später waren die Einwohner von Charlotte die britischen Steuern und Reglementierungen leid. Sie verfassten eine Unabhängigkeitserklärung, die sie dem amerikanischen Kontinentalkongress zuleiteten. Selbst der britische General Cornwallis sah sich mit seinen Elitetruppen außerstande, der Unruhe ein Ende zu bereiten und zog 1780 nach nur einem Monat aus dem »verdammten Hornissennest der Rebellion« wieder ab.

Die unruhige koloniale Kleinstadt entwickelte sich zur Industrie- und Finanzmetropole von North Carolina, in deren Einzugsbereich heute mehr als 1 Mio. Menschen leben. Aus der beschaulichen Stadtkulisse von einst ragen heute Verwaltungsgebäude von Banken, Versicherungen und Elektronikkonzernen in den Himmel. Geblieben ist die verwirrende Gewohnheit, den Innenstadtbereich nicht Downtown, sondern Uptown zu nennen.

Der betriebsame internationale Flughafen und die sich hier kreuzenden, stark frequentierten Highways unterstreichen, dass die Stadt endgültig aus dem Schatten der Geschichte, als sie Umschlagplatz für Baumwolle war, herausgetreten ist. Und so hat sich das Viertel NoDa, kurz für North Davidson Street, seit den 1990er-Jahren von einem Industriegebiet für Textilverarbeitung zu einem angesagten Quartier gewandelt, mit diversen Galerien, Studios, Theatern, Geschäften, Restaurants und Cafés.

Museen

Das vielfältige Kulturangebot reicht von einem großen Symphonieorchester, einem Ballettensemble, einem Chor und dem afroamerikanischen Harvey B. Gantt Kulturzentrum, u. a. mit wechselnden Ausstellungen schwarzer Künstler bis zu einer Shakespeare Company, einer Oper und einem Kindertheater (551 S. Tryon St., Tel. 704-547-3700, www.ganttcenter.org, Di–Sa 10–17, So 13–17 Uhr, Erw. 8 $, Kinder 6–17 J. 6 $).

Das **Mint Museum Randolph** präsentiert in der früheren Münzpräge der Stadt ein großes Spektrum an künstlerischen Werken, von präkolumbianischen Werken aus Miitel- und Südamerika bis zur europäischen Malerei vom Mittelalter bis zur Moderne, dazu Münzen und Keramik aus North Carolina. Auch die repräsentativen Krönungsporträts von König Georg II. und Königin Charlotte fehlen nicht (2730 Randolph Rd., Tel. 704-337-2000, www.mintmuseum. org, Di 10–21, Mi–Sa 10–18, So 10–17 Uhr, Mo geschl., Erw. 10 $, Kinder 5–17 J. 5 $).

Das generalüberholte **M. Mint Museum Uptown** zeigt zeitgenössische Kunst, u. a. von Frank Stella, und internationales Design (500 S. Tryon St., Tel. 704-337-2000, www.mintmuseum.org, Di 10–21, Mi–Sa 10–18, So 10–17 Uhr, Mo geschl., Erw. 10 $, Kinder 5–17 J. 5 $).

Mit dem 2010 in einem ausgesprochen eleganten Bau des Schweizer Architekten Mario Botta eröffneten **Bechtler Museum of Modern Art** verfügt Charlotte auch über ein Kunstmuseum, das sich auf die klassische Moderne des 20. Jh. konzentriert und Plastiken und Bilder u. a. von Miró, Giacometti, Warhol, Tinguely, Picasso und Calder (420 S. Tryon St., Tel. 704-353-9200, www.bechtler.org, Mo, Mi–Sa 10–17, So 12–17 Uhr, Erw. 8 $, Kinder 11–18 J. 4 $).

Das schönste Museum der Stadt ist jedoch den Naturwissenschaften gewidmet. **Discovery Place** ist ein ›Ort der Entdeckungen‹ für Kinder und Erwachsene. Das zweistöckige Gebäude birgt einen tropischen Regenwald, eine Unterwasserwelt und eine durchsichtige Menschenfigur, in deren Inneren die Organtätigkeiten ›lebendig‹ dargestellt werden (301 N. Tryon St., Tel. 704-372-6261, www.discoveryplace.org, Mo, Di, Do, Fr 9–16, Mi 9–20, Sa 10–18, So 12–17 Uhr, Erw. 12 $, Kinder10 $).

Das **Levine Museum of the New South** beschränkt sich nicht auf den nostalgischen Rückblick auf die ›guten alten Zeiten‹. Im Mittelpunkt der sehenswerten modernen Ausstellung steht die Zeit vom Ende des Bürgerkriegs bis heute, die Entwicklung »von Baumwollfeldern zu Wolkenkratzern« (200 E. 7th St., Tel. 704-333-1887, www.museumofthenewsouth.org, Mo–Sa 10–17, So 12–17 Uhr, Erw. 6 $, Kinder 6–18 J. 5 $).

Nascar

NASCAR und nicht etwa die Formel 1 spielt in den USA die herausragendste Rolle im Motorsport. Mit dem **Motor Speedway** verfügt auch Charlotte über eine der ovalen Hochgeschwindigkeitsrennstrecken (5555 Concord Pkwy S., www.charlottespeedway.com). Die **NASCAR Hall of Fame** stellt die Superhelden und ihre Boliden in einer eindrucksvollen interaktiven Ausstellung vor (400 E. Martin Luther King Jr. Blvd., Tel. 704-654-4400, www.nascarhall.com, Erw. 19 $, Kinder 5–12 J. 12,95 $).

Umgebung

Der **Paramount's Carowinds Theme Park** an der Grenze von North und South Carolina greift die Geschichte der Carolinas mit Nachbauten historischer Gebäude und Siedlungen auf. Unterhaltungsprogramme, Musikshows und Achterbahnen mit abenteuerlichen Loopings begeistern die Besucher (14523 Carowinds Blvd., an der I-77, Tel. 704-588-2600, www.carowinds.com, April–Okt. wechselnde Öffnungszeiten, Tagesticket Erw. 41,99 $, Kinder 24,99 $).

Infos

Visitor Info Center: 330 S. Tryon St., Tel. 704-331-2700, www.charlottesgotalot.com, Mo–Fr 8.30–17, Sa bis 15 Uhr.

Übernachten

Traditionshotel ▶ **Dunhill:** 237 N. Tryon St., Tel. 704-332-4141, www.dunhillhotel.com. Der Bau von 1929 ist für das moderne Charlotte geradezu altertümlich. Mit Pianospieler und Wandgemälden in der Lobby, die bestens ausgestatteten 60 Zimmer und Suiten haben schon viele Prominente gesehen. DZ ab 180 $.

Nahe Uptown ▶ **The Morehead Inn:** 1122 E. Morehead St., Tel. 704-376-3357, www.moreheadinn.com. Gepflegtes B & B mit 12 Suiten. DZ ab 180 $.

Zentral ▶ **Courtyard Charlotte City Center:** 237 S. Tryon St., Tel. 704- 926-5800, www.marriott.com. Komfortable Unterkunft im Herzen von Uptown, Indoor Pool, kostenloses WLAN. DZ ab 110 $ (Frühstück inkl.).

Essen & Trinken

Frisches aus dem Meer ▶ **Upstream:** 6902 Phillips Place, Tel. 704-556-7730, www.harpersgroup.com, Mo–Do 11.30–22, Fr/Sa 11.30–23, So 10.30–22 Uhr. Ein gehobenes Fisch- und Meeresfrüchte-Restaurant mit frischen Produkten, umfangreicher Weinkarte und einer Austernbar. Jeden Tag von 16–19 Uhr herrscht hier »Sushi Extravaganza«, wobei es viele Sushirollen zum halbem Preis gibt. Gerichte ab 21 $.

Die Skyline von Charlotte zeugt von der wirtschaftlichen Dynamik der Stadt

Französische Küche ▶ Georges Brasserie: 4620 Piedmont Row Dr., Suite 110, Tel. 980-219-7410, www.georgesbrasserie.com, Mo–Fr 11.30–14.30, 17–22, Fr/Sa 17–23, So 11–15, 17–21 Uhr. Unkomplizierte französische Gerichte. Das Restaurant ist geschmackvoll eingerichtet. Gerichte 10–28 $.

BBQ ▶ Midwood Smokehouse: 1401 Central Ave., Suite 101, Tel. 704-295-4227, www.midwoodsmokehouse.com, tgl. ab 11 Uhr. Wer Lust auf deftiges Barbeque und die hauseigene ›Geheimsauce‹ hat, ist hier richtig aufgehoben. Daneben gibt es auch noch andere klassisch amerikanische Gerichte. Auch Plätze im Freien. Gegrilltes ab 7,50 $.

Frühstück ▶ Amelie's French Bakery: 2424 N. Davidson St., Tel. 704-376-1781, www.ameliesfrenchbakery.com, tgl. 24 Std. geöffnet. Ausgezeichneter Kaffee, Gebäck, Salate, Sandwiches und stets wechselnden Suppenrezepten zu Mittag. Gerichte 3–12 $.

In NoDa ▶ Crepe Cellar Kitchen & Pub: 3116 N. Davidson St., Tel. 704-910-6543, www.crepecellar.com. Köstliche Crêpe-Kreationen, z. B. mit Spinat und Waldpilzen, karamellisierten Schalotten und Ziegenkäse, Crêpe ab 10 $. Hauptgerichte ab 14 $.

Abends & Nachts

Entertainment-Komplex ▶ Music Factory: Uptown Village, 935 N. Graham, Tel. 704-987-0612, www.ncmusicfactory.com. Hier wird wirklich fast alles zur Unterhaltung geboten. Open-Air-Konzerte, Bars und Restaurants, ein Comedy-Club und noch einiges mehr.

Nicht nur Blues ▶ Double Door Inn: 1218 Charlottetowne Ave., Tel. 704-376-1446, Mo–Fr 11–2, Sa 20.30–2 Uhr. Schon Eric Clapton und Buddy Guy haben hier in die Saiten gegriffen. Blues und Jazz sind hier zu Hause, aber zuweilen spielen Bands auch Pop oder Reggae.

Cocktails ▶ Butter NC: 950 Seabord St., Tel. 704-295-1565, www.buttercharlotte.com, Di–Sa 21–2 Uhr. Wenn angesagte DJs wie Will.i.am auflegen, schmecken die Cocktails im trendigen Nachtclub noch besser.

Alles unter einem Dach ▶ EpiCentre: 210 E. Trade St., www.epicentrenc.com. Hier kommt keine Langeweile auf. Schließlich gibt es Kinos, die Pianobar »Howl at the Moon«, eine Bowling-Bar, dazu ein elegantes Restaurant und einen Rooftop-Pavillon mit Livemusik. Dazu gehört auch noch »Whiskey River«, ein Nachtclub, in dem man auf einem künstlichen Bullen reiten kann und der seinem Namen alle Ehre macht: Der Eistee mit Wodka und Whiskey fließen in Strömen.

Aktiv

Wildwasser ▶ US National Whitewater Center: 5000 Whitewater Center Pkwy, Tel. 704-391-3900, http://usnwc.org. Die Strecken mit Stromschnellen der Klassen II bis IV der künstlichen Wildwasseranlage bieten Herausforderungen für Anfänger und Könner. Dazu gibt es zwei Kletterwände, eine Hochseil- und eine Zipline-Anlage sowie 12,5 Meilen gespurte Mountainbike-Strecken. Neueste Attraktion: »Mega Jump», der Sprung von einem 14 m hohen Turm, zunächst im freien Fall, bevor ein modernes Bremssystem die Mutigen ›rettet‹. Pass für alle Sportarten Erw. 49 $, Kinder bis 9 J. 39 $.

... in Huntersville (12 Meilen nordöstl. von Charlotte):

Wandern und Reiten ▶ Latta Plantation Park: 5225 Sample Rd., Tel. 704-875-2312, www.lattaplantation.org. Im riesigen Naturschutzgelände kann man sogar Pferde mieten und ca. 6,5 Meilen lange Trails reiten. Erw. 7 $, erm. 5 $.

Termine

Time Warner Cable BBQ & Blues: Anfang Sept. Im Zentrum, Kreuzungsbereich von Tryon St. und Trade St. Großer Grillwettbewerb und viele Livekonzerte, frisch gezapfte Biere und diverse Sportwettbewerbe, Tel. 704-332-2227, www.charlottebbqandblues.com.

Verkehr

Flug: Charlotte Douglas International Airport, 5501 Josh Birmingham Pkwy., Tel. 704-359-4910, www.charlotteairport.com. Am westlichen Stadtrand. Verbindungen mit mehr als 130 Städten, davon 30 internationale Ziele.

Bahn: Amtrak, 1914 N. Tryon St., Tel. 704-376-4416, www.amtrak.com. Der »Carolinian« verbindet Charleston mit anderen Städten in North Carolina sowie mit Washington D. C., Philadelphia und New York.

Bus: Greyhound, 601 W. Trade St., Tel. 704-375-3332, www.greyhound.com. Hybridgetriebene Sprinter-Busse fahren alle 20–30 Min. und verbinden das Zentrum mit dem Flughafen.

Fortbewegung in der Stadt

Lynx: »Luchs«, heißt das neue Schnellbahnsystem, das verschiedene Punkte der Innenstadt mit dem Convention Center verbindet.

CATS: Das öffentliche Nahverkehrssystem der Charlotte Area Transit System Bus Service (CATS) befördert auf mehr als 80 Busrouten jährlich 22 Mio. Passagiere (Tel. 704-336-7433, www.ridetransit.org).

Nostalgiebusse: »Gold Rush« nennen sich die nostalgisch anmutenden Busse, die von früh bis spät die zentrale Tryon St. und die Trade St. befahren.

Winston-Salem ▶ 2, J 2

Ein zweites Konglomerat von drei Städten, **The Triad,** liegt nur knapp 70 Meilen nördlich von Charlotte. Die Städte **Winston-Salem, Highpoint** und **Greensboro,** im Laufe der Jahre einander nähergekommen, zählen zusammen über 900 000 Einwohner in ihrem Einzugsgebiet. Bei klarem Wetter kann man die Silhouette der Blue Ridge Mountains am Horizont deutlich erkennen. Neben der Tabakindustrie und bedeutenden Bildungs- und Forschungseinrichtungen gehören die Baumwollverarbeitung und die Möbelherstellung zu den wichtigsten Wirtschaftszweigen der Region.

Stadtgeschichte

Eine Gruppe von Moraviern, Mitgliedern der protestantischen »Herrnhuter Brüdergemeinen« aus Mähren, die vor religiöser Unterdrückung nach Nordamerika ausgewandert war, ließ sich nach einem missglückten Siedlungsversuch in Savannah, Georgia, in Pennsylvania nieder. Im Jahr 1753 kauften die Moravier Land in North Carolina, errichteten die befestigte Siedlung Bethabara und bauten eine Stadt, der sie nach dem hebräischen Wort für Frieden, *shalom,* den Namen **Salem** gaben. Moravier sahen handwerkliche Tätigkeit als gottgefällige Arbeit an und so entwickelte sich bald eine religiös bestimmte, blühende Gemeinde, in der jedoch nur ›Rechtgläubige‹ leben durften.

Aus den Niederlassungen Andersgläubiger entstand Mitte des 19. Jh. die Schwesterstadt **Winston,** die als Verwaltungszentrum der Region und als Standort für die Tabakverarbeitung Salem bald überflügelte. Im Jahre 1874 hatte der Ort 400 Einwohner, 1914 arbeiteten mehr als 10 000 Beschäftigte in den Tabakfabriken von Reynolds. Seit 1913 sind Winston und Salem zu einer Stadt verschmolzen.

Old Salem

Besucher können durch die Gassen von **Old Salem** schlendern, die solide gearbeiteten Backstein- und Holzhäuser bewundern, auf dem Gottesacker Einblicke in die Geschichte der Stadt und ihrer ehemaligen Bewohner gewinnen oder in der alten Winkler-Bäckerei frisch gebackene Kekse probieren. Für die Besichtigung anderer Gebäude, etwa des Single Brothers House für Alleinstehende, des Miksch Tobacco Shops oder der ehemaligen Arztpraxis von Dr. Vierling, muss ein kleiner Obolus entrichtet werden (Old Salem Rd., Tel. 336-721-30 00, www.oldsalem.org, Besichtigung der Häuser Di–Sa 9.30–16.30, So ab 13 Uhr, Erw. 18 $, Kinder 6–16 J. 10 $). Auch das historische Bethabara mit dem Gemeindehaus sowie einer Rekonstruktion der Palisadenbefestigung am nordöstlichen Stadtrand kann man besichtigen (2147 Bethabara Rd., Tel. 336-924-8191, www.bethabarapark.org, Mai–Nov. Di–Fr 10.30–16.30, Sa–So ab 13.30 Uhr, Erw. 4 $, Kinder 1 $).

Winston und Richard Joshua Reynolds

Der ›weltliche‹ Teil der Stadt Winston ist von der Tabakverarbeitung geprägt. Vor etwa 100 Jahren erkannte Richard Joshua Reynolds die Bedeutung der automatisierten Zigarettenherstellung und begann, ein Tabakimperium aufzubauen. Die Produktion der Zigarettenfabrik Whitaker Park im Norden der Stadt, in Hochzeiten mehr als 250 Mio. Stück am Tag, wurde heruntergefahren. Inzwischen konzentriert sich die Herstellung der ›Glimm-

Old Salem: ›Living history‹ in den alten Häusern der Herrnhuter Brüdergemeinen

stengel‹ in der riesigen, 190 000 m² großen Anlage von Tobaccoville, knapp 14 Meilen nördlich der Stadt.

Die Spuren von Reynolds, in Winston kurz R. J. R. genannt, sind über die Stadt verteilt. Das ehemalige Landgut der Familie, Tanglewood, ist heute eine Freizeitanlage mit Golfplätzen und Pferderennbahn.

Reynolda House, der einstige Wohnsitz der Reynolds, beherbergt heute in 100 Räumen eine bedeutende Sammlung amerikanischer Malerei. **Reynolda Village,** früher Verwaltungszentrum des Familienguts mit Wohnungen für die Angestellten, wurde zu einem eleganten Einkaufszentrum umgestaltet. Das 1927 im Zentrum der Stadt errichtete frühere Verwaltungsgebäude des Konzerns sieht wie die kleinere Version des Empire State Building von New York aus. In der Tat nahmen die Architekten Shreve und Lamb ihren Art-déco-Wolkenkratzer in Winston als Vorbild, um vier Jahre später in New York das seinerzeit höchste Gebäude der Welt zu errichten.

Infos

Visitor Center: 200 Brookstown Ave., Tel. 336-728-4200, www.visitwinsonsalem.com.

Übernachten

Alte Baumwollmühle ▶ **The Brookstown Inn:** 200 Brookstown Ave., Tel. 336-725-1120, www.brookstowninn.com. Das historische Hotel liegt in der Nähe des Old-Salem-Bezirks. Hier genießt man neben den großen Zimmern eine herzliche Atmosphäre und muss trotz des historischen Gebäudes nicht auf moderne Annehmlichkeiten verzichten. DZ ab 110 $.

Historisch ▶ **Manor House B & B:** Tanglewood Park, Tel. 336-778-6370, www.manorhouse.tanglewoodpark.org. Neben geräumigen Zimmern bietet das zum Teil im Jahr 1859 erbaute Hotel einen Poolbereich, Golf- und Tennisplätze und sogar einen Pferdestall. Die Anlage befindet sich in einer ruhigen Parklandschaft. DZ ab 100 $.

Ruhig ▶ **Comfort Inn:** 200 Mercantile Dr., Tel. 336-714-8888, www.comfortinn.com. Komfortable Herberge, 10 Autominuten östlich von Old Salem. Hallenpool, Fitnessraum, WLAN. DZ ab 70 $ (inkl. Frühstück).

Essen & Trinken

Gourmet-Restaurant ▶ **Zevely House:** 901 W. 4th St., Tel. 336-725-6666, www.zevelyhouse.com, Di–Sa 5.30–21, So 11–14 Uhr. Feine, kreative amerikanische Küche. Historisches Gebäude mit antikem Dekor. Hauptgerichte 13–29 $.

Mährisch ▶ **Old Salem Tavern:** 736 S. Main St., Tel. 336-748-85 85, www.oldsalemtavern.com, tgl. 11.30–14, Mo–Sa 17–21 Uhr. Nicht nur die Einrichtung, auch die Rezepte der Gerichte des Restaurants in Old Salem stammen aus dem 18. Jh. Hauptgerichte ab 13 $.

Riesige Auswahl ▶ **Ollie's Bakery:** 300 S. Marshall St., Tel. 336-727-0404, www.olliesbakeries.com, Di–Fr 7–18, Sa/So 8–18 Uhr. Eine Bäckerei mit großem Sortiment von Broten und Gebäck. Besonders interessant sind aber die Sandwiches, perfekt für einen leckeren und preiswerten Lunch. Ab 7 $.

Einkaufen

Souvenirs ▶ **Moravian Gift Shop:** 614 S. Main St., Tel. 336-723-6262. Kunsthandwerk und Kitsch im verwinkelten Laden.

Gebäckspezialitäten ▶ **Winkler Bakery:** 529 Main St., Tel. 336-721-7302. Traditionell hauchfein gebackene Ingwer- und knusperig-knackige Walnusskekse in Old Salem.

... in Germantown (ca. 7 Meilen nördl. von Salem):

Kunst und Wein ▶ **Germanton Art Gallery and Winery:** Hwy 8, Tel. 336-969-6121, www.germantongallery.com, So–Mo geschl. Drucke und Originale von rund 80 vorwiegend amerikanischen Künstlern; dazu gibt es u. a. einen frischen Chardonnay aus der Germanton Winery. Wie der Name vermuten lässt, wurde der Ort von deutschen Einwanderern gegründet (1790).

Abends & Nachts

Rockmusik ▶ **Ziggy's:** 821 N. Trade St., Tel. 336-682-6332, www.ziggyrock.net. Gute Livemusik, ab 19 oder 21 Uhr, im Neubau für 1000 Gäste.

Aktiv

... in Clemmons (12 Meilen südwestl. von Winston-Salem):

Freizeitsport ▶ Tanglewood Park: 4201 Manor House Circle, Tel. 336-778-6300, www.tanglewoodpark.org. Auf dem früheren Landgut der Reynolds kann sich jeder aktiv betätigen: im Schwimmbad, beim Angeln oder Paddeln, beim Trailreiten, auf den beiden Golfplätzen oder beim Spaziergang durch die Blumengärten, tgl. 7 Uhr bis Sonnenuntergang, 2 $.

Termine

Old Salem Christmas Candle and Tea. Dez. Stimmungsvolle, altmährische Weihnachten an vier Tagen im Dezember, Old Salem Museums & Gardens, 600 S. Main St., Tel. 336-721-7300, www.oldsalem.org.

Verkehr

Bahn: Amtrak, 100 W. 5th St., 5th St./Trade St. Haltestelle des »Carolinian« auf dem Weg von New York nach Charlotte.

Bus: Greyhound, 100 W. 5th St., Tel. 336-724-1429.

Greensboro und Umgebung ▶ 2, J/K 2

Die Universitätsstadt Greensboro erhielt ihren Namen zu Ehren von Nathaniel Greene, der als Oberst der amerikanischen Revolutionstruppen mit einem zusammengewürfelten Haufen dem britischen General Cornwallis empfindliche Verluste beigebracht hatte. Ein Apotheker der Stadt, Lunsford Richardson, sollte auf einem ganz anderen Gebiet Ruhm erlangen, als er 1912 auf dem Höhepunkt einer Erkältungswelle in seinem Labor aus verschiedenen Stoffen ein Mittel zusammenstellte, das unter dem Namen »Vick's VapoRup« später Weltkarriere machte.

Greensboro Historical Museum

Das **Greensboro Historical Museum** verfolgt die Geschichte der indianischen Besiedlung in der Region, gibt Auskunft über die militärischen Konflikte des Unabhängigkeits- und des Bürgerkriegs sowie über den berühmtesten Sohn der Stadt, William Sydney Porter, dessen unter seinem Pseudonym »O. Henry« verfasste Kurzgeschichten zu den Klassikern der amerikanischen Literatur zählen (130 Summit Ave., Tel. 336-373-2043, www.greensborohistory.org, Di–Sa 10–17, So ab 14 Uhr, Eintritt frei).

International Civil Rights Center & Museum

Einem Ereignis der jüngeren Geschichte des Landes wird im **International Civil Rights Center & Museum** gedacht, wo es in dem früheren Woolworth Building vier afroamerikanische Studenten am 1. Februar 1960 wagten, sich beim Mittagsessen an einem mit »nur für Weiße« gekennzeichneten Tisch niederzulassen. Sie lösten mit ähnlichen Aktionen in anderen Bundesstaaten des Südostens eine Auseinandersetzung um gleiche Bürgerrechte aus, die schließlich mit einem Sieg endete, und prägten gleichzeitig den Begriff des *Sit in* als Mittel des gewaltlosen Kampfes (134 S. Elm St., Tel. 336-274-9199, www.sitinmovement.org, Di–Fr 10–18, Sa 9–19, So 13–18 Uhr, Erw. 10 $, Kin. 6 $).

High Point und Burlington

High Point, knapp 20 Meilen südwestlich von Greesboro, war nördlichster (höchster) Punkt und Haltestelle der Eisenbahnlinie der North Carolina Railroad. Es ist heute eine Stadt der Holz- und Baumwollverarbeitung.

Allein 120 Fabriken stellen hier und im benachbarten **Burlington** Socken und Baumwollwäsche her. Die riesigen Ausstellungsräume und die halbjährliche Möbelmesse machen die Stadt zu einem Anziehungspunkt für Verbraucher und Fachbesucher, die sich auch als »Welthauptstadt der Möbelindustrie« anpreist.

Infos

Convention & Visitors Bureau: 2200 Pinecroft Rd., Suite 200, Tel. 336-274-2282, www.greensboronc.org, Mo–Fr 8.30–17.30, Sa 9–16, So 13–17 Uhr.

Tipp: Töpferwaren

Dank alter Familientraditionen ist der Töpferberuf englischer Einwanderer aus dem 18. Jh. nie ausgestorben. Einige der Töpfer betreiben ihren Beruf bereits in der achten Generation; im **North Carolina Pottery Center** werden zahlreiche Kunstwerke und Gebrauchsgegenstände der regionalen Künstler ausgestellt (233 E. Ave./US 220, Seagrove, 40 Meilen südl. von Greenboro, Tel. 336-873-84 30, www.ncpotterycenter.com, Di–Sa 10–16 Uhr, Erw. 2 $, geführte Touren 4 $/Spende).

Übernachten

Boutique-Hotel ▶ **O. Henry Hotel:** 624 Green Valley Rd., Tel. 336-854-2000, www.ohenryhotel.com. Elegantes, geschmackvoll eingerichtetes Hotel, mit geräumigen, individuellen Zimmern. Die große Lobby lädt ein, Tee oder Cocktails zu genießen. Ein ausladendes Frühstücksbüfett ist inklusive. DZ ab 224 $.

Zentral gelegen ▶ **Greenwood B & B:** 205 N. Park Dr., Tel. 336-274-6350, www.greenwoodbb.com. Das B & B liegt im historischen Bezirk in einem Haus aus dem 19. Jh. und hat seine Zimmer entsprechend dekoriert. DZ ab 119 $.

Essen & Trinken

Große Auswahl ▶ **Green Valley Grill:** 622 Green Valley Rd., Tel. 336-854-2015, www.greenvalleygrill.com, Mo–Sa Lunch und Dinner, So Brunch und Dinner. Saisonale Speisekarte, die jedem etwas bietet. Von diversen Fleischgerichten bis zu Pasta, Muscheln und gegrilltem Fisch, alles frisch und zuverlässig zubereitet. Bei gutem Wetter kann man sein Essen auf der Terrasse genießen. Hauptgerichte ab 20 $.

Klein, aber trendy ▶ **Lindley Park Filling Station:** 2201 Walker Ave., Tel. 336-274-2144, www.lindleyfillingstation.com, tgl. 11–23 Uhr. Eine umgebaute Tankstelle dient als Lokalität für dieses bei den Einwohnern sehr beliebte Restaurant. Im Innenbereich gibt es nur wenige Plätze, viele weitere allerdings auf der Terrasse. Auf die Teller kommt klassische amerikanische Kost, darunter Burger, Wraps und Crab Cakes. Chips und Pommes frites sind hausgemacht. Gerichte ab 8 $.

Abends & Nachts

Livemusik ▶ **The New Blind Tiger:** 1819 Spring Garden St., Tel. 336-272-9888, www.theblindtiger.com. Täglich Konzerte mit Bands und Sängern der verschiedensten Genres. Die Webseite bietet das aktuelle Programm.

Einkaufen

Outlet-Mall ▶ **Burlington Outlet Village:** 2389 Corporation Pkwy, www.burlingtonoutletvillage.com. Factory Outlet Mall mit großem Angebot an Bekleidung und Einrichtungsgegenständen.

North Carolina Triangle

Die Städte **Raleigh, Durham** und **Chapel Hill,** in denen zusammen mehr als 1,7 Mio. Menschen leben, werden meist in einem Atemzug genannt. Dabei hat jede der drei zusammengerückten Gemeinden des North Carolina Triangle eine eigene Geschichte und einen unverwechselbaren Charakter. Gemeinsam ist ihnen das Engagement für den 1959 gegründeten **Research Triangle Park,** ein Forschungs- und Technologiezentrum mit 35 000 Beschäftigten, das in den Bereichen der Medizintechnik sowie der Bio- und Gentechnologie internationalen Ruf genießt.

Raleigh ▶ 2, L 2

Raleigh wurde nach Edenton und New Bern zum dritten und letzten Regierungssitz von North Carolina ernannt. Der Namensgeber Sir Walter Raleigh, ein Günstling von Königin Elisabeth I., hatte 1585 an der Küste den ersten vergeblichen Versuch unternommen, eine britische Kolonie in der Neuen Welt zu gründen.

Zahlreiche Behörden und kulturelle Einrichtungen wie das ausgezeichnete **North Carolina Museum of Art** mit einer umfassenden Sammlung europäischer Malerei von

Raffael bis Monet und amerikanischer Kunst des 20. Jh. (2110 Blue Ridge Blvd., Tel. 919-833-1935, www.ncartmuseum.org, Di–Do, Sa–So 10–17 Uhr, Fr 9–21 Uhr, Eintritt frei) sowie die **North Carolina State University** mit knapp 25 000 Studenten prägen Anlage und Atmosphäre der Stadt.

In den letzten drei Jahrzehnten hat die wachsende Sensibilität hinsichtlich der Erhaltung der natürlichen Ressourcen dazu geführt, dass bestehende Grünflächen in der Stadt ausgeweitet und neue geschaffen wurden. Ein System von »Recreational Trails«, das den Bürgern zum Wandern, Fahrradfahren, Angeln, Joggen oder Picknicken zur Verfügung steht, umfasst schon 50 Meilen.

Beim **State Capitol** erinnert eine bronzene Figurengruppe an die drei US-Präsidenten Andrew Jackson, James Polk und Andrew Johnson, die zwar als Bürger anderer Bundesstaaten in ihr Amt gewählt, aber immerhin in North Carolina geboren wurden. Das 1833–44 errichtete Parlamentsgebäude kann auf einer Tour besichtigt werden (Union Sq., Tel. 919-733-4994, www.ncstatecapitol.org, Mo–Sa 9–17 Uhr, Gruppentouren Sa 11 und 14 Uhr, Eintritt frei).

Der **Mordecai Historic Park** umfasst die ehemalige Plantage der Familie Mordecai sowie weitere Häuser aus der ersten Hälfte des 19. Jh., ein Postamt, eine Kapelle und das bescheidene Haus, in dem der spätere US-Präsident Andrew Johnson 1808 geboren wurde (Wake Forest Rd./Momosa St., Tel. 919-857-4364, Di–Sa 10–16 Uhr, So 13–16 Uhr, www.raleighnc.gov/mordecai, Erw. 5 $, erm. 3 $, Kinder frei).

Infos

Raleigh Visitor Information Center: 500 Fayette St., Tel. 919-834-5900, www.visitraleigh.com, Mo–Fr 8.30–17, Sa 10–14 Uhr.

Übernachten

Ruhig gelegen ▶ **The Oakwood Inn:** 411 N. Bloodworth St., Tel. 919-832-9712, www.oakwoodinnbb.com. Charmante, viktorianische B-&-B-Unterkunft mit 6 stilvoll eingerichteten Zimmern. DZ ab 158 $.

Günstig ▶ **Candlewood Suites Raleigh – Crabtree:** 4433 Lead Mine Rd., Tel. 919-789-4840, www.candlewoodsuites.com. Wer ein preiswertes, sauberes Zimmer sucht, ist hier gut aufgehoben, zuvorkommender, freundlicher Service. DZ ab 69 $.

Camping ▶ **William B. Umstead State Park:** 8801 Glenwood Ave., Tel. 919-571-41 70; www.ncparks.gov/Visit/parks/wium/main.php. 28 Stellplätze mit Tischen und Grill, Bootsverleih, Angelschein und Radverleih in wunderschöner Natur auf halbem Wege zwischen Raleigh und Durham. Stellplatz 35 $.

Essen & Trinken

Steaks und Meerestiere ▶ **Angus Barn:** 9401 Glenwood Ave., Tel. 919-787-3505, Mo–Fr 17.30–22.30, Sa/So 17–22 Uhr. In dem klassischen Steakhaus wird auch ausgezeichnet zubereiteter Fisch serviert. Hauptgerichte ab 16 $.

Einkaufen

Kunst ▶ **Artspace:** 201 E. Davie St., Tel. 919-821-2787. Über 40 bildende Künstler arbeiten im Kunstzentrum Artspace, stellen aus und verkaufen ihre Werke.

Abends & Nachts

Livemusik ▶ **Berkley Café:** 217 W. Martin St., Tel. 919-821-0777, www.berkleycafe.net. Rock, Blues und Jazz live.

Irish ▶ **Tir na nog:** 218 S. Blount St., Tel. 919-833-7795, www.tirnanogirishpub.com, Lunch und Dinner. Irische Stammkneipe (»Land der ewigen Jugend«) mit Guiness und Whiskey aus dem Zapfhahn.

Aktiv

Segway ▶ **Triangle Glides:** 327 Blake St., Raleigh, Tel. 919-828-1988, www.triangleglides.com. Mit den putzigen Zweirädern geht es vom historischen City Market auf ein- bis zweistündige Touren zu den Sehenswürdigkeiten des Zentrums. Ab 40 $.

Wassersport ▶ **Lake Wheeler:** 6404 Lake Wheeler Rd., Tel. 919-662-5704, www.raleighnc.gov. Rund 25 ha Park- und Waldlandschaft; der dazugehörige See 5 Meilen südwestlich von Raleigh-Durham ist sogar zehn Mal so groß. Ein Wassersportparadies, in dem man angeln, baden, Kanu fahren, segeln, rudern oder nur faul sein kann. Eintritt nur zu den Open-Air-Konzerten im Sommer.

Verkehr

Bahn: Amtrak, der »Carolinian« stoppt auf dem Weg von New York nach Charlotte in North Carolina sowohl in Raleigh, 320 W. Cabarrus St., als auch in Durham; 601 W. Main St., www.amtrak.com.
Bus: Greyhound, 314 W. Jones St, Tel. 919-834-8275 und 515 W. Pettigrew St., Durham, Tel. 919-687-4800, www.greyhound.com.

Termine

Bugfest: Anfang Sept. Alles über Käfer *(bug)* und andere Insekten. Auf den vier Ebenen des sehenswerten **Museum of Natural Science** ›krabbelt‹ es. Selbst das Museumscafé heißt jetzt »Café Insecta«. Beim »Evening Insectival« spielen diverse Bands,11 W. Jones St., Tel. 919.733.7450, www.bugfest.org.

Durham ▶ 2, L 2

Durham hätte auch Prattsburg heißen können, wenn William Pratt und nicht Barlett Durham genügend Weitblick gezeigt hätte, der North Carolina Railroad Company etwas von seinem Grundbesitz zu verkaufen. Der Aufschwung kam dann mit **Washington Duke,** der entdeckte, dass die Verarbeitung von Tabak mehr einbrachte als dessen Anbau. Duke entwickelte die Zigarettenindustrie des Landes und erkor Durham zum Konzernsitz seiner American Tobacco Company.

Die **Duke Homestead State Historic Site** umfasst das frühere Haus der Familie von 1852 sowie zwei kleinere Zigarettenmanufakturen. Das Visitor Center dokumentiert die Geschichte des Tabakanbaus in Nordamerika von den indianischen Ursprüngen bis heute (2828 Duke Homestead Rd., Tel. 919-477-5498, www.nchistoricsites.org/duke/duke.htm, Di–Sa 9–17 Uhr, Führungen, Eintritt frei).

Einfluss und Spuren der Duke-Familie sind auch 100 Jahre nach der Firmengründung unübersehbar. Sie manifestieren sich am deutlichsten in der 1924 gegründeten **Duke University,** einer der bedeutendsten Privatuniversitäten der USA mit etwa 10 000 Studenten. Die Ausbildung von Medizinern und der hohe Standard der Universitätsklinik gelten nicht nur als Aushängeschild der Hochschule, sondern auch des Ortes, der von einer ›Tobacco Town‹ zur ›City of Medicine‹ wurde. Die neogotische Kapelle der Hochschule mit einem melodischen Glockenspiel und einer Orgel mit 5000 Pfeifen ist der Kathedrale im englischen Canterbury nachempfunden (West-Campus, Tel. 919-681-9488, während des Vorlesungszeit 8–22 Uhr, im Sommer 8–20 Uhr, Glockenspielkonzert Mo–Fr 17 Uhr, www.chapel.duke.edu).

Infos

Durham Convention & Visitors Bureau: 101 E. Morgan St., Tel. 919-687-0288, www.durham-nc.com, Mo–Fr 8.30–17, Sa 10–14 Uhr.

Übernachten

Bezaubernd ▶ **Blooming Garden Inn:** 513 Holloway St., Tel. 919-687-0801. Die viktorianische Villa ist mit vielen Antiquitäten eingerichtet und liegt inmitten eines Blumengartens. DZ ab 95 $.

Essen & Trinken

Lokale Zutaten ▶ **Watts Grocery:** 1116 Broad St., Tel. 919-416-5040, www.wattsgrocery.com, Di–So 11.30–14.30, 17.30–22 Uhr. Amerikanische Küche, sorgfältig zubereitet, bevorzugt mit Produkten aus der Region wie z. B. gegrilltes Ribeye oder ein vegetarischer Teller. Gerichte ab 18 $.
Restaurant und Bar ▶ **Tyler's Taproom and Restaurant:** 324 Blackwell St, Tel. 919-433-0345, www.tylerstaproom.com, tgl. 11–22 Uhr. Lebendiges Restaurant auch für Familien geeignet. Hier gibt es amerikanische Standardkost, vom Burger bis zum Caesar Salad. Auch ein beliebter Lunch-Spot. Gerichte ab 5 $.

Termine

American Dance Festival: Juni. Eines der einflussreichsten Tanzfestivals weltweit, mit

Claude Monet lässt grüßen: im botanischen Garten der Universität von Durham

Veranstaltungen in der gesamten Region, 715 Broad St., Tel. 919-684-6402, www.americandancefestival.org.
Duke Homestead Tobacco Harvest Festival: Sept. 2828 Homestead Rd., www.durham-nc.com. Kulturfest rund um den Tabak.

Verkehr

Siehe S. 204 bei Raleigh.

Chapel Hill ► 2, K 2

Die dritte Hochschule im North Carolina Triangle, die **University of North Carolina,** ist der Stolz von **Chapel Hill.** Dabei musste sie nach der Eröffnung 1795 einige Wochen warten, bis der erste Student zu Fuß aus dem 150 Meilen entfernten Wilmington eingetroffen war. Heute sind 23 000 Studenten an der renommierten Universität eingeschrieben.

Infos

Chapel Hill/Orange County Visitors Bureau: 501 W. Franklin St., Tel. 919-968-2060, www.visitchapelhill.org, Mo–Fr 8.30–17, Sa 10–14 Uhr.

Übernachten

Luxuriöses B & B ► **Carolina Inn:** 211 Pittsboro St., Tel. 919-933-2001, www.carolinainn.com. Dieses opulent eingerichtete Bed and Breakfast verbindet Eleganz und Tradition. Es gehört seit den 1930er-Jahren der Universität North Carolina. DZ ab 199 $.

Essen & Trinken

Southern Cuisine ► **Crook's Corner:** 610 W. Franklin St., Tel. 919-929-7643, www.crookscounter.com, Di–So ab 17.30, So 10.30–14 Uhr. Südstaaten-Küche auf gehobenem Niveau, mit Grits, Tabasco-Chicken oder »Hush Pupies« mit Austern. Ab 15 $.

Kenly ► 2, M 3

Wer von Raleigh oder Durham nach Südosten fährt, passiert ausgedehnte Tabakfelder. Die Ende Juni knapp zwei Meter hohen Pflanzen mit bis zu einem Meter großen Blättern stehen dann kurz vor der Blüte. Das **Tobacco Farm Life Museum** in **Kenly** östlich von Raleigh ist einen Besuch wert. Auch die Lage scheint gut gewählt, werden doch die Hälfte aller Zigarettentabake von North Carolina in einem Umkreis von 50 Meilen um das Museum geerntet. Ein Film informiert über die Geschichte des Tabakanbaus, die Ausstellung in nachgebauten Häusern einer einst typischen Tabakfarm zeigt Werkzeuge und Dokumente zum Farmleben zu Beginn des

Free at last – Sklaverei in den Südstaaten

Die Vorfahren der Afroamerikaner wurden in Westafrika von Menschenjägern gefangen genommen, zu den Häfen an der Atlantikküste verschleppt, in Schiffe gepfercht und Richtung Amerika verfrachtet. 1619 erreichte das erste holländische Schiff mit 20 afrikanischen Zwangsarbeitern Jamestown in der englischen Kolonie Virginia.

Schon 1511 begannen die Spanier, die durch Krankheiten und Zwangsarbeit rasch dezimierte Bevölkerung in ihren amerikanischen Kolonien mit afrikanischen Sklaven ›aufzufüllen‹. Viele waren am Geschäft des Sklavenhandels beteiligt: rivalisierende afrikanische Stämme, Reedereien, Handelshäuser, Plantagenbesitzer der Kolonialmächte in Nord- und Südamerika. Das Gros der insgesamt 11 Mio. über den Atlantik geschafften Afrikaner wurde in den Bergwerken und auf den Plantagen in Mittel- und Südamerika eingesetzt.

In den französischen und englischen Kolonien von Nordamerika, später in den USA, konzentrierte sich die Sklavenbevölkerung zu 90 % in den Südstaaten. Die Tabakpflanzungen in Virginia und North Carolina, die Reisfelder in den Küstenmarschen von South Carolina und Georgia, die Zuckerrohrgebiete in Louisiana sowie Ende des 18. Jh. vor allem die Baumwollplantagen von South Carolina bis an den Mississippi wurden von Sklaven bearbeitet. Deren Zahl war sprunghaft angestiegen: Im Jahre 1700 wurden 28 000 Sklaven gezählt, 1750 waren es schon 200 000. Vor allem die große Nachfrage der Baumwollplantagen ließ die Sklavenbevölkerung trotz des 1808 verkündeten offiziellen Stopps der Menschenimporte in den nächsten 50 Jahren auf 4 Mio. anschwellen. In einigen Regionen lebten bereits mehr dunkelhäutige als hellhäutige Menschen.

Mit der Zahl rechtloser Zwangsarbeiter wuchs bei deren Besitzern allerdings auch die Furcht vor Aufständen. Die Bundesstaaten verabschiedeten besondere Gesetzeswerke, *slave codes.* Es war Sklaven verboten, sich außerhalb der Arbeit zu versammeln, die Plantage ohne Erlaubnis zu verlassen, Waffen zu tragen, zu heiraten, lesen und schreiben zu lernen. Verstöße wurden streng bestraft, vom Auspeitschen bis hin zu Verstümmelungen und Hinrichtungen. Die Afrikaner galten rechtlich nicht als Person, sondern als Sache, die gekauft und misshandelt werden konnte. Auch die Kirche definierte sie als minderwertiges, den Weißen nicht ebenbürtiges Volk.

In den Südstaaten galt der Besitz vieler Sklaven als Gradmesser des Wohlstands und des öffentlichen Ansehens. Von den etwa 8 Mio. Weißen, die 1850 in den 15 Bundesstaaten lebten, die Sklaverei erlaubten, konnten oder wollten sich allein 5 % diesen Besitz tatsächlich leisten. Nur wenige nannten 2000 bis 3000 Sklaven ihr Eigen. Doch diese kleine herrschende Schicht der reichen Plantagenbesitzer gab in den Südstaaten den Ton an. Außerdem verschaffte das Eigentum an Menschen politischen Einfluss, deren Besitzern wurden für fünf Sklaven drei zusätzliche Wahlstimmen zugesprochen.

Die nach Amerika verschleppten Afrikaner konnten nur schwer so etwas wie Selbstbewusstsein entwickeln. Ihre Verwurzelung im eigenen Stamm war zerschlagen, es gab keine Fluchtmöglichkeit in die alte Heimat. Neue familiäre Bindungen wurden häufig durch Weiterverkauf wieder zerstört. Selbst

Thema

die Verständigung untereinander gestaltete sich durch die Herkunft aus unterschiedlichen Sprachkreisen als schwierig. Erst allmählich entwickelte sich ein Geflecht familiärer Beziehungen. Die gemeinsame Arbeit auf den Feldern und das Leben in den Sklavenquartieren förderten die Verständigung; Lieder, die das eigene Schicksal beklagten, und mündlich überlieferte Geschichten aus Afrika bildeten den Keim für eine eigene Kultur. Da die Besitzer die Bestattung verstorbener Sklaven meist deren Schicksalsgenossen überließen, entwickelten sich Beerdigungen zu wichtigen, ansonsten ja verbotenen Zusammenkünften. Lokale Aufstände in der ersten Hälfte des 19. Jh. sowie eine zunehmende Zahl von Sklaven, die nach Westen oder zu den Seminolen in die Sümpfe nach Florida flohen, belegen den wachsenden Widerstand. Gleichzeitig entwickelte sich bei vielen Weißen eine häufig religiös begründete Ablehnung der Sklaverei, deren Abschaffung, *abolition,* gefordert wurde. Der Bürgerkrieg als Ausdruck rivalisierender wirtschaftlicher und politischer Interessen wurde zunächst vom Norden nicht zur Abschaffung der Sklaverei geführt, später aber um dieses Ziel erweitert. So brachte der Sieg der Nordstaaten den Schwarzen die Befreiung aus ihren rechtlichen Fesseln, die Auseinandersetzung um die gleichen wirtschaftlichen Chancen bleibt jedoch aktuell.

Sklavenhandel: dunkles Kapitel der jungen US-amerikanischen Geschichte

20. Jh. (709 Church St./US 301 N., Tel. 919-284-3431, www.tobaccofarmlifemuseum.org, Di–Sa 9.30–17 Uhr, Erw. 8 $, Kinder 6 $).

Pinehurst ▶ 2, K 3

Durch landwirtschaftlich geprägtes Gelände, aufgelockert durch einige Waldgebiete und sanfte *rolling hills,* geht es knapp 100 Meilen nach Westen. **Pinehurst,** zwischen Raleigh und Charlotte gelegen, gilt als ein Mekka der Golfer, seit James W. Tufts, ein Bostoner Erfinder, um 1900 ein 2500 ha großes, mit Kiefern bewachsenes Gelände günstig erstanden hatte und dort ein Urlaubshotel mit Golfplatz errichten ließ. Frederick Law Olmstedt, der auch den New Yorker Central Park und die Biltmore Gardens bei Asheville gestaltete, schuf eine parkähnliche, harmonische Landschaft um einen Ort, der mit seinen weißen Holzhäusern an Neuengland erinnert. Das ganzjährig milde Klima sowie inzwischen 45 weitere Golfplätze der Umgebung ziehen zahlreiche golfinteressierte Besucher an.

Auf dem **Pinehurst Harness Track,** einer Trainingseinrichtung für Trabrennpferde, kann man Pferde und Jockeys beim frühmorgendlichen Training beobachten, am besten zum Frühstück im »Track Side« Restaurant (s. u.).

Infos

Pinehurst Area Convention & Visitors Bureau: 10677 US 15, 501 Southern Pines, Tel. 1-800-346-5362, www.homeofgolf.com, Mo–Fr 9–17 Uhr.

Essen & Trinken

Für Pferdefreunde ▶ **Track Side:** 200 Beulah Hill Rd. S., Tel. 910-295-4446. Zum Pinehurst Harness Track gehörendes Lokal mit Blick auf das Trainingsgelände. Gerichte ab 10 $.

Town Creek Indian Mound ▶ 2, J 3

Etwa 25 Meilen westlich von Pinehurst vermittelt der **Town Creek Indian Mound,** die Rekonstruktion eines Außenpostens der indianischen Mississippi-Kultur, Besuchern einen umfassenden Eindruck von deren Siedlungsformen und Riten. Innerhalb des hohen Palisadenzauns, der von mehreren Wachtürmen gesichert wurde, befinden sich ein Zeremonien- und ein Begräbnishügel sowie ein Platz für Ballspiele und rituelle wie auch festliche Bräuche. Etwa 200 Jahre, bis 1650, war die Anlage das Zentrum von Siedlungen entlang des Town Creek, des Little River und des Pee Dee River. Ein angeschlossenes Museum zeigt Exponate von Ausgrabungen und informiert über die Welt der Mississippi-Kultur (509 Town Creek Mound Rd., Mt. Gilead, Tel. 910-439-6802, www.nchistoricsites.org/town, Di–Sa 9–17, So 13–17 Uhr, Eintritt frei).

Die Atlantic Coast bis zu den Outer Banks

Die Atlantikküste von North Carolina erstreckt sich rund 370 Meilen von Virginia und dem **Albemarle Sound** im Norden bis nach **Calabash** an der Grenze zu South Carolina im Süden. Das flache Terrain, die Marschen und Buchten der Küste sind fast überall durch sichelförmige schmale Barriere-Inseln zum Atlantik abgeschirmt. Herrliche Strand- und Dünenlandschaften findet man vor allem auf den Outer Banks von North Carolina. Das ideale Sommerurlaubsgebiet mit kilometerlangen Sandstränden und Dünen birgt spannende Geschichten, vom gescheiterten Versuch der Engländer, eine erste Kolonie in Amerika zu gründen, bis zum ersten Motorflug der Weltgeschichte durch die Gebrüder Wright. Die Cape Hatteras National Seashore und die Vogelschutzgebiete an der Ostküste von Pea Island offerieren unberührte Natur.

Elizabeth City ▶ 2, O 2

Den südlichen Endpunkt des Dismal Swamp Canal markiert Elizabeth City, ein Provinzstädtchen von 18 000 Einwohnern, das um die Wende zum 19. Jh. die zügige Schiffsverbindung zum Ballungsraum von Hampton Roads im Norden ermöglichte. Auf dem **Eli-**

Die Atlantikküste der Outer Banks zieht auch viele Surfer in ihren Bann

zabeth City Shipyard am Ufer der tief eingeschnittenen Bucht des Pasquotank River werden nach wie vor recht große ›Pötte‹ gebaut und repariert. Das **Museum of the Albemarle** zeichnet die Geschichte der Region und seiner 13 Countys im Nordosten von North Carolina mit einer interessanten Ausstellung nach (501 S. Water St., Tel. 252-335-1453, www.museumofthealbemarle.com, Di–Sa 10–16 Uhr, Eintritt frei). Die nautische Tradition unterstreichen lautstark Starts und Landungen auf dem großen Flugplatz der US-Küstenwache gleich südlich der Stadt.

Infos

Elizabeth City Area Chamber of Commerce: 400 S. Water St., Suite 101, Tel. 252-335-5330, www.discoverelisabethcity.com, Mo–Fr 8.30–17, Sa ab 9 Uhr.

Edenton ► 2, O 2

Das an der Mündung des Chowan River in den Albemarle Sound gelegene Örtchen von knapp 6000 Einwohnern wurde bereits 1685 gegründet und ist damit eine der ältesten Siedlungen des Bundesstaates. Die Briten ernannten Edenton 37 Jahre später zum Verwaltungszentrum ihrer Provinz North Carolina. Vom geschäftigen Hafen wurden Tabak, Terpentin, Holz und Getreide nach England verschifft. Der wachsende Wohlstand verhalf der Gemeinde zu kolonialen Verwaltungsbauten wie dem backsteinernen **Chowan County Court House** oder der **St. Paul's Church.**

Dekorative weiße Holzvillen mit umlaufenden Veranden thronen an den Ufern des Albemarle Sound. Die für größere Schiffe zu flachen Gewässer sowie der Bau des Dismal Swamp Canal von Elizabeth City nach Norfolk ließen den Güterumschlag ab 1830 drastisch zurückgehen. So blieb das Städtchen vom industriellen Fortschritt weitgehend verschont und kann ein für North Carolina einmaliges historisches Zentrum mit Häusern aus dem 18. und 19. Jh. aufweisen, entlang der schmalen Alleen mit herrlichen Magnolien, Pekannussbäumen und Eichen.

Infos

Tourism Development Authority Visitor Center: 108 N. Broad St., Tel. 252-482-2637, www.nchistoricsites.org/iredell.

Übernachten

Historisches B & B ► **The Pack House Inn:** 103 E. Albemarle St., Tel. 252-482-3641, www.thepackhouse.com. Gemütliche Herberge in drei restaurierten Gebäuden direkt an der Küste, opulentes Frühstück, Happy Hour mit Käse und Wein. DZ ab 100 $.

Lake Mattamuskeet ▸ 2, O 3

Mehrere Seen im Hinterland der Küste zwischen dem Albemarle und dem Pamlico Sound sind als Winterquartier und Zwischenstation für Zugvögel bekannt. Auf dem nur einen halben Meter tiefen Lake Mattamuskeet südlich vom Pettigrew State Park versammeln sich zu Hochzeiten des Vogelzuges bis zu 250 000 Singschwäne, kanadische Wildgänse und -enten. Dazu kommen noch die seltenen Weißkopf- und Goldkopfadler. Von einem Fußweg aus und auf einer kurzen Rundstrecke für Autos um das Ufer des **National Wildlife Refuge** herum kann man die Vogelwelt betrachten (38 Mattamuskeet Rd., Swan Quarter, Tel. 252-926-4021, www.fws.gov/mattamuskeet).

Roanoke Island ▸ 2, P 2

Auf Roanoke Island, der bewaldeten Insel zwischen dem Festland und Bodie Island, gründeten Siedler im Auftrag von Walter Raleigh 1585 die erste britische Niederlassung in Nordamerika. Der Krieg Englands gegen Spanien unterbrach die Versorgung. Im Jahre 1590 fanden Nachschubschiffe nur noch eine verlassene Befestigung vor. Um das Schicksal der *lost colony* ranken sich bis heute Legenden. Die Erdwälle von **Fort Raleigh** wurden rekonstruiert, in unmittelbarer Nachbarschaft entstand als Reminiszenz an Königin Elizabeth I. ein englischer Garten im Stil des 16. Jh. (US 64, Tel. 252-473-2595, www.nps.gov/fora, tgl. 9–17, Juni–Aug. bis 18 Uhr, Eintritt frei, Garten Erw. 8 $, Kin. 5 $).

Auf demselben Gelände führt in einem Amphitheater jeden Sommer eine Truppe von Berufsschauspielern und Laiendarstellern das farbenprächtig inszenierte Stück »The Lost Colony« des Pulitzerpreisträgers Paul Green über das Schicksal der ersten Siedler auf (s. ›Abend & Nachts‹).

Über die kleine Cora Mae Basnight Bridge im Zentrum des Ortes **Manteo** erreicht man die **Elizabeth II. State Historic Site** mit der Replik eines englischen Hochseeseglers aus dem 16. Jh. und dem Nachbau einer Niederlassung von Siedlern aus derselben Zeit. Im Sommer bevölkern Darsteller in historischen Kostümen Schiff und Weiler und verwickeln die Besucher in Diskussionen über das entbehrungsreiche Leben in der Neuen Welt (Roanoke Island Festival Park, Manteo, Tel. 252-475-1500, www.roanokeisland.com. März–Dez. tgl. 9–17 Uhr, Erw. 8 $, Kinder 5 $).

Abends & Nachts

Musiktheater ▸ **Waterside Amphitheater:** 1409 National Park Dr./US 64, Manteo, Tel. 252-473-3414, www.thelostcolony.org. Von Ende Mai bis Ende Aug. wird abends »The Lost Colony« aufgeführt, das symphonische Drama über die gescheiterte erste Kolonie Englands in der Neuen Welt; Kartenreservierung und -bestellung Tel. 252-473-3414, Vorstellungen Mo–Sa 20.30 Uhr, Erw. 20–24 $, Kinder 10 $.

5 Outer Banks

Nördlich der Whalebone Junction, wo die US 64 von Westen auf Bodie Island trifft, liegen die Ferienorte Kill Devil Hills und Nags Head mit Pensionen, Hotels und Einkaufsmöglichkeiten. Weiter im Süden der Inselkette bei Avon, Rodanthe, Buxton oder Ocracoke bieten kleinere Hotels, Ferienhäuser und Zeltplätze Unterkünfte an. Die wunderschöne Landschaft mit langen, oft einsamen Sandstränden und Dünen auf der Atlantikseite, mit Küstenwäldern und feuchten Marschen an der dem Pamlico Sound zugewandten Westseite zieht vor allem im Sommer zahlreiche Urlauber an.

Eine Reihe von Leuchttürmen auf den vorgelagerten Inseln sollte die vielen Schiffsunglücke verhindern, schließlich konnten allein vor den Outer Banks rund 1000 Schiffswracks lokalisiert werden. Sie sind zwar inzwischen von der technischen Entwicklung überholt, aber dafür zu vielbesuchten Ausflugszielen geworden.

aktiv unterwegs

Drachenfliegen im Jockey's Ridge State Park

Tour-Infos

Start: Jockey's Ridge State Park, US 158 Bypass, MP 12, Nags Head
Länge: 30–60 m
Dauer: jeweils 30 Min. mit Aufstieg
Schwierigkeitsgrad: anspruchsvoll
Wichtiger Hinweis: Öffnungszeiten des State Park: Juni–Aug. 8–21, März–Mai und Sept.–Okt. 8–20 Uhr, Tel. 252-441-7132, www.jockeysridgestatepark.com. Drachenfliegen muss man lernen, also an einem Kurs teilnehmen, z. B. bei Kitty Hawk Kites, s. S. 213, 3-stündiger Anfänger-Crashkurs 99 $.

Morgens um 8 Uhr öffnet der **State Park von Jockey's Ridge** seine Pforten. Es dauert nicht lange und die ersten Wagemutigen sind zur Stelle. Alle klettern mit verpackten Hang-glider-Drachen die über 30 m hohe **Wanderdüne** hinauf – die höchste der amerikanischen Atlantikküste. Von oben bietet sich ein faszinierender Blick auf die schmale, lang gezogene Inselkette der **Cape Hatteras National Seashore,** auf Sommerhäuser, den quirligen Strandort **Nags Head** und natürlich auf die mächtigen, schaumgekrönten Wellen des Atlantiks. Nur wenig weiter im Norden, bei **Kill Devil Hills,** haben die Gebrüder Wright aus Ohio am 17. Dezember 1903 mit einem Doppeldecker ihren historischen, 36 m langen Luftsprung getan, den ersten motorisierten Flug der Weltgeschichte.

Auf den Spuren der Gebrüder Wright soll es die Düne hinuntergehen. Eingehängt unter den nun auseinandergefalteten Drachen *(hang-glider)*, wird kurz die Windrichtung geprüft. Anlauf bergab, immer schneller – und plötzlich segelt der Gleiter ganz ohne Motorhilfe über dem Dünenhang zu Tal. Wer es in einer der zahlreichen örtlichen Flugschulen gelernt hat und nicht von einer Böe aus der Bahn getrieben wird, landet nach etwa 30 Sekunden himmlischen Vergnügens unter den anerkennenden Blicken der meist zahlreichen Zuschauer sanft auf beiden Beinen und kann das Luftgefährt und sich selbst mit einigen Schritten im Sand abbremsen.

Infos

Outer Banks Visitors Bureau: 1 Visitors Center Circle, Manteo, Tel. 252-473-2138, www.outerbanks.org, Mo–Fr 8–17.30, Sa–So 9–17 Uhr.

Kill Devil Hills ► 2, P 2

Auf den windigen Dünen von **Kill Devil Hills** unternahmen die Gebrüder Wright am 17. Dezember 1903 mit einem selbstgebauten Motorflugzeug einen historischen ›Hüpfer‹ von 12 Sekunden Dauer und 36 m Länge. Diesem ersten Motorflug der Weltgeschichte folgten am gleichen Tag noch längere.

Ein großes **Wright Brothers National Monument** mit einem Nachbau ihres Flugzeugs und einer Ausstellung über die Geschichte der Luftfahrt erinnert an die Pionierleistung und ihre weitreichenden Folgen (US 158, Tel. 252-473-2111, www.nps.gov/wrbr, tgl. 9–17 Uhr, Erw. 4 $, Kinder bis 16 J. frei).

Von den riesigen, mehr als 30 m hohen Dünen der benachbarten Jockey's Ridge versuchen Wagemutige, mit Drachen *(hang-glider)* den Wright-Brüdern nachzueifern, s. Aktiv unterwegs oben).

Übernachten

Gepflegt ► The Cypress House Inn: 500 N. Virginia Dare Trail, Tel. 252-441-6127, www.cypresshouseinn.com. B & B aus den 1940er-Jahren, mit netten Zimmern und Kamin in der großen Lounge. Liegt in zweiter Reihe nur 100 m vom Strand entfernt. Herzhaftes Frühstück und Nachmittagstee sind im Preis inbegriffen. DZ ab 90 $.

Essen & Trinken

... in Duck (9 Meilen nördl. von Kill Devils Hill):
Meeresfrüchte ▶ **The Lifesaving Station:** 1461 Duck Rd., Tel. 252-261-4111, www.sanderlinginn.com. Fische und Schalentiere köstlich zubereitet im mondänen Sanderling Resort. Hauptgerichte 14–24 $.
... in Grandy (zwischen Elizabeth City und Kill Devil Hills):
Bayerisch ▶ **Weeping Radish:** 6810 Caratoke Hwy/US 158, gleich nördlich vom Albemarle Sound, Tel. 252-491-52 05, www.weepingradish.com, Di–Sa 11–16, So 12–16 Uhr. Bayerische Snacks, hausgemachte Würste und gutes Bier aus der eigenen Mikrobrauerei. Kleine Gerichte ab 8 $.

Aktiv

Surfen und Kajaktouren ▶ **Kitty Hawk Surf Co.:** Jockey Bridge Crossing/3925 S. Croatan Hwy, Tel. 252-441-6800, www.khsurf.com. Ausrüstung, Verleih, Kurse in Kitty Hawk und an vier Stellen der Küste. Kajaktour ca. 30–40 $, Surfkurs 1 Std. 60 $.
Wandern und joggen ▶ **Nags Head Woods Preserve:** 701 W. Ocean Acres Dr., MP 9,5, Tel. 252-441-2525. Herrliche Wege durch eine 450 ha große Landschaft aus Dünen, Marschen, Teichen und Wald.
Drachenfliegen und Wassersport ▶ **Kitty Hawk Kites:** 306 W. Lake Dr., Tel. 252-441-4124, www.kittyhawkkites.com. Drachen, andere Luftgefährte, Surfbretter und mehr in der größten Auswahl entlang der mittleren US-Atlantikküste Umfangreiches Kursangebot, auch stundenweise, z. B. Crashkurs Drachenfliegen für Anfänger (3 Std.) 99 $.

Nags Head und Umgebung

▶ 2, P 2

Auch im quirligen Ferienort Nags Head reckt sich südlich des Ortes ein gut 50 m hoher, mit breiten schwarz-weißen Streifen angestrichener Turm in den Himmel, das 1872 fertiggestellte **Bodie Island Lighthouse** (nicht öffentlich zugänglich). Zu besteigen ist aber neben dem Cape Hatteras Lighthouse (s. S. 213) der 30 Meilen nördlich von Nags Head stehende, fast 50 m hohe und aus roten Backsteinen errichtete Leuchtturm von **Currituck Beach** (tgl. 9–17 Uhr, www.currituckbeachlight.com).

Übernachten

Geschmackvoll ▶ **First Colony:** 6715 S. Croatan Hwy, Tel. 252-441-2343, www.firstcolonyinn.com. Elegantes Resort mit umlaufenden Veranden auf zwei Etagen und 27 hell und freundlich gestalteten Zimmern, nahe des Strands. DZ ab 90 $.
Am Strand ▶ **Nags Head Inn:** 4701 S. Virginia Dare Trail, Tel. 252-441-0454, www.nags

70 m ragt der markant angestrichene Leuchtturm am Cape Hatteras in die Höhe

headinn.com. Modernes, 2009 renoviertes Hotel mit schlichter Architektur, aber guter Lage direkt am Strand. Kostenloses WLAN, Pools, Gartenanlage. DZ ab 85 $.

Essen & Trinken

Burger ▶ **Fat Boyz:** MP 16,5 Beach Rd., Hamburger und Eis, beides reichlich und gut, Burger ab 3,50 $.

Cape Hatteras und Rodanthe

▶ 2, P 3

Die Gewässer vor der Küste haben es in sich. Strömungen am Cape Hatteras und im Süden der Inselkette bei Cape Lookout, vor allem aber die Herbst- und Winterstürme, welche die Schiffe in die Untiefen vor der Küste drückten, führten zu dem bei Seeleuten gefürchteten ›Friedhof des Atlantiks‹. Hunderte von Schiffen liefen in den letzten 400 Jahren auf Grund und sanken.

Noch immer sind einige Wracks wie die Reste der 1921 gestrandeten »Laura A. Barnes« bei **Coquina Beach** von der Küste aus sichtbar. Allerdings konnten die zwischen 1823 und 1874 errichteten und markant angestrichenen Leuchttürme der Insel die Havarien nicht immer verhindern. Die Besatzungen der zahlreichen Seenotrettungsstationen versuchten, Menschenleben zu retten.

Einer der markantesten Leuchtürme der Region ist das etwa 70 m hohe **Cape Hatteras Lighthouse** bei Buxton, bei dem sich breite schwarz-weiße Streifen spiralförmig in die Höhe ziehen. Besucher können ihn in den Sommermonaten besichtigen (www.nps.gov/caha, in den Sommermonaten 9–16.30 Uhr, Erw. 7 $, Kinder 3,50 $).

Die **Chicamacomico Lifesaving Station** nördlich von **Rodanthe** auf Hatteras Island war noch bis 1954 in Betrieb. Eine Ausstellung über die Geschichte von Chicamacomico sowie die Demonstration von Seenoteinsätzen führen die waghalsigen Bemühungen zur Rettung in Not geratener Seeleute eindrucksvoll vor Augen (Hwy 12, Rodanthe, Tel. 252-987-15 52, www.chicamacomico.net, Mitte April–Nov. Mo–Fr 10–17 Uhr, Erw. 6 $, Kinder 4 $).

Übernachten

Strandhaus ▶ **Vacation Traditions:** 24183 NC, Hwy 12, Rodanthe, Tel. 866-935-8844, www.vacationtraditions.com. Vermietung von Standhäusern und Villen, voll ausgestattet. Ab 2000 $/Woche.

Camping ▶ **Cape Hatteras KOA:** 25099 NC, SR 12, Rodanthe, Tel. 252-987-2307, www.capehatteraskoa.com. Gute Ausstattung mit Pool, Fahrradverleih, WLAN, Mini-Golf, direkt am Strand, Kinderprogramm, Kino. Stellplätze für Wohnmobile ab 40 $. **Camp Hatteras Resort:** 24798 NC, SR 12, Tel. 252-987-2777. 400 Stellplätze zwischen Atlantik und Bucht, viele Aktivitäten wie Tennis, Radverleih, Spielplatz oder Minigolf, WLAN. Stellplatz für Campmobile ab 28 $.

Cape Lookout National Seashore ▶ 2, P 3

Die Outer Banks sind nur im Norden von Kill Devil Hills und über die Insel Roanoke über Brücken mit dem Festland verbunden. Von Ocracoke führen Fährverbindungen (s. S. 214) nach Cedar Island und Beaufort sowie durch den Pamlico Sound nach Swan Quarter und zum Lake Mattamuskeet (s. S. 210). Der Vorgänger des wuchtigen **Ocracoke Lighthouse** wurde schon 1798 errichtet. Der weiße Turm dient heute als Hafenmarkierung und kann nur von außen betrachtet werden.

Die knapp 56 Meilen lange Inselgruppe der **Cape Lookout National Seashore** südlich von Ocracoke ist unbesiedelt, verfügt nicht einmal über Straßen oder Hotels. Die von Wind und Wasser geformten sandigen Inseln werden als Naturschutzgebiet vom National Park Service verwaltet.

Übernachten

Häuser und Apartments ▶ **Ocracoke Island Realty:** 1075 Irwin Garrish Hwy, Tel. 252-928-6261, www.vacationtraditions.com. Diverse Angebote auf Ocracoke, z. B. Apartment mit 1 Schlafzimmer. 1245 $/Woche.

Essen & Trinken

Austern, Steaks und Bier ▶ **Howards Pub:** 1175 Irvin Garrish Hwy, Tel. 252-928-4441,

Tipp: Meeresmuseum

Das **Maritime Museum** in **Beaufort** ist im Stil einer Seenotrettungsstation des 19. Jh. angelegt. Eine Sammlung von Schiffsmodellen und Gerätschaften, die Darstellung der Lebensbedingungen zahlreicher Meeresvögel und Fische in Dioramen, Filmen und Fotografien sowie im Meer gefundene Fossilien werden durch eine umfassende Buch- und Seekartensammlung ergänzt. Schiffsbauer demonstrieren die Konstruktion hölzerner Schiffsrümpfe, Köche bereiten leckere Gerichte aus Meeresfrüchten, ein Sommerprogramm für Kinder vermittelt auf unterhaltsame Weise Einblicke in naturwissenschaftliche Phänomene. Die neueste Attraktion ist eine im Juni 2011 eröffnete Ausstellung von Fundstücken der »Queen Anne's Revenge«, des 1718 vor der Küste gesunkenen Flaggschiffs des berüchtigten Piraten Blackbeard, u. a. Anker, Kanonen und andere Ausrüstungsgegenstände. Das Wrack war erst 1996 entdeckt worden (315 Front St., Tel. 252-728-7317, www.ncmaritimemuseum.org, Mo–Fr 9–17, Sa 10–17, So 13–17 Uhr, Eintritt frei).

www.howardspub.com. Entspannte Atmosphäre von mittags bis spät am Abend. Biere aus aller Welt, u. a. 24 frisch gezapft. »Raw Bar« mit frischen Austern, Steaks, hausgemachte Pommes frites. Gerichte ab 15 $.

Verkehr

Fähre: Mehrmals täglich Fährverbindungen Currituck – Knotts Island 45 Min., Hatteras – Ocracoke Island 40 Min. Swan Quarter – Ocracoke 2,5 Std., Cedar Island – Ocracoke, 2,25 Std. mit zentraler Hotline: Tel. 1-800-293-3779-2, www.outer-banks.com/ferry. Mit Pkw ab 15 $ (inkl. Beifahrer *one way*).

New Bern ► 2, N 4

Der Ort mit heute knapp 30 000 Einwohnern wurde bereits im Jahr 1710 von Schweizer und deutschen Protestanten gegründet, die vor religiöser Verfolgung aus ihrer Heimat in die Neue Welt geflohen waren. Der Bau eines Hafens und dessen vorteilhafte Lage an der Mündung des Neuse River in den Pamlico Sound begünstigten den Handel mit Großbritannien und den britischen Kolonien. Bald hatte **New Bern** die bisherige Hauptstadt von North Carolina, Edenton, wirtschaftlich überflügelt, sodass der Gouverneur William Tryon beschloss, mit seiner Regierung in die aufstrebende Metropole umzuziehen.

Das **Kapitol,** Regierungssitz und Wohnort des Gouverneurs, wurde mit einer zusätzlich erhobenen Steuer finanziert und hernach von den verärgerten Bürgern nur noch Tryon's Palace genannt. Der für die damalige Kolonialarchitektur typische, imposante Backsteinbau, nach Beschädigungen und Bränden komplett restauriert, kann mit Nebengebäuden und Gärten besichtigt werden (George St./Pollock St., Tel. 252-639-3500, www.tryonpalace.org, Mo–Sa 9–17, So ab 13, Jan.–Febr. 10–16 Uhr, Tagesticket Erw. 15 $, erm. 6 $).

In der Nähe des früheren Gouverneurspalastes lädt ein **Historic District** mit Stadthäusern aus dem 18. und 19. Jh. zum Bummeln und Einkaufen ein. Im Jahre 1890 mixte der Apotheker C. D. Bradham in New Bern einen Sirup, versetzte ihn mit kohlesäurehaltigem Wasser und verkaufte das Getränk als belebenden »Brad's Drink«. Die Zuckerknappheit während des Ersten Weltkriegs trieb Bradham in den Ruin, doch sein Sirup eroberte später in neuer Verpackung unter dem Namen Pepsi-Cola die Welt (Birthplace of Pepsi, 256 Middle St., Tel. 252-636-5898, www.pepsistore.com, Mo–Sa 10–18 Uhr, Eintritt frei).

Infos

Craven County Convention & Visitor Center: 203 S. Front St., Tel.252-637-9400, www.visitnewbern.com, Mo–Sa 9–17 Uhr.

Übernachten

Von Hand gearbeitete Möbel ► Harmony House Inn: 215 Pollock St., Tel. 252-636-3810, www.harmonyhouseinn.com. Gepflegtes Bed & Breakfast, schön mit handgearbeiteten Möbeln eingerichtet, gutes Frühstück inkl. DZ ab 100 $.

Essen & Trinken

Für Gourmets ▶ **Harvey Mansion:** 221 S. Front St., Tel. 252-635-3232, http://harveymansion.attractionsbook.com, Di–So ab 17 Uhr. Fisch- und Wildspezialitäten auf zwei Etagen eines restaurierten Gebäudes aus dem Ende des 18. Jh. Hauptgerichte ab 17 $.

Crystal Coast ▶ 2, N 4

Der Küstenabschnitt mit den Städten Carteret County, Beaufort und Morehead City nennt sich auch **North Carolina's Crystal Coast.** Hier trifft man auf zerklüftete Marschküsten, den ausgedehnten Croatan National Forest mit Wäldern und Mooren, in denen Alligatoren leben und seltene Orchideen gedeihen, sowie eine dem Festland vorgelagerte Inselkette mit Dünen und Stränden.

Beaufort hat sich von einer Stadt der Fischindustrie zu einem Mittelpunkt für Urlauber und Sportfischer mit rund 4500 Einwohnern entwickelt. Dabei verspricht der nahe Golfstrom Sportanglern gute Fänge.

Das **Old Carteret House** aus dem Jahr 1793 diente der örtlichen Miliz als Sammlungsort bei britischen Angriffen zu Beginn des 19. Jh. Das 1830 errichtete **County Jail** hat zwar über einen halben Meter dicke Wände, kam aber mit zwei Zellen aus.

Voller skurriler und gruseliger Geschichten steckt der alte Friedhof, der **Old Burying Ground**, etwa über den Kapitän, der unter der Kanone seines Schiffs »Snapdragon« begraben liegt, den englischen Soldaten, der nur stehend beerdigt werden wollte, das Mädchen, das in einem vollen Fass Rum bestattet wurde, oder die erfrorene Besatzung des Schoners »Crissie Wright« (Beaufort Historical Association, 150 Turner St., Tel. 252-728-5225, www.historicbeaufort.com).

Übernachten

Ruhig und zentral ▶ **Old Seaport Inn:** 217 Turner St, Tel. 252-728-4300, www.oldseaportinn.com. Das charmante B & B liegt im historischen Teil der Stadt, nur wenige Schritte von der Meeresbucht und den Sehenswürdigkeiten entfernt. Die drei Zimmer sind mit Bad ausgestattet und liebevoll eingerichtet. Veranden und der englisch inspirierte Garten laden zum abendlichen Entspannen und Weintrinken ein. DZ ab 100 $.

An der Marina ▶ **Beaufort Inn:** 101 Ann St., Tel. 252-728-2600, www.beaufort-inn.com. Schön gelegenes, gut geführtes Hotel mit 44 Zimmern, kostenloses WLAN und Frühstück, Fitnessraum, Fahrradverleih, Kaffemaschine und Kühlschrank im Zimmer. DZ ab 90 $.

Essen & Trinken

Beliebt ▶ **Beaufort Grocery Co.:** 117 Queen St., Tel. 252-728-3899, www.beaufortgrocery.com, Lunch und Dinner, So Brunch, Di geschl. Das von Einheimischen gern besuchte Restaurant ist vor allem bekannt für seine örtlichen Fischspezialitäten und hat bereits ein eigenes Buch herausgebracht: »Closed on Tuesdays«. Gerichte 8–35 $.

Prämiert ▶ **Clawson's 1905 Restaurant & Pub:** 425 Front St., Tel. 252-728-2133, http://clawsonsrestaurant.com, Mo–Do 11.30–21, Fr/Sa 11.30–21.30 Uhr. Der Pub wurde mehrfach für die gute Bar und das Bierangebot ausgezeichnet, doch auch die gebratene Flunder oder die Fischsuppe sind sehr schmackhaft. Hauptgerichte ab 14 $.

Aktiv

Tauchen ▶ **Discovery Diving:** 414 Orange St., Tel. 252-728-2265, www.discoverydiving.com. Tauchgänge zu einigen der etwa 1000 Wracks vor der Küste, 115 $/Pers., Tauchkurs 320 $.

Wilmington ▶ 2, M 5

Der wichtigste Hafen von North Carolina und die Stadt mit mehr als 100 000 Einwohnern, liegen am Nordufer des Fear River, 25 Meilen von dessen Mündung in den Atlantischen Ozean entfernt. Die besondere Atmosphäre bei den ehemaligen Lager- und Umschlagshäusern inmitten der 1732 gegründeten Stadt, die frühere Baumwollbörse, heute zu einer Einkaufsgalerie (s. ›Einkaufen‹) umgebaut, und das historische Stadtzentrum mit Häusern vor allem aus der Mitte des 19. Jh. tragen zur Attraktivität von Wilmington bei. Schon 1765, acht Jahre vor der Boston Tea Party, zwang der Widerstand gegen die Stempelsteuer den königlichen *stamp master* zum Rücktritt.

Geschichte

Etwa 20 Meilen nordwestlich von Wilmington, am Moores Creek, verhinderten aufständische Amerikaner im Jahr 1776 die Vereinigung der Truppen königstreuer Schotten unter deren Klanführer Donald McDonald mit neuangekommenen Siedlern aus Großbritannien. Während des Bürgerkriegs von 1861 bis 1865 blieb der Hafen von Wilmington eine der wenigen Bastionen der Konföderierten an der Atlantikküste. Im Feuerschutz von drei Festungen im Mündungsgebiet des Fear River versuchten Schiffe immer wieder, den Blockadering der Unionsflotte zu durchbrechen, um Gebrauchs- und Luxusgüter oder militärischen Nachschub von karibischen Häfen zu schmuggeln. Für Dutzende *blockade runner* endete die Hoffnung auf schnellen Reichtum mit dem nassen Tod.

Einen guten Eindruck von Wilmington erhält man während einer anderthalbstündigen Fahrt auf dem *paddlewheeler* **Henrietta III.**, der an der Wasserseite der Stadt entlangfährt. Es geht vorbei am riesigen, 35 000 t schweren Schlachtschiff **USS North Carolina,** seit 1961 als Touristenattraktion zu bestaunen (1 Battleship Rd., Südufer des Cape Fear River, Tel. 910-251-5797, www.battleshipnc.com, Ende Mai bis Anf. Sept., tgl. 8–20, sonst bis 17 Uhr, Erw. 12 $, Kin. 6–11 J. 6 $).

Stadtbesichtigung

Entlang der Stadtsilhouette, die von Wolkenkratzern bislang weitgehend verschont blieb, der ehemaligen Speicher und des heutigen Containerhafens geht es bis zur sumpfigen Marschlandschaft, in der Reiher vor dem näherkommenden Schiff auffliegen. Bei einem Rundgang mit einem wohlinformierten Stadtführer erfährt man viel über die Geschichte der Stadt.

Das kulturelle Leben von Wilmington kreist um die **Thalian Hall.** Das Kulturzentrum, Theater, Oper und Veranstaltungssäle sind wie auch das Rathaus in einem wunderschön restaurierten Bau aus dem Jahre 1858 untergebracht (310 Chestnut St., Tel. 910-632-2241, www.thalianhall.com).

Das **Cape Fear Museum** erläutert die Regionalgeschichte der Stadt und der Cape-Fear-Küstenregion (814 Market St., Tel. 910-341-4350, www.capefearmuseum.org, Di–Sa 9–17, So 13–17 Uhr, Ende Mai bis Anf. Sept. auch Mo, Erw. 7 $, Kinder 4 $).

Strände

Bleibt zu erwähnen, dass es unweit von Wilmington hervorragende Strände gibt. Meist auf vorgelagerten Inseln wie in Wrightsville Beach warten Privatquartiere auf Urlauber, aber auch Strandhäuser oder schöne Hotels, die wie das **Blockade Runner Beach Resort** an die Geschichte der Region erinnern.

Calabash

Der 700-Seelen-Ort **Calabash** liegt 45 Meilen südwestlich von Wilmington und fast an der Grenze zu South Carolina, gehört aber noch zum Einzugsbereich der Stadt. »Seafood Capital of the World« heißt es dort recht großspurig im Ortsschild, aber immerhin gut zwei Dutzend Fischrestaurants wetteifern um die Gunst, den 1,5 Mio. Gästen pro Jahr eine Fischplatte à la Calabash mit frittierten Meerestieren zu servieren.

Infos

Cape Fear Coast Convention & Visitors Bureau: 505 Nutt St., Tel. 910-341-4030, www.capefearcoast.com, Mo–Fr 8.30–17, Sa 9–16, So 13–16 Uhr.

Übernachten

Große Suiten ▶ **The Wilmingtonian:** 101 S. 2nd St., Tel. 910-343-1800, www.thewilmingtonian.com. Luxuriöses B & B in restauriertem Gewerbegebäude von 1905. Suiten ab 140 $ (inkl. Frühstück).

Am Fear River ▶ Coast Line Inn: 503 Nutt St., Tel. 910-763-2800, www.coastlineinn.com. Ordentliches Best-Western-Hotel, Zimmer mit Blick auf den Fluss, Mitglied der Green Hotel Association, WLAN. DZ ab 100 $.
Camping ▶ Wilmington KOA: 7415 Market St. Tel. 910-686-7705, www.koacampingnc.com/wilmington. Weitläufiges Gelände von knapp 20 ha mit Baumbestand. Gute Ausstattung mit WLAN, Pool, Sportanlagen, 10 Autominuten vom Strand. Stellplätze für Campmobile ab 60 $.
... in Wrightsville Beach (ca. 10 Meilen östl. des Stadtzentrums):
Strandhotel ▶ Blockade Runner Resort: 275 Waynick Blvd., ca. 10 Meilen vom Stadtzentrum Wilmington entfernt, Tel. 910-256-2251, www.blockade-runner.com. Gut geführtes Hotel direkt am Strand. DZ ab 95 $.

Essen & Trinken

Fischgerichte ▶ Pilot House: 2nd Ann St., Chandler Wharf, Tel. 910-343-0200, www.pilothouserest.com. Lunch und Dinner. Innovative Südstaaten-Küche mit exzellenten Fischgerichten und großer Terrasse am Fluss. Hauptgerichte ab 16 $.
Terrasse am Fluss ▶ Elijah's: 2nd Ann St., Tel. 910-343-1448, www.elijahs.com, tgl. 11.30–15, 17–22/23 Uhr. Serviert wird gehobene amerikanische Küche, auch ein Tipp fürs Nachtleben, wenn im Sommer die Bar nach draußen verlegt wird. Gerichte ab 10 $.
Tapas ▶ Circa 1922: 8 N. Front St., Tel. 910-762-1922, www.circa1922.com, So–Do 17–22, Fr/Sa bis 23 Uhr. Preiswerte Tapas-Bar mit großer Auswahl. Trotz Innenstadtlage ist man etwas abseits der lauten Clubszene. Hauptgerichte ab 11 $, Tapas ab 3 $.
... in Calabash (45 Meilen südl. von Wilmington):
Frittierter Fisch ▶ Calabash Seafood Hut: 1125 River Rd., , Tel. 910-579-6723. Große Portionen Fisch mit ordentlicher Panade, auch Krebse und Langusten. Gerichte ab 8 $.

Einkaufen

Mall an historischem Handelsplatz ▶ Cotton Exchange: 321 N. Front St., www.shopcottonexchange.com. In der ehemaligen Baumwollbörse am Flussufer gibt es heute 4 Restaurants und 25 Geschäfte, u. a. regionales Kunsthandwerk.

Abends & Nachts

Blues ▶ The Rusty Nail: 1310 S. 5th St., Tel. 910-251-1888. Jeden Di ab 20, Sa ab 21 Uhr startet eine »Cape-Fear-Blues«-Jam.
Schauspiel und Musikals ▶ Thalian Hall: 310 Chestnut St., Tel. 910-632-2241, www.thalianhall.com. Das grandiose Operhaus von 1858 ist zu altem Glanz restauriert und dient heute als Aufführungshaus städtischer und von Tourneeensembles.

Aktiv

Stadtrundgang ▶ Wilmington Adventure Tours: Tel. 910-763-1785 für den aktuellen Treffpunkt und aktualisierte Termine. April–Sept., Startzeit 10 Uhr für einen 2-stündigen Rundgang mit vielen Geschichten.
Bootstour ▶ Cape Fear Riverboats: 101 S. Water St., Tel. 910-343-1611 www.cfrboats.com. Von den vielen Angeboten sind die anderthalbstündigen Sightseeing-Cruises auf der »Henrietta III.« am beliebtesten, Mai–Okt. Di–Sa 14.30 Uhr. »Sunset-Cruise« Erw. ca. 30 $, Kinder ca. 15 $.

Termine

North Carolina Jazz Festival: Anfang Febr. Populäres Jazzfestival mit landesweiter Ausstrahlung, www.ncjazzfestival.com.
Cape Fear Blues Festival: Ende Juli. Höhepunkt des Jahres ist für die Cape Fear Blues Society das Festival an einem Wochenende Ende Juli, mit Workshops, Partys und Konzerten, Tel. 910-350-8822, www.capefearblues.org.
Riverfest: Okt. Zwei Tage draußen und umsonst, mit Livemusik, Tanzwettbewerben, Sportwettkämpfen, ›Piratenattacke‹ und abschließendem Feuerwerk, Tel. 910-452-6862, http://wilmingtonriverfest.com.

Verkehr

Bus: Greyhound, 201 Harnett St., Tel. 910-762-6625, www.greyhound.com.

South Carolinas Atlantikküste bis Charleston

Die ›Upstate‹ genannte Region mit imposanten Wasserfällen in den Ausläufern der Appalachen und großen Obstplantagen, das Piedmont mit der Hauptstadt Columbia sowie die Küstenebene mit Marschen, Plantagenvillen, dem 62 Meilen langen Grand Strand und romantischen Städten wie Charleston und Beaufort sind allein schon eine Reise wert. Hinzu kommen noch vorgelagerte Inseln mit Traumstränden.

Myrtle Beach ▶ 2, L 6

Der »Grand Strand« zieht sich rund 62 Meilen die Küste entlang, von Little River direkt an der Grenze zu North Carolina bis nach Georgetown an der Winyah Bay im Süden. Myrtle Beach mit einer Konzentration von Hotels, Apartmentanlagen und Vergnügungseinrichtungen liegt im Zentrum des lang gezogenen Gebiets mit 14 Mio. Urlaubern im Jahr.

North Myrtle Beach

Am **North Myrtle Beach** spielt der Atlantikstrand die Hauptrolle. Auch die ›ruhige Alternative‹ zum Trubel im Hauptort etwas weiter südlich hat schon einen nicht kleinen Anteil an Hotelburgen. Dennoch gibt es noch freie Sicht auf den Ozean. Selbst die Shoppingmall, Barefoot Landing, erweckt den Eindruck eines entspannten Einkaufsdorfes mit einem Karussell für Kinder. Die **T.I.G.E.R.S. Preservation Station** hat sich dem Schutz der bedrohten Katzen verschrieben. Die Station mit Sichtfenster auf die Tiger, Affen, Bären und anderen Tiere verwendet die Überschüsse ihres ›Zoos‹ und Spenden, um den Lebensraum der Wildtiere in Asien zu vergrößern (4898 US 17 N., Tel. 843-361-4552, www.tigerfriends.com, März–Okt., wechselnde Öffnungszeiten).

Grand Strand

Der Grand Strand, ein breiter Strand, des nach dem immergrünen Myrtenbaum genannten Ortes ist ein beliebtes Urlaubsziel für Familien. Eine Kette von Hotelanlagen, Tennis- und Golfplätzen, Achterbahnen, Riesenrädern und *shooting arcades,* von Souvenirläden und Restaurants aller Kategorien zieht vor allem im Sommer Zehntausende an.

Mitte März treffen sich kanadische und US-amerikanische Studenten während der Semesterferien am Strand, im Mai geben sich einige Tausend Harley-Davidson-Fahrer ein Stelldichein, im Sommer wird das Sun Fun Festival mit Pop-Konzerten, Paraden, Schönheits- und Sandskulpturenwettbewerben gefeiert (s. S. 220). Im November bereitet man sich mit dem Treasure-by-the-Sea-Fest auf die Weihnachtssaison vor, wobei die Strandpromenade mit illuminierten Figuren von Meerjungfrauen, Seepferdchen oder Muscheln geschmückt wird. Konzerte bekannter Künstler unterhalten dann die Besucher.

Die Ferienmetropole von Myrtle Beach kann sich dank des Golfstroms lange an angenehmen Badetemperaturen erfreuen. Auch Angler freut das, denn die Fische beißen bis in den Dezember hinein. Ein Plankenweg, der Boardwalk, zieht sich knapp 1,2 Meilen zwischen Hotels und Ozean durch die Dünen und ermöglicht einen Strandspaziergang ohne Sand in den Schuhen.

Myrtle Beach ist eine bedeutende Golf-Destination. Immerhin 150 Bahnen, überwiegend auch ohne Clubmitgliedschaft zu bespielen, bieten zu moderaten Greenfees abwechslungreichen Spielgenuss.

Infos

Myrtle Beach Area Convention & Visitors Bureau: 1200 N. Oak St., Tel. 843-626-7444, www.visitmyrtlebeach.com, Mo–Fr 8.30–17 Uhr, Sa 9–15 Uhr.

North Myrtle Beach Chamber of Commerce: 270 US 17, Tel. 843-281-2662, www.northmyrtlebeachchamber.com, Mo–Fr 9–17 Uhr.

Myrtle Beach Area South Strand Visitor Information Center: 3401 S. US 17, Tel. 843-651-1010, www.visitmyrtlebeach.com, Mo–Sa 9–17, So ab 12 Uhr.

Übernachten

Hoteltürme ▶ **The Breakers:** 2006 N. Ocean Blvd., Tel. 843-626-5000, www.breakers.com. Hoch aufragende Hoteltürme direkt am Strand, mehrere Restaurants und Pools, Unterhaltungsprogramm; die Apartments sind besonders beliebt bei Familien. Zimmer und Apartments 44–430 $. **Hampton Inn & Suites Oceanfront:** 1803 S. Ocean Blvd.,Tel. 843-946-6400, www.hamp toninnoceanfront.com. Große Hotelanlage mit zwei Türmen direkt am Strand, geräumige Zimmer mit Balkon. Mehrere Restaurants, Poollandschaft, WLAN, kostenloses Frühstück, eigenes Parkhaus und mehr. Beliebt bei Familien mit Kindern. DZ ab 85 $.

Überschaubar ▶ **St. John's Inn:** 6803 N. Ocean Blvd., Tel. 843-449-5251, www.stjohnsinn.com. Nette, zweistöckige Herberge vis-à-vis vom Strand, großer Pool. DZ ab 63 $.

Günstig ▶ **Serendipity Inn:** 407 71st. Ave. N., Tel. 1-800-762-3229, www.serendipityinn.com. Bed-&-Breakfast-Hotel in spanisch angehauchtem Stil, netter kleiner Pool, kostenloses WLAN und Frühstück, Grill im Innenhof. DZ ab 40 $.

Camping ▶ **Ocean Lakes Family Campground:** 6001 S. Kings Hwy, Tel. 843-238-5636, www.oceanlakes.com. Große Anlage mit 900 Plätzen für Zelte und Campmobile zwischen Meer und See, dazu diverse Häuschen und Trailer. Pool, Internetzugang, Spielplatz, Sportanlagen, Fahrradverleih. Stellplätze für Campmobile ab 28 $.

Essen & Trinken

Französisch ▶ **The Library:** 1212 N. Kings Hwy, Tel. 843-448-4527, www.thelibraryrestaurantsc.com, Mo–Sa ab 17 Uhr. Distinguiertes Ambiente mit entsprechendem Service. Klassische französische Kochtradition, aber mit (überwiegend) amerikanischen Zutaten. Es wird auch am Tisch flambiert. Hauptgerichte 18–48 $.

Fischgerichte ▶ **Sea Captain's House:** 3002 N. Ocean Blvd., Tel. 843-448-8082, tgl. 11.30–14.30, 17–22 Uhr, Frühstück 7–10.30 Uhr. Sicherlich eines der besten Fischrestaurants mit Blick auf den Grand Strand. Gerichte 8–28 $.

Entspannt ▶ **Pier House Restaurant:** 110 N. Ocean Blvd., Tel. 845-445-7437, www.2ndavepier.com, tgl. 8–11, 11.30–15, 16–21 Uhr. Im oberen Stockwerk des Pier House direkt am Boardwalk und mit Blick auf Pier und Strand. Serviert werden ordentliche Fischgerichte, in der Pfanne gebratener Grouper und Muscheln, aber auch Hühnchen und Steaks. Auch Frühstück und Lunch sowie Barbetrieb auf der Dachterrasse. In den Sommermonaten erfreut die Gäste mittwochs der Blick aufs abendliche Feuerwerk am Pier. Gerichte ab 16 $.

Griechisch modern ▶ **Mykonos:** 1002 29th Ave. N., Tel. 843-839-1965, www.dinedrinkanddance.com. Mediterrane Küche und gute Weinauswahl in einem modernen, verwinkelten Gebäude. An Wochenende zusätzlich Musikprogramm auf der hauseigenen Bühne. Gerichte ab 15 $.

Italienisch ▶ **Benny Rappa's Trattoria:** 1453 US 17 S., Tel. 843-361-1056, www.bennyrappas.com, Mi, Do, Fr 11.30–15, Mo–Sa 17–22 Uhr. Gmütliches italienisches Familienrestaurant mit Pasta, Fleisch- und Fischgerichten, dazu gute Weine und Frank Sinatra im Musikprogramm. Gerichte 8–25 $.

Einkaufen

Mall ▶ **Broadway at the Beach:** US 17 bypass, www.broadwayatthebeach.com. 140

ha mit weit über 100 Geschäften und mit drei Dutzend Restaurants und Musikbars.
Factory Outlet ▶ **Tanger Outlet:** 10835 Kings Rd., Tel. 843-449-0491 und 4635 Factory Stores Blvd., Tel. 843-236-5100, www.tangeroutlet.com. Gleich mit zwei Adressen und jeweils etwa 100 Markengeschäften von Black & Decker bis Tommy Hilfiger.

Abends & Nachts

Von Pianobar bis Diskothek ▶ **2001 VIP Entertainment:** 920 Lake Arrowhead Rd., Tel. 843-449-9434, www.2001nightsclub, Mi–Sa ab 20 Uhr. Pianobar, Sing-Along, Diskothek, Beach Club – alles unter einem Dach.
Shag Dancing ▶ **Fat Harolds:** 212 Main St., Tel. 843-249-5779, www.fatharolds.com. Ewig junger Musikclub mit Blues Rock und ein Zentrum des »Shag Dancing«, einer Tanzform, die mit gleitenden Bewegungen und lockerer Schrittfolge das legere Lebensgefühl an der Küste zum Ausdruck bringen soll.
Musikshow ▶ **Alabama Theatre:** 4750 US 17 S/Barefoot Landing, Tel. 843-272-1111, www.alabama-theatre.com. Allabendlich große Musikrevue im Las-Vegas-Stil mit Non-Stop-Programm.
Konzerte ▶ **The Carolina Opry:** 8901 Business 17 N., Tel. 1-800-843-6779, www.thecarolinaopry.com. Glitzernde Musikrevue vor mehr als 2000 Zuschauern mit Best-of-Pop- und Countrysongs, dazu Tanzeinlagen. Vorstellungen 14 und 20 Uhr. Tickets ab 35 $.
Blues mit Steak ▶ **House of Blues:** 4640 Hwy 17 S., Tel. 843-272-3000, www.houseofblues.com. Gute Musik, regelmäßige Konzerte, So Gospelbrunch, dazu amerikanische Klassiker: Burger, Rippchen oder Steaks.

Aktiv

Golf ▶ **Myrtle Beach Golf:** Die Webseite www.mbn.com bietet einen guten Überblick über Preise und Spielmöglichkeiten auf den rund 150 Bahnen der Umgebung. **Classic Swing Golf School:** 1500 Legends Dr., Tel. 843-903-5560, www.clas sicswing.com. Moderne Golfschule auf weitläufigem Gelände mit Videoanalyse und qualifizierten Instructors, Erfolgsgarantie. Golfstunde ab 40 $.
Wassersport ▶ **Myrtle Beach Watersports:** 101 Fantasy Harbour Blvd., Tel. 843-903-3456, www.myrtlebeachwatersports.com. Verleih von Jet-Skis, Jet-Booten, Ponton-Booten, Delfinbeobachtungstouren, Erw. 25 $, Kinder 15 $ (es gibt diverse Zweigstellen entlang der Küste rund um Myrtle Beach, z. B. 2120 Sea Mountain Hwy, Tel. 843-280-8400 sowie 1701 S. Ocean Blvd., Tel. 843-361-3322 und in Little River, 4495 Mineola Ave., Tel. 843-280-7777. **Sail and Ski:** 515 Hwy 501, Tel. 843-626-7245, www.sailandskiconnection.com. Verkauf und Verleih von Wassersportausrüstung, vom Seekajak bis zum Hobie-Cat-Segler, außerdem Kajaktouren durch die Bay. Kajaktour 50 $. **Great American Riverboat:** Barefoot Landing, 4932 US 17 S., Tel. 843-650-6600, www.mbriverboat.com. Minikreuzfahrt in den Küstengewässern (1–2 Std.), Erw. 14–35 $, Kinder 8–25 $.

Termine

Sun Fun Festival: Anfang Juni. Für einige ist die Kür der »Miss Sun Fun« das Größte, andere erfreuen sich an kostenlosen Pop-Konzerten, Rennen mit Wasserscootern, Essensständen und dem großen Abschlussfeuerwerk, Infos Chamber of Commerce, Tel. 843-626-7444, www.grandstrandevents.com.
Myrtle Beach Bike Week: Mitte Mai und Ende Sept. Die Harley-Fahrer kommen von nah und fern nach Murrells Inlet am südlichen Abschnitt des Grand Strand. Hier gibt es dann ein großes Programm mit Rallyes, Konzerten, Bier und vielem mehr, Tel. 336-643-1367, www.myrtlebeachbikeweek.com.

Verkehr

Bus: Greyhound, 511 7TH Ave. N., Tel. 843-448-2472, www.greyhound.com.

Murrells Inlet ▶ 2, K 6

Einst soll sich der Piratenkapitän Murrel hier nach seinen Raubzügen versteckt haben. Die nach ihm benannte Bucht südlich von Myrtle Beach ist heute für ihre guten Fisch-

und Muschelgründe bekannt. Den Fischerbooten kann man beim Auslaufen vom Boardwalk aus zusehen, der sich rund 800 m an der Wasserseite entlangzieht.

Brookgreen Gardens

Ein Stopp lohnt sich auch in Brookgreen Gardens. Hier legten Archer und Anna Hyatt Huntington ihren ererbten Reichtum auf einer früheren Reis- und Indigoplantage in einem Skulpturengarten mit etwa 500 Plastiken vor allem amerikanischer Bildhauer des 19. und 20. Jh. an (1931 Brookgreen Dr., Tel. 843-235-6000, www.brookgreen.org, tgl. 9.30–17 Uhr, Erw. 12 $, Kinder 4–12 J. 6 $).

Huntington Beach State Park

Gleich vis-à-vis der US 17 geht es in den Huntington Beach State Park, der sich zwischen der Straße und der Atlantikküste erstreckt. Mehrere Pfade führen durch das gut 1000 ha große Naturgelände, vorbei an Süßwasserlagunen und Salzwassermarschen. Von Beobachtungsplattformen haben Besucher einen guten Blick auf die Vogelwelt und Alligatoren, die sich hier wohlzufühlen scheinen (16148 Ocean Hwy/US 17, Tel. 843-237-4440, www.huntingtonbeachsc.org).

Infos

Myrtle Beach Area South Strand Visitor Information Center: 3401 S. US 17, Tel. 843-651-1010, www.visitmyrtlebeach.com, Mo–Sa 9–17, So ab 12 Uhr.

Essen & Trinken

Direkt am Wasser ▶ **Drunken Jack's:** 4031 Hwy 17 Business, Tel. 843-651-2044, www.drunkenjacks.com. Mittags und abends, Mo geschl. Mit Blick auf das Wasser von Murrel's Inlet und die Inseln werden Fisch und Krustentiere serviert, Shrimps, Austern, Flunder, aber auch Hühnchen oder Burger und Wraps. Hauptgerichte ab 15 $.

Aktiv

Wassersport ▶ **Myrtle Beach Watersports:** 4065 Hwy 17, Tel. 843-651-9915, www.myrtlebeachwatersports.com, s. S. 220.

Georgetown ▶ 2, K 6

Im Zentrum des Ortes scheint die Zeit stehen geblieben zu sein. Mehrere Dutzend Häuser aus dem 18. und 19. Jh. säumen die Straßen, in denen alte Eichenbäume ein Blätterdach formen. Die Engländer gründeten Mitte des 18. Jh. das Städtchen **Georgetown** und ließen in den sumpfigen Küstenmarschen von Sklaven Reis- und Indigoplantagen anlegen. Das kleine Reismuseum im Zentrum des Ortes informiert mit Dioramen, Dokumenten und Werkzeugen sehr anschaulich über die 200-jährige Geschichte des Reisanbaus, der nach der Befreiung der Sklaven zum Ende des Bürgerkriegs von den Besitzern aufgegeben wurde (633 Front St./Screven St., Tel. 843-546-7423, www.ricemuseum.org, Mo–Sa 9.30–16.30 Uhr, Erw. 7 $, Schüler 3 $).

Während des Unabhängigkeitskriegs führte Francis Marion, der »Fuchs der Sümpfe«, mit einer verwegenen Truppe einen erfolgreichen Guerillakrieg gegen die Briten. An ihn erinnert der Film »The Patriot« mit Mel Gibson und der mehr als 1000 km² große **Francis Marion National Forest,** den die Verbindungsstraße zwischen Georgetown und Charleston durchquert. In dem ausgedehnten Naturschutzgebiet wechseln Zypressenwälder, Kiefern- und Eichenbestände mit dunklen Sümpfen, in denen Alligatoren leben, und Sanddünen entlang der Atlantikküste einander ab.

Infos

Chamber of Commerce: 102 Broad St., Tel. 843-546-8436, www.georgetownsc.org, Mo–Sa 9–17 Uhr.

Übernachten

... auf Pawleys Island (4 Meilen nördl. von Georgetown):

Plantagenvilla ▶ **Litchfield Plantation:** River Rd., Pawleys Island, , Tel. 843-237-9121, www. litchfieldplantation.com. Prächtiges georgianisches Herrenhaus mit 10 Zimmern einer Reisplantage von 1750 am Ufer des Waccamaw. Die Einrichtungen des Beach Club können mitgenutzt werden. DZ ab 145 $.

Einkaufen

Frisch aus dem Ofen ▶ **Kudzu Bakery:** 120 King St., Tel. 843-546-1847, www.kudzubakery.com, Mo–Fr 9–17.30, Sa 9–14 Uhr. Leckere Brote und Gebäck, auch Frühstück; Verkauf von Wein und andere Produkten.

6 Charleston ▶ 2, J 7

Cityplan: S. 224

Die knapp 120 000 Charlestonians halten sich seit jeher für etwas Besonderes. Mag es daran liegen, dass Charleston 1670 an jener Stelle gegründet wurde, an der »Ashley- und Cooper River zusammenfließen, um den Atlantik zu bilden«, mag es der Reichtum sein, der sich vor allem vom Ende des 18. Jh. über knapp 100 Jahre in den Händen weniger konzentrierte und zum heute einzigartigen Stadtbild beitrug, mag es das südliche Klima sein, das selbst im Sommer durch die stets leichte Brise vom Meer angenehm bleibt.

Vor den Fassaden der Stadtvillen entlang der South Battery Street oder an den Ständen des Old City Market fällt es leicht, sich in die ›gute alte Zeit‹ zu träumen. Wolkenkratzer oder eine Metro wird man auch heute in Charleston vergeblich suchen, Stadtbesichtigungen mit modernen Bussen sind in den Gassen nicht angesagt, hier fährt man gemütlich per Pferdekutsche oder geht gleich zu Fuß. In den letzten Jahren hat sich Charleston zu einem kulinarischen Trendsetter im Südosten der USA entwickelt. Mit einer Reihe formidabler Restaurants, die auf frische, meist biodynamisch angebaute Produkte der Region setzen und die kulinarischen Anregungen der vielen Einwanderergruppen aufnehmen, hat sich eine leichtere Küche entwickelt, die ihre aromatische Basis in den Südstaaten dennoch nicht verleugnet.

Stadtgeschichte und Bürgerkrieg

Häufig waren die Charlestonians ihrer Zeit voraus, haben für andere den Trend verdeutlicht. So wurde in Charleston 1736 die erste Feuerversicherung gegründet – die allerdings das Pech hatte, dass vier Jahre später die halbe Stadt abbrannte. Im Jahr 1738 richtete ein Dr. John Lehning hier den ersten professionellen Wetterdienst ein. Bereits 1775, ein Jahr bevor Thomas Jefferson die Unabhängigkeitserklärung verfasste, zogen Patrioten in Charleston die amerikanische, statt der britischen Flagge auf. Im Bürgerkrieg feuerten Batterien der Stadt die ersten Salven auf das vor der Küste liegende Fort Sumter, in dem Unionstruppen lagen, und gaben so den Startschuss zum amerikanischen Bürgerkrieg.

Charleston war für die Pflanzer und Kaufleute von South Carolina nicht nur Umschlagplatz für Waren, sondern Zentrum des gesellschaftlichen, politischen und kulturellen Lebens. Wer reich genug war, unterhielt neben dem Plantagensitz eine Stadtvilla, in die die Familie in den Sommermonaten, der *sickly season,* umzog, wenn das feuchtheiße Klima auf dem Lande schwer erträglich wurde. Im Gegensatz zur puritanischen Strenge von Neuengland entwickelte sich ein sinnenfroher und liberaler Lebensstil, der Raum bot für allerlei Vergnügungen, vom Hahnenkampf bis zur Theateraufführung, und allen, von Hugenotten bis zur reformierten judäischen Gemeinde, freie Religionsausübung erlaubte.

Nach dem verlorenen Bürgerkrieg und der Befreiung der Sklaven waren viele Familien aus Geldmangel gezwungen, ihre beschädigten Häuser zu reparieren, anstatt sie niederzureißen und neue aufzubauen. So besitzt Charleston heute eine einzigartige Kulisse von etwa 2000 restaurierten Gebäuden südlich der Calhoun Street. Die Stadtresidenzen sind überwiegend mit ihrer Schmalseite quer zur Straßenfront gebaut, sodass sich die Häuser mit ihrem imposanten Eingangsbereich zum seitlichen Garten hinwenden. Die Kühlung spendende Veranda, dem Baustil der Karibik entlehnt und in Charleston Piazza genannt, öffnet sich mit einer Seitenpforte zur Straße.

Grund für diese unübliche Bauweise war die koloniale englische Abgabenordnung, welche die Grundsteuern nach der Breite der Straßenfront festlegte. An vielen Gebäuden sind schmiedeeiserne Balkone oder Gitter zu

Prächtige Antebellumvillen säumen die East Battery Street von Charleston

sehen, welche die Grundstücke zur Straße abgrenzen. Scharfe, kunstvoll geschmiedete Spitzen auf einigen dieser Zäune deuten an, dass den Besitzern die Quelle ihres Reichtums bekannt war. Sie sollten die Eigentümer bei Sklavenunruhen vor möglichen Übergriffen schützen.

Im historischen Zentrum

Vom südlichen Ende der Altstadt, den White Point Gardens und der East Battery Street kann man zahlreiche prächtige Wohnhäuser und öffentliche Gebäude erkunden. Das **Calhoun Mansion** 1 mit kunstvollen Holzvertäfelungen in vielen seiner 35 Zimmer stammt von 1876 (16 Meeting St., Tel. 843-722-8205, www.calhounmansion.net, Touren tgl. März–Dez. 11–17, sonst bis 16.30 Uhr, 15 $/Pers.).

Das zweistöckige, im *Greek Revival*-Stil errichtete **Edmonston-Alston House** 2 aus dem Jahre 1828 bietet einen herrlichen Blick über Hafen und Bay (21 E. Battery St., Tel. 843-722-7171, Touren Mo 13–16.30, Di–Sa ab 10, So ab 13.30 Uhr, Erw. 10 $, Kin. 8 $).

Das **Nathaniel Russel House** 3, eine Kaufmannsvilla aus dem Jahre 1808 prunkt mit einer spiralförmigen Holztreppe und verfügt über ein klug erdachtes Belüftungssystem (51 Meeting St., Tel. 843-724-8481, www.historiccharleston.org/experience/nrh, Mo–Sa 10–17, So 9–17 Uhr, 10 $/Pers.).

Im 1772 erbauten **Heyward-Washington House** 4, das mit zeitgenössischen Möbeln und Inventar ausgestattet ist, hat bereits George Washington übernachtet (87 Church St., Tel. 843-722-2996, www.charlestonmuseum.org/heyward-washington-house, Mo–Sa 10–17 Uhr, 10 $/Pers.).

Bei der Church Street 89–91 zweigt die kleine Privatgasse **Cabbage Row** ab. Sie war für den Dichter DuBose Heyward Vorbild für die Catfish Row in dem Roman »Porgy«, der als Musical »Porgy and Bess« von George Gershwin weltbekannt wurde. Die **Kreuzung von Broad und Meeting Street** wird auch als die »vier Ecken des Rechts« bezeichnet, da jede Straßenecke eine öffentliche Gewalt repräsentiert: Das Postamt steht für die Bun-

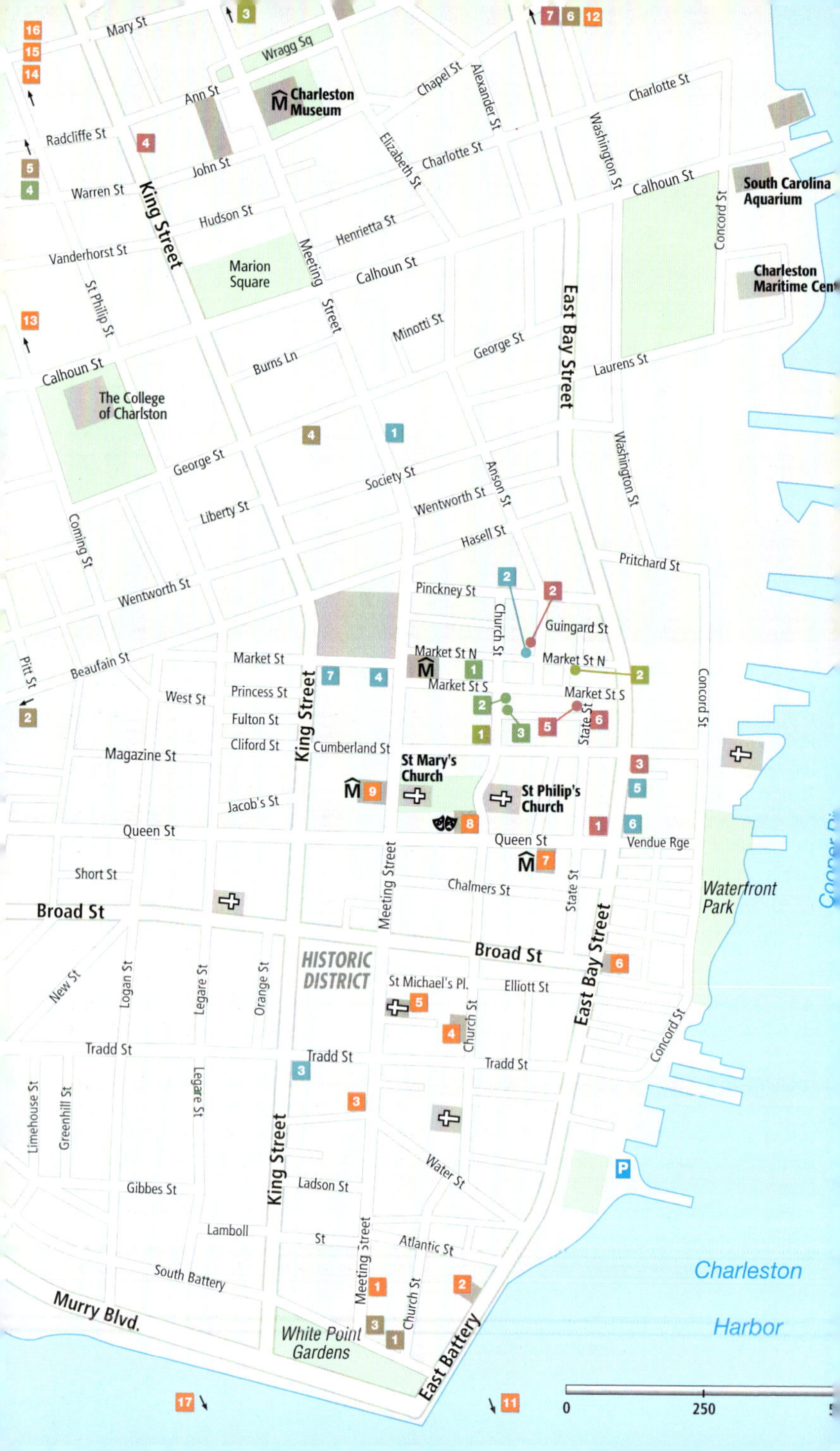

Mary St
Wragg Sq
Charleston Museum
Ann St
Chapel St
Alexander St
Charlotte St
Radcliffe St
John St
Elizabeth St
Washington St
Calhoun St
South Carolina Aquarium
Warren St
King Street
Hudson St
Henrietta St
Concord St
Vanderhorst St
Marion Square
Meeting Street
Calhoun St
Charleston Maritime Cen
St Philip St
Minotti St
East Bay Street
George St
Laurens St
Burns Ln
Calhoun St
The College of Charlston
George St
Society St
Anson St
Washington St
Wentworth St
Liberty St
Coming St
Hasell St
Pritchard St
Wentworth St
Pinckney St
Church St
Guingard St
Market St N
Market St
Pitt St
Beaufain St
Market St N
Market St S
Market St S
West St
Princess St
Fulton St
State St
Concord St
Clifford St
Cumberland St
Magazine St
St Mary's Church
St Philip's Church
Jacob's St
Queen St
Queen St
Vendue Rge
Short St
Chalmers St
Waterfront Park
Broad St
State St
Broad St
East Bay Street
HISTORIC DISTRICT
New St
Logan St
Legare St
Orange St
St Michael's Pl.
Elliott St
Church St
Tradd St
Tradd St
Tradd St
Concord St
Limehouse St
Greenhill St
Legare St
King Street
Water St
Gibbes St
Ladson St
P
Lamboll St
Atlantic St
South Battery
Meeting Street
Church St
Charleston
Murry Blvd.
White Point Gardens
Harbor
East Battery
0
250

Charleston

Sehenswert

1 Calhoun Mansion
2 Edmonston-Alston House
3 Nathaniel Russel House
4 Heyward-Washington House
5 St. Michael's Church
6 Old Exchange and Provost Dungeon
7 Slave Mart Museum
8 Dock Street Theatre
9 Gibbes Museum of Art
10 Patriots Point Naval and Maritime Museum
11 Fort Sumter
12 Boone Hall Plantation
13 Charlestowne Landing
14 Drayton Hall
15 Magnolia Gardens
16 Middleton Place
17 Folly Beach

Übernachten

1 Planters Inn
2 Beaufain Street Bead & Brakfast
3 Two Meeting Street Inn
4 Barksdale House Inn
5 Studio Plus Deluxe Studios
6 KOA Mt. Pleasant/ Charleston

Essen & Trinken

1 Cypress
2 Anson
3 Slightly North of Broad
4 Fish
5 A. W. Shucks
6 Dixie Supply Bakery & Café
7 Poe's Tavern

Einkaufen

1 Old City Market
2 Spice & Tea Exchange
3 Charleston Crafts
4 Tanger Outlets

Abends & Nachts

1 Theater 99
2 Henry's House
3 Chai's Lounge
4 Club Habanna
5 The Gin Joint
6 Rooftop Cocktail Bar
7 Charleston Grill

Aktiv

1 Palmetto Carriage Tours
2 Culinary Tours of Charleston
3 Charleston & Resort Islands Golf

desgewalt, das Gerichtsgebäude für die Kreisverwaltung, das Rathaus für die Stadtregierung und die **St. Michael's Church** 5 für die Macht der Kirche. Der anglikanische Bau steht auf den Fundamenten eines Gotteshauses von 1680. Nach Umbauten wegen eines Feuers wurde die Kirche 1761 für die Gemeinde wieder geöffnet (71 Broad St., Tel. 843-723-0603, www.stmichaelschurch.net).

Im 1771 erbauten **Old Exchange and Provost Dungeon** 6**,** in dem einst amerikanische Patrioten des Unabhängigkeitskriegs einsaßen, feierten die Bürger wenig später den siegreichen George Washington. Heute wird Besuchern der Gewölbe in einem historischen Museum die Zeit des Unabhängigkeitskriegs mit animierten Wachsfiguren nähergebracht (122 E. Bay St., Tel. 843-727-8481, www.oldexchange.com, tgl. 9–17 Uhr, Erw. 8 $, Schüler 4 $).

Nachdem der Sklavenmarkt in der East Bay Street zunehmend den Verkehr behinderte, wurde er Mitte des 19. Jh. in Ryan's Auktionshaus verlegt. Im Jahre 1863 wurden hier die letzten Arbeitssklaven versteigert. Heute beherbergt das **Slave Mart Museum** 7 eine Ausstellung zur Geschichte der Sklaverei in South Carolina und eine Sammlung afrikanischer und afro-amerikanischer Kunst (6 Chalmers St., Tel. 843-958-6467, Mo–Sa 9–17 Uhr, Erw. 7 $, Kinder 5 $).

Als eines der ersten Theatergebäude der USA gilt das **Dock Street Theatre** 8 an der Ecke von Church und Queen Street, im angeschlossenen Restaurant soll ein frisch erfundener und gemixter Planters Punch erstmals durstige Kehlen erfreut haben (s. S. 229). Im Theaterbau von 1736 finden noch immer Aufführungen von örtlichen und Tourneegruppen statt (135 Church St., Tel. 843-723-5648, http://charlestonstage.com).

Mit dem **Gibbes Museum of Art** 9 besitzt Charleston eine herausragende Sammlung vor allem amerikanischer Kunst, in der Porträtmaler aus kolonialer Zeit, die künstlerisch produktive Zeit der Charleston Renaissance (1915–40) und auch zeitgenössische Bilder, Fotografien, Collagen und Plastiken prominent repräsentiert sind (135 Meeting St., Tel. 843-722-2706, www.gibbesmuseum.org, Di–Sa 10–17, So 13–17 Uhr, Erw. 9 $, Kinder 5 $).

Middleton Place: stimmungsvoller Landschaftsgarten nach englischem Vorbild

Die Umgebung von Charleston

Einblicke in die jüngere amerikanische Militärgeschichte erhält man beim Ort **Mount Pleasant** am Nordufer des Cooper River, gegenüber der Altstadt von Charleston. An der Landebrücke des **Patriots Point Naval and Maritime Museum** 10 haben mit dem Flugzeugträger »Yorktown«, dem Zerstörer »Laffey«, dem Unterseeboot »Clagamore« ehemalige Kriegsschiffe zur Besichtigung festgemacht. Eine Ausstellung informiert über Nachschublogistik und Marineflieger (40 Patriots Point Rd., Mt. Pleasant, Tel. 866-831-1720, www.patriotspoint.org, tgl. 18.30 Uhr, Erw. 18 $, Kinder 6–12 J. 11 $).

Die Ruinen von **Fort Sumter** 11, dessen Beschießung durch konföderierte Einheiten im April 1861 den Bürgerkrieg auslöste, werden regelmäßig mit Ausflugsschiffen angesteuert. Es ist mit **Fort Moultrie,** an der nördlichen Hafeneinfahrt zu Charleston, Teil des **Fort Sumter National Monument.** Fort Moultie auf Sullivans Island ist heute über eine Brücke erreichbar. Vor dem Eingang liegt das Grab des Seminolen-Kriegers Osceola, der 1837 bei Verhandlungen über die Beilegung der Kämpfe zwischen US-Armee und den Seminolen in Florida gefangengesetzt worden war und im Jahr darauf in den Kasematten des Forts an einer Infektionskrankheit starb (Fort Moultrie an der SR 703, 10 Meilen nördlich von Charleston, Ft. Sumter Bootstransfer von der Marina Anf. April bis Anf. Sept., sonst eingeschränkt, Tel. 843-883-3123, www.nps.gov/fosu, Touren 2. Jan. bis Ende Febr./1.–24. Dez. 11.30–16, Anf.–14. März, 21. Aug.–28. Aug.–30. Nov./Dez.–31. Dez. 10–16, 15. März–20 Aug. 10–17.30 Uhr, Erw. 3 $, Kinder frei).

Nordöstlich des Cooper River sowie stromaufwärts am Ashley River kann man einige der prächtigsten Plantagen der Südstaaten besichtigen. Die spektakuläre Eichenallee der gut erhaltenen **Boone Hall Plantation** 12, etwa 8 Meilen nordöstlich der Stadt, hat schon in vielen Filmen eine Hauptrolle gespielt. Auch neun Sklavenquartiere, weniger prächtig, sind erhalten (1235 Long Point Rd., Mt. Pleasant, Tel. 843-884-4371, www.boonehallplantation.com, Anf. Sept.–Ende Nov. Mo–Sa 9–17, So 13–16, Dez.–Ende Febr. Mo–Sa 9–17, So 12–17, März–Anf. Sept. Mo–Sa 8.30–18.30, So 13–16 Uhr, Erw. 19,50 $, Kinder 9,50 $).

Charlestowne Landing 13, eine Rekonstruktion der ersten Siedlungsanlage, wurde am Südufer des Ashley River, nahe vom heutigen Charleston, samt Erdwällen und Palisaden wieder aufgebaut. Ein kleiner Zoo beherbergt Tiere, die in den letzten drei Jahrhunderten hier heimisch waren (1500 Old Town Rd., Tel. 843-852-4200, www.charlestowne.org, tgl. 9–17 Uhr, Erw. 7,50 $, Kinder 6–15 J. 3,50 $).

Die Besucher von **Drayton Hall** 14, weiter flussaufwärts, erhalten einen authentischen Eindruck von den Lebensbedingungen der Plantagenbesitzer vor dem Bürgerkrieg, da das 1845 errichtete Backsteingebäude nie zerstört oder umgebaut wurde (3380 Ashley River Rd., Tel. 843-769-2600, www.draytonhall.org, Touren März–Okt. 8.30–17, sonst 9.30–16 Uhr, Erw. 18 $, erm. 6–8 $).

Die Attraktion von **Magnolia Gardens** 15, seit 300 Jahren im Besitz der Drayton-Familie, sind die Gärten, die John Drayton zum Gefallen seiner Gattin Julia Ende des 17. Jh. anlegen ließ. Wer durch die Blütenpracht von Magnolien, Azaleen, Kamelien, Hibiskus und Lilien gewandert ist, kann verstehen, warum der Baedeker des Jahres 1900 Magnolia Gardens neben dem Grand Canyon und den Niagara-Fällen als besondere Attraktion Nordamerikas mit zwei Sternen auszeichnete (an der SR 61, 10 Meilen nordwestl. von Charleston, Tel. 843-571-1266, www.magnoliaplantation.com, März–Okt. 9–16.30 Uhr, sonst eingeschränkt, Erw. 15 $, Kinder 10 $).

Middleton Place 16, 4 Meilen stromaufwärts am Ashley River, rühmt sich seiner englischen Gartenanlage, an der von 1741 an unter Anleitung eines britischen Landschaftsarchitekten 100 Sklaven zehn Jahre lang arbeiteten (an der SR 61, 14 Meilen nordwestl. von Charleston, Tel. 843556-6020, www.middletonplace.org, tgl. 9–17 Uhr, Erw. 25 $, Kinder 10 $).

Wer aus Charleston nur kurz an den Strand möchte, fährt nach **Folly Beach** 17. Der breite Strand auf Folly Island ist von der Innenstadt nur 20 Autominuten entfernt. Beim Angeln von der Fishing Pier beißen die Fische besonders gut. Die Infrastruktur mit Rad-, Kanu-, Jet-Ski- oder Motorrollerverleih ist gut ausgebaut. Wer sich zum Schwimmen nicht in den Atlantik traut, kann zwischen drei Wasserparks wählen.

Infos

Charleston Area Convention & Visitors Bureau: 375 Meeting St., Tel. 843-853-8000, www.charlestoncvb.com, Mo–Sa 9–17 Uhr.

Übernachten

Historisches Gebäude ▶ **Planters Inn** 1: 2 Meeting St., Tel. 843-722-2345, www.plantersinn.com. Luxuriöse Herberge im Zentrum der Altstadt, dazu Gourmet-Restaurant »Peninsula Grill«. DZ ab 200 $.

Mit Seeblick ▶ **Beaufain Street Bed & Breakfast** 2: 106 Beaufain St., Tel. 843-722-7952. Freundliches B & B mit Blick auf den kleinen Colonial Lake im historischen Bezirk. Zimmer sind mit Bad und funktionierendem Kamin ausgestattet. DZ ab 195 $.

Romantisch und elegant ▶ **Two Meeting Street Inn** 3: 2 Meeting St., Tel. 843-723-7322, www.twomeetingstreet.com. Elegantes B & B in historischer Stadtvilla, Frühstück und Nachmittagstee inkl. DZ ab 180 $.

Opulent ▶ **Barksdale House Inn** 4: 27 George St., Tel. 843-577-4800, www.barksdalehouse.com. Bestens ausgestattete Unterkunft im Ende des 18. Jh. erbauter Stadtvilla, kostenloses WLAN. DZ ab 110 $.

Günstig ▶ **Studio Plus Deluxe Studios** 5: 7641 Northwoods Blvd, in North Charleston, Tel. 843-553-0036, www.studioplus.com. Sehr günstige Studio-Apartments mit voll ausgestatteter Küche. Ab 69 $.

Camping ▶ **KOA Mt. Pleasant/Charleston** 6: 3157 Hwy 17 N., Tel. 843-849-5177, www.koa.com. Gute Ausstattung auf einem 200 ha großen Plantagengelände mit eigenem See, 12 Meilen nordöstlich von Charleston. Plätze für Campmobile ab 50 $.

Essen & Trinken

Riesiges Weinsortiment ▶ **Cypress** 1: 167 E. Bay St., Tel. 843-727-0111, www.magnolias-blossom-cypress.com, tgl. 17.30–22 Uhr. Feine, zeitgenössische amerikanische

Küche mit asiatischen Einflüssen. Von Wasabi-Thunfisch bis zum Lammkarree wird hier viel geboten. Blickfang ist eine gläserne Wand, hinter der über 4000 Weine lagern. Gericht ab 20 $. 3-Gänge-Menü ab 39 $.

Low-country-Küche ▶ **Anson** 2: 12 Anson St., Tel. 843-577-0551, www.ansonrestaurant.com. Köstliche Südstaaten-Küche, mit leichter Hand zubereitet, die Fischgerichte sind ein Gedicht. Hauptgerichte ab 20 $.

Fantasievoll ▶ **Slightly North of Broad (S.N.O.B.)** 3: 192 E. Bay St., Tel. 843-723-3424, Mo–Fr 11.30–15, 17.30–23, Sa/So 17.30–23 Uhr. Moderne, schmackhafte Low-country-Gerichte aus der einsehbaren Showküche. Hauptgerichte ab 18 $.

Fusion-Küche ▶ **Fish** 4: 442 King St., Tel. 843-722-3474, www.fishrestaurantcharleton.com, Mo–Fr 11–14.30, Mo–Sa 17.30–22 Uhr. Köstliche Fischgerichte mit Einflüssen aus South Carolina, Frankreich und Asien. Hauptgerichte ab 11 $.

Austern satt ▶ **A. W. Shucks** 5: 70 State St., Tel. 843-723-1151, www.a-w-shucks.com, So–Do 11–22, Fr/Sa 11–23 Uhr. Meeresfrüchte und Austern *on the half shell,* alles frisch. Gerichte 7–20 $.

Herzhaft ▶ **Dixie Supply Bakery & Café** 6: 62 State St., Tel. 843-722-5650, www.dixiecafecharleston.com, tgl. 8–14.30, Fr 17–20.30 Uhr. Grits & Gravy, Beignets, French Toast und andere herzhafte Frühstücksspezialitäten morgens. Leckere Salate, Sandwiches und Wraps zum Lunch. Kleinigkeiten und Gerichte von 2 bis 10 $.

... auf Sullivan's Island (ca. 10 Meilen nordwestl. vom Zentrum):

Gourmet-Burger ▶ **Poe's Tavern** 7: 2210 Middle St., Tel. 843-883-00 83, www.poestavern.com, tgl. 11–2 Uhr. Benannt nach dem weltbekannten Schriftsteller. Hier gibt es vor allem kreative Burger wie z. B. den feurigen »Starving Artist«. Auch die Fisch-Tacos und die Salate überzeugen. Gerichte ab 8,50 $.

Einkaufen

Markt ▶ **Old City Market** 1: Market St., www.charlestoncitymarket.com, tgl. ab 9.30 Uhr. Gemüse und Früchte, Touristisches, Blumen, handgeflochtene Low-country-Körbe (leider teuer) und vieles andere auf dem 200 Jahre alten Markt unter Arkaden.

Gewürze und Tee ▶ **Spice & Tea Exchange** 2: 170-A Church St., Tel. 843-965-8300, Mo–Do 10–19, Fr/Sa 10–20, So 10–18 Uhr. Ausgefallene Gewürzmischungen und Teesorten aus vielen Anbauländern.

Kunsthandwerk ▶ **Charleston Crafts** 3: 161 Church St., Tel. 843-723-2938, www.charlestoncrafts.org, Mo–Sa 10–17.30, Fr bis 20 Uhr. Gemeinsames Verkaufsschaufenster von Künstlern und Kunsthandwerkern aus dem Low country, die von handgemachter Seife bis zu Keramik und Aquarellen viel Geschmackvolles anbieten.

Outlet ▶ **Tanger Outlets** 4: 5840 Tanger Outlet Blvd., North Charleston, Tel. 843-529-3095, www.tangeroutlets.com/charleston, Mo–Sa 10–21, So 11–18 Uhr. Über 90 Geschäfte bekannter (Mode-)Marken.

Abends & Nachts

Comedy-Club ▶ **Theater 99** 1: 280 Meeting St., Tel. 843-853-6687, www.theatre99.com. Hier wird man an drei Tagen die Woche zum Lachen gebracht; Getränke kann man sich an den Tisch bestellen.

Snacks & Musik ▶ **Henry's House** 2: 54 N. Market St., Tel. 843-723-4363, http://henryshousecharleston.com. Leckere Kleinigkeiten im Cru Café, abends Livemusik.

Musik & Desserts ▶ **Chai's Lounge** 3: 62 King St, 843-722-7313, www.eatatchais.com, Mo–Sa ab 17 Uhr. Asiatisch inspirierte Lounge mit guter Musik (Mi Reggae), gut sortierter Getränkekarte, Tapas und Desserts.

Martinis & Zigarren ▶ **Club Habanna** 4: 177 Meeting St., Obergeschoss, Tel. 843-853-5008, www.tinderboxcharleston.com/habana, ab 16.30 Uhr. Die einzige Bar in Charleston, in der geraucht werden darf, verfügt über eine effektive Lüftung. So können alle Gäste den guten Wein, Champagner, Martini und Whiskey in gemütlichen Sesseln genießen.

Aktiv

Kutschenfahrt ▶ **Palmetto Carriage Tours** 1: 8 Guignard St., Tel. 843-723-8145, www.

Tipp: Die Longdrinks der Südstaaten genießen

Mit einem Planters Punch, einem Longdrink aus Rum, Zucker und Zitrussaft, prosteten sich schon die Plantagenbesitzer von South Carolina im legendären Mills House Hotel auf die Sezession von der Union 1861 zu, und lange waren Filme über die Südstaaten undenkbar, in denen nicht wenigstens ein Dutzend Planters Punch oder Mint Julep mit Minzsirup, Whiskey und Eis durch durstige Kehlen flossen. Die Union blieb bestehen, die Rezepte für die Südstaaten Longdrinks auch. Einige Bars mixen besonders gute:

The Gin Joint 5: 182 E. Bay St., Tel. 843-577-6111, www.theginjoint.com, Mo–Mi 17–24, Do–Sa 17–2, So 11–15 Uhr. Klassische Cocktails mit 3 Sorten Eis und die besten Mint Julep der Stadt in der Traditionsbar.

Rooftop Cocktail Bar 6: 19 Vendue Range St., im Vendue Inn, Tel. 843-577-7970, www.vendueinn.com, tgl. 11.30–24 Uhr. Besten Mint Julep und andere Cocktails mit großartiger Aussicht.

Anson Restaurant 2: 12 Anson St., Tel. 843-577-0551, www.ansonrestaurant.com. Die Bar des Anson Restaurant hält hochprozentige Überraschungen bereit.

Charleston Grill 7: 224 King St., Tel. 843-577-4522, www.charlestongrill.com/#lounge. Die wunderbare Lounge-Bar im Charleston Place Hotel kann alles, natürlich auch exquisiten Mint Julep und Planters Punch.

palmettocarriage.com. Shuttle vom Visitor Center. Touren mit Kutsche durch die Innenstadt, Start an der großen roten Scheune, etwa 21 $/Pers.

Gourmet-Tour ▶ **Culinary Tours of Charleston** 2: 40 N. Market St., Tel. 843-722-8687, www.culinarytoursofcharleston. com, Mo–Do u. Sa 9.30, Fr 14 Uhr. Zu Fuß in 2,5 Std. die kulinarischen Geheimnisse der Stadt entdecken, mit vielen Geschichten, Geschäften und Restaurants. Nur mit Anmeldung, 42 $.

Golf ▶ **Charleston & Resort Islands Golf** 3: 423 King St., Tel. 843-805-3071, www.charlestongolfguide.com. Überblick, Karte und Buchungsmöglichkeit für die ca. 20 Golfplätze in der näheren Umgebung, ab 40 $.

Termine

Low-country Oyster Festival: Ende Jan. Austernfestival vor der imposanten Kulisse der Boone Hall Plantation. Wettbewerbe im Austernöffnen, Musik, Biere aus aller Welt und köstliche Austern, 10–17 Uhr, www.charlestonrestaurantassociation.com.

Charleston Wine & Food Festival: Anfang März. Die besten Köche der Region, Weinkenner und Autoren geben in der ganzen Stadt Proben ihres Könnens, Tel. 843-727-9998, www.charlestonwineandfood.com.

Spoleto Festival: Ende Mai bis Anfang Juni. Tel. 843-722-2764, www.spoletousa.org. Zweiwöchiges Kulturereignis mit hochkarätig besetzten Veranstaltungen in der ganzen Stadt. Die Aufführungen und Konzerte werden als Pendant zum »Festival dei due mondi« im umbrischen Spoleto verstanden.

Piccolo Spoleto Festival: Der Abkömmling der großen Festivals gibt Talenten und Künstlern aller Genres aus der Region von Mitte Mai bis Anf. Juni mit rund 300 Veranstaltungen eine Bühne. Tel. 843-724-7305, http://piccolospoleto.com.

Verkehr

Bahn: Amtrak, 4565 Gaynor Ave., North Charleston, Tel. 843-744-8264. Charleston liegt auf der »Palmetto«-Strecke zwischen New York und Savannah sowie auf der »Silver Meteor«-Linie zwischen New York und Orlando/Miami.

Bus: Greyhound, 3610 Dorchester Rd., Tel. 843-744-4247.

Fortbewegung in der Stadt

Der **Downtown Trolley** kurvt auf mehreren Routen (kostenlos) durch das Zentrum, das **CARTA-Bus**-System fährt auch in die Außenbezirke, zu den Stränden und zum Flughafen, www.carta.com. Das **Wassertaxi,** Tel. 843-330-2989, www.charlestonwatertaxi.com, befördert Besucher von Anlegern Downtown über die Bucht nach Mount Pleasant und zur »USS Yorktown«.

Marschen und Inseln zwischen Charleston und Georgia

»Low country« heißt die Region zwischen Charleston und dem Savannah River, mit Salzwassermarschen und hohem Riedgras, zwischen dem dunkle Bäche dem Meer zuströmen, mit Reihern, die im flachen Wasser auf Beute warten. Hier und da ist eine Anlegestelle für Krabbenfischer zu sehen. Die breiten Sandstrände an den Seeseiten der vorgelagerten Inseln sind bei Urlaubern und Badeausflüglern beliebt.

Kiawah Island ► 2, J 7

Eine Insel, ein Resort – so einfach kann es manchmal sein. Die Gäste wohnen im luxuriösen **Sanctuary Resort & Spa** oder in einer der vielen Villen, die auf der Insel vermietet werden. An exzellenten Restaurants besteht ebenfalls kein Mangel, auch nicht an Möglichkeiten, sich die angefutterten Pfunde auf Jogging- oder Fahrradpfaden wieder abzutrainieren. Wunderbare einsame Sandstrände gibt es hier und mehrere Golfplätze, unter ihnen der spektakuläre Ocean Course direkt am Atlantik. Etwa bis zum Jahr 1600 lebten noch Kiawah-Indianer hier. Doch ansteckende Krankheiten rafften diejenigen dahin, die nicht versklavt worden waren. Später gehörte die attraktive Insel gut 200 Jahre den Nachkommen von Arnoldus Vanderhorst, einem Helden des amerikanischen Unabhängigkeitskrieges.

Übernachten

Luxus ► **The Sanctuary at Kiawah Island Golf Resort:** 1 Sanctuary Beach Dr., Tel. 843-768-6000, www.kiawahresort.com. 255 Zimmer und Suiten in einer opulent gestalteten Anlage am Meer. Mehrere Pools, 2 Restaurants, WLAN, Fahrradverleih, Golfschule und fünf Fairways, Wellness- und Beauty-Einrichtungen. DZ ab 280 $.

Essen & Trinken

Für Feinschmecker ► **Ocean Room:** im Sanctuary s. o., Di–Sa 18–22 Uhr. Der spektakuläre Blick durch die Panoramafenster auf den Atlantik und den Ocean Drive Golfplatz konkurriert mit den Kreationen des Küchenchefs auf dem Teller. Exzellente Steaks vom Kobe-Rind sind darunter, Antilope oder Schwarzer Grouper. Hauptgerichte ab 30 $.

Aktiv

Golf ► Schon mehrfach wurde Kiawah als bestes Golf-Resort der USA ausgezeichnet. Auf der Insel sind verschiedene Golfplätze verstreut: Ocean Course, Turtle Point, Osprey Point, Cougar Point und Oak Point. Hinzu kommt das hervorragende Tommy Cuthbert Learning Center. Das Resort (s. Übernachten) bietet verschiedene Packages an, die Unterkunft und Golfspiel miteinander verbinden. Ab 179 $/Pers., inkl. 1 Übernachtung.

Charleston Tea Plantation und Umgebung ► 2, J 7

Auf dem Weg von Charleston zur 20 Meilen entfernten Teeplantage lohnt auf halber Strecke ein kurzer Stopp bei der **Angel Oak.** Die Eiche ist in 800 Jahren so groß gewachsen, dass die unteren Äste in einem weiten Bogen wieder den Boden erreicht haben. Der schmale ungepflasterte Weg zum mächtigen dekorativen Baum zweigt bei der St. Johns Anglican Church nach links von der SR 700 ab (3688 Angel Oak Rd., Johns Island, Mo–Sa 9–17, So 13–17 Uhr, Eintritt frei).

Die Marschlandschaften der Küstenregionen haben einen ganz eigenen Charme

William Barclay Hall, professioneller Teeprüfer, und Mack Fleming, früherer Entwicklungsdirektor der Lipton Co., lassen von Mai bis Oktober die Blätter von den Spitzen der Büsche auf ihrer gut 50 ha großen **Charleston Tee Plantation** in der Nähe von Charleston ernten und verarbeiten sie zu kräftigem *American classic tea,* der in mehr als 2000 Supermärkten in den USA angeboten wird. Das Klima in der Küstenregion von South Carolina ist ideal. Warme, im Sommer heiße Temperaturen und viel Sonne begünstigen das Wachstum der Teesträucher, die hohe Luftfeuchtigkeit fördert die Qualität der Ernte. Kein Wunder, dass bislang alle vier Versuche, in den USA kommerziell Tee anzubauen, in South Carolina unternommen wurden.

Besucher können die endlos scheinenden Reihen der Teebüsche im Rahmen einer Tour über die Felder besichtigen und erfahren anschließend bei einer anschließenden »Factory Tour«, was an Arbeit nötig ist, bevor ein Blatt vom Strauch zu einer dampfenden Tasse aromareichen Tees wird (6617 Maybank Hwy, Wadlamaw Island, Tel. 843-559-0383, www.charlestonteaplantation.com, Mo–Sa 10–16, So 12–16 Uhr, Trolley Tour 10 $/Pers., Familien 30 $).

Beaufort ▸ 2, H 8

Die mit über 13 000 Einwohnern größte Stadt des Low country mit einem Tiefwasserhafen, liegt im Inselgewirr des Port Royal und des St.-Helena-Sunds. Klassische Südstaatenvillen mit Schaukelstühlen auf den Terrassen und von alten Eichenbäumen gesäumte Straßen lassen nicht nur Stadtbesucher träumen. Auch mehrere Hollywoodfilme, u. a. »Forest Gump« und »Der Große Santini«, nutzten bereits die Stadt als dekorative Kulisse.

Das feuchtwarme Sommerklima mit Millionen von Moskitos sowie die wehrhaften

Yamassee-Indianer hatten Spanier und Franzosen lange davon abgehalten, hier dauerhafte Stützpunkte zu errichten. Erst den Engländern gelang es im Laufe des 18. Jh., ihrer Kolonie mit dem Anbau von Reis-, Indigo- und später Baumwollpflanzungen eine stabile wirtschaftliche Grundlage zu verschaffen.

Die im *Greek Revival*- und im *Federal*-Stil erbauten Stadtvillen vor allem an der Bay Street bieten einen herrlichen Blick über den Beaufort River.

Das **Penn Community Center** an der Lands End Road auf der vorgelagerten, per Brücke ereichbaren Insel St. Helena wurde 1862 von Quäkern aus Philadelphia für befreite Sklaven gegründet. Das Zentrum mit angeschlossenem Museum ist Ziel vieler Schulklassenausflüge. Es illustriert die Geschichte der Afroamerikaner auf den Sea Islands und ihrer *Gullah*-Kultur der freigelassenen Sklaven nach dem Bürgerkrieg, in der sich viele afrikanische Elemente erhalten haben (Lands End Rd., St. Helena Island, Tel. 843-838-2432, www.penncenter.com, Mo–Sa 11–16 Uhr).

Infos

Beaufort Visitors & Convention Bureau: 713 Craven St., Tel. 843-524-3163, www.beaufortsc.org. Das Besucherbüro ist im rekonstruierten Arsenal von 1798 untergebracht, einst Befestigung für die Garnison, Mo–Sa 9–17, So ab 12 Uhr.

Übernachten

Filmstar ▶ **Rhett House Inn:** 1009 Craven St., Tel. 843-524-9030, www.rhetthouseinn.com. Prächtiges Hotel aus der Zeit vor dem Bürgerkrieg an der Bucht. Die große Veranda bietet ein ideales Ambiente für den Afternoon Tea oder *hors d'œuvres* mit Wein und Cocktails. Die historische Altstadt und die Küste sind nur einen kurzen Spaziergang entfernt, es war Drehort von »Forrest Gump« und anderen Filmen. Üppiges Frühstücksbüfett nach Südstaatenart und Nutzung des Pools des nahen Golfclubs. DZ ab 120 $.

Viktorianisch ▶ **Beaufort Inn:** 809 Port Republic St., Tel. 843-521-9000, www.beaufortinn.com. B&B in Stadtvilla mit Erkern und Türmchen. 28 dekorativ möblierte Zimmer, teils mit Himmelbetten, Schaukelstühle auf der Veranda, gutes Frühstück, WLAN, kostenloser Parkplatz. 28 Zimmer, ab 110 $.

Essen & Trinken

Von allem etwas ▶ **Emily's Restaurant & Tapas Bar:** 906 Port Republic St., Tel. 843-522-1866, www.emilysrestaurant.com. In entspannter Atmosphäre kann man sich hier nach Herzenslust durch die verschiedenen Tapas probieren, sollte aber noch Raum für die leckeren Desserts lassen. Gerichte 8–28 $.

Munteres Bistro ▶ **Plums:** 904 1/2 Bay St., Tel. 843-525-1946 www.plumsrestaurant.com, Lunch und Dinner. Das Lokal mit Blick auf den Beaufort River bietet Suppen, Salate, Sandwiches, frischen Fisch, Fleischgerichte und Pasta. Das hausgemachte Eis ist ein Muss! Wenn die Tische abgeräumt sind, verwandelt sich das Restaurant an vielen Abenden in eine beliebte Tanzbar mit Livemusik. Gerichte 7–23 $.

... auf St. Helena Island (9 Meilen südöstl. von Beaufort):

Rustikal ▶ **Shrimp Shack:** 1925 Sea Island Pkwy., Tel. 843-838-2963, Di–So 11–20 Uhr. Frischen Fisch und Meerestiere, herzhaft, gut. Gesessen wird nur draußen. Gerichte 7–12 $.

Einkaufen

Kunst ▶ **Rhett Gallery:** 901 Bay St., Tel. 843-524-3339, Verkauft werden Bilder, Plastiken und Holzschnitzereien der Künstlerfamilie Rhett, aber auch Reproduktionen der Drucke von James Audubon, die Pflanzen und Tiere des Südens zeigen.

Aktiv

... auf St. Helena Island (9 Meilen südöstl. von Beaufort):

Tripp in die Geschichte ▶ **Gullah-N-Geechie Mahn Tours:** P. O. Box 1248, , Tel. 843-838-7516, www.gullahngeechietours.net. Aus-

Prächtige Stadtvilla in Beaufort

Auf Hilton Head Island regiert der amerikanische Geldadel

flug in die Kolonialgeschichte und die afroamerikanische *Gullah*-Kultur auf den Sea Islands. Tagestour Erw. 20 $, Kinder 18 $.

Fahrradverleih ▶ **Bike Rentals:** City Java & News, 301 Carteret St., Tel. 843-379-5282. Halber Tag 12 $, ganzer Tag 18 $.

Kutschenfahrt ▶ **Southurn Rose Buggy Tours:** 1002 Bay St., Tel. 843-524-2900, www.southurnrose.com, Mo–Sa 10–17, So ab 12 Uhr. Gemütliche Pferdekutschentour durch Historic Downtown, zu Stadtvillen und Filmkulissen. Erw. 18 $/Std., Kinder 5–12 6 $.

Kajaktouren ▶ **Beaufort Kayak Tours:** Tel. 843-525-0810, www.beaufortkayaktours.com. Mehrere geführte Touren durch die sumpfigen Gewässer, vorbei an historischen Villen oder an die Küste von Hunting Island. Halbtagestouren Erw. 40 $, Kinder 30 $, 6-Tage-Tour 990 $/Pers.

Hunting Island ▶ 2, H 8

Eine gut 15 Meilen lange Stichstraße führt von Beaufort nach Osten Richtung Atlantik. An dunklen Wasserarmen liegen Fischkutter, deren Aufbauten über dem hohen Riedgras zu erkennen sind. Hunting Island, eine vorgelagerte Insel, ist über eine Brücke erreichbar. Das Eiland wird zum größten Teil von einem State Park eingenommen, in dem auch ein Campground Plätze für Wohnmobile und Zelte anbietet. Dünen und ein herrlicher, gut 3 Meilen langer Sandstrand grenzen einen Mischwald von See-Eichen und Palmettos vom Ozean ab. Eine Fishing Pier erstreckt sich 400 m hinaus in den Atlantik. Vor allem im Süden der einsamen Insel attackieren Wind und Wellen die Küste, unterspülen Meeresbrecher das Wurzelwerk mächtiger Palmen und bringen diese zum Umstürzen. Der halbkreisförmige Strand einer benachbarten Lagune ist von winzigen Krebsen übersät, die sich beim Gewahrwerden von Schritten herannahender Wanderer fluchtartig in Sandtunnel zurückziehen.

Auf Hunting Island und an vielen anderen Orten der langen Südstaatenküste präsentiert sich die Natur selbst in der Nähe von Städten und Schifffahrtswegen, als seien ihr Eingriffe durch die menschliche Zivilisation unbekannt. Die Idylle wird bei feuchtwarmem Wetter nur durch hungrige Moskitos gestört. Eine Wendeltreppe führt auf die Aussichtsplattform des 1859 erbauten Leuchtturms (tgl. 11–16 Uhr), von der sich ein herrlicher Blick über die Küstenlandschaft bietet.

Infos

Hunting Island State Park: 2555 Sea Island Pkwy., Tel. 843-838 2011, www.huntingisland.com, Erw. 5 $, Kinder 6–15 3 $, Visitor Center, Mo–Fr 9–17, Sa ab 11 Uhr, Park tgl. 6 Uhr bis Sonnenuntergang.

Hilton Head Island ▶ 2, H 8

Schon 1663 vom englischen Kapitän William Hilton als Idylle gepriesen, gehört die Insel von knapp 35 000 Bewohnern zu den bekannten Seebädern von South Carolina. Die größte der der amerikanischen Atlantiküste vorgelagerten Inseln zwischen New Jersey und Florida ist 12,5 Meilen lang und bis zu 5 Meilen breit. Elegante Ferienapartments und Resort-Hotels, weitläufige Naturschutzgebiete, breite und endlose Sandstrände, davon viele öffentlich zugänglich, sowie insgesamt neun Marinas mit repräsentativen Freizeitbooten und einem malerischem Leuchtturm ziehen vor allem Feriengäste an, die nicht jeden Urlaubsdollar zwei Mal umdrehen müssen. Sportlich Aktive können auf 300 Tennisplätzen und 20 Golfbahnen allein auf der Insel Racket und Schläger schwingen, Reitställe vermieten Pferde für Ausritte am Strand oder durch die Inselwälder. Wer nicht reitet, kann ein Mountainbike ausleihen und die Insel auf einem 100 Meilen langen Fahrradwegenetz erkunden. Reste eines Walls aus Muschelschalen nahe der südlichen Inselspitze belegen eine indianische Siedlung vor etwa 3500 Jahren.

Das **Coastal Discovery Museum** beschreibt auf anschauliche Weise mit Fundstücken und z.T. interaktiven Exponaten die Inselgeschichte und bietet natur- und kulturgeschichtliche Touren an, auch per Kajak (100 William Hilton Pkwy, Tel. 843-689-6767, www.coastaldiscovery.org, Mo–Sa 9–16.30 So 11–15 Uhr, Kajaktour ca. 32 $).

Infos

Hilton Head Island Visitors & Convention Bureau: 1 Chamber of Commerce Dr. und 100 William Hilton Pkwy, Tel. 843-785-36 73, www.hiltonheadisland.org, Mo–Fr 8.30–17.30 Uhr.

Übernachten

Mit Tennis und Golf ▶ Crown Plaza Hilton Head Island Beach Resort: 130 Shipyard Dr., Tel. 843-842-2400, www.cphiltonhead.com. Großzügig gestaltete Poollandschaft mit Büschen und Bäumen, Internet, 11 Tennisplätze, Golfplatz mit insgesamt 27 Löchern, Fahrradverleih. DZ ab 120 $.

Mit Garten und Innenhof ▶ Main Street Inn: 2200 Main St., Tel. 843-681-3001. Geschmackvolle Unterkunft im europäischen Landhausstil in ruhiger Lage, Gourmetfrühstück sowie »English High Tea« mit Scones und Sandwiches inkl., WLAN, üppiger Garten und romantischer Innenhof. DZ ab 115 $.

Am Strand ▶ Hilton Head Oceanfront Resort: 23 Ocean Ln., Tel. 843-842-8000, www.hiltonoceanfrontresort.com. Weitläufiges

Tipp: Stand-Up Paddle Boarding

Glen Barroncini macht den Trendsport, der von Kalifornien aus auch die Ostküste der USA erreicht hat, auf Hilton Head Island im Verbund von »H2O Sports« populär. Dort gibt es einen Verleih von Boards sowie eine Reparaturwerkstatt und Kursangebote und die Möglichkeit begleiteter Touren in die Küstengewässer (H2O Sports in der Harbor Town Marina s. u. Aktiv).

Strandhotel mit ordentlichen Zimmern, guten Restaurants, Pools, Basketball, Tennisplätzen und Golfmöglichkeiten. DZ ab 100 $.

Essen & Trinken

Fast nur Fisch ▶ **Charlie's l'Etoile Verte:** 8 New Orleans Rd., Tel. 843-785-9277, http://charliesgreenstar.com, Mo–Fr 11.30–14, Mo–Sa ab 17.30 Uhr. 14 Fischgerichte auf der Karte, dazu Lammkarré, Filet Mignon und andere Köstlichkeiten. Ausgezeichnete Weinkarte mit Schwerpunkten von Weinen aus Kalifornien, Oregon, dem Rhône-Tal und der Bordeaux-Region. Hauptgerichte ab 25 $.

Große Terrasse ▶ **Black Marlin:** 86 Helmsman Way, Suite 103, Tel. 843-785-4950, http://blackmarlinhhi.com, tgl. ab 11.30 Uhr, Di Mardi-Gras-Party. Schöne Lage an der Bay. Viele Meeresfrüchte und gute Steaks, dazu Cocktails und Weine aus der Hurrikane Bar. Hauptgerichte abends ab 16 $.

Fisch und mehr ▶ **The Crazy Crab:** Jarvis Creek, 104 William Hilton, Tel. 843-681-5021, www.thecrazycrab.com, Lunch und Dinner. Großes Restaurant mit ausgedehntem Außenbereich und Blick auf die Marsch. Gerichte ab 14 $.

Trendy ▶ **Alligator Grille Seafood Restaurant and Sushi Bar:** 33 Office Park Rd., Tel. 843-842-4888, So–Do 17–22, Fr/Sa 17–23 Uhr. Fischgerichte, Steaks und (natürlich) Alligator im Park Plaza Shopping Center. Gerichte 8–30 $.

Munter ▶ **Skull Creek Boathouse:** 397 Squire Pope Rd., Tel. 843-681-3663, www.skullcreekboathouse.com, tgl. 11.30–22 Uhr. Äußerst beliebtes Fischrestaurant, direkt an der Town Marina. Meistens voll und mit Wartezeiten, was aber dank einer umfangreichen Wein- und Cocktailkarte niemanden zu stören scheint. Gerichte 7–30 $.

Frühstück ▶ **Signe's Heaven Bound Bakery and Café:** 93 Arrow Rd., Tel. 843-785-9118, Mo–Fr 8–16, Sa 9–14 Uhr. Leckeres Gebäck und frisch gebrühter Kaffee. Beliebt seit fast 40 Jahren. Preise ab 3 $.

Einkaufen

Outlet ▶ **Tanger Outlets:** 1414 Fording Island Rd., Bluffton, Tel. 843-837-4339, www.tangeroutlet.com/hiltonhead. Mehr als 50 Shops von Markenfabrikanten mit großen Preisabschlägen.

Abends & Nachts

Südpazifik an der Ostküste ▶ **Big Bamboo:** 2101 N. Forest Beach Dr., Tel. 843-686-3443, www.bigbamboocafe.com. Bei der Coligny Plaza am South End der Insel kommt Stimmung auf, vor allem wenn pazifische Klänge ertönen.

Livemusik ▶ **Jazz Corner:** 1000 William Hilton Pkwy., Tel. 843-842-8620 www.thejazzcorner.com. Tgl. bis 23 Uhr feiner Jazz.

Aktiv

Delfinbeobachtung ▶ **Commander Zodiac:** 232 S. Sea Pines Dr., Tel. 843-671-3344, www.commanderzodiac.com. In der South Beach Marina beim Sea Pines Resort ganz im Süden der Insel starten 1–2-stündige Bootstouren in den Calibogue Sound und durch Feuchtgebiete der Küstenmarsch. Neben Wasservögeln zeigen sich einige verspielte Delfine. Delfintour Erw. 30 $, Kinder 22 $.

Wassersport ▶ **H2O Sports:** 149 Lighthouse Rd. (Harbour Town Marina), Tel. 843-671-4386, www.h2osportsonline.com. Neben Stand-Up Paddle Boarding (s. o. Tippkasten) bietet H2O Parasailing, Waverunning, Wasserski, Segeln an und verleiht Kajaks und Powerboote. Sommerhalbjahr tgl. 10 Uhr und auf Anfrage, Verleih von Brettern 30 $/Std., Kurse kleiner Gruppe 45 $/1,5 Std.

aktiv unterwegs

Mit dem Kajak auf dem Congaree River

Tour-Infos

Start: State Street, nahe Adventure Carolina in Columbia, s. S. 240
Länge: ca. 3 Meilen; **Dauer:** 2–4 Std.
Schwierigkeitsgrad: leicht, moderat
Wichtige Hinweise: Wer die Tour oder andere auf dem Congaree River oder im angrenzenden Congaree N. P. auf eigene Faust unternehmen will, kann bei Adventure Carolina oder beim River Runner Outdoor Center die notwendige Ausrüstung leihen (s. S. 240), die geführte Kajaktour kostet etwa 30 $/Pers. Wichtig: Sonnen- und Insektenschutz, Wasser, Snacks, festes Schuhwerk nicht vergessen.
Karte: ▶ 2, H 6

Die beiden Flüsschen **Saluda** und **Broad** verbinden sich bei Columbia zum **Congaree River.** Hier startet ein ca. 3 Meilen langer Kajaktrip auf dem kurvigen Fluss. Nicht weit vom Sportausrüster Adventure Carolina geht es ins Wasser, die Skyline von Columbia liegt noch in Sichtweite. Der Fluss ist hier schon an beiden Ufern von Grün eingefasst. Einige sind per Kanu unterwegs, das Wasser ist für beide Bootstypen geeignet. Den recht ruhigen Fluss können auch Anfänger gut bewältigen. Das größte Problem besteht darin, in eine Untiefe zu fahren. Dann musss man in den Fluss steigen und das Boot aus der Sandbank herausziehen.

Bald ist die Brücke erreicht, über die der Verkehr auf der Interstate 77 rauscht, dann beginnt sich der Fluss durch die grüne Landschaft zu schlängeln. Je weiter die Stadt entfernt ist, desto mehr Tiere sind zu entdecken. **Wasserschildkröten** sonnen sich auf einem im Wasser liegenden Baumstamm, Reiher fliegen auf, weil sie sich beim Fischen gestört fühlen, Fische huschen beim Herannahen der Boote davon.

Nach kurzer Zeit begrenzt der **Congaree National Park** das linke Ufer. Den Kajakfahrern begegnet eine feuchte Wildnis, mit Tupelobäumen und alten Zypressen, die aus dem Wasser wachsen. Spanish Moss hängt dekorativ von den Ästen. Die Paddelgruppe unternimmt einen kleinen Abstecher durch den Nationalpark, im Slalom geht es zwischen den mächtigen Zypressen hindurch, geleitet von auffälligen Markierungen an den Bäumen. Bei der Brücke mit dem Hwy US 601 ist der Kurztrip zu Ende, das Transportfahrzeug wartet.

Termine

Springfest: März. Die Saison wird mit Konzerten, Sportwettbewerben, Ausstellungen und kulinarischen Delikatessen eröffnet.

Columbia ▶ 2, H 5

Die moderne Stadt von 130 000 Einwohnern am Zusammenfluss des Broad mit dem Saluda zum Congaree River verdankt ihre Existenz einem Kompromiss der Farmer des Piedmont mit den Plantagenbesitzern der Küste, die sich auf eine Hauptstadt für South Carolina einigen mussten.

Erst 1907, nach 50-jähriger Bauzeit, war der aus bläulichem Granit errichtete Kuppelbau des **South Carolina State House** fertiggestellt. Im Regierungsviertel sind die meisten Behörden des Bundesstaates untergebracht; außerdem gibt es zwei Dutzend Monumente, darunter Statuen von George Washington, dem Bürgerkriegsgeneral Wade Hampton und dem konservativen Senator James Strom Thurmond. Auf dem Vorplatz des State House flattert noch immer die Kriegsflagge der Konföderation. Die großzügige Plantagenvilla des legendären Kavalleriegenerals der Konföderierten, Wade Hampton III., wurde nach der Zerstörung durch die

Baumwolle – das weiße Gold

»Cotton is king« lautete Mitte des 19. Jh. die Standardantwort auf die Frage nach dem bedeutendsten Produkt des Südens der USA. Wer im Spätsommer die staubigen Landstraßen entlangfuhr, konnte den Reichtum mit Händen greifen: endlose Felder mit Baumwolle.

Auf den Plantagen wurden die von den Samen getrennten Baumwollfasern zu Ballen gepresst, hier lagerte das ›weiße Gold‹, um zu den Häfen geschafft und zur Verarbeitung nach Neuengland oder Großbritannien verschifft zu werden. Zu Beginn der 1960er-Jahre hatte die Baumwolle alle anderen Produkte an Bedeutung überrundet und stellte etwa 60 % des gesamten Exports der USA.

Im Frühling werden die Böden aufgelockert, die Furchen gezogen und die Samen eingesetzt. Ende Juli sind die Felder vom tiefen Grün der Pflanzen bedeckt, die cremegelbe Blüten austreiben. Diese verfärben sich zu einem dunklen Rosa, bevor die Blütenblätter abfallen und eine festumhüllte, grüne Frucht zurücklassen. So geschützt, wachsen die Baumwollfasern heran, bis sie im Herbst die zu eng gewordene Umhüllung sprengen. Nun beginnt die Ernte der weißen Bällchen, deren vom Samen befreite Fasern zu Garnen und Stoffen verarbeitet werden können.

Bis Ende des 18. Jh. galt Tabak als das wichtigste Exportgut der USA. Nur die langfaserige Seebaumwolle, die in den Marschen der südlichen Atlantikküste wuchs und deren Wollflocken sich leichter mit der Hand vom Samen zupfen ließ, wurde mit angebaut. Doch 1793 ermöglichte eine Erfindung von Eli Whitney die maschinelle Verarbeitung auch der kürzeren Fasern einer Baumwollart, die im Landesinneren besser gedieh. Hatte ein Arbeiter für das manuelle Zupfen eines Pfundes Upland-Baumwolle bislang einen Tag benötigt, so schaffte die *cotton gin,* von einer Dampfmaschine angetrieben, 450 kg täglich. Für die Spinnereien und Webereien in Europa, deren immenser Bedarf an Wolle und Baumwolle zur Herstellung von Kleidungsstücken kaum befriedigt werden konnte, war ein entscheidender Engpass beseitigt. Auf den Feldern der Südstaaten wurde immer mehr Baumwolle angebaut, die mit Hilfe von Eisenbahn und Dampfschiff zügig von den Plantagen zur Verarbeitung befördert werden konnte. Die Produktion explodierte von 1791 mit 4000 Ballen auf 4 Mio. Ballen 1860.

Im gleichen Zeitraum hatte sich die Zahl der Arbeitssklaven von etwa 800 000 auf mehr als 4 Mio. erhöht. Die Plantagenbesitzer im Süden, deren märchenhafte Gewinne aus der Baumwollproduktion auf Sklavenarbeit beruhten, versuchten, weitere Gebiete, die sich zum Anbau von Baumwolle eigneten, für das System der Sklavenarbeit zu öffnen, um die wachsende Nachfrage zu befriedigen.

Der Rückschlag, den die Baumwollproduzenten durch die Niederlage des Südens im Bürgerkrieg hinnehmen musste, war nur zeitlich begrenzt. Nach der Aufhebung der Sklaverei fanden die Großgrundbesitzer neue Wege, die besitzlosen schwarzen Erntearbeiter bei niedrigsten Löhnen in Abhängigkeit zu halten. Zu ihnen gesellten sich verarmte Weiße, die als Pächter oder Tagelöhner an der Grenze zum Existenzminimum lebten.

Unterstützt durch weitere Mechanisierungen der Arbeitsabläufe, stieg die Erzeugung von Baumwolle bis auf eine Rekordernte von 18 Mio. Ballen Mitte der 1920er-Jahre. Doch

Thema

die Weltwirtschaftskrise sowie die nachhaltige Schädigung der Pflanzen durch den *boll weevil,* einen Käfer, der das Wachstum der weißen Faserknäuel verhinderte, bewirkten den drastischen Rückgang der Anbaufläche und damit auch der Baumwollproduktion. Da die Böden durch die einseitige Nutzung ausgelaugt und der Erosion ausgesetzt waren, gingen viele Farmer zunehmend dazu über, andere Nutzpflanzen wie Pekan- und Erdnüsse, Sojabohnen und Mais anzubauen.

Nach dem Zweiten Weltkrieg begann eine erneute Welle der Mechanisierung mit Maschinen, die Ernte-Arbeiter ersetzten und die Erntezeit von fünf Monaten auf sechs Wochen verkürzten. Der für eine wirtschaftliche Nutzung notwendige hohe Kapitaleinsatz forderte unter den kleinen und mittleren Landwirten zahlreiche Opfer. Von den 2,1 Mio. Farmen des Jahres 1950 sind heute weniger als 20 000 übrig geblieben.

Die *cotton fields* als Symbol für die Südstaaten sind heute trotz nach wie vor großer Anbauflächen ein eher historisches Bild. Während 1860 noch zwei Drittel der Baumwolle auf Feldern östlich des Mississippi bestellt wurden, ist der Anteil inzwischen zu Gunsten von Gebieten westlich des großen Flusses auf deutlich weniger als die Hälfte gesunken.

Die Kultivierung von Sojabohnen gilt heute als wichtigster Erwerbszweig in der Landwirtschaft des Südens. Die Baumwollproduktion hat sich bei etwa 10 Mio. Ballen stabilisiert, das Anbaugebiet verteilt sich in den USA von den Carolinas im Osten mit einem Schwerpunkt in Texas bis an die kalifornische Pazifikküste.

Der Baumwollanbau verliert in South Carolina zunehmend an Bedeutung

Soldaten des Unionsgenerals Sherman wieder aufgebaut. Man kann das Anwesen, das mit zeitgenössischen Möbeln eingerichtet ist, samt Parkanlage besichtigen (1615 Blanding St., Tel. 803-252-1770, Touren stdl. Di–Sa 10–15, So 13–16 Uhr, Erw. 6 $, Kinder 3 $).

Auch das ebenfalls bestens restaurierte repräsentative **Robert Mills House** aus dem Jahr 1823 und das **Manns-Simons Cottage,** das 1850 der freien Farbigen Celia Mann gehörte, zählen zum Robert Mills District historischer Gebäude, der mithilfe einer Broschüre erkundet werden kann (Historic Columbia Foundation, 1601 Richland St., Tel. 803-252-1770, www.historiccolumbia.org, Erw. 6 $, Kinder 3 $).

Das **South Carolina State Museum** ist in einer Textilmühle aus der Zeit der vorletzten Jahrhundertwende untergebracht und informiert Besucher über die Naturgeschichte der Region, in der vor 12 000 Jahren noch Mastodons lebten. Anhand vieler Exponate wird die politische, kulturelle und wirtschaftliche Entwicklung des Bundesstaates dokumentiert (301 Gervais St., Tel. 803-737-4821, www.museum.state.sc.us, Mo–Sa 10–17, So 13–17 Uhr, Erw. 5 $, Kinder 3 $).

Infos

Columbia Metropolitan Visitors Center: 1012 Gervais St., Tel. 803-254-0479, www.columbiasc.com, Mo–Fr 8–18, Sa 10–16, So 13–15 Uhr.

Übernachten

Zentral und komfortabel ▶ **Hilton Columbia Center:** 924 Senate St. Tel. 803-744-7800, www1.hilton.com. Gute Lage in Downtown, nicht weit vom Regierungsviertel und den Restaurants um die Lincoln St., mit Fitnesszentrum, Pool, WLAN. DZ ab 120 $.

Boutique-Hotel ▶ **Claussens's Inn:** 2003 Greene St., Tel. 803-765-0440, www.theinnatclaussens.com. Stylische Herberge mit geschmackvoll eingerichteten Zimmern in umgebauter Bäckerei aus den 1920er-Jahren südöstlich vom Zentrum. DZ ab 80 $.

Camping ▶ **Sesquicentennial SP:** 9564 Two Notch Rd., Tel. 803-788-2706, Reservierung Tel. 866-345-7275, www.southcarolinaparks.com. In den 1930er-Jahren gestalteter State Park am nordöstlichen Stadtrand mit See und Wald. Kanu- und Paddelbootverleih, Wanderwege, Sport und Spiele. Stellplätze für Zelte und Campmobile ab 18 $.

Essen & Trinken

Toskanisch inspiriert ▶ **Mangia Mangia:** 100 State St., Tel. 803-791-3443, Di–So 11–15, 17–22 Uhr. Norditalienische Küche mit toskanischen Akzenten. Gerichte ab 11 $.

Bistro-Küche ▶ **Hampton Street Vineyard:** 1201 Hampton St., Tel. 803-252-0850, www.hamptonstreetvineyard.com, Mo–Fr 11.30–14, Mo–Sa 18–22 Uhr, So geschl. Gute Weine zu klassischer Bistro-Küche, die Entenconfit, Lammrücken und gebackenen Wildlachs souverän zubereitet. Gerichte 8–30 $.

Low country cooking ▶ **Blue Marlin:** 1200 Lincoln St., Tel. 803-799-3838, www.bluemarlincolumbia.com, Mo–Fr 11.30–14.30, 17–22, Sa 11.30–23, So 11.30–21 Uhr. Beliebtes Lokal mit Shrimps & Grits und vielen anderen Gerichten der *Low country*-Küstenküche South Carolinas. Gerichte 7–22 $.

Abends & Nachts

Jazz & Zigarren ▶ **SpeakEasy:** 741 Saluda Ave., Tel. 803-255-0869, www.delaneysspeakeasy.com, tgl. 16–2 Uhr. Mo Big Band, Di und Sa Jazz, diverse Zigarren-, 40 Scotchsorten und 200 verschiedene Biere.

Dance Lounge ▶ **Moda Lounge:** 920 Lady St., Tel. 803-765-1574, www.modalounge-sc.com, Do–Fr 21.30–3, Sa bis 2 Uhr. Angesagter Club mit prominenten DJs Do–Sa.

Aktiv

Wassersport ▶ **Adventure Carolina:** 1107 State St., Cayce, Tel 803-796-4505, www.adventurecarolina.com. Überwiegend am Wochenende, z. B. geführte Kajaktour auf dem Saluda River 30 $/Pers. **River Runner Outdoor Center:** 905 Gervais St., www.riverrunner.us, Mo–Sa 10–18 Uhr, Tour auf dem Congaree River Sa/So 14 Uhr, 30 $/Pers., Verleih von Booten ab 40 $ für den ersten und 10 $ für weitere Tage.

Termine

South Carolina State Fair: Mitte Okt. 12-tägige Leistungsschau des Bundesstaates mit Ausstellungen zu Landwirtschaft und Technik auf Columbias Messegelände. Dazu Konzerte, Sportveranstaltungen, Essensstände und andere Attraktionen, http://scstate fair.org.

Verkehr

Bahn: Amtrak, 850 Pulaski St., Tel. 803-252-8246, www.amtrak.com. »Silver Star«-Linie (New York – Tampa – Miami) hält in Columbia.
Bus: Greyhound, 2015 Gervais St., Tel. 803-256-6465, www.greyhound.com.
Nahverkehr: CMRTA, Tel. 803-255-7085, www.gocmrta.com. Ein System von knapp 30 Busrouten der Central Midlands Regional Transit Authority verbindet das Zentrum von Columbia mit seinen Außenbezirken.

Umgebung von Columbia

Aiken ▶ 2, G 6

Die Pferdestadt von South Carolina liegt 50 Meilen südwestlich der Hauptstadt, fast an der Grenze zu Georgia. Schon seit mehr als 100 Jahren stehen hier Pferdezucht und -sport im Mittelpunkt. In den letzten Jahren hat sich Aiken mit seinen gut 25 000 Einwohnern zu einem Zentrum für das Polospiel entwickelt. Gestüte, Polofelder und Springparcours liegen hinter gepflegten Gattern. Auf ausgedehnten Koppeln beiderseits der Straßen grasen Pferde. Reiter haben auf den vielen ungepflasterten Wegen Vorfahrt vor Autos und auch den riesigen, 1000 ha großen Stadtpark **Hitchcock Woods** durchziehen viel genutzte Pferdetrails.

Infos

Aiken County Visitor Center: 113 Laurens St., Tel. 803-642-7557, www.aikencountysc.gov/tourism.

Termine

Aiken Spring Steeplechase: Ende März. Die Aiken Steeplechase Association veranstaltet seit fast 50 Jahren Hindernissrennen, im Frühling den »Imperial Cup«, Ende Okt. den »Holiday Cup«, www.aikensteeplechase.com.

Camden ▶ 2, H 5

Auch Camden, 30 Meilen nordöstlich von Columbia ist *horse country*. Irische Quaker besiedelten den Ort Mitte des 18. Jh. Ein ruhiges, gepflegtes Plätzchen zum Wohnen, umgeben von viel Grün – das schätzen die heute knapp 7000 Einwohnern des Städtchens. Während des Unabhängigkeitskrieges fochten die Revolutionäre mit den Briten in der Schlacht von Camden und von Hobkirk Hill, danach zogen sie ihre Truppen zurück, nicht ohne den größten Teil des Ortes niedergebrannt zu haben. Dennoch sind heute viele Villen vor allem aus dem 19. Jh. erhalten und denkmalgeschützt.

Der **Springdale Race Track** sieht mehrere bedeutende Hindernisrennen im Jahr. Viele Gestüte betreuen Pferde für private Besitzer, die zum Ausritt oder für Rennen nach Camden kommen. Im **National Steeplechase Museum** am Randes des Renngeländes ist die Geschichte des Rennsports dokumentiert. Trikots der siegreichen Jockeys und Fotos von erfolgreichen Pferden schmücken die Wände (Knights Hill Rd., Tel. 803-432-6513, www.nationalsteeplechasemuseum.org, Sept.–Mai Mi–Sa 10–16 Uhr, sonst eingeschränkt, Eintritt frei).

Infos

Kershaw County Chamber of Commerce: 607 S. Broad Rd., Tel. 803-432-2525, http://kershawcountychamber.org.

Übernachtung

Wunderschön restauriert ▶ **Bloomsbury Inn:** 1707 Lyttleton St., Tel. 803-432-5858, www.bloomsburyinn.com. B & B in einer Villa aus der Zeit vor dem Bürgerkrieg. Exzellentes Frühstück, Wein, Käse und Oliven zur Happy Hour, dazu WLAN inkl. DZ ab 160 $.

Essen & Trinken

… in Rembert (9 Meilen südlich von Camden):
Beste Steaks ▶ **Mill Pond Steak House:** 84 Boykin Mill Rd, Tel. 803-425-8825, www.

themillpondsteakhouse.com. Di–Sa 17–22 Uhr. Steaks und mehr mit Aussicht auf den einsamen Millpond. Ab 30 $.

Termine

Springdale Race Course: März. Zum »Carolina Cup« im März kommen ca. 50 000 Zuschauer. Im Herbst, beim »Colonial« oder »Fall Cup«, treffen die besten Hindernispferde des Landes aufeinander, Tel. 432-6613, www.carolina-cup.org.

Durch das Upcountry

▶ 2, F–H 4

Karte: S. 244

Der weitaus größte Teil der Besucher von South Carolina tummelt sich zwischen Myrtle Beach und Hilton Head Island entlang der Atlantikküste. Doch die Wälder und das Farmland des Upcountry in den Ausläufern des Appalachengebirges sind sicherlich ebenfalls einen längeren Abstecher wert.

Greenville und Umgebung

Die fernen Umrisse der Blue Ridge Mountains kann man von **Greenville** 1 gut ausmachen. Und in einer Autostunde sind schon die schönsten Flecken in der Natur erreicht. Die Stadt dämmerte lange in einer Art Dornröschenschlaf, nachdem die Textil- und Getreidemühlen entlang des schnell durch die Stadt fließenden Reedy River aufgegeben wurden. Das einst gewerblich genutzte Ufer gehört inzwischen zu den Schmuckstücken der ohnehin an Parks reichen Stadt von knapp 60 000 Einwohnern, die mit einem modernen Gasturbinenwerk von General Electric auch noch eine industrielle Basis hat.

Grünflächen, Wander- und Radwege, Restaurants und Cafés säumen inzwischen das Gewässer, Spaziergänger können den Fluss im weiten Bogen über eine dekorative **Hängebrücke** zum **Falls Park on the Reedy** queren. Unter der Brücke rauscht das Wasser des Reedy River über Felsplatten zu Tal. In der Sommerzeit spielen mittwochs und donnerstags gegen Abend Musikgruppen im Amphitheater am Fluss.

Im **Museum and Library of Confederate History** sind Flaggen, Waffen, Dokumente, Uniformen und Übersichten über die Bürgerkriegsschlachen ausgestellt, auch ein Derringer ähnlich der Mordwaffe, mit der Abraham Lincoln erschossen wurde (15 Bayce Ave., Tel. 864-467-4300, www.confederatemuseum.org, Mo, Mi 10–15, Fr 13–21, Sa 10–17, So 13–17 Uhr, Eintritt frei).

Infos

Discover Upcountry Carolina Association: 500 E. North St., Suite E, Tel. 864-233-2690, www.theupcountry.com.

Greenville Convention & Visitors Bureau: 206 S. Main St., City Hall, Tel. 864-233-0461, www.greenvillecvb.com.

Übernachten

Zentral ▶ **Courtyard Greenville Downtown:** 50 W. Broad St., Tel. 864-451-5700, www.marriottcourtyardgreenville.com. Gepflegte Unterkunft mitten im Zentrum, Parkhaus, Restaurant, WLAN. DZ ab 125 $.

Ruhig ▶ **Pettigru B & B:** 302 Pettigru St., Tel. 864-242-4529, www.pettigruplace.com. Schöne Zimmer mit Kamin oder Whirlpool. WLAN, auch im Garten, Frühstück, Wein, und Käse nachmittags. DZ ab 100 $.

Zwischen Airport und Mall ▶ **Clarion Inn & Suites:** 50 Orchard Park Dr., Tel. 864-254-6383, www.clarionhotel.com. Moderne Unterkunft nicht weit von der Haywood Mall, Fitnessgeräte, WLAN u. Frühstück. DZ ab 60 $.

Essen & Trinken

Mediterran ▶ **The Lazy Goat:** 170 River Pl., Tel. 864-679-5299, www.thelazygoat.com, Mo–Sa ab 17 Uhr. Inspirierte Küche mit regionalen Zutaten und mediterranen Rezepten in kleinen Portionen. Gute Weine und Flussblick. 1 Portion 4 $, 5 Portionen 18 $.

Abends & Nachts

Modernes Kulturzentrum ▶ **Peace Center for the Performing Arts:** 300 S. Main St., Tel. 864-467-3000, www.peacecenter.org. Alles

aktiv unterwegs

Whitewater Rafting am Chattooga Ridge

Tour-Infos

Start: Whitewater Adventure Center, 1251 Academy Rd., Long Creek, 25 Meilen westlich von Seneca und dem Lake Keowee (s. u.), Tel. 864-647-0165, Touren 36–129 $
Länge: 10 Meilen, 4 Meilen auf dem Fluss
Dauer: 3–4 Std.
Schwierigkeitsgrad: leicht bis moderat
Hinweise: Saison zwischen März und Okt., weitere Aktivitäten wie Zip-Lining oder Wanderungen möglich, www.wildwateradventure centers.com

Im nordwestlichen Zipfel von South Carolina, fast an der Grenze zur Georgia, kommt der **Chattooga River** aus den **Whitesides Mountains** von North Carolina und biegt dann nach Südwesten ab. Der wildeste Abschnitt spielte in dem Film »Deliverance – Beim Sterben ist jeder der Erste«) mit Burt Reynolds 1972 eine Hauptrolle. Auch der legendäre Banjospieler des Films, Drew Redden, lebt noch in der Nähe des Flusses. Gleich hinter dem Adventure Center, in dem alle Ausrüstung bereit liegt und die Einweisung erfolgt, geht es zum Fluss.

Je nach Saison und Niederschlagsmenge bewegt sich der Wasserstand des Chattooga zwischen ›hoch und wild‹ beziehungsweise ›niedrig und zahm‹. Zügig geht es in die taubenblauen Gummiflöße, jeder trägt eine Schwimmweste und hat einen weißen Helm auf dem Kopf. Schon legen wir ab und schnell nimmt das Floß Fahrt auf. Vorbei an buckligen Felsen und den Bäumen des dichten **Sumter National Forest.** Katie Worley, der Guide in roter Jacke, steuert am Heck des Gefährts.

Eine leichte Stromschnelle, wie ein Hüpfer mit anschließendem Tiefgang in die Welle, dann fahren wir weiter. *Kick-in-the-butt,* auch die nächste Stromschnelle ist gemeistert, nun folgt **Surfers Rapid,** wo es Spaß macht, ohne Floß und nur mit der Schwimmweste hinunterzurauschen.

Das kann auch bei **Bull Sluice** passieren, dem finalen Höhepunkt des Trips – allerdings unfreiwillig. Denn hier sind kenternde Flöße nicht selten. Angst vor Wasser sollte man nicht haben, sonst scheint alles harmlos. Schließlich hat es seit mehr als 40 Jahren nur ein paar Abschürfungen, aber keine ernsthaften Unfälle gegeben.

in einem Komplex: Symphonieorchester, Ballet, Chor, Theater, dazu kleines, zum Ufer des Reedy River hin gerichtetes Amphitheater.

Verkehr

Bahn: Amtrak, 1120 W. Washington St., Tel. 864-255-4221, www.amtrak.com. Der »Crescent« zwischen New York und New Orleans stoppt auch in Greenville.
Bus: Greyhound, 100 W. McBee Ave., Tel. 864-235-4741.

Lake Keowee 2

Die **Duke Power World of Energy** am Ufer des wunderschönen **Lake Keowee** zeigt eine Autostunde westlich von Greenville im Besucherzentrum des Oconee Nuclear Kraftwerks das harmlose Gesicht der Atomenergie und informiert über die Technik der Energiegewinnung aus Wasser, Kohle und Uran (7812 Rochester Hwy, Seneca, Tel. 864-885-4608, www.duke-energy.com/worldofenergy. Mo–Fr 9–17, Sa 12–17 Uhr, Eintritt frei).

Devils Fork State Park 3

Der **Devils Fork State Park** am Südufer des Lake Jokassee liegt rund 15 Meilen weiter im Norden. Hier gibt es einen Campingplatz und Blockhäuser zu mieten. Wanderer finden viele Meilen markierte Pfade durch die Natur; mit

Das Upcountry von South Carolina

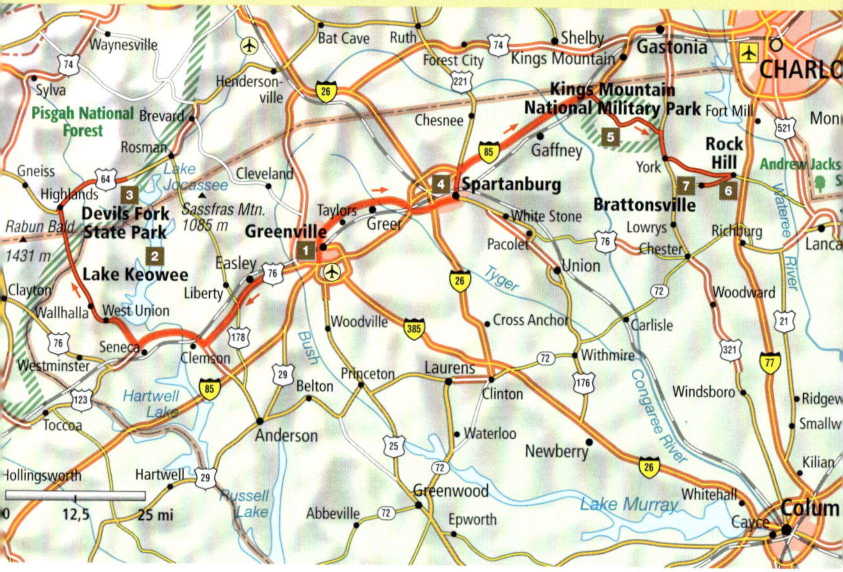

dem Boot erreicht man Wasserfälle entlang des Seeufers (161 Holcombe Cr., Salem, Tel. 864-944-2639, www.southcarolinaparks.com).

Spartanburg 4

Die Stadt im Süden der Blue Ridge Mountains hat eine vielseitige wirtschaftliche Grundlage. Traditionell stark ist die Textilindustrie, hinzu kommen Obstplantagen, vor allem Pfirsichanbau, und dazu seit einigen Jahren die Automobilindustrie. In **Spartanburg** befindet sich das einzige BMW-Werk in den USA, hier werden die Allradmodelle X3, X5 und X6 in einer Stückzahl von bis zu 240 000 pro Jahr gefertigt. Ein **BMW Museum** dokumentiert die Geschichte von BMW und die komplizierte Technik der Modelle. Hier starten auch regelmäßig Touren durch die Montagehallen (1400 Hwy 101, Tel. 888-868-7269, Mindestalter für Touren 12 Jahre, Mo–Fr 9.30–17.30 Uhr, Erw. 7 $, Kinder 3,50 $).

Das sehenswerte **Chapman Cultural Center** vereinigt einiges unter seinem Dach: ein Museum zur Regionalgeschichte, eines zu Naturwissenschaften, das Kunstmuseum des Ortes, ein Theater mit 500 Sitzen und die Repertory Company, die Opern und Singspiele aufführt (200 E. St. John St., Tel. 864-583-2776, www.chapmanculturalcenter.org, Di–Sa 10–17 Uhr).

Infos

Spartanburg Convention & Visitors Bureau: 298 Magnolia St., Tel. 864-594-5050, www.visitspartanburg.com, Mo–Fr 9–17 Uhr.

Essen & Trinken

Deutsche Küche ▶ **Gerhard's Café:** 1200 E. Main St., Tel. 864-591-1920, www.gerhardscafe.net, Mo–Do 17.30–22, Fr/Sa 17.30–22.30 Uhr. In der Küche wird bestens gekocht. Gerichte aus deutschen oder österreichischen Landen, Wiener Schnitzel oder Lammbraten mit Pilzsauce und Spätzle, werden ergänzt durch italienische, asiatische oder amerikanische Anleihen. Gerichte 18–39 $.

Aktiv

Fahrschule ▶ **BMW Performance Driving School:** 1155 Hwy 101 S., Tel. 888-345-4269, www.bmwusa.com. Fahrschule mit Schulungen zum Schleudern, Bremsen, zur Hochgeschwindigkeit und Kurventechnik für Motorräder oder Pkw. Kurse 500–3300 $.

Kings Mountain National Military Park 5

Nahe der Grenze zu North Carolina brachte Anfang Oktober 1780 eine 900 Mann starke Revolutionstruppe dem britischen General Cornwallis eine schwere Niederlag bei. Die Miliz aus beiden Carolinas sowie eine Einheit von Schützen aus Tennessee nutzten die Geländevorteile am **Kings Mountain** gegenüber den englischen Truppen aus, die nach traditioneller Methode mit Gewehrsalven und nachfolgendem Bajonettangriff kämpften.

Ein Viertel der 1000 britischen Soldaten überlebte den Tag nicht. Die Milizionäre beließen es jedoch nicht bei dem Sieg, der den Weg zur endgültigen Niederlage der Briten fast genau ein Jahr später bei Yorktown bahnen sollte. Grausamkeiten und Tötungen von Gefangenen und Verwundeten gaben dem militärischen Sieg einen bitteren Beigeschmack. Der Kampfverlauf ist im Besucherzentrum des **Kings Mountain National Military Park** nachgestellt. Säulen und Denkmäler erinnern an die auf beiden Seiten gefallenen Soldaten (SR 216, südlich der I-85, nahe der Stadt Blackburn, Tel. 864-936-7921, www.nps.gov/kimo, tgl. 9–17, Juni–Sept. Sa–So bis 18 Uhr, Eintritt frei).

Rock Hill und Umgebung

Die Region südlich von **Rock Hill** 6 und York nennt sich auch »Olde English District«. Einwanderer aus England Mitte des 17. Jh. sowie irisch- und schottischstämmige Zuwanderer aus Pennsylvania haben die Gegend einst besiedelt. Eigentlich hatten hier seit einigen Hundert Jahren Catawba-Indianer gelebt, die der britischen Kolonialmacht jedoch in einem Vertrag 1763 ihr Land überließen. Im 19. Jh. arbeiteten schwarze Arbeitssklaven auf Baumwollfarmen. Im 20. Jh. verhalfen Textilfabriken der Region zu wirtschaftlichem Aufschwung.

Infos

Olde English Tourism: 116 Gadsden St., Chester, Tel. 803-385-6800, www.oldeenglishdistrict.com. Visitor Information Center, 201 N. Main St., Richburg.

Tipp: Historic Brattonsville

Die Gebäude der über 300 ha großen Plantage **Brattonsville** 7 sind prächtig restauriert und können individuell besichtigt werden. Empfehlenswert sind jedoch geführte Touren über das Gelände und durch die Farmgebäude, die das Leben der weißen Besitzer und auch der Arbeitssklaven erläutern. Oberst William Bratton kämpfte erfolgreich auf Seiten der Revolutionsarmee für die amerikanische Unabhängigkeit. Die Gebäude spielten im Film »The Patriot« mit Mel Gibson und Kate Blanchett eine wichtige Rolle als Kulisse (1444 Brattonsville Rd., McConnells, Tel. 803-684-2327, http://chmuseums.org/brattonsville, Mo–Sa 10–17, So 13–17 Uhr, Touren Juni–Aug. Mo–Sa, sonst nur Sa, Erw. 6 $).

Übernachten

Gute Ausstattung ▶ **Courtyard by Marriott:** 1300 River Run Court, Tel. 803-324-1400, www.marriott.com. Zimmer mit Kühlschrank und Mikrowelle in modernem Kettenhotel, kostenfreies WLAN. DZ ab 100 $.

Camping ▶ **Chester State Park:** 759 State Park Dr., Chester, Tel. 803-385-2680, www.southcarolinaparks.com. Ruhiger, 200 ha großer Naturpark mit großem See. Platz für Zelte und Campmobile. Stellplätze ab 14 $.

Essen & Trinken

Südstaaten modern ▶ **The Brandon House:** 36 N. Congress St., York, Tel. 803-684-4484, www.thebrandonhouse.com, Mi–Sa 11.30–14, 17.30–21 Uhr. Sorgfältig zubereitete Speisen, darunter gebratene grüne Tomaten, geröstete Entenbrust und die besten *Grits* weit und breit. Gerichte ab 14 $.

Aktiv

Fallschirmspringen ▶ **Skydive Carolina Parachute Center:** 1903 King Air Dr., Chester, Tel. 803-581-5867, www.skydivecarolina.com. Tandemsprünge aus 4000 m Höhe auch für Anfänger und weitere haarsträubende Angebote, jedoch mit tadelloser Sicherheitsbilanz. Tandemsprünge ab 180 $.

Boomtown Atlanta

Kapitel 3

Georgia und Nordflorida

Der größte US-Bundesstaat östlich des Mississippi erstreckt sich von den Ausläufern der Appalachen im Norden bis zum Okefenokee-Sumpf an der Grenze zu Florida und den Goldenen Inseln vor der Atlantikküste.

Die moderne Skyline futuristischer Wolkenkratzer in Atlanta, der Hauptstadt von Georgia, ist nicht weit entfernt von wunderschönen Städten des alten Südens wie Madison, Athens oder Savannah, in denen ganze Häuserzeilen aus der Zeit vor dem Bürgerkrieg erhalten sind. Historische Plantagenvillen zeugen hier vom Reichtum ihrer einstigen Besitzer.

In der Auburn Avenue von Atlanta, Geburtsort und letzter Ruheplatz von Martin Luther King, erinnert eine eindrucksvolle nationale Gedenkstätte an den ermordeten farbigen Bürgerrechtler.

Neben der Computer- und Nachrichtentechnik spielt die Landwirtschaft im Süden nach wie vor eine bedeutende wirtschaftliche Rolle. Im fruchtbaren Piedmont und auch im Norden von Florida fährt man durch weite Baumwoll- und Sojabohnenfelder. An der Atlantikküste, deren sumpfige Marschen häufig von Riedgras bewachsen sind, ist Landwirtschaft nur begrenzt möglich. Nach dem Bürgerkrieg gaben Plantagenbesitzer die auf Sklavenarbeit basierenden Reispflanzungen in den feuchten Niederungen schnell auf. Das nach dem Unfall auf der Ölplattform Deepwater Horizon im April 2010 über Monate ausströmende Erdöl hat auch die Golfstrände von Florida erreicht, doch inzwischen sind die Verunreinigungen hier nicht mehr zu sehen.

Auf einen Blick

Georgia und Nordflorida

Sehenswert

7 **Atlanta:** ›Hotlanta‹ heißt die Hauptstadt von Georgia nicht von ungefähr – die boomende Metropole mit ihren glitzernden Hochhäusern im Zentrum und einer lebendigen Kunstszene ist ein *hot spot* (s. S. 250).

8 **Savannah:** Südstaatenatmosphäre pur – das komplette historische Zentrum entlang der 250 Jahre alten Straßen und Plätze ist erhalten (s. S. 276).

9 **St. Augustine:** In der früheren Hauptstadt von Spanisch-Florida lässt sich noch immer ihre Vergangenheit als Außenposten des spanischen Kolonialreiches nachempfinden (s. S. 293).

St. Andrews State Park: Dünen, weiße Strände aus puderfeinem Quarzsand, nicht überfüllt – der State Park südöstlich von Panama City bietet beste Bade- und Schnorchelmöglichkeiten (s. S. 303).

Schöne Routen

Golden Isles of Georgia: Jede der sehenswerten Inseln entlang der Atlantikküste zwischen Brunswick und der Grenze zu Florida hat ihren eigenen Charakter (s. S. 283).

Von Tallahassee nach Pensacola: Von der Hauptstadt Floridas geht es an die Golfküste, zu traumhaften Stränden und geschichtsträchtigen Orten (s. S. 301).

aktiv unterwegs

Wildbeobachtung im Red Top Mountain State Park: In dem knapp 5000 ha großen, bewaldeten State Park haben Rehe wenig Angst vor menschlichen Besuchern. Ein Wanderweg führt durch den lichten Laubwald und am Ufer des Lake Allatona entlang (s. S. 263).

Spaziergang zu den Angel Falls: Der Wanderweg im Chattahoochee National Forest führt zu den Angel Falls. Neben den schäumenden Wasserfällen beeindrucken auch üppiger Rhododendron, Tulpenbäume, Magnolien, Farne und Moose (s. S. 265).

Geführte Bootstouren im Okefenokee Swamp: Ausflug in eine Sumpflandschaft mit schwankenden Torfinseln und reichem Tierleben. Wer rechtzeitig plant, kann auf Plattformen im Sumpfgebiet an der Grenze von Georgia und Florida übernachten (s. S. 275).

Erkunden der Cumberland Island National Seashore: Die südlichste Atlantikinsel Georgias steht unter Naturschutz; nur 300 Besucher dürfen sie pro Tag betreten (s. S. 288).

Reiten auf Amelia Island: Die einsamen Strände von Floridas nördlichster Insel eignen sich bestens für einen Ausritt (s. S. 291).

Radfahren in den Maclay Gardens: Auf der Rundtour durch die prächtige Gartenaanlage fällt der Blick zu jeder Jahreszeit auf farbenprächtig blühende Pflanzen wie Azaleen, Magnolien oder Rhododendren (s. S. 299).

Angeltrip vor Panama City: Einige der Ausflugsschiffe geben sogar eine Erfolgsgarantie für Angler. Halbtages- oder Tagestouren mit erfahrenen Kapitänen in die fischreichen Gewässer (s. S. 303).

Atlanta und der Norden von Georgia

Atlanta oder ›Hotlanta‹, wie Einheimische die Metropole der Südstaaten gerne nennen, ist eine kosmopolitische Stadt mit Theatern, einer Oper, Museen und einem quirligen Nachtleben, aber auch weitläufigen Parks. Nicht weit entfernt beginnt mit den Ausläufern der Appalachen eine leicht hügelige, ländliche Idylle.

7 Atlanta ► 2, C 5

Cityplan: S. 252

Keine Stadt symbolisiert die Entwicklung und die Energie des Südens so sehr wie Atlanta, die Hauptstadt des Bundesstaates Georgia und Veranstaltungsort der Olympischen Spiele 1996. Im Jahr 1837 nannte die *Western and Atlantic Railroad* den Endpunkt ihrer Eisenbahnstrecke schlicht Terminus, Endstation. Kurze Zeit später war aus dem Bahnhof und einigen Baracken schon ein kleiner Ort, Marthasville, und ein Eisenbahnknotenpunkt geworden, der 1845 in Atlanta umgetauft wurde.

Stadtgeschichte

Die Zerstörung dieses Verkehrskreuzes, seiner Depots, Lager und Fertigungsstätten – während des Bürgerkriegs ein logistisches Zentrum der konföderierten Armee – war 1864 ein wichtiges Ziel der Unionsarmee unter General William Tecumseh Sherman auf dem Marsch von Chattanooga an die Atlantikküste. Nur 27 Jahre nach ihrer Gründung bestand die Stadt nurmehr aus rauchenden Trümmern, ein Bild, das Millionen aus Margaret Mitchells 1936 veröffentlichtem Roman »Vom Winde verweht« und dessen Hollywood-Verfilmung mit Vivian Leigh und Clark Gable bestens vertraut ist. Atlanta erholte sich jedoch schneller als viele andere Regionen von den Folgen des Krieges. Bereits 1868 verlegte die Regierung von Georgia ihren Sitz von Milledgeville in die aufstrebende Metropole, die ihre Vorkriegseinwohnerzahl schon sechs Jahre nach Abzug der Unions truppen auf 20 000 verdoppelt hatte.

Wirtschaftskraft

Heute hat die Zahl der Bewohner von Atlanta und seiner Randgemeinden, die Region ›Big A‹, die 5-Mio.-Marke überschritten, innerhalb der Stadtgrenzen leben knapp 500 000 Menschen. Die Stadt ist ein Knotenpunkt mehrerer Interstate Highways und mehrspuriger Bundesstraßen. Der Hartsfield-Jackson International Airport gehört zu den betriebsamsten der Welt. Fatalistische Äußerungen von Flugreisenden, sie wüssten zwar nicht, ob sie in den Himmel oder in die Hölle kämen, es sei nur sicher, dass sie in Atlanta umsteigen müssten, sind nicht aus der Luft gegriffen. Technologie-, Kommunikations- und Dienstleistungsunternehmen, Handel, Messen und Kongresse sind in Atlanta zu Hause. Fabrikschlote, deren Qualm den Himmel verdunkeln, wird man vergeblich suchen. Zahlreiche nationale und internationale Konzerne wie CNN, United Parcel Service, Holiday Inn oder Delta Airlines haben ihre Büros nach Atlanta verlegt und es der Coca-Cola Company gleichgetan, die ihre heute weltumspannenden Operationen schon seit 1886 aus der Hauptstadt von Georgia steuert.

Kulturszene

Downtown Atlanta und die Zentren der umliegenden Vorstädte gleichen mit ihrer futuristischen Architektur aus Granit und Glas den Zukunftsvisionen ehrgeiziger Stadtplaner. Die Stadt ist jung, mehr als die Hälfte der meist zugewanderten Bevölkerung ist zwischen 25 und 50 Jahre alt. Über 100 000 Studenten sind an drei Dutzend Universitäten und Hochschulen eingeschrieben, darunter die renommierte Emory University, das College of Business Administration, die Georgia Tech oder ›schwarze Kaderschmieden‹ wie die Atlanta University.

Ein lebendiges Kulturleben mit gut 30 Theatergruppen, zahlreichen Musikensembles sowie Dutzenden von Galerien und Kunstmuseen widerlegt das Vorurteil der ›kulturellen Barbarei‹ des Südens. »Peachtree Shuffle« heißt in Atlanta kein neuer Tanz, sondern die Kette von Bars und Musikclubs zwischen Midtown und Buckhead. Die lebendige Rapper-Szene rund um die in Atlanta aufgewachsenen und inzwischen international bekannten Musiker Ludacris und Jermaine Dupri hat Atlanta zum Beinamen Hip-Hop Capital verholfen. Doch eigentlich hat Atlanta in fast allen aktuellen Musikstilen bekannte Musiker hervorgebracht wie die Black Crowes, Collective Soul, die Indigo Girls, Outcast oder die Sludge-Metal-Band Mastodon. So genießt die Stadt im eher gläubigen Süden den ungewöhnlichen Ruf, mehr Musikbars als Kirchen zu besitzen.

Bürgerrechtsbewegung

Der Höhenflug wäre ohne eine intelligente Politik der Rassenintegration nicht möglich gewesen. Zu Beginn der 1960er-Jahre hatte sich Atlanta mit seinen ›schwarzen‹ Hochschulen zu einem Zentrum der Bürgerrechtsbewegung entwickelt, predigte ein junger Pastor namens Martin Luther King in der Ebenezer Baptist Church den gewaltlosen Kampf um gleiche politische Rechte für alle Bürger und scharte eine entschlossene Gruppe Gleichgesinnter wie Jesse Jackson, Andrew Young oder Ralph Albernathy um sich. Politiker wie der Gouverneur von Georgia und spätere US-Präsident Jimmy Carter, über dessen Leben und Amtszeit ein hervorragend gestaltetes Presidential Center Auskunft gibt, sowie Großindustrielle wie der langjährige Coca-Cola-Vorsitzende Robert A. Woodruff, der 1964 eine öffentliche Ehrung des frisch gekürten Friedensnobelpreisträgers Martin Luther King durchsetzte, engagierten sich früher als andere für die Verständigung zwischen Schwarz und Weiß. Die politischen und wirtschaftlichen Widersprüche zwischen den Bürgern unterschiedlicher Hautfarbe sind in Atlanta zwar nicht beseitigt, aber abgeschwächt, die Brutalität in den Slums der Stadt ist nicht so ausgeprägt wie in anderen Metropolen der USA.

Im Leben von Atlanta spielen Schwarze nicht nur wegen Martin Luther King eine bedeutende Rolle. Seit 1973 wird die Stadt von schwarzen Bürgermeistern regiert. Es gibt einen *black capitalism* und eine breite schwarze Mittelschicht. Auch Großunternehmen wie McDonald's oder die Brauereigruppe Anheuser-Busch halten es für wichtig, in Anzeigen in der (schwarzen) Atlanta Tribune hervorzuheben, dass sie immer für gleiche Rechte aller Bürger eintreten. Es fällt sogar Touristen im Straßenbild auf, dass auch im privaten Bereich Freundschaften über die Grenzen der Hautfarbe geschlossen werden; sicherlich auch in Atlanta nicht die Regel, aber hier häufiger als anderswo.

Das Zentrum

Der zu den Olympischen Spielen neugestaltete **Centennial Park** 1 an der Marietta Street, eine weitläufige Grünanlage mit sehenswerten Skulpturen und dem Brunnen der olympischen Ringe, hat sich zu einem der beliebtesten Zentren der Innenstadt entwickelt. Gegenüber kann man **Inside CNN Atlanta** 2 besichtigen, das Besucherzentrum der CNN Studios. Von dort werden rund um die Uhr die Programme des Nachrichtensenders und andere Produktionen aus dem Fernsehimperium des TV-Moguls Ted Turner und der Muttergesellschaft Time-Warner ausgestrahlt (CNN Center, Tel. 404-827-2300, http://edition.cnn.com/tour, Touren tgl. 9–17 Uhr, alle 10 Min., Reservierungen Tel. 877-426-6868, Erw. 15 $, erm. 14 $).

Der Komplex westlich des CNN Center endet beim mächtigen **Georgia Dome** 6, einer überdachten Arena mit über 70 000 Zu-

Atlanta

Sehenswert

1. Centennial Park
2. Inside CNN Atlanta
3. Georgia Aquarium
4. World of Coca-Cola Pavilion
5. State Capitol
6. Wren's Nest
7. Martin Luther King National Historic District
8. Cyclorama
9. Zoo
10. Jimmy Carter Presidential Library & Museum
11. Fernbank Museum
12. Fox Theatre
13. Margaret Mitchell House
14. Robert W. Woodruff Arts Center
15. Atlanta History Center
16. Chattahoochee River National Recreation Area
17. Stone Mountain Park

Übernachten

1. Ritz-Carlton Atlanta
2. Shellmont Bed & Breakfast Inn
3. Marriott Marquis
4. The Beverly Hills Inn
5. The Peach House B & B
6. Wingate by Wyndham
7. Artmore Hotel
8. Hyatt Place Atlanta / Buckhead
9. Inn at the Peachtrees
10. Motel 6 Downtown
11. Stone Mountain Family Campground

Essen & Trinken

1. Bachanalia
2. Atlanta Fish Market
3. Aria
4. Ted's Montana Grill
5. South City Kitchen
6. Mary Mac's Tea Room
7. Thelma's Kitchen
8. Taqueria del Sol

Einkaufen

1. Underground Atlanta
2. Peachtree Center
3. Lenox Square
4. Atlanta State Farmer's Market
5. Little Five Points
6. Wax'n Facts
7. Atlantic Stadion

Abends & Nachts

1. Seven Stages
2. Atlanta Ballet
3. Blind Willie's Live Blues Club
4. Masquerade
5. 10 High Club
6. East Andrews Café
7. Nikolai's Roof
8. Wild Bill's

Aktiv

1. Piedmont Park
2. Scate Escape
3. Silver Comet Trail
4. Chattahoochee River
5. Turner Field (Baseball)
6. Georgia Dome (American Football)
7. Philips Arena (Basketball und Eishockey)

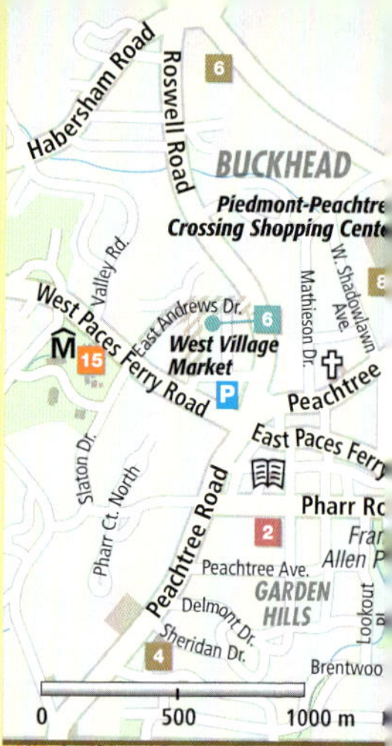

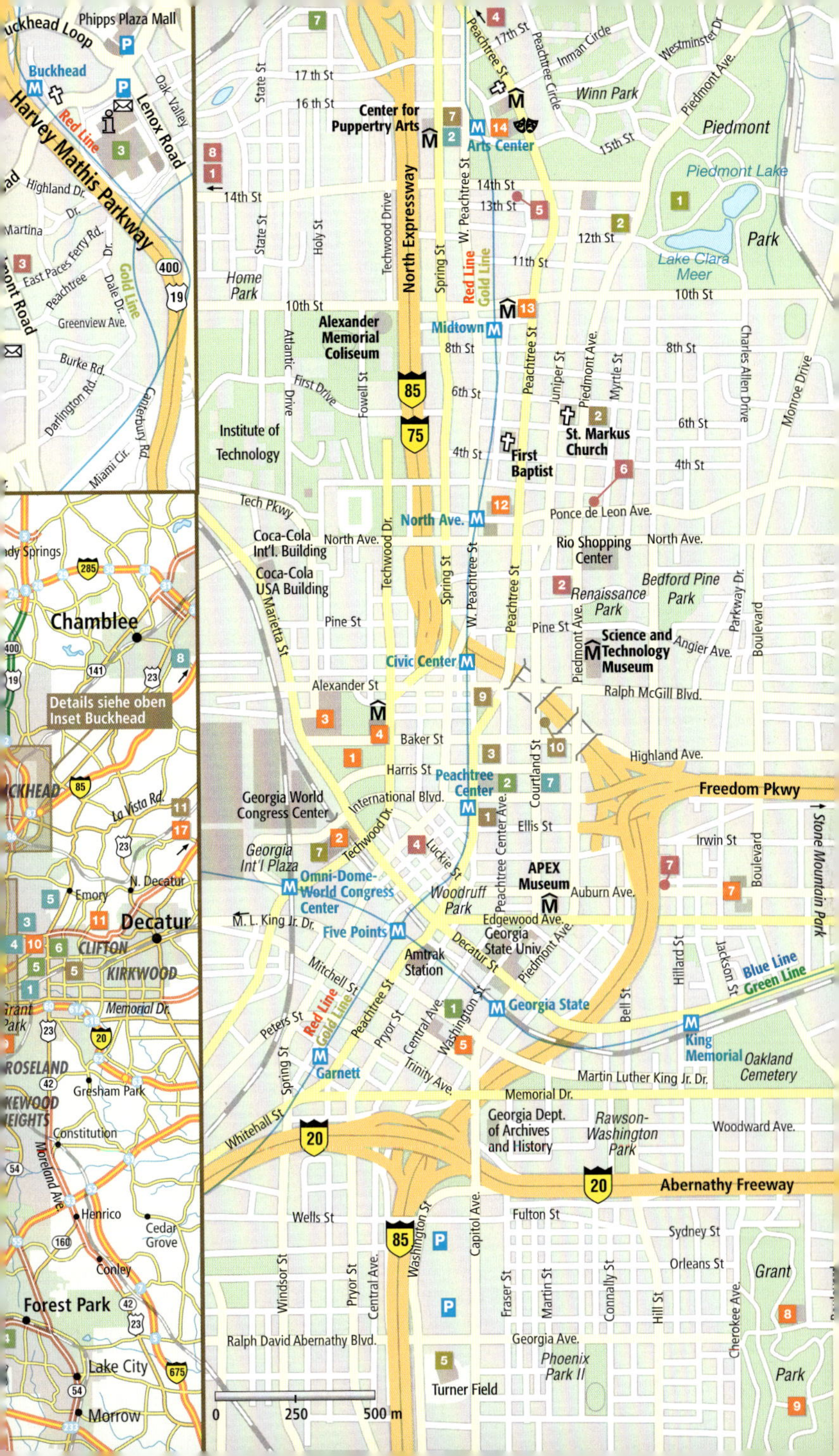
Phipps Plaza Mall
Buckhead Loop
Buckhead
Red Line
Lenox Road
Oak Valley
Harvey Mathis Parkway
Highland Dr.
Martina
East Paces Ferry Rd.
Peachtree
Dale Dr.
Gold Line
Greenview Ave.
Burke Rd.
Darlington Rd.
Canterbury Rd.
Miami Cir.
400
19
Chamblee
285
141
23
Details siehe oben Inset Buckhead
85
La Vista Rd.
N. Decatur
Emory
Decatur
CLIFTON
KIRKWOOD
Memorial Dr.
ROSELAND
Gresham Park
Constitution
Moreland Ave.
Henrico
Cedar Grove
Conley
Forest Park
Lake City
Morrow
675
20
42
54
160
17th St
16th St
State St
Center for Puppertry Arts
North Expressway
Arts Center
Peachtree St
Peachtree Circle
Inman Circle
Westminster Dr
Piedmont Ave.
Winn Park
Piedmont
15th St
Piedmont Lake
14th St
13th St
12th St
11th St
Holy St
Techwood Drive
Spring St
W. Peachtree St
Red Line
Gold Line
Park
Lake Clara Meer
10th St
Home Park
Alexander Memorial Coliseum
Midtown
8th St
6th St
4th St
Atlantic Drive
First Drive
Fowell St
75
Juniper St
Myrtle St
Charles Allen Drive
Monroe Drive
Institute of Technology
St. Markus Church
First Baptist
Tech Pkwy
North Ave.
Ponce de Leon Ave.
Coca-Cola Int'l. Building
Coca-Cola USA Building
Rio Shopping Center
Bedford Pine Park
Renaissance Park
Parkway Dr.
Boulevard
Pine St
Marietta St
Science and Technology Museum
Angier Ave.
Civic Center
Alexander St
Ralph McGill Blvd.
Baker St
Harris St
Highland Ave.
Courtland St
Peachtree Center
Freedom Pkwy
International Blvd.
Georgia World Congress Center
Ellis St
Irwin St
Stone Mountain Park
Techwood Dr.
Luckie St
Georgia Int'l Plaza
Omni-Dome-World Congress Center
APEX Museum
Woodruff Park
Peachtree Center Ave.
Auburn Ave.
M. L. King Jr. Dr.
Five Points
Edgewood Ave.
Georgia State Univ.
Amtrak Station
Decatur St
Piedmont Ave.
Mitchell St
Hilliard St
Jackson St
Blue Line
Green Line
Georgia State
Bell St
Peters St
Pryor St
Central Ave.
Washington St
King Memorial
Oakland Cemetery
Spring St
Trinity Ave.
Garnett
Martin Luther King Jr. Dr.
Memorial Dr.
Whitehall St
Georgia Dept. of Archives and History
Rawson-Washington Park
Woodward Ave.
Abernathy Freeway
Wells St
Fulton St
Sydney St
Capitol Ave.
Orleans St
Windsor St
Fraser St
Martin St
Connally St
Hill St
Cherokee Ave.
Grant Park
Ralph David Abernathy Blvd.
Georgia Ave.
Phoenix Park II
Turner Field
0
250
500 m

schauerplätzen, in der auch das Football Profi-Team der Atlanta Falcons seine Spiele austrägt (s. S. 262).

Den nördlichen Rand der Parkanlage begrenzt der Pemberton Place. Im riesigen, Ende 2005 eröffneten **Georgia Aquarium** 3**,** dem größten Nordamerikas, können Besucher ein gigantisches Bassin mit Walhaien und anderen Raubfischen im sicheren Acryl-Tunnel durchqueren, die Bewohner eines (künstlichen) tropischen Riffs oder riesige japanische Seespinnen bestaunen, die in der kalten Tiefe des Pazifik leben. Ein 4-D-Filmtheater verbindet 3-D-Filme mit Spezialeffekten zu einer »Deepo's Undersea 3-D Watershow« (225 Baker St., Tel. 404-581-4000, www.georgiaaquarium.org, So–Fr 10–17, Sa 9–18 Uhr, Erw. ab 28,95 $, erm. ab 24,95 $).

Der imposante **World of Coca-Cola Pavilion** 4 präsentiert sich gleich vis-à-vis ebenfalls am Pemberton Place. Er ist der Erfolgsgeschichte des magischen Saftes gewidmet, der erstmals 1886 vom Apotheker John S. Pemberton als Heilmittel gegen Kopfschmerzen gemischt wurde. Die siebte, geheime Zutat zum Rezept der in Atlanta produzierten Coca-Cola ist immer lediglich zwei Personen gleichzeitig bekannt. Auch deren Namen werden aus Sicherheitsgründen streng geheim gehalten.

Eine kurzweilige Führung zeigt Werbeideen aus der 125-jährigen Erfolgsgeschichte des koffeinhaltigen Saftes; im Tasting Room können einige der weltweit 500 verschiedenen Getränkesorten der Coca-Cola Company probiert werden (121 Baker St. NW., Tel. 404-676-5151, www.worldofcoca-cola.com, tgl. geöffnet, wechselnde Zeiten s. Webseite, Erw. 16 $, erm. 14 $).

Es ist faszinierend, in Downtown Atlanta die verwirrende Bauweise des **Peachtree Center** 2 zu erkunden (s. S. 261). Geschäfte, Hotels, Büros, Fitnessstudios und Restaurants sind häufig unterirdisch oder mittels gläserner Verbindungswege zwischen den Hochhaustürmen, auch ohne die Straße zu betreten, erreichbar. **Underground Atlanta** 1**,** eine ausgedehnte Shopping- und Ausstellungs-Mall führt in die Welt der ehemaligen Bahngleise unterhalb der Stadt (s. S. 261).

Mit einer goldenen Kuppel schmückt sich das nahegelegene, 1889 eingeweihte **State Capitol** 5**,** Sitz der Regierung und des Parlaments von Georgia. Es ist nach dem Vorbild des Capitols in Washington D. C. gestaltet (214 State Capitol, Tel. 404-463-4536, www.sos.georgia.gov/state_capitol, Mo–Fr 8–17.30 Uhr, Touren Mo–Fr 11.30 Uhr, Eintritt frei).

Im Süden und Südwesten

Das für die Olympischen Spiele erbaute Stadion südlich des Autobahnkreuzes von I-75/85 und I-20, längst in **Turner Field** 5 umbenannt, ist die Spielstätte der Baseball-Profis der Atlanta Braves (s. S. 262). Der Clubbesitzer und Medienmogul Ted Turner wird regelmäßig in der Besucherloge gesichtet. Ein lohnender kleiner Abstecher zum westlichen Rand des Innenstadtbereichs führt zum früheren Wohnhaus des 1908 in Atlanta verstor-benen Schriftstellers Joel Chandler Harris, Autor der »Onkel Remus«-Geschichten. Es ist als **Wren's Nest** 6 zu einem kleinen Museum ausgebaut. Im Sommer ziehen *story tellers* junge Zuhörer im Garten mit Geschichten von »Onkel Remus« in ihren Bann (1050 Ralph D. Abernathy Blvd. SW., Tel. 404-753-7735, www.wrensnestonline.com, Di–Sa 10–14.30 Uhr, Sa 13 Uhr Lesungen.

An Martin Luther King, den berühmtesten Sohn der Stadt, erinnert die unmittelbar östlich von Downtown beginnende Auburn Avenue, einst Wohnviertel des schwarzen Mittelstands. Der **Martin Luther King National Historic District** 7 umfasst das Geburtshaus des wortgewaltigen Predigers sowie die **Ebenezer Baptist Church,** seine ehemalige Wirkungsstätte. In einer imposanten Anlage, in die das von seinem Sohn Martin Luther King III. geleitete Martin Luther King Center für gewaltfreien gesellschaftlichen Wandel integriert ist, befindet sich der Marmorsarkophag des 1968 ermordeten Friedensnobelpreisträgers. Eine Ausstellung gibt Einblicke in den Lebensweg von King und die Geschichte der Bürgerrechtsbewegung (449 Auburn Ave., Tel. 404-331-6922, www.

Im Fernbank Museum versteht man es, die Exponate in Szene zu setzen

nps.gov/malu, Mitte Juni–Mitte Aug. tgl. 9–18, sonst 9–17 Uhr, Eintritt frei).

Der weitläufige **Grant Park** gleich südlich de I-10, der nicht nach dem Nordstaatengeneral und späteren US-Präsidenten, sondern nach Lemuel Pratt Grant, einem Offizier der konföderierten Armee benannt ist, beherbergt das 1885 von ausgewanderten deutschen Künstlern geschaffene **Cyclorama** 8, ein etwa 130 m langes Rundbild, das die Ereignisse der Bürgerkriegsschlachten um Atlanta von 1864 thematisiert. Der Betrachter sitzt in der Mitte des Panoramagemäldes auf einer Bühne, die sich langsam um die eigene Achse dreht (800 Cherokee Ave. SE., Tel. 404-658-7625, www.atlantacyclorama.org, Di–Sa 9.15–16.30 Uhr, Erw. 10 $, erm. 8 $).

Gleich südlich im Park schließt sich der **Zoo** 9 von Atlanta an. Rund 1000 Tiere leben in natürlich gestalteten Freigehegen, darunter Reptilien, Riesenpandas und afrikanische Gorillas. Eine »Panda Cam« ermöglicht einen Blick auf die Pandas (800 Cherokee Ave. SE., Tel. 404-624-5600, Mo–Fr 9.30–17.30, Sa–So bis 18.30 Uhr, Erw. 20,99 $, erm. 16,99 $, Panda Cam unter www.zooatlanta.org/1212/panda_cam, Mo–Fr 10–17 Uhr).

Östlich des Zentrums

Das **Jimmy Carter Presidential Library & Museum** 10 liegt östlich der Innenstadt in einer großzügigen, vom Freedom Parkway eingefassten Grünanlage mit japanischem Garten und zwei kleinen Seen. Das Museum zeigt das nachgebaute Oval Office aus dem Weißen Haus sowie wichtige Ereignisse aus der Präsidentschaftszeit 1976–81 mit Fotografien und Dokumenten. Dazu gehören die Verhandlungen zum Camp-David-Abkom-

Prediger, Politiker, Mythos – Martin Luther King

Die berühmte »I have a dream«-Rede, die Martin Luther King 1963 vor etwa 250 000 Demonstranten in Washington hielt, markierte den Höhepunkt von zahlreichen spektakulären Massenaktionen der amerikanischen Bürgerrechtsbewegung, die acht Jahre zuvor in Montgomery, der Hauptstadt von Alabama, begonnen hatten.

»Ich sage Euch heute, meine Freunde, trotz aller Schwierigkeiten und Frustrationen, die wir zurzeit erleben, habe ich einen Traum ... Ich habe einen Traum, dass eines Tages auf den roten Hügeln von Georgia die Söhne der früheren Sklaven und der früheren Sklavenbesitzer brüderlich zusammensitzen können. ... Ich habe einen Traum, dass meine vier kleinen Kinder eines Tages in einer Nation leben werden, in der sie nicht nach der Farbe ihrer Haut, sondern nach ihrem Charakter beurteilt werden«.

Rosa Parks, eine schwarze Aktivistin der Bürgerrechtsorganisation NAACP *(National Association for the Advancement of Colored People)* hatte 1955 mit ihrer Weigerung, einen für Weiße reservierten Platz im Bus zu räumen, einen mehr als 1-jährigen Boykott der Buslinien durch die schwarzen Bürger von Montgomery ausgelöst. Als Befürworter gewaltfreier Aktionen profilierte sich ein junger Baptistenprediger, der erst kurz zuvor in die Stadt gekommen war. Martin Luther King wurde am 15. Januar 1929 in Atlanta geboren. Seine Mutter war Kirchenmusikerin, sein Vater, Martin Luther ›Daddy‹ King, und sein Großvater A. D. Williams predigten als Pastoren der Baptistengemeinde der Ebenezer Church von Atlanta, in der auch King als Pastor von 1960 bis 1968 wirkte.

Die gewaltfreien Massenaktionen wie *Sit ins* und Straßenblockaden machten King bekannt. Seine mitreißenden Reden fanden nicht nur in Montgomery ein großes Echo. Mitglieder der NAACP und anderer Gruppierungen organisierten Aktionen gegen die Rassendiskriminierung an Bushaltestellen und in öffentlichen Gebäuden. Hunderte, nicht nur farbige Studenten, die sich an den Aktionen beteiligten, verbrachten den Sommer des Jahres 1961 in Gefängnissen.

Die Behörden versuchten, den Sprecher der schwarzen Bürgerrechtsbewegung einzuschüchtern. King wurde wegen Steuerhinterziehung angeklagt, wegen Verkehrsvergehen eingesperrt, als ›Aufrührer‹ ins Gefängnis gesteckt. Im »Brief aus einem Gefängnis in Birmingham« setzte sich King 1963 mit der Kritik aus den eigenen Reihen über seine angeblich zu offensive Strategie gewaltfreier Aktionen auseinander. Im selben Jahr beschwor er auf der Abschlussveranstaltung des Sternmarsches auf Washington seinen Traum von einer Gesellschaft, in der Menschen unterschiedlicher Hautfarbe und Herkunft friedlich zusammenleben.

Die Massenveranstaltung in der Bundeshauptstadt sowie die Auszeichnung mit dem Friedensnobelpreis ein Jahr später gaben der Regierung in Washington den letzten Anstoß, eine Reihe von Gesetzen auf den Weg zu bringen. Mit dem *Civil Rights Act,* der den gleichberechtigten Zugang zu öffentlichen Bereichen vorschreibt, und dem *Voting Right Act,* der die Barrieren zur Verwirklichung des Wahlrechts abbaute, sollten die Bürgerrechte für Schwarze auch zur gesellschaftlichen Realität werden.

Thema

Radikale Organisationen wie die Black Panther Party oder die Black Muslims gewannen in den Jahres des Vietnamkrieges in dem Maße an Einfluss, wie die traditionelle Bürgerrechtsbewegung an Zustimmung verlor. Martin Luther King bestand jedoch weiter auf den Prinzipien des Gewaltverzichts und der Integration in eine gemeinsame Gesellschaft.

Das Bemühen der Bürgerrechtsbewegung um größeren politischen Einfluss zeitigte bemerkenswerte Erfolge. Noch 1965 standen nur 5 % der wahlberechtigten schwarzen Bürger von Mississippi auf den Wählerlisten, zwei Jahre später waren es bereits 35 %. Den 1960 bundesweit etwa 100 gewählten schwarzen Abgeordneten standen 30 Jahre später bereits mehr als 7000 gegenüber. Heute haben viele Bürgermeister großer und mittlerer Städte des Südens wie Washington D. C., Memphis, New Orleans oder Atlanta afroamerikanische Wurzeln.

Ende der 1960er-Jahre sah King, dass die Bürgerrechtsbewegung so lange keinen wahren Erfolg haben konnte, bis nicht auch die wirtschaftlichen Rahmenbedingungen verändert wurden. Als er in Memphis einen Arbeitskampf der überwiegend schwarzen Müllmänner der Stadt unterstützen wollte, wurde er am 4. April 1968 auf dem Balkon des Lorraine Hotels von einem Attentäter erschossen.

Die Kinder von Martin Luther King sind längst erwachsen und in der Gemeinde der Ebenezer Baptist Church und der King-Stiftung engagiert. Nicht weit entfernt steht auf dem weißen Marmorstein der nationalen Gedenkstätte am Grab ihres Vaters die Inschrift: Rev. Martin Luther King, 1929–68. »Endlich frei. Endlich frei. Dank sei Gott, dem Allmächtigen, ich bin endlich frei.«

Zehntausende nahmen bei der Beerdigung von Martin Luther King Abschied

men zwischen Israel und Ägypten, die Übergabe des Panama-Kanals und der SALT-II-Abrüstungsvertrag mit der Sowjetunion. Das angeschlossene **Carter Center** unterstützt als Stiftung humanitäres Engagement weltweit (441 Freedom Pkwy NE., Tel. 404-865-7100 www.jimmycarterlibrary.gov, Mo–Sa 9–16.45, So ab 12 Uhr; Eintritt Museum Erw. 8 $, erm. 6 $).

Das **Fernbank Museum** 11 ist der Naturgeschichte gewidmet. Die Vergangenheit von Georgia wird als Multi-Media-Programm von der Urzeit der Erde bis heute aufgeblättert. Fußabdrücke von Sauriern vor der Eingangshalle und rekonstruierte Riesenskelette im mehrstöckigen Atrium unterstützen die Vorstellungskraft hinsichtlich der Größe und der Lebensbedingungen der Riesenechsen. Ein IMAX-Kino zeigt beeindruckende Naturfilme auf einer Riesenleinwand (767 Clifton Rd. NE., Tel. 404-929-6300, www.fernbankmuseum.org, Mo–Sa 10–17, So 12–17 Uhr, Erw. 17,50 $, erm. 16,50 $).

Nördlich des Zentrums

Der großartige, in einem wagemutigen Stilmix von orientalischen, ägyptischen und Art-déco-Motiven erbaute Kinopalast des **Fox Theatre** 12 wurde 1929 im Jahr der Weltwirtschaftskrise als Versammlungsgebäude der Shriners, eines Freimaurerordens, eröffnet. Durch eine Bürgerinitiative vor der Abrissbirne gerettet und bestens restauriert, wird das »Faboulous Fox« mit seinen 4000 Sitzplätzen heute für kulturelle Veranstaltungen aller Art genutzt (660 Peachtree St. NE., Tel. 404-881-2100, www.foxtheatre.org, Führungen Mo, Mi, Do um 10, Sa 10 u.11 Uhr, Erw. 10 $, erm. 5 $).

Im **Margaret Mitchell House** 13, dem zu einem Museum umgestalteten ehemaligen Wohnhaus der Autorin, nicht weit vom weitläufigen Piedmont Park und dem Botanischen Garten der Stadt, entstand von 1926 bis 1936 der Weltbestseller »Vom Winde verweht«. Das Manuskript wurde von Margaret Mitchell auf einer Schreibmaschine getippt, die im Rahmen einer Ausstellung gezeigt wird; darüber hinaus sind Dokumente und Fotografien zum Leben der Autorin und zur Zeit des Bürgerkriegs zu sehen, in welcher der Roman spielt (979 Crecent Ave., Tel. 404-249-7015, www.margaretmitchellhouse.com, Mo–Sa 10–17.30, So 12–17.30 Uhr, Erw. 13 $, erm. 10 $).

Das **Robert W. Woodruff Arts Center** 14, nach dem langjährigen Coca-Cola-Präsidenten benannt, beherbergt das Symphonie-Orchester der Stadt, das **Alliance Theater** und dessen Kinderbühne, das **Atlanta College of Art** sowie die von den Architekten Richard Meier und Renzo Piano geschaffenen lichten Gebäude des **High Museum of Art.** In ihm wird amerikanische Kunst z. B. von Georgia O'Keefe, John Singer Sargent und Vertretern der Hudson River School präsentiert, dazu europäische Kunst von Albrecht Dürer bis Monet und Toulouse-Lautrec sowie zeitgenössische Werke u. a. von Max Ernst, Frank Stella und Robert Rauschenberg; außerdem zeigt man bedeutende Wanderausstellungen (1280 Peachtree St. NE., Tel. 404-733-4200, www.woodruffcenter.org, High Museum of Art, Tel. 404-733-4200, Di–Sa 10–17, So 12–17 Uhr, Erw. 18 $, erm. 15 $).

Um das **Atlanta History Center** 15, einen weitläufigen Komplex mit einem ausgezeichneten Museum zur Stadtgeschichte, einer Antebellum-Plantagenvilla, dem Stadtpalais Swan House von 1928 sowie ganzjährig blühenden Gartenanlagen zu besuchen, muss man ins gepflegte Stadtviertel Buckhead im Norden von Atlanta fahren (130 W. Paces Ferry Rd., Tel. 404-814-4000, www.atlantahistorycenter.com, Mo–Sa 10–17.30, So ab 12 Uhr, Erw. 16,50 $, erm. 13 $).

Chattahooche River 16

Wer zwischendurch eine Auszeit in der Natur benötigt, macht es wie die Einheimischen und fährt noch 15 Meilen weiter nach Norden zur **Chattahoochee River National Recreation Area** zum Picknicken, Spazierengehen, Kanu- oder Kajakfahren oder einfach, um dem aus den Appalachen nach Süden windenden »Hooch« zuzusehen (1978 Island Ford Pkwy, Sandy Springs, Tel. 770-804-9791, www.nps.gov/chat, tgl. Sonnenauf- bis

-untergang, Besucherzentrum Island Ford tgl. 9–17 Uhr, Erw. 3 $).

Stone Mountain Park 17

Das Zentrum der beliebten Freizeitanlage **Stone Mountain Park,** knapp 20 Meilen im Osten und nur eine halbe Fahrstunde von Atlanta entfernt, ist ein Granitmonolith, der sich wie der Buckel einer ca. 2 Meilen langen und 250 m hohen Schildkröte unvermittelt aus der bewaldeten Landschaft erhebt. An dem gewaltigen Reliefbild von 30 x 65 m Größe, das die drei Bürgerkriegshelden der Südstaaten, den Präsidenten Jefferson Davis sowie die Generäle Robert E. Lee und »Stonewall« Jackson in würdevoller Reiterpose zeigt, wurde 57 Jahre lang gemeißelt. Im Sommerhalbjahr erfreuen sich an den Wochenenden Tausende beim Picknick an einer den Felsen in Szene setzenden Lasershow.

Auf den ausgedehnten Tennisanlagen kämpften 1996 Olympioniken um Edelmetall (US Hwy 78 E., Exit 8, Tel. 770-498-5690, www.stonemountainpark.com, Lasershow tgl. 1 Std. nach Sonnenuntergang, Tageskarte für den Park Erw. 27 $, Kinder 21 $, Parken 10 $/Tag).

Infos

Convention & Visitors Bureau: 233 Peachtree St. NE., Suite 1400, Tel. 404-521-6600, www.atlanta.net, Mo–Fr 8.30–17.30 Uhr.

Übernachten

Luxuriös ▶ **Ritz-Carlton Atlanta 1:** 181 Peachtree St. NE., Tel. 404-659-0400, www.

Ein gar nicht so seltener Anblick: Atlanta ganz in Weiß

ritzcarlton.com. Elegante Herberge mit bestem Service. Großzügig geschnittene Räume, Badezimmer in Marmor und Granit, sehr zentral. Spitzenrestaurant Atlanta Grill. DZ ab 220 $.

Schön restauriert ▶ **Shellmont Bed & Breakfast Inn** 2: 821 Piedmont Ave. NW., Tel. 404-872-9200, www.shellmont.com. Mit Antiquitäten eingerichtete Stadtvilla, wunderbares Frühstück. DZ ab 175 $.

Atemberaubende Lobby ▶ **Marriott Marquis** 3: 265 Peachtree Center Ave., Tel. 404-521-0000, www.marriott.de. Luxus-Hotelturm mit gläsernen Aufzügen, sehr zentral. DZ ab 170 $.

Im Stadtteil Buckhead ▶ **The Beverly Hills Inn** 4: 65 Sheridan Dr., NE., Tel. 404-233-8520, www.beverlyhillsinn.com. Das neoklassische Gebäude von 1929 diente einst als Wohnheim für alleinstehende ältere Damen. B & B mit 18 DZ und Suiten. Ab 135 $ (inkl. Frühstück).

Bezaubernd ▶ **The Peach House B & B** 5: 88 Spruce St. NE., Tel. 404-524-8899, www.thepeachhousebb.com. Entzückende Herberge in einem über 100 Jahre altem Gebäude, nicht weit vom Zentrum. DZ 130 $ (inkl. Frühstück).

Gepflegt ▶ **Wingate by Wyndham** 6: 3600 Piedmont Rd. NE., Tel. 404-869-1100, www.wingateatlanta.com. Gute Lage in Buckhead, netter Service, große Zimmer, Kühlschrank und mehr. DZ ab 120 $.

Boutique-Hotel ▶ **Artmore Hotel** 7: 1302 W. Peachtree St., Tel. 404-876-6100, www.artmorehotel.com. Gute Lage, stilvoll renovierte Zimmer; die Parkplätze sind allerdings recht teuer. DZ ab 105 $.

Entspannt ▶ **Hyatt Place Atlanta / Buckhead** 8: 3242 Peachtree Rd. NE., Tel. 404-869-6161, www.hyatt.com/hyatt/place. Komfortables Hotel mit allerlei kostenlosen Annehmlichkeiten wie Internetzugang, Parken, Frühstück, Pool und Fitnesscenter. DZ ab 105 $.

Zentral ▶ **Inn at the Peachtrees** 9: 330 W. Peachtree St., Tel. 404-577-6970, www.innatthepeachtrees.com. Komplett renoviert, üppiges Frühstücksbüfett. DZ ab 100 $.

Budget ▶ **Motel 6 Downtown** 10: 311 Courtland St. NE., Tel. 404-659-4545, www.motel6.com. Modernes Budget-Hotel wenige Autominuten vom Centennial Park, mit 64 Zimmern, kleinem Pool, Mini-Kühlschrank und kostenlosem Internetzugang. DZ ab 60 $.

... in Stone Mountain (20 Meilen östl. von Atlanta):

Camping ▶ **Stone Mountain Family Campground** 11: 4003 Stonewall Jackson Dr., Tel. 770-498-5710, www.stonemountainpark.com. Schöner Campingplatz für Zelte und Campmobile im bewaldeten Gelände direkt beim Naturpark. Stellplätze 25–60 $/Nacht.

Essen & Trinken

Crossover-Küche ▶ **Bachanalia** 1: 1198 Howell Mill Rd., Tel. 404-365-0410, www.starprovisions.com. Kreative georgisch-kalifornische Küche. 5-Gänge-Menü 85 $.

Meeresfrüchte ▶ **Atlanta Fish Market** 2: 265 Pharr Rd. NE., Lunch Mo–So 11.30–15, Dinner So–Do 15–22. Fr/Sa 15–23 Uhr, Tel. 404-262-3165, www.buckheadrestaurants.com. Exzellente Fisch- und Merresfrüchte. Hauptgerichte 17–40 $.

Küchenkunst ▶ **Aria** 3: 490 E. Paces Ferry Rd., Buckhead, Tel. 404-233-7673, www.aria-atl.com, So gesch., nur abends. Kreative Aromenküche in kommunikativer Atmosphäre. Hauptgerichte € 17–25.

Bisonsteaks ▶ **Ted's Montana Grill** 4: 133 Luckie St., Tel. 404-521-9796, www.tedsmontanagrill.com, So–Do 11–22, Fr/Sa 11–23 Uhr. Gemeint ist natürlich der CNN-Gründer Ted Turner, der in Montana und South Dakota eigene Bisonherden besitzt. Beste Bison-Burger und Steaks, aber auch Salate. Gerichte ab 11 $.

Soul food ▶ **South City Kitchen** 5: 1144 Crescent Ave., Tel. 404-873-7358, www.southcitykitchen.com, tgl. Lunch und Dinner. Herzhafte Südstaatengerichte wie gebratene grüne Tomaten mit Ziegenkäse oder Krebssuppe. Gerichte 5–29 $.

Diner ▶ **Mary Mac's Tea Room** 6: 224 Ponce de Leon Ave. NE., Tel. 404-876-1800, www.marymacs.com, tgl. 11–21 Uhr. Deftige

Südstaaten-Küche mittags und abends. Gerichte ab 10 $.

Südstaaten-Küche ▶ **Thelma's Kitchen** 7: 302 Auburn Ave., Tel. 404-688-5855. Okra-Pfannkuchen, gebackenes Welsfilet oder ein Süßkartoffelauflauf, alles lecker. Nur Frühstück und Mittagessen. Gerichte 4–12 $.

Mexikanisch ▶ **Taqueria del Sol** 8: 2165 Chesshire Bridge Rd., Tel. 404-321-1118, So geschl. Große Auswahl an Tacos und Enchiladas, frisch zubereitet, mit herzhaften Füllungen und Salsas. Dazu klassische Gerichte des Südwestens. Gerichte 2–11 $.

Einkaufen

Malls ▶ **Underground Atlanta** 1: Rund 2 Dutzend Geschäfte, von Sportschuhen bei Footlocker bis Modeschmuck bei Glitters, wenden sich vorwiegend an die Stadtbesucher (50 Upper Alabama St., www.underground-atlanta.com). Wer in ein Musical, eine Theateraufführung oder ein Konzert möchte, kann hier bei **AtlanTIX** für den gleichen oder nächsten Tag Karten zum halben Preis erwerben, eine Dependance gibt es am Lenox Square und auch das Visitor Bureau der Stadt hat eine Anlaufstelle. **Peachtree Center** 2: Mehrere Zugänge im Herzen von Atlanta an der Ecke von Peachtree Street und International Boulevard erschließen die Einkaufspassage (Tel. 404-654-1296, www.peachtreecenter.com) mit mehr als 60 Geschäften, von der Modeboutique »Putting on the Glitz« bis zum Schmuckladen »Kahn's Jewelry«; außerdem 6 Restaurants. **Lenox Square** 3: Die beliebteste Mall der Stadt liegt im vornehmen Buckhead. Rund um die großen Department Stores wie Bloomindale's, Neuman Marcus und Macy's gruppieren sich Dutzende weitere Geschäfte und Boutiquen (3393 Peachtree Rd., Tel. 404-233-6767, www.simon.com/mall/?id=207).

Markt ▶ **Atlanta State Farmer's Market** 4: 16 Forest Pkwy/Hwy 110, Exit von der I-075, Forest Park, Tel. 404-675-1782. Gigantisch großer Markt für Wiederverkäufer und Endverbraucher, gleich südlich vom Airport, eigenes Garten-Center, Restaurant, Mo–Fr 8–17, Sa bis 12 Uhr.

Szeneviertel ▶ **Little Five Points** 5: Im Quartier »l5p« rund um die Kreuzung von Seminole Ave. NE., Moreland Ave. NE. und Euclid Ave. NE. findet man kleine Buchläden, Secondhand-Kleidung, Bars und Cafés.

Musik ▶ **Wax'n Facts** 6: 432 Moreland Ave. NE., Tel. 404-525-2275, www.waxnfacts.com. LPs, CDs, neu und gebraucht, dazu vieles andere rund um aktuelle Musik. Viele kleinere Label und Bands aus Atlanta. Der Laden liegt mitten im »l5p« Viertel.

Einkaufsmeile ▶ **Atlantic Stadion** 7: Im Wohn-, Büro-, Unterhaltungs- und Einkaufsquartier (www.atlanticstation.com) von Midtown gleich westlich der I-75/85 findet man IKEA, Banana Republic, GAP, Victoria's Secret, Dillard's und andere amerikanische und internationale Ketten, dazu diverse Restaurants und Snackbars sowie ein Multiplex-Kino. Ein kostenloser Shuttlebus pendelt von der MARTA-Station Arts Center.

Abends & Nachts

Reduzierte Tickets ▶ **AtlanTIX** 1: s. Underground Atlanta S. 260.

Theater ▶ **Seven Stages** 1: 1105 Euclid Ave., Tel. 404-523-7647, www.7stages.org. Theater mit zeitgenössischen Stücken.

Tanz ▶ **Atlanta Ballet** 2: 1400 W. Peachtree St., Tel. 404-892-3303, www.atlantaballet.com. Die im Jahr 1929 gegründete Kompanie ist die älteste des Landes, aber immer noch mit vielen innovativen Ideen. Vorstellungen im Cobb Energy Performing Arts Center, im Fox Theatre und im Woodruff Arts Center (s. S. 258).

Blues ▶ **Blind Willie's Live Blues Club** 3: 828 N. Highland Ave. NE., Tel. 404-873-2583, www.blindwilliesblues.com, Mo–Sa ab 19 Uhr. Blues vom Feinsten, ab 21 Uhr Livemusik.

Disco ▶ **Masquerade** 4: 695 North Ave., Tel. 404-577-8178, www.masqueradeatlanta.com, tgl. bis 2 Uhr. Angesagter Club seit 1989 in umgebautem Mühlengebäude, Musik vom DJ und Konzerte.

Rock ▶ **10 High Club** 5: 816 N. Highland Ave., Tel. 404-873-3607, Mo–Fr 11–3, Sa 12–3, So 12–24 Uhr. Kellerclub mit Livemusik regionaler Rockformationen.

Tipp: Mit dem Fahrrad auf dem Silver Comet Trail

Die Stiftung Path Foundations hat seit 1991 mehr als 150 Meilen Wander- und Fahrradwege durch die Landschaft Georgias geschaffen. Der **Silver Comet Trail** 3 beginnt in **Smyrna,** 13 Meilen nordöstlich des Stadtzentrums von Atlanta. Er folgt dem früheren Gleisbett einer einspurigen Eisenbahnstrecke bis an die Grenze zu Alabama gut 60 Meilen weiter im Westen. Dort beginnt dann der »Chief Ladiga Trail«, der knapp 40 Meilen weiter bis nach Anniston führt. Eine Webseite, http://pathfoundation.org, informiert detailliert über die landschaftlich reizvolle Strecke, über Sehenswürdigkeiten, Unterkünfte und Restaurants sowie über weitere Trails der Stiftung in Georgia.

Indie-Musik ▶ **East Andrews Café** 6: 56 E. Andrews Dr., Buckhead, Tel. 404-869-1090. Nette Appetithappen, Martinis und Indie-Musik.

Rooftop-Bar ▶ **Nikolai's Roof** 7: 225 Courtland St. NE., Tel. 404-221-6362. Rooftop-Bar in der 30. Etage des Hilton mit guten Cocktails und fantastischem Blick auf die Skyline von Downtown.

... in Duluth (30 Autominuten östl. von Atlanta):

Countrymusic und tanzen ▶ **Wild Bill's** 8: 2075 Market St., Duluth, Tel. 678-473-1000, www. wildbillsatlanta.com. Riesiger Tanzclub für 5000 Besucher, mit Country- und Rockmusic, Go-Go-Girls im Westernlook, dazu Konzerte.

Aktiv

Fahrradfahren, joggen und skaten ▶ **Piedmont Park** 1: In den durch die 10th Street und den Monroe Drive begrenzten Grünanlagen in Midtown bieten sich ideale Bedingungen. **Scate Escape** 2: 1086 Piedmont Ave. NE., Tel. 404-892-1291, www.skateescape.com. Der Laden vis-à-vis vom Piedmont Park verleiht Fahrräder und Inlineskates. Mountainbike 40 $/Tag.

... in Smyrna (13 Meilen nordöstl. des Stadtzentrums):

Fahrradtour ▶ **Silver Comet Trail** 3: s. Tippkasten links.

... in Sandy Springs (20 Meilen nördl. des Stadtzentrums):

Wassersport ▶ **Chattahoochee River** 4: 1978 Island Ford Pkwy, Tel. 770-804-9791, www.nps.gov/chat. Baden, Kajak- und Kanufahren am Chattahoochee River, gleich nördlich der Stadtgrenze.

Zuschauersport ▶ **Turner Field** 5: 755 Hank Aaron Dr. SE., Tel. 404-522-7630, http://atlanta.braves.mlb.com. Die Profis der Atlanta Braves spielen von Anf. April bis Ende Sept. auf dem Turner Field Baseball. **Georgia Dome** 6: 1 Georgia Dome Dr., Tel. 404-223-4636, www.gadome.com. Von Anfang Sept. bis Ende Dez. finden im Georgia Dome die American Football-Spiele der Atlanta Falcons statt, Erw. ab 48 $, erm. ab 35 $. **Philips Arena** 7: 1 Philips Dr., Tel. 404-878-3000, www.philipsarena.com. Die Eishockeyspieler der Atlanta Thrashers und die Basketballer der Atlanta Hawks sowie das Frauenteam der Atlanta-Dream-Mannschaft erwarten in der Philips Arena ihre Gegner; ab ca. 20 $/ Pers.

Termine

Dogwood Festival: Mitte April. Schöner Umzug, diverse Veranstaltungen, Kunstausstellungen und Touren zu blühenden Hartriegelsträuchern in den Vororten, Tel. 404-817-6642, www.dogwood.org.

Atlanta Jazz Festival: Mai. Jazzgrößen musizieren auf mehreren Dutzend Veranstaltungen in der ganzen Stadt. Großes Abschlusskonzert am Memorial Day im Piedmont Park, 2012 feiert man das 35-jährige Bestehen dieses etablierten, international besetzten Musikfestes, Tel. 404-853-4234, http://atlantafestivals.com.

Stone Mountain Highland Games: Mitte Okt. Nachkommen schottischer Einwanderer – selbstverständlich in traditionellen Kilts – versammeln sich im Schatten des Stone Mountains zu Tanz und Spiel, Tel. 770-521-0228, www.smhg.org.

aktiv unterwegs

Wildbeobachtung im Red Top Mountain State Park

Tour-Infos

Start: Visitor Center in Cartersville (s. u.)
Länge: ca. 6,5 Meilen
Dauer: ca. 2,5 Std.
Schwierigkeitsgrad: einfach bis moderat
Anreise: Von Atlanta auf der I-75 gut 26 Meilen nach Nordwesten, Exit 285, dann auf der Red Top Mountain Road 1,3 Meilen nach Osten bis zum Parkeingang
Info: Visitor Center, 50 Lodge Rd. SE., Cartersville, GA 30121, Tel. 770-975-4226, www.redtopmountainstatepark.org. Übernachtungsmöglichkeiten in einer Lodge und rustikalen Cabins, die einige Monate im Voraus reserviert werden sollten (105–140 $).

Neben ordentlichem Schuhwerk sollten Kamera und wenn möglich ein Fernglas zum Besuch des State Parks mitgenommen werden. Beim **Visitor Center** geht es los. Der erste Teil der Strecke folgt der **Park Marina Road** nach Norden, bis nach etwa 1 Meile die eigentliche Wanderstrecke des **Homestead Trail** nach rechts abzweigt. Doch schon entlang der schmalen Parkstraße lohnt es sich aufzupassen.

Im knapp 6,5 ha großen State Park haben Weißwedelhirsche wenig Angst vor menschlichen Besuchern und lassen sich häufig im lichten Laubwald blicken. Wer den Park zwischen Frühling und Anfang Herbst besucht, sollte auf die Tiere im braunroten Fell achten, in der kälteren Jahreszeit legen sie ihr gräuliches Winterkleid an. Der Homestead Trail schlängelt sich durch den Wald. Rund die Hälfte der Strecke folgt er der Uferline des **Lake Allatoona,** der Ende der 1940er-Jahre aufgestaut wurde und die Halbinsel des State Park von drei Seiten umgibt. Ein einsamer Schornstein auf dem Weg erinnert an die ›Heimstadt‹ eines Siedlers, die dem Wanderweg seinen Namen gab.

Die rötliche Farbe der Erde, Namensgeber des ganzen Parks, rührt von ihrem hohen Anteil an Eisenerz her, das früher hier abgebaut wurde. Auffällig auf dem Weg ist das Fehlen der Blätter an Bäumen und Büschen bis auf eine Höhe von rund 2 m. Dieses Phänomen tritt nur in Gebieten mit einer großen Population von Rotwild auf, das bis zu dieser Höhe die schmackhaften Blätter erreichen kann.

Verkehr

Flug: Atlanta Hartsfield International Airport ATL, 574 Airport S. Pkwy, Tel. 404-330-6000, www.atlanta-airport.com. Verbindungen in alle größeren Städte der USA und viele Direktflüge nach Europa; Atlanta ist der größte Flughafen Nord- und Südamerikas. Taxis in die Innenstadt ab ca. 30 $, die Schnellbahn MARTA kostet 2 $, Airport-Shuttlebus zu verschiedenen Hotels und Haltepunkten Downtown ab 16,50 $.

Bahn: Amtrak, 1688 Peachtree St., Tel. 404-881-3067. Verbindungen n. Washington D.C. und New Orleans, www.amtrak.com.

Bus: Greyhound, 232 Forsyth St., Tel. 404-584-1731 und 404-584-1728, www.greyhound.com.

Fortbewegung in der Stadt
Atlanta verfügt mit MARTA, der Metropolitan Atlanta Rapid Transit Authority, über ein gut ausgebautes Schnellbahnsystem mit vier Routen und 3 Dutzend Haltestellen, außerdem gibt es rund 150 Busrouten, Tel. 404-848-5000, www.itsmarta.com. Informationen zu Fahrplänen und Streckenverlauf siehe www.itsmarta.com/schedules-maps.aspx.

Etowah Mounds ► 2, C 5

Rund 40 Meilen nordwestlich von Atlanta bei **Cartersville** findet man eine der bedeutendsten Fundstätten von Kunstgegenständen und Werkzeugen der indianischen Mississippi-Kultur, die heute als State Historical Site geschützten **Etowah Indian Mounds**. Die Siedlung mit 1000 bis 2000 Einwohnern existierte zwischen 1000 und 1500 n. Chr. nicht weit von der heutigen I-75. Von mehreren Hügeln und Plattformen weist der Zeremonienhügel, auf dem sich einst ein gedecktes Lehmgebäude erhob, mit einer Kantenlänge von jeweils 100 m an der Basis und einer Höhe von 20 m die größten Abmessungen auf. Besonders reiche Grabbeigaben – detailliert herausgearbeitete Darstellungen sitzender und kniender Menschen – machten die Ausgrabungsstätte zu einer Fundgrube für Archäologen (Tel. 770-387-3747, www.gastateparks.org/EtowahMounds, Mi–Sa 9–17 Uhr, Erw. 2,5–5 $).

Calhoun und Umgebung ► 2, C 4

Das Städtchen von rund 10 000 Einwohnern liegt nahe der I-75 fast auf halber Strecke zwischen Chattanooga und Atlanta. Im Jahre 1820 riefen die Cherokee dort eine Indianische Republik aus, wählten Chief John Ross zu ihrem Präsidenten, errichteten ein Versammlungshaus und druckten eine zweisprachige Zeitung, den »Cherokee Phoenix«, in der neu entwickelten indianischen Schriftsprache und in Englisch. Doch die Bundesregierung in Washington D. C. machte bald deutlich, dass es ihr nicht auf die weitestgehende Verleugnung der indianischen Identität ankam – Chief James Vann besaß etwas weiter im Norden sogar eine fast 400 ha große, von Sklaven bewirtschaftete Plantage –, es ging schlicht um die Aneignung des Landes und die Ausbeutung von Bodenschätzen. Auch ›zivilisierte Indianer‹ waren da im Wege.

Im Jahre 1838 errichtete General Winfried Scott im Auftrag des US-Präsidenten Andrew Jackson bei New Echota ein Internierungslager, von dem wenig später 13 000 Cherokee ihren beschwerlichen Marsch nach Westen antraten. Rund 9000 von ihnen erreichten Oklahoma, 4000 gingen auf dem *Trail of Tears,* dem Pfad der Tränen, zugrunde. Auf dem Gelände des **New Echota State Historic Site** sind Nachbildungen der wichtigsten öffentlichen Gebäude dieser Zeit – der Gerichtshof, eine Gaststätte und die Druckerei der Zeitung – zu besichtigen (1211 Chatsworth Hwy NE., 1-800-864-7275, www.gastateparks.org/NewEchota, Do–Sa 9–17 Uhr, Erw. 4–6 $).

Lake Lanier und Umgebung ► 2, D 5

Die Inseln am Südende des Lake Lanier, vom Bundesstaat Georgia als ein Erholungsgebiet für Familien betreut, sind über Brücken mit dem Auto erreichbar. Die vor allem von Atlantas Einwohnern als Naherholungsgebiet genutzte Seenlandschaft westlich von **Gainesville** war während der Olympischen Spiele 1996 Austragungsort der Ruderwettbewerbe. Wassersport, Tennis oder Golf kann man gut in der Nähe der Hotels, Ferienhäuser und Campingplätze betreiben. Das 1957 durch den **Buford Dam** vom Chattahoochee River aufgestaute Gewässer wurde nach Sidney Lanier, einem im 19. Jh. beliebten Dichter aus Georgia, benannt (Lanier World, 7000

aktiv unterwegs

Spaziergang zu den Angel Falls

Tour-Infos

Start: Parkplatz am Nordende des Campingplatzes der Rabun Beech Recreation Area
Länge: 2 Meilen (Hin- und Rückweg)
Dauer: ca. 1 Std.
Schwierigkeit: einfach bis moderat
Wichtige Hinweise: An einigen Stellen wächst das sogenannte Giftefeu *(Poison Ivy)*. Die Berührung der eichenblattähnlichen Blättern dieser Pflanze kann schmerzhafte Hautreaktionen hervorrufen.

Im Frühling ist die Belohnung für Wanderer mit zwei schäumenden Wasserfällen am größten, doch auch sonst lohnt der kurze Wanderweg im **Chattahoochee-Oconee National Forest** nur gut 5 Meilen nördlich von **Tallulah Falls** (s. S. 267). Der **Angel Falls Trail** beginnt beim Parkplatz der **Rabun Beach Recreation Area** gegenüber der Telefonzelle des Campingplatzes. Den **Joe Creek** überquert eine Fußgängerbrücke, bis kurz vor Ende des Trails bleibt der Bach nun auf der rechten Seite des Wanderweges.

Dichter Rhododendron und Berglorbeer begleiten zunächst den Weg, später abgelöst durch Ahorn, Eichen, Tulpenbäume und Magnolien. An Steinen und Bäumen wächst Moos, im Schatten der Bäume gedeihen Farnsträucher. Bei den **Panther Falls,** dem ersten der beiden Fälle, rauscht das Wasser über mehrere Stufen gut 12 m in ein natürliches Bassin.

Die nächsten 400 m wird es steiler und der Pfad wird schmaler. Ein Rundweg schließt die Wanderstrecke ab. Eine Holzbrücke über den Joe Creek bietet als **Aussichtsplattform** den besten Blick auf die **Angel Falls,** deren Kaskaden ähnlich wie bei den Panther-Fällen knapp 20 m in die Tiefe stürzen. Wegen der feuchten Luftschwaden gedeihen Farne und Moose hier besonders gut. Etwas Vorsicht kann nicht schaden, denn dort, wo Blätter auf steileren Passagen liegen, kann es glatt sein.

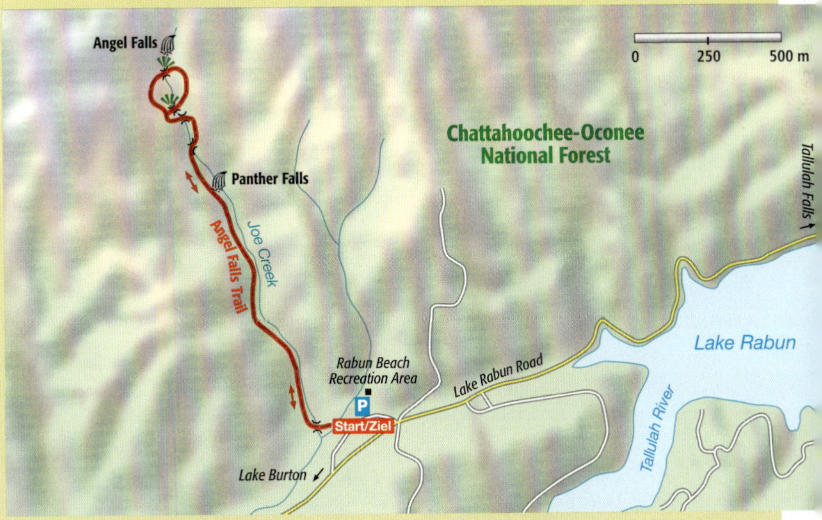

Lanier Island Pkwy, Buford, Tel. 770-945-8787, www.lakelanierislands.com).

Infos

Lake Lanier Convention & Visitors Bureau: 116 Spring St. SE., Suite 245, Gainesville, Tel. 770-536-5209, http://slipawaytoday.com, Mo–Fr 8.30–16.30 Uhr.

Tallulah Falls und Umgebung ▶ 2, D/E 4

Die spektakuläre, von einem State Park geschützte Schlucht ist von Gainesville (s. S. 264) nach gut 40 Meilen Fahrt durch eine Hügellandschaft mit Apfel- und Pfirsichplantagen in den Nordosten von Georgia erreicht. Die Straße führt nah an die **Tallulah-Schlucht** heran, die sich ebenso abrupt wie eindrucksvoll über 300 m tief öffnet. Einige Aussichtspunkte in dem kleinen Park entlang des Felseinschnitts dürften bei empfindlichen Gemütern ein leichtes Kribbeln im Magen verursachen. In der Tiefe sind der Fluss und die **Wasserfälle** zu erkennen (Tel. 706-754-7981, www.gastateparks.org/TallulahGorge, tgl. 8 Uhr bis Sonnenuntergang).

Helen

Nördlich und westlich von Tallulah Falls wird die bewaldete Landschaft bergiger. In der 400-Seelen-Gemeinde **Helen** erwartet Besucher ein zu einem Bavarian Village umgestalteter Ort mit einem Mitte September startenden und sechs Wochen andauernden Oktoberfest und ›Umptata-Musik‹.

Infos

Alpine Helen/White County Convention & Visitors Bureau: 726 Bruckenstrasse, Tel. 706-878-2181, www.helenga.org.

Lake Chatuge und Lake Burton

Der **Lake Chatuge** mit dem Ort Hiawassee und der sich im Süden anschließende, von dichten Wäldern umgebene **Lake Burton** lohnen einen kleinen Umweg, vor allem wenn zur **Georgia Mountain Fair** (s.u.) im Juli und zum Fall Festival eine gute Woche im Oktober die Besucher von nah und fern herbeiströmen und sich vom Gesang und dem Fiddeln der Mountainmusic mitreißen lassen.

Die wildromantische Tallulah-Schlucht

Infos

Towns County Chamber of Commerce: 1411 Jack Dayton Circle, Young Harris, Tel. 706-896-4966, www.mountaintopga.com).

Termine

Georgia Mountain Fair: Ende Juli. 11-tägiges Musikfestival und Wettbewerbe zum Kochen, Tanzen und Musizieren in Hiawassee, Tel. 706-896-4191, www.georgiamountainfair grounds.com/georgiamountainfair.php.
Fall Festival: Anfang Okt. 9 Tage mit Musik, Tanz und Kunsthandwerk der südlichen Appalachen inHiawassee, www.georgiamoun tainfairgrounds.com/fallfestival.php.

Athens ▶ 2, E 5

Nomen est omen – keine andere Stadt in Georgia kann so viele Häuser im *Greek Revival*-Stil aufweisen wie Athens. Die 1785 gegründete Universität von Georgia sollte auf den Traditionen des klassischen Hellas fußen. Auf dem Campus und entlang der Prince Avenue sind viele der historischen Gebäude zu finden: das **Presidents House,** die ehemalige Residenz des Universitätspräsidenten aus dem Jahr 1858 (570 Prince Ave.), die 1823 erbaute **University Chapel** (Herty Dr.), die **Demosthenian Hall** von 1824 (Herty Dr.) oder das **Taylor-Grady House,** eine prächtige Pflanzervilla aus dem Jahre 1845 (634 Prince Ave., Tel. 706-549-8688, www.taylorgradyhouse.com, Mo–Fr 9–13 und 14.30–17 Uhr).

Auch das 1852 erbaute **T. R. R. Cobb House** lässt sich besichtigen. Es ist mit zeitgenössischen Möbeln eingerichtet und gehörte einst dem Autor der Verfassung der Konföderation und Südstaatengeneral T. R. R.

Frisch geröstet: Jittery Joe's Kaffee ist von höchster Qualität

Cobb (175 Hill St., Tel. 706-369-3513, www.trrcobbhouse.org, Di–Sa 10–16 Uhr, Erw. 2 $).

Zum Glück für die Stadt kam die doppelläufige, noch immer nach Norden gerichtete **Kanone** an der Kreuzung von College- und Clayton Street beim Rathaus, deren Kugeln mit einer Kette verbunden waren, im Bürgerkrieg nie zum Einsatz. Die explosive Selbstzerstörung dieser Fehlkonstruktion hätte in ihrer Umgebung mehr Schaden angerichtet als beim Gegner.

Die Stadt von gut 100 000 Einwohnern ist nicht in ihrer eigenen Geschichte erstarrt, sondern recht munter und wird noch immer von der Universität geprägt, an der gut 30 000 Studenten immatrikuliert sind (www.uga.edu). Kein Wunder, dass sich neben Boutiquen, Buchläden und Copyshops auch Straßencafés, Restaurants und Musikclubs entlang der College Avenue südlich von Downtown aufreihen. Athens gilt als eines der Zentren für Rock- und Popmusik in den Südstaaten. Rockgruppen wie R. E. M., The B-52's und die Indigo Girls haben von hier ihre internationale Karriere gestartet.

Auch das 2011 nach großzügiger Erweiterung neu eröffnete **Georgia Museum of Art** gehört zur Universität. Besonders bemerkenswert ist seine Sammlung amerikanischer Kunst (90 Carlton St., Tel. 706-542-4662, http://georgiamuseum.org, Mi, Fr/Sa 12–17, Do 12–21, So 13–17 Uhr, Eintritt frei).

Infos

Athens Welcome Center: E. Dougherty St., Tel. 706-353-1820, www.visitathens.ga.com. Das Besucherbüro ist im Church-Waddel-Brumby House untergebracht, einer 1820 im Federal Style erbauten Privatvilla, Mo–Sa 10–17, So ab 12 Uhr.

Übernachten

Ökologisch ▶ **Hotel Indigo:** 500 College Ave., Tel. 706-546-0430, www.indigoathens.com. Schick, modern und nach ökologischen Prinzipien, erbaut mit Wärme- und Wasserrückgewinnung. DZ ab 105 $.

Mit schönem Garten ▶ **Grand Oaks Manor:** 6295 Jefferson Rd., Tel. 706-353-2200, www.bbonline.com/ga/nicholson. Das einstige rustikale Blockhaus gibt sich nach einer Renovierung als B & B im *Greek Revival*-Stil mit 8 Zimmern. Das Frühstück ist besonders köstlich, Garten mit farbenprächtigen Magnolien und Azaleen. DZ ab 140 $.

Großzügig ▶ **Foundry Park Inn & Spa:** 295 E. Dougherty St., Tel. 706-549-7020, www.foundryparkinn.com. Gepflegte Anlage mit kolonialem Charme und moderneren Anbauten, dazu ein Wellnessbereich, der Musikpub »Melting Pot« und das ausgezeichnete Restaurant »Hoyt House«. DZ ab 120 $.

Essen & Trinken

Legendäre Location ▶ **Last Resort Grill:** 174/184 W. Clayton St., Tel. 706-549-0810, www.lastresortgrill.com. Munteres Bistro in den renovierten Räumen der gleichnamigen legendären Musikkneipe, in der schon Towne Van Zandt und Jimmy Buffet aufgetreten waren. Hauptgerichte ab 12 $.

Zweistöckig ▶ **East West Bistro:** 351 E. Broad St., Tel. 706-546-9378, www.eastwest bistro.com. Im Parterre gibt es Pizza, Pasta und leckere Tapas, ein Stockwerk höher geht es ruhiger zu bei gepflegter norditalienischer Küche. Gerichte 6–20 $.

Entspannt ▶ **Mama's Boy:** 197 Oak St., Tel. 706-548-6249, www.eatatmamasboy.com, tgl. Frühstück 7–15.30 Uhr, Lunch ab 11 Uhr. Angenehme Atmosphäre. Gerichte 4–9 $.

Soul food ▶ **Weaver D's Delicious Lunch:** 1016 E. Broad St., Tel. 706-353-7797, Mo–Sa 7.30–18 Uhr. Der *Soul-food*-›Professor‹ Dexter Weaver hat viele Stammgäste, darunter auch die Bandmitglieder von B-52's, Widespread Panic und R. E. M., die ihm sogar ein Album gewidmet haben. Ham & Grits zum Frühstück, mittags gibt es z. B. Frikadellen mit brauner Sauce. Gerichte ab 4 $.

Spitzenkaffee ▶ **Jittery Joe's:** 780 E. Broad St., Tel. 706-227-2161, www.jitteryjoes.com, Mo–Fr 7–18, Sa/So 8–18 Uhr. Originelle kleine Kaffeerösterei mit Ausschank und Gebäck. Kaffee ab 3 $.

Süffig ▶ **Terrapin Brewery:** 265 Newton Bridge Rd., Tel. 706-549-3377, www.terrapin beer.com. Microbrauerei mit süffigen Biersorten. Das Rye Pale Ale und andere Biere erhält man inzwischen an vielen Orten in den Südstaaten, gebraut wird es in Athens. Brauerei Tour mit anschließender Verkostung, Mi–Sa 17.30–19.30 Uhr, Eintritt frei.

Abends & Nachts

Livemusik ▶ **40 Watt Club:** 285 W. Washington St., Tel. 706-549-7871, www.40 watt.com, tgl. ab 17/19–2.45 Uhr. In dem munteren Club in Uninähe sind Bands wie R. E. M. und B-52's groß geworden. Heute spielen hier die Stars von übermorgen.

Avantgarde ▶ **Caledonia Lounge:** 256 W. Clayton St., Tel. Tel. 706-549-5577, www.cale donialounge.com. Blues, Indie, Rock von innovativen Gruppen aus der Region, tgl. ab 22 Uhr.

Old School ▶ **Rye Bar:** 140 E. Clayton St. Ab 20.30 *open mic,* danach Old School Riffs und Surf Rock.

Aktiv

Joggen und wandern ▶ **Sandy Creek Nature Center:** 205 Old Commerce Rd., Tel. 706-613-3615, www.sandycreeknaturecen ter.com. Wiesen, Wälder und Marschen in weitläufigem Naturgelände gut 500 m nördlich der Athens-Bypass-Umgehungsstraße mit einem guten Wanderwegenetz und zahlreichen Joggingstrecken.

Termine

AthFest: 2. Junihälfte, s. u. Tippkasten.

Verkehr

Bus: Greyhound, 220 W. Broad St., Tel. 706-549-2255.

Nahverkehr: Athens Transit, 325 Pound St., Tel. 706-613-3434, www.athenstransit.com. Das Busunternehmen fährt auf 15 Routen kreuz und quer durch die Stadt.

Tipp: AthFest

Riesiges Musikfest an fünf Tagen im Juni mit 200 Gruppen auf drei Open-Air-Bühnen und in einem guten Dutzend lokaler Clubs. Die meisten Bands stammen aus Athens und Georgia. Dazu zeigen rund 50 bildende Künstler ihre Werke. Beim kostenlosen Kinderprogramm KidsFest können Kinder aller Altersstufen ihre künstlerischen Talente erproben und beim parallel organisierten Filmprogramm zeigen Filmemacher aus der Region ihre Werke (Tel. 706-548-1973, http:// athfest. com).

Südlich und östlich von Atlanta

Madison ▶ 2, E 6

Joshua Hill, Bürger von Madison und Senator von Georgia in Washington, war 1861 von seinem Amt zurückgetreten, um nicht für die Abspaltung von der Union stimmen zu müssen. Auf seinen Appell hin wurde das 30 Meilen südlich von Athens gelegene Madison 1864 von den Truppen des Nordstaatengeneral Shermans nicht niedergebrannt. Daher kann man immer noch viele gut erhaltene Stadtvillen aus der Zeit vor dem Bürgerkrieg, die schon in manchem Südstaatenfilm als Kulisse dienten, während der Madison Tours im Mai und Dezember besichtigen. Wer Madison zu anderen Zeiten besucht, kann im Welcome Center eine kommentierte Karte mit den interessantesten Antebellum-Villen erhalten.

Infos

Madison-Morgan Welcome Center: 115 E. Jefferson St., Tel. 706-342-4454, www.madisonga.org, Mo–Fr 8.30–17, Sa 10–17, So 13–16 Uhr.

Essen & Trinken

Große Portionen ▶ **Old Colonial Restaurant:** 108 Washington Sq., Tel. 706-342-2211, tgl. 5.30–20.30 Uhr. Herzhafte Südstaaten-Hausmannskost in einem ehemaligen Bankgebäude im Zentrum. Hauptgerichte 7–12 $.

Eatonton ▶ 2, E 6

Das **Uncle Remus Museum** erinnert an den 1848 hier geborenen Kinderbuchautor Joel Chandler Harris, in dessen Ende des 19. Jh. geschriebenen Fabeln ein Sklave namens Remus Kindern Geschichten erzählt (Turner Park, Tel. 706-485-6856, www.uncleremus.com/museum.html. April–Okt. Mo–Sa 10–12, 13–17, So 14–17 Uhr, sonst Di geschl., Eintritt frei).

Die 1944 ebenfalls in Eatonton geborene schwarze Schriftstellerin Alice Walker erhielt 1983 für ihren später von Steven Spielberg mit Whoopi Goldberg verfilmten Roman »Die Farbe Lila« über das Leben von Frauen im ländlichen Georgia den Pulitzerpreis.

Wer auf den knapp 7 Meilen nördlich von Eatonton gelegenen Aussichtsturm von **Rock Eagle** steigt, kann die Umrisse eines Raubvogels erkennen. Den Rock Eagle formten indianische Bewohner vor etwa 2000 Jahren aus milchweißen Quarzsteinen (350 Rock Eagle Rd., 7 Meilen nördl. an der US 441, Tel. 706-484-2899, www.rockeagle4h.org).

Augusta ▶ 2, F/G 6

Alljährlich im April treffen sich die weltbesten Profi-Golfer in der ›Green City‹ zum Masters auf dem National Golf Course. Karten sind nicht für Geld und gute Worte zu bekommen, sie werden vererbt. Wer die Golfgrößen aus der Nähe sehen will, hofft auf die Verlosung der Eintrittskarten zu den Trainingsrunden der Superstars. Die Stadt von knapp 200 000 Einwohnern am Savannah River, dem Grenzfluss zu South Carolina, galt im 19. Jh. als wichtiger Umschlagplatz für die Baumwolle, die auf den Plantagen beiderseits des Ufers geerntet und über den 1844 erbauten Augusta Canal verschifft wurde. Dessen Schleusen und Brücken sind noch erhalten und können besichtigt werden.

In der ehemaligen Baumwollbörse, der **Historic Cotton Exchange** am Riverwalk, kann man sich über die Geschichte der Baumwollproduktion und des -handels informieren. Im restaurierten Gebäude aus rotem Backstein, in dem auf einer großen Wandtafel noch Notierungen verschiedener Baumwollqualitäten stehen, wickelten die Baumwollpflanzer und Händler einst ihre Geschäfte ab, hier saßen sie abends bei einem Glas Punsch und einem Pfeifchen gemütlich beisammen oder wetteten auf die Sieger der regelmäßig veranstalteten Hahnenkämpfe (32 8th St., Tel. 706-724-4076, www.augustaga.org, Mo–Fr 9–16 Uhr, Eintritt frei).

Das **Confederate Monument** an der Broad St. im Zentrum der Stadt und der einsame Schornstein von **Sibley Mills,** einst wichtigste Schießpulverfabrik der Südstaaten, erinnern an die Zeit des Bürgerkriegs. Die Einkaufs- und Fußgängerpassage der **Cotton Row,** dem ehemaligen Lager- und Umschlagplatz für Baumwolle, führt zum Savannah River.

An der parkähnlichen Uferpromenade Riverwalk zwischen 5th und 10th Street finden in einem Amphitheater sommerliche Theateraufführungen und Konzerte statt. Das nahe gelegene **Morris Museum of Art** hat sich zu einem renommierten Kunstmuseum mit Gemälden und Skulpturen vor allem von Künstlern der Südstaaten entwickelt (1st 10th St., Tel. 706-724-7501, www.themorris.org, Di–Sa 10–17, So 12–17 Uhr, Erw. 5 $).

Das **Augusta Museum of History** nimmt seine Besucher auf eine 12 000 Jahre lange Reise mit, die u. a. zu Ausgrabungen indianischer Kulturstätten, dem Revolutionskrieg der Amerikaner gegen Großbritannien und in die heutige Zeit führt (560 Reynolds St., Tel. 706-722-8454, www.augustamuseum.org, Mo–Sa 10–17, So 13–17 Uhr).

Infos

Augusta Metropolitan Convention & Visitors Bureau: Welcome Center in der Lobby des Augusta Museum of History, 560B Reynolds St., Tel. 706-724-4067, www.augustaga.org, Mo–Sa 10–17, So 13–17 Uhr.

Übernachten

Aus der Zeit des Bürgerkriegs ▶ Perrin Guest House Inn: 208 LaFayette Dr., Tel. 706-737-9444, http://perringuesthouse.com. B & B in sorgfältig umgebauter Plantagenvilla, einige Zimmer mit Kamin bzw. Whirlpool. Ab 140 $.

Gepflegte Gastlichkeit ▶ The Partridge Inn: 2110 Walton Way, Tel. 706-737-8888, www.partridgeinn.com. Traditionshotel mit stilvollem Ambiente und gutem Restaurant, am Wochenende Livemusik. DZ ab 110 $.

Modern ▶ HI Gordon Highway: 2155 Gordon Hwy, Tel. 706-737-2300, www.holiday-inn.com/augusta-gordon. Modernes Hotel am westlichen Ortsrand beim Bobby Jones Expressway mit 150 Zimmern. Extras: Pool, Grillplätze und kostenloser Internetzugang. DZ ab 80 $ (inkl. Frühstück).

Essen & Trinken

Getäfelte Speiseräume ▶ Calvert's: 475 Highland Ave., Tel. 706-738-4514, www.calvertsrestaurant.com, Di–Sa 5–21 Uhr. Sorgfältig zubereitete Menüs, meist mit lokalen Produkten; traditionelles Ambiente. Hauptgerichte ab 20 $.

Fischgerichte ▶ Old McDonald Fish Camp: 335 Currytown Rd., North Augusta, Tel. 803-279-3305, www.oldmcdonaldfishcamp.com, Do/Fr ab 17, Sa ab 16 Uhr. Wels, Flundern, Austern, Krebse – alles lecker, alles frisch. Hauptgerichte ab 14 $.

Desserts und mehr ▶ The Boll Weevil: 10 9th St., Tel. 706-722-7772, http://thebollweevil.com, tgl. 12–24 Uhr. Diverse Suppen, Salate, Sandwiches und Hauptspeisen. Viele kommen vor allem wegen »Raspberry-Rapsody« und anderer Desserts aus der hauseigenen Backstube. Desserts 4,60–6 $. Hauptgerichte ab 10 $.

Aktiv

Joggen, Rad und Kanu fahren ▶ Augusta Canal: Tel. 706-823-0440, www.augustacanal.com. Markierte Strecken zwischen 3 und 12,5 Meilen Länge am und bei dem Kanal oder per Kanu auf dem Wasser. Kanuverleih beim Savannah Rapids Park, 3300 Evans to Locks Road, Martinez, Tel. 706-868-3349, www.savannahrapids.com.

Termine

Augusta Masters Golf Tournament: April. Karten für die Entscheidung sind leider praktisch nicht oder nur gegen horrende Summen zu erhalten. 2011 wurden das erste Mal seit 47 Jahre einige zurückgegebene Karten für das Event verkauft. Wer Eintritt zu einer der Trainingsrunden erhält, kann sich bereits glücklich schätzen, Ticket Office, Tel. 706-667-6700, www.masters.com.

Verkehr

Bus: Greyhound, 1128 Greene St., Tel. 706-722-6411, www.greyhound.com.

Der Süden und die Küste von Georgia

Die Stadt Macon mit einer bedeutenden altindianischen Kultstätte liegt fast im geografischen Zentrum von Georgia. Gleich südlich davon geht die Landschaft in die ausgedehnte Küstenebene über. Die Atlantikküste zwischen Savannah und Cumberland Island ist zergliedert, Strände finden sich vor allem auf den vorgelagerten Inseln.

Macon ► 2, D 7

Die viertgrößte Stadt des Bundesstaates ist von Mais-, Tabak- und Baumwollfeldern umgeben. Im wirtschaftlichen Zentrum der Region leben rund 100 000 Einwohner. Das 1836 gegründete Wesleyan College rühmt sich, als erste Hochschule der Welt akademische Grade ausschließlich an Frauen verliehen zu haben. In der Stadt mit vielen Grünflächen blühen im Frühling rund 200 000 Kirschbäume.

Tipp: Indianerkultur

Schon seit mehr als 10 000 Jahren war das Macon-Plateau von unterschiedlichen indianischen Kulturen besiedelt. Die nachhaltigsten Eindrücke hinterließen Indianer der Mississippi-Tradition, die um 900 n. Chr. eingewandert waren und an den Ufern des Ocmulgee River in einer Niederlassung mit etwa 1000 Bewohnern lebten. Sie betrieben Landwirtschaft und errichteten mächtige, wie abgeflachte Pyramiden geformte Erdhügel, auf denen einst ihre zeremoniellen Gebäude standen. Das **Ocmulgee National Monument** mit einem ausgezeichneten Besucherzentrum und einigen Nachbauten der historischen Anlage informiert über die Kultur der fast vergessenen Ureinwohner des Landes (1207 Emery Hwy, ca. 2 Meilen vom Zentrum entfernt, Tel. 478-752-8257, www.nps.gov/ocmu, tgl. 9–17 Uhr, 5 $/Pers.).

Macon Historic District

Im Macon Historic District wurden mehrere Dutzend restaurierte Häuser aus der Zeit vor dem Bürgerkrieg unter Denkmalschutz gestellt, darunter das 1855 von einem Baumwollkaufmann im italienischen Renaissancestil erbaute und mit allem erdenklichen Luxus ausgestattete **Hay House** (934 Georgia Ave., Tel. 478-742-8155, www.historicmacon.org, Touren März–Juni und Sept.–Dez., Di–Sa 10–16, So 13–16, sonst Di–Sa 10–16 Uhr).

Tubman African American Museum

Nach Harriett Tubman, einer schwarzen Bürgerrechtlerin, die vor und während des Bürgerkriegs mehr als 300 Sklaven auf geheimen Wegen in den Norden geschleust und ihnen damit zur Freiheit verholfen hatte, ist das **Tubman African American Museum** benannt, in dem auch Werke schwarzer Künstler ausgestellt sind (340 Walnut St., Tel. 478-743-8544 www.tubmanmuseum.com, Mo–Fr 9–17, Sa 12–16 Uhr).

Georgia Music Hall of Fame

Wenn Mitte März die 200 000 japanischen Yoshino-Kirschbäume blühen, feiert Macon das Kirschblütenfest mit mehr als 300 kulturellen und sportlichen Veranstaltungen. Auch die Georgia Music Hall of Fame, die Leistung und Werk von Ray Charles, Otis Redding, der Marshall Tucker Band, Little Richard, R. E. M., The B-52s, den Allman Brothers und vieler anderer aus Georgia stammender Musiker

Das Confederates Monument im Historic District von Macon

vorstellt, wartet dann mit einem besonderen Programm auf.

Wer mit Kindern und Jugendlichen in die Hall of Fame geht, sollte den Bereich der **Billy Watson Music Factory** mit seinen interaktiven Musikinstrumenten aufsuchen (200 Martin Luther King Jr. Blvd., Tel. 478-751-3334, www.georgiamusic.org, Di–Sa 9–17 Uhr, Eintritt frei).

Infos

Macon-Bibb County Visitors Bureau: 450 Martin Luther King Jr. Blvd., Tel. 478-743-3401, www.maconga.org, Mo–Sa 9–17 Uhr.

Übernachten

Luxuriös ▶ **1842 Inn B & B:** 353 College St., Tel. 478-741-1842, www.1842inn.com. Luxusherberge in imposantem, mehrfach erweitertem Antebellum-Bau sowie im viktorianischen Gartenhaus; Cocktailstunde in der Lobby oder auf der Veranda. DZ ab 190 $.

Komfortabel ▶ **SpringHill Suites:** 4630 Sheraton Dr., Tel. 478-477-9255, www.marriott.com/springhill-suites/travel.mi. Guter Komfort am nordwestlichen Rand von Macon. Geräumige Zimmer, kostenloser Internetzugang, Fitnessraum, Pool, Parkplatz. DZ ab 105 $.

Essen & Trinken

Französisch ▶ **Back Burner Restaurant:** 2242 Ingleside Ave., Tel. 478-746-3336, So–Mo geschl. Moderne Küche mit provenzalischen Anleihen in verwinkeltem Häuschen, sehr gute Weinkarte. Hauptgerichte ab 15 $.

Familienbetrieb ▶ **S & S Cafeteria:** 2626 Riverside Dr., Tel. 478-746-9406, www.sscafeterias.com, Mo–Do, So 11–19.30, Fr/Sa 11–20 Uhr. Langer Tresen, alles frisch: vom Kaffee und Kuchen bis zu Hühnchen mit Okra. Es gibt inzwischen mehrere Filialen in Tennessee und South Carolina. Gerichte 4–8 $.

... in Juliette (25 Meilen nördl. von Macon):

Filmlocation ▶ **Whistle Stop Café:** 443 McCrackin St., Tel. 478-992-8886, www.thewhistlestopcafe.com, tgl. 11–16 Uhr. In der provinziell-sittsamen Atmosphäre der Ortschaft wurde 1991 der Hollywoodstreifen »Grüne Tomaten« gedreht, einige Szenen spielen in diesem Café. »Fried Green Tomatoes« stehen noch immer auf der Speisekarte. Hauptgerichte ab 12 $ (keine Kreditkarten).

Aktiv

Stadttouren ▶ **Around Town Tours:** 450 Martin Luther King Jr. Blvd., Tel. 478-743-3401. Verschiedene Tourenangebote zu diversen Sehenswürdigkeiten im Zentrum mit Bus, eigenem Pkw oder zu Fuß mit einer kommentierten Karte.

Termine

Kirschblütenfest: März. Gefeiert wird, wenn im März die ca. 300 000 Yoshino-Kirschbäume die Stadt in ein zartrosa Licht tauchen, www.cherryblossom.com.

Verkehr

Bus: Greyhound, 65 Spring St., Tel. 478-743-2868, www.greyhound.com.

Der tiefe Süden

Plains und Tifton ▶ 2, C 8 u. D 9

Der Weg in den Süden von Georgia, nach Waycross zum Okefenokee-Sumpf führt vorbei an endlosen Baumwoll-, Tabak- und Erdnussfeldern. Knapp 40 Meilen nördlich von Albany, das sich selbst Pekannuss-Hauptstadt der Welt nennt und in dem der hier geborene Ray Charles mit einer Bronzestatue in der Front Street geehrt wird, liegt der 600-Seelen-Ort **Plains.**

Die Siedlung wurde als Wohnort von Jimmy Carter, dem amerikanischen Präsidenten von 1976 bis 1980, weltweit bekannt. Das frühere Wahlkampfbüro im ehemaligen Depot der Eisenbahngesellschaft zeigt Bilder und Dokumente aus dem Präsidentschaftswahlkampf; die Highschool und die Farm, auf der Jimmy Carter seine Kindheit verlebte, geben einen Eindruck von seinem Leben in der Provinz im Süden von Georgia (300 Bond St., Tel. 229-824-4104, www.nps.gov/jica, tgl. 9–17 Uhr).

In **Tifton,** 40 Meilen östlich von Albany, demonstriert das Museumsdorf **Georgia Museum of Agriculture & Historic Village** Landleben um 1900 (8th St./Whiddon Mill Rd., Tel. 229-391-5200, www.abac.edu/museum, Di–Sa 9–16.30 Uhr, Erw. 7 $, erm. 6 $).

Andersonville ▶ 2, D 8

Gut 20 Meilen nordöstlich von Plains liegt die **Andersonville National Historic Site,** das einst berüchtigtste Gefangenenlager der Südstaaten während des Bürgerkriegs. Da die Lager in Virginia wegen der nahen Front nicht mehr sicher schienen, wurden seit 1864 bis zu 30 000 Gefangene der Unionsarmee gleichzeitig in dem von hohen Palisaden und Todesstreifen begrenzten Rechteck eingepfercht. Ein durch das Camp geleiteter Bach diente zugleich als Trinkwasserquelle und Kloake. Rund 13 000 Soldaten fielen vor allem Krankheiten und Mangelernährung zum Opfer. Ein Mahnmal mit Teilen der Palisade, unterirdischen Gängen, Tunnelschächten und dem großen Friedhof dokumentiert das Leben und Sterben im Gefangenenlager und ist gleichzeitig den Kriegsgefangenen aller amerikanischen Kriege gewidmet (496 Cemetery Rd., Tel. 229-924-0343, www. nps.gov/ande, tgl. 8.30–17 Uhr, Eintritt frei).

Okefenokee-Sumpf ▶ 2, F 10

Land der zitternden Erde nannten die Creek-Indianer die ausgedehnte Sumpflandschaft in der heutigen Grenzregion von Georgia und Florida, die etwa 12 000 Alligatoren und im Sommer gut 25 000 Reihern und Ibissen als Lebensraum dient (s. Aktiv unterwegs S. 275). Das Sumpfgebiet des vom US Fish & Wildlife Service betreuten **Okefenokee National Wildlife Refuge** ist von verschiedenen Himmelsrichtungen zugänglich und wird durch kleinere angrenzende Naturreservate ergänzt (www.fws.gov/okefenokee). Von Fargo im Südwesten und dem **Stephen C. Foster State Park** (Rte. 177, 18 Meilen nordöstl. von Fargo, Tel. 912-627-5274, www.gastateparks.org/stephencfoster, März–Sept. tgl. 6.30–20.30, sonst 7–19 Uhr, Visitor Center Mi–So 9–17 Uhr), Folkston im Osten, vor allem aber von Waycross im Norden, wo der an den Okefenokee-Sumpf grenzende **Laura S. Walker State Park** das Naturschutzgebiet vergrößert, kann man Bootstouren in die einsame Landschaft unternehmen (Tel. 912-287-4900, www.gastateparks.org/LauraSWalker, tgl. 7–22 Uhr).

aktiv unterwegs

Geführte Bootstouren im Okefenokee Swamp

Tour-Infos

Start: Okefenokee Adventures (s. S. 276)
Länge: 2,5–6 Meilen
Dauer: 4,5–5 Std.
Schwierigkeitsgrad: leicht (Motorboot) bis mittel (Kanu)
Kosten: Halbtagestour 140 $ als Einzelperson, 75 $/Pers. ab 2 Personen. Diese Tour muss reserviert werden. Kürzere Trips (ca. 90 Min.) werden den ganzen Tag über angeboten, Kosten 18 $/Pers.
Hinweise: Sonnenschutzcreme, Hut und Insektenschutz sind sehr wichtig. Kalte Getränke und Snacks werden bei der langen Tour gestellt.

Okefenokee Adventures, der offizielle Konzessionär des Sumpfgebietes, kennt sich bestens aus und wurde schon für seinen schonenden Umgang mit der Natur ausgezeichnet. Je nach Kondition geht die im Voraus reservierte Tour mit Guide im flachen Motorboot oder Kanu los. Entlang dem alten **Suwannee-Kanal,** flankiert von dichtem Gebüsch, Kiefern und Zypressen öffnet sich bald der Blick in das weite Feuchtgebiet der **Chesser Prairie.** Frank, der Tourguide, kann von den tierischen und pflanzlichen Bewohnern des Sumpfes und seiner Geschichte viel erzählen.

Leise gluckert das Flachbodenschiff durch das fast schwarze Wasser des Sumpfes. Die Route führt an Teichrosen, Kugelbinsen und Wasserhyazinthen vorbei. Auf den größeren Inseln mit festerem Untergrund wachsen Kiefern, Magnolien und Zypressen, auf den kleineren, schwankenden Torfschichten gedeihen lediglich Farne und Schilfe.

Einige der etwa **12 000 Alligatoren,** die bis zu 3,5 m lang werden können, lassen sich sehen. Sie liegen scheinbar träge, aber mit wachen Augen, halb im Wasser und halb am Ufer. Reiher, Ibisse und Enten, Fischadler, Störche und zahllose andere Vögel fühlen sich in der Abgeschiedenheit des ungefähr 960 km² großen Sumpfgebietes wohl, Tausende von Mosquitos allerdings ebenfalls, die die Bootsausflügler ›freudig‹ mit schmerzhaften Stichen in ihrem Herrschaftsbereich zu begrüßen scheinen.

Aus den Kiefern tönt ein wiederholtes »Kaah« herüber. »Das ist ein **Rotschulterbussard«** weiß Frank, »der lebt gerne in der Nähe von Gewässern«. Von der anderen Seite ist kurze Zeit später ein dumpfes Klopfen zu hören. Ein Kokardenspecht auf der Suche nach Ameisen und anderen Insekten.

In der Ferne lässt sich ein weiß gefiederter großer Vogel mit kräftigem Schnabel erkennen, der durchs Wasser stakst, ein **Waldstorch,** der hier sogar brütet. Auch in Florida gibt es mehrere Kolonien. Der **Silberreiher** stakst zwar ebenfalls, sieht aber schlanker und eleganter aus. Auch sein Kopf bekleidet weißes Gefieder. Sein spitzer Schnabel schießt ruckartig ins flache Wasser, wenn er einen Fisch erspäht. Nach gut 4 Stunden ist das Boot wieder beim Anleger.

Im **Okefenokee Swamp Park** südlich von Waycross wird das Ökosystem der Sumpflandschaft dargestellt, vom 30 m hohen Aussichtsturm kann man viele der ständigen Sumpfbewohner beobachten (Tel. 912-283-0583 www.okeswamp.com, tgl. 9–17.30 Uhr, Erw. 12 $, erm. 11 $).

In der **Suwanee Canal Recreation Area,** 8 Meilen südlich von Folkston, bieten ein Aussichtsturm und Plankenwege durch das Sumpfgebiet ideale Bedingungen, um Vögel und Alligatoren zu beobachten (s. u. Aktiv).

Infos

Okefenokee Chamber of Commerce and Welcome Center: 375 Main St., Folkston, GA 31537, Tel. 912-496-2536, www.folkston.com, Mo–Fr 8.30–17, Sa 10–15 Uhr.

Waycross Tourism Bureau & Visitors Center: 315 A Plant Ave., Tel. 912-183-3744, www.swampgeorgia.com.

Übernachten

Rustikales B & B ▶ **Inn at Folkston:** 509 W. Main St., Folkston, Tel. 912-496-6256, www.innatfolkston.com. Das Cottage mit 4 Zimmern ist zu einer bequemen Lodge als Basis für die Erkundung des Sumpfgebietes umgestaltet. DZ ab 105 $.

Solide ▶ **BW Badbury Inn:** 2570 Memorial Dr., Waycross, Tel. 912-284-0095, www.bestwestern.com. Einstöckiges Hotel mit 38 Zimmern, Frühstück und High-Speed-Internet inkl. DZ ab 75 $.

Camping ▶ **Okefenokee Pastimes:** 28244 Hwy 121, Tel. 912-496-4472, www.okefenokee.com. Vis-à-vis vom Zugang zum Okefenokee NWR, knapp 8 Meilen südlich von Folkston, es gibt ca. zwei Dutzend Stellplätze. Ab 20 $.

Essen & Trinken

Von Pasta bis Ente ▶ **Pond View Downtown Inn:** 311 Pendleton St., Waycross, Tel. 912-283-9300, Mi–Sa 18–22 Uhr, So u. Mo geschl., im Sommer zusätzlich Di, Mi geschl. Freundlich eingerichtet und sorgfältig zubereitete Speisen, umfangreiche Weinkarte. Gerichte 13–25 $.

Familiär ▶ **Andrew's:** 412 Elisabeth St., Waycross, Tel. 912-285-1545, nur Fr und Sa Abend. Das zentral gelegene Restaurant serviert ordentlich zubereitete Steaks, Meeresfrüchte wie Lachs mit Dillsauce und Pastavariationen in familiärer Atmosphäre. Gerichte 9–25 $.

Aktiv

Kanu- und Kajaktouren ▶ **Okefenokee Adventures:** 4159 Suwannee Canal Rd., Folkston, Tel. 912–496–7156, www.okefenokeeadventures.com, 9–16.30 Uhr Uhr. Geführte Touren und Vermietung von Booten, ab 20 $ für einen halben Tag, auch Sunset Tour, ab Erw. 25 $ (s. Aktiv unterwegs, S. 275).

Wandern ▶ **Suwannee Canal Recreation Area:** Rte. 2/US 121/23, Tel. 912-496-7156, März–Sept. tgl. 7–19.30, sonst 8–17.30 Uhr. 10 Meilen Wanderwege und ein etwa eine Meile langer langer Plankenweg, Informationen unter www.n-georgia.com/okefenokee-nwr-hiking.html.

8 Savannah ▶ 2, H 8

Cityplan: S. 278

Die älteste Stadt Georgias mit ihrer nahezu komplett erhaltenen Innenstadt, mit wunderbar restaurierten historischen Stadtvillen und dekorativem *Spanish moss* an den ausladenden Alleebäumen, mit einem angenehmen Lebenstempo ohne Hektik, nimmt ihre Besucher sofort gefangen.

Stadtgeschichte

James Oglethorpe, Offizier und Philanthrop, der vom britischen König George II. das Recht erhalten hatte, eine Niederlassung zwischen den Carolinas und dem spanischen Florida zu gründen, landete im Februar 1733 mit den ersten Siedlern am Steilufer des Savannah River und nannte die Kolonie nach seinem Souverän Georgia. Die Siedlung sollte sich anders als die bisherigen entwickeln, ohne Großgrundbesitz, ohne Sklavenarbeit, ohne Alkohol und ohne die Indianer um ihr Land zu betrügen. Arme, Verschuldete

Straßen wie eine Parklandschaft: In Savannah verbinden sich Spanish Moss und historische Architektur aufs Schönste

und Dissidenten aus anderen Kolonien und aus England sollten hier eine neue Chance erhalten. Es zeigte sich allerdings bald, dass der Verzicht auf Lug, Trug und Unterdrückung die wirtschaftliche Entwicklung drosseln und die Wettbewerbsposition gegenüber den anderen, ›normalen‹ Kolonien verschlechtern würde. Nach 20 Jahren übernahm die englische Krone Georgia und bemühte sich fortan erfolgreich, den Indianern ihr Land zu rauben, ließ afrikanische Sklaven importieren und auf Plantagen arbeiten.

Der **Hafen** nicht weit von der Mündung des Savannah River und die **Cotton Exchange** gehörten bis zum Ausbruch des Bürgerkriegs zu den weltweit wichtigsten Umschlagplätzen des ›weißen Goldes‹ Baumwolle. Die Anlage der heute knapp 150 000 Einwohner zählenden Stadt folgte den Plänen von James Oglethorpe, öffentliche und private Gebäude um begrünte Plätze zu gruppieren, mit Alleen symmetrisch zu verbinden und mit einem Handelszentrum am Hafen des Savannah River zu ergänzen.

Das Stadtzentrum, in dem 22 der ehemaligen 24 Squares mit mehr als 1000 Antebellum-Häusern erhalten sind, ist der Initiative von zunächst sieben Frauen zu verdanken, die vom Abriss bedrohte Häuser aufkauften und sie an Institutionen und Personen mit der Verpflichtung weitergaben, diese zu restaurieren. So mischt sich in der Innenstadt von Savannah noch heute das geordnete Weltbild von James Oglethorpe mit dem Eindruck soliden Wohlstands aus der Zeit vor dem Bürgerkrieg.

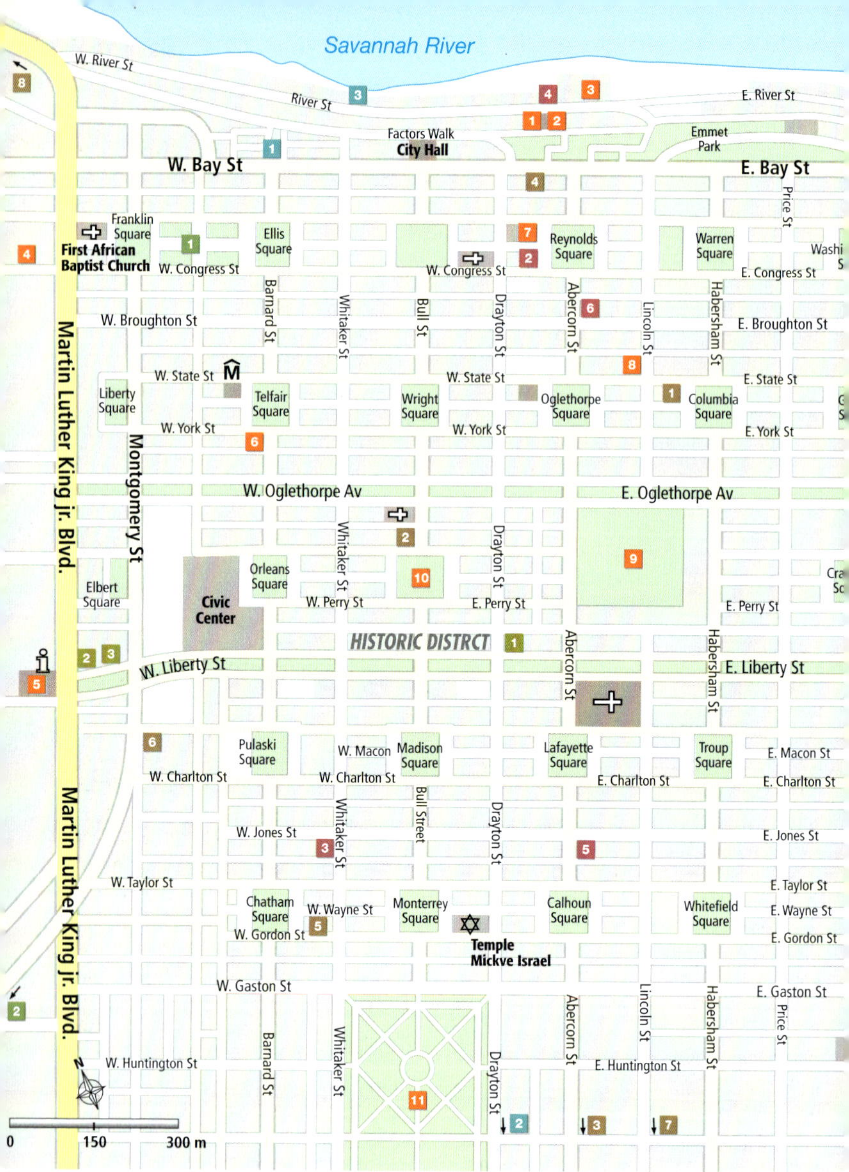

Am Ufer des Savannah River

Am Steilufer des Flusses begrenzt das frühere Handelszentrum den Altstadtbereich nach Norden. Die Gebäude, Straßen und Verbindungswege wurden einst über drei Ebenen angelegt. Fußgängerbrücken und Treppen verbinden die River Street mit dem **Lower-** und dem **Upper Factors Walk** 1. Längst sind Restaurants und Bars, Galerien und Geschäfte in viele der ehemaligen Büro- und Lagerhäuser eingezogen. Im früheren Gebäude der **Cotton Exchange** 2 residiert heute die Solomon's Lodge Freimaurerloge der Stadt (100 E. Bay St.). An der Uferpro-

Savannah

Sehenswert

1 Lower und Upper Factors Walk
2 Cotton Exchange
3 Riverfront Plaza
4 Ships of the Sea
5 Savannah History Museum
6 Jepson Center for the Arts
7 Olde Pink House
8 Owens-Thomas House
9 Colonial Park Cemetery
10 Chippewa Square
11 Forsyth Park
12 Fort Pulaski National Monument
13 Tybee Island

Übernachten

1 The Kehoe House
2 Foley House Inn
3 Azalea Inn and Gardens
4 River Street Inn
5 Bed & Breakfast Inn
6 Country Inn & Suites
7 Savannah International Pensione
8 Savannah Oaks RV Resort

Essen & Trinken

1 Cha Bella
2 The Olde Pink House Restaurant
3 Mrs. Wilkes Dining Room
4 Huey's
5 Clary's Café
6 Leopold's Ice Cream

Einkaufen

1 City Market
2 Savannah Festival Factory Stores

Abends & Nachts

1 Club One
2 Casimir Lounge
3 Kevin Barry's Irish Pub

Aktiv

1 Segway of Savannah
2 Old Savannah Tours
3 Carriage Tours of Savannah
4 Bacon Park
5 Tim's Beach Gear
6 North Island Surf and Kayak

menade von **Riverfront Plaza** 3 und River Street laden zahlreiche Restaurants und Geschäfte zum Verweilen ein, ziehen regelmäßig die mächtigen Stahlwände von Containerschiffen an den Spaziergängern vorbei zu den Hafen- und Werftanlagen ein Stückchen flussaufwärts. Das Schifffahrtsmuseum **Ships of the Sea** 4 erinnert mit Schiffsmodellen, Seekarten, nautischen Instrumenten und Seebildern an die betriebsamen Jahre des Hafens vor dem Bürgerkrieg (41 Martin Luther King Jr. Blvd., Tel. 912-232-1511, www.shipsofthesea.org, Di–So 10–17 Uhr, Erw. 8 $, erm. 6 $).

Das **Savannah History Museum** 5 ist mit dem Besucherzentrum im ehemaligen Bahnhof der Central of Georgia-Eisenbahngesellschaft untergebracht. Es dokumentiert die Entwicklung Savannahs von der Begegnung des General Oglethorpe mit dem Yamacraw-Häuptling Tomocheechee und der kampflosen Übergabe an die Truppen des Unionsgenerals Sherman bis zu den Olympischen Segelwettbewerben 1996, die in den Küstengewässern vor der Mündung des Savannah River ausgetragen wurden (303 Martin Luther King Jr. Blvd., Tel. 912-651-6825, www.chsgeorgia.org, Mo–Fr 8.30–17, Sa–So 9–17 Uhr, Erw. 14 $, Kinder bis 6 J. 4 $).

Historisches Zentrum

Die vielen mit Azaleen, Kamelien und Magnolien bepflanzten Plätze und Parks im historischen Stadtzentrum sowie die mit *Spanish moss* verhangenen Eichen entlang der Oglethorpe Street verleihen Downtown Savannah einen fast musealen Charakter, der sich erst jenseits der Verkehrsadern des Martin Luther King Jr. Boulevards jäh ändert. Das **Jepson Center for the Arts** 6 am Telfair Square zeigt im Parterre viele zeitgenössische Werke, die Künstler aus den Südstaaten geschaffen haben. Sein ArtZeum im Obergeschoss lockt Kinder mit interaktiven Exponaten (207 W. York St., Tel. 912-790-8800, http://telfair.org. Mo u. Mi–Sa 10–17, Do bis 20, So 12–17 Uhr, Erw. 20 $, erm. 18 $).

An der Westseite des Reynolds Square findet man das **Olde Pink House** 7, das älteste Gebäude von Savannah aus dem Jahre 1790. Es beherbergt heute ein nobles Restaurant (23 Abercorn St., Tel. 912-232-4286, Di–Sa ab 11, So–Do 17–22.30, Fr/Sa 17–23 Uhr). Anders das **Owens-Thomas House** 8 von 1819 am Oglethorpe Square, das als Museum besichtigt werden kann. Er wurde mit Anleihen an den *Greek Revival*-Stil erbaut und ist mit zeitgenössischen Möbeln eingerichtet. Im Kutschenhaus sind Sklavenunterkünfte erhalten. Im Jahr 1825 hat der Marquis de Lafayette, französischer Unterstützer der amerikanischen Revolution, hier übernachtet (124 Abercorn St., Tel. 912-233-9743, http://telfair.org, Touren Di–Sa 10–17, So 13–17, Mo 12–17 Uhr, Erw. 20 $, erm. 18 $).

Einige Blocks weiter südlich erzählen die Grabsteine des bis 1853 genutzten Friedhofs **Colonial Park Cemetery** 9 von der frühen Geschichte der Stadt. Die alte Grabstätte soll auch Wohnort des vor 200 Jahren gelynchten Renee und heute einem der bekanntesten Spukgeister der Stadt sein. Der nahe gelegene **Chippewa Square** 10 mag einigen Kinogänger bekannt vorkommen. Auf einer Bank am Platz wartete Forrest Gump im gleichnamigen Film auf seinen Bus. Die Richtung des Einbahnstraßenverkehrs wurde für den Film geändert.

Der große **Forsyth Park** 11 mit schönem Springbrunnen grenzt die Altstadt vom **Victorian District** ab, einem Viertel mit Holzhäusern, das um die Wende zum 20. Jh. entstand. Der Brunnen ziert auch das Titelbild des 1994 erschienenen Buches des New Yorker Journalisten John Berendt »Mitternacht im Garten von Gut und Böse«, der die mutmaßliche Ermordung eines Strichjungen durch einen schwulen, schwerreichen Antiquitätenhändler Anfang 1981 zum Anlass nimmt, hinter die Fassaden der prachtvoll restaurierten Häuser zu blicken, die Menschen, ihre Abgründe, Abhängigkeiten und Geschichten zu schildern. Der große Erfolg des Buches, das von Clint Eastwood verfilmt wurde, führte zu einem neuen Tourismusboom in Savannah.

In der Umgebung

Das **Fort Pulaski National Monument** 12 liegt schon ca. 15 Meilen östlich der Innenstadt auf **Cockspur Island.** Es gehörte zur Kette von Seeforts, die nach dem Krieg gegen Großbritannien 1812–14 die Küste gegen eine Invasion schützen sollte. 1847 nach 18 Jahren Bauzeit und 25 Mio. verbauten Ziegeln fertiggestellt, zeigte es bereits 1862 mit dem erfolgreichen Bombardement der Unionstruppen im Bürgerkrieg, dass diese Art von Befestigung militärisch überholt war (an der US 80, 15 Meilen östlich der Stadt, Tel. 912-786-5787, www.nps.gov/fopu, tgl. 9–17 Uhr, im Sommer abweichend).

Tybee Island 13 liegt direkt an der Mündung des Savannah River in den Atlantik und etwa 18 Meilen westlich des Stadtzentrums. Die Sommerfrische ist wegen ihres über 3 Meilen langen Sandstrandes im Sommer sehr gut besucht.

Infos

Savannah Visitor Center: 301 Martin Luther King Jr. Blvd., Tel. 912-944-0455, www.savannahvisit.com, Mo–Sa 9–17 Uhr.

Übernachten

In viktorianischer Villa ▶ **The Kehoe House** 1: 123 Habersham St./Columbia Sq., 912-232-2020, www.kehoehouse.com. Elegantes B & B nahe dem Columbis Sq., Internet, Nachmittagstee, Wein u. Gourmetfrühstück inkl. DZ ab 250 $.

Romantisch ▶ **Foley House Inn** 2: 14 W. Hull St./Chippewa Sq., Tel. 912-232-6622, www.foley.inn. Wunderbar eingerichtete historische Stadtvilla am Platz, wo Forrest Gump auf den Bus wartete, köstliches Frühstück. DZ ab 190 $.

Bezaubernd ▶ **Azalea Inn and Gardens** 3: 217 E. Huntington St., Tel. 912-236-6080, www.azaleainn.com. Herzliche Atmosphäre nicht weit vom Forsyth Park, es gibt 10 Zimmer, ein exzellentes Frühstück, eine Happy Hour mit Wein und Gebäck, Pool, Parkplatz und Internet. Ab 160 $.

Beim Savannah River ▶ **River Street Inn** 4: 124 E. Bay St., Tel. 912-234-6400, www.riverstreetinn.com. Hotel mit 86 Zimmern im nostalgischen Stil bei der Riverfront, Tageszeitung. DZ ab 150 $.

Im historischen Zentrum ▶ **Bed & Breakfast Inn** 5: 117 W. Gordon St., Tel. 912-238-0518, www.savannahbnb.com. Charmante Unterkunft in guter Lage. DZ ab 150 $.

Gepflegt ▶ **Country Inn & Suites** 6: 320 Montgomery St., Tel. 912-921-5300, www.countryinns.com/hotels/gasahist. Geräumige

Übernachten in Savannah, z. B. in einer der Stadtvillen, die zum B & B umgebaut sind

moderne Zimmer in ordentlicher Anlage am Rande des historischen Zentrums. Mikrowelle, Kühlschrank, lokale Telefonate und Internetzugang inkl. DZ ab 90 $.

Günstig ▶ **Savannah International Pensione 7:** 304 E. Hall St., Tel. 912-236-7744, www.savannahpensione.com. Einfache Herberge in Downtown, beliebt bei jüngeren Gästen, WLAN und Fahrradverleih. Zi ab 45 $.

Camping ▶ **Savannah Oaks RV Resort 8:** 805 Fort Argyle Rd., Tel. 912-748-4000, www.savannahoaks.net. Schattige Plätze am Fluss, 12 Meilen flussaufwärts. Nur für Campmobile. Plätze ab 40 $.

Essen & Trinken

Mit Bioprodukten ▶ **Cha Bella 1:** 102 E. Broad St., Tel. 912-790-7888, www.cha-bella.com, Mo–Sa 17.30–22, So 11–15 Uhr. Wunderbar zubereitete Gerichte mit saisonalen, biologisch angebauten Produkten der Region, schöne große Terrasse. Hauptgerichte 17–32 $.

Low country cuisine ▶ **The Olde Pink House Restaurant 2:** 23 Abercorn St., Tel. 912-232-4286, Di–Sa ab 11, So–Do 17–22.30, Fr/Sa 17–23 Uhr. Elegantes Restaurant mit Rezepten der Küstenregion. Gerichte 15–29 $.

Wie bei Großmuttern ▶ **Mrs. Wilkes Dining Room 3:** 107 W. Jones St., Tel. 912-232-5997, www.mrswilkes.com, Mo–Fr 11–14 Uhr. Man sitzt an Tischen zu zehnt, die Schüsseln werden herumgereicht, Wartezeiten, nur Barzahlung. Fester Preis: 16 $.

Kreolisch ▶ **Huey's 4:** 115 E. River St., Tel. 912-234-7385. Louisiana Cuisine gleich am Fluss. Frühstück gibt es von 7 bis 15 Uhr, z. B. mit einem exzellenten Austern-Sandwich, kreolische Gerichte wie »Crawfish Étouffée« werden bis 22 Uhr serviert. Hauptgerichte 14–32 $.

Deli-Gerichte ▶ Clary's Café 5: 404 Abercorn St., Tel. 912-233-0402, nur Frühstück und Lunch. Klassische Deli-Gerichte der 1950er-Jahre, Hühnersuppe, gefüllte Schweinelende, dazu diverse Salate und Sandwiches. Das Café spielte eine Hauptrolle im (verfilmten) dokumentarischen Roman »Mitternacht im Garten von Gut und Böse« von John Behrendt. Mehrere Romanvorbilder gehören noch immer zu den Stammgästen von Clary's. Gerichte 4–12 $.

Kult ▶ Leopold's Ice Cream 6: 212 E. Broughton St., Tel. 912-234-4442, www.leopoldsicecream.com, tägl. ab 11 Uhr bis sehr spät. Familienbetrieb, nicht billig, aber Riesenkugeln und ungewöhnliche Geschmacksrichtungen wie Rosenblätter oder Lavendel. Immer lange Schlangen, die sich schnell auflösen. 1 Kugel 3,50 $, 2 Kugeln 4,74 $.

Einkaufen

Geschäftemix ▶ City Market 1: W. St. Julian St., Tel. 912-232-4903, www.savannahcitymarket.com. Aufgeputztes früheres Marktviertel mit mehreren Dutzend Geschäften, Boutiquen, Künstlerstudios, Cafés und Jazz-Bars.

Outlet-Center ▶ Savannah Festival Factory Stores 2: 11 Gateway Blvd. S., Tel. 912-925-3089, www.savannahfestival.com. Osh-Gosh, Van Heusen, Reebook und 25 andere Markenfabrikanten mit Preisabschlägen.

Abends & Nachts

Szenetreff ▶ Club One 1: 1 Jefferson St., Tel. 912-232-0200, www.clubone-online.com. Hier treffen sich alle: Heteros, Gays und Drag Queens.

Jazz & Blues ▶ Casimir Lounge 2: 700 Drayton St., Tel. 912-721-5002, gehört zum gehobenen Restaurant »700 Drayton«. Fr und Sa Abend Livemusik im Mansion on Forsyth Park, gemütliche Atmosphäre, gute Cocktails und Weine, dazu eine Dachterrasse.

Irische Musik ▶ Kevin Barry's Irish Pub 3: 117 W. River St., Tel. 912-233-9626, www.kevinbarrys.com, tgl. 11–2, So bis 1 Uhr. Irisches Bier (Guinness und Harp), die entsprechende Stimmung und abends irische Livemusik.

Aktiv

Stadttouren ▶ Segway of Savannah 1: 102 E. Liberty St. Suite 106, Tel. 912-233-3554, www.segwayofsavannah.com, 45 $ für 1 Std., 65 $ für 2 Std., s. u. Tippkasten. **Old Savannah Tours 2:** Visitor Center/301 und 250 Martin Luther King Jr. Blvd., www.oldsavannahtours.com. Rundfahrt mit Open-Air-Bus. Man kann an den 15 Stopps aussteigen und später bei einem anderen Bus wieder zusteigen. »Historic Overview«-Tour Erw. 22 $, Kinder 9 $.

Mit der Pferdekutsche ▶ Carriage Tours of Savannah 3: Abfahrt beim Visitor Center, s. o., Tel. 912-236-6756, www.carriagetoursofsavannah.com. Stilvolle Sightseeing-Touren durch die geschichtsträchtige Altstadt, Erw. 20 $, Kinder 10 $.

Golf ▶ Bacon Park 4: 1 Shorty Cooper Rd., am südlichen Stadtrand, Tel. 912-354-2625, www.baconparkgolf.com. Drei 9-Loch-Plätze, die auch kombiniert werden können. Auch Kurse und Verleih von Ausrüstung. Greenfees 18 Löcher 21–23 $.

... auf Tybee Island:

Radfahren ▶ Tim's Beach Gear 5: Tel. 912-786-8467, www.timsbeachgear.com. Tim verleiht Fahrräder ab 12 $/Pers., auch Tandems oder Modelle mit einem Kinderanhänger. Dazu gibt es bei Bedarf auch Sonnenschirme, Liegen und sonst noch einiges fürs Strandleben.

Kajakfahren ▶ North Island Surf and Kayak 6: 1C Old Hwy 80, Tel. 912-786-4000, www.northislandkayak.com. Verleih von

Tipp: Segwaytouren

Eine Tour durch das historische Zentrum auf den etwas eigentümlich aussehenden, zweirädrigen Gefährten ist einfach und macht Spaß. Eine kurze Einführung genügt und gleich geht es behelmt durch die von schattenspendenden Eichen gesäumten Straßen der Altstadt. Die Teilnehmer der Gruppe fahren hintereinander, bei den Sehenswürdigkeiten wird ein Halt eingelegt (Adresse s. o.).

Kajaks und Surfbrettern zum Wellenreiten, auch Touren und Unterricht.

Termine

St. Patrick's Day Parade: März. Die Stadt sieht Grün. Eines der größten irischen Feste in den Südstaaten, Tel. 912-233-4804, www.savannahsaintpatricksday.com.

Seafood Festival: Anf. Mai. Fische, Krebse und Muscheln satt in vielen Restaurants und an Straßenständen, www.riverstreetsavannah.com.

Scottish Games & Highland Gathering: 1. Sa. im Mai. Werfen von Baumstämmen und klobigen Steinen, filigrane Tanzschritte über gekreuzten Säbeln, Dudelsack und Trommelspiel. Die Nachfolger schottischer Einwanderer lassen keine Disziplin klassischer Highland Games aus, www.savannahscottishgames.com.

Verkehr

Bahn: Amtrak, 2611 Seaboard Coastline Dr. Es halten die Züge »Silver Meteor« (New York-Miami), »Palmetto« (New York – Savannah) und »Silver Star« New York – Tampa).

Bus: Greyhound, 610 W. Oglethorpe Ave., Tel. 912-233-8186, www.greyhound.com.

Fortbewegung in der Stadt

CAT: Tel. 912-233-5767, www.catchacat.org. Die nostalgischen Trolleybusse des »CAT Shuttle« durchkreuzen die Innenstadt mit diversen Stopps. Das Beste: der Service ist kostenlos. Die anderen Busse des CAT-Busverkehrs kosten 1 $. Die kleinen weißen Busse des »Express« kurven mit 11 Stopps durch das Zentrum. Die grüngelbe Straßenbahn »Dottie« pendelt entlang der River Street, und die modernen Savannah Belles Ferrys kreuzen den Fluss zum Convention Center und nach Hutchinson Island, und zwar alles kostenlos.

Golden Isles ► 2, G 9/10

Karte: S. 285

Rund 100 Meilen lang ist die Atlantikküste Georgias von Savannah an der Grenze zu South Carolina bis nach Cumberland Island an der Grenze zu Florida im Süden. Die Küstenebene ist nur dünn besiedelt, Brunswick auf halber Strecke ist die einzige nennenswerte Stadt. Vor dem Bürgerkrieg bauten Sklaven für ihre Besitzer auf großen Plantagen Seebaumwolle und Reis an. Landschafts- und Vogelschutzgebiete sowie ausgedehnte private Besitzungen haben bislang verhindert, dass die subtropischen Marschen und Feuchtgebiete in größerem Umfang erschlossen und bebaut wurden. Einige der vorgelagerten Inseln wie etwa Jekyll Island waren sogar lange nur besonders reichen Privatleuten vorbehalten. Das zumindest hat sich geändert.

Sapelo Island 1

Das nur noch von wenigen Nachkommen einstiger Sklaven bewohnte **Sapelo Island,** eine Insel, die einst dem Tabakmagnaten R. J. Reynolds aus Winston-Salem gehörte (s. S. 198), ist fast vollständig ein Naturschutzgebiet. Die Sapelo Island National Estuarine Research Reserve erkundet das Leben im Mündungsgebiet der Marschflüsse. Besucher können über die State Road 99 die Fähre »Sapelo Queen« bei Meridian erreichen, die 30 Minuten auf die Insel übersetzt. Ein Besucherzentrum informiert über die Region und seine pflanzlichen und tierischen Bewohner. Auf der Insel führen halbtägige Bustouren zu Beobachtungspunkten, einem alten Leuchtturm und Überresten einer herrschaftlichen Plantage.

Infos

Sapelo Island Visitor Center: 1766 Landing Rd., SE., Darien, Tel. 912-437-3224, www.sapelonerr.org, Di–Fr 7.30–17.30, Sa 8–17.30, So 13.30–17 Uhr.

Übernachtung

Rustikal ► **The Wallow:** 1 Main Rd., Tel. 912-485-2206, www.gacoast.com/geecheetours.html. Einfache Herberge mit 6 Zimmern und Gemeinschaftsküche. Zimmer ab 60 $.

Camping ► **Inland Harbor RV Park:** 13566 SR 251, Darien, Tel. 912-437-6172. 50 Plätze für Wohnmobile in halbschattigem Gelände. Stellplätze ab 27 $.

Abends & Nachts

Für Biertrinker ▶ **The Trough:** 1 Main Rd., Tel. 912-485-2206. Die rustikale Bierbar gleich neben »The Wallow« betreibt Julius Bailey, Ehemann von Cornelia, der Wirtin der Herberge.

Hofwyl-Broadfield Plantation 2

Die **Hofwyl-Broadfield Plantation,** ungefähr 10 Meilen nördlich von Brunswick, ermöglicht einen Blick in die Vergangenheit auf die Arbeits- und Lebensbedingungen in einer ehemaligen, von afrikanischen Sklaven bewirtschafteten Reisplantage von 1850 (5556 US Hwy 17 N., Tel. 912-264-7333, www.gastateparks.org/HofwylBroadfield, Do–Sa 9–17 Uhr, Erw. 6 $, erm. 3,50 $).

Brunswick 3

Das Hafen- und Fischerstädtchen von knapp 16 000 Einwohnern an der südlichen Küste von Georgia ist der ideale Ausgangspunkt für die Erkundung der vorgelagerten Golden Isles. Der Name des Städtchens erinnert an das Kurfürstentum Braunschweig-Lüneburg, eines der Stammlande des damaligen britischen Königs aus dem »House of Hanover«. Heute werden in dem früheren Holzhafen die vor der Küste gefangenen Krabben und Krebse angelandet und verarbeitet.

Mit der 900 Jahre alten mächtigen Eiche Lovers Oak an der Kreuzung von Prince und Albany Street besitzt **Brunswick** eine besondere Attraktion. Unter ihrem schützenden Blätterdach, so die Legende, sollen sich bereits indianische Liebespaare getroffen haben.

Infos

Golden Isles Visitors Bureau: Brunswick, 4 Glynn Ave., Tel. 912-265-0620, www.comecoastawhile.com, Mo–Sa 9–17, So ab 13 Uhr.

Übernachten

Schöne Villa ▶ **Brunswick Manor:** 825 Egmont St., Tel. 912-265-6889, www.brunswickmanor.com. Elegantes B & B mit vielen Antiquitäten in den geschmackvoll dekorierten Zimmern. DZ ab 100 $.

Günstig ▶ **Microtel Inn & Suites:** 146 Gateway Center Blvd., Tel. 912-554-1430, www.microtelinn.com. Modernes Hotel mit 63 Zimmern, kleines Frühstück, kosterloser Internetzugang inkl. DZ ab 51 $.

Essen & Trinken

Leichte Küche ▶ **Indigo Coastal Shanty:** 1402 Reynolds St., Tel. 912-265-2007, www.indigocoastalshanty.com, Di–Fr 11–15, Fr/Sa ab 17 Uhr. Fisch und Krebse zu Fenchel mit Tomaten und andere sommerliche Speisen. Hauptgerichte ab 12 $.

Fisch und mehr ▶ **Spanky's Marshside:** 1200 Glynn Ave./US Hwy 17, Tel. 912-267-6100, So–Do 11–21, Fr/Sa bis 22 Uhr. Große Auswahl an Burgern, Sandwiches und frittiertem Fisch, dazu Austern und eine leckere Suppe. Gerichte 6–18 $.

St. Simons Island 4

Durch die Marshes of Glynn, deren herbe Schönheit Sidney Lanier, den bekanntesten Dichter von Georgia, zu wortgewaltigen Reimen inspiriert hat, erreicht man über den Torras Causeway **St. Simons Island,** die kommerziell wichtigste und bis auf Cumberland Island die größte der Seeinseln Georgias. Urlauber finden schöne Sandstrände an der East Beach bei der alten Coast Guard Station und beim Masengale Park am Ocean Boulevard. Eindrucksvoll sind die ausgedehnten Salzwassermarschen, die viele Atlantikküsten beherrschen.

In den Niederungen des **Mackay River** im Süden der Insel entschied 1742 ein Gefecht zwischen spanischen Kolonialsoldaten aus Florida und einer hastig zusammengestellten Miliz unter General Oglethorpe über die weitere Entwicklung der Region. Es gelang den Briten, die Spanier in einen Hinterhalt zu locken. Am Kampfplatz der sumpfigen Wiese, die vom Blut der Spanier rot gefärbt war, erinnert eine Gedenktafel an den Sieg in der **Battle of Bloody Marsh,** die den Engländern die Kontrolle über ihre junge Kolonie Georgia sicherte.

In den Ruinen des **Fort Fredericia National Monument** wird im Sommer britisches Garnisonsleben vor 250 Jahren nachgestellt (Visitor Center, tgl. 9–17 Uhr, Tel. 912-638-3639, www.nps.gov/fofr).

Infos

St. Simons Island Visitors Center: 530 B Beachview Dr., Tel. 912-638-9014, www.explorestsimonsisland.com, Mo–Sa 9–17, So ab 13 Uhr.

Übernachten

Ferienanlage ▶ Sea Palms Golf & Tennis Resort: 5445 Frederica Rd., Tel. 912-638-3351, www.seapalms.com. Schöne Ferienanlage mit Golf- und Tennisplätzen. Zimmer und Apartments ab 160 $.

Gepflegt ▶ Best Western Island Inn: 301 Main St., Tel. 912-638-7805. Angenehmes Kettenhotel mit einigen Extras, z. B. kostenloses Internet und Frühstück. DZ ab 110 $.

Essen & Trinken

Meeresfrüchte und Steaks ▶ Crabdaddy's: 1217 Ocean Blvd., Tel. 912-634-1120, www.crabdaddysseafood.com. Fisch und Krebse in diversen Zubereitungsformen, dazu gute Steaks. Hauptgerichte 17–27 $.

Küstengerichte ▶ Barbara Jean's: 214 Mallery St., Tel. 912-634-6500, www.barbarajeans.com, So–Do 11–20.30, Fr–So bis 21.30 Uhr. Beste Crab Cakes, Muschelsuppe, verführerisches Schokodessert. Kein Wunder, dass es Barbara Jean's schon an mehreren Orten der Atlantikküste im Süden gibt. Gerichte 7–20 $.

Aktiv

Fahrradverleih ▶ Benjy's Bike Shop: 130 Retreat Plaza, Tel. 912-638-6766. Verleih von Fahrrädern, auch diverse Modelle für Kinder. Ab 5 $/Std. und 15–45 $/Tag.

Sea Island 5

Die über eine Brücke mit St. Simons Island verbundene kleine Insel **Sea Island** gehört zur exklusiven Ferienanlage **The Cloister** (s. r.). Deren Gästeliste umfasst neben der

Golden Isles

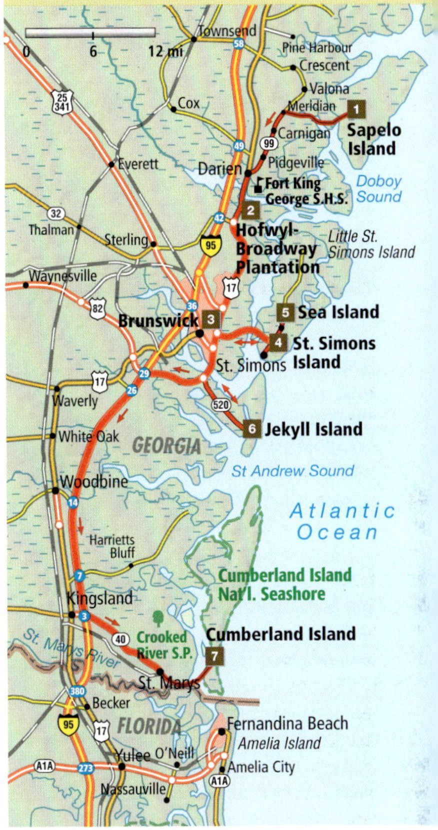

sonstigen vermögenden Klientel mit den US-Präsidenten Coolidge, Hoover, Eisenhower, Kennedy, Nixon, Ford, Carter und Bush auch reichlich politische Prominenz. Doch es ist auch ›normalen‹ Besuchern möglich, die mit Eichen, Palmen und Blumen bewachsene Insel und ihre lang gezogenen Atlantikstrände zu erforschen.

Übernachten

Exklusiv ▶ The Cloister: 100 Cloister Dr., Tel. 912-638-3611, www.seaisland.com. Nobles Resort mit unterschiedlichen Unterkünften, Golfplätzen, Angebote zum Reiten, Kajak- und andere Naturtrips. DZ ab 325 $.

Luxuriös ▶ The Lodge at Sea Islands: 100 Retreat Ave., Tel. 912-634-3992, www.seais

Tipp: Jekyll Island

Der Millionärsklub von Entenhausen, in dem Onkel Dagobert sich mit anderen Finanzmagnaten trifft, scheint doch keine Erfindung von Walt Disney zu sein. Ein historisches Vorbild findet sich auf **Jekyll Island** 6. Ein Club reicher Ostküstengeschäftsleute hatte das Eiland 1886 für 125 000 $ erworben, um »eine hervorragende Lösung des Problems, völlige Abgeschiedenheit mit der angenehmen Gemeinschaft Gleichgesinnter an ein und demselben Ort zu finden«. Die Mitgliederliste der exklusiven Vereinigung liest sich wie ein Gothaer Kalender des Geldadels: Charles Goodyear, William Rockefeller, Joseph Pulitzer, Vincent Astor, J. P. Morgan, die Vanderbilts und andere ließen auf der Insel Villen errichten, die sie bescheiden *cottages* (Ferienhäuser) nannten. Marina, Golfbahn, Tennisplätze, eine kleine Kapelle, die Louis Comfort Tiffany persönlich mit Buntglasfenstern ausstattete, sowie ein mondänes Clubhaus bildeten den angemessenen Rahmen für ein angenehmes Leben.

Nachdem Ende der 1920er-Jahre die Weltwirtschaftskrise zahlreiche Clubmitglieder ruiniert hatte und der allzu offen zur Schau getragene Luxus während des Zweiten Weltkriegs nicht opportun erschien, verkauften die Erben ihre Privatinsel 1947 für 675 000 $ an den Bundesstaat Georgia. Heute darf jeder Jekyll Island erkunden; wer will, kann die einstigen Luxusvillen der Multimillionäre während einer Führung besichtigen (Jekyll Island Museum, Riverview Dr., Tel. 912-635-4036, tgl. 9–17 Uhr, Rundfahrten tgl. 11, 13, 15 Uhr, Erw. 16 $, Kinder 7 $).

Die Strände von Jekyll Island gehören zu den bevorzugten Brutplätzen von Meeresschildkröten. Das **Georgia Sea Turtle Center** informiert anschaulich über das gefährliche Leben der Meeresbewohner und die Bemühungen zu ihrem Schutz und bietet von Juni bis August auch *Turtle Walks* zu den Brutplätzen an (214 Stable Rd., Tel. 912-635-4444, www.georgiaseaturtlecenter.org, tgl. 10–18 Uhr, Erw. 7 $, erm. 6 $).

Infos

Jekyll Island Welcome Center: 901 Downing Musgrave Causeway, Tel. 912-912-36 36, www.jekyllisland.com, Mo–Sa 9–17, So ab 13 Uhr.

Übernachten

Mondän ▶ **Jekyll Island Club Hotel:** 371 Riverview Dr., Tel. 812-635-2600, www.jekyllclub.com. Das restaurierte Clubhaus des einstigen Millionärsklubs ist zu einem eleganten Hotel mit 157 Zimmern und Suiten umgestaltet, 2 Restaurants Pool, Bibliothek, Croquetplatz u. v. m. DZ 170–450 $.

Am Strand ▶ **Days Inn and Suites:** 60 S. Beachview Dr., Tel. 912-6359800, www.daysinn.com. Kettenhotel mit 124 Zimmern hinter den Dünen am breiten Strand. Dazu Pool, Fitness, Internet u. Frühstück inkl. DZ ab 80 $.

Camping ▶ **Jekyll Island Campground:** 1197 Riverview Dr., Tel. 912-635-3021. Zeltplätze 21 $, Campmobil Plätze 35 $.

Essen & Trinken

Gourmetküche ▶ **Grand Dining Room:** im Jekyll Island Club Hotel s. o. Großes Kino im früheren Clubrestaurant. Im Stil eines mondänen Country-Club eingerichtet, dezente Pianomusik begleitet die sorgfältig präparierten Fisch- und Fleischgerichte. Herren tragen meist Jackett. Hauptgerichte 25–35 $.

Einfach ▶ **Zachry's Seafood Restaurant:** 44 Beachview Dr., Tel. 912-635-3128. Restaurant in kleiner Mall, eigenes Fischerboot, stets frische Fische. Gerichte 6–18 $.

Aktiv

Fahrradverleih ▶ **Jekyll Island Bicycle Rental:** N. Beachview Dr., Tel. 912-635-2648. Verleih von Rädern, auch vierrädrigen, einem beliebten Gefährt auf der Insel. Ab 5 $/Std.

Tennis ▶ **Jekyll Island Tennis Center:** 400 Capt. Wylly Road, Tel. 912-635-3154. 13 Hartplätze, die Hälfte beleuchtet; ab 16 $/Std., auch Unterricht 30 $/Std.

land.com. 40 bestens ausgestattete Zimmer und Suiten mit Meerblick. DZ ab 325 $.

Cumberland Island 7

Die sich nach Süden anschließende lang gezogene Cumberland Island, früher im Besitz der Carnegie-Familie aus Pittsburgh, steht als **Cumberland Island National Seashore** unter Naturschutz. Die Zahl der Tagesbesucher, welche die Insel mit der Fähre von St. Marys aus erreichen, ist auf 300 begrenzt. Salzwassermarschen, Eichen- und Pinienwälder sind u. a. der Lebensraum von Tausenden Vögeln und seltenen Wasserschildkröten.

Infos

Cumberland Island National Seashore: St. Marys, St. Marys St., Tel. 912-882-4335, www.nps.gov/cuis, Besucherzentrum tgl. 8–16.30 Uhr, Park 4 $/Pers.

Übernachten, Essen

Abgeschieden ▶ **Greyfield Inn:** Tel. 904-261-6408, www.greyfieldinn.com. Alte Sommervilla von Thomas Carnegie im Plantagenstil. Unterkunft mit 16 Zimmern, die Atmosphäre ist familiär, ohne TV und Festnetztelefon, dafür aber mit Bibliothek; die Hotelgäste können eine hoteleigene Fähre nutzen. Zimmer inkl. aller Mahlzeiten 400–600 $.

Camping ▶ Nach Anmeldung beim **Nationalparkservice** (s. o., www.nps.gov/cuis) bis zu 6 Monaten im Voraus ist Campen auf einfachen Plätzen (ohne Trinkwasser, 4 $/Tag) oder in der Natur möglich (2 $/Tag).

Verkehr

Fähre: Zwei Mal pro Tag von der Pier in St. Marys für Tagesbesucher. Frühzeitige Reservierung über das Reservation Office: Cumberland Queen, P. O. Box 7230, St. Marys, GA 31558, Tel. 912-882-4335, www.nps.gov/cuis, hin und zurück Erw. 20 $, Kin. unter 12 J. 14 $. Passagiere müssen 30 Min. vor Abfahrt eingecheckt haben. Die Fähre nimmt keine Autos, Fahrräder, Kajaks o. ä. und auch keine Haustiere mit. Die Überfahrt dauert etwa 1,5 Std.

Naturschutzgebiet Cumberland Island: Die Zahl der Besucher ist streng limitiert

aktiv unterwegs

Erkunden der Cumberland Island National Seashore

Tour-Infos

Start: National Park Center in St. Marys (s. S. 287)
Länge: 4 Meilen
Dauer: 2 Std. auf der Insel (max. 5 Std. mögl.), dazu 1,5 Std. auf der Fähre
Schwierigkeitsgrad: leicht
Kosten: Fähre 20 $, National Park 4 $/Pers.
Wichtige Hinweise: Da es auf Cumberland Island keine Geschäfte gibt, sollten Tagesausflügler Verpflegung mitnehmen. Auch ein Shop an Bord der Fähre ist auf die Nachfrage nach Sandwiches und anderen Snacks, auf Getränke und sogar T-Shirts eingestellt.

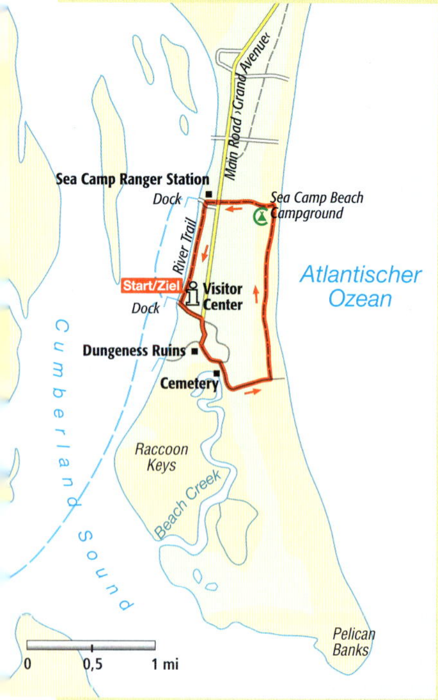

Rund 50 Meilen schlängeln sich schmale Wanderwege auf oft sandigem Untergrund kreuz und quer über die gut 17 Meilen lange Insel, durch Feuchtgebiete und Küstenmarschen, an einsamen Stränden entlang und zu Überresten früherer menschlicher Besiedlung. Da ist es sinnvoll, sich die anschauliche Parkbroschüre und Übersichtsblätter mit markierten Wanderstrecken zur Hand zu nehmen.

Die populäre **Loop-Strecke** führt vom Anleger beim **Dungeness Dock** auf **Cumberland Island** nach rund 4 Meilen wieder zum Ausgangspunkt zurück. Zunächst geht es kurz nach Süden zu den **Dungeness Ruins,** einem 1925 ausgebrannten Wohnhaus, in dem schon Thomas Carnegie, Bruder und Partner des Stahlmilliardärs Andrew Carnegie, einige Sommer verbracht hat. Dann führt der Pfad quer über die schmale Insel zur Atlantikküste. Der breite Sandstrand stellt nun den Wanderweg nach Norden zur Verfügung. Beim **Sea Camp Beach Campground,** dem beliebtesten Campingplatz des Eilands, geht es erneut quer über die Insel zum **Sea Camp Dock** an die Küste zum **Cumberland Sound.**

Die Tierwelt ist auf Cumberland Island eigentlich immer präsent. Reiher, Gürteltiere, Waschbären, Alligatoren, Rotwild, ja sogar Wildpferde und mehr als 300 Vogelarten sind zwar auf dem Rundweg nicht alle zu sehen, lassen sich aber kaum von den Tagesbesuchern oder den wenigen Übernachtungsgästen stören. Wer will, geht den schnelleren Weg über die mit zerstoßenen Muscheln präparierte Strecke »**Grand Avenue**« nach Süden. Die meisten wandern jedoch auf dem **River Trail** mit schöneren Ausblicken auf die Marschlandschaft bis zum Ausgangspunkt der Rundstrecke. Ausladende Eichen, Palmettobäume und Kiefern wachsen auch hier. Wer zwei Tage bleiben möchte, ist im Greyfield Inn bestens, wenn auch recht teuer, untergebracht (s. S. 287).

Nordflorida

Wer den Norden von Florida bereist, von der Atlantikküste bis nach Pensacola an der Grenze zu Alabama, wird nur wenig finden, was dem Image des *Sunshine State* von Sonne, Sand und Vergnügungsparks entspricht. Die Südstaaten sind hier nicht nur geografisch näher als der Süden von Florida. Zwischen Jacksonville und Tallahassee werden wie auch im Süden von Georgia Baumwolle und Erdnüsse angebaut.

Im Norden Floridas trifft man überall auf Spuren der spanischen Kolonisten, schließlich gehörte die seinerzeit fast ausschließlich im Norden besiedelte Provinz La Florida fast 250 Jahre zum spanischen Kolonialreich, deutlich länger als zu den USA. Die Strände an der Atlantikküste zwischen Amelia Island und St. Augustine Beach sowie an der Golfküste zwischen dem Cape St. George bei Apalachicola und Santa Rosa Island bei Pensacola zählen zu den schönsten des Bundesstaats und sind doch, mit wenigen Ausnahmen, einsame Dünenparadiese mit feinem weißem Quarzsand.

Amelia Island ▸ 2, C 10

Die Südspitze von Cumberland Island liegt nur wenige Meilen von Amelia Island entfernt, eine 12,5 Meilen lange und 2,5 Meilen breite Ferieninsel, die zu Florida gehört. An der Nordwestküste liegt das Hafenstädtchen Fernandina Beach, mit gut 10 000 Bewohnern der einzige größere Ort des über Brücken erreichbaren Eilands, auf dem sich weitere 3000 Einwohner verteilen. Die gepflegte Urlaubsatmosphäre reicht zurück in die Mitte des 19. Jh., als Eisenbahnen die Halbinsel Florida von Norden erschlossen. **Fernandina Beach** gehörte zu den ersten Sommerfrischen für betuchte Urlauber aus dem kalten Norden der USA. Davon zeugen mehrere Straßenzüge mit meist bestens restaurierten viktorianischen Villen und anderen Gebäuden.

Amelia Island Museum of History

Von dieser Zeit und der noch älteren Geschichte der Insel als Ziel von Piraten, Schmugglern und als 4000 Jahre altes Siedlungsgebiet indianischer Ureinwohner erzählt das **Amelia Island Museum of History** mit archäologischen Funden, alten Fotografien und interaktiven Exponaten im früheren Gefängnis von Nassau County (233 S. 3rd St., Tel. 904-261-7378, www.ameliamuseum.org. Mo–Sa 10–16, So 13–16 Uhr, auch Touren, Erw. 7 $, erm. 4 $).

Fort Clinch

Mit dem Bau des mächtigen, aus Ziegelsteinen errichteten Fort Clinch im Norden von Amelia Island wurde 1847 begonnen. Doch schon 15 Jahre später besetzten Unionstruppen die Insel im Bürgerkrieg. Es zeigte sich, dass seine Wände moderner Artillerie nicht standhalten konnten. Im Sommer demonstrieren in historische Uniformen gewandete Ranger des **Fort Clinch State Park,** wie ›Garnisonsleben‹ in der Mitte des 19. Jh. ausgesehen hat (2601 Atlantic Ave., Tel. 904-277-7274, www.floridastateparks.org/fortclinch, tgl. 8 Uhr bis Sonnenuntergang, 6 $/Auto bzw. 2 $/ Pers.).

Infos

Amelia Island Tourism: 102 Centre St., Fernandina Beach, Tel. 904-277-0717, www.ameliaisland.com, Mo–So 10–16 Uhr.

Übernachten

Edel ▶ Ritz-Carlton: 4850 Amelia Island Pkwy, Summer Beach, Tel. 904-277-1100, www.ritzcarlton.com. Elegantes Resort-Hotel am Strand, mit eigenem Golfplatz, Tennisplätzen, Wellnessbereich und vielen anderen Annehmlichkeiten. DZ ab 400 $.

Terrasse zum Meer ▶ Elisabeth Pointe Lodge: 98 S. Fletcher Ave. Tel. 904-277-4851, www.elizabethpointelodge.com. Boutique-Hotel im Neuenglandstil mit 20 Zimmern direkt hinter den Dünen, Nachmittags Cocktailstunde. DZ ab 220 $.

Komfortabel ▶ Hampton Inn Amelia Island: 2549 Sadler Rd., Fernandina Beach, Tel. 904-321-1111, www.hamptoninn.com. Modernes Kettenhotel, 61 Zimmer, im Ort, mit WLAN und Parkplätzen. DZ ab 100 $.

Camping ▶ Amelia und Atlantic Beach River Campground: 2601 Atlantic Ave., Tel. 904-277-7274, www.stateparks.com/fort_clinch.html. Die beiden Campingplätze mit zusammen etwas mehr als 60 Stellplätzen für Zelte und Campmobile liegen im Fort Clinch State Parknicht weit von den Stränden. Stellplätze ab 22 €.

Essen & Trinken

Gourmetlokal ▶ Salt: 4750 Amelia Island Pkwy, Tel. 904-277-1100, Di–Sa 18–23 Uhr. Spitzenküche im Hotel Ritz Carlton (s. o.). Kreative Gerichte mit frischen Zutaten von Meer und Land. Hauptgerichte 37–49 $.

Im Kapitänshaus ▶ Beech Street Grill: 801 Beech St., Fernandina Beach, Tel. 904-277-3662 www.beechstreetgrill.com, tgl. ab 18.30, So 11–14 Uhr. Ausgezeichnete Fischgerichte und mehr, dazu gute Weine. Hauptgerichte 18–32 $.

Irisch ▶ O'Kane's Irish Pub & Eatery: 318 Centre Street, Fernandina Beach, Tel. 904-261-1000, www.okanes.com, Mo–Do 11.30–24, Fr/Sa 11.30–1.30, So 12–24 Uhr. Guiness, gute Laune, gute Musik und herzhafte kleine Speisen, u. a. Pies, Stews, Fish & Chips, Hauptgerichte ab 11 $.

Abends & Nachts

Livemusik ▶ Palace Saloon: 117 Centre St., Tel. 904-491-3332, www.thepalacesaloon.com. Eine der ältesten Bars des Bundesstaates mit breitem Angebot an Bieren, Weinen und Cocktails. Mo–Fr Livemusik von 21.30–1.30 Uhr.

Aktiv

Wassersport und Fahrrad ▶ Kayak Amelia: 13030 Heckscher Dr., Jacksonville, Tel. 904-251-0016, www.kayakamelia.com. Der Outdoor-Veranstalter hat seinen Sitz in Jack-

Der Jachthafen von Fernandina Beach, der einzigen größeren Ortschaft auf Amelia

aktiv unterwegs

Reiten auf Amelia Island

Tour-Infos

Start: Kelly Seahorse Ranch (s. S. 292)
Dauer: 1 Std.
Schwierigkeitsgrad: moderat
Kosten: 60 $/Pers.
Wichtige Hinweise: Sonnenschutzcreme und Kopfbedeckung sind sehr wichtig; Mindestalter 13 J., Mindestgröße 1,35 m, Maximalgewicht 104 kg
Karte: ► 2, C 10

Start ist an der **Südspitze von Amelia Island,** nicht weit von der auf das Festland führenden **George-Crady-Brücke.** Hier breitet sich der **Amelia Island State Park** über 80 ha aus und die Seahorse Ranch liegt mitten in der Naturlandschaft.

Kelly Robinson, die als Besitzerin der Ranch und als Profi-Wrangler für die Pferde verantwortlich ist, hat gerade noch eine Privatstunde gegeben. »Das kann schon hilfreich sein für einen Anfänger, der sich sehr unsicher fühlt«, erklärt sie. Die Pferde sind gesattelt und werden allen 10 Reitern individuell zugeteilt. »Wir haben nur sanftmütige, gut trainierte Tiere«, beruhigt Kelly Robinson.

Von der Ranch sind es nur wenige Schritte an den **breiten Sandstrand,** der so fest ist, dass die Pferde kaum einsinken. Von rechts brechen die Wellen des Atlantiks an den Strand, auf der Landseite begrenzen von Strandhafer bewachsene **Sanddünen** die Strecke. Es geht ruhig voran, zunächst im Schritt, einer hinter dem anderen, mit etwas Sicherheitsabstand.

Langsam verändert sich die Szenerie, zumindest auf der Landseite, wo sich Palmen, Myrthen und Eichen dichter an das Wasser schieben. Vor der Gruppe weichen Möwen aus, fliegen mit unwilligem Geschrei über das Wasser davon. Stopp! Kelly zeigt auf die Wellen. Kaum zu glauben, tatsächlich springt eine Gruppe **Delfine** nicht allzu weit von der Küste spielerisch aus dem Wasser. Im Trab geht es wieder Richtung Ranch. »Bitte keinen Galopp«, mahnt Kelly. Sicherheit geht über alles und die fügsamen Pferde sind nur auf Schritt und Trab trainiert. Eine Stunde ist (zu) schnell vorbei.

sonville und eine Dependance in Fernandina Beach im B. Green's General Store, 4 North St./2nd St., sowie einen Verleih für Kajaks und Kanus im Talbot Island State Park; auf Amelia Island hat er diverse Outdoor-Aktivitäten im Angebot: Paddeln im Simson Creek (3 Std. 60 $/Pers.) und bei der Kingsley Plantation, Verleih von Stand Up Paddleboards (SUP), dazu Radfahren im Ft. George Island S. P. und im Ft. Clinch S. P. Die entsprechende Ausrüstung für die Touren gibt es jeweils an den Veranstaltungsorten.

Segeln ► **Windward Sailing School:** 3977 First Ave., Tel. 904-261-9125, www.windwardsailing.com. Segelkurse und Bootsverleih (ab 250 $ für 4 Std.) vom Standort in der Fernandina Harbor Marina.

Reiten ► **Kelly Seahorse Ranch:** 7500 1st Coast Hwy, Amelia Island, Tel. 904-491-5166, www.kellyranchinc.com. Geführte Touren ab 60 $/Pers. (s. o. Aktiv unterwegs).

Kingsley Plantation

► 2, C 10

Auf dem Weg nach Jacksonville kann man auf Fort George Island nördlich der Mündung des St. Johns River die **Kingsley Plantation** besichtigen. Das 1820 errichtete Wohnhaus von Zephania Kingsley und seiner schwarzen Ehefrau Anna Jai aus dem Senegal, die Nebengebäude und die Ruinen von mehreren, aus dem Muschelmörtel *tabby* erbauten

Sklavenhütten vermitteln ein Bild vom Leben eines Großgrundbesitzers und seiner Untergebenen 40 Jahre vor dem Bürgerkrieg (St. George Island, nahe dem Hwy A1A, Tel. 904-251-3537, www.nps.gov/timu/historyculture/kp.htm, tgl. 9–17 Uhr. Das Plantagengebäude wird gegenwärtig restauriert und ist nur am Wochenende zugänglich. Das Gelände und die sonstigen Gebäude sind zu besichtigen).

Tipp: Fort Caroline

Fort Caroline liegt 10 Meilen östlich des Zentrums am Südufer des St. Johns River. Die Schanzen und Palisaden sowie die hervorragende Ausstellung im Besucherzentrum des **Fort Caroline National Memorial** erinnern an den fehlgeschlagenen Versuch französischer Hugenotten, Mitte des 16. Jh. eine Kolonie zu gründen. Eine spanische Flotte unter Admiral Menéndez metzelte alle Siedler nieder, derer sie habhaft werden konnten (12713 Fort Caroline Rd., Tel. 904-641-7155, www.nps.gov/timu/historyculture/foca.htm, tgl. 9–17 Uhr).

Jacksonville ► 2, G 11

Die Wirtschaftsmetropole im Nordosten von Florida mit über 800 000 Einwohnern im Stadtgebiet und 1,3 Mio. im unmittelbaren Einzugegebiet gilt seit Mitte des 19. Jh. als einer der wichtigsten Handelshäfen an der südöstlichen Atlantikküste. An den Kais stapeln sich turmhoch Baumstämme, die verschifft werden. Im Hafen werden Kaffeebohnen aus Mittel- und Südamerika für den nordamerikanischen Markt umgeschlagen. Hochhäuser von Banken und Versicherungen bestimmen die Skyline der ›Expansion City‹, die seit Mitte der 1980er-Jahre die Zahl der Arbeitsplätze um mehr als ein Drittel auf eine halbe Million steigern konnte. Auch der Autoproduzent Mercedes nutzt den modernen Hafen für den Im- und Export in die Südstaaten. Im Heimatstützpunkt mehrerer Flugzeugträger, Lenkwaffenzerstörer und Unterseeboote unterhält die US Navy mit der Mayport Naval Station und den Fliegern der Naval Air Station eine der größten Marinebasen der USA.

Stadtbesichtigung

Das Zentrum der Stadt liegt beiderseits des geschwungenen St. Johns River. **Jacksonville Landing** heißt der Einkaufs-, Restaurant- und Vergnügungskomplex mit einer Promenade am Nordufer des Flusses. Gegenüber und über die Main Street Bridge oder per Wassertaxi schnell zu erreichen, laden die knapp 2 Meilen lange Promenade des **Riverwalk** sowie der Johns River Park mit der 36 m hohen Fontäne des Friendship Fountain zu Spaziergängen am Fluss ein. Südlich der Brücke besitzt das **Museum of Science and History** mit Ausstellungen und Experimenten zu Naturwissenschaften auch eine Abteilung zur Geschichte von Florida und seiner indianischen Ureinwohner (1025 Museum Circle, Tel. 904-396-6674, www.themosh.org, Mo–Do 10–17, Fr 10–20, Sa 10–18, So 13–18 Uhr, Erw. 10 $, erm. 8 $).

Das **Cummer Museum of Art** am Nordufer präsentiert in zwölf Sälen Bilder und Plastiken von der griechischen Antike bis in die Neuzeit. Prunkstück der Sammlung ist eine knapp 700 Teile umfassende Kollektion Meißner Porzellans aus dem 18. Jh. (829 Riverside Ave., Tel. 904-356-6857, www.cummer.org, Di 10–21, Mi–Fr 10–16, Sa 10–17, So 12–17 Uhr, Erw. 10 $, erm. 6 $).

Die Strände

An den breiten Stränden von Jacksonville Beach, Atlantic Beach, Neptune Beach und Ponte Vedra Beach tummeln sich in den Sommermonaten vor allem Urlauber aus dem Süden der USA.

Infos

Jacksonville Convention & Visitors Bureau: 208 N. Laura St., Suite 102, Tel. 904-798-9111, www.visitjacksonville.com, Mo–Fr 9–17 Uhr.

Übernachten

Herrliche Lage ► **One Ocean Resort & Spa:** 1 Ocean Blvd., Atlantic Beach, Tel. 904-

247-0305, www.oneoceanresort.com. Komplett renoviertes Strandresort mit 8 Stockwerken. Fantastische Wellnesseinrichtungen, dazu gutes Restaurant Azurea. DZ ab 200 $.
Am Strand ▶ **Comfort Inn Oceanfront:** 1515 1st St. N., Tel. 904-241-2311, www.comfortinn.com. Mittelgroßes Kettenhotel mit 177 Zimmern. Direkt am Strand. Schnelles Internet und Frühstück inkl. DZ ab 110 $.
Eingerichtet mit Antiquitäten ▶ **House on Cherry St.:** 1844 Cherry St., Tel. 904-384-1999, www.bbonline.com/fl/cherry. Angenehmes B & B. DZ 90 $.
Camping ▶ **Kathryn Abbey Hanna Park:** 500 Wonderwood Dr., Tel. 904-249-4700. Öffentlicher Campingplatz in schöner Lage am Meer, gleich südlich der Mündung des St. Johns River, eigener kleiner See. Halbschatten für Wohnmobile u. Zelte. Plätze 21–34 $.

Essen & Trinken

Cajun-Küche ▶ **Ragtime Tavern & Seafood Grill:** 207 Atlantic Blvd., Atlantic Beach, Tel. 904-241-7877, www.ragtimetavern.com, So–Do 11–24, Fr/Sa bis 1 Uhr. Lebhafter Betrieb im Restaurant mit mehreren Bars und Livemusik. »Cajun Snapper« u. a. im Stil von New Orleans. Hauptgerichte 12–27 $.
Eigene Brauerei ▶ **River City Brewing:** 835 Museum Circle, Tel. 904-398-2299, www.rivercitybrew.com, Mo–Sa 11–15, Mo–Sa 17–22, So 10.30–14.30 Uhr. Kalifornisch inspirierte Gerichte, Bier aus eigener Produktion. Hauptgerichte ab 18 $.
Szenebistro ▶ **B.B.'s:** 1019 Hendricks Ave., Tel. 904-306-0100. Munteres Bistro-Restaurant mit Marmorbar und Speiseraum im Art-déco-Stil. Sandwiches, Pizzen und Salate, abends einfallsreiche Meeresfrüchtekompositionen. Gerichte 7–30 $.

Abends & Nachts

Theater ▶ **Florida Theatre:** 128 E. Forsyth, Tel. 904-355-5661, www.floridatheatre.com. Bestens restauriertes Theater von 1927 mit diversen Aufführungen und Konzerten.
Livemusik ▶ **Jacksonville Landing:** In der warmen Jahreszeit spielen Fr und Sa abends Musikgruppen auf der Showbühne.

Aktiv

Fahrradverleih und -touren ▶ **e2ride bike tours:** Tel. 904-945-1571, www.e2ride.com. Täglich Fahrradtouren auf unterschiedlichen Routen, mit Leih- oder eigenen Fahrrädern. Tour ab 33 $.
Wassersport und Fahrradverleih ▶ **Kayak Amelia:** s. S. 290

Termine

Springing the Blues Festival: Anfang April. 3 Tage ausgelassenes Bluesfestival im und um den SeaWalk Pavilion am Jacksonville Beach, www.springingtheblues.com.

Verkehr

Flug: Jacksonville International Airport JAX, 2400 Yankee Clipper Dr., Tel. 904-741-2000, www.jia.aero. Flugverbindungen in alle größeren Städte Nordamerikas.
Bahn: Amtrak, 3570 Clifford Ln., Tel. 904-766-511, www.amtrak.com. Verbindungen nach Miami und New York.
Bus: Greyhound, 10 N. Pearl St., Tel. 904-356-9976, www.greyhound.com.

9 St. Augustine ▶ 2, G 12

Cityplan: S. 294
St. Augustine liegt nur 30 Meilen südlich von Jacksonville und hat doch mit der Wirtschaftsmetropole von Nordflorida nur den gleichen, breiten Atlantikstrand gemein. Das historische Zentrum des Städtchens von knapp 12 000 Einwohnern vermittelt noch immer etwas von der Atmosphäre einer spanischen Kolonialstadt, wie sie vor 250 Jahren ausgesehen haben mag.

Als erster Europäer war 1513 der alternde spanische Edelmann und Konquistador Ponce de León nahe der heutigen Stadt an Land gegangen, auf der Suche nach schnellem Reichtum und einem geheimnisvollen Quell ewiger Jugend. Er fand beides nicht und starb wenige Jahre später nach einem zweiten erfolglosen Versuch, Florida zu erkunden. Im Jahr 1565 metzelte der spanische Admiral Pedro Menéndez de Aviles französi-

sche Hugenotten nieder, die etwa 25 Meilen weiter im Norden eine befestigte Siedlung errichtet hatten. Um den spanischen Einfluss zu sichern und mögliche Bedrohungen entlang der Route iberischer Schatzschiffe aus Mittelamerika auszuschalten, gründete Menéndez das Fort von St. Augustine, die älteste dauerhafte europäische Siedlung auf nordamerikanischem Boden.

Die Altstadt

Das **Castillo de San Marcos** 1, eine 1695 aus Muschelstein fertiggestellte vierzackige Festung mit über 70 Kanonen, hielt allen Belagerungen und Angriffen stand. Den Amerikanern diente es später als Gefängnis. Nach seiner Gefangennahme während einer Friedensverhandlung war dort der Seminolen-Krieger Osceola mehrere Monate eingekerkert (1 S. Castillo Dr., Tel. 904-829-6506, www.nps.gov/casa, tgl. 8.45–16.45 Uhr, Erw. 6 $).

Im **Colonial Spanish Quarter Museum** 2 mit rekonstruierten Wohnhäusern und Werkstätten spielen Darsteller das koloniale Leben Mitte des 18. Jh. nach und beantworten Fragen der Besucher (29 St. George St., Tel. 904-825-6830, www.historicstaugustine.com, tgl. 9–16.45 Uhr, Erw. 7 $, Kin. 4 $).

Das **Oldest Wooden Schoolhouse** 3 wurde 1760 aus Zypressen- und Zedernholz errichtet. Animierte Puppen demonstrieren Schulleben vor 250 Jahren (14 St. George St., Tel. 904-824-0192, www.staugustinehistoricalsociety.org, tgl. 9–16.30 Uhr).

Das **Dow Museum of Historic Houses** 4 nimmt einen ganzen Häuserblock ein, mit neun zwischen 1790 und 1910 errichtete Gebäuden. Archäologische Exponate zeigen, dass die Spanier schon im 16. Jh. an gleicher Stelle einen Friedhof und einen Verteidigungswall angelegt hatten (Cordova St./Bridges St., Tel. 905-823-9722, www.moas.org/

St. Augustine

Sehenswert
1 Castillo de San Marcos
2 Colonial Spanish Quarter Museum
3 Oldest Wooden Schoolhouse
4 Dow Museum of Historic Houses
5 Oldest House
6 Ximenez-Fatio House
7 Spanish Military Hospital Museum
8 Government House Museum
9 Lightner Museum
10 Villa Zorayda Museum
11 Mission Nombre de Dios
12 Old Jail Komplex
13 St. Augustine Alligator Farm
14 Fort Matanzas

Übernachten
1 Casa Monica Hotel
2 Casa de Sueños
3 La Fiesta Ocean Inn & Suites
4 Carriage Way
5 Comfort Suites Downtown
6 Pirate House
7 Bryn Mawr Ocean Resort

Essen & Trinken
1 Gypsy Cab Co.
2 Raintree Restaurant
3 Café Alcazar
4 Creekside Dinery
5 Mi Casa Cafe

Einkaufen
1 St. Augustine Premium Outlets

Abends & Nachts
1 A1A Ale Works
2 Cobalt Lounge
3 Stogies Jazz Club and Coffee House

Aktiv
1 Raging Water Sports
2 Solano Cycle
3 St. Johns County Fishing Pier
4 St. Augustine Scenic Cruise

dowmuseum.html, Di–Sa 10–16.30, So 11–16.30 Uhr, Erw. 12,95 $, erm. 10,95 $).

Auch das von 1702 stammende und **Oldest House** 5 genannte Casa Gonzáles-Alvarez, es wurde im Laufe der Zeit mehrfach erweitert und umgestaltet, gibt Einblicke in Lebensbedingungen zu Zeiten spanischer Kolonialherrschaft (14. St. Francis St., Tel. 904-824-2872, www.staugustinehistoricalsociety.org, tgl. 9–17 Uhr, Erw. 8 $, erm. 7 $). Ebenfalls das **Ximenez-Fatio House** 6 gehört zu den ausgezeichnet restaurierten Häusern aus der spanischen und britischen Kolonialepoche, mit einem geduckten Gebäude aus Coquina von 1798 und einem vier Jahre später errichteten Waschhaus (20 Aviles St., Tel. 904-829-3575, www.ximenezfatiohouse.org, Mi–Sa 11–16 Uhr, Erw. 7 $, erm. 5 $).

Museen

Im **Spanish Military Hospital Museum** 7 spielen kostümierte Darsteller Leben und Arbeit in einem spanischen Militärhospital nach. Ausstellungen zeigen medizinische Praktiken und Heilmittel dieser Zeit (3 Aviles St., Tel. 904-827-0807, www.spanishmilitaryhospital.com, Mo–Sa 10–17, So 12–17 Uhr).

Das **Government House Museum** 8 im Goverment House aus dem Jahre 1710 war 1821 auch Schauplatz der offiziellen Übergabe von Spanisch-Florida an die jungen USA (48 King St., Tel. 904-819-6400, www.staugustinegovernment.com/visitors/govhouse.cfm, tgl. 9–16.30 Uhr).

Trotz seiner Befestigungen wurde St. Augustine um 1900 dann doch erobert. Dem Ölmillionär und Eisenbahnkönig Henry M. Flagler gefiel die Stadt auf einer Hochzeitsreise so gut, dass er einige Zeit dort blieb, seine Eisenbahnstrecke nach St. Augustine legte und Luxushotels im spanisch-maurischen Stil für begüterte Urlauber aus dem Norden errichten ließ. Das frühere **Alcazar Hotel** beherbergt heute die Kunstsammlung des **Lightner Museum** 9, das der viktorianischen Epoche gewidmet ist und u. a. Glaskunst, historische Möbel und mechanische Musikinstrumente zeigt (75 King St. Tel. 904-824-2874, www.lightnermuseum.org, tgl. 9–17 Uhr, Erw. 10 $, erm. 6 $). Im ehemaligen **Ponce de Leon Hotel** lernen inzwischen Studenten des Flagler College (www.flagler.edu).

Am Rande des Zentrums

Das **Villa Zorayda Museum** 10 erweckt mit seiner orientalischen Architektur den Eindruck einer Miniaturausgabe der Alhambra im spanischen Granada, war aber Winter-

Das Flagler College, ein ehemaliges Hotel, hat heute über 2000 Studenten

wohnsitz des Bostoner Millionärs und YMCA-Gründers Franklin Smith. Im Inneren gibt es eine Sammlung von Antiquitäten aus dem Besitz der früheren Bewohner zu sehen (83 King St., Tel. 904-829-9887, www.villazorayda.com, Mo–Sa 10–16.30, So 11–16 Uhr).

Der Vorgängerbau der schlichten **Mission Nombre de Dios** 11 soll schon 1565 errichtet worden sein. Ein gut 60 m hohes Stahlkreuz erinnert an die Landung von Pedro Menéndez de Avilés und die Gründung von St. Augustine. Menéndez ist in einem der Jungfrau Maria gewidmeten Schrein bestattet (27 Ocean Ave., Tel. 904-824-2809, tgl. 8–17.30 Uhr). Im **Old Jail Komplex** 12 sind einige Zellen aus der Zeit um 1900 rekonstruiert, mitsamt an den Wänden eingekratzter Sprüche und Leidensbekundungen von Eingekerkerten. Auch die früheren Wohnungen der Aufseher sind zu besichtigen (167 San Marco Ave., Tel. 904-829-3800, tgl. 8.30–17 Uhr).

Im Süden der Stadt

Südlich des Matanzas River, den die löwenbewehrte Ponce-de-León-Brücke überspannt, erreicht man nach wenigen Meilen die 1893 gegründete **St. Augustine Alligator Farm** 13. Besucher können von der sicheren Höhe hölzerner Stege Hunderte träge herumliegender Reptilien beobachten, die vor allem während der täglichen Fütterung mit Hühnchen ihre unglaubliche Wendigkeit demonstrieren (999 Anastasia Blvd., Hwy A1A, Tel. 904-824-3337, www.alligatorfarm.com, tgl. 9–17, im Sommer bis 18 Uhr, Erw. 8 $, erm. 6 $).

Fort Matanzas 14, 14 Meilen südlich von St. Augustine, sollte die Hauptstadt von Spanisch-Florida gegen eine mögliche Bedrohung von Süden absichern. Das Fort ist mit einer kostenlosen Fähre des National Park Service erreichbar, eine Ausstellung erinnert an das Gemetzel, das spanische Soldaten unter Admiral Menéndez an gefangenen französischen Hugenotten (s. S. 292) anrichteten (8635 Hwy A1A S., Tel. 904-471-0116, www.nps.gov/foma, Fährverkehr tgl. 9.30–16.30 Uhr, Eintritt frei).

Infos

Visitor Information: 10 Castillo Dr., Tel. 904-825-1000, www.floridahistoriccoast.com, tgl. 8.30–17.30 Uhr.

Übernachten

Spanisch ▶ **Casa Monica Hotel** 1: 95 Cordova St., Tel. 904-827-1888, www.casamonica.org. Das komplett restaurierte Lu-

xushotel aus dem Jahre 1888 ist in spanischem Stil eingerichtet. Es gehörte einst dem Eisenbahnmagnaten Flagler. DZ ab 165 $.
Nahe der Altstadt ▶ **Casa de Sueños** 2: 20 Cordova St., Tel. 904-824-0887, www.casadesuenos.com. Romantisches B & B mit 5 Zimmern. DZ ab 160 $.
Am breiten Strand ▶ **La Fiesta Ocean Inn & Suites** 3: 810 Hwy A1A/Beach Blvd., Tel. 904-471-0186, www.lafiestainn.com. Weitläufige Hotelanlage in spanischem Dekor, direkt am Strand. DZ ab 100 $.
Viktorianisch ▶ **Carriage Way** 4: 70 Cuna St., Tel. 904-829-2467, www.carriageway.com. 11 liebevoll eingerichtete Zimmer in viktorianischer Villa an der Ecke zur Cordova St., gutes Frühstück inkl. DZ ab 100 $.
Zentrumsnah ▶ **Comfort Suites Downtown** 5: 42 San Marco Ave., Tel. 904-829-2292, www.comfortsuites.com. Angenehmes Kettenhotel mit 51 Zimmern nicht weit vom Castillo San Marcos, Pool, Fitnessraum, kostenloser Internetzugang. DZ ab 80 $.
Günstig und zentral ▶ **Pirate House** 6: 32 Treasury St., Tel. 904-808-1999, www.piratehaus.com. Einfache, günstige Unterkunft, beliebt bei jüngeren Reisenden. DZ ab 50 $.
Camping ▶ **Bryn Mawr Ocean Resort** 7: 4850 Hwy A1A S., Tel. 904-471-3353, www.brynmawroceanresort.com. Schöne Lage am Strand südlich des Zentrums. Platz für Wohnmobile ab 53 $.

Essen & Trinken

Karibisch-floridianisch ▶ **Gypsy Cab Co.** 1: 828 Anastasia Blvd., Tel. 904-824-8244, www.gypsycab.com, Lunch Mo–Sa 11–15, So 10.30–15, Dinner tgl. 16.30–22 Uhr. Kreative *Floribean*-Gerichte östlich der Löwenbrücke. Hauptgerichte ab 16 $.
Leicht und viel Fisch ▶ **Raintree Restaurant** 2: 102 San Marco Ave., Tel. 904-824-7211, www.raintreerestaurant.com. Interessante Speisekarte mit lokalen Zutaten, viele Fisch- und Muschelgerichte und verführerische Desserts. Gerichte 10–29 $.
Im historischen Schwimmbad ▶ **Café Alcazar** 3: 25 Granada St., Tel. 904-825-9948, www.thecafealcazar.com, tgl. 11–15 Uhr. Entspannte Atmosphäre in dem ehemaligen Schwimmbad des historischen Alcazar Hotel (s. S. 295). Hauptgerichte ab 10 $.
Südstaatenflair ▶ **Creekside Dinery** 4: 160 Nix Boatyard Rd., Tel. 904-829-6113, www.creeksidedinery.com, So–Do 17–21, Fr/Sa bis 22 Uhr. Lokal mit Magnolien und Schaukelstühlen auf der Säulenveranda. Gerichte mit Süßkartoffeln und indianischem Mai, dazu leckerer Fisch. Gerichte 10–21 $.
Schnell und gut ▶ **Mi Casa Cafe** 5: 69 St. George St., Tel. 904-824-9317, nur tagsüber, im Sommerhalbjahr Do–Sa auch abends. Leckere Snacks und Sandwiches, auch Lasagne und Picadillos. Gerichte 7–10 $.

Einkaufen

Souvenirs ▶ **Alcazar Courtyard Shops** 9: 75 King St., im Lightner Museum, Tel. 904-824-2874. Kunsthandwerk und Repliken von Ausstellungsstücken.
Outlet-Mall ▶ **St. Augustine Premium Outlets** 1: 2700 SR 16, Tel. 904-825-1555, www.premiumoutlets.com. Große Factory Outlet Mall mit mehr als 80 Geschäften von Calvin Klein bis Samsonite zu Rabattpreisen. Mo–Sa 9–21, So 10–18 Uhr.

Abends & Nachts

Brauhaus mit Musik ▶ **A1A Ale Works** 1: 1 King St., Tel. 904-829-2977, www.a1aaleworks.com, Do–Sa abends Livemusik. Wer frisch gebrautes Bier aus der hauseigenen Microbrewery mag, fühlt sich im Lokal an der Löwenbrücke wohl. Die Küche serviert viele auf karibische Weise zubereitete Meerestiere. Sandwiches ab 9 $, Gerichte ab 14 $.
Barjazz ▶ **Cobalt Lounge** 2: 95 Cordova St., Tel. 904-810-6810, im Casa Monica Hotel (s. S. 296). Schicke Leute trinken bunte Cocktails zu entspanntem Jazz.
Jazz ▶ **Stogies Jazz Club and Coffee House** 3: 36 Charlotte St., Tel. 904-826-4008. Abends Jazz mit guten Gruppen.

Aktiv

Wassersport ▶ **Raging Water Sports** 1: 57 Comares Ave., Tel. 904-829-5001, www.ragingwatersports.com, tgl. 9–17 Uhr. Verleih

von Jet Skis, Motorbooten, Segelbooten und Kajaks. Die Conch House Marina liegt auf halbem Wege zwischen der Löwenbrücke und der Alligator Farm, Kajak 20 $/Std.
Fahrradverleih ▶ Solano Cycle 2: 61 San Marco Ave., Tel. 904-825-6766, www.solanocycle.com. Verleih von Motorrollern, E-Bikes und Fahrrädern, ab 8 $/2 Std.
Angeln ▶ St. Johns County Fishing Pier 3: St. Augustine Beach, gleich südlich des Anastasia S. P., Tel. 904-461-0119. Der Pier ist Tag und Nacht geöffnet und es gibt ein Angelgeschäft (6–22 Uhr), Pier 2 $/Pers.
Bootsfahrten ▶ St. Augustine Scenic Cruise 4: 111 Avenida Menéndez, www.scenic-cruise.com. Die »Victory III.« legt ab 11 Uhr 4 Mal zu einer 90-minütigen Tour durch die Matanzas Bay ab, während der der Kapitän die Sehenswürdigkeiten am Ufer erläutert. Erw. 16,75 $, erm. 13,75 $.

Termine

Annual St. Augustine Christmas Parade: 1. Sa. im Dez. Einer der größten Straßenumzüge in Florida, mit dekorierten Wagen, Reitern, Bands und natürlich Santa Claus persönlich. Beginn bei der Mission of Nombre de Dios, 27 Ocean Ave. Tel. 904-824-4997.

Verkehr

Bus: Greyhound, 52 San Marco Ave., Tel. 904-829-6401, www.greyhound.com.
Fortbewegung in der Stadt
Die meisten Attraktionen liegen im Ortszentrum und sind gut zu Fuß zu erreichen. Parkplätze für Pkw sind im historischen Distrikt praktisch nicht vorhanden. Die **Buslinien** der »Sunshine Bus Company« bedienen vor allem Bewohner der Außenbezirke, die zur Arbeit in die Stadt kommen, www.sunshinebus.net. **Taxi:** Yellow Cab, Tel. 904 825-6888.

White Springs ▶ 2, E 11

White Springs am Suwannee River liegt gut 100 Meilen westlich von St. Augustine. Die heilende Wirkung der Schwefelquellen war schon den Timucuan- und den Seminolen-Indianern bekannt. In den Badehäusern, die später bei den Quellen errichtet wurden, suchte um die Wende zum 20. Jh. auch Theodore Roosevelt, der spätere US-Präsident, wohltuende Entspannung.

Doch das **Stephen Foster Folk Cultural Center State Park** und sein Museum ist heute die eigentliche Attraktion von White Springs. Der volkstümliche Dichter und Komponist, der mit der 1851 komponierten floridianischen Staatshymne »Old Folks at Home« (»Way down upon the Suwannee River«) den Fluss, auch wenn er ihn selbst nie gesehen hatte, berühmt machte, wird hier mit einer liebevoll gestalteten Ausstellung geehrt. Mit dem Song »My Old Kentucky Home« hat Foster auch die Staatshymne von Kentucky komponiert. Vom Glockenturm der Anlage ertönt regelmäßig ein Potpourri mit »Oh! Susanna« und anderen populären Melodien.

Im Riverside Park am Ufer des romantischen Flusses sind noch Reste der viktorianischen Badeanlagen auszumachen. Zum großen **Folk Musik Festival** kommen alljährlich im Mai neben einigen Tausend Besuchern auch die Stars der Folk- und Countrymusic (US 41, 3 Meilen östlich der I-75, Tel. 386-397-2733, www.floridastateparks.org/stephenfoster, Park tgl. 8 Uhr bis Sonnenuntergang, 5 $/ Pkw, Gebäude Jan.–Nov, tgl. 10–17, Dez. Mo–Fr 12–21, Sa–So 10–21 Uhr).

Termine

Folk Musik Festival: Mai. Renommiertes Musikfest mit vielen Folkstars, Folk Festival Memorial Day, www.floridafolkfestival.com.

Tallahassee ▶ 2, C 10/11

Die Tatsache, dass Hernando de Soto im Dezember 1539 mit seinem spanischen Expeditionsheer in der Nähe des heutigen Tallahassee das erste Weihnachtsfest auf amerikanischem Boden feierte, kann kaum der Grund gewesen sein, knapp 300 Jahre später dort die Hauptstadt von Florida zu gründen. Es zählte die zentrale Lage und die Notwendigkeit, einen Kompromiss zwischen den

aktiv unterwegs

Radfahren in den Maclay Gardens

Tour-Infos

Start: Eingang 3450 Thomasville Rd./SR 61, 12 Meilen nördl. von Downtown Tallahassee
Dauer: ca. 1,5–2 Std.
Wichtige Hinweise: 2 Meilen südlich vom Park vermietet der Great Bicycle Shop Fahrräder für ca. 25 $/Tag, 1909 Thomasville Rd., Tel. 850-224-7461, www.greatbicycle.com.
Parkinfo: www.floridastateparks.org/maclay gardens, Gärten tgl. 9–17 Uhr, Park 8 Uhr bis Sonnenuntergang, Park 6 $/Pkw., 4 $ Pers., Gärten 6 $ zur Blütezeit, Jan.–April, sonst frei

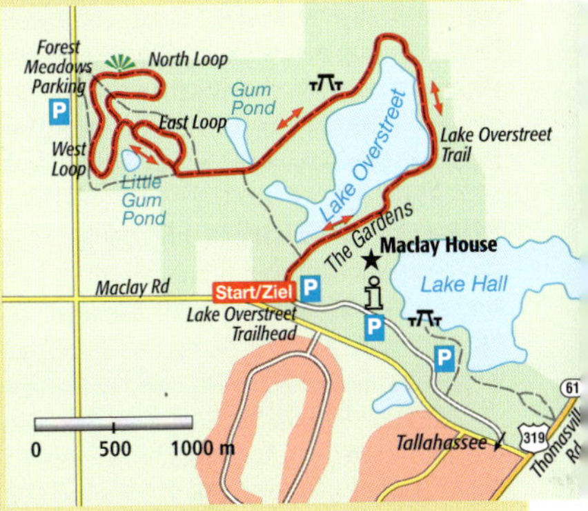

Rund 8 Meilen der Wege im 120 ha großen State Park, vor allem der Pfad rund um den 1994 dem Park hinzugefügten naturbelassenen **Lake Overstreet,** führen durch üppige, von Bäumen und Büschen bewachsene Landschaft und sind auch für Fahrradfahrer freigegeben. Die Route verläuft auf ungepflasterten Wegen und bietet auf den beiden größeren Seen im Gelände, dem **Lake Hall** und dem **Lake Overstreet,** die Möglichkeit, mit Kajaks oder Kanus zu fahren.

Auch ein Besuch der sorgfältig gepflanzten Ziergärten lohnt sich zu jeder Jahreszeit, doch wer es einrichten kann, sollte diesen Teil der Gartenanlage in der Hauptblütezeit zwischen Januar und April besuchen. Vielfarbige Blütenpracht säumt dann die Fußwege des ab 1923 von Alfred und Louise Maclay aus New York für ihren Winterwohnsitz angelegten Geländes. Nachdem **Alfred Maclay** 1944 verstorben war, öffnete seine Witwe zwei Jahre später Teile der Gärten für die Öffentlichkeit und vermachte sie 1953 dem Staat Florida.

Zwischen Mitte März bis Ende März scheinen die Farben der Blüten geradezu zu explodieren, Kaskaden von Rot-, Gelb- und Blautönen, mit allen denkbaren Nuancen und Abstufungen, sind zu bestaunen. Azaleen und Kamelien finden sich entlang aller Wege, aber es blühen auch verschiedenfarbiger Rhododendron, die cremefarbigen Blüten der Dogwood-Bäume, Gardenien, Ingwer, Jasmin und Magnolien.

Kleine Schilder verweisen auf Herkunft und Namen der vielen Baumarten. Yucca-Palmen sind darunter, auch Palmettos und Sago-Palmen, japanischer Ahorn, dessen Blätter sich im Herbst dekorativ verfärben, Pflaumen, Hickorys, Eichen und unterschiedliche Gummibäume. In den flachen Gewässern der Seeufer wachsen Sumpfzypressen und Wasserpflanzen.

rivalisierenden Städten St. Augustine und Pensacola zu finden. Ein neuer 22-stöckiger Regierungskomplex überragt den gemütlich wirkenden Kuppelbau des **Old State Capitol** aus dem Jahr 1845, dessen auffällige rot-weiß-gestreifte Markisen vor den Fenstern Besucher vor der Sonne schützen (Monroe St./Apalachee Pkwy, Tel. 850-487-1902, www.flhistoriccapitol.gov, Mo–Fr 9–16.30, Sa ab 10, So ab 12 Uhr, Eintritt frei).

Zu den historischen Gebäuden gehören auch die 1841 eröffnete **Union Bank** in der

Monroe St., in der Baumwollpflanzer früher ihre Konten unterhielten, und **The Columns** in der Duval St., in dem nach seiner Fertigstellung 1830 der schwerreiche Banker William ›Money‹ Williams wohnte. Heute ist dort die Handelskammer von Tallahassee untergebracht. Aus den wenigen Einwohnern der Gründungsjahre sind inzwischen 150 000 geworden, darunter fast 40 000 Studenten, die zwischen zwei Universitäten wählen können.

Museum of Florida History

Die ungewöhnlich gut aufbereitete Sammlung zur Geschichte von Florida reicht von einem Mastodon-Skelett der letzten Eiszeit bis zu spanischen Schatzschiffen und dokumentiert die Rolle Floridas im Bürgerkrieg ebenso wie den Anbau von Zitrusfrüchten in unseren Tagen (Gray Building, Capitol Complex, 500 S. Bronough St., Tel. 850-245-6400, www.museumoffloridahistory.com, Mo–Fr 9–16.30, Sa ab 10, So ab 12 Uhr, Eintritt frei).

Mission San Luis

Auf dem Gelände der **Mission San Luis Archaeological and Historical Site** sind die zu einem großen Teil rekonstruierten Überreste der Franziskaner-Missionsstation San Luis, eines spanischen Forts sowie eines Dorfes und großen Beratungshauses der Apalachee-Indianer zu sehen (2020 Mission Rd., Tel. 850-245-6406, www.missionsanluis.org, Di–So 10–16 Uhr, Erw. 5 $, erm. 3 $).

Lake Jackson Mounds

Unweit der Stadtgrenze im Norden lassen sich bei der **Lake Jackson Mounds State Archaeological Site** die Reste von sechs Erdpyramiden ausmachen, die zwischen 1200 und 1500 zu einem zeremoniellen Zentrum von Indianern der Mississippi-Kultur gehörten (3600 Indian Mound Rd., Tel. 850-922-6007, http://floridastateparks.org/lakejackson, tgl. 8.30 Uhr bis Sonnenuntergang, 3 $/Pkw).

Infos

Information Center: 106 E. Jeffersen St., Tel. 850-606-2305, www.seetallahassee.com, Mo–Fr 8–17, Sa 9–12 Uhr.

Übernachten

Herrschaftlich ▶ **Governors Inn:** 209 St. Adams St., Tel. 850-681-6855, www.thegovinn.com. Beste Lage im Zentrum und honorige Gäste. DZ ab 130 $.

Umweltfreundlich ▶ **Cabot Lodge:** 1653 Raymond Diehl Rd., nicht weit von der I-10 am nördlichen Stadtrand, Tel. 850-386-7500, www.cabotlodge.com. Ordentliches Hotel mit zertifiziertem Umweltsiegel, gutes Frühstück. DZ ab 90 $.

Camping ▶ **Tallahassee RV Park:** 6504 Mahan Dr., Tel. 850-878-7641. Knapp 70 Plätze für Wohnmobile auf Grasplatz, WLAN, Münzwaschmaschine. Stellplätze 38–42 $.

Essen & Trinken

Amerikanische Klassiker ▶ **Andrew's Capital Grill & Bar:** 228 Adams St., Tel. 850-222-3444, www.andrewsdowntown.com, Mo–Do 11.30–22, Fr–So bis 23 Uhr. Beliebtes Restaurant, Sandwiches, Pasta, Burger und Hühnchen. Hauptgerichte ab 12 $.

Seafood ▶ **Barnacle Bill's:** 1830 N. Monroe St., Tel. 850-385-8734, www.barnaclebills.com. Familienrestaurant mit Sandwiches, Salaten und viel Fisch. Gerichte ab 7 $.

Frühstück ▶ **Another Broken Egg Café:** 3500 Kinhga Dr., Tel. 850-907-3447, Di–So 7–14 Uhr. Leckere Pfannkuchen, z. B. mit Früchten und Nüssen. Gerichte 4–12 $.

Einfallsreich ▶ **Georgio's Fine Food & Spirits:** 2971 Apalachee Pkwy, Tel. 850-877-3211, www.georgiostallahassee.com. Italienisch inspirierte Speisekarte, mit viel Fisch und anderen Produkten aus der Region. Mo–Sa ab 16 Uhr. Hauptgerichte 16–30 $.

Abends & Nachts

Rockmusik zum Tanzen & Biergarten ▶ **Bullwinkle's Saloon:** 620 W. Tennessee St., Tel. 850-224-0651, www.bullwinklessaloon.net, Mo 20.30–2, Di, Mi 22–2, Do 19.30–2, Fr 17–2, Sa 21–2 Uhr. Draußen spielt Rockmusik, drinnen wird getanzt. Für beides gilt: Gäste müssen mindestens 21 Jahre alt sein.

Rock ▶ **Floyd's Music Store:** 666 W. Tennessee St., Tel. 850-222-3506, www.floydsmusicstore.com. Regelmäßig Konzerte, auch von angesagten Newcomern, ebenfalls Open-Air, und das seit mehr als 10 Jahren.

Aktiv

... in Crawfordville (20 Meilen südl. von Tallahassee):

Fahrradfahren und Inlineskaten ▶ **Tallahassee-St. Marks Historic Railroad State Trail:** Einstieg und Parkplatz, 1358 Old Woodville Rd., www.dep.state.fl.us/gwt/guide. Mehr als 15 Meilen der 1884 stillgelegten Tallahassee-St.-Marks-Eisenbahntrasse sind bereits zu einer Strecke für Fahrradfahrer und Inlineskater umgebaut worden.

Termine

Springtime Tallahassee: 1. Sa im April. Das große Fest widmet sich der abwechslungsreichen Geschichte der Stadt. Mit Parade, Ausstellungen und Musik, Tel. 850-224-5012, www.springtimetallahassee.com.

Verkehr

Flug: Tallahassee Regional Airport, 3300 Capital Circle SW., Tel 850-891-7800, www.talgov.com/airport. Verbindung von Floridas Hauptstadt mit Städten in Florida und einigen größeren Flughäfen des Landes.

Bus: Greyhound, 112 W. Tennessee St., Tel. 850-222-4249, www.greyhound.com.

Von Tallahassee nach Pensacola

Die Strecke führt von Floridas Hauptstadt Tallahassee an die Golfküste und weiter nach Westen, immer an ihr entlang. Eintönig wird die Fahrt nicht. Zunächst, bei Carabelle, reichen die Wälder bis an den Strand. Bei Sturmfluten holt sich das Wasser jedes Mal einige Bäume. Wer Austern mag, dürfte bei Apalachicola, eines der wichtigsten Zuchtgebiete Nordamerikas, länger bleiben wollen. Der Trubel wartet dann bei Panama City, an der ›Redneck Riviera‹. Westlich davon, bis Pensacola, erstrecken sich die weißen Quarzstrände des Gulf Islands National Seashore.

Marianna ▶ 2, B 10

Auf dem Weg nach Westen lohnt ein Stopp im gut 60 Meilen entfernten Marianna. Gleich nördlich des Ortes von gut 6000 Bewohnern können Besucher während einer Führung die verzweigten Kalksteinhöhlen des **Florida Caverns State Park** trockenen Fußes erkunden. Alle anderen der vielen Kalksteinhöhlen Floridas weiter im Süden des Bundesstaates stehen wegen des hohen Grundwasserpegels unter Wasser. Im State Park beginnt auch der **Chipola River Canoe Trail,** ein markierter, 50 Meilen langer Wasserwanderweg, der fast bis an den Golf von Mexiko führt (s. Aktiv).

Aktiv

Kanu- und Höhlentouren ▶ **Kanus** können bei der Rangerstation ausgeliehen werden (3345 Caverns Rd., Tel. 850-482-1228, http://floridastateparks.org/floridacaverns, tgl. 8 Uhr bis Sonnenuntergang, Höhlentouren Do–Mo 9–16 Uhr, Kanus 15/20 $ (bis 4 Std/Tag).

Wakulla Springs ▶ 2, C 11

Im Quellgebiet von Wakulla Springs, 14 Meilen südlich von Tallahassee, hat bereits Johnny Weissmuller als Hollywood-Tarzan mit Alligatoren und Verbrechern gerungen. Die kräftig sprudelnde artesische Quelle im dichten Mischwald fördert täglich 950 Mio. l kristallklares Wasser zutage. Mehr als 150 Vogelarten, Alligatoren, Waschbären und eine unglaubliche Vielfalt von Pflanzen machen den State Park zu einem lohnenden Ausflugsziel (550 Wakulla Park Dr., Tel. 850-926-0700, http://floridastateparks.org/wakullasprings, tgl. 8 Uhr bis Sonnenuntergang, 5 $/Pkw).

Apalachicola ▶ 2, B 12

Hier wachsen die Wälder bis dicht ans Meer. Nicht der Tourismus, sondern Fischfang und die Austernzucht bilden hier die wichtigste Einnahmequelle der Einwohner von **Apalachicola.** Rund 90 % der Austernproduktion Floridas kommen von den Austernbänken in der Apalachicola Bay.

Im kleinen **John Gorrie Museum** wird des Arztes gedacht, der vor mehr als 100 Jahren die Qualen seiner Malaria- und Gelbfieberpatienten zu lindern versuchte. Der Arzt und Wissenschaftler erfand eine von Zeitgenossen zunächst belächelte Methode, künstlich Eis herzustellen, um damit die Raumtemperatur zu kühlen, und so einen Vorläufer der heute allgegenwärtigen Klimaanlage (6th Ave./Ave. D, Tel. 850-653-9347, www.floridastateparks.org/johngorriemuseum, Do–Mo 9–12 u. 13–17 Uhr, Eintritt frei, Park 2 $/Pers.).

Der **Apalachicola National Forest** nordöstlich des Ortes gehört mit einer Ausdehnung von über 2000 km² zu den größten Wäldern der Vereinigten Staaten östlich des Mississippi.

Infos

Apalachicola Bay Chamber of Commerce: 122 Commerce St., Tel. 650-653-9419, www.apalachicolabay.org, Mo–Fr 9–17 Uhr.

Übernachten

Historisches Ambiente ▶ **Gibson Inn:** 51 Ave. C, Tel. 850-653-2191. www.gibsoninn.com. Denkmalgeschützter Gasthof mit einigen Zimmern, besten Austern und anderen Meerestieren. DZ ab 115 $.

Am Wasser ▶ **Apalachicola River Inn:** 123 Water St., Tel. 850-653-8139, www.apalachicolariverinn.com. Das renovierte Hotel mit seinen 26 Zimmern, viele mit direktem Blick auf die Bay, vermittelt einen rustikalen Gesamteindruck. DZ ab 95 $.

Essen & Trinken

Feine Fischküche ▶ **The Owl Cafe:** 15 Ave. D, Tel. 850-653-9888, www.owlcafeflorida.com. Aus der Küche kommen interessante Gerichte wie z. B. in der Pfanne gebratener Grouper mit geröstetem Knoblauch, Kapern, Artischockenherzen und Zitrone. Hauptgerichte 12–25 $.

Aktiv

Joggen, schwimmen ▶ **Dr. Julian G. Bruce St. George Island State Park:** 1900 E. Gulf Beach Dr., Tel. 850-927-2111, www.floridastateparks.org/stgeorgeisland, 6 $/Pkw. Einer der schönsten und zugleich einsamsten Strände Floridas erstreckt sich entlang der Golfküste im Osten der vorgelagerten Insel St. George. Von der Grenze des State Parks führt eine schmale, knapp 4 Meilen lange Straße zu einem kleinen Arrangement von Picknicktischen, Toiletten und Duschen, von dort geht es noch 5 Meilen weiter durch den Sand bis zur östlichen Spitze der Insel, von wo man beste Aussichten auf eine reiche Vogelwelt genießt.

Termine

Seafood Festival: 1. Wochenende im Nov. Austern frisch aus dem Meer, auf 100 verschiedene Arten zubereitet, dazu Musik, Wettbewerbe und Kunstgewerbemarkt, Tel. 888-653-8011, www.floridaseafoodfestival.com.

Panama City und Panama City Beach ▶ 2, A 11

Die Stadt mit dem vorgelagerten Strandort Panama City Beach hat knapp 60 000 ständige Einwohner. Sie liegt am östlichen Ende der gut 90 Meilen langen, herrlichen Sandküste des *Miracle Strip,* die sich bis kurz vor Pensacola erstreckt. Der geschäftige Hafen versorgt Fischerboote, Freizeitkapitäne und Handelsschiffe. In der näheren Umgebung von Panama City Beach beherbergen in den Sommermonaten Dutzende Hotels und große Apartmentanlagen Zehntausende von Urlaubern vor allem aus den angrenzenden Bundesstaaten Alabama und Georgia. Für Unterhaltung an der sogenannten Redneck Riviera ist mit Spielarkaden, Mini-Golfanalagen und Wasserparks gesorgt. Ein Gulf Coast Triathlon (s. S. 304), gelegentliche Rennen auf der Offshore-Powerboat-Strecke vor der Küste und die schnellen Hunde auf der Anlage des Ebro Greyhound Racing Club (s. S. 304) bieten zusätzliche Zerstreuung.

Der Yucatan Current, Teil des Golfstroms, verläuft bei Panama City unweit der Küste. In seinem nährstoffreichen Wasser leben viele Fische, die wiederum Delfine und Angler auf den zahlreich in der Marina stationierten Booten für *fishing trips* anlocken. Etliche Schiffswracks, viele davon als künstliche Riffe auf dem Meeresboden platziert, sind das Ziel von Tauchern.

aktiv unterwegs

Angeltrip vor Panama City

Tour-Infos

Start: Treasure Island Marina, an der Lower Grand Lagoon von Panama City Beach
Kosten: 55 $/Pers. inkl. Angel, Köder, Eis und Angelschein
Infos: Jubilee Deep Sea Fishing, 3605 Thomas Dr., Panama City, FL 32408, Tel. 850-230-9222, www.jubileefishing.com. Kopfbedeckung und Sonnenschutzmittel nicht vergessen!
Karte: ► 2, A 11

Es nennt sich **Party Boat,** aber nicht, weil an Bord eine Party gefeiert wird. Bei der »Jubilee« und anderen *Party Boats* muss man nicht für rund 400 bis 500 $ das ganze Schiff chartern, sondern kann sich anderen auf einem Angeltrip anschließen.

Früh morgens geht es los, um 7 Uhr, der frühe Angler fängt den Fisch. Briefing auf dem Sonnendeck zur Sicherheit an Bord und zum Angeln. Wie wird der Köder befestigt? Was tun, wenn ein Fisch beißt? Am ersten **Angelplatz** gleich die erste Überraschung: eine große **Wasserschildkröte** paddelt in aller Ruhe vorbei und in gut 50 m Entfernung springt eine Gruppe von **Delfinen** aus dem Wasser. Sie scheinen Beute zusammenzutreiben, um sie besser erlegen zu können.

Der Käpt'n sieht auf einem Bildschirm, ob unter der Wasseroberfläche beim Boot Fische schwimmen. Und so dauert es nicht lange und die ersten kapitalen Fänge hängen am Haken. Unglaublich, dieser Fischreichtum. Jedes Mal, alle 4–5 Min., wenn ein Angler einen Fisch aus dem Wasser zieht, gibt es der Kapitän über Lautsprecher bekannt. Am Ende hat jeder einen dicken Fisch ›unterm Arm‹, zumindest für das Beweisfoto.

Auf dem Rückweg herrscht entspannte Stimmung, das Fachsimpeln beginnt, Training fürs Anglerlatein, einige gehen zum Kapitän aufs Topdeck, andere ins klimatisierte Unterdeck auf einen Imbiss. Wer will, kann seinen Fang ausnehmen und entschuppen lassen. Von der Pier aus läuft oder fährt man zur Unterkunft. Wer in einem Apartment wohnt, kann seinen Backofen bzw. Herd nutzen. Einige Restaurants bereiten ihren Gästen auch selbst gefangene Fische zu.

Das **Museum of Man in the Sea** illustriert die Erforschung der Ozeane mit Dioramen, Dokumenten und Tauchausrüstungen von der Antike bis heute (17314 Back Beach Rd., Tel. 850-235-4101, www.maninthesea.org, Di–So 10–16 Uhr, Erw. 5 $, erm. 4,50 $).

Im **Gulf World Marine Park,** einem Meereszoo, sind Seelöwen, Mantas, Alligatoren und andere Reptilien, Haie, aber auch Pinguine und tropische Vögel untergebracht. Mehrere Shows am Tag unterhalten die Gäste. Beim »Dolphin Encounter« können angemeldete Besucher auch mit Delphinen schwimmen (15412 Front Beach Rd., Tel. 850-234-5271, www.gulfworldmarinepark.com, tgl. 9–17 Uhr, Kosten für das Delfinschwimmen ca. 150 $).

Die besten Strände rund um Panama City Beach gibt es im **St. Andrews State Park** im Südosten der Stadt, hervorragend geeignet für einen ruhigen Strandtag, zum Schwimmen, Schnorcheln, für eine Strandwanderung oder Muschelnsuchen. Ein Verkaufspavillon stellt die Versorgung mit Snacks und Getränken sicher (4607 State Park Ln., Tel. 850 233 5140, http://floridastateparks.org/standrews, tgl. 8 Uhr bis Sonnenuntergang, 8 $/Pkw).

Infos

Convention & Visitors Bureau: 17001 Panama City Beach Pkwy, Tel. 850-233-50 57, www.visitpanamacitybeach.com, tgl. 8–17 Uhr.

Übernachten

Meerblick ▶ Days Inn: 12818 Front Beach Blvd., Tel. 850-233-3333, www.daysinn.com. Am Strand, alle Zimmer mit Meerblick, Pool, Internet. DZ ab 130 $.

Apartments ▶ Moonspinner Condominium: 4425 Thomas Dr., Tel. 850-234-8900, www.moonspinner.com. Achtstöckige Apartmentanlage direkt am Strand. Tennisplätze, Basketball, Shuffleboard, Pool, kostenlose Wäsche, WLAN. Wohneinheiten ab 130 $.

Mit Kochecke ▶ Sunset Inn: 8109 Surf Dr., Tel. 850-234-7370, www.sunsetinnfl.com. Gleich am Strand, aber nicht mitten im Rummel. DZ ab 80 $, mit Meerblick 105 $.

Günstig ▶ Sunset Inn: 8109 Surf Dr., Tel. 850-234-7370, www.sunsetinnfl.com. Preiswertes, einfaches Motel gleich am breiten Strand, Pool, Münzwaschmaschine, WLAN. Zimmer ab 50 $.

Camping ▶ St. Andrews State Park: s. S. 303. 176 Stellplätze ab 28 $.

Essen & Trinken

Meeresfrüche ▶ Saltwater Grill: 11040 Hutchison Blvd., Tel. 850-230-2739, www.saltwatergrillpcb.com. Sorgfältig zubereitete Fisch- und Muschelgerichte vor dem Hintergrund eines riesigen, knapp 300 000 l fassenden Aquariums. Gerichte 13–17 $.

Austern satt ▶ Shuckums Oyster Pub & Seafood Grill: 15614 Front Beach Rd., Tel. 850-235-3214, www.shuckums.com. Urige Austernbar mit frischen Schalentieren, in unterschiedlicher Art und Weise zubereitet. Das Dutzend ab 9 $.

Retro-Stil ▶ All American Diner: 10590 Front Beach St., Tel. 850-235-2443. Milch-Skakes und Burger im Ambiente der 1950er-Jahre. Gerichte 5–11 $.

Abends & Nachts

Livemusik ▶ Breakers on the Beach: 12627 Front Beach Rd., Tel. 850-234-6060, www.breakerspcb.com. Der Blick durch die Panoramafenster auf den Golf ist besonders beim Sonnenuntergang fantastisch, die Steaks sind gut. Dazu gibt es abends Livemusik zum Zuhören oder Tanzen.

Tanzen und feiern ▶ Club La Vela: 8813 Thomas Dr., Tel. 850-234-3866, www.clublavela.com. Am vollsten ist der riesige Musikclub zum Spring-Break im Frühling, wenn die Gäste bis 4 Uhr morgens tanzen und sich u. a. bei einem Bikini Contest amüsieren.

Aktiv

Tauchen ▶ Panama City Dive Center: 4823 Thomas St., Tel. 850-235-3390, www.pcdivecenter.com. Verleiht Ausrüstung zum Tauchen und organisiert Tauchtrips (79 $/4 Std.).

Ausflüge mit dem Glasbodenboot ▶ Capt. Anderson III.: Capt. Anderson Marina, 5550 N. Lagoon Dr., Tel. 850-234-3435, www.captandersonsmarina.com. Halb- und ganztägige Sightseeingtrips mit einem Glasbodenboot nach Shell Island und zur Delfinbeobachtung, Erw. 20 $, erm. 10 $.

Bootsverleih ▶ Shell Island Boat Rentals & Tours: 3605 Thomas Dr., Treasure Island Marina, Tel. 850-234-7245, www.shellislandtours.com. Verleih von Freizeitbooten und Waverunnern, dazu *Waverunner*-Touren (ab 99 $) entlang der Küste.

Windhundrennen ▶ Ebro Greyhound Park: 6558 Dog Track Rd., Ebro, Tel. 850-234-3943, www.ebrogreyhoundpark.com. Die abendlichen Rennen der schnellen Hunde beginnen um 18.30 Uhr, am Sa gibt es zuweilen Matinee-Rennen um 12.30 Uhr. Aber nur in der Saison zwischen Februar und Oktober.

Termine

Gulf Coast Triathlon: Anf. Mai. Bei den Wettkämpfen in Panama City schwimmen die teilnehmenden Athleten auch 12,5 Meilen in den offenen Gewässern des Golfes von Mexiko, Tel. 850-235-0720, www.gulfcoasttri.com.

Verkehr

Flug: Panama City/Bay County International Airport, Lisenby Ave., Tel. 850-763-6751, www.pcairport.com. Verbindungen nach Atlanta und in andere größere Städte der USA.

Bus: Greyhound, 917 Harrison Ave, Tel. 850-785-6111, www.greyhound.com.

Fort Walton Beach ► 3, L 10

Vorbei an kleinen geruhsamen Strandbädern wie Silver Beach, Four Mile Village, Grayton oder Seaside, die soliden Wohlstand ausstrahlen, geht es weiter nach Westen. Herrliche, fast weiße Quarzstrände, gesäumt von Dünen, so weit das Auge reicht. Im späten Frühling, wenn das blaugrüne Wasser des Golfes noch frisch, aber schon ausreichend erwärmt ist, lässt sich am schönsten baden. Indianer haben hier schon seit mehreren Tausend Jahren gelebt.

Davon erzählt der Nachbau eines indianischen Tempels auf einem Erdhügel in Fort Walton Beach. Er bildet den sichtbaren Rest einer einst ausgedehnten Siedlung von Indianern der Mississippi-Kultur aus der Zeit zwischen 1200 und 1650. Im ausgezeichneten Besucherzentrum und Museum des **Fort Walton Beach Heritage Park & Cultural Center** kann man sich umfassend über die indianische Besiedlung der zurückliegenden 10 000 Jahre informieren (139 Miracle Strip Pkwy SE., Tel. 850-833-9595, www.fwb.org/index.php/muse ums.html).

Die **Eglin Air Force Base** ist jüngeren Datums. Dass den etwa 20 000 Soldaten des größten Luftwaffenstützpunkt der Welt 21 Start- und Landebahnen zur Verfügung stehen, lässt sich an den feinsandigen Stränden von Fort Walton Beach nicht überhören. Das **Air Force Armament Museum** der Luftwaffe zeigt Kriegsgerät vom Ersten Weltkrieg bis heute (Eglin Air Force Base, Tel. 850-882-40 62, www.afarmamentmuseum.com, tgl. 9.30– 16.30 Uhr).

Im **Gulfarium,** können Besucher Haie, Alligatoren, Muränen und Meeresschildkröten aus nächster Nähe betrachten und eine der Shows mit Delfinen oder Seelöwen besuchen (1010 Miracle Strip Pkwy, 1 Meile östl. an der US 98, Tel. 850-243-9046, www.gulf arium. com, tgl. ab 9 Uhr, Schlusszeiten variieren, Erw. 19,25 $, Kinder 11,50 $).

So ruhig ist's hier nur im Winter: Der Tourismus prägt das Leben in Fort Walton Beach

Infos

Emerald Coast Convention & Visitors Bureau: 1540 Miracle Strip Pkwy, Tel. 850-651-7131, www.emeraldcoastfl.com, Mo–Fr 8–17, Sa 9–16, So 11–16 Uhr.

Übernachten

Meerblick ▶ **Ramada Plaza Beach Resort:** 1500 Miracle Strip Pkwy, Tel. 850-243-9161, www.ramadafwb.com. Beste Aussicht von den Balkonen auf das Meer. Üppige tropische Gartenanlage mit großem Pool. DZ ab 175 $.

Mit Küchenecke ▶ **Venus by the Sea:** 885 Santa Rosa Blvd., Tel. 850-301-9600, www.venuscondos.com. Apartments von einem bis 3 Schlafzimmer auf Okaloosa Island, nicht weit vom Strand. Ab 90 $.

Camping ▶ **Navarre Beach Family Campground:** 9201 Navarre Pkwy/US 98, Tel. 850-939-2188, www.navbeach.com. Mit eigenem Strand, Pool und Pier, Stellplätze für Zelte und Wohnmobile mit El. Anschluss, Wasser und WLAN. Ab 45/55 $.

Essen & Trinken

Italien in Florida ▶ **Magnolia Grill:** 157 Brooks St. SE., Tel. 850-302-0266, www.magnoliagrillfwb.com, Mo–Fr 11–14, Mo–Do 17–20, Fr/Sa 17–21 Uhr. Wunderbare norditalienische Küche. Hauptgerichte ab 14 $.

Meeresfrüchte ▶ **Old Bay Steamer:** 102 Santa Rosa Blvd., Tel. 850-664-2795, tgl. ab 16 Uhr. Beliebtes Restaurant mit großer Auswahl an Krabben-, Krebs, Muschel- und Fischgerichten, aber auch Grillrippen oder Hühnchen. Gerichte 9–29 $.

Interessante Speisekarte ▶ **Mullhollows Bistro 215:** 215 Miracle Strip Pkwy 1, Tel. 850-796-3663. Lunch-Restaurant, am Wochenende auch abends, vom Mahi-Mahi-Sandwich bis zum Nudelgerich Phat Thai. Gerichte 10–20 $.

Einkaufen

Outlet-Mall ▶ **Silver Sands Factory Stores:** 10562 Emerald Coast Pkwy, an der US 98 zwischen Destin und Sandestin, Tel. 850-864-9771, www.silversandsoutlet.com. Mit mehr als 100 Markenfabrikanten zu vergünstigten Preisen, von Geschirr (z. B. Bose, Waterford) bis zu Liz-Claiborne-Moden u. v. m.

Abends & Nachts

... in Destin (8 Meilen östl. von Fort Walton Beach)

Reggae und Austern ▶ **AJ's Seafood & Oyster Bar:** 116 Harbor Blvd., Tel. 850-837-1913. Im Sommer Reggae unter dem Sonnenschirm im Freien; frittierten Fisch und frische Austern gibt's zu jeder Jahreszeit.

... in Santa Rosa bei Grayton Beach (ca. 25 Meilen östl. von Fort Walton Beach)

Jazz ▶ **The Red Bar:** 70 Hotz Ave., Santa Rosa Beach bei Grayton Beach, Tel. 850-231-1008, http://theredbar.com. Jeden Abend guter Jazz, Cocktails und kleine Gerichte wie gebackene Aubergine mit Jakobsmuscheln.

Aktiv

Segeltouren, Minikreuzfahrten ▶ **Capt. Rex's Sailing Adventure:** Tel. 850-650-8787, www.bowditchsailing.com. Sunset Cruises im Golf, mit Snacks und Getränken für 45 $, eine mehrstündige Wein-und-Käse-Kreuzfahrt mit dem Segler kostet 65 $/Pers.

... in Destin

Wassersport ▶ **Gilligan's Watersports:** 530 Hwy 98 E., am Hafen, Tel. 850-650-9000, http://gilligansofdestin.com. Parasailing, Vermietung von Waverunnern (75 $/ Std.) oder Touren mit ihnen und Pontonbooten. **Scuba Tech Diving Charters:** 301 Harbor Blvd./US 98 E., Tel. 850-837-2822, www.scubatechnwfl.com. Mit allen Lizenzen ausgestattet, Verleih von Ausrüstung, diverse Kurse, Schnorchel- und Tauchtouren, ab 89 $/4 Std.

Verkehr

Trolleybus: Im Sommer fährt der Beach Shuttle Bus Service alle 20 Min. auf Okaloosa Island hin und her, tgl. 7–22, im Winter Mo–Sa 8–19 Uhr, Ticketpreis 1 $.

Pensacola ▶ 2, K 11

Die mit 57 000 Einwohnern größte Stadt des Florida Panhandle, des ›Pfannenstiels‹, möchte auch als älteste europäische Siedlung in Nordamerika gelten. Der Spanier Tristan de Luna errichtete mit 1500 Gefolgsleuten schon 1559, und damit sechs Jahre vor der Gründung von St. Augustine, eine allerdings kurzlebige Niederlassung in der Bucht von Pensacola. Nach diesem ersten Kolonisationsversuch wechselte der Ort mehr als ein dutzendmal zwischen Spaniern, Franzosen, Engländern und Konföderierten den Besitzer, bis er nach dem Ende des Bürgerkriegs endgültig an die USA fiel. Die Landung von Tristan de Luna wird alljährlich im Mai farbenprächtig nachgespielt, anschließend erinnert die Stadt mit der »Fiesta of Five Flags« an ihre lebhafte Geschichte.

Seville District

Der Seville District, das historische Stadtzentrum mit Häusern aus dem 18. und 19. Jh., erstreckt sich um den Seville Square. Im **Historic Pensacola Village** wurden diverse Gebäude restauriert, die besichtigt werden können (Tel. 850-595-5985, www.historicpensacola.org, Di–Sa 10–16 Uhr). Im Palafox Historic District präsentiert das **T. T. Wentworth Florida State Museum** im früheren Rathaus eine lückenlose Darstellung der Regionalgeschichte (330 S. Jefferson St., Tel. 850-595-5990, www.historicpensacola.org, Di–Sa 10–16 Uhr, Erw. 6 $, erm. 5 $). Auch im North Hill Preservation District wurden zahlreiche Gebäude aus der Zeit bis 1930 restauriert und unter Denkmalschutz gestellt.

Nat. Museum of Naval Aviation

Das National Museum of Naval Aviation auf dem Areal der Naval Air Station im Westen des Ortes zeigt von den ersten Doppeldeckern bis zum Nachbau des Kommandomoduls der Weltraumstation Skylab alles, was mit der Marinefliegerei der USA zu tun hat (1750 Radford Blvd., Tel. 850-452-3604, www.navalaviationmuseum.org, Eintritt frei).

Fort Barrancas

Fort Barrancas, 1797 noch von den Spaniern zum Schutz der Hafeneinfahrt von Pensacola als »Bateria de San Antonio« erbaut, liegt zwar auf dem Gelände der Naval Air Station, ist jedoch der Öffentlichkeit zugänglich (Taylor Rd., Tel. 850-455-5167, http://www.nps.gov/guis/planyourvisit/fort-barrancas.htm, März–Okt. 9.30–16.45, Nov., Febr. 8.30–15.45 Uhr).

Fort Pickens

Das 1829 bis 1834 am Westende von Santa Rosa Island aus Backstein errichtete fünfeckige Fort Pickens bewacht den Zugang zur Pensacola Bay. Während des Bürgerkriegs lieferten sich Konföderierte, die Fort Barrancas besetzt hielten, mit Unionssoldaten in Fort Pickens Artillerieduelle. Ein Museum erklärt Besuchern der mächtigen Festungsruinen die Geschichte des Forts und informiert über die Tier- und Pflanzenwelt der Küstenlandschaften (Fort Pickens Rd., Tel. 850-934-2635, www.nps.gov/guis, Gelände tgl. 7–22, Fort 8 Uhr bis Sonnenuntergang).

Schon zwischen 1886 und 1888 machten Wochenendausflügler nach Santa Rosa Island hier Station, um einen Blick auf den Apachenhäuptling Geronimo zu werfen, der in den Kasematten gefangengehalten wurde.

Strände

Die Strände der vorgelagerten, schmalen Inseln sind nur an wenigen Stellen wie in Pensacola Beach dichter bebaut und laden ansonsten zum nahezu ungestörten Bad im türkisblauen Wasser des Golfs von Mexiko ein. Vor der Küste liegt seit 2006 mit dem hier versenkten ausgedienten Flugzeugträger »USS Oriskaby« das größte künstliche Riff der Welt in 70 m Tiefe.

Infos

Convention & Visitors Center: 1401 E. Gregory St., Tel. 850-434-1234, www.visitpensacola.com, Mo–Fr 8–17, Sa 9–16, So 11–16 Uhr.

Übernachten

Unübersehbar ▶ **Hilton Pensacola Beach Gulf Front:** 12 Via de Luna Dr., Tel. 850-916-2999, www1.hilton.com. 16-stöckige Strandhotel mit Poollandschaft und 275 Zimmern

Hier feiert sich die US Navy: National Museum of Naval Aviation

und Suiten, einige davon mit Küchenzeile. Videospiele, kostenpflichtiger Internetzugang, Fitnessraum, Sauna. DZ ab 140 $.

Am Strand ▶ **Holiday Inn Express Pensacola Beach:** 333 Fort Pickens Rd., Tel. 850-932-3536, www.hiexpress.com. Freundlich eingerichtetes Strandhotel auf Santa Rosa Island. DZ ab 95 $.

Im Palafox District ▶ **New World Landing:** 600 S. Palafox St., Tel. 850-432-4111, www.newworldlanding.com. Boutique-Hotel mit nur 15 Zimmern und italienischem Restaurant 600 South. DZ ab 70 $.

Camping ▶ **Big Lagoon State Park:** 12301 Gulf Beach Hwy, Tel. 850-492-1595, http://floridastateparks.org/biglagoon. 75 Stellplätze in attraktivem Naturgelände für Zelte und Wohnmobile. Stellplätze für max. 8 Pers. 20 $.

Essen & Trinken

Steaks ▶ **The Angus Restaurant:** 1101 Scenic Hwy., Pensacola, Tel. 850-432-0539, www.anguspensacola.com. Angus Steaks, Prime Rib oder Filet Mignon sind die Spezialitäten des Hauses; auch einige Fischgerichte, dazu süße Verführungen zum Dessert. Di–Sa ab 17 Uhr, So–Mo geschl., Gerichte 14–29 $.

Meeresfrüchte ▶ **Flounder's Chowder House:** 800 Quietwater Beach Rd., Pensacola Beach, Tel. 850-932-2003, www.flounderschowderhouse.com. Große Portionen von gefüllter Scholle und anderen Meerestieren, Terrasse. Im Sommer mit Musikprogramm, Gerichte 10–28 $.

Frühstück ▶ **Native Café:** 45A Via De Luna Dr., Pensacola Beach, Tel. 850-934-1848, www.thenativecafe.com. Einfach, frisch, gut. Frühstück und kleine Speisen wie die köstli-

chen Fisch-Tacos, gibt es täglich von 7.30–15 Uhr. Gerichte 5–19 $.

Einkaufen

Kunst und Kunsthandwerk ▶ Quayside Gallery: Plaza Ferdinand/17 E. Zarragossa Street, Tel. 850-438-2363, www.quayside gallery.com. Mo–Sa 10–17, So 13–17 Uhr. Große Verkaufsausstellung von fast 100 Künstlern der Region.

Abends & Nachts

Disco ▶ Seville Quarter: 130 E. Government St., Tel. 850-434-6211, www.sevillequarter.com, Mo–Sa 11–3, So 17–3 Uhr. Allround-Diskothek mit mehreren Bars und diversen Imbissangeboten.

Theater ▶ Saenger Theatre: 118 S. Palafox Pl., Tel. 850-595-3880, www.pensacolasaen ger.com. Restauriertes ehemaliges Vaudeville-Theater von 1925 mit wechselndem Programm, auch Musicals und Shows.

Aktiv

Kanuverleih ▶ Adventures Unlimited: 8974 Tomahawk Landing Rd., Milton, Tel. 850-623-6197, www.adventuresunlimited. com. Bootsverleih und Trips ab 25 $. 20 Meilen nördlich von Pensacola beginnt das Kanu- und Kajakparadies. Der Bundesstaat Florida hat den kleinen Ort Milton zu seiner ›Kanu-Hauptstadt‹ erklärt. Gepaddelt wird im Blackwater River State Park und umliegenden Creeks.

Wassersport ▶ MBT Dive and Surf: 3920 Barrancas Ave., Tel. 850-455-7702, www.mb tdivers.com. Verleih von Tauchausrüstung (ca. 40 $/Tag), Kurse und Tauchtrips. **Radical Rides:** 444 Pensacola Beach Blvd., Tel. 850-934-9743, www.radicalrides.com. Verleiht Ponton-Boote, Windsurfbretter, Waverunner und Wasserski; auch Touren, ab 25 $.

Termine

Pensacola JazzFest: 2. Wochenende im April rund um den Seville Square, mit nationalen Top Acts.

Fiesta of Five Flags: Anfang Juni, www.fies taoffiveflags.org. Paraden, Konzerte und szenische Darstellung der Landung spanischer Konquistadoren unter Tristan de Luna 1559.

Great Gulfcoast Arts Festival: 1. Wochenende im Nov. 200 Künstler stellen rund um den Seville Square aus, dazu gibt es Musik, Essensstände und ein spezielles Kinderprogramm, www.ggaf.org.

Blue Angels Homecoming: Im November. Pensacola Naval Air Station, www.bluean gels.navy.mil. Die Navy-Kunstflugstaffel der Blue Angels zeigt die letzte Show des Jahres vor heimischem Publikum.

Verkehr

Bus: Greyhound, 505 W. Burgess Rd., Tel. 850-476-4800, www.greyhound.com.

Nahverkehr: ECAT Beach Trolley: Tel. 850-595-3228, www.goecat.com. In den Sommermonaten fährt der nostalgische Trolleybus kostenlos und mit zahlreichen Stopps die Strandstraße von Pensacola Beach entlang.

Afton Villa Gardens, St. Francisville

Kapitel 4

Louisiana, Mississippi und Alabama

In den drei Bundesstaaten zwischen den Appalachen und dem Mississippi ist der ›tiefe Süden‹, hier regierte lange ›König Baumwolle‹, in Alabama schlug die Geburtsstunde der Konföderation und vielerorts ist der Geburtstag ihres Präsidenten Jefferson Davis ein Feiertag. Die Plantagenvillen entlang des Mississippi gehören zu den prächtigsten in den gesamten USA. In New Orleans wurde der Jazz und auf den Plantagen im Mississippi-Delta zwischen Vicksburg und Memphis der Blues geboren.

Doch die alten Klischees ziehen nicht mehr. In Mississippi hat die Bürgerrechtsbewegung enorme Erfolge erzielt, im Space Flight Center von Huntsville in Alabama wird die Weltraumtechnologie der USA vorangetrieben, in Mississippi und Louisiana ziehen Spielkasinos wie sonst nur noch in Las Vegas Besucher von nah und fern an.

Das französische Erbe ist vor allem in Louisiana noch immer spürbar. Flussarme heißen hier »Bayous«, die Countys nennt man »Parishes«. Mehr als eine Million seiner Einwohner sprechen noch die Sprache des einstigen Mutterlandes. Auch die Küche des Südens ist mit französischen Kochtraditionen eine glückliche Verbindung eingegangen und begeistert selbst Gourmets mit Cajun-Gerichten oder feineren kreolischen Speisen.

Mit Unbilden der Natur, Hurrikans, Tornados oder Überschwemmungen geht die Region seit Menschengedenken um und hat sich bisher immer wieder aufgerappelt. Das gilt selbst für die Folgen der von Menschen verursachten Explosion der Deepwater-Ölplattform im Golf von Mexiko.

Auf einen Blick

Louisiana, Mississippi und Alabama

Sehenswert

10 New Orleans: Im French Quarter und im Garden District sieht es so aus, als wenn die Stadt nie die Folgen eines Hurrikans erleiden musste (s. S. 314).

11 Natchez Trace Parkway: Der alte Indianer- und Trapperpfad zwischen Natchez und Memphis ist eine Panoramastraße durch Natur und Geschichte (s. S. 358).

12 Vicksburg National Military Park: Erst nach 47-tägiger Belagerung konnte General Grant das ›Gibraltar des Südens‹ erobern; u. a. sind das Schlachtfeld und die Schützengräben rekonstruiert (s. S. 360).

13 U. S. Space & Rocket Center: In Huntsville hat die NASA u. a. die Raketen für ihre Mondmissionen konstruiert. Zur Ausstellung vieler ziviler und militärischer Raketen und Weltraummodule gehört auch ein Space Shuttle (s. S. 373).

Schöne Routen

Zwischen New Orleans und Baton Rouge – Plantagenvillen am Mississippi: Die River Road zieht sich von New Orleans am Mississippi entlang nach Norden. Einige der prächtigsten Plantagenvillen erzählen von vergangenen Zeiten, ebenso wie die Hütten, in denen die Arbeitssklaven wohnten (s. S. 339).

Auf dem Blues Trail durch das Mississippi-Delta: Im Schwemmland zwischen Mississippi und Yazoo River wachsen Baumwolle, Soja und Reis. Eine markierte Strecke führt zu den Geburtsorten des Blues (s. S. 361).

Auf dem National Historic Trail von Selma nach Montgomery und Tuskegee: Bürgerrechtler machten sich 1965 auf den Weg von Selma nach Montgomery, wo sich Rosa Parks fünf Jahre zuvor geweigert hatte, von einem Bussitzplatz für Weiße aufzustehen. In Tuskegee lernten Sklaven schon 90 Jahre vorher Lesen und Schreiben (s. S. 378).

Meine Tipps

Zum Mardi Gras an die Golfküste: Der ›fette Dienstag‹ wird an der Golfküste zwischen Mobile in Alabama bis nach Louisiana gefeiert (s. S. 338).

Poverty Point – ein indianisches Stonehenge: Vor mehr als 3500 Jahren errichteten Indianer die Hügel ihrer Kultanlage, etwa zur gleichen Zeit, wie das südenglische Stonehenge entstand (s. S. 348).

Natchez Indian Village: Die streng hierarchisch organisierten Natchez-Indianer leisteten den Franzosen hartnäckig Widerstand. Ihre 1729 zerstörte Siedlung wurde als Museumsdorf rekonstruiert (s. S. 355).

Birmingham Civil Rights Institute: Das Museum verbindet die Geschichte der Arbeitskämpfe in der Stahlindustrie mit dem weltweiten Kampf um die Durchsetzung der Menschenrechte (s. S. 371).

aktiv unterwegs

Swamp-Tour im Atchafalaya Basin: Eine Bootstour im Mündungsgebiet des Mississippi führt durch eine urtümliche Welt, in der allein die Tiere eine Rolle zu spielen scheinen (s. S. 337).

Zu Fuß auf Ship Island vor der Küste von Mississippi: Abgesehen von einem National Park Ranger ist die schmale Insel unbewohnt und dennoch gibt es viel zu erkunden, natürlich zu Fuß (s. S. 352).

Auf dem Lickskillet Trail im Lake Guntersville State Park: Der großflächige Stausee ist mit der Bändigung des Tennessee River entstanden. Im dazugehörigen State Park führen Wanderwege entlang der Seeufer und Bäche sowie auf die Hügel. Der etwa 5 Meilen lange Lickskillet-Rundweg verläuft auf schönen Waldstrecken, teilweise mit Seeblick (s. S. 374).

Louisiana

Ein Potpourri der Kulturen hat sich am Unterlauf des Mississippi versammelt – indianisches Erbe, dazu spanische, französische, afrikanische und angelsächsische Einflüsse. Jazz, Cajun- und Zydeco-Musik wurden in Louisiana aus der Taufe gehoben. Für viele Besucher ist schon die köstliche kreolische Küche eine Reise wert.

10 New Orleans ▸ 3, G/H 11

Cityplan: S. 316

New Orleans ist eine Stadt, die zu ausgedehnten Spaziergängen einlädt. Irgendwo ist immer etwas los. Auf dem Jackson Square bieten jugendliche Breakdancer nachmittags vor der St. Louis Cathedral Straßenartistik dar, spätabends bläst dort ein einsamer, schwarzer Posaunist melancholische Melodien. Zwei Straßen weiter, Ecke Bourbon und Conti Street, musiziert eine Dixieland-Band. Auf dem Bürgersteig unterhält ein Pantomime die Gäste der überfüllten Terrasse des Café du Monde, während am French Market gleich daneben ein ehemaliger US-Schachgroßmeister die Vorübergehenden zum Vergleich der Talente einlädt – gegen Dollars natürlich.

Im French Quarter ist es turbulent wie eh und je, aus geöffneten Türen von Restaurants und Bars dringt Jazzmusik auf die Bourbon oder die St. Peter Street. Und die Straßenbahnen zuckeln an der Riverfront, der Canal Street und die St. Charles Avenue entlang, als wenn nie etwas gewesen wäre. Dabei liegt die Katastrophe noch nicht lange zurück.

Als der Hurrikan Katrina am 29. August 2005 die Küste erreichte und die Deiche am Lake Pontchartrain dem Druck nicht Stand hielten, standen kurze Zeit später große Teile von New Orleans bis zu 5 m unter Wasser. Die Stadt musste mindestens 1500 Menschenleben beklagen und die Kritik an der fernen Regierung in Washington will bis heute nicht verstummen, zu spät und nicht mit dem notwendigen Engagement eingegriffen zu haben. Auch viele Initiativen und gemeinnützige Organisationen haben diejenigen unterstützt, die in besonders betroffenen Wohngebieten alles verloren hatten. Betrug die Bevölkerung der Stadt im Jahre 2000 knapp 490 000 Einwohner, war diese Zahl 10 Jahre später auf knapp 350 000 gesunken. Allein fast 120 000 Afroamerikaner, die in Stadtvierteln wie dem 9. Ward besonders von der Flut betroffen waren, sind nicht in ihre Heimatstadt zurückgekehrt.

Dennoch ist auch in den Stadtquartieren, die Besucher nur selten zu Gesicht bekommen, langsam urbanes Leben zurückgekehrt. Steigende Besucherzahlen helfen der Stadt auch die Problemgebiete weiter zu entwickeln. Schon 2006 feierte New Orleans – aus Trotz – den Mardi Gras und das Jazz & Heritage Festival. Die Zahl der Restaurants ist nach Katrina inzwischen sogar um mehr als 200 gestiegen. Inzwischen sind auch die Kongresse, große Sportereignisse und Konzerte zurückgekommen. Und der erstmalige Gewinn des *Super Bowl,* des Endspiels der Football-Profiliga, im Jahr 2010 durch die New Orleans Saints hat dem Selbstbewusstsein der ganzen Region einen Schub verpasst. Der *Super Bowl,* das bedeutendste nationale Sportereignis der USA, wird 2013 im Superdome von New Orleans, ausgetragen.

Stadtgeschichte

Heutige Stadtplaner hätten Jean-Baptiste le Moyne, Sieur de Bienville, dringend abgeraten, ausgerechnet an dieser ›wundervollen

Doppelkurve‹ des Mississippi den Grundstein für die Stadt New Orleans zu legen; auf einer feuchten Wiese, mehr als 1 m unterhalb des Meeresspiegels, regelmäßig vom Hochwasser des Flusses überschwemmt. Unbeeindruckt von derlei Nachteilen ließ der Franzose die Niederungen von Strafgefangenen mit Zypressenholz und Austernmuscheln auffüllen und einen Wall als Hochwasserschutz um die geplante Siedlung errichten. Diese nannte er zu Ehren des mächtigen Regenten Louis XV., Herzog von Orléans, Nouvelle Orléans.

Ziel der kühnen Stadtgründung im Jahr 1718 war die Kontrolle über den mächtigen Strom, den Mississippi, der mit seinen Nebenflüssen als Handelsverbindung bis an die Großen Seen weit im Norden reichte. Den an Handelsprofiten interessierten Franzosen war daran gelegen, dass keine andere europäische Macht über das Mündungsgebiet dieser Verkehrsader gebot. Die große Entfernung zum Mutterland, Kriege in Europa und bewaffnete Auseinandersetzungen mit England auch in Nordamerika begrenzten zunächst das Wachstum der französischen Kolonie. Dennoch, französische Lebensart und der in der Karibik erprobte Baustil mit überdachten Balkonen und Terrassen, die in den Häusern für Kühle sorgten, prägten die neue Metropole. Auch nachdem Stadt und Region zwischenzeitlich unter spanische Regentschaft gekommen waren, änderte sich für die Bewohner von New Orleans nicht allzu viel.

Erst als US-Präsident Jefferson 1803 auf das Angebot Napoleons einging, den Kolonialbesitz in Nordamerika für 15 Mio. $ zu kaufen, wehte auch in der Stadt am Unterlauf des Mississippi ein anderer Wind. Plötzlich waren die farbigen Mitbürger ihrer Rechte beraubt, Ehen zwischen Weißen und Schwarzen galten als Todsünde. Doch protestantische Arbeitsethik und der Glaube an den Fortschritt konnten sich trotz des Zustroms englischsprachiger Siedler nicht recht durchsetzen. New Orleans blieb eine Exklave erfrischender Laszivität, die auch von den Nachkommen der Pilgerväter bis heute gern besucht wird.

Nahe der Ufer des Mississippi und in dessen Hinterland pflückten aus Westafrika ›importierte‹ Sklaven auf riesigen Plantagen Baumwolle, produzierten Zucker sowie Indigo und erarbeiteten so den Reichtum, der in den palastartigen Villen der Plantagenbesitzer zum Ausdruck kam. New Orleans entwickelte sich zum größten Baumwollhafen seiner Zeit, auf dem Sklavenmarkt der Stadt tätigten 200 Händler ihre Geschäfte. Als Trennungslinie zwischen den Nachkommen der französischen und spanischen Siedler, die im Vieux Carré, dem French Quarter, wohnten, und den englischsprachigen Amerikanern, die ihre Prachtvillen im Garden District errichteten, bildete sich die Canal Street heraus.

Musikmetropole

Kreolen und Schwarze, Spanier und französischsprachige Cajun schufen mit anderen Minderheiten den Nährboden, der die Stadt zum Geburtsort des Jazz und zu einer einzigartigen Musikmetropole werden ließ. Der Reichtum an Stilrichtungen, die in New Orleans gedeihen und sich gegenseitig beeinflussen, machen die heutige Musikszene so spannend: Gospel, Blues, Traditional Jazz, Soul, Rock 'n' Roll, Barrelhouse, Swing, Bebop, Cajun-Musik und ihr schwarzes Gegenstück Zydeco.

Für Jazz- und Bluesliebhaber ist das Jazz & Heritage Festival Ende April das wichtigste Ereignis des Jahres. Alle Hotels in der Stadt sind lange im Voraus ausgebucht, und mehr als 70 000 Besucher füllen die Zuschauerplätze vor den Bühnen am Messegelände, um sich im Takt der Musik der Neville Brothers, von Fats Domino oder Ray Charles zu bewegen. In Dutzenden von Musikkneipen und Bars finden sich abends Musiker zu *Jam Sessions* zusammen, lange nachdem das offizielle Programm beendet ist.

Mardi Gras

Französische Traditionen spiegeln sich in den Restaurants wider, in denen sich die karibisch inspirierte Küche der Kreolen aufs angenehmste mit der ländlichen Cajun-Tradition mischt. Auch der Karneval, der Mardi Gras, hat seine Wurzeln in Frankreich. Am ›fetten Dienstag‹ vor Aschermittwoch erreicht die

New Orleans

Sehenswert

1 Jackson Square
2 St. Louis Cathedral
3 Presbytère
4 Cabildo
5 Pharmacy Museum
6 Napoleon House
7 Preservation Hall
8 Voodoo Museum
9 Ursulinenkonvent
10 Old US-Mint
11 St. Louis Cemetery No. 1
12 Audubon Insectarium
13 Aquarium of the Americas
14 National WW II Museum
15 Ogden Museum of Southern Art
16 Blaine Kern's Mardi Gras World
17 Louisiana Superdome
18 Audubon Zoo

Übernachten

1 Melrose Mansion
2 Monteleone
3 W French Quarter
4 Chateau Hotel
5 AAE Bourbon House Hostel
6 KOA New Orleans West

Essen & Trinken

1 Bayona
2 K-Paul's Louisiana Kitchen
3 Emeril's
4 Acme's Oyster House
5 Praline Connection
6 Crescent City Brewhouse
7 Café du Monde

Einkaufen

1 French Market
2 Leah's Pralines
3 New Orleans Masks
4 Joshua Mann Pailet A Gallery
5 Louisiana Music Factory
6 Dirty Coast
7 Jeantherapy
8 UAL

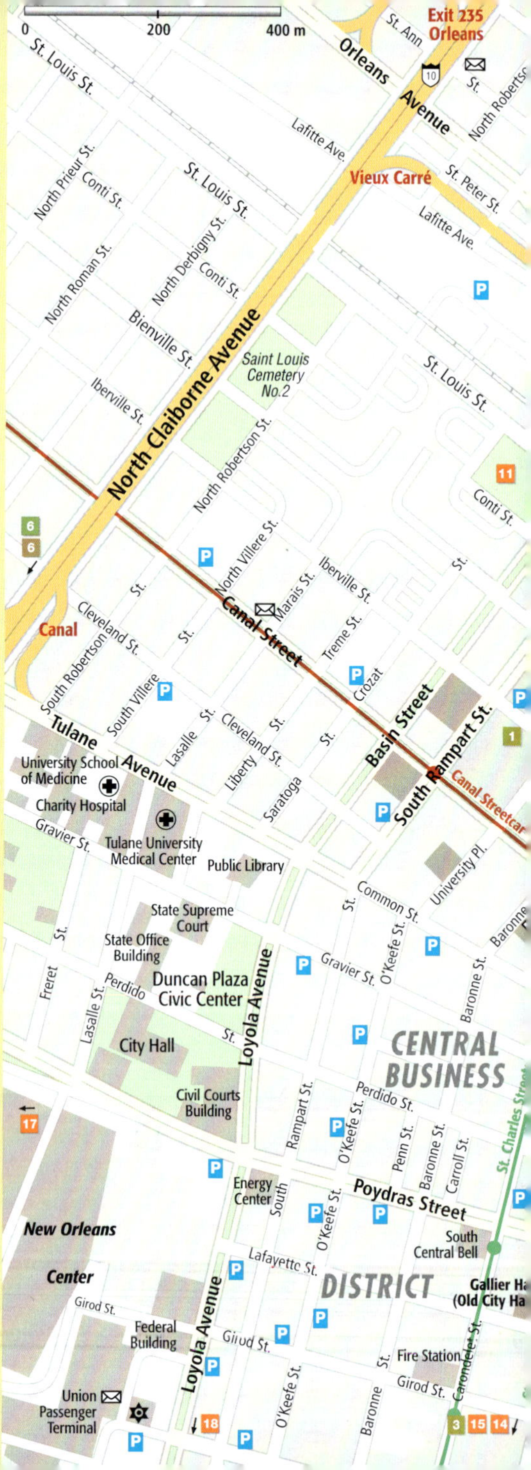

FRENCH QUARTER
(VIEUX CARRÉ)
Louis Armstrong Park
Treme Community Center
Saint Augustine
Jazz and Heritage Foundation
Saint Mary
Cabrini Playground
Thierry House
Mahalia Jackson Theater
Municipal Auditorium
Beauregard Square
Congo Square
Architects Row
Haunted House
Lafitte's Blacksmith Shop
Firemark House
Latrobe Park
Farmers Market
Community Flea Market
Riverside Market
Maison de Ville
Historic New Orleans Collection
Le Petit Théâtre
Washington Artillery Park
Moonwalk
Jackson Brewery
Toulouse St. Wharf
The Natchez (Steamboat)
Vieux Carré Commission
Court Building
Galatoire's
Old Absinthe House
Our Lady of Guadalupe
Riverfront Streetcar
Woldenberg Park
Downriver
Mississippi River
Canal St. Ferry
Royal Saint Charles
Chamber of Commerce
Board of Trade
Canal Place
Southern Rep. Theater
Entergy IMAX
Canal St. Wharf
Spanish Plaza
Creole Queen (Riverboat)
World Trade Center
Place de France
Piazza d'Italia
Riverwalk
Lafayette Square
Hale Boggs Federal Building
Court of Appeals
Esplanade Avenue
North Rampart Street
Decatur Street
North Peters Street
Canal Street
Poydras Street
South Peters Street
Basin Street
St. Charles Ave.
Tchoupitoulas St.
Ursulines St.
Governor Nicholls St.
Barracks St.
Dumaine St.
St. Philip St.
St. Ann St.
St. Peter St.
Toulouse St.
St. Louis St.
Conti St.
Bienville St.
Iberville St.
Burgundy St.
Dauphine St.
Bourbon St.
Royal St.
Chartres St.
Pirate's Alley
Père Antoine's Alley
Orleans St.
Madison St.
Wilkinson St.
Exchange Alley
French Market Pl.
Frenchmen St.
Touro St.
Pauger St.
Kerlerec St.
Marais St.
Treme St.
North Villere St.
St. Claude St.
Clay St.
North Front St.
Gravier St.
Common St.
Camp St.
Picayune Pl.
Magazine St.
Natchez St.
Constance St.
Fulton St.
North Maestri St.
South Maestri St.

New Orleans

Abends & Nachts
1 House of Blues
2 Tipitina's
3 Pat O'Brien's
4 Spotted Cat
5 Harrah's Casino

Aktiv
1 Magic Walking Tours
2 Jean Lafitte Nat. Hist. Park
3 Save our Cemeteries
4 Steamboat Natchez
5 New Orleans School of Cooking

Karnevalsaison ihren Höhepunkt, wenn sich eine endlose Parade von *marching bands* und Festwagen durch die Canal Street und das mit tanzenden und singenden Menschen überfüllte French Quarter wälzt. Es gibt mehr als 60 Karnevalsvereine in der Stadt, von Vereinen der weißen Oberschicht, der Mystik Crewe of Momus, bis hin zum schwarzen Crewe of Zulu. Die Karnevalsfarben Purpurrot, Grün und Gold beherrschen das Stadtbild, sie hängen als Trikolore von den Balkonen im French Quarter oder flattern von den Fahnenmasten im Garden District und in den wohlhabenden Vororten. Der Karneval ist nicht allein Besucherattraktion, sondern ein großes Familienfest. Eine ganze Stadt kostümiert sich, selbst die Kassiererin im Supermarkt oder der Verkehrspolizist. Eltern und Kinder postieren sich rechtzeitig an den Routen der Umzüge und breiten ein mitgebrachtes Picknick aus.

Rund um den Jackson Square

Ein Rundgang durch das Zentrum mit dem munteren Leben und Treiben auf den schmalen Straßen, mit verträumten Patios, mit grünen Rankgewächsen, mit schmiedeeisernem Zierrat an den umlaufenden Balkonen und mit Springbrunnen in vielen Hinterhöfen macht mit der Stadt vertraut, die sich auch Big Easy nennt. Der **Jackson Square** 1 im French Quarter, mit Grünflächen und einer Reiterstatue von General Andrew Jackson, ist ein idealer Ausgangs- und Orientierungspunkt. Der Blickfang des Platzes, die dreitürmige **St. Louis Cathedral** 2, wurde 1794 unter spanischer Herrschaft fertiggestellt und 1851 mit einer neuen Fassade versehen. Das Wandgemälde über dem Hochaltar zeigt den Schutzpatron der Bischofskirche, Ludwig IX., der auf den Treppen der Kathedrale von Notre Dame in Paris zum siebten Kreuzzug aufruft. Vor der Marienstatue im Kircheninneren betete Papst Johannes Paul II. 1987 bei seinem Besuch von New Orleans (Jackson Sq., Tel. 504-861-9521, www.st.louiscathedral.org, Mo–Sa 9–17, So 13–17 Uhr).

Von den Zwillingsgebäuden rechts und links der Kirche sollte das **Presbytère** 3 als Pfarrhaus dienen, heute informieren Ausstellungen über Mardi Gras und andere Aspekte der Regionalgeschichte (751 Chartres St., Tel. 504-568-6968, http://lsm.crt.state.la.us/presbex.htm, Di–So 9–17 Uhr, Erw. 6 $, Kinder bis 12 J. frei).

Rechts, im **Cabildo** 4**,** trat einst der spanische Thronrat zusammen. im Jahr 1803 übergaben hier die französischen Gesandten Vertretern der amerikanischen Regierung die Dokumente zur Übereignung der französischen Kolonie Louisiana. Besucher können sich in einer Ausstellung über die Geschichte des Bundesstaates von seiner Entdeckung durch europäische Eroberer bis in die heutige Zeit informieren (701 Chartres St., Tel. 504-568-3660, http://lsm.crt.state.la.us, Di–So 10–16.30 Uhr, Erw. 6 $, Kinder bis 12 J. frei). In die **Pontalba Apartments** aus der Mitte des 19. Jh., die den Platz beidseitig flankieren, sind inzwischen Geschäfte, Restaurants, Bars und Büros eingezogen.

Der Jackson Square öffnet sich zum Mississippi. Ein Blick auf den Fluss, die Anleger der Schaufelraddampfer und die roten Triebwagen der *Ladies in Red* genannten Riverfront-Straßenbahn bietet sich allerdings erst nach Erklettern der Stufen auf die Deichkrone. Westlich des Platzes beginnt der **French Market** 1 hinter dem **Café du Monde** 7**,** das 24 Stunden am Tag Café au Lait mit Beignets, einem mit Puderzucker überstreuten Schmalzgebäck, serviert. In der lang gezogenen Passage des French und des anschließenden **Farmers Market** findet man

Die Architektur der Stadt: Ausdruck eines französisch-karibischen Lebensgefühls

Stände mit frischem Obst, Gemüse und Gewürzen, mit Kunsthandwerk, mit leckeren Pralinen sowie allerlei Schnickschnack.

Louis J. Dufilho eröffnete 1823 seine Apotheke in der Chartres Street. In den aus Deutschland importierten Regalen, Schubladen und Schränken aus Rosenholz werden im **Pharmacy Museum** 5 Arzneien, Heilkräuter, chirurgische Instrumente, aber auch allerlei Voodoo-Mittelchen aufbewahrt (514 Chartres St., Tel. 504-565-8027, www.pharmacymuseum.org, Mi–Fr 10–13, Sa 10–17 Uhr, Erw. 5 $).

Mitten im French Quarter

Das auch Vieux Carré, altes Viertel genannte French Quarter steckt voller Orte mit Geschichte und Geschichten. Da ist zum Beispiel das Haus an der Ecke der Rue St. Louis und der Rue Charles. Es gehörte einst dem Bürgermeister von New Orleans, Nicolas Girod, der gemeinsam mit dem legendären Piraten Jean Lafitte den auf die Insel St. Helena verbannten Napoleon befreien wollte. Sie renovierten und vergrößerten das Haus des Bürgermeisters, Schiffe wurden ausgerüstet, der deportierte Exkaiser war in den Plan eingeweiht. Napoleon selbst verdarb den glücklichen Ausgang der Geschichte durch seinen plötzlichen Tod.

Geblieben ist das eindrucksvolle **Napoleon House** 6 mit einem *Appartement de l'empereur* im ersten Stock, das man besichtigen und für Banketts und Empfänge mieten kann. Die sehenswerte **Napoleon Bar** im Parterre, seit 1914 im Besitz italienischer Einwanderer, serviert köstliche Mufuletta und Po'Boy-Sandwiches (www.napoleonhouse.com, s. S. 324).

Nicht weit entfernt befindet sich eine der bekanntesten Institutionen der Stadt. In der **Preservation Hall** 7 gibt es kaum Sitzplätze, es werden keine Getränke ausgeschenkt, die Beleuchtung ist mehr als dürftig. Trotzdem bilden sich allabendlich lange Schlangen, denn ab 20 Uhr wird *Traditional Jazz* vom Allerfeinsten gespielt, der durch die stets geöffneten Türen auch draußen auf der Straße zu hören ist (726 St. Peter St., Tel. 504-522-2841, http://preservationhall.com, tgl. 20–23 Uhr).

Das **Voodoo Museum** 8 an der Ecke von Royal und Dumaine Street präsentiert Talismane, Mittel zum Heilen und Verwünschen, erläutert die afrikanischen und karibischen Wurzeln des Voodoo-Glaubens, die Geschichte der *Voodoo Queens* und vermittelt praktische Anleitungen und Rezepturen. Etwa 20 000 meist afroamerikanische Anhänger des Voodoo-Glaubens, so wird geschätzt, leben in New Orleans. Ihre Religion hat nur wenig zu tun mit den okkulten Fantasien, die in Hollywood-Filmen wie »Angel Heart« mit Robert de Niro und Mickey Rourke Gruselschauer über den Rücken jagen (724 Dumaine St., Tel. 504-680-0128, www.voodoomuseum.com, tgl. 10–18 Uhr, Erw. 7 $, Kinder unter 12 J. 3,50 $).

Ein Heilsglaube ganz besonderer Art bewegte die Nonnen des 1734 eingeweihten und hervorragend restaurierten **Ursulinenkonvents** 9, die mit nur vorübergehendem Erfolg versuchten, die Bewohner von Nouvelle Orléans auf den rechten Weg zurückzuführen. Das ehemalige Klostergebäude wird heute von der Erzdiözese als Archiv genutzt, kann jedoch besichtigt werden (1114 Chartres St., Tel. 504-529-2651, http://stlouiscathedral.org/convent.html, Führungen Di–Fr 10–15, Sa–So 11.15–14 Uhr).

Hinter dem Farmers Market gelangt man an der Esplanade Avenue zur ehemaligen Münzprägeanstalt **Old US-Mint** 10 aus der Mitte des 19. Jh., die bis 1920 in Betrieb war. Gegenwärtig wird das historische Gebäude zu einem Auftrittsort für Jazzmusiker umgestaltet, das außerdem Raritäten zur Geschichte des Jazz ausstellt, etwa das erste Cornett von Louis Armstrong und die Trompete von Dizzy Gillespie. Es wird dann Teil des **New Orleans Jazz National Historical Park** sein, zu dem auch ein Walk of Fame am Südufer des Mississippi und ein Spaziergang zu bedeutenden Orten des Jazz in der Stadt (www.nps.gov/jazz, s. Thema S. 322) gehört.

Am Rande des French Quarter

An der Basin Street, schon außerhalb des French Quarter, beginnt der **St. Louis Cemetery No. 1** 11. Auf dem Friedhof, auf dem die Toten wegen des hohen Grundwasserspiegels und in französischer Tradition in überirdischen Häuschen beigesetzt wurden, schmücken das Grab von Marie Laveau, einer legendären Voodoo-Priesterin des 19. Jh., magische weiße Kreuze (1300 St Louis St., Tel. 504-596-3050, tgl. 8–15 Uhr).

Nicht weit entfernt in der Iberville Street bietet sich das **Acme's Oyster House** 4 für eine kleine Stärkung an, eine Restaurant-Bar mit lauter Musik und Sportübertragungen auf mehreren Fernsehbildschirmen. Ein halbes Dutzend leckerer Louisiana-Austern *on the half shell* kosten hier gerade ein paar Dollars, dazu gibt es Weißwein, Dixie-Bier oder, wenn es sein muss, auch eine Cola. Kräftige Kellner öffnen mit einem Messer blitzschnell die köstlichen Austern und servieren sie mit einer scharfen Sauce und Käsecrackern. Nicht eine Spur leerer Vornehmheit, vielmehr ein Ort, wo das Essen und Reden mit den Nachbarn Spaß machen (s. S. 324).

Mit dem **Audubon Insectarium** 12 bietet eine weitere Einrichtung der renommierten Naturkundegesellschaft Einblicke in die vielfältige Welt der Insekten, zu der ebenfalls ein Aviarium für Schmetterlinge und eine Präsentation von überdimensionalen Insektenmodellen gehören, in der sich Menschen nicht größer als ein Käfer fühlen (423 Canal St., Tel. 1-800-774-7394, www.auduboninstitute.org/visit/insectarium, Di–So 10–17 Uhr, Erw. 15,95 $, Kinder 2–12 J. 10,95 $).

Geht man vom Jackson Square nach Süden an der früheren Jax Brewery vorbei und schlendert durch den Woldenberg Park am Mississippi entlang, erreicht man das **Aquarium of the Americas** 13. Auf dem Grund des fast 2 Mio. Liter fassenden Salzwassertanks, der Hauptattraktion des Aquariums, können Besucher durch einen Acryltunnel das rege Unterwasserleben betrachten. Die verschiedenen Bassins und Ausstellungen widmen sich dem Unterwasserleben in Nord- und Südamerika. Im benachbarten IMAX-Kino werden auf einer Riesenleinwand atemberaubende Filme zu Natur und Technik gezeigt (1 Canal St., Tel. 504-581-4629, www.audubon institute.org/visit/aquarium, Di–So 10–17 Uhr, Erw. 19,95 $, Kinder 2–12 J. 12,95 $).

Südlich des French Quarter

Südlich der Canal Street verlässt man das French Quarter. Im **National WW II Museum** 14 in der Magazine St. werden die verlustreiche Landung der Alliierten 1944 in der Normandie und andere Wendepunkte des Zweiten Weltkrieges dargestellt (945 Magazine

St., Te. 504-527-6012, www.ddaymuseum.org, tgl. 9–17 Uhr, Erw. 19 $, erm. 9 $).

Das **Ogden Museum of Southern Art** 15 gleich um die Ecke präsentiert in einer großen Schau Arbeiten von Künstlern aus den Südstaaten, Bilder, Skulpturen und Fotografien. Darunter sind auch Bilder und Keramikwerke von Walter Anderson und George Ohr von der Golfküste des Nachbarstaates Mississippi (925 Camp St., Tel. 504-539-9650, www.ogdenmuseum.org, Mi–So 10–17, Do bis 20 Uhr, Erw. 5 $).

Wer den Karneval liebt, wird nicht an **Blaine Kern's Mardi Gras World** 16 vorbeikommen. In der riesigen Halle am Flussufer des Garden District sind Dutzende der fantasievollen und bunten *Floats* genannten Paradewagen ausgestellt, die zu Mardi Gras durch die Stadt gefahren sind (1380 Port of New Orleans Place, Tel. 504-361-7821, www.mardigrasworld.com, Touren tgl. 9.30–16.30 Uhr, Erw. 19,95 $, Kinder unter 12 J. 12,95 $).

Man kann auch die grünen Waggons der **Straßenbahn** (s. S. 325) besteigen, die mit Tennessee Williams' Theaterstück »A Streetcar Named Desire« (»Endstation Sehnsucht«) in die Literaturgeschichte eingingen. Das nach wie vor wichtige öffentliche Verkehrsmittel zuckelt wie auf einer Stadtrundfahrt gemütlich die vornehme St. Charles Avenue entlang. Man passiert zunächst den Garden District und später den Audubon Park.

Bei der Poydras Street kann man in einigen Blocks Entfernung die Riesenkuppel des **Louisiana Superdome** 17, einer Multifunktionshalle mit 76 000 Sitzplätzen, ausmachen, die wie ein gigantisches Raumschiff zwischen den Häusern liegt (1500 Poydras St., Tel. 504-587-3663, www.superdome.com).

Wer beim Audubon Park aussteigt, kann durch die Grünanlagen Richtung Mississippi schlendern oder den Shuttlebus zum **Audubon Zoo** 18 besteigen. In einer subtropischen Landschaft mit unterschiedlich gestalteten Lebensräumen sind knapp 2000 Tiere zu Hause, darunter einige weiße Tiger sowie seltene weiße Alligatoren (6500 Magazine St., Tel. 504-581-4629, www.auduboninstitute.org, Di–So 10–17 Uhr, Erw. 15 $, Kinder 10 $).

Infos

New Orleans Convention & Visitors Bureau: 2020 St. Charles Ave., Tel. 504-566-5011, www.neworleanscvb.com, tgl. 9–17 Uhr).

Übernachten

Romantisch ▶ **Melrose Mansion** 1: 937 Esplanade Ave., Tel. 504-944-2255, www.melrosegroup.com. Luxuriöses kleines Hotel mit 10 Suiten in einem viktorianischen Gebäude am Rande des French Quarter. Innenhof mit Pool. Ab 225 $.

Im French Quarter ▶ **Monteleone** 2: 214 Royal St., Tel. 504-523-3341, http://hotelmonteleone.com. Renommiertes Traditionshotel mit 600 renovierten Zimmern im Herzen des French Quarter. DZ ab 170 $.

Designerhotel ▶ **W French Quarter** 3: 316 Chartres St., Tel. 504-581-1200, www.starwoodhotels.com. Durchgestylt von der Klobürste bis zum Stereoset, Pool am begrünten Innenhof. DZ ab 120 $.

Pool im Innenhof ▶ **Chateau Hotel** 4: 1001 Rue Chartres, Tel. 504-524-9639, www.chateauhotel.com. Gemütliche Herberge im French Quarter; es gibt ein kostenloses Frühstück inkl. Morgenzeitung. DZ ab 80 $.

Hostel ▶ **AAE Bourbon House Hostel** 5: 1660 Annunciation St., Tel. 504-644-2199, www.bourbon.aaeworldhotels.com. Einfache ordentliche Herberge im Garden District, Frühstück und Internet inkl., Fahrradvermietung. 15 $ (MBZ) bis 42 $ (DZ/Pers).

Camping ▶ **KOA New Orleans West** 6: 11129 Jefferson Hwy., River Ridge, Tel. 504-467-1792, www.koa.com. Gute Ausstattung, für Campmobile und Zelte. Platz für Campmobile ca. 42 $.

Essen & Trinken

Köstliche kulturelle Vielfalt ▶ **Bayona** 1: 430 Dauphine St., Tel. 405-525-4455, www.bayona.com, So geschl. Wunderbare Küche mit kulinarischen Zutaten aus vielen Kulturen und drei mit Kunst und Pflanzen dekorierten Speiseräumen. Hauptgerichte ab 28 $.

Cajun-Legende ▶ **K-Paul's Louisiana Kitchen** 2: 416 Chartres St., Tel. 504-596-2530, www.chefpaul.com, So geschl. Scharfe Deli-

New Orleans – Geburtsort des Jazz

Die Geschichte des Jazz ist mit Legenden, Mythen, Anekdoten und Halbwahrheiten verbunden, von denen zumindest eine zu stimmen scheint: Der Jazz wurde in New Orleans geboren. In der Hafenstadt am Mississippi kamen Einflüsse zusammen, die den Nährboden für eine neue musikalische Ausdrucksform bildeten.

Welche Stadt hätte besser geeignet sein können als New Orleans mit einer französischen und spanischen Vergangenheit, wo, anders als im puritanischen Neuengland, ausgelassene Musik nicht als Sünde verpönt war? New Orleans mit seiner heterogenen Bevölkerung, die ihre musikalischen Traditionen und Instrumente in die Neue Welt gebracht hatte. New Orleans, der Umschlagplatz für die Waren, die über den Mississippi weiterverschifft wurden. New Orleans mit seinen Vergnügungsvierteln, Tanzpalästen und Showbooten.

Das Ende des Bürgerkriegs bewirkte auch in New Orleans soziale Veränderungen. Ehemalige Sklaven strömten auf der Suche nach Arbeitsplätzen zu Tausenden in die Stadt. Mischlinge, die sich *créoles de couleur* nannten, sahen sich nach der Sklavenbefreiung deklassiert und gegenüber den ehemaligen Sklaven jäh ihrer einstigen Privilegien beraubt. Sie hatten vor dem Bürgerkrieg ein Leben in französischer Tradition geführt. Der Unterschied zwischen Freien und Sklaven wurde nun durch den von Schwarz und Weiß ersetzt.

Kreolische Musiker, die häufig eine Ausbildung in Orchestermusik erhalten hatten, spielten auf Tanzveranstaltungen und in Vergnügungsbetrieben. Meist hatten sie ihren ›ehrbaren‹ Beruf als Zimmerleute oder Hutmacher zugunsten des besser bezahlten Musikbetriebs aufgegeben.

So fügten sich im New Orleans des ausgehenden 19. Jh. verschiedene musikalische Komponenten zu etwas Neuem zusammen: Lieder der früheren Plantagensklaven des Südens, Shanties der schwarzen Seeleute von den Westindischen Inseln, *work songs* der Eisenbahnarbeiter, die kraftvollen religiösen Spirituals der schwarzen Baptistengemeinden, der volksliedhafte Blues mit afrikanischem Banjo, Mundharmonika und Waschbrett, die Blasmusik in der afroamerikanischen Bluestonalität und der Tradition europäischer Militärmärsche. Anregungen aus der europäischen Tanzmusik und der Volksmusik der Cajun aus dem Mississippi-Delta wurden schnell integriert, das Saxophon avancierte bald zu einem der beliebtesten Blasinstrumente.

Die Jahre zwischen 1890 und 1910 brachten in New Orleans zahlreiche Tanzkapellen und *brass bands* hervor. Sie spielten auf Festen, bei Beerdigungen, in den Tanzpalästen des Amüsierviertels von Storyville und auf den Showbooten des Mississippi. Die scharf gewürzte, synkopierte Tanzmusik hatte viele Bezeichnungen: *ragtime, fake music* oder einfach *low down music,* bis der zweideutige Begriff *jass,* der gleichfalls ›Liebe machen‹ bedeuten konnte, sich durchsetzte und dieser dann schließlich zu Jazz wurde. Mit der Erfindung der Schallplatte um die Wende zum 20. Jh. war die Voraussetzung geschaffen, den neuen Musikstil landesweit zu verbreiten.

Weiße Musiker wie die »Original Dixieland Jazz Band« tourten 1917 und 1918 über Chicago und New York bis nach London und popularisierten den häufig als ›anstößige Negermusik‹ bezeichneten und als verrufen gelten-

Thema

den Jazz auch in der weißen Mittelschicht der USA. Zu der zweiten Generation von Musikern aus New Orleans, die Jazzlegenden wie Buddy Bolden ablösten, gehörten Joseph King Oliver, Sidney Bechet, Edward Kid Ory und noch später Louis Armstrong. Sie machten Jazz in den USA endgültig salonfähig.

In den Jahren nach dem Ersten Weltkrieg verlagerte sich der Schwerpunkt der Musik- und Jazzszene in andere Regionen. Aus Sorge um die moralische Verfassung ihrer Matrosen hatte die US-Marine die Prostitution aus Storyville, dem Vergnügungsviertel von New Orleans, verbannt. Viele Etablissements schlossen und entließen ihre Musiker. Der durch die Kriegsproduktion verursachte Wirtschaftsboom an den Großen Seen und im Nordosten der USA lockte Hunderttausende Schwarze auf der Suche nach Arbeitsplätzen gen Norden. Chicago und bald darauf New York lösten New Orleans als Zentrum des Jazz ab.

Heute hat die Metropole am Mississippi wieder einen guten Klang als Stadt des Jazz. Das liegt nicht allein an der Preservation Hall, in der allabendlich *Traditional Jazz* der Spitzenklasse geboten wird. Allein in der Bourbon Street gibt es 20 Musiklokale mit Jazzkapellen. Alljährlich locken im Frühjahr das »French Quarter Festival« und wenig später das »Jazz & Heritage Festival« viele Tausend Musikenthusiasten in die Stadt. New Orleans fasziniert mit einer lebendigen Musikszene, in der ein ungeheurer Reichtum unterschiedlicher Stilrichtungen gedeiht und die immer wieder neue Talente wie zuletzt den neuen Posaunenstar Trombone Shorty hervorbringt.

Jazz in und aus New Orleans: Viele meinen, dass er nirgendwo besser klingt

katessen beim Altmeister der *Cajun Cuisine*, Hauptgerichte ab 27 $.

Essen beim TV-Star ▶ Emeril's 3: 800 Tchoupitoules St., Tel. 504-528-9393, www.emerils.com, 11.30–22 Uhr. Die berühmten kreolisch-kalifornischen Kompositionen gibt es inzwischen auch in anderen Städten der USA. Hauptgerichte ab 26 $.

Austern satt ▶ Acme's Oyster House 4: 724 Iberville St., Tel. 504-522-5973, www.acmeoyster.com, So–Do 11–22, Fr/Sa 11–23 Uhr. Lebhafte Austernbar ohne vornehme Attitüde, und das seit mehr als 100 Jahren. Das Dutzend Austern ab 13,50 $.

Hausmannkost ▶ Praline Connection 5: 542 Frenchman St., Tel. 504-943-3934, www.pralineconnection.com, Mo–Sa 11–22, So bis 21 Uhr. Vorzügliche kreolische und Cajun-Spezialitäten wie Jambalaya oder Crawfish Etoufée, gleich östlich des French Quarter. Hauptgerichte ab 12 $.

Eigene Brauerei ▶ Crescent City Brewhouse 6: 527 Decatur St., Tel. 504-522-05 71, www.crescentcitybrewhouse.com, Mo 11–17.30, Di–Do 11–22, Fr–Sa 11–22 Uhr. Entspannte Atmosphäre im Brauhaus direkt im French Quarter. Cajun-Spezialitäten mit Anleihen aus aller Welt, dazu allabendlich Livemusik. Gerichte 8–25 $.

Beste Sandwiches ▶ Napoleon Bar 6: 500 Chartres St., Tel. 504-524-9752, www.napoleonhouse.com, Mo 11–17.30, Di–Do 11–22, Fr/Sa 11–23 Uhr. Restaurant und Bar mit abenteuerlicher Geschichte sowie exzellenten Po'Boy-Sandwiches. Ab 6 $.

Treffpunkt am Jackson Square ▶ Café du Monde 7: 813 Decatur St., Tel. 504-587-0831, www.cafedumonde.com. Rund um die Uhr starker Kaffee mit Zichorien und Schmalzgebäck, seit 1862. 3 Beignets kosten 2 $.

Einkaufen

Traditionsreicher Markt ▶ French Market 1: 1001 Decatur St., Tel. 504-522-2621, tgl. 9–18 Uhr. Auf dem ältesten Markt von Louisiana gibt es Gewürze, Früchte und Gemüse sowie einen Flohmarkt.

Pralinen ▶ Leah's Pralines 2: 714 St. Louis St., Tel. 504-523-5662, www.leahspralines.com, Mo–Sa 10–18, So 10–17 Uhr. Kreolische Spezialitäten aus Schokolade

Karnevalsmasken ▶ New Orleans Masks 3: 939 Montegut St., Tel. 504-945-2435, www.neworleansmasks.com. Fantasievolle Masken für die Feiern um Mardi Gras.

Fotografien und Kunstdrucke ▶ Joshua Mann Pailet – A Gallery 4: 241 Chartres St., Tel. 504-568-1313, www.agallery.com, Do–Mo 10.30–17.30 Uhr.

CDs, LPs, DVDs ▶ Louisiana Music Factory 5: 210 Decatur St., Tel. 504-586-1094, www.louisianamusicfactory.com, Mo–Sa 10–19, So 12–18 Uhr. Seltenes und Mainstream, Musik und T-Shirts, regionale Künstler, auch auf der Bühne im Laden.

Fashion ▶ Dirty Coast 6: 5704 Magazine St., Tel. 504-324-3745, www.dirtycoast.com, Mo–Sa 11–18, So 11–16 Uhr. Der beste T-Shirt-Laden der Stadt liegt nicht im French Quarter, sondern in Uptown. Das auffällige Design und die schrägen Sprüche haben schon landesweite Aufmerksamkeit erregt.

Designerjeans ▶ Jeantherapy 7: 333 Canal St., Tel. 504-558-3966, http://jeantherapy.com, Mo–Sa 10–18, So 12–17 Uhr. Der Name ist Programm, Jeans der angesagten Marken, dazu die passenden Accessoires.

Designerdiscount ▶ UAL 8: 518 Chartres St., Tel. 504-301-4437, So–Mi 10–18, Do–Sa 11–20 Uhr. Die »United Apparel Liquidators« kaufen Restbestände bekannter Mode- und Schmuckdesigner wie Lulu Frost, YSL oder Alexander McQueen und bieten sie für einen Bruchteil des früher extrem hohen Preises an.

Abends & Nachts

Jazz-Mekka ▶ Preservation Hall 7: 726 St. Peter St., Tel. 504-522-2841, www.preservationhall.com, tgl. 20–23 Uhr. Jazz vom Feinsten, ohne Getränke oder Speisen.

Blues und mehr ▶ House of Blues 1: 225 Decatur St., Tel. 504-310-4999, www.houseofblues.com. In der Dependance der Kette von Musiklokalen des ›Blues Brothers‹ Dan Aykroyd stehen Blues-, Jazz- und Gospelstars auf der Bühne.

Das Herz der Musikszene ▶ Tipitina's 2: 501 Napoleon Ave., Tel. 504-895-8477, www.

tipitinas.com. Konzerte beginnen um 21 Uhr. In dem großen Club in einem ausgebauten Schuppen in Uptown haben sie alle schon gespielt: die Neville Brothers, Professor Longhair, Pearl Jam, Lenny Kravitz, Bonnie Raitt oder James Brown.

Gefährliche Drinks ▶ **Pat O'Brien's** 3: 718 St. Peter St., Tel. 504-525-4823, www.patobriens.com. Bar, Lounge, Sing-Along mit legendärer Stimmung. Der Hausdrink »Hurrikane« hat schon manchen vom Barhocker gehoben. Das Glas dazu gibt's als Souvenir.

Jazz & Blues ▶ **Spotted Cat** 4: 623 Frenchmen St., Tel. 206-337-3273, Mo–Fr 16–2, Sa/So 15–2 Uhr Jeden Abend gute Musik, am Wochenende geht es schon nachmittags los.

Spielkasino ▶ **Harrah's Casino** 5: 8 Canal St., Tel. 504-533-6000, www.harrahsneworleans.com. Riesiger Glücksspielbetrieb, Tag und Nacht geöffnet.

Aktiv

Stadtrundgänge ▶ **Magic Walking Tours** 1: 1015 Iberville St., Tel. 504-906-1441, www.magictoursnola.com, auf den Spuren des Voodoo-Kults, Erw. 20 $, Kinder 17 $. **Jean Lafitte National Historical Park and Preserve** 2: Vom French Quarter Visitor Center in der 419 Decatur St., Tel. 504-589-3882, aus starten Ranger tgl. um 9.30 Uhr ihre Tour zur Stadtgeschichte und Entstehung, Eintritt frei, begrenzte Teilnehmerzahl, www.nps.gov/jela/frenchquarter. **Save our Cemeteries** 3: Tel. 504-525-3377, www.saveourcemeteries.org, Treffpunkt: Washington Ave. am Gate des Lafayette Friedhofs, 1400 Block der Washington Ave., Führungen über die schönsten Friedhöfe von New Orleans, Erw. ab 10 $. **Jean New Orleans Jazz National Historical Park: Auf den Spuren des Jazz:** Die Tour mit 11 Stationen sowie eine dazugehörige Karte lässt sich von der Webseite www.nps.gov/jazzindex.htm als mp3-Datei und als PDF herunterladen.

Ausflüge mit dem Schaufelraddampfer ▶ **Steamboat Natchez** 4: Lighthouse Ticket Office, hinter der Jax Brewery, Tel. 504-569-1401, www.steamboatnatchez.com, »Jazz Cruise« für Erw. ab 41 $.

Kochkurse ▶ **New Orleans School of Cooking** 5: 524 St. Louis St., Tel. 504-525-2665, www.neworleansschoolofcooking.com. Kurse zur Cajun- und kreolischen Küche. Ab 29 $/Pers.

Termine

Sugar Bowl: 1. Jan. Footballmatch von zwei Spitzen-Collegemannschaften im Superdome, www.superdome.com.

Mardi Gras: Febr./März. Karneval, größer, ausgelassener und schräger als sonstwo entlang der Golfküste, www.mardigrasneworleans.com.

French Quarter Festival: Erste Aprilhälfte. Vier Tage lang nonstopp Musik auf 20 Bühnen im French Quarter, www.fqfi.org.

Jazz & Heritage Festival: Ende April/Anfang Mai. Über eine Woche lang bester Jazz, dazu Kunsthandwerk und Leckeres aus Louisianas Küchen, www.nojazzfest.com.

Verkehr

Flug: Louis Armstrong New Orleans International Airport (MSY): 14 Meilen westlich der Stadt, 900 Airline Dr., Kenner, www.flymsy.com. Wird von nordamerikanischen Airlines angeflogen. Airport Shuttle Bus ins Zentrum, ca. 20 $, öffentlicher Stadtbus ca. 1 $.

Bahn: Amtrak, 1001 Loyola Ave., Tel. 504-299-1880, www.amtrak.com. Verbindungen Richtung Atlanta, Chicago oder Los Angeles.

Bus: Greyhound, 1001 Loyola Ave., Tel. 504-524-7571, www.greyhound.com.

Fortbewegung in der Stadt

Der **VisiTour Pass** gilt für alle Straßenbahnen und Busse. Er kostet 5 $ für einen und 12 $ für drei Tage. Die Pässe erhält man an Bahnhöfen und in den Geschäften mit dem VisiTour-Vendor-Logo. Drei Straßenbahnen – der legendäre **St. Charles Streetcar** entlang der St. Charles Ave., die roten Waggons des **Riverfront Streetcar** parallel zum Mississippi und der **Canal Street Streetcar** – werden auch von Stadtbesuchern gern genutzt. Sie kosten ab 1,25 $ pro Fahrt. Darüber hinaus verbindet ein dichtes Busnetz von mehr als 30 Linien das French Quarter mit den Außenbezirken (www.norta.com).

Cajun Country und Küstenregion

Wer die vielen Buchten, Bayous und kleinen Flussmündungen mitrechnet, kommt in Louisiana bei einer Entfernung von 400 Meilen von der Grenzlinie nach Mississippi im Osten bis zu der nach Texas im Westen auf knapp 7000 Meilen Küstenlinie. Während einer Fahrt durch Acadiana, dem Siedlungsgebiet der Cajun, wird man selten auf den Anblick von Wasser verzichten müssen. Die ländliche, von französischen Traditionen geprägte Kultur der Cajun ist nicht zuletzt ihrer Isolation zu verdanken. Angloamerikaner werden hier noch immer als *les américains* bezeichnet. Erst 1973 stellten Ingenieure und Bauarbeiter die autobahnähnliche I-10 fertig, die nun auf massiven Betonstelzen den Sumpf des Atchafalaya Basin überquert und Baton Rouge mit Lafayette, der Hauptstadt des Cajun Country, mit Lake Charles und Texas weiter im Westen verbindet.

Am ca. 150 Meilen langem Ufer des Atchafalaya River, einem ehemaligen Mündungsarm des Mississippi, findet man immer wieder Siedlungen der Cajun, die nur mit Booten erreichbar sind. Gewässer und Dschungel an den sumpfigen Ufern sind Lebensraum u. a. von Alligatoren, Schlangen, Fröschen, Reihern und anderen Wasservögeln.

Bei Hochwasser versucht der Mississippi stets von Neuem, sich gegen den massiven Widerstand von hohen Dämmen die kürzere Route zum Golf durch das ›Basin‹ zurückzuerobern. Sollte das gelingen, würden Baton Rouge und New Orleans plötzlich an einem schlammigen Nebenarm des großen Flusses liegen, wäre die Idylle des **Atchafalaya Basin** (s. S. 337) in einen mächtigen Strom verwandelt, müssten Dutzende von Öl- und Erdgasfördertürmen im Mündungsdelta ›Land unter‹ melden.

Houma und Umland ▶ 3, F 12

An die deutschen Siedler, die sich vor mehr als 150 Jahren nördlich von New Orleans nahe dem Mississippi niederließen, erinnern noch Ortsnamen wie Des Allemands oder die Region der German Coast. Wer von New Orleans auf der gut ausgebauten US 90 durch weite Zuckerrohrfelder nach Südwesten fährt, kann kurz vor Houma einen Abstecher nach Norden unternehmen, um bei Kraemer mit einer Bootstour den Bayou Bœuf zu erkunden.

Bayou Black, Little Bayou Black, Bayou Terrebonne und die Wasserstraße des Intracoastal Waterway treffen sich in **Houma,** das als Zucker- und später Erdölmetropole seine

In den Wasserlandschaften rund um New Orleans scheint die Zeit stillzustehen

Glanzzeiten erlebte. Heute ist der Ort, dessen Name an einen Indianerstamm erinnert, Ausgangspunkt für Touren durch die Feuchtgebiete, Sümpfe und Seen der Umgebung (s. a. Aktiv unterwegs S. 337).

Infos

Houma Visitors Center: 114 Tourist Dr., Tel. 985-868-2732, www.houmatourism.com.

Bayou Lafourche Area Convention & Visitors Bureau: 4484 SR 1, Tel. 985-537-5800, www.visitlafourche.com, Mo–Fr 9–17 Uhr.

Übernachten

Gepflegtes B & B ▶ Crochet House: 301 Midland Drive, Tel. 985-879-3033, www.crochethouse.com. Komfortable Unterkunft mit 3 Zimmern und 1 Studio im Terrebonne Parish, dem Cajun-Gebiet, in dem noch viel Französisch gesprochen wird, auch Pool. DZ 65–85 $ (inkl. Frühstück).

Essen & Trinken

Schlicht und gut ▶ Cajun Critters: 1304 St. Charles St., Tel. 985-876-1834. Fisch und

Der lange Weg nach Akadien – Cajun People

Am Vorabend des Siebenjährigen Krieges zwischen Großbritannien und Frankreich wies der Gouverneur der kanadischen Provinz Nova Scotia alle 16 000 frankophonen Siedler aus Akadien aus, die im britischen Einflussbereich lebten. Sie hatten sich geweigert, einen Treueeid auf den König von England zu schwören.

Die Akadier wurden in kleineren Gruppen, häufig unter großen Entbehrungen, auf andere Kolonien des britischen Kolonialreichs, auf die Westindischen Inseln, nach South Carolina und Georgia, verschleppt. Einige kehrten in ihre französische Heimat zurück, andere konnten sich verstecken und der Deportation entgehen, der größte Teil siedelte nach langer Odyssee im Schwemmland von Südlouisiana.

In den unzugänglichen Sümpfen des Mississippi-Deltas, in dem es kaum Straßen gab und die Zahl der Alligatoren die der menschlichen Bewohner deutlich übertraf, fanden sie einen Siedlungsraum, den ihnen niemand streitig machte. Der französische König Louis XV. hatte allerdings 1762 New Orleans und die westlich des Mississippi gelegenen Gebiete von Louisiana an Spanien abgetreten. Die Akadier, die gehofft hatten, endlich wieder in französischem Einflussbereich siedeln zu können, sahen sich erneut getäuscht. Doch die spanische Kolonialregierung in New Orleans zeigte Interesse daran, die unwegsamen Regionen um die Wasserarme des Mississippi, die Ufer der Bayou Lafourche, Teche und Opelousas von den Neuankömmlingen erschließen zu lassen und überließ den französischsprachigen Kolonisten Land zum Bewirtschaften und zum Bau ihrer Häuser.

Vor der Kirche im kanadischen Grand Pré steht die Statue von Evangéline Bellefontaine, der Heldin des ebenso populären wie sentimentalen Gedichts »Evangéline. A Tale of Acadie« des Dichters Henry Wadsworth Longfellow (1807–82). Das Gedicht erzählt die Geschichte der Heldin aus Grand Pré und ihres Liebhabers Gabriel Lajeunesse, die durch die Deportation auseinandergerissen werden. Sie bleibt ihm zehn lange Jahre treu, muss aber beim Wiedersehen in Louisiana feststellen, dass er längst eine andere geheiratet hat. Evangéline stirbt an gebrochenem Herzen im Schatten einer seither nach ihr benannten Eiche. Eine Statue vor der Kirche von St. Martinville erinnert, ähnlich wie die im fernen Grand Pré im kanadischen Nova Scotia, an ihr Schicksal. Evangélines Lebensweg, im Gedicht ihrem wirklichen Schicksal nachgezeichnet, wurde zum Symbol für das Los der aus ihrer Heimat vertriebenen Akadier.

Die Akadier züchteten Rinder und betrieben Landwirtschaft, ernährten sich durch den Fang von Krebsen, Fischen und Muscheln. Das harte Leben, die engen Familienbeziehungen und die Bande der katholischen Kirche sorgten für einen festen Zusammenhalt, für die Bewahrung von Kultur und Sprache. Das isolierte ländliche Leben schuf Distanz zur englischsprachigen amerikanischen Zivilisation.

Erst um die Wende zum 20. Jh. brach die teils gewollte, teils erzwungene Isolation auf. Eisenbahn- und Straßenverbindungen erschlossen bis dahin unzugängliche Gebiete, das Radio drang in die entlegensten Regionen vor. Nachdem 1901 bei Jennings Öl gefunden worden war, strömten Arbeiter und In-

Thema

genieure aus vielen anderen US-Bundesstaaten in das flache Schwemmland, das zuvor den Akadiern vorbehalten war. Diese wurden nur kurz Cajun genannt, eine Bezeichnung, die bald abfällig mit Hinterwäldlern gleichgesetzt wurde.

Die in den USA geltende allgemeine Schulpflicht wurde nun auch im Siedlungsgebiet der Cajun durchgesetzt. Nach dem »Education Act« von 1916 war es verboten, außer Englisch eine andere Sprache auf dem Schulgelände zu sprechen. Wer dennoch dabei ertappt wurde, sich auf Französisch zu unterhalten, musste mit Bestrafung rechnen. Die Pflege französischer Kultur und Traditionen galten als unamerikanisch und wurden unterdrückt.

Erst der Einsatz von Cajun in der US-Army als Französisch-Dolmetscher während des Zweiten Weltkriegs, der die Bedeutung der eigentlichen Muttersprache unterstrich, sowie der plötzliche Wohlstand als gut bezahlte Arbeiter im Ölgeschäft stärkte die Gemeinschaft der Cajun. Inzwischen wird Französisch an vielen Schulen gelehrt, ein Council of Development of French in Louisiana, Codofil, bemüht sich erfolgreich um das kulturelle Erbe. Ein großer Teil der Cajun wächst heute zweisprachig auf. Viele Französischlehrer an den Schulen kommen jedoch aus dem kanadischen Quebec oder aus Frankreich. So befürchten die Alten, dass einiges Typische des ursprünglichen Cajun-Dialekts und damit auch der kulturellen Identität verlorengehen könnte. Die mitreißende Musik der Cajun (s. Thema S. 334) und die vielen Restaurants, in denen ihre kräftig gewürzten Gerichte angeboten werden, haben die Region auch bei ausländischen Besuchern beliebt gemacht. Aus dem abgeschiedenen, isolierten Landstrich französischsprachiger ›Hinterwäldler‹ wurde ein attraktives Urlaubsziel.

Die Köstlichkeiten der Cajun-Küche sind nicht nur bei Touristen sehr beliebt

Schalentiere, große Portionen, gute Stimmung. Hauptgerichte 10–15 $.

Aktiv

Bootstouren ▶ **Annie Miller's Sons Swamp & Marsh Tours:** 3718 Southdown Mandalay Rd., Tel. 985-868-4758, www.annie-miller.com. Touren durch die Feuchtgebiete zu Alligatoren und Kranichen. 20 $/Pers.

... in Patterson (zwischen Houma und New Iberia):

Cajun Jack's Swamp Tours: 112 Main St., Tel. 985-395-7420, www.cajunjack.com. 2,5 bis 3-stündige Bootsfahrten durch die Naturlandschaft des Atchafalaya Basin, Kosten ca. 20 $/Pers.

Termine

... in Morgan City (35 Meilen westl. von Houma):

Louisiana Shrimp & Petroleum Festival: Anf. Sept./Labor-Day-Wochenende. Im Jahr des Deepwater-Horizon-Unfalls, 2010, fiel das Fest aus, das sonst die beiden konträren wirtschaftlichen Standbeine, Krabbenfischerei und Erdölförderung zu vereinen versucht. Mit Cajun-Food, Konzerten, Sport- und anderen Wettbewerben, 715 Second St., Tel. 985-385-0703, www.shrimp-petrofest.org.

Thibodaux und Umland ▶ 3, E 12

Auch rund um Thibodaux, 15 Meilen weiter nördlich am Bayou Lafourche, wird Zuckerrohr angebaut. Der Ort von knapp 15 000 Einwohnern feiert mit Bällen und Umzügen seinen eigenen Mardi Gras (s. Tipp S. 338). **Laurel Valley Village** am östlichen Ortsrand, gehörte zu einer großen Zuckerrohrplantage aus dem 19. Jh. In den Hütten haben Landarbeiter und Ende der 1940er-Jahre auch deutsche Kriegsgefangene gelebt (230 Valley Rd./Hwy 308, Tel. 985-446-7456, www.thibodauxchamber.com, Di–Fr 10–15, Sa–So 11–15 Uhr). Das **Wetlands Acadian Cultural Center** beschreibt die Geschichte und Kultur der Cajun vom 17. Jh. bis heute. Beim Visitor Center starten verschiedene Kanutouren durch die Feuchtgebiete. Jeden Montag um 17.30 Uhr treffen sich Musiker mit Amateuren und Zuhörern hier zur »Cajun Music Jam Session« (314 St. Mary's St., Tel. 985-448-1375, www.nps.gov/jela, Mo–Di 9–19, Mi–Do 9–18, Fr 9–17 Uhr).

Cocodrie ▶ 3, F 13

Ein Abstecher nach Süden führt am Bayou Terrebonne entlang bis nach Cocodrie. In der Einsamkeit des Küstenschwemmlands informiert die Forschungseinrichtung **Louisiana Universities Marine Consortium** (Lumcon) mit einer fundierten Ausstellung über den Naturraum, seine Geschichte und dessen Veränderung durch die Zivilisation. Von einem knapp 25 m hohen Beobachtungsturm eröffnet sich ein Panoramablick auf die urtümliche Landschaft und die Golfküste. Die Wissenschaftler der Station beobachten und analysieren auch die Auswirkungen des Deepwater-Horizon-Ölunglücks (südl. Ende der SR 56, Tel. 985-851-2800, www.lumcon.edu, tgl. 8–16 Uhr).

New Iberia ▶ 3, D 11

In der von Cajun bewohnten Region um New Iberia am Bayou Teche, heute eine geschäftige Stadt mit 35 000 Einwohnern entlang der US 90 rund 70 Meilen weiter im Westen, traf 1779 eine Gruppe von spanischen Siedlern ein, die ihre Niederlassung Nueva Iberia tauften. Von Eichen gesäumte Straßen führen an endlos scheinenden Zuckerrohrfeldern entlang, die dem Teche Country den Beinamen Zuckerschüssel von Louisiana eingetragen haben. **Shadows-on-the-Teche** heißt die sehenswerte Zuckerrohrplantage aus dem Jahr 1834 mit weißem Säulenportikus und erlesener Inneneinrichtung (317 E. Main St., Tel. 337-369-6446, http://shadowsontheteche.wordpress.com, Mo–Sa 9–16.30 Uhr, Erw. 10 $).

Eine um 130 n. Chr. gefertigte Statue des römischen Kaisers Hadrian verblüfft Besucher an der Kreuzung der Weeks und St. Peters Street. Die Iberia Savings und Loan Bank erwarb die ungewöhnliche Attraktion 1961 in England. Wer sich eher für Anbau und Verarbeitung von Reis interessiert, sollte an einer Führung durch die **Conrad Rice Mill** teilnehmen, die seit 1912 würzigen Wild Pecan Rice produziert (301 Ann St., Tel. 337-364-7242, www.conradricemill.com, Führungen Mo–Sa 10–15 Uhr, Erw. 4 $).

Infos

Iberia Parish Tourist Commission: 2513 Hwy 14, Tel. 337-365-1540, www.iberiatravel.com.
Cajun Coast Visitors & Convention Bureau: 112 Main St., Patterson, Tel. 985-395-4905, www.cajuncoast.com, Mo–Fr 9–17 Uhr.

Übernachten

In einem Haus von 1870 ▶ **Le Rosier Country Inn:** 314 E. Main St., Tel. 337-367-5306, www.lerosier.com. B & B mit 5 teilweise ein wenig barock dekorierten Zimmern, WLAN. DZ ab 130 $.

Essen & Trinken

Cajun- und kreolische Küche ▶ **Clementine's:** 113 E. Main St., Tel. 337-560-1007, www.clementinedowntown.com, Di–Fr 11–21, Fr bis 22, Sa 18–22 Uhr. Fr und Sa Livemusik. An den Wänden Bilder lokaler Künstler. Gerichte 9–28 $.

Termine

Louisiana Sugar Cane Festival: Anfang Okt., mit Musik, Kochwettbewerben und Ausstellungen rund um den Zucker und die Kultur von Südlouisiana, www.hisugar.org.

Rip van Winkle Gardens

▶ 3, D 11

Die Rip van Winkle Gardens auf Jefferson Island im Lake Peignur 6 Meilen südwestlich von New Iberia schwelgen zu allen Jahreszeiten in den üppigen Farben von Azaleen und Kamelien. Im Preis für die Besichtigung der Insel ist auch die Überfahrt mit einem Boot eingeschlossen. Während der Bootstour geht es vorbei am Schauplatz des sogenannten Lake Peignur Salt Dome Disaster: Am 20. November 1980 stockte der Bohrmeißel einer Texaco-Plattform, die sich auf der Suche nach Ölvorkommen in den Stollen eines knapp 400 m unter der Erde liegenden Salzbergwerks hineingefressen hatte. Der Bohrturm kippte und versank im See. Das Wasser bahnte sich einen wachsenden Durchbruch in den Salzstollen. Ein riesiger Wasserstrudel saugte 14 Mio. l Wasser, sowie Sport- und Fischerboote und fünf komplette Gewächshäuser vom Uferrand in den Untergrund, bis der See nach sieben Stunden leer war. Wie durch ein Wunder forderte das Unglück keine Todesopfer. Nachdem sich die Einbruchstelle wieder geschlossen hatte, füllte sich der See durch einen Kanal mit Meerwasser erneut auf. Geblieben sind die schaurige Geschichte sowie dramatische Foto- und Videoaufnahmen (5505 Rip Van Winkle Rd., Tel. 337-359-8525, www.ripvanwinklegardens.com, tgl. 9–16 Uhr, Erw. 10 $).

Avery Island ▶ 3, D 12

Avery Island liegt gleich südlich von New Iberia und ist eigentlich keine Insel, sondern die Spitze eines unterirdischen Salzdoms, der hier von einer knapp 4 m dicken Erdschicht bedeckt ist. Das Salz wird seit etwa 100 Jahren abgebaut, Funde belegen jedoch, dass schon während der letzten Eiszeit Menschen und Tiere das salzhaltige Wasser örtlicher Quellen schätzten. In der subtropischen Flora der **Jungle Gardens** auf Avery Island nisten zeitweise bis zu 20 000 Reiher und Ibisse (Hwy 329/Avery Island Road, Tel. 337-369-6243, http://junglegardens.org, tgl. 9–17 Uhr). Die **McIlhenny Company** kultiviert auf der Insel seit 130 Jahren eine besondere Gattung roter Chilischoten, welche die Tabasco-Sauce zu einem feurigen Fest für die Sinne werden lässt. Besucher können an einer Tour durch die Fabri- kation und Abfüllung teilnehmen (www.tabasco.com, tgl. 9–16 Uhr, Erw. 1 $).

St. Martinville ▶ 3, D 11

Französische Siedler kauften das Land 1760 den Attakapa-Indianern ab und nannten ihre Niederlassung Poste de Attakapas. Knapp 60 Jahre später hatten sich Kreolen aus New Orleans, Cajun und Franzosen, die wegen der Revolution aus Frankreich geflüchtet waren, im nun in St. Martinville umgetauften Ort knapp 10 Meilen nördlich von New Iberia niedergelassen, der wegen des französisch anmutenden Ambientes und seiner Bedeutung als Handelsplatz auch als Klein-Paris bekannt war. Doch der Glanz der alten Zeiten ist stumpf geworden, die meisten Besucher zieht es vor allem zur ausladenden Eiche am St. Martin Square. Dort fand im Gedicht von Henry Wadsworth Longfellow das Mädchen Evangéline seinen auf der Flucht aus Kanada getrennten Geliebten wieder, nur um herauszufinden, dass dieser längst eine andere geheiratet hatte. Rund um den Platz gruppieren sich die weiteren Sehenswürdigkeiten des Ortes, die Statue der Evangéline, die katholische Kirche St. Martin de Tours mit einem Nachbau der Grotte von Lourdes und dem Grab des realen Evangéline-Vorbilds Emmeline Labiche sowie das **Petit Paris Museum** mit Mardi-Gras-Kostümen (103 S. Main St., Tel. 337-394-4010, tgl. 9–16.30 Uhr).

Infos

Tourist Information Center: 120 S. Market St., Tel. 337-394-2258, www.stmartinville.org.

Übernachten

Am Bayou Teche ▶ **Old Castillo B & B at La Place d'Evangeline:** 220 Evangeline Blvd., Tel. 337-394-4010, www.oldcastillo.com. Gemütliche Herberge in einem 180 Jahre alten Gebäude mit 7 Zimmern, WLAN und gutes Frühstück. Ab 100 $.

Lafayette ▶ 3, D 11

Bis 1884 hieß Lafayette 18 Meilen weiter im Nordwesten noch Vermillionville, dann wurde das Zentrum der Cajun-Kultur nach dem französischen Marquis de Lafayette umbenannt, der als General der Revolutionsarmee für die amerikanische Unabhängigkeit gegen Großbritannien gefochten hatte. Wie viele andere Städte im Süden von Louisiana hat Lafayette durch die Erdöl- und Erdgasfunde im Schwemmland und vor der Küste in den 1950er- und 1960er-Jahren sein Gesicht verändert. Viele der Förderfirmen haben Büros in der knapp 100 000 Einwohner zählenden Stadt. Doch hinter den Werbeplakaten für Fast-Food-Restaurants, Versicherungen oder Motelketten hat Lafayette seinen rustikalen Charme mit gemütlichen Wohnvierteln, urigen Restaurants und Tanzhallen bewahrt. Beim Spaziergang entlang der Jefferson Street, der Hauptstraße, findet man großflächige Wandmalereien an einigen Häuserwänden, dazu gibt es eine Reihe gemütlicher Lunch-Cafés und kleiner Geschäfte.

Das Erbe der Cajun-Kultur wird in drei Museen gepflegt. Im **Jean Lafitte Acadian Cultural Center** zeichnet ein sehenswerter Dokumentarfilm die wechselvolle Geschichte der Cajun nach, wird mit Tondokumenten, Bildern und Modellen die Lebensweise und Kultur der Cajun verdeutlicht (501 Fischer Rd., Tel. 337-232-0789, www.nps.gov/jela, tgl. 8–17 Uhr, Eintritt frei). Im **Acadian Village** sind Gebäude aus Südlouisiana zu einem Museumsdorf zusammengeführt, das eine typische Siedlung mit Krämerladen, Scheunen, Kirche und Wohnhäusern zeigt (200 Greenleaf Dr., Tel. 337-981-2364, www.acadianvillage.org, Mo–Sa 10–16 Uhr). **Vermillionville** mit zwei Dutzend Gebäuden ähnelt eher einem Cajun-Themenpark, in dem zeitgenössisch kostümierte Darsteller Handwerkstechniken demonstrieren und die Besucher mit Musik, Tanz und Geschichten unterhalten (1600 Surrey St. Tel. 337-233-4077, www.bayouvermillion.org, Di–So 10–16 Uhr, Erw. 8 $, erm. 5 $).

Der **Lafayette Mardi Gras** im Frühling ist zwar züchtiger als der im lasterhaften New Orleans, steht diesem aber an ursprünglicher Lebensfreude in nichts nach. Das Festival International de la Louisiane im April gilt mit mehr als 400 französischsprachigen Künstlern als wichtigstes frankophones Fest in Nordamerika, beim mehrtägigen Festival Acadiens im Herbst strömen Cajun aus Louisiana, den übrigen USA und Kanada sowie weitere Zehntausende Besucher in die Stadt (s. S. 333).

Infos

Convention & Visitors Bureau: 1400 NW. Evangéline Thruway, Tel. 337-232-3737, www.lafayettetravel.com, Mo–Fr 9–17, Sa 13–16 Uhr.

Übernachten

Modern und zentral ▶ Fairfield Inn & Suites: 1606 W. Pinhook Rd., Tel. 337-233-5558, www.marriott.com. Gut geführtes Kettenhotel in zentraler Lage, Pool, kleines Frühstück inkl. DZ ab 95 $.

... in Scott (5 Meilen westl. von Lafayette):

Camping ▶ KOA Lafayette: 537 Apollo Rd., Tel. 337-235-2739, www.koa.com. Gut ausgestatteter Campground direkt am See, auch mit rustikalen Hütten zum Mieten. Campmobilplatz pro Nacht mit max. 6 Pers. ca. 40 $.

Essen & Trinken

Kreolisch und Cajun ▶ Jolie's Louisiana Bistro: 507 W. Pinhook Rd., Tel. 337-504-2382, Di–Do 11–21, Fr/Sa 11–22, So 10.30–14 Uhr. Das Gasthaus im kreolischen Stil verarbeitet überwiegend Produkte der Region. Hauptgerichte ab 17 $.

Cajun-Küche ▶ Mulate's: 325 Mills Ave., Breaux Bridge, Tel. 337-332-4648, tgl. 11–22 Uhr. Im legendären Restaurant in Breaux Bridge 10 Meilen östlich von Lafayette gibt es alle Klassiker der Cajun-Küche und dazu ab 19 Uhr Livemusik. Hauptgerichte ab 15 $.

Abends & Nachts

Cajun-Dancehalls ▶ La Poussière: 1301 Grand Point Rd., Breaux Bridge, Tel. 337-332-1721, www.laPoussiere.com. Seit 1955 gibt es ab ca. 19 Uhr vor allem am Wochenende Livemusik, die in die Beine geht. **El Sido's Zydeco Dancehall:** 1523 N. St. Antoine, Tel. 318-237-1959, Fr und Sa ab 21.30 Uhr Zydeco-Musik zum Tanzen. **Grant Street Dance Hall:** 113 W. Grant St., Tel. 318-237-8513, www.grantstdancehall.com. Um 22 Uhr beginnt die Livemusik im umgebauten Lagerhaus für Früchte. Selbst Ray Charles, B. B. King und Muddy Waters haben hier schon gespielt.

Zydeco-Musik ▶ Hamilton's Club: 1808 Verot School Rd., Tel. 318-991-0783. Zydeco-Tanzhalle mit Livemusik am Wochenende, immer ab 21.30 Uhr.

Meeresfrüchte und Musik ▶ Prejean's: 3480 Hwy 167/I-49 N., Carencro, Tel. 337-896-3247, www.prejeans.com. Umfangreiche Speisekarte, doch um 19 Uhr startet die Livemusik, seit 30 Jahren ist der Gitarrist Gervais Matte mit dabei.

Aktiv

Motorboottour ▶ McGee's Atchafalaya Basin Swamp Tours: McGee's Landing, Levee Rd., Henderson, Tel. 337-228-2384, www.mcgeeslanding.com. Bootstouren in die verwunschenen Bayous, mit Alligatorenbegegnung, Erw. 20 $.

Termine

Lafayette Mardi Gras: Di vor Aschermittwoch. Ausgelassenes Faschingstreiben, Tel. 337-232-3808.

Festival International de Louisiane: Mitte Mai. Großes Fest der frankophonen Kultur, Tel. 337-232-8086, www.festivalinternational.com.

Zydeco Extravaganza: letztes Wochenende im Mai. Einen Tag lang mit den Stars der Zydeco-Musik bei der Rennbahn Evangeline Downs, Tel. 337-234-9695, www.zydecoextra.com.

Festival Acadiens: 3. Wochenende im Sept. Musik, Brauchtum, Kunsthandwerk und die berühmte Küche der französischsprachigen Einwohner von Louisiana, Tel. 337-232-3808, www.festivalsacadiens.com.

Umgebung von Lafayette

Opelousas ▶ 3, D 11

Wer von Lafayette direkt nach Norden fährt, erreicht nach 25 Meilen Opelousas. Auf den Feldern um die Stadt werden Yam-Wurzeln angebaut. Sklaven hatten einst die goldgelben, süßlichen Knollen aus ihrer westafrikanischen Heimat mitgebracht. Das Yam-Festival Yambilee (s. S. 336) gehört zu den kulturellen Highlights des Jahres. Der frühere französische Handelsposten gilt als eine Hochburg der Zydeco-Musik, mit beliebten Tanzhallen und populären Musikern wie dem

Zum *bal de maison* und *fais do do* – Cajun-Musik

Ihre Liedtexte handeln von dem Leben an den Schilfufern der Bayous, vom Krebsfischen, von der harten Arbeit im Zuckerrohrfeld, von der alten Heimat in Kanada und der noch viel älteren in Frankreich. Sie preisen die Liebe und beklagen die Einsamkeit, sie feiern die Zusammenkünfte mit Freunden und Verwandten.

Ein weitverbreitetes Sprichwort besagt, dass ein Cajun seine Seele für einen guten Tanzboden hergeben würde. Cajun nutzen jede Möglichkeit, gemeinsam zu tanzen. Die Kinder werden dann bei Bekannten zum Schlafen gebracht, so ist der Ausdruck *fais do do,* Schlafen gehen, für die Tanzveranstaltungen zu verstehen, deren Musik und Stimmung ansonsten Totgeglaubte mit neuer Energie versorgen können.

Bei der Cajun-Musik verbinden sich Elemente des Hillbilly in der Tradition schottischer und irischer Einwanderer und des Square Dance mit volkstümlichen Weisen der ursprünglich aus der Bretagne und der Normandie stammenden Akadier. Akkordeon, Triangel und Violine sind die Instrumente, die nahezu jede Komposition dominieren. Auch wenn sich die Cajun-Musik ursprünglich auf rein französische Wurzeln zurückführen lässt, hat sie sich unter dem Einfluss anderer Musiktraditionen verändert.

Blues, westafrikanische Klänge, Country & Western mit elektrischer Gitarre und Schlagzeug haben die klassische Cajun-Musik beeinflusst, die aus Familientraditionen und ersten Plattenaufnahmen aus den 1920er-Jahren überliefert ist. Der Klassiker »Allons à Lafayette« des Akkordeonspielers Joe Falcon aus dem Jahr 1928 gehört noch heute zu den meistgespielten Melodien. Der brillante Akkordeonvirtuose Clifton Chenier machte mit seiner »Red Hot Louisiana Band« Cajun- und Zydeco-Musik bei zahlreichen Auftritten auch in Europa populär. Interpreten wie der schwarze Akkordeonspieler Geno Delafose gehören mit ihrer gutgelaunten, mitreißenden Musik zu den Stars des jährlichen »Jazz & Heritage Festival« in New Orleans (s. S. 325).

Doch die Cajun-Musik ist nicht nur auf große Veranstaltungen professioneller Musiker beschränkt. Zum *bal de maison,* der ganz privaten Tanzveranstaltung im heimischen Wohnzimmer, in windschiefen Tanzhallen auf dem Lande, bei Gemeindeveranstaltungen der Kirchen, in Country-Bars oder -Restaurants wird aufgespielt, was die Finger der Musiker und die Beine der tanzwütigen Gäste zum Two-Step und Walzer hergeben. Hier ist die ganze Familie willkommen, auswärtige Besucher können in Musik-Restaurants wie Mulate's in Breaux Bridge (s. S. 333) oder D.I.'s in Basile eifrigen Cajun-Tänzern die Schritte abgucken.

Beim Zydeco, der afroamerikanischen Variante der Cajun-Musik, gibt das Waschbrett, das *frottoir,* den Rhythmus vor. Auch Saxophon, elektrische Gitarre, Bassgitarre und Drums sind in Zydeco-Bands zu finden. Der legendäre Clifton Chenier oder auch Hits wie »My Toot Toot« von Rockin' Sidney haben Zydeco zu großer Popularität auch bei jungen Musikern verholfen. »If you want to have fun you got to go way out in the country to the Zydeco«, forderte der Musiker Clarence ›Bon Ton‹ Garlow schon 1950. In Tanzhallen wie Hamilton's in Lafayette (s. S. 333), in denen auch das letzte Brett der Eingangstür im

Thema

Rhythmus mitschwingt, wird einmal im Monat eine *big boucherie* mit großem Spanferkelessen veranstaltet.

Möglicherweise stammt der Begriff Zydeco vom französischen Wort für Bohnen, *les haricots,* die in Titeln des unvergessenen Clifton Chenier eine Rolle spielten wie etwa »Les haricots sont pas salés« (Die Bohnen sind nicht gesalzen), über das entbehrungsreiche Leben, in dem es nicht für ein Stück Fleisch im Eintopf reichte.

Bei großen und kleinen Kulturfestivals kommen Besucher und die Bewohner des Cajun Country zusammen. Das »Festival Acadiens« in der dritten Septemberwoche in Lafayette (s. S. 333) gehört mit ca. 100 000 Teilnehmern zu den wichtigsten Ereignissen des Jahres. Während der »Zydeco Extravaganza« in Lafayette (s. S. 333) bewegen sich die Zuschauer zwölf Stunden im Rhythmus der besten Bands von Südlouisiana. Beim »Acadien Village Cajun Heritage and Music Festival« im September geht es um Musik, aber auch um Geschichtenerzähler, Dichtung und gut gewürztes Essen.

Zum »Cajun Music and Food Festival« Mitte Juli in Lake Charles (s. S. 339) spielen Dutzende von Bands zum Tanz auf, obendrein werden die besten Fiedler, Akkordeonspieler und Tanzpaare in Wettbewerben ermittelt. Auch Auswärtige oder ausländische Besucher sind bei den Festivals und Tanzveranstaltungen stets willkommen. Wer den Künstlern seine Begeisterung zeigen will, macht es am besten wie die Cajun selbst. Also raus auf den Tanzboden!

Die Musik der Cajun – Tanz und Rhythmus als Lebensgefühl

1987 verstorbenen ›Zydeco King‹ Clifton Chenier, der in Opelousas geboren wurde. Im **Jim Bowie Display & Museum,** das sich das Gebäude mit dem örtlichen Visitor Center teilt, beeindruckt eine Sammlung von mächtigen Westernmessern. Der Pionier Bowie, der sich kurz nach seinem Aufenthalt in Opelousas der Miliz von Texas angeschlossen hatte, starb wenig später beim legendären Kampf gegen eine mexikanische Übermacht bei The Alamo unweit von San Antonio in Texas (828 E. Landry, Tel. 337-948-6263, tgl. 8–16 Uhr).

Ein kurzer Abstecher von 6 Meilen weiter nach Norden führt nach Washington. Vier Fünftel der Stadthäuser aus dem 19. Jh. stehen unter Denkmalschutz. Vor Ankunft der Eisenbahn 1883 galt der Ort am Opelousas River als einer der wichtigsten Umschlagplätze für Dampfschiffe zwischen New Orleans und St. Louis. In den respektablen Häusern wohlhabender Händler leben inzwischen viele Pendler aus Lafayette sowie Pensionäre.

Infos

Opelousas Visitors & Welcome Center: 828 E. Landry, Tel. 337-948-6263, www.cityofopelousas.com, Mo–Fr 9–17 Uhr.

Termine

Yambilee Festival: 2. Okt.hälfte. In dieser Zeit dreht sich alles um die Yam-Wurzel, mit Kochwettbewerben, Konzerten und einem Schönheitswettbewerb, Tel. 337-948-8848, www.yambilee.com.

Zydeco Festival: Aug. bis Anfang Sept. Musikfest im benachbarten Plaisance, www.zydeco.org, Tel. 337-232-7672.

Rockefeller Wildlife Refuge

▶ 3, C 12

Im Wildschutzgebiet des Rockefeller Wildlife Refuge, das sich über mehr als 17 Meilen südwestlich von Lafayette zwischen der SR 82 und der Golfküste erstreckt, finden vor allem Zugvögel einen Rastplatz. Bis zu 400 000 Enten und Kanada-Gänse bevölkern in den Wintermonaten die Wasserflächen und feuchten Wiesen des Naturschutzgebiets. Zwischen Dezember und März ist die Price Lake Road in das Wildschutzterrain geschlossen, sonst bietet ein Beobachtungsturm an deren Ende beste Sicht auf Vögel, Alligatoren und den nicht mehr weit entfernten Golf von Mexiko. Westlich von Cameron überquert eine kostenlose Autofähre den Calcasieu Ship Canal, der den gleichnamigen See mit dem Meer verbindet.

Holly Beach und Sabine Wildlife Refuge ▶ 3, B 12

Holly Beach ist weder wegen seiner guten Sandstrände noch wegen eleganter Strandhotels oder Restaurants bekannt. Der flache, harte Strand, der auch mit Autos befahren werden kann, ist schlicht der einzige weit und breit. Im Sommer tummeln sich Campingurlauber und Tagesausflügler an der als Cajun Riviera titulierten Küste. Die Siedlung mit rund 300 Einwohnern wurde 2005 vom Hurrikan Rita vollkommen eingeebnet, drei Jahre später kamen die nächsten Überschwemmungen mit den Hurrikans Gustav und Ike. Inzwischen wohnen nur noch einige Hartgesottene an diesem gefährdeten Küstenabschnitt.

Die SR 27 von Holly Beach nach Norden durchquert den östlichen Zipfel des **Sabine National Wildlife Refuge.** Ein knapp 1,5 Meilen langer Pfad windet sich, auf hölzerne Pfähle gestützt, durch die Mischwassermarschen bis zu einem Aussichtsturm, von dem man Alligatoren und zahlreiche Vögel beobachten kann. Beim Visitor Center des Wildschutzgebiets, etwa 10 Meilen nördlich von Holly Beach, erzählt ein ›Cajun-Roboter‹ aus seinem Leben am Wasser und von der Fischerei. Interessanter sind die hervorragenden Ausstellungen und Dioramen zur Flora und Fauna der Region (3000 Holly Beach Hwy, Hackberry, Tel. 337-762-3816, www.fws.gov/swlarefugecomplex/sabine).

Lake Charles ▶ 3, B 11

Die mit 75 000 Einwohnern nach Lafayette größte Stadt im Cajun Country erstreckt sich am Ostufer des Calcasieu-Flusses. Wer es

aktiv unterwegs

Swamp-Tour im Atchafalaya Basin

Tour-Infos

Start: Bayou Bait Shop (s. u.)
Anreise: Von Baton Rouge auf der I-10 nach Westen. Gleich nach der Brücke über den Mississippi auf die Abfahrt der SR 1 nach Süden. In Plaquemine geht es an der Ampel nach rechts auf den Hwy 75. Nach 6,5 Meilen beim roten Blinklicht nach links. Nach weiteren 5 Meilen sind die wenigen Häuser des Bayou Sorrel erreicht. Bei der zweiten Tankstelle auf der linken Seite ist der Treffpunkt beim Angelladen erreicht.
Veranstalter: Bayou Bait Shop, 33195 Hwy 75, Plaquemine, 17 Meilen südl. von Baton Rouge, Erw. 30 $, Kinder unter 10 J. 25 $, Minimum pro Tour 75 $.
Dauer: mind. 2 Std.
Anmeldung: Dean Wilson, Tel. 225-659-2499, www.lastwildernesstours.com
Parkinfos: www.atchafalaya.org, www.fws.gov/atchafalaya
Karte: ▶ 3, E 11

Schon die Anreise zum vereinbarten Treffpunkt hat es in sich – kein Wunder, schließlich erstreckt sich das **größte Sumpfgebiet der USA,** eine Kombination von früheren Armen des Mississippi, von Marschen, Seen und Sumpfzypressenwäldern, über 18 Meilen in der Breite und ist rund 150 Meilen lang. Da will auch der Treffpunkt genau bestimmt sein.

Der Tourguide Dean kennt sich aus, als ausgewiesener Umweltschützer arbeitet er beim **Sierra Club** mit, der größten Naturschutzorganisation in den USA, und gehört zur Gruppe der Atchafalaya Basinkeeper, die sich um den Schutz des einmaligen Ökosystems kümmern. Das kleine, flache Boot fasst nur 6 Passagiere. »Damit kommen wir auch in flacheres Gewässer und in die Nebenarme«, erklärt Dean. Schwimmwesten angelegt, und los geht's. Das Boot surrt vorbei an Bäumen, die mit ihrem Stamm aus dem flachen Wasser ragen. »Ihr hartes Holz ist ein Objekt der Begierde für die Holzindustrie«, erläutert Dean, der auch einer Initiative zum Schutz der **Wasserzypressen** angehört. Links ein Haufen aufgetürmter Zweige wie eine kleine Insel, der Bau eines **Bibers,** der kurz dahinter einen Damm errichtet hat. Im brackigen Wasser ziehen wir an toten Baumstämmen vorbei. Auf einem lässt sich ein **Alligator,** immerhin fast drei Meter lang, von der Sonne erwärmen. Das vorbeiziehende Motorboot wird von ihm nicht einmal mit einem Augenblinzeln gewürdigt. Leichtes Motorengeräusch von vorn. »Das sind Cajun«, so Dean, »die hier nach Flusskrebsen fischen, wofür sie Fallen aus Maschendraht aufgestellt haben«. Im Seitenarm ist das Wasser von einer Art ›Entengrütze‹ bedeckt.

Weiter geht's die Fahrrinne entlang, gesäumt von dichten grünen Laubbäumen. **Reiher** stehen fast regungslos im Uferbereich, bereit, in Sekundenschnelle einen vorbeischwimmenden Fisch aufzuspießen. »Es gibt hier mehr als 70 Arten von Fischen und rund 200 verschiedene Vögel«, erzählt Dean und umkurvt vorsichtig die Stämme von Zypressen, ein ganzer Wald steht hier im Wasser. Die Sumpfzypresse mit ihrem harten Holz und den markanten Luftwurzeln ist einer der wenigen Bäume, die im Trockenen, aber auch in seichten Gewässern gedeihen. Am Himmel kreist ein **Fischadler,** auch er auf der Suche nach einem Imbiss. Auf einem Ast breitet ein großer **Anhinga** seine Schwingen aus. Er muss seine Flügel nach einem Tauchgang, bei dem er seine Nahrung mit dem Schnabel aufspießt, in der Sonne trocknen. Auf dem Weg zurück nennt Dean einige Tiere, die wir auf dieser Tour nicht gesehen haben, den *Roseate Spoonbill,* Rosalöffler, der entfernt an einen Flamingo erinnert, oder den Louisiana-Schwarzbären.

Tipp: Mardi Gras – Karneval an der Golfküste

Pierre le Moyne, Sieur d'Iberville, der im Auftrag der französischen Regierung mit einer Truppe von Soldaten die Region um die Mündung des Mississippi für Frankreich in Besitz nehmen sollte, kampierte am 3. März 1699 mit seinen Leuten am Rande eines Bayou. Einsam und fern der Heimat öffneten sie einige Flaschen Wein, brachten einen Toast auf den König aus und tauften das Gewässer wehmütig Bayou de Mardi Gras nach dem Faschingsdienstag, der gleichzeitig in Frankreich gefeiert wurde. Nachdem sich viele Jahre später die französischen Niederlassungen zwischen Mobile und New Orleans gefestigt hatten, konnten deren Bewohner daran denken, auch hier Karneval, Mardi Gras, zu feiern. Der ›fette Dienstag‹ hatte seinen Namen vom *bœuf gras* erhalten, dem ›fetten Ochsen‹, der zunächst mit vergoldeten Hörnern im Festzug mitgeführt wurde, um dann später auf einem rotierenden Grill als Festessen zu enden.

1830 wurde mit den Cowbellions in Mobile ein Verein gegründet, der später den örtlichen Karneval ins Leben rufen sollte; 1837 organisierte der »Mistick Krewe of Comus« in New Orleans die erste Parade durch die Straßen der Stadt, verkleidet als Gruppe *(crew)* von Dämonen und Göttern. Ähnlich dem rheinischen Karneval herrschen während der tollen Tage, die hier am 6. Januar, dem Dreikönigstag, beginnen, Königspaare in den Hochburgen des närrischen Treibens. In Lafayette werden Königin Evangéline und König Gabriel zu Oberhäuptern gekürt. An der ehedem von Franzosen besiedelten Golfküste, in Mobile, Biloxi, New Orleans oder Lafayette, ist die Karnevalszeit mit vielen Bällen und Umzügen der Karnevalsvereine der gesellschaftliche Höhepunkt des Jahres, vom frivolen Ball des Frauenkarnevalsvereins der ›Maidens in Pink Stilettos‹ in Orange Beach, Alabama, bis zur Krewe of Barkus Parade in Lake Charles im Westen von Louisiana, in der dekorierte Hunde im Mittelpunkt stehen.

Wer nicht zu einer Festveranstaltung eingeladen ist, kann meist an einem öffentlichen Ball teilnehmen oder einen der Umzüge anschauen. Allein in New Orleans gibt es in diesen Tagen mehr als 60 Umzüge. Bei den beliebten Paraden der Karnevalsvereine Bacchus und Endymion mit zusammen fast 2500 Mitgliedern ziehen 75 Festwagen und 60 *marching bands* durch die Straßen der Stadt am Mississippi, flankiert von Hunderttausenden von Zuschauern. Allein an der Golfküste von Mississippi finden zwischen der »12. Nacht« und Mardi Gras inzwischen 23 Paraden mit jeweils rund 20 Festwagen statt.

Mardi-Gras-Feiern können recht ausschweifend werden, mit exaltierten Kostümen und fast übertrieben vielen Ketten bunter Glasperlen um den Hals, mit ausuferndem Essen und vor allem Trinken und mit ausschweifenden Partys. Zu Mardi Gras wird es selbst bei sonst eher zurückhaltenden Zeitgenossen zuweilen etwas wild.

New Orleans ist das Epizentrum des Mardi Gras. Die spektakulärsten Paraden sind die der Krewe of Endymion, Krewe of Bacchus, Krewe of Zulu, Krewe of Orpheus, Super Krewes, Krewe of Rex und Krewe of Proteus.

In Mobile, Alabama, gibt es sogar Bälle von drei ›geheimnisvollen Karnevalsvereinigungen‹, die (fast) im Verborgenen, nur mit ihren handverlesenen Mitgliedern feiern. An der »Peoples Parade«, die ein gewisser Mr. Dean vor mehr als 100 Jahren begründet hat, kann jeder teilnehmen, auch wenn jedes Jahr wieder der Frauenkarnevalsverein »Mistresses of Joe Cain« mit der Begründung, Mr. Cain hätte sie am meisten geliebt, den Umzug (vergeblich) für sich reklamiert.

In den Gemeinden der Cajun-Region blieb mit dem »Courir du Mardi Gras« ein alter Brauch erhalten. Maskierte Reiter galoppieren von Haus zu Haus und bitten um Zutaten für die große kommunale *Gumbo,* einen kräftigen Eintopf, der abends in riesigen Kesseln gemeinsam bei einem *fais do do,* einem ausgelassenen Tanzabend, zubereitet und verspeist wird. Doch auch hier gilt die Devise: Am Aschermittwoch ist alles vorbei.

Plantagenvillen am Mississippi

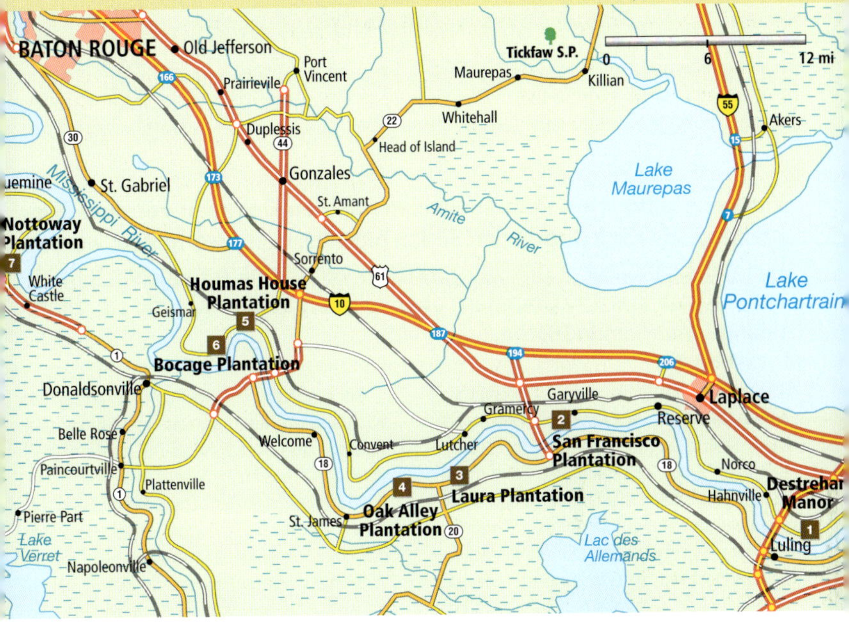

nicht besser wüsste, könnte meinen, bereits im nicht weit entfernten Texas zu sein: ein Hafen mit großvolumigen Öltanks, der sich auch von seegängigen Schiffen über den Calcasieu-Fluss und den gleichnamigen See problemlos erreichen lässt, Petrochemie, Countrymusic & Western, statt Cajun-Musik, Restaurants, in denen eher gegrillte Spare Ribs als Crawfish Etouffée serviert werden.

Das **Imperial Calasieu Museum** erzählt die Regionalgeschichte des Südwestens von Louisiana und zeigt Kunst in Wechselausstellungen, oft von heimischen Künstlern (204 W. Salier St., Tel. 337-439-3797, www.imperialcalcasieumuseum.org, Di–Sa 10–17 Uhr, Erw. 5 $, Kinder. 2 $). Die für Besucher nicht sehr ergiebige Stadt eignet sich dennoch hervorragend als Ausgangsort für Erkundungen der Feuchtprärien und Marschen im Süden.

Infos

Southwest Louisiana Convention & Visitors Bureau: 1205 N. Lakeshore Dr., Tel. 337-436-9588, www.visitlakecharles.org, Mo–Fr 9–17 Uhr.

Abends & Nachts

Glücksspiel ▶ **Grand Casino Coushatta:** 777 Coushatta Dr., Kindler, Tel. 1-800-584-7263, www.coushattacasinoresort.com. Spielkasino mit Hotelbetrieb, Restaurant und Showbühne in der Reservation der Coushatta Indianer.

Termine

Cajun Music and Food Festival: Mitte Juli im Burton Coliseum mit den besten Cajun Bands, Musikwettbewerben und herzhaftem Essen, www.cfmalakecharles.org.

Plantagenvillen am Mississippi ▶ 3, E–G 11

Karte: oben

Zwischen New Orleans und Baton Rouge kann man einige der imposantesten Plantagenvillen am Unterlauf des Mississippi im Rahmen von Führungen besichtigen. Die hohen Deiche, die vor Überschwemmungen schützen sollen, verwehren heute den Blick

Plantagenvillen – Antebellum-Architektur am Mississippi

Viele der schönsten Plantagenvillen aus den Dekaden vor dem Bürgerkrieg, als King Cotton den Süden regierte, blieben erhalten, wurden von der Brandfackel des Bürgerkriegs verschont, haben das feucht-heiße Klima von 150 Sommern ebenso überstanden wie die jahrzehntelange mangelnde Pflege.

Zwischen New Orleans und Natchez konzentrierte sich in der Zeit vor dem Bürgerkrieg mehr Reichtum als in den übrigen USA zusammen. Zwei Architekturstile bei den herrschaftlichen Villen am Unterlauf des Mississippi werden gemeinhin mit den Südstaaten in Verbindung gebracht. Der *Gothic Revival*-Stil erinnert mit spitz zulaufenden Fenster- und Türbögen, farbigem Fensterglas, burgartigen Zinnen und spitzen Giebeln an die Bauweise der Gotik. Die meisten Pflanzer sahen sich jedoch als Mitglieder einer aufgeklärten demokratischen Ordnung. Und so gibt es nur einige wenige private Anwesen und öffentliche Gebäude im *Gothic Revival*-Stil. Das alte State Capitol von Louisiana in Baton Rouge, das Hospital of the Insane in Nashville, Tennessee, oder die Trinity Episcopal Church von Mobile in Alabama sind typische Beispiele des *Gothic Revival*.

Greek Revival gilt als der repräsentative Architekturstil der Südstaaten. Thomas Jefferson hatte während seines Europa-Aufenthalts Anregungen von römischen Baudenkmälern erhalten, die schnell die britische Kolonialarchitektur ablösten und den *Federal*-Stil begründeten. Später dienten griechische Tempel und die Palladio-Villen in Italien als Vorbilder für private Wohnsitze und öffentliche Gebäude. Die Amerikaner fanden nicht nur an der Architektur des *Greek Revival* Gefallen, ihre Bewunderung galt gleichermaßen der griechischen Demokratie, an deren Tradition sie anknüpfen wollten.

So erscheint es nur vordergründig als Widerspruch, wenn gerade die Pflanzer des Südens den *Greek Revival*-Stil allen anderen vorzogen. Denn auch die attische Demokratie, auch der Bau des Parthenon, beruhte auf der Arbeit von Sklaven. Zudem waren die Väter der amerikanischen Demokratie wie George Washington oder Thomas Jefferson selbst Sklavenhalter gewesen, und die Versklavung von Afrikanern hatte von der Kirche als moralischer Instanz längst ihren Segen erhalten.

Der Baustil des *Greek Revival* bot für die Plantagenbesitzern nicht nur Möglichkeiten, ihren Reichtum zu präsentieren, sondern war darüber hinaus auch außerordentlich praktisch. Die umlaufenden, von Säulen gestützten Veranden und Galerien hielten die Zimmer ganztägig im Schatten. Jalousien und Sprossen sorgten für zusätzlichen Sonnenschutz. Gegenüberliegende Türen und Fenster, die bis zu 5 m hohen Parterrezimmer sowie das Treppenhaus neben der Eingangshalle sorgten für eine maximale Luftzirkulation. **Oak Alley, Evergreen** oder **Houmas House** zwischen New Orleans und Baton Rouge sowie Stanton Hall, Dunleith oder **Melrose** in Natchez gelten als typische Beispiele für den *Greek Revival*-Stil am Unterlauf des Mississippi.

Acht der 13 Kapitole der konföderierten Bundesstaaten und zahlreiche Kirchen zeigen, dass der *Greek Revival*-Stil durchaus auch geeignet war, die Stabilität weltlicher und kirchlicher Macht zu demonstrieren. Nur wenige Jahre vor Ausbruch des Bürgerkriegs

Thema

und dem Ende der Plantagenherrlichkeit kündigte sich allerdings ein Wandel des architektonischen Geschmacks an. Montaigne und Longwood, beide in Natchez, werden mit reich geschnitzten Trägern, mit Rundbögen über Türen und Fenstern einem sogenannten ›italienischen‹ Stil zugerechnet. Der Bau von Longwood blieb wegen des Bürgerkriegs unvollendet, der ›italienische‹ Stil konnte sich nicht voll entfalten.

So bleibt vor allem der *Greek Revival*-Stil mit der Lebensweise und der Kultur der Sklavenhalter in den Südstaaten verbunden. Da die Niederlage im Bürgerkrieg die Vorstellung von einer eigenen Konföderation zunichte gemacht hatte, war der *Greek Revival*-Stil nur von regionaler Bedeutung. In den Palästen mit den weißen Säulenportiken lebte nur der verschwindend kleine, reichste Teil der Bevölkerung.

Der Traum von Reichtum und Glück, das Bild der eleganten Pflanzerfamilie in ihrem prachtvollen Haus scheint jedoch für viele Amerikaner auch heute noch große Faszination auszuüben. Während der *Pilgrimage Tours* im Frühling, während derer auch privat bewohnte Villen in vielen Orten der Südstaaten zur Besichtigung geöffnet werden, lassen sich Zehntausende gern beim Besuch der herrschaftlichen Wohnsitze vom Duft der Magnolien und Azaleen in den Gärten und der nostalgischen Atmosphäre verführen (z. B. Natchez Pilgrimage Tours, 640 S. Canal St., Natchez, Tel. 601-647-6742, www. natchez-pilgrimage.com, Frühjahr u. Herbst tgl. 8–17.30, sonst 9–17 Uhr, s. a. S. 356).

Die Nottoway Plantation: ein Mix aus *Greek Revival* und verspieltem *Italianate*

Oak Alley Plantation: Das prächtige Interieur lockt auch mit einem edlen Restaurant

von den Villen auf den vorbeiziehenden Fluss. Dafür droht ihnen nicht das Schicksal der **White Castle Plantation** südlich von Baton Rouge, die der Mississippi einst mit sich riss.

Destrehan Manor 1

Das am Nordufer des Flusses erbaute Destrehan Manor kann trotz späterer Ergänzungen im *Greek Revival*-Stil westindische Einflüsse nicht verbergen. Für die Villa mit ihrem spitz zulaufendem Giebeldach, Säulen aus Zypressenholz und einem herrlichen Eichenbestand auf dem Grundstück wurde bereits 1787 der Grundstein gelegt (13034 River Rd./Hwy 48, Destrahan, Tel. 504-764-9315, www.destrehanplantation.org, Touren tgl. 9–16 Uhr, Erw. 15 $, Kinder 6–16 J. 5 $).

San Francisco Plantation 2

Bei der San Francisco Plantation aus dem Jahre 1856 nahe dem Ort **Garyville** nördlich des Mississippi mischen sich kreolische Einflüsse – ausgemalte Decken und schmiedeeiserne Balkonbrüstungen – mit maurischen Elementen zu einer Stilmelange, die auch als ›Dampfschiffgotik‹ bezeichnet wird. Der Name der Villa ähnelt nur zufällig dem der Stadt im fernen Kalifornien, er deutet vielmehr ironisch den hohen Preis an (*sans un franc* – kein Franc mehr übrig), den der Besitzer für sein Schmuckkästchen zahlen musste. Der verspielte Eindruck des Plantagengebäudes wird durch Anlagen der Mineralölindustrie, die das Grundstück hart bedrängen, gemindert (2646 River Rd./Hwy 44, Garyville, Tel. 985-535-2341, www.sanfranciscoplantation.org, tgl. 10–17 Uhr, Erw. 15 $, Studenten 7 $).

Laura Plantation 3

Die Laura Plantation, Haupthaus einer kreolischen Zuckerrohrplantage von 1805, wurde auf sicherer Anhöhe am Mississippi erbaut, genau dort, wo die Colapissa-Indianer schon lange eine Siedlung angelegt hatten. Zum Anwesen gehörten 16 weitere Gebäude, darunter auch die Hütten der afrikanischen Arbeitssklaven (2247 Hwy 18, Vacherie, Tel. 225-265-7690, www.lauraplantation.com, tgl. 9–16 Uhr, Erw. 18 $, Kinder 6–17 J. 5 $).

Oak Alley Plantation 4

Der gut 150 Jahre alte rosafarbene *Greek Revival*-Palast der Oak Alley Plantation, am

Südufer des Mississippi zwischen **Vacherie** und **St. James** gelegen, zählt zu den Foto- und Filmstars unter den Plantagenvillen. Vor allem die Allee von 28 mächtigen, 250 Jahre alten Lebenseichen, die der ursprünglich Bon Séjour genannten Plantage ihren heutigen Namen gaben, zählt zu den spektakulärsten Bildern am Mississippi. Einige der ehemaligen Sklavenquartiere wurden für Übernachtungsgäste zu Bed and Breakfast Cottages umgestaltet. Im Haus befindet sich ein elegantes Restaurant (3645 Hwy 18, Vacherie, Tel. 225-265-2151, www.oakalleyplantation.com, März–Okt. tgl. 9.30–17, sonst Mo–Fr bis 16.30, Sa–So bis 17 Uhr, Erw. 18 $, Jugendl. 7,50 $).

Houmas House Plantation 5

Houmas House Plantation, das von 20 weißen Säulen umstandene Hauptgebäude einer ehemaligen Zuckerplantage, kann ebenfalls diverse Filmauftritte vorweisen. Die mit zeitgenössischen Möbeln ausgestattete Villa steht am Nordufer des Flusses bei **Burnside.** Sie gehörte bei Ausbruch des Bürgerkriegs dem irischen ›Zuckerprinzen‹ John B. Burnside, der sie erfolgreich gegenüber den Truppen der Nordstaaten kurzerhand zum britischen und damit zu einem nicht zu attackierenden Territorium erklärte (40136 Hwy 942, Darrow, Tel. 225-473-9380, www.houmashouse.com, Touren Mo–Di 9–17, Mi–So 9–20 Uhr, Eintritt Haus und Garten Erw. 20 $).

Bocage Plantation 6

Die Bocage Plantation bei **Darrow** präsentiert sich mit ihrem repräsentativem Treppenaufgang und der weißen Säulenfront als klassische Interpretation des *Greek Revival*-Stils. Das 1837 erbaute Anwesen ist erst seit wenigen Jahren für Besichtigungen geöffnet (39050 Hwy 942, Darrow, Tel. 225-588-8000, http://bocageplantation.com, Touren Mi–So 12–17 Uhr, Erw. 20 $).

Nottoway Plantation 7

In der Nähe von White Castle am Südufer des Mississippi kann man das ›weiße Schloss von Louisiana‹, die Nottoway Plantation, bestaunen. Im Pflanzerpalast mit säulengestützten, umlaufenden Balkonen aus dem Jahre 1859, in dem auch Bed-and-Breakfast-Gäste aufgenommen werden, mischen sich Elemente des *Greek Revival*- und des verspielteren *Italianate*-Stils. Das Zentrum einer knapp 3000 ha großen Zuckerrohrplantage mit 64 Zimmern gehörte einst zu den größten privaten Wohnsitzen des Bundesstaates (31025 LA Hwy 1, White Castle, Tel. 225-545-2730, www.nottoway.com, tgl. 9–16 Uhr, Erw. 20 $, Kinder 6–12 J. 6 $).

Baton Rouge

▶ 3, E 11

Einer Überlieferung zufolge sollen Indianerstämme der Houma und der Bayougoula ihre Jagdgründe in regelmäßigen Abständen durch Zypressenstämme voneinander abgegrenzt haben, die sie mit Blut tränkten. Die Ortsbezeichnung Baton Rouge, roter Stab, tauchte schon auf den ersten französischen Landkarten der Region auf. Nach Donaldsonville am Unterlauf des Mississippi und New Orleans wurde Baton Rouge im Jahr 1849 zur Hauptstadt des Bundesstaates Louisiana bestimmt, bereits ein Jahr später war das **Old State House** fertiggestellt, ein eigenwilliger Bau im *Gothic Revival*-Stil mit Schießscharten, Türmen und gusseisernen Verzierungen. Nachdem ein Brand das Gebäude stark beschädigt hatte, schrieb Mark Twain, dass »Dynamit die Arbeit vollenden sollte, die ein gnädiges Feuer begann« (100 North Blvd., Tel. 225-3420-500, Di–Sa 9–16 Uhr).

Louisiana State Capitol

Das Louisiana State Capitol, ein 34-stöckiges Hochhaus, wird ein Denkmal für Huey P. Long bleiben, den populären und populistischen Gouverneur und Senator von Louisiana. »Teilt den Reichtum« hieß die Parole des autoritären ›Kingfish‹, der 1932, zum Ende seiner Amtszeit als Gouverneur mitten in der großen Wirtschaftskrise, den neuen Regierungssitz in Rekordzeit errichten ließ. Long, 1932 zum Senator gewählt und als Konkurrenz zum späteren US-Präsidenten Roosevelt in der

Prachtvoll ist nicht nur der Eingang zum LASM

Diskussion, wurde 1935 vom Arzt Carl Weiss erschossen. Bis heute kommen Farmerfamilien vom Lande – und Touristen –, um jene Marmorwände zu betrachten, in denen die Kugeln ihre Spuren hinterließen (State Capitol Dr., Tel. 225-342-7317, tgl. 8–16.30 Uhr).

Die Aussichtsplattform des State Capitol bietet Besuchern einen Panoramablick über die 230 000 Einwohner zählende Metropole am Mississippi, über den Fluss, den Hafen und die weitläufigen Anlagen der petrochemischen Industrie.

Louisiana Arts and Science Center Riverside Museum

Der frühere Bahnhof der Yazoo and Mississippi Valley Railroad Company beherbergt heute das Louisiana Arts and Science Center Riverside Museum, kurz LASM, mit Kunstgalerien, einem altägyptischen Museum, Experimenten zu Naturwissenschaften, Exponaten zur Geschichte des Mississippi und der Region (100 S. River Rd., Tel. 225-344-5272, www.lasm.org, Di–Fr 10–15, Sa 10–17, So 13–16 Uhr, Erw. 7 $, erm. 6 $).

USS KIDD & Veterans Memorial

Wenig weiter südlich am Flußufer zeigt das **USS KIDD & Veterans Memorial** Ausstellungen und einige Schiffe wie einen alten Paddlewheeler und den ausgemusterten Zerstörer »U. S. S. Kidd« (Government St./Front St., Tel. 225-342-1942, www.usskidd.com, tgl. 9–17 Uhr, Erw. 8 $, Kinder. 5–7 $).

LSU Rural Life Museum

Das ausgezeichnete Museumsdorf der Louisiana State University am südöstlichen Stadtrand, das **LSU Rural Life Museum,** dokumentiert mit Hunderten von Gerätschaften und Werkzeugen sowie Häusern einfacher Leute, dass das Landleben vor dem Bürgerkrieg nicht nur aus dem Luxusleben von *Southern belles* und edlen Kavalieren auf herrschaftlichen Plantagenvillen bestand. Auch die Bedeutung des Begriffes ›Shotgun House‹ wird erhellt als eine winzige Hütte mit solch dünnen Bretterwänden, dass sie einer Gewehrkugel kein Hindernis boten (Essen Ln., Exit 160 der I-19, Tel. 225-765-2437, http://rurallife.lsu.edu, tgl. 8.30–17 Uhr, Erw. 7 $, erm. 6 $).

Infos

Baton Rouge Area Convention & Visitors Bureau: 359 3rd St., Tel. 225-383-1825, www.visitbatonrouge.com, Mo–Fr 8.30–17, Sa ab 10 Uhr.

Übernachten

Historisch und modern ▶ **Hilton Capitol Center:** 201 Lafayette St., Tel. 225-344-5866, www.hiltoncapitolcenter.com. Komplett renoviertes Hotel mit knapp 300 Zimmern in prächtigem Baum mit Blick auf den Mississippi. Internet, Pool, Wellnessangebote, Fitnesscenter. DZ ab 150 $.
Mit Spielkasino ▶ **Belle of Baton Rouge Casino & Hotel:** 102 France St., Tel. 225-242-2600, www.belleofbatonrouge.com. 300 zentral gelegene Zimmer zu günstigen Preisen, kostenloses Internet und Airporttransfer, dafür Video Spiele und Spielautomaten gegen Gebühr. DZ ab 90 $.
Camping ▶ **Baton Rouge KOA:** 7628 Vincent Rd., Denham Springs, Tel. 225-664-7281, www.koa.com. Gut ausgestatteter Campingplatz 12 Meilen östlich von Baton Rouge. Stellplatz für Campmobil ca. 42 $/Nacht.

Essen & Trinken

Französisch elegant ▶ **Maison Lacour:** 11025 N. Harrels Ferry Rd. (westlich der I-12), Tel. 225-275-3755, www.maisonlacour.com, Mo, Di geschl. Traditionelle französische Küche in parkähnlicher Anlage. Hauptgerichte ab 25 $.
Kreolische Delikatessen ▶ **Juban's:** 3739 Perkins Rd. (Acadiana Shopping Center), Tel. 225-346-8422, www.jubans.com, So geschl. Kreative kreolische Küche, dazu nette Bar im Innenhof. Hauptgerichte ab 17 $.

Abends & Nachts

Chip chip hurrah ▶ **Hollywood Casino:** 1717 River Rd. N, Rel. 225-709-7777, www.hollywoodbr.com, Spielkasino am Mississippi mit Steakhouse und Karaokebar.

Einkaufen

Großes Outlet ▶ **Tanger Factory Outlet Center:** Exit 177 auf der I-10 bei Gonzales, www.tangeroutlet.com/GONZALES. Gut 50 Geschäfte mit Markenprodukten zu herabgesetzten Preisen.

Termine

FestForAll: Ende April/Anfang Mai. Straßenfest mit Kunst und Kultur, Konzerten, Tanz und Verkaufsständen in Downtown auf dem North Blvd., www.artsbr.org/fest-for-all.htm.
Bayou Country Superfest: Ende Mai. Musikfestival mit Country- und Rockgrößen aus dem Süden, im LSU Tiger Stadion, Uni-Campus, www.bayoucountrysuperfest.com.

Verkehr

Flug: Der Baton Rouge Metropolitan Airport, 12 Meilen nördl. der Stadt, wird von diversen nordamerikanischen Airlines angeflogen, www.flybtr.com.
Bus: Greyhound, 1253 Florida Blvd., Tel. 225-383-3811, www.greyhound.com.

Covington und Lake Pontchartrain ▶ 3, F 11

Östlich von Baton Rouge erstrecken sich Acker- und Weideland. Die dichten Pinienwälder und die Mineralquellen machen den Ort **Covington** am Nordufer des **Lake Pontchartrain** zu einem beliebten Naherholungsgebiet und zu einer Region von Zweitwohnsitzen für Einwohner von New Orleans. Nach der großen Flut 2005 infolge des Hurrikans Katrina, haben sich viele Bewohner hier niedergelassen, deren Häuser in New Orleans zerstört waren. Freunde des Pferdesports können hier einige der bekanntesten Pferdezuchtbetriebe für Vollblüter und Araber in Louisiana besichtigen. Südlich von Covington beginnt die 24 Meilen lange Brücke über den nur wenige Meter tiefen Lake Pontchartrain.

St. Francisville und Umgebung ▶ 3, E 10

Französische Gründung, spanischer Einfluss, englische Gesinnung, so ließe sich die Geschichte von Feliciana, der Region nördlich von Baton Rouge, beschreiben. Plantagenbesitzer aus Virginia, den Carolinas und Georgia lockte der fruchtbare Boden um St. Francisville, nachdem Franzosen und Spanier das Gebiet verlassen hatten.

Zu den luxuriösen Villen, die denen am Unterlauf des Mississippi nicht nachstehen, zählt **Oakley House,** in dem der Naturforscher und Zeichner John James Audubon einige Zeit als Hauslehrer angestellt war und an seinem berühmtesten Werk, »Die Vogelwelt von Amerika«, arbeitete (11788 Hwy 965, Tel. 225-635-3739, www.crt.state.la.us/parks/iaudubon.aspx, tgl. 9–17 Uhr, Erw. 4 $). Zwei kurze Spaziergänge, der 400 m lange Mason Trail und der doppelt so lange Cardinal Trail führen durch die üppigen Gartenanlagen.

Die **Greenwood Plantation** gehörte der Barrows Familie aus North Carolina. Auf der gut 6000 ha großen Plantage bauten Sklaven Zuckerrohr und Baumwolle an. Die repräsentative, im *Greek Revival*-Stil errichtete Villa, heute mit angeschlossener Bed-&-Breakfast-Herberge, ist von 28 dorischen Säulen umgeben (6838 Highland Rd., Tel. 225-655-4475, www.greenwoodplantation.com, Besichtigung März–Okt. tgl. 9–17, sonst 10–16 Uhr, Eintritt Haus und Garten Erw. 8 $).

Rosedown Plantation and Gardens gilt wegen seiner ausgedehnten Parkanlage als bekannteste Plantage von St. Francisville. Im 15 ha großen Garten gedeihen neben amerikanischen Gewächsen viele europäische und orientalische Pflanzen, welche die Hausherren von Auslandsreisen mitbrachten (12501 Hwy 10, Tel. 225-635-3332, www.crt.state.la.us/parks/irosedown.aspx, März–Okt. tgl. 9–17, sonst 10–16 Uhr, Erw. 10 $, erm. 4–8 $).

Infos

West Feliciana Parish Tourist Commission: 11757 Ferdinand St., Tel. 225-635-4224, www.stfrancisville.us. Ein Ortsplan mit Hinweisen zu den historischen Villen für eine Spaziergang durch den Ort liegt hier bereit.

Übernachten, Essen

Geisterhaus ▶ **Myrtles Plantation:** 7747 US 61, Tel. 225-635-6277, www.myrtlesplantation.com. Plantagenvilla von 1796, zur Villa gehört das Restaurant Carriage House (Tel. 225-635-62 78) mit einer soliden Südstaaten-Küche (Gerichte ab 15 $). DZ ab 125 $ (inkl. Frühstück).

Der Norden von Louisiana

Shreveport ▶ 3, A 7

Die mit 200 000 Einwohnern drittgrößte Stadt von Louisiana, liegt rund 35 Meilen südlich von der Grenze zu Arkansas am schiffbaren Red River. Im 19. Jh. waren die Lagerhallen am Hafen mit Baumwolle von den Plantagen aus Nordlouisiana gut gefüllt, die hier für den Export umgeschlagen wurde. Seit 1906, nachdem das erste von mehreren Öl- und Erdgasvorkommen entdeckt wurden, gehört die Region zu den wichtigsten Lieferanten der begehrten Rohstoffe im Südosten der USA. Auch wenn Shreveport seine Nähe zu Texas nicht verleugnen kann, bemüht sich die Oil City, ihr historisches Erbe zu bewahren.

Im restaurierten **Louisiana State Exhibit Museum** werden Geschichte, Natur und Kultur des Bundesstaates anschaulich präsentiert (3015 Greenwood Rd., Tel. 318-632-2020, http://lsm.crt.state.la.us, Mo–Fr 9–16 Uhr, Erw. 6 $, Kinder 5 $). In der **R. W. Norton Art Gallery** ist die Western-Kunst mit Werken von Frederic Remington und Charles Russel neben einer respektablen Sammlung europäischer Gemälde und Plastiken aus mehreren Jahrhunderten außergewöhnlich gut vertreten (4747 Creswell Ave., Tel. 318-865-42 01, www.rwnaf.org, Di–Fr 10–17, Sa–So 13–17 Uhr, Eintritt frei). Das 1925 eröffnete **Strand Theatre** ist das offizielle Staatstheater von

Louisiana. Nach einer Renovierung erstrahlt es in der Louisiana Avenue wieder in neobarockem Glanz seiner Kristalllüster und und bildet erneut den illustren Rahmen für Musical-, Konzert- und Theateraufführungen.

Im **Sciport,** einem modernen Entdeckungszentrum für Kinder und Jugendliche, sind auch Erwachsene von den naturwissenschaftlichen Experimentiermöglichkeiten fasziniert (820 Clyde Fant Pkwy, Tel. 318-424-3466, www.sciport.org, Sept.–Febr. Di–Fr 10–17, Sa 10–18, So 12–18, März–Aug. Mo–Sa 10–18, So 12–18 Uhr, Erw. 18 $, Kinder 13 $).

Bonnie and Clyde Ambush Museum ▶ 3, A 7

Das **Bonnie and Clyde Ambush Museum** in Gibsland, 45 Meilen westlich von Shreveport, hält die Erinnerung an das legendäre Räuberpaar wach, das südlich der kleinen Gemeinde am 23. Mai 1934 in einem Hinterhalt von Texas Rangern erschossen wurde (2419 Main St., Gibsland, Tel. 318-843-1934, http://bonnieandclydemuseum.com, So–Di, Do–Fr 10–18, Sa 12–18 Uhr, Erw. 7 $, Kinder 5 $).

Infos

Shreveport-Bossier Convention & Visitors Bureau: 629 Spring St., Tel. 318-222-9391, www.shreveport-bossier.org, Mo–Fr 9–17 Uhr.

Übernachten

Mittelklassehotel ▶ **BW Chateau Suites Hotel:** 201 Lake St., Tel. 318-222-7620, www.bestwestern.com. 101 ordentliche Zimmer, Internetzugang und örtliche Telefongespräche gratis. DZ ab 105 $.

Essen & Trinken

Cajun-Spezialitäten ▶ **The Blind Tiger:** 120 Texas St., Tel. 318-226-8747, tgl. ab mittags. Steaks, Burger, Fisch, dazu eine gute Auswahl an Cajun-Spezialitäten. Außerdem große Bierauswahl, Cocktails, Musik und am Wochenende Karaoke. Gerichte 5–18 $.

Abends & Nachts

Tourneeaufführungen ▶ **Strand Theatre:** 619 Louisiana Ave., Tel. 318-226-1481, www.thestrandtheatre.com. Im offiziellen Staatstheater von Louisiana treten regelmäßig Tourneeensembles mit Theater-, Ballett- und Musicalinszenierungen auf.

Spielkasino und Pferderennen ▶ **Harrah's Louisiana Downs:** 8000 E. Texas St., Bossier City, Tel. 318-742-5555, www.harrahslouisianadowns.com. Spielkasino, überwiegend mit Einarmigen Banditen, mehrmals im Jahr Pferdeschauen und ein Derby im Sept.

Termine

Holiday Trail of Lights: Der ›weihnachtliche Pfad des Lichts‹ zieht sich im Dezember durch sechs Städte in Louisiana und Texas, unter ihnen Natchitoches und Shreveport, mit Lichtdekorationen an Häusern, Musik und Ausstellungen, Tel. 318-429-0645, www.holidaytrailoflights.com.

Verkehr

Bus: Greyhound, 408 Fannin St. Tel. 318-221-4205, www.greyhound.com.

Natchitoches ▶ 3, B 9

Knapp 60 Meilen von Shreveport den Red River flussabwärts im Gebiet um Natchitoches lässt sich die Atmosphäre des Westens nicht mehr verspüren. Wie schon zu Beginn des 19. Jh. wird auch heute beiderseits des Flusses Baumwolle angebaut. Nachdem sich der Red River 1825 nach einer Springflut ein neues, 5 Meilen entferntes Flussbett suchte, verlor die Hafenstadt Natchitoches ihre strategische Lage als Handelsplatz für die umliegenden Plantagen. In dem 1842 erschienenen, gegen die Sklaverei gerichteten Roman von Harriet Beecher Stowe stand »Onkel Toms Hütte« in der Nähe von Natchitoches.

Im gemütlichen Zentrum des Südstaatenorts, der Kinobesuchern als Drehort für den Film »Magnolien aus Stahl« mit Shirley McLaine, Dolly Parton und Julia Roberts bekannt ist, blieben zahlreiche Häuser aus der Zeit vor dem Bürgerkrieg erhalten. Ein Nachbau des palisadenbewehrten französischen **Fort St. Jean Baptiste** aus dem Jahre 1732 erinnert an die französische Kolonialzeit (130 Morrow St., Tel. 318-357-3101, tgl. 9–17 Uhr).

Tipp: Poverty Point – ein indianisches Stonehenge

Die Anlage des **Poverty Point National Monument** (► 3, E 7) nordöstlich von **Monroe** und beim kleinen Ort **Epps** umfasst eine der bedeutendsten archäologischen Fundstätten indianischer Siedlungen in Nordamerika. Die frühesten Funde werden auf ein Alter von etwa 3700 Jahren geschätzt. In der Niederlassung, die ca. 2000 Jahre lang bevölkert war, lebten bis zu 6000 Menschen. Sechs Ringwälle, im Halbkreis um einen Platz gruppiert, trugen einst mehrere Hundert Wohnhütten. Der Siedlungsbereich war von vier, wahrscheinlich zeremoniellen Hügelplattformen begrenzt. Deren größte ähnelt, grob betrachtet, einem Vogel, misst heute ungefähr 260 m im Durchmesser und 23 m in der Höhe. Im ausgezeichneten Museum ist der frühere Ort im Modell rekonstruiert, außerdem werden steinerne Messerklingen, Pfeilspitzen, Figuren und Zehntausende von Tonklumpen, die zum Feuermachen verwendet wurden, ausgestellt. Wer zur Tag- und Nachtgleiche im Frühling oder im Herbst auf den westlichen Zeremonienhügel klettert, wird die Sonne direkt über dem zentralen Platz aufgehen sehen (SR 577, 5 Meilen nördl. von Epps, Tel. 318-926-5492, www.nps.gov/popo, tgl. 9–17 Uhr, Erw. 2 $).

Das malerische **Plantagenhaus von Melrose** am Cane River Lake lohnt einen Abstecher etwa 16 Meilen südlich von Natchitoches. Maria Thérèse Coincoin, eine freigelassene Sklavin, und ihre Söhne, die von der spanischen Kolonialbehörde Land erhalten hatten, führten eine mit Sklaven bewirtschaftete Plantage, bauten zunächst kleinere Wohnhäuser, u.a. das African House mit überhängendem Strohdach, und dann, 1833, das von einem Garten eingerahmte Big House der **Melrose Plantation** mit umlaufendem Balkon und säulengestützter Terrasse (3533 Hwy 119, Tel. 318-379-0055, Di–So 9–17 Uhr).

Winnfield ► 3, C 8

Im Dörfchen Winnfield, gut 30 Meilen weiter im Nordosten, wurden mit Huey P. Long, O. K. Allen und Earl K. Long drei Gouverneure von Louisiana geboren. Deren Leben und die Geschichte des Bundesstaates sind im **Louisiana Politicial Museum & Hall of Fame** dargestellt (499 E. Main St. Tel. 318-628-5928, www.lapoliticalmuseum.com, Mo–Fr 9–17 Uhr, Eintritt frei).

Infos

Natchitoches Tourist Commission: 781 Front St., Tel. 318-352-8072, www.historicnatchitoches.com.

Übernachten

Im historischen Zentrum ► Church Street Inn: 120 Church St., Tel. 318-238-8888, www.churchstinn.com. Nettes, komplett renoviertes B & B mit 20 elegant eingerichteten Zimmern. DZ ab 110 $.

Essen & Trinken

Cajun ► Merci Beaucoup: 127 Church St., Tel. 318-352-6634. Herzhafte Spezialitäten wie die Cajun-Potatoes, Kartoffeln, mit Krebsfleisch überbacken und einer gegrillten Languste. Gerichte 5–15 $.

Legendäre Fleischpastete ► Lasyone's Meat Pie Kitchen & Restaurant: 622 2nd St., Tel. 318-352-3353, www.lasyones.com, Mo–Sa 7–15 Uhr. Frühstück, leckere Pasteten, Würstchen und ein Zuckerrohrcremekuchen zum Dessert. Grillsandwiches ab 7 $.

Monroe ► 3, D 7

In Monroe, Handels- und Marktplatz einer von Baumwollanbau und Viehzucht geprägten Region mit 55 000 Einwohnern weiter 60 Meilen im Norden, wurde 1924 das auf Pflanzenschutz und Schädlingsbekämpfung aus der Luft spezialisierte Unternehmen Huff Daland Dusters gegründet, aus dem später mit **Delta Airlines** eine der größten Fluggesellschaften der Welt hervorgehen sollte.

Mississippi

Am Ufer des Mississippi rund um Natchez stehen einige der schönsten Plantagenvillen des Südens. Etwas weiter flussaufwärts, im Delta zwischen dem Mississippi und dem Yazoo River, wurde vor über 100 Jahren der Blues geboren. Und ganz im Süden, bei Biloxi, können Besucher an den breiten Sandstränden der Golfküste sonnenbaden und schwimmen oder in einem der Kasinos ihr Glück versuchen.

Die Golfküste

Rund 75 Meilen misst die Golfküste von Mississippi, von der Grenze zu Alabama im Osten bis zum Pearl River, dem Grenzfluss zu Louisiana, im Westen. Ein breiter und ca. 25 Meilen langer Sandstrand erfreut seit Langem die Besucher. Er wurde Anfang der 1950er-Jahre vom »US Army Corps of Engineers« als Flutschutz aufgeschüttet und gilt als längster künstlicher Sandstrand in den USA. Heute kaum zu glauben, aber noch in den 1960er-Jahren war es Afroamerikanern verboten, für Weiße reservierte Strandabschnitte zu betreten. Das ist heute kein Problem mehr, eher, dass nach den schlimmen Verwüstungen des Hurrikans Katrina, der 2005 hier mit einer mehr als 8 m hohen Flutwelle auf die Küste traf, noch immer Grundstücke verwaist sind. Viele private Grundstückeigner können sich die in schwindelnde Höhen katapultierten Versicherungsprämien schlicht nicht leisten. Dennoch, vieles ist wieder aufgebaut, auch an Spielkasinos besteht kein Mangel. Bei gutem Wetter lassen sich die rund 9 Meilen vor der Küste liegenden Barriere-Inseln mit bloßem Auge ausmachen. Vor allem auf Ship Island lässt sich herrlich baden (s. auch S. 352).

Pascagoula ► 3, J 11

An stillen Spätsommerabenden können Menschen mit feinem Gehör in Pascagoula, der östlichsten Gemeinde der Golfküste von Mississippi, einen eigenartigen, singenden Ton hören. Der Legende zufolge ist dies das lange Echo des Todesgesangs der Pascagoula-Indianer, die es einst vorzogen, kollektiven Selbstmord im Singing River zu begehen, statt sich von den angreifenden Biloxi-Indianern massakrieren zu lassen.

Das älteste erhaltene Gebäude von Mississippi, das **Old Spanish Fort** aus dem Jahre 1718, wurde während der französischen Kolonialzeit errichtet. Und es ist auch kein Fort, sondern das Haus eines Zimmermanns, gebaut aus Tabby, einer Mischung aus Ton, Austernschalen und *Spanish moss.* Es wird gegenwärtig aufwendig restauriert. Ein angeschlossenes Museum informiert über die Regionalgeschichte (4602 Fort St., Tel. 228- 769-1505, www.visitmississippi.org, Mo–Sa 9.30–16.30, So 12–16.30 Uhr).

Infos

Jackson County Chamber of Commerce: 720 Krebs Ave., Pascagoula, Tel. 228-762-3391, www.jcchamber.com, Mo–Fr 8.30–17 Uhr.

Ocean Springs ► 3, H 11

Vor 300 Jahren hieß der Küstenort Biloxi, bis die Franzosen 1719 einer Nachbarsiedlung etwas weiter im Westen den Namen gaben. Die entspannte Atmosphäre dieses Seebads hat Künstler und Kunsthandwerker angezogen. Das Werk des 1965 verstorbenen, exzentrischen Malers Walter Anderson wird in dem wunderbaren **Walter Anderson Museum of Art** ausgestellt (WAMA, 510 Washington Ave., Tel. 228-872-3164, www.walterandersonmuseum.org, Mo–Sa 9.30–16.30, So 12.30–16.30 Uhr).

Direkt an der Küste am Rande des Ortes befindet sich auch das neu gestaltete, von Schilf, Wasser und einem maritimen Wald umgebene Besucherzentrum der **Gulf Islands National Seashore.** Die Kette von Barriere-Inseln, erstreckt sich vor der Küste zwischen Pensacola in Florida und Gulfport in Mississippi. Ein Plankenweg und einige kurze Wanderstrecken führen vom Visitor Center durch die Küstenlandschaft am Bayou entlang, mit besten Ausblicken auf die Bucht (3500 Park Rd., Tel. 228-875-9057, www.nps.gov/guis).

Infos

Chamber of Commerce: 1000 Washington Ave., Tel. 228-283-3742, www.oceanspringschamber.com, Mo–Sa 8.30–17 Uhr.

Essen & Trinken

Frühstück und Lunch ▶ **Bayview Gourmet:** 1100 Robinson St., Tel. 228-875-4252, http://bayviewgourmet.com, Di–So ab 7.30 Uhr. Umfangreiche Speisekarte mit herzhaftem Frühstück, Sandwiches und Salaten, heitere Atmosphäre. Speisen 9–12 $.

Einkaufen

Kunsthandwerk ▶ **Ocean Springs:** Entlang der Washington Ave. lohnen Antiquitäten- und Kunsthandwerkgeschäfte einen Blick.

Abends & Nachts

Grillrippchen mit Blues ▶ **The Shed BBQ & Blues Joint:** North 1000 Yards, Exit 57 der I-10, Tel. 228-875-9590, www.theshedbbq.com, tgl. 11–21 oder 22 Uhr. Hier gibt es die besten Grillrippchen weit und breit, die Stimmung ist super, wie an die Decke geheftete Dollarscheine zufriedener Gäste beweisen. Auch der Blues, am Wochenende live auf einer Bühne im Gelände, kann sich hören lassen. Rippchen 11,99 $.

Biloxi ▶ 3, H 11

Die ersten Menschen, Biloxi, nannte sich der Indianerstamm, der bis zur Ankunft der Franzosen diesen Küstenabschnitt beherrschte. Die Franzosen errichteten **Fort Louis,** von dem aus sie zwischen 1720 und 1722 die Provinz Louisiana verwalteten. An der Küste und im alten Ort sind noch einige Antebellum-Häuser erhalten oder restauriert. In Biloxi ändert sich das Bild einer beschaulichen Küstenszenerie. Früher war der Ort eher für seine Krabben- und Austernfischerei bekannt, galt der markante, knapp 20 m hohe Leuchtturm **Old Biloxi Lighthouse** als alleiniges Wahrzeichen (Beach Blvd., Besichtigung Mo–Sa 9, 9.15 und 9.30 Uhr).

Nachdem der Bundesstaat Mississippi das Glücksspiel legalisiert hatte, wurden in kurzer Zeit mehrere Spielkasinos an der Küste errichtet. Da den Glücksspielbetrieben Hotels, Golfplätze, Restaurants und Einkaufszentren folgten, hat sich der Charakter der Küste vor allem zwischen Biloxi und Long Beach in wenigen Jahren deutlich verändert.

Das **Mardi Gras Museum,** in dem viele Kostüme ausgestellt sind, erläutert die Geschichte des Karnevals in den ehemals französischen Niederlassungen an der Küste (119 Rue Magnolia, Tel. 229-435-6245, www.biloxi.ms.us/museums/mardigras, Erw. 2 $).

Nicht weit entfernt überrascht das **Ohr-O'Keefe Museum of Art** mit den Arbeiten des exaltierten deutschstämmigen Töpfers George Ohr. Der *mad potter,* der verrückte Töpfer, wie er sich selbst publikumswirksam nannte, war weniger am Gebrauchswert seiner Kreationen interessiert als an deren künstlerischer Ausdruckskraft. Für den nach Katrina notwendigen Neubau des Museums konnte man den kalifornischen Stararchitekten Frank Gehry verpflichten. Die letzten Teile seines aufsehenerregenden Ensembles der ›tanzenden Bauten‹ werden 2012 eröffnet (386 Beach Blvd., Tel. 228-374-5547, www.georgeohr.org, tgl. 9–17 Uhr, Erw. 10 $, erm. 5–8 $).

Trotz der jährlichen Hurrikans erlebt Biloxi einen neuen Bauboom

ASHLEY
FURNITURE
HomeStore
Edgewater Village
SHOPPING CENTER
Cici's Pizza

aktiv unterwegs

Zu Fuß auf Ship Island vor der Küste von Mississippi

Tour-Infos

Start: Gulfport, am Pier, 9 Uhr
Dauer: 7,5 Std.
Anreise: Fähre von Gulfport, Ship Island Excursions, Tel. 228-864-1014, http://msshipisland.com, April–Okt., Erw. 24 $ (hin und zurück), Kinder bis 10 J. 14 $
Info: Gulf Islands National Seashore, Tel. 228-875-9057, www.nps.gov/guis
Karte: ▶ 3, H 11

Wer nicht nur 90 Minuten auf der vorgelagerten Insel verbringen möchte, sollte die frühe Fähre nach **West Ship Island** nehmen. Übernachtungen sind auf der zur **Gulf Islands National Seashore** gehörenden Insel nicht erlaubt. Pünktlich legt die M/V Gulf Islander in Gulfport ab. Eine Stunde benötigt sie für die 11 Meilen lange Strecke bis zum **Pier** am Nordufer der schmalen Insel.

Und wer etwas Glück hat, kann auf der kleinen Seereise schon einiges sehen: Fischerboote aus Biloxi auf Langustenfang, in einiger Entfernung Frachter oder ganz nah **Delfine,** die nicht selten mit dem Fährboot spielen und sich vor dem Bug mit großen Sätzen aus dem Wasser katapultieren. Beäugt von Dutzenden **Seemöwen,** die das Schiff begleiten. Vor anderen, kleineren Tieren sollte man sich eher schützen und ein Insektenschutzmittel dabei haben.

Das Schiff steuert **West Ship Island** an, mit dem **Fort Massachusetts,** einem **Leuchtturm** und einer **Ranger Station.** Seit im Jahr 1969 der Hurrikan Camille hier auf die Küste traf und die Insel in zwei Teile gerissen hat, gibt es auch ein **East Ship Island,** auf das die Fähre gegen eine zusätzliche Gebühr hinüberfährt. Die bewaldete Insel ist von der Zivilisation unberührt.

Fort Massachusetts gleich beim Anleger von West Ship Island wartet auf eine Besichtigung. Die Backsteinfestung wurde nach dem Krieg gegen Großbritannien 1812 begonnen, aber nie komplett fertiggestellt. Im Bürgerkrieg brachten Unionstruppen nach der Eroberung hier gefangene konföderierte Soldaten unter.

Auf dem rund 500 m langen Plankenpfad geht es vom Fort bequem zur Südküste der Insel. Am Rande des Feuchtgebiets beider-

Beauvoir, zur schönen Aussicht, hieß die repräsentative Villa von Mrs. Sarah Dorsey, in dem Jefferson Davis, der erste und einzige Präsident der Südstaaten-Konföderation, nach der Niederlage im Bürgerkrieg lebte. Hier schrieb er seine Erinnerungen »Aufstieg und Fall der Regierung der Konföderierten Staaten von Amerika« nieder. Seit 1941 zeigt das Gebäude vorwiegend persönliche Erinnerungsstücke aus dem Leben des einzigen Präsidenten der Südstaaten. Der von Katrina arg gebeutelte Bau ist aufwendig restauriert. im Jahr 2012 wird auf dem weitläufigen Grundstück eine großzügige Presidential Library eröffnet (2244 Beach Blvd., Tel. 228-388-4400, www.beauvoir.org, tgl. 9–17 Uhr).

Infos

Mississippi Gulf Coast Convention & Visitors Bureau: 2350 Beach Blvd., Suite A, 1. Stock des Convention Center, Tel. 228-896-6699, www.gulfcoast.org.

Übernachten

Blick auf den Golf ▶ **Chateau Blessey:** 1012 Beach Blvd., Tel. 228-861-7021, www.chateaublessey.com. Dekorativ mit Antiquitäten eingerichtete und komplett restauriertes B & B, ungewöhnlich opulentes Frühstück. DZ ab 280 $.

Direkt am Strand ▶ **South Beach Biloxi Hotel and Suites:** 1735 Beach Blvd., Tel. 228-388-2627, www.sbbiloxihotel.com. 1-

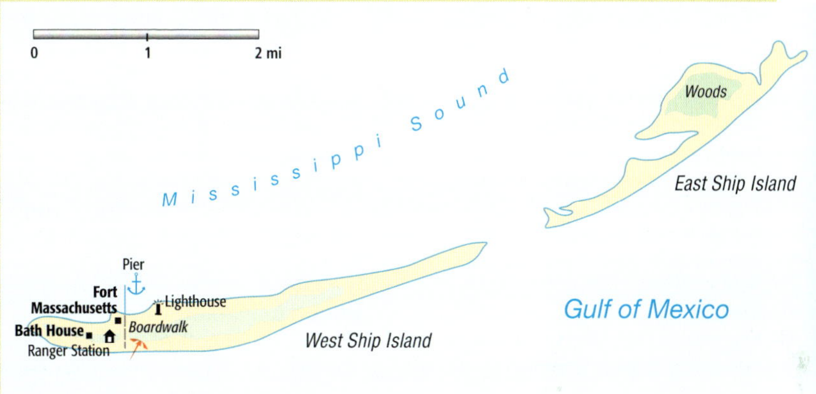

seits des Weges blühen Wildblumen in friedlicher Koexistenz mit Kriechpflanzen, die im salzhaltigen Brackwasser gedeihen. Dazwischen sieht man Vögel auf der Suche nach kleinem Wassergetier als Beute.

Mit einem schützenden Sonnendach bietet das **Bathouse** Schatten. Dazu gibt es Duschen, einen Verleih von Strandstühlen und Sonnenschirmen sowie Snacks zum Verkauf. Wer nicht baden möchte, macht sich auf zur **Strandwanderung,** vielleicht auf der Suche nach an den Strand gespülten Muscheln. Doch Vorsicht: In der Sommerzeit kann es bis zu 40 °C heiß werden und die Insel ist fast 4 Meilen lang. Die Fähre zurück aufs Festland wartet nicht. Vor der Rückreise gilt es, Verpackungen oder anderen Zivilisationsmüll, den man mitgebracht hat, wieder einzupacken – schließlich ist die Insel ein Naturschutzgebiet.

und 2-Schlafzimmer-Suiten mit Küche und Meerblick, Pool, kostenloses Internet und Parkhaus. Mini-Suiten ab 150 $.

Imposantes Kasinohotel ▶ **Beau Rivage:** 875 Beach Blvd., Tel. 228-386-7111, www.beaurivage.com. Glücksspiele, 1800 Betten und 8 Restaurants, direkt am Golf von Mexiko. DZ ab 100 $.

Essen & Trinken

Institution ▶ **Mary Mahoney's:** 116 Rue Magnolia, Tel. 228-374-0163, www.marymahoneys.com, Mo–Sa 11–22 Uhr. Beste Küstengerichte im verschachtelten Bau nicht weit vom Meer, Kunst und Fotos von prominenten Gästen an den Wänden. Gerichte 12–37 $.

Nicht nur für Einheimische ▶ **Ole Biloxi Schooner:** 871 Howard Ave., Tel. 228-435-8071. Hier frühstücken die Einheimischen selbst. Sympathisch-altmodisches Interieur, traditionelle Frühstücks- und Lunchangebote, auch mit *Grits*. Speisen 6–15 $.

Abends & Nachts

Spielkasino mit Weitblick ▶ **IP Casino Resort Spa:** 850 Bayview Ave., Tel. 228-436-3000, www.ipbiloxi.com. Kasino, Hotel mit Zimmern ab 60 $ und gutes Restaurant an der Bayseite mit wunderbarer Fernsicht und exzellenter Weinkarte.

Spielkasino mit Rockmusik ▶ **Hard Rock Hotel & Casino:** 777 Beach Blvd., Tel. 228-

374-7625, www.hardrockbiloxi.com. Spielen an Tischen und Automaten, dazu Livemusik, eine Bar und Cocktaillounge.

Aktiv

Krabbenfischen ▶ **Biloxi Shrimping Trip:** 693 Beach Blvd., Tel. 228-385-1182. Rund 70-minütige Bootstouren in den Gewässern zwischen Deer Island und der Küste. Von Febr. bis Nov. tgl. zwei Trips zu wechselnden Zeiten, Erw. ca. 15 $.

Wassersport ▶ **Beach Bum Rentals:** Ecke Hwy 90/Edgewater Mall, Tel. 228-388-5951. Verleih von Kajaks, Jet-Skis, Wasserfahrrädern und Sonnenschirmen. Nur im Sommer.

Termine

Mardi Gras: Febr./März vor Aschermittwoch. Französisch inspirierter Karneval, mit Paraden, Bällen etc.

Shrimp Festival: Anfang Juni. Straßenfest mit Segnung der Krabbenkutterflotte, www.biloxiblessing.com.

Gulfport ▶ 3, H 11

Der Küstenort gleich westlich von Biloxi hat die Zerstörungen durch den Hurrikan Katrina genutzt, um Teile seiner Innenstadt durch geschickte Bauplanung und Restaurierung älterer Gebäude neu zu beleben. Im **Lynn Meadows Discovery Center** ist immer etwas los. Das Zentrum für Kinder und Jugendliche nutzt eine frühere Grundschule mit parkähnlichem Gelände, um spielerisches Lernen zu fördern, bei dem der Spaß nicht zu kurz kommt (246 Dolan Ave., Tel. 228-897-6039, www.lmdc.org, Di–Sa 10–17 Uhr, Juni–Juli auch Sa., Eintritt 7 $).

Vom Anleger in der Marina erreichen Ausflugsschiffe **Ship Island** etwa 12 Meilen vor der Küste. Im Ostteil der 1969 vom Hurrikan Camille geteilten Insel liegt das **Fort Massachusetts.** Während des Bürgerkriegs war es von Unionstruppen besetzt, danach diente es kurze Zeit als Internierungscamp für Kriegsgefangene (s. a. Aktiv unterwegs S. 352).

Die **Strände** von Bay St. Louis, Pass Christian und Waveland gehoren zu den besten der Golfküste Mississippis. Hier hatte Katrina am 29. August 2005 besonders heftig zugeschlagen und bis zu 90 % der Infrastruktur zerstört. Inzwischen sind viele Reparaturarbeiten abgeschlossen und es wird weiter an der Verschönerung gearbeitet.

Das **John C. Stennis Space Center** zeigt im StenniSphere genannten Besucherzentrum und auf geführten Touren über das Areal, wie hier Raketenantriebe getestet werden und welche ozeanografischen und Umweltstudien die NASA hier betreibt (SR 607, 2,5 Meilen nördlich von Exit 2 der I-10, Tel. 228-688-2370, www.nasa.gov/centers/sten nis/home/index.html, Touren Mi–Sa 10–15 Uhr).

Essen & Trinken

Fisch und mehr ▶ **ConFusion:** 162 Tegarden Rd., Tel. 228-604-4617. Freundliche Stimmung, mittags und abends. Leichte Salate, Meeresfrüchte und andere Speisen wunderbar gewürzt. Speisen 8–28 $.

Direkt an der Bay ▶ **Latitude 30:** 13247 Seaway Rd., Tel. 228-276-1500, www.latitude30gulfport.com, Mi–Sa 17–21, Do, Fr, So 11–14 Uhr. Modernes Gebäude mit Terrasse, innovative Küstenküche mit interessanten Fischgerichten. Gerichte 12–27 $.

Einkaufen

Outlet ▶ **Gulfport Premium Outlets:** 10000 Factory Shops Blvd., Tel. 228-867-6100, www.premiumoutlets.com. Etwa 50 Geschäfte mit preisgünstigen Markenartikeln.

Aktiv

Golf ▶ Die 22 meist öffentlichen **Golfplätze** liegen gleich hinter der Küste, eine Übersicht bietet www.golfcoast.com.

Termine

Mississippi Deep Sea Fishing Rodeo: Anfang Juli. 4-tägiger Angelwettbewerb in Long Beach Harbor, Cleveland Ave./Hwy 90, www.mississippideepseafishingrodeo.com

Verkehr

Fähre: von Gulfport nach Ship Island vor der Küste, Tel. 228-864-1014, s. S. 352.

Natchez ▶ 3, E 9

Der Reichtum der Plantagenbesitzer und Baumwollhändler manifestierte sich in keiner anderen Stadt so deutlich wie in Natchez. Vor dem Bürgerkrieg wurden mit der Arbeit der Sklaven und dem Verkauf von Baumwolle Vermögen verdient, hatte jeder zweite Millionär der USA einen Wohnsitz in dem kleinen Ort am Mississippi. Da Natchez während des Bürgerkriegs außerhalb der Kampfzonen lag und wie auch New Orleans bereits früh von Unionstruppen eingenommen wurde, blieben viele Prachtbauten mit ihrer meist kostbaren Inneneinrichtung erhalten.

Einige der schönsten sind als Museen eingerichtet. **Auburn** wurde 1812 im *Federal-* und *Georgian*-Stil aus rotem Backstein errichtet. Den Portikus stützen weiße korinthische Säulen. Im Inneren beeindruckt eine freistehende großzügige Wendeltreppe (400 Duncan Ave., Tel. 601-442-5981, http://auburnmuseum.org, Touren Di–Sa 11–15 Uhr, Erw. 12 $, Kinder ab 6 J. 8 $).

Rosalie entstand 1820 ebenfalls im *Federal*-Stil. Während des Bürgerkriegs fungierte die mit Möbeln aus der Mitte des 19. Jh. eingerichtete Villa als örtliches Hauptquartier der Unionsarmee (100 Orleans St., Tel. 601-445-4555, Touren tgl. 9–16 Uhr). Andere Pflanzervillen, wie die 1856 im *Greek Revival* erbaute **Villa Dunleith,** wurden zu eleganten B & B-Unterkünften umgestaltet. Viele Privatvillen sind im Frühjahr und Herbst beliebtes Ziel von Besichtigungstouren.

Tipp: Grand Village of the Natchez Indians

Die Natchez-Indianer, ein streng hierarchisch organisierter Stamm der Mississippi-Kultur, mit einem Gott-Häuptling, der Großen Sonne, an der Spitze, lebten bis in die 1730er-Jahre in der Umgebung der Stadt, die heute ihren Namen trägt. Interessierte können an historischer Stelle das rekonstruierte Dorf **Grand Village of the Natchez Indians** besichtigen. Die Erdhügel, auf denen früher Tempel und Wohngebäude des Klans der Großen Sonne standen, sind deutlich erkennbar. Ein Wohnhaus, weitere Gebäude und ein sachkundig gestaltetes Museum geben Aufschluss über die Mississippi-Kultur, über ihre Wirtschaft, das politische System und die Glaubenswelt der Natchez (400 Jefferson Davis Blvd., Tel. 601-446-6502, http://mdah.state.ms.us/hprop/gvni.html, Mo–Sa 9–17, So ab 13.30 Uhr, Eintritt frei).

Longwood

Der Ausbruch des Bürgerkriegs unterbrach den Innenausbau von Longwood, einer der schönsten Privatvillen der Südstaaten. Mehr als 100 Jahre lebte die Familie des Erbauers im Erdgeschoß des unfertigen Domizils. Die Pläne von Haller Nut, einem der reichsten Plantagenbesitzer des Landes und entschiedenen Gegner der Sezession, hatten Mosaiken an den Wänden, Schiebeglastüren und marmorne Fußböden vorgesehen. Doch nachdem Mississippi den konföderierten Staaten beigetreten und der Krieg mit der Union ausgebrochen war, flüchteten die Bauarbeiter aus Philadelphia schnell nach Norden. Das achteckige, dreistöckige Gebäude im *Italianate*-Stil mit fein gearbeiteten Säulenbögen wird von einer zweistöckigen Kuppel gekrönt, deren 16 hohe Fenster für zusätzliches Licht im Treppenhaus und eine natürliche Belüftung im Sommer sorgten (140 Lower Woodville Rd., Tel. 601-446-6631, Führungen Natchez Pilgrimage, s. S. 356).

Stanton Hall

Der wuchtige Bau von Stanton Hall, dessen Portiken massive korinthische Säulen tragen, wurde 1858 für den irisch stämmigen Pflanzer Frederick Stanton fertiggestellt. Weißer Marmor aus Carrara, französische Spiegel und Türbeschläge aus England demonstrieren den Reichtum des Besitzers (401 High St., Tel. 601-446-6631, Besichtigung nur mit Führung, Erw. 6 $, Kinder 3 $).

Melrose, in architektonischer Hinsicht eine Mischung aus *Greek Revival* und *Georgian,* wurde 1845 errichtet. Die Villa ist in einer 40 ha großen Parkanlage verborgen. Hinter dem Haus kann man einen Blick auf die Sklavenquartiere und die Wirtschaftsgebäude werfen.

Natchez-under-the-Hill, das verrufene Hafenviertel von einst, wo Baumwolle und Indigo umgeschlagen wurden, gilt heute als beliebter Ort zum Bummeln. Auf der Terrasse eines der hervorragenden und urigen Restaurants kann man mit Blick auf den ›vorüberziehenden‹ Mississippi *Blackened Catfish* genießen.

Infos

Convention & Visitors Bureau: 640 S. Canal St., Tel. 1-800-647-6724, www.visitnatchez.com, Mo–Fr 9–17 Uhr.

Übernachten

Schlafen wie ein Plantagenbesitzer ▶ **Monmouth Plantation:** 36 Melrose Ave., Tel. 601-442-5852, www.monmouthplantation.com. Luxuriöse Herberge in einer Antebellum-Villa von 1818 mit weitläufigem Garten. DZ ab 200 $ (inkl. Frühstück).

Luxuriös ▶ **Dunleith Historic Inn:** 84 Homochitto St., Tel. 800-433-2445, www.dunleith.com. Komplett restauriertes Anwesen einer Pflanzerfamilie von 1856, Spitzenrestaurant. DZ ab ca. 200 $.

Am Fluss ▶ **Natchez Grand Hotel:** 111 N. Broadway, Tel. 601-446-9994, www.natchezgrandhotel.com. Im Zentrum gelegenes, renoviertes Hotel von 1927 mit Pool, Internet, Frühstück und Happy Hour um 17 Uhr (Wein kostenlos). DZ ab 90 $.

Essen & Trinken

Stilvoll ▶ **Monmouth Plantation – Chef's Table:** Tel. 601-442-5852, www.monmouthplantation.com, nur abends. Im Stil eines privaten Dinners im Salon der Pflanzervilla. Nach dem Spaziergang durch den Park nimmt man Platz zum festen 5-Gänge-Menü, ca. 48 $ (ohne Getränke).

Catfish mit Mississippi-Blick ▶ **Cock of the Walk:** 200 N. Broadway, Tel. 601-446-8920, www.cockofthewalk.biz, Mo–So 17–23 Uhr. Gemütlich altmodisches Restaurant am Ufer des großen Flusses, mit Pfannengerichten und Bier aus Marmeladengläsern, Spezialität *Catfish.* Hauptgerichte ab 13 $.

Gebacken und gesotten ▶ **Biscuits & Blues:** 315 Main St., Tel. 601-446-9922, www.biscuitsblues.com, Lunch und Dinner. Bestens bekannt für leckere Grillrippchen und Hühnchen, Spezialität des Hauses: Krapfen mit Krebsfleischfüllung. Gerichte 5–11 $.

Abends & Nachts

Glücksspiel und Konzerte ▶ **Isle of Capri Casino:** 53 Silver St., 601-445-0605, http://natchez.isleofcapricasinos.com. Ein Hotel, zwei Restaurants sowie eine Showbühne sind angeschlossen.

Livemusik ▶ **Under The Hill Saloon:** 25 Silver St., Tel. 601-446-8023. Gute Drinks, noch bessere Stimmung, Mi, Do 20–24 Uhr.

Aktiv

Besichtigungstour ▶ **Natchez Pilgrimage Tours:** 640 S. Canal St., Tel. 601-446-6724, www.natchezpilgrimage.com, Mitte März bis Mitte April, 1. Okt.hälfte. Besichtigung historischer Pflanzervillen, Tickets über das Visitor Center, Erw. 12 $ (3 Villen 30 $), Kinder 8 (3 Villen 18 $).

Jackson ▶ 3, F 8

Aus dem kolonialen französischen Handelsposten LeFleur's Bluff am Steilufer des Pearl River gut 40 Meilen östlich von Vicksburg (s. S. 359) ist inzwischen Jackson, die gut 180 000 Einwohner zählende Hauptstadt und Mittelpunkt des Bundesstaates Mississippi, geworden. Nach dem Bürgerkrieg nannten sie seine Bewohner sarkastisch Chimneyville, die Stadt der Schornsteine. So gespenstisch war der Anblick, nachdem der Unionsgeneral Shermans die einst blühende Metropole hatte niederbrennen lassen.

Einige Gebäude wie das 1839 im *Greek Revival*-Stil errichtete ehemalige Kapitol und heutige **Old Capitol Museum** (N. State St./Capitol St., Tel. 601-576-6920, http://mdah.state.ms.us/oldcap, Di–Sa 9–17, So

13–17 Uhr, Eintritt frei), der im *Greek Revival*-Stil erbaute Gouverneurspalast **Governor's Mansion** (300 E. Capitol St., Tel. 601-359-6421, http://mdah.state.ms.us/museum/mansion.htm, Di–Fr 9.30–11 Uhr, Eintritt frei) oder das im *Gothic Revival*-Stil 1857 errichete **Manship House** (420 E. Fortification St., Tel. 601-961-4724, zzt. wegen Restaurierung geschl.) haben die Zerstörungen des Bürgerkriegs überstanden und bilden das Zentrum einer modernen Stadt. Ein vergoldeter Adler krönt die Kuppel des 1903 im *Beaux Art*-Stil neu erbauten **State Capitol** (400 High St., Tel. 601359-3114, Mo–Fr 8–17 Uhr). Das langjährige Wohnhaus von Eudora Welty (1909–2001) im Stadtteil Belhaven, der Pulitzerpreisträgerin und einer der bekanntesten Südstaatenschriftstellerinnen, wurde zur Gedenkstätte **Eudora Welty House and Garden** ausgebaut (119 Pinehurst St., Tel. 601-353-7762, http://mdah.state.ms.us/welty, Touren Di–Fr nach nach Anmeldung Erw. 5 $, Kinder ab 6 J. 2 $).

Nordwestlich von Jackson, nahe dem Ort Flora, findet man den einzigen **Petrified Forest** im Süden der USA mit mehreren Millionen Jahre alten versteinerten Baumstämmen (124 Forest Park Rd., Flora, Tel. 601-879-8189, www.mspetrifiedforest.com, April–Anf. Sept. tgl. 9–18, sonst bis 17 Uhr).

Infos

Metro Jackson Convention & Visitors Bureau: 111 E. Capitol St., Tel. 601-960-1891, www.visitjackson.com, Mo–Fr 8–17 Uhr.

Übernachten

Historische Lodge ▶ **Fairview Inn:** 734 Fairview St., Tel. 601-948-3429, www.fairviewinn.com. Elegante Herberge in einer gut 100 Jahre alten restaurierten Villa mit allen modernen Annehmlichkeiten. Zentrale Lage, ausgezeichnetes Restaurant ›Sophia‹. DZ ab 175 $ (inkl. Frühstück).
Zentrale Lage ▶ **Old Capitol Inn:** 226 N. State St., Tel. 601-359-9000, www.oldcapitolinn.com. Stilvolle Herberge mit 24 Zimmern und Suiten. Netter Innenhof und Dachgarten. DZ ab 100 $.

Essen & Trinken

Italienisch ▶ **Bravo!:** Northside Dr., Highland Village Shopping Center, Tel. 601-982-8111, www.bravobuzz.com, Di–Sa 11–22, So 11–21 Uhr. Munteres italienisches Restaurant, gut gewürzte Speisen. Gerichte ab 15 $.
Im Museum of Art ▶ **Palette Café:** 380 S. Lamar St., Tel. 601-960-1515, www.msmuseumart.org, Di–Sa 10–14 Uhr. Lichtdurchflutetes Lunchrestaurant und Café, gute Salate und Sandwiches. Kleine Gerichte ab 8,50 $.

Einkaufen

Kunsthandwerk ▶ **Craft Center:** 950 Rice Rd., Ridgeland, Tel. 601-856-7546, www.mscrafts.org. Studios und Verkaufsgalerie der Craftsmen's Guild von Mississippi am nördlichen Stadtrand, tgl. 9–17 Uhr.

Abends & Nachts

Eigene Brauerei ▶ **Hal & Mal's:** 200 Commerce St., Tel. 601-948-0888. www.halandmals.com. Gutes Bier, selbst gebraut, regionale und überregionale Bands, Bar, Innenhof und Restaurant. Di–Sa bis 2 Uhr.

Termine

Mississippi State Fair: Ende Sept./Anfang Okt. Leistungsschau des Bundesstaates, mit Musik, Ausstellungen, Speis' und Trank beim Fairgrounds Complex von Jackson.

Verkehr

Bahn: Amtrak, W. Capitol St., Tel. 601-355-6350, www.amtrak.com. Der »City of New Orleans«-Zug von Chicago hält am Bahnhof in der 300 W. Capitol St., Tel. 601-355-6350, www.amtrak.com.

Meridian ▶ 3, H 8

Das landwirtschaftliche und gewerbliche Zentrum mit rund 40 000 Einwohnern knapp 100 Meilen östlich von Jackson liegt in einer flachen, leicht gewellten Landschaft, in der Rinder gezüchtet und Baumwolle angebaut werden. Jimmy Rodgers, Eisenbahner und einer der »Väter der Countrymusic«, wird in

seiner Geburtsstadt mit einem **Jimmy Rodgers Museum** geehrt, welches das Leben des *singing brakeman* dokumentiert, der 1933 im Alter von 35 Jahren an Tuberkulose verstarb (1725 Jimmie Rodgers Dr., Tel. 601-485-1808, www.jimmierodgers.com/museum.html, Di–Sa 10–16 Uhr).

Der deutsche Auswanderer Gustav Dentzel baute kurz vor 1900 sieben Jahre lang an einem Karussell mit Holzpferden und stattete es mit naiven Malereien aus. Das **Dentzel Carousel** kann man in **Highland Park** nördlich von Meridian bewundern (41st St., Tel. 601-485-1802, Ende Juni–Anf. Juli tgl. 13–17, April–Mai und Aug.– Okt. Sa–So 13–17, Nov.–März Sa 13–17 Uhr, Fahrt 0,50–1 $).

11 Natchez Trace Parkway

▶ 3, E–G 7–9

Karte: oben

Der alte Indianerpfad vom Mississippi bis in die Hügellandschaft des mittleren Tennessee, der **Natchez Trace,** wurde schon im 18. Jh. von weißen Trappern genutzt. Später verschifften amerikanische Farmer im Gebiet des Ohio-Tals ihre Waren auf dem Ohio und dem Mississippi in Richtung Natchez und New Orleans. Ihre Flachboote wurde ebenfalls verkauft. Nach Hause mussten sie reiten oder wandern, der Natchez Trace war die kürzeste Verbindung. Entlang des Pfades entstanden meist roh gezimmerte Gasthäuser. Räuberbanden lauerten den Farmern und ihren wohlgefüllten Geldbeuteln auf, Insektenschwärme hatten es mehr auf deren Blut abgesehen. Im Januar 1812 schlug die Todesstunde für den Trampelpfad, als das dampfgetriebene Schiff »New Orleans« in Natchez eintraf. Die Reisenden konnten nun mit dem Schiff sicherer und schneller den Fluss hinauffahren als zuvor auf dem Landweg. In kurzer Zeit geriet der Pfad in Vergessenheit und wurde von den großen Wäldern verschluckt.

Erst in den 1930er-Jahren erinnerte man sich des historischen Weges und baute eine Straße von Nashville bis Natchez, den **Natchez Trace Parkway,** der vom National Park Service verwaltet wird. Der 450 Meilen lange Parkway, eine Straße ohne kommerzielle Nutzung und ohne Werbeplakate folgt der alten Spur so eng wie möglich und wird immer wieder von Hinweistafeln, Aussichtspunkten und rekonstruierten Abschnitten des alten Pfades unterbrochen. Mile Posts, die an seinem südlichen Ende bei Natchez zu zählen anfangen, erleichtern die Orientierung. Im unteren Drittel des Parkway befinden sich einige interessante Sehenswürdigkeiten (zum oberen Abschnitt bei Tupelo s. S. 367).

Emerald Mound 1 (MP 10,3) liegt 10 Meilen nördlich von Natchez nahe dem Natchez Trace Parkway. Die gewaltige zeremonielle Hügelanlage, um die herum Indianer der Mississippi-Kultur zwischen 1300 und 1600 wohnten, bedeckt eine Fläche von knapp 4 ha. Auf einer aufgeschütteten Plattform sind noch zwei größere, in Ost-West-Richtung angelegte Hügel erkennbar.

General Grant bezeichnete bei seinem Marsch auf Vicksburg das Städtchen **Port Gibson** 2 als zu schön, um es niederzubrennen. Eine kurvige, staubige Straße führt von der Abzweigung auf die SR 552 (MP 30) dennoch zu den Ruinen von Windsor. Die größte und schönste Plantagenvilla im Süden, von der nur noch die wie ein Skelett anmutenden Säulen übrigblieben, fiel nicht der Brandfackel des Bürgerkriegs, sondern 1890 einem unachtsamen Raucher zum Opfer.

Unmittelbar nördlich von Jackson, bei **Brashear's Stand** 3 (MP 104,5), in der Blütezeit des Natchez Trace ein weithin bekannter Ort für Vergnügungen, kann man ein Teilstück des historischen Pfades entlangschlendern. Holzstege ermöglichen gefahrlose Erkundungen des Zypressensumpfes am nördlichen Ende des zum **Ross Barnett Reservoir** 4 aufgestauten Pearl River (MP 122). Ein Naturpfad bei **Beaver Dam** 5 (MP 145,1) gibt Auskunft über das Konstruktionsgeschick der tierischen Dammbauer an den Bächen, die dem Yockanookany River zufließen.

Bei **Kosciusko** 6 (MP 159,9) erinnert eine kleine Ausstellung im Informationszentrum des Parkway an den polnischen Freiheitskämpfer **Thaddeus Kosciusko,** der sich der amerikanischen Revolutionsarmee im Kampf gegen die Engländer angeschlossen und in den Gefechten um Westpoint und Saratoga sein militärisches Geschick unter Beweis gestellt hatte.

Vicksburg ► 3, E 8

Die Stadt am Mississippi River zählt rund 27 000 Einwohner. Einige Pflanzervillen können im Ort besichtigt werden, stählerne Brücken über den Mississippi verbinden Vicksburg mit dem Norden von Louisiana am gegenüberliegenden Flussufer. Doch vor allem ist Vicksburg bekannt wegen der Belagerung und Kesselschlacht während des Bürgerkriegs 1863.

Geschichte

Die strategische Lage von Vicksburg am Steilufer über dem Mississippi ließ die Stadt im Bürgerkrieg zum Ziel der Unionstruppen werden. General Grant musste den Ort einnehmen, um den Mississippi zu kontrollieren und gleichzeitig die Bundesstaaten Texas, Arkansas und den Westen von Louisiana vom Rest der Konföderation abzuschneiden. Da ein Sturmangriff auf die stark befestigte Stadt misslang, ließ Grant einen Belagerungsring um das »Gibraltar der Konföderation« legen; die mit Eisenplatten befestigten Kriegsschiffe der Admirale Farragut und Porter riegelten den Mississippi ab. Nach 47 Tagen ununter-

Das Vicksburg Casino ist ein Besuchermagnet für die ganze Region

brochener Bombardements, nach Hunger und Krankheiten gaben die Verteidiger am 4. Juli 1863 auf.

Die Bürger von Vicksburg hatten ihre Wohnungen längst verlassen, in der ganzen Stadt war kein einziges Fenster mehr heil. Die meisten lebten in Höhlen, die sie selbst in die Hügel gegraben hatten. Zivilisten und Soldaten hungerten gleichermaßen. Selbst Trinkwasser wurde knapp. Das Fleisch notgeschlachteter Maultiere galt als seltene Delikatesse.

12 Vicksburg National Military Park

Eine ausgezeichnete Ausstellung im Besucherzentrum des Vicksburg National Military Park lässt die Schrecken des Krieges nachempfinden. Am Ufer des Flusses liegt das 1863 versenkte und nach 100 Jahren gehobene Kanonenboot »USS Cairo«. Eine knapp 16 Meilen lange Straße führt durch den Vicksburg National Military Park, der die halbe Stadt einfasst, vorbei an Geschützstellungen und Gedenktafeln, Säulen und Monumenten zu Ehren der Soldaten. Militärstrategen aus aller Welt reisen noch heute in die Stadt am Mississippi, um am genau rekonstruierten Schlachtfeld mit seinen Geschützbatterien und befestigten Schützengräben die Belagerung zu studieren (Visitor Center, 3201 Clay St., Tel. 601-636-0583, tgl. 8–17 Uhr; auf der Website www.nps.gov/vick findet man auch eine Karte. USS Cairo Museum, MP 7,8, Tel. 601-636-2199, April–Okt. tgl. 9.30–18, sonst 8.30–17 Uhr. Es ist möglich, *Tour Guides* zu buchen, die 2 Std. im Auto der Besucher mitfahren und die Szenerie erläutern).

Infos

Vicksburg Convention & Visitors Bureau: 3300 Clay St., Tel. 601-636-9421, www.vicksburgcvb.org. Mo–Fr 9–17 Uhr.

Port Gibson/Claiborne County Chamber of Commerce: 1601 Church St., Tel. 601-437-4351, www.portgibsononthemississippi.com.

Übernachten

Antebellum-Anwesen ▶ **The Duff Green Mansion:** 1114 1st E. St., Tel. 601-636-6968, www.duffgreenmansion.com. Bestens restauriertes B & B mit 4 Zimmern, schmiedeeisernen Veranden, Kaminen und Pool; nachmittags Happy Hour. DZ ab 135 $.

Essen & Trinken

Südstaaten-Küche ▶ **Walnut Hills:** 1214 Adams St., Tel. 601-638-4910, www.walnuthillsms.net, Mo–Sa 11–21, So 11–14 Uhr. Hühnchen, Leber und andere Südstaatengerichte. Die Gäste essen zusammen an großen runden Tischen. Gerichte 9–24 $.

Abends & Nachts

Spielkasino ▶ **Rainbow Casino:** 1380 Warrenton Rd., Tel. 1-800-503-3777, www.rainbowcasino.com; auch Zimmer (inkl. Frühstück), ab 100 $. Blackjack, Craps und Hunderte von einarmigen Banditen. Dazu Fr/Sa ab 20 Uhr Barmusik. Büfett-Restaurant mit Blick auf den Mississippi.

Verkehr

Bus: Greyhound, 1295 S. Frontage Rd., Tel. 601-638-8389.

Auf dem Blues Trail durch das Mississippi-Delta

Im weiten, fruchtbaren Schwemmland des Mississippi, nach Osten grob begrenzt durch den Yazoo River, ist der Blues entstanden. Im Mississippi-Delta, nicht zu verwechseln mit dem Mündungsdelta, wird noch immer Baumwolle angebaut, doch in den letzten Jahren haben die Bedeutung der Welszucht *(catfish)* und des Reisanbaus zugenommen, werden auf vielen Feldern Sojabohnen für die Verarbeitung zu Biosprit geerntet. Ein »Blues Highway« markiert die Orte, die für die Entwicklung des Blues wichtig waren.

Greenwood ▶ 3, F 6

Die Kleinstadt **Greenwood** (18 000 Einw.), liegt 100 Meilen nördlich von Vicksburg, inmitten von flachen, mit Soja- und Baumwollpflanzen bestellten Feldern. Das **Cottonlandia Museum** dokumentiert die Geschichte des unteren Mississippi-Tals während der vergangenen 70 Mio. Jahre. Eine ausführliche Darstellung der indianischen Kulturen – um Greenwood finden sich Zeugnisse von über 100 indianischen Siedlungen aus der Zeit zwischen 2000 v. Chr. bis 1500 n. Chr. – sowie Exponate über das Leben der ersten weißen Siedler werden durch Gemälde, Skulpturen und Fotografien von Künstlern aus Mississippi ergänzt (1608 Hwy 82 W., 2 Meilen westl. der US 49, Tel. 662-453-0925, www.cottonlandia.org).

Das **Blues Heritage Museum** zeigt mit alten Fotografien und Memorabilia die Bluesgeschichte wie in einer Chronik. Bei den Auftritten der St. Johns Gospel Singers im örtlichen Radiosender WGRM spielte einst ein junger Gitarrist namens Riley B. King, der später als B. B. King weltberühmt werden sollte (222 Howard St., Tel. 662-451-7800, Mo–Sa 10–17 Uhr).

Infos

Convention & Visitors Bureau: 111 E. Market St., Tel. 662453-9197, www.gcvb.com, Mo–Fr 9–17 Uhr.

Indianola ▶ 3, F 6

Hier dreht sich alles um den König, genauer um B. B. King. **Indianola** (ca. 12 000 Einw.) hat bei Freunden des Blues den besten Ruf und mit dem **B. B. King Museum and Delta Interpretive Center** ein ausgezeichnetes Museum, das nicht nur den Lebensweg des Blues-Titanen von seiner Geburt 1925 im benachbarten Dörfchen Itta Bena und seiner Gitarre Lucille nachzeichnet, sondern in die gesellschaftliche Entwicklung des Südens einbettet, von einer früher durch Rassentrennung und Armut gezeichneten Region bis in die heutige Zeit. Ton- und Filmdokumente, Vinylplatten und historische Fotos der bestens aufbereiteten Ausstellung zeigen, warum der Blues im Mississippi-Delta entstanden ist (400 2nd St., Tel. 662-887-9539, www.bbkingmuseum.org, Mo–Sa 10–16, Juli–Okt. auch So 13–17 Uhr, Erw. 10 $, Kinder ab 5 J. 5 $).

Greenville ▶ 3, E 6

Der Flusshafen der Stadt am Mississippi war schon vor dem Bürgerkrieg ein wichtiger Umschlagplatz für die auf den Feldern gepflückte Baumwolle. Doch bis zum Bau großer Deiche 1935, die das Hauptbett des Mississippi einige Kilometer nach Westen zwang, stand die Stadt nahezu bei jeder Flut unter Wasser. Greenville hatte in der Nelson Street früher nicht nur einige legendäre Musikclubs wie das Casablanca, den Flowing Fountain oder

Ol' Man River – die Geschichte des Mississippi

Um den Mississippi ranken sich seit jeher Legenden. Der mächtigste Strom Nordamerikas durchquert den Kontinent vom Itascasee in Minnesota bis zum Golf von Mexiko, in dem die Grenzen von Wasser und Land zu verschwimmen scheinen. Bei den Chippewa-Indianern hieß er *mesepi* – Vater der Ströme.

Hernando de Soto, der spanische Konquistador, der auf der vergeblichen Suche nach Reichtum und einer Nordwestpassage nach Asien den Süden der heutigen USA durchstreifte, soll 1541 als erster Europäer am Ufer des breiten Flusses gestanden haben, in dem er bereits im darauffolgenden Jahr sein nasses Grab fand. Der französische Entdecker Robert Cavelier, Sieur de la Salle, erkundete gut 100 Jahre später von Québec aus den Mississippi bis zum Mündungsdelta und nahm 1682 die Landstriche beiderseits des Stroms formell für Frankreich in Besitz.

Doch erst nachdem Nicolas Roosevelt 1811 die Strecke von Pittsburgh am Ohio River nach New Orleans zurückgelegt und Henry Miller Shreve wenige Jahre später Schiffe mit flachem Kiel, hohen Decks, mit starker Maschinenkraft und kräftigem Schaufelradantrieb speziell für die Fahrt auf dem Mississippi konstruiert hatte, entwickelte sich der mächtige Strom auch zur wichtigsten Verkehrsader des Kontinents.

Legten 1814 noch 20 Flussdampfer im Hafen von New Orleans an, so drängten sich dort 20 Jahre später bereits 1200. Sie transportierten Holz, Reis, Zuckerrohr und ungeheure Mengen Baumwolle von den Feldern beiderseits des Mississippi. Passagiere wurden auf Deck oder in Kabinen befördert, Hotelschiffe mit Musikkapellen und Spieltischen, auch ›schwimmende Geburtstagstorten‹ genannt, waren besser betuchten Reisenden vorbehalten.

Scharfe Konkurrenz zwischen den Reedereien, nicht ausreichende Technik und die Tücken des unberechenbaren Flusses führten in der großen Zeit der Dampfschifffahrt immer wieder zu Katastrophen. Schiffe liefen auf versteckte Sandbänke oder im Wasser treibende Baumstämme, überlastete Kessel explodierten wie bei dem Gefangenentransporter »Sultana«, der 1865 nördlich von Memphis mehr als 1500 Menschen in den Tod riss.

Keiner hat das Leben am Strom in dieser Zeit besser beschrieben als Samuel Langhorne Clemens, der noch als Lotse auf dem launischen Fluss gearbeitet hatte und später unter dem einem Lotsenruf entlehnten Künstlernamen Mark Twain (zwei Faden Wasser unter dem Kiel) mit den Geschichten vom »Leben auf dem Mississippi« und den Abenteuern von Tom Sawyer und Huckleberry Finn Kindern und Erwachsenen spannende Stunden bescherte.

Auf dem fruchtbaren Schwemmland des Mississippi-Delta, noch einige Hundert Meilen von der Mündung des Flusses in den Golf von Mexiko entfernt, hatten schon die indianischen Ureinwohner Mais, Bohnen und Kürbisse angebaut. Später erstreckten sich hier die endlosen Baumwollfelder, auf denen Sklaven für den Reichtum der Plantagenbesitzer schufteten. Seit jeher haben regelmäßige Überschwemmungen den Unterlauf des Stromes heimgesucht, hat er seinen kurvigen Lauf geändert, Menschen von ihren Siedlungen vertrieben.

Thema

Beim bislang schlimmsten dokumentierten Hochwasser im Jahr 1927 brachen zunächst bei Mound Landing in Mississippi und bei Pendleton in Arkansas die Deiche und schwemmten die Ortschaften davon, kurz darauf trat der Fluss an 42 weiteren Stellen über die Ufer und setzte 170 Countys unter Wasser. Mehr als 200 000 Menschen verloren ihre Bleibe, an manchen Abschnitten waren die Ufer ca. 93 Meilen voneinander entfernt.

Inzwischen schien der Strom gezähmt, säumen hohe Dämme den Lauf des Mississippi und seiner vielen Nebenflüsse. Doch mit der Flutkatastrophe von 1993, die allein Versicherungen mit Schadensersatzzahlungen in zweistelliger Milliardenhöhe belastete, und weiteren Überschwemmungen zeigte der Ol' Man River wieder einmal seine Muskeln, demonstrierte, wie schon Mark Twain es beschrieben hatte, dass man ihn nicht zähmen, beugen oder ihm befehlen könne, in welche Richtung er zu fließen hätte.

Alljährlich werden ca. 500 Mio. t im Wasser gelöster Stoffe, Steine und Schlamm über den Lauf des Flusses transportiert. Im Schnitt passiert jede Sekunde eine Wassermenge von 17 500 m^3, die sich bei Hochwasser verfünffachen kann, New Orleans. Das Einzugsgebiet des Mississippi entspricht mit mehr als 2,8 Mio. km^2 etwa der Fläche Westeuropas.

Wer will, kann den Fluss mit dem Auto entlang der Great River Road erkunden. Die ausgeschilderte Strecke begleitet den Mississippi von der Quelle bis zur Mündung, und verbindet, mal eng an den Fluss gedrängt, mal sich in den Feldern verlierend, Landschaften, Menschen und ihre Kulturen miteinander. Sie folgt der Route der Zugvögel, die sich schon immer am gewundenen, blauen Band des Stromes orientiert haben.

Der längste Fluss der USA ist die Lebensader der Südstaaten

den Playboy Club, die den Musiker Louis Jordan 1951 zu seinem »Nelson Street Blues« inspirierten, sondern diverse Musiker hervorgebracht, etwa den späteren Chicago-Bandleader Eddie Taylor oder den Komponisten Jimmy Reed, dessen Songs sogar die Rolling Stones, Elvis Presley und Jimi Hendrix coverten. Greenville scheint ohnehin ein kulturell fruchtbares Klima zu haben. Mit den Autoren Shelby Foote und Walker Percy sowie dem Erschaffer der Muppet Show, Jim Henson, stammen viele weitere Künstler und Literaten aus der Stadt am Mississippi. Das Convention & Visitors Bureau zeigt in einer Ausstellung »Birthplace of the Frog« den Lebensweg des 1990 verstorbenen Henson und dazu diverse Muppets-Memorabilien.

Bei den **Winterville Mounds,** den Überresten einer zeremoniellen Hügelanlage 5 Meilen nördlich der Stadt, lebten vor rund 1000 Jahren Indianer der Mississippi-Kultur und betrieben Landwirtschaft im ertragreichen Schwemmland des Flusses (2415 SR N., Tel. 662-334-4684, http://mdah.state.ms.us/hprop/winterville.html, tgl. Sonnenauf- bis untergang, Museum Mo–Sa 9–17, So 13.30–17 Uhr, Eintritt frei).

Infos

Greenville/Washington County Convention & Visitors Bureau: 216 S. Walnut St., Tel. 662-334-2711, www.visitgreenville.org.

Essen & Trinken

Steaks ▶ **Doe's Eat Place:** 502 Nelson St., Tel. 662-334-3315, www.doeseatplace.com. Die Karte bietet mehr, doch die meisten kommen wegen der exzellenten Steaks auch von weit her, tgl. 17–21 Uhr. Steaks ca. 30 $.

Abends & Nachts

Spielkasino ▶ **Bayou Caddy's Jubilee Casino:** 211 S. Lakefront Rd., Tel. 662-335-1111, www.bayoucaddyjubilee.com. Spieltische, Automaten, Restaurants, Shows und Hotel.

Cleveland ▶ 3, F 5

Auf der US 61, dem Blues Highway geht es nach Norden. Die Straße parallel zum Mississippi kann es an Bekanntheit fast mit der legendären Route 66 aufnehmen. Wie viele andere Musiker hat ihr auch Bob Dylan 1965 mit seinem Album »Highway 61 Revisited« ein Denkmal gesetzt. Die Bewohner von **Cleveland** sind sich sicher. Auf der **Dockery Farm,** wenige Meilen auf der SR 8 östlich des Ortes, haben schwarze Landarbeiter vor rund 100 Jahren erstmals lupenreinen Blues gespielt. Ein Road Marker vor den alten Farmgebäuden erinnert daran (229 Hwy 8, www.dockeryfarms.org).

Die **Delta State University** in Cleveland widmet sich mit ihrer Fakultät für Regionalentwicklung speziell der Kultur des Deltas und ihrer Förderung (www.blueshighway.org, www.msbluestrail.org).

Essen, Einkaufen

Töpferei ▶ **McCarthy's Pottery:** 101 Saint Mary St., Merigold, wenige Meilen weiter nördlich auf der US 61, Tel. 662-748-2292, www.mccartyspottery.com, tgl. 11.30–13 Uhr. Seit mehr als 50 Jahren eine der berühmtesten Töpfereien der Südstaaten mit Gebrauchsgegenständen und Kunstwerken. Verkaufsraum, Galerie, Lunchrestaurant.

Abends & Nachts

Juke Joint ▶ **Po'Monkey's:** Merigold, wenige Meilen weiter nördl. Auf der US 61, dann links beim Marker Po' Monkeys, ca. 1,5 Meilen bis links die Hütte erscheint. Nur Do ab 20 Uhr bis sehr spät. Besser geht's nicht: Einmal in der Woche geht in Po'Monkeys Hütte die Post ab. Hier wird Blues gespielt und getanzt bis die Hähne krähen.

Clarksdale ▶ 3, F 5

Wer die endlosen Baumwollfelder im Mississippi-Delta auf dem Weg in das 40 Meilen entfernte Clarksdale durchquert, kann sich vorstellen, dass aus den vom Leid und von ihren Hoffnungen erzählenden Gesängen der Landarbeiter der Blues entstanden sein mag. Die gekreuzten Gitarren als weithin sichtbares Denkmal auf der Kreuzung der US 61 mit der US 49 mitten in **Clarksdale** markieren die **Crossroads.** Hier soll Robert Johnson einst dem Teufel seine Seele verkauft haben, um der beste Bluesmusiker der Welt zu werden. Ergebnis war der »Crossroad Blues«, den auch Eric Clapton später mit Cream aufnahm – und vielleicht der frühe Tod des erfolgreichen Blues-Barden mit nur 27 Jahren. Das **Delta Blues Museum** erzählt im früheren Bahnhof des Ortes mit Musik und vielen Memorabilien die Geschichte des Blues und die seiner Interpreten, von Muddy Waters etwa und W. C. Handy, der in Florence, Alabama, geboren wurde, aber lange in Clarksdale gelebt hat (1 Blues Alley, Tel. 662-627-68 20, www.deltabluesmuseum.com, März–Okt. Mo– Sa 9–17, Nov.–Febr. Mo–Sa 10–17 Uhr, Erw. 7 $, Kinder ab 5 J. 5 $).

Infos

Coahoma County Tourism Commission: P. O. Box 160, Clarksdale MS 38614, Tel. 662-627-7337, www.clarksdaletourism.com.

Übernachten

Rustikal ▶ **Shack-Up Inn:** Hopson-Pixley Rd., bei der US 49, ca. 1,5 Meilen südlich der Crossroads, Tel. 662-624-8329, www.shackupinn.com. Die Gästeliste ist imposant, viele mögen es: Übernachtung in klapprigen Hütten oder recht einfach in der umgebauten Baumwollscheune einer heruntergekommenen Farm. Hütten und Zimmer ab 65 $.

Essen & Trinken

Moderne Südstaaten-Küche ▶ **Madidi:** 164 Delta Ave., Tel. 662-627-7770, Di–Sa ab 18, Bar ab 17 Uhr. Südstaatenrezepte neu interpretiert in früherem Gewerbehaus. Das Restaurant gehört dem Schauspieler Morgan Freeman. Gerichte 17–31 $.

Grilllegende ▶ **Abe's BBQ:** 616 State St., Tel., 662-624-9947, www.abesbbq.com, Mo–Do 10–20.30, Fr/Sa 10–21, So 11–14 Uhr. Seit 90 Jahren werden hier Rippchen gegrillt und üppig mit gebratenem Fleisch belegte Sandwiches serviert. BBQ Rippen 12 $.

Einkaufen

Musik und Memorabilien ▶ **Cat Head:** 252 Delta Ave., Tel. 662-624-5992, www.cathead.biz, Mo–Sa 10–17 Uhr. Mekka für Bluesfreunde, auch seltene Aufnahmen, DVDs, Bücher, Prints, T-Shirts u. v. m. Auch Livegigs.

Abends & Nachts

Blues ▶ **Ground Zero Blues Club:** 352 Delta Ave., Tel. 662-621-9009, www.groundzerobluesclub.com, Mo, Di 11–14, Mi, Do 11–23, Fr/Sa 11–1 Uhr. Uriger Blues Club, an dem Morgan Freeman beteiligt ist. Bar-Menü mit (guten) Hamburgern, Sandwiches und mehr. Livemusik Mi–Sa abends.

Termine

Juke Joint Festival: Mitte April. Großes Fest der Südstaatenkultur mit Bluesmusik, Essensständen, Besichtigungstouren, Sportveranstaltungen; vom Cat Head (s. o.) mitveranstaltet, Tel. 662-624-5992, www.jukejointfestival.com.

Verkehr

Bus: Greyhound, 1604 State St., Tel. 662-627-7893, www.greyhound.com.

Oxford ▶ 3, G 4

Die Gründer von **Oxford,** etwa 50 Meilen weiter im Osten an den Ausläufern der hügeligen Wälder des **Holly Springs National Forest,** hatten mit der Namensgebung für ihre Gemeinde erfolgreich auf den Zuschlag für den Sitz der Staatsuniversität von Mississippi spekuliert. Die ›Ole Miss‹ eröffnete 1848 mit 80 Studenten ihren Lehrbetrieb, heute zählt die Hochschule 730 Dozenten und mit knapp 20 000 ebenso viele Studenten wie Oxford Einwohner.

Das **Blues-Archiv** in der Farley Hall auf dem Campus der lebhaften Universität hat eine der weltweit umfassendsten Sammlungen von Blues-Aufnahmen, Literatur zur Geschichte des Blues und Memorabila zusammengetragen.

In die Räume des **Barnard Observatory** ist längst das renommierte **Zentrum für das Studium der Kultur des Südens** eingezogen, das mit einer Fülle von Veröffentlichun-

Südstaatenliteratur – Erzähler von einer legendären Welt

Die literarische Renaissance der Südstaaten begann vor mehr als 70 Jahren. Der landwirtschaftlich und religiös geprägte Süden, von einer Geschichte über Stolz und Niederlage sowie einer machtvollen Mythologie zusammengehalten, wurde erst verspätet mit der modernen industriellen Entwicklung konfrontiert.

In kurzer Zeit legten die Schriftsteller des Südens die Scheuklappen der Nostalgie ab. Es wurde offensichtlich, dass man die Yankees nicht für alle Unzulänglichkeiten verantwortlich machen konnte. Der Süden konnte nun auch, nicht rückwärtsgewandt, literarisch besser gerüstet in eine Auseinandersetzung um die eigene Identität eintreten. Sein ›intellektuelles Hauptquartier‹ befand sich zunächst in Nashville, bei den »Agrariern«, einer Gruppe von Künstlern wie John Crow Ransom, Allen Tate (»Die Väter«) und Robert Penn Warren (»Der Gouverneur«). Sie versuchten in ihrem Manifest »I'll take my stand« (1930) den, wie sie meinten, sanfteren und liebenswürdigeren Lebensstil, der aus dem ländlichen Boden erwachse, zu verteidigen.

Warum gebar der Süden, einst wirtschaftliches und politisches Problemkind der amerikanischen Nation, das literarische Genie William Faulkner? Dazu Eudora Welty, Thomas Wolfe, Robert Penn Warren, Allen Tate, Ellen Glasgow, Katherine Anne Porter, eine ganze Reihe herausragender Literaten. Die amerikanische Literatur des 19. Jh. hatte Melville, Hawthorne und Whitman hervorgebracht, sie hatten nichts mit dem Süden gemein, ja selbst der Südstaatler Mark Twain hatte es vorgezogen, seinen unsterblichen Huck Finn im Staat Connecticut zu verfassen. Nein, da unten gab es nur die große feuchte Wüste der schönen Künste, die »Sahara of boze arts«, wie der Publizist H. L. Mencken den Süden nannte. Aber das Unerwartete geschah: Aus der Neigung, auf der Veranda zu sitzen und sich Geschichten über das ländliche Leben zu erzählen, erwuchs literarisches Genie.

Unter all den bemerkenswerten Schriftstellern ist Faulkner der strahlende Stern des Südens. Mit seinem dritten Roman »Sartoris« begann er, Geschichten in einer fiktiven Region anzusiedeln, im Yoknapatawpha County. »Ich entdeckte, dass mein kleines, briefmarkengroßes Stückchen heimatliche Erde es wert war, darüber zu schreiben, und dass ich niemals lange genug leben könnte, um diesen Boden zu erschöpfen. Das erschloss mir eine Goldmine an Menschen, so erschuf ich meinen eigenen Kosmos«, sagte Faulkner in einem Interview. Er erschuf die Familie Sartoris, romantische Abenteurer (»Die Unbesiegten«), die eine ältere, südstaatliche Lebensart verkörpern; die Compsons und Sutpens, die von der alten Südstaatenschuld gezeichnet und verfolgt sind (»Schall und Wahn«, »Absalom, Absalom«), und die Sippe der Snopes, die sich wie Unkraut vermehren und als amoralische Emporkömmlinge den morschen Süden erobern (»Das Dorf«, »Die Stadt«, »Das Haus«). »Die Vergangenheit ist niemals tot. Sie ist nicht einmal vergangen« – dieser vielzitierte Satz aus dem Roman »Requiem für eine Nonne« unterstreicht Faulkners Ansicht, dass »die Zeit etwas Fließendes ist«.

Faulkner wohnte von 1930 bis zu seinem Tode in der Villa Rowan Oak in Oxford. Das Haus präsentiert sich noch wie zu Faulkners

Thema

Zeiten, mit der schwarzen Underwood-Schreibmaschine auf einem Tischchen und dem Exposé seines Romans »Eine Legende« auf die Tapete des Arbeitszimmers geschrieben. Rowan Oak gehört heute der Universität von Mississippi. An der ›Ole Miss‹, die dem Städtchen Oxford Gewicht verleiht, war der Schriftsteller einst selbst eingeschrieben. Aber Faulkner war ein miserabler Student und versagte, wie schon auf der Schule, gründlich. Doch dank seines ausgeprägten Selbstbewusstseins machte er sich über den Lehrbetrieb lustig.

Oxford tat sich schwer mit Faulkner. Er selbst machte keinen Hehl daraus, dass er sich für ein Genie hielt, war unhöflich und ungeduldig. Die alkoholischen Exzesse, denen er sich in regelmäßigen Abständen hingab, wurden sorgfältig vorbereitet, ohne Reue durchlebt und schienen deshalb umso suspekter. Am schrecklichsten war, dass die Bewohner von Oxford den Eindruck nicht loswurden, dass er über sie schrieb.

Erst als 1949 die Filmemacher von MGM in Oxford einzogen, um »Griff in den Staub« zu drehen und als Faulkner im gleichen Jahr den Nobelpreis für Literatur erhielt, milderte sich die versteckte Feindseligkeit. Heute erlebt Oxford alljährlich im August, wenn die Universität die Faulkner-Konferenz abhält, eine ›Faulkner-Mania‹. Dann strömen Gelehrte und Fans aus der ganzen Welt in das gemütliche Universitätsstädtchen. Auf dem Friedhof von St. Peter hinterlässt man Blumen, stöbert im Buchladen Square Books und sinniert über die Faulkner-Worte am Eingang der ›Ole Miss‹ nach. »Ich glaube, der Mensch wird nicht nur überleben, er wird siegen.«

William Faulkners Schreibmaschine in seinem Arbeitszimmer in der Villa Rowan Oak

gen, Veranstaltungen und Seminaren Lebensweise, Musik, Literatur und Geschichte eines Kulturraums dokumentiert, der beinahe selbst ein eigener Staat geworden wäre. Auch der Bestseller Autor John Grisham stammt aus Oxford und hat 1981 hier seinen Abschluss in der juristischen Fakultät abgelegt.

Rowan Oak ▶ 3, G 4

Der 1949 mit dem Literaturnobelpreis geehrte **William Faulkner** begegnet den Passanten als Statue auf dem zentralen Courthouse Square, mit der Pfeife in der Hand. In seinen Romanen gestaltete er das fiktive Yoknapatawpha County nach seinem Wohnort Oxford. Dort entstanden Werke wie »Die Freistatt«, »Licht im August« und »Absalom, Absalom!«. **Rowan Oak,** das südlich der gemütlichen Universitätsstadt gelegene Wohnhaus des 1962 verstorbenen Faulkner, sieht aus, als wäre sein Bewohner gerade vor die Tür gegangen. An der Wand des Arbeitszimmers kann man das Exposé des Romans »Die Legende« entziffern, für den er 1954 den Pulitzerpreis erhielt (s. auch Thema S. 368, Old Taylor Rd. Tel. 662-234-3284, www.rowanoak.com, Di–Sa 10–16, So 13–16 Uhr, Erw. 5 $).

Infos

Oxford Convention & Visitors Bureau: 102 Ed Perry Blvd., Tel. 662-232-2367, www.oxfordcvb.com, Mo–Fr 9–17, Sa ab 10 Uhr.

Übernachten

Restaurierte Villa ▶ **The 5 Twelve:** 512 Van Buren Ave, Tel. 662-234-8043, www.the512oxford.com. Moderner Komfort in alter Privatvilla, B & B mit 5 Zimmern. Ab 114 $ (inkl. üppigem Frühstück).

Gepflegte Herberge ▶ **Downtown Inn:** 400 N. Lamar Ave., Tel. 662-234-3031, www.downtownoxfordinn.com. Gediegenes Hotel mit 199 Zimmern, komfortabler Einrichtung, Kaffeemaschine im Zimmer und kostenlosem Internetzugang. DZ ab 90 $.

Essen & Trinken

Innovative Südstaaten-Küche ▶ **City Grocery Store:** 152 Courthouse Sq., Tel. 662-232-8080, www.citygroceryonline.com, Lunch und Dinner. Die Küche serviert Gerichte des Südens, aber auch Pekingente und exzellente Steaks. Gerichte 10–32 $.

Elegant ▶ **Downtown Grill:** 110 Courthouse Sq., Tel. 662-234-2659, www.downtowngrill.net. Der Speiseraum im Parterre, in dem gut gewürzte Fisch- und Fleischgerichte serviert werden, darüber eine Bar. Gerichte 9–29 $.

Zum Frühstück und mittags ▶ **Honey Bee Bakery:** 2305 W. Jackson Ave., Suite 202, Tel. 662-236-2490, www.thehoneybeebakery.com, Di–Fr 7–14, Sa ab 8, So ab 9 Uhr. Biobäckerei und Konditorei, gutes Frühstück, Quiche und andere Kleinigkeiten zum Lunch. Gerichte ab 7 $.

Einkaufen

Bücher ▶ **Square Books:** 160 Courthouse Sq., Tel. 662-236-2262, www.squarebooks.com. Eine der besten Buchhandlungen des Südens im Epizentrum der Literaturszene um und von William Faulkner.

Abends & Nachts

Livemusik ▶ **Proud Larry's:** 21 S. Lamar St., Tel. 662-236-0050, www.proudlarrys.com. Bester Musikclub der Stadt. Vor dem Auftritt der Künstler können noch Pasta und Pizzen zum Dinner bestellt werden.

Aktiv

Wandern ▶ **Oxford Depot Trail:** Gehört zum wachsenden Netz von Wanderwegen durch die Universitätsstadt. Etwa eine gute Meile Lauf-, Wander- oder Fahrradstrecke auf dem früheren Gleisbett der Mississippi Central Railroad von Molly Barr bis zum Oxford Depot sind bereits fertig.

Termine

Oxford Double Decker Arts Festival: Ende April. Musik von Rock bis klassisch auf mehreren Bühnen und mehr als 100 Verkaufsstände für bildende Kunst.

Faulkner and Yoknapatawpha Conference: Juli. Das Faulkner-Festival in Oxford bietet u. a. Lesungen, Vorträge und Theateraufführungen, www.outreach.olemiss.edu/events/faulkner.

Tupelo und Umgebung

▶ 3, H 3

Das geschäftige Städtchen Tupelo (ca. 35 000 Einw.) liegt gut 50 Meilen östlich von Oxford und ist Sitz des Bezirksgerichts; wirtschaftlich bedeutsam ist die Montagefabrik, die Toyota hier errichtet hat. Tupelo wurde Mitte des 19. Jh. gegründet; vorher lebten hier die wehrhaften Chickasaw-Indianer. Der sich von Natchez nach Nashville erstreckende Natchez Trace Parkway (s. S. 358) durchquert die Außenbezirke des Ortes.

Chickasaw Village

Auch das Chickasaw Village liegt am Natchez Trace Parkway (MP 261,8); es ist ein rekonstruiertes Dorf von mehreren Hundert Einwohnern der wehrhaften Nachkommen der Mississippi-Kultur, mit denen schon Hernando de Soto 1540 unliebsame Bekanntschaft machte. Französische Sopdaten mussten bei dem Versuch, die Chickasaw zu vertreiben, ebenfalls eine Niederlage hinnehmen. Erst 1832 gaben die Indianer den 300-jährigen Kampf um ihr Land auf und wurden von der US-Armee in das heutige Oklahoma vertrieben. Das Visitor Center des Parkway gleich nördlich von Tupelo (s. r.) illustriert in einer detaillierten Ausstellung Kultur und Lebensweise der frühen indianischen Bewohner sowie der ersten weißen Siedler und informiert ausführlich über den Natchez Trace.

Pharr Mounds

Gut 20 Meilen weiter im Norden befindet sich mit den Pharr Mounds eine der bedeutendsten archäologischen Ausgrabungsstätten im Süden, deren Erdhügel, Reste von Palisaden sowie Urnen- und Erdgräber aus der Zeit vom 1. Jh. n. Chr. bis etwa zum Jahre 1000 reichen (Natchez Trace Parkway, MP 286,7, Tel. 662-680-4025, www.nps.gov/nr/travel/mounds/pha.htm, von Sonnenauf- bis -untergang, Eintritt frei).

Elvis Presley Center and Museum

Am 8. Januar 1935 erblickte Aaron Elvis Presley in einer kleinen Holzhütte in Tupelo das Licht der Welt. Auch wenn die Familie schon bald weiter nach Memphis zog, ist das bescheidene Häuschen, um eine Kapelle und einen Anbau zum **Elvis Presley Center and Museum** erweitert, alljährlich Pilgerziel Tausender Fans (306 Elvis Presley Dr., Tel. 662-841-1245, www.elvispresleybirthplace.com, Mai–Sept. Mo–Sa 9–17.30, So 13–17, sonst Mo–Sa 9–17, So ab 13 Uhr, Erw. Haus 4$, Museum 8 $, Kirche 6 $, Kombiticket 12 $; Kinder 2/4/3/6 $).

Tupelo National Battlefield

Das frühere Schlachtfeld nicht weit vom Stadtzentrum hält die Erinnerung an die letzte bedeutende und überaus blutige Schlacht des Bürgerkriegs auf dem Boden von Mississippi wach. General Sherman gelang es im Sommer 1864, mit seinen Unionstruppen die Attacke der Kavallerie des Südstaatengenerals Nathan Bedford Forrest auf die Versorgungslinien zurückzuschlagen. Damit war das Vorrücken von Shermans Armee auf Chattanooga, Atlanta und zur Atlantikküste und die Aufspaltung des Territoriums der Südstaaten besiegelt (Tel. 1-800-305-7417, www.nps.gov/tupe, tgl. 8–17 Uhr).

Infos

Convention & Visitors Bureau: 399 E. Main St., Tel. 662-841-6521, www.tupelo.net.
Natchez Trace Parkway Visitor Center: MP 266, Tel. 662-680-4027, www.nps.gov/natr.

Übernachten

Zentral ▶ **La Quinta Inn:** 1013 N. Gloster St., Tel. 662-847-8000, www.lq.com. Gut ausgestattete Zimmer mit kostenlosem Internet, Kühlschrank und Mikrowelle. DZ ab 100 $.
Camping ▶ **Tombigbee State Park:** 234 Cabin Dr., Tel. 662-842-7669, www.stateparks.com/tombigbee_lee.html. 23 Zelt- und Wohnmobilplätze auf einem bewaldeten Campingplatz wenige Meilen östlich von Tupelo. Übernachtung 11–22 $.

Alabama

Tiefer kann der tiefe Süden kaum werden als im »Heart of Dixie«; hier wurde die Konföderation geboren und Jefferson Davis' Geburtstag ist nach wie vor ein Feiertag. Baumwolle wird in dem früheren Plantagenstaat jedoch nur noch wenig angebaut, heute wachsen auf den Feldern überwiegend Sojabohnen. Die ganz andere Seite von Alabama zeigt sich in Huntsville, wo Weltraumraketen gebaut und getestet werden.

Eine Reise durch Alabama bietet zahlreiche Überraschungen, denn der Bundesstaat im tiefen Süden ist für viele ein weißer Fleck auf der touristischen Landkarte. Vom hügeligen und bergigen Norden bis zum subtropischen Süden an der Golfküste sind es knapp 300 Meilen. Östlich von Birmingham, der ehemaligen Stahlstadt, beginnen bald Ausläufer des Cumberland-Plateaus und der Appalachen mit Stauseen, Schluchten und Wasserfällen. Bei Tuskegee weiter im Süden erstreckt sich der *black belt,* ein breiter Streifen schwarzer, fruchtbarer Erde. Hier breiteten sich bis zum Bürgerkrieg die endlosen Plantagen der Baumwollbarone aus, schufteten Sklaven auf den Feldern und erwirtschafteten den Reichtum, den in vielen herrschaftlichen Villen zu bestaunen ist. Kein Wunder, dass in den Städten dieser Region wie in Montgomery oder Selma auch die schwarze Bürgerrechtsbewegung ihre Wurzeln hatte. Nachhaltige Erfolge stellten sich häufig erst nach langen Auseinandersetzungen ein, die nicht wenige Opfer forderten.

Eindrucksvolle Gedenkstätten und Museen dokumentieren die Etappen dieses Kampfes. Schon vor mehr als 1000 Jahren nutzten Indianer das fruchtbare Land nahe der Flussufer. Bei Moundville südlich von Tuscaloosa zeugen zwei Dutzend erhaltene Erdhügel, die einst mit Wohn- und kultischen Gebäuden bebaut waren, von einer ihrer bedeutendsten Siedlungsstätten im Südosten der USA.

Birmingham ▶ 3, L 6

Die mit leicht sinkender Einwohnerzahl von inzwischen knapp 230 000 Einwohnern größte Stadt Alabamas – mit umliegenden Gemeinden sind es fast 1 Mio. –, wird wegen ihrer Lebensqualität gerühmt. Moderne Arbeitsplätze in Technologie- und Dienstleistungsunternehmen, ein reiches kulturelles Angebot sowie das aufgelockerte Stadtbild mit vielen Grünanlagen haben Birmingham zu einer der beliebtesten Städte im Süden der USA werden lassen. Einst ein Zentrum der Eisen- und Stahlproduktion, gilt sie heute als Handels- und Dienstleistungszentrum von Alabama, mit weithin bekannten Kliniken und Forschungseinrichtungen. Der Smog, der das Klima von Birmingham früher verdunkelte, hat sich inzwischen verzogen und auch die Benachteiligung der schwarzen Bevölkerung, welche die politische Atmosphäre in den 1950er- und 1960er-Jahren vergiftete, hat sich in vielen Bereichen entscheidend verbessert.

Birmingham Civil Rights Institute

Im Birmingham Civil Rights Institute (s. Tippkasten rechts) wird die Geschichte der Stadt und ihrer schwarzen Bürger von ihrer Gründung 1871 bis heute nachgezeichnet. Die letzte, 1971 geschlossene Stahlhütte, **Sloss Blast Furnace,** kann heute als Industriemuseum besichtigt werden (1st. Ave. N./32nd St., Tel. 205-324-1911, www.slossfurnaces.com, Di–Sa 10–16, So 12–16 Uhr, Eintritt frei).

Red Mountain

Auf dem Gipfel des Red Mountain südlich der Innenstadt thront ein weiteres Wahrzeichen der vergangenen Epoche. Die fast 17 m große, gusseiserne Figur von **Vulkanus,** dem römischen Gott des Feuers gewidmet, erregte als Beitrag Alabamas zur Weltausstellung 1904 in St. Louis Aufsehen. Ein angeschlossenes Museum informiert über die Geschichte der Stadt und die »höchste gusseiserne Statue der Welt« (1701 Valley View Dr., Tel. 205-933-1776, www.visitvulcan.com, Park tgl. 7–22, Museum Mo–Sa 10–18, So 13–18, Aussichtsplattform Mo–Sa 10–22, So 13–22 Uhr, Erw. 6 $, Kinder 4 $).

McWane Science Center

Im McWane Science Center, einem Wissenschaftsmuseum mit diversen interaktiven Exponaten zu Natur und Technik wird die geologische Basis von Birmingham an einer Schnittfläche des von Eisenerzadern durchzogenen Berges deutlich erkennbar. Fossilien, Felsen, Erze und Minerale aus den letzten 500 Mio. Jahren der Erdgeschichte sind im Museum zu bestaunen (200 19th St. N., Tel. 205-714-8300, www.mcwane.org, Mo–Fr 9–17, Sa 10–18, So 12–18 Uhr, Erw. 12 $, Kin. 9 $).

Infos

Greater Birmingham Convention & Visitors Bureau: 2200 9th Ave. N., Tel. 205-458-8000, www.birminghamal.org, Mo–Fr 9–10 Uhr.

Übernachten

Klassiker ▶ **The Tutwiler:** 2021 Park Place, Tel. 205-322-2100, www.thetutwilerhotel.com. Bald feiert das bei Geschäftsreisenden beliebte Hotel, das zur Hilton-Gruppe gehört, sein 100-jähriges Jubiläum. DZ ab 160 $.

Freundlicher Service ▶ **Courtyard Birmingham Homewood:** 500 Shades Creek Pkwy., Tel. 205-879-0400, www.marriott.com. Das moderne Hotel liegt vis-à-vis einer Mall, südlich vom Zoo. Schnelles Internet, Fitnesscenter, Pool und mehr. DZ ab 95 $.

Essen & Trinken

Mit französischem Akzent ▶ Highlands: 2011 11th Ave., Tel. 205-939-1400, www.highlandsbarandgrill.com, Di–Sa 17.30–22, Bar Di–Fr ab 16, Sa ab 17 Uhr. Kreative Südstaaten-Küche mit ländlich-französischem Akzent. Hauptgerichte ab 27 $.

Tipp: Birmingham Civil Rights Institute

Ein bronzener Martin Luther King blickt, die Bibel in einer Hand, auf die 16th Street Baptist Church. Die Statue im Kelly Ingram Park erinnert an die Auseinandersetzungen um die Bürgerrechte für schwarze Amerikaner in den 1950er- und 60er-Jahren. Die weltweit übertragenen Fernsehbilder von Polizeihunden, die auf Demonstranten und schwarze Schulkinder gehetzt wurden, und von Bürgerrechtlern, die man mit dem Strahl aus Wasserwerfern über die Straße wirbelte, sind hier entstanden. »4 Little Girls«, ein Dokumentarfilm von Spike Lee, schildert das Bombenattentat von Ku-Klux-Klan-Mitgliedern auf die Baptistenkirche in der 16th Street, bei dem am 15. September 1963 vier Mädchen getötet wurden.

Im **Birmingham Civil Rights Institute** wird die Zeit der Rassentrennung wieder lebendig. Bild- und Textdokumente, Video- und Radiomitschnitte sowie zahlreiche andere Exponate, etwa ein Straßenbahnwagen mit nach Hautfarbe eingeteilten Sitzplätzen, vermitteln ein eindrucksvolles Bild vom Kampf um gleiche Bürgerrechte und Menschenwürde für die Schwarzen, geben Zeugnis von den Opfern und Errungenschaften (520 16th St. N./6th Ave., Tel. 205-328-9696, www.bcri.org, Di–Sa 10–17, So 13–17 Uhr, Erw. 12 $, Jugendl. 6 $, Kinder bis 12 J. 3 $).

Entspannt und günstig ▶ Silvertron Café: 3813 Clairmont Ave., Tel. 205-591-3707, www.silvertroncafe.us, Mo–Fr 11–21.45, Sa 8–21.45, So 11–20.45 Uhr. Legeres Familienrestaurant mit vielen Pastagerichten, Tacos und Quesadillas. Hauptgerichte ab 9,50 $.

Aktiv

Joggen, radfahren ▶ Oak Mountain S. P: 200 Terrace Dr., Pelham, Tel. 205-620-2520, www.alapark.com/oakmountain. In den reizvollen State Park knapp 20 Meilen südlich vom Stadtzentrum sind etwa 50 Meilen Wege für Wanderer, Radfahrer und Reiter markiert.

Verkehr

Bahn: Amtrak, 1819 Moris Ave. »The Crescent« verkehrt zwischen New York, Washington D. C., Atlanta und New Orleans, Tel. 205-324-3033, www.amtrak.com.
Bus: Greyhound, 618 19th St. N., Tel. 205-252-7190, www.greyhound.com.

Der Norden von Alabama

Anniston ▶ 3, M 5

Wer auf dem Weg von Birmingham nach Atlanta ist, fährt über Anniston, dessen **naturgeschichtliches Museum** schon wegen der einmaligen Sammlung von mehr als 600 präparierten Vögeln einen Stopp wert ist (Museum of Natural History, 800 Museum Dr., Tel. 256-237-6766, www.annistonmuseum.org, Di–Sa 10–17, So ab 13 Uhr, Erw. 6 $, Kinder 5 $). Ähnliches gilt für die 30 Meilen weiter im Norden bei Gadsden liegenden **Noccalula Falls,** die nach einer Häuptlingstochter der Cherokee benannt sind, die sich aus Liebeskummer die 30 m hohen Fälle hinuntergestürzt haben soll.

De Soto State Park ▶ 3, M 4

Etwa 45 Meilen weiter nördlich erstreckt sich der De Soto State Park entlang des Little River. Die Wälder, Flüsse, Berge und Schluchten kann man am besten auf einem der Wanderwege erkunden. Von den gut 15 Wasserfällen im Park sind die **De Soto Falls** zweifellos die imposantesten. Der westliche Arm des Little River überspült einen Damm und katapultiert sich dann über zwei Felsstufen in ein von Felsen eingefasstes Bassin. Der etwa 17 Meilen lange **Little River Canyon** im Nordosten von Alabama wird als gewaltigste Schlucht östlich der Rocky Mountains gerühmt. Eine schmale, kurvige Straße ermöglicht herrliche Ausblicke in die bewaldete Felsspalte (De Soto State Park, 13883 County Road 89, 7 Meilen südl. von Ft. Payne und der I-59, Tel. 205-845-0051, www.alapark.com/desotoresort).

Übernachten & Essen

Rustikal ▶ DeSoto State Park Lodge: 265 County Road 951, Fort Payne, im De Soto State Park, Tel. 256-845-5380, www.alapark.com/desotoresort. Herberge aus den 1930er-Jahren, aber modernisiert und erweitert (Blockhaus mit 2 DZ ab 120 $). Angeschlossen ist ein Restaurant (Hauptgerichte ab 9 $) und ein Campingplatz (Platz für Campmobile 28 $).

Huntsville ▶ 3, L 4

Während einer Erkundungsreise im Jahr 1805 gefiel John Hunt aus Osttennessee dieses Fleckchen Erde am Südrand des Cumberland-Plateaus so gut, dass er hier blieb, eine Blockhütte baute, ein Feld rodete und begann, es zu bestellen. Andere taten es ihm gleich, bereits 1811 wurde die Gemeinde Huntsville offiziell gegründet. Der **Twickenham Historic District,** der einem Freilichtmuseum mit Wohnhäusern von der ersten Hälfte des 19. Jh. gleicht, dokumentiert den Wohlstand der weißen Bürger in jener Zeit.

Nach Ende des Bürgerkriegs versank die Kleinstadt in einen langen Dornröschenschlaf, aus dem sie erst nach dem Zweiten Weltkrieg ein Prinz namens Wernher von Braun wachküsste. Auf dem Militärgelände des **Redstone Arsenal** sollten 100 deutsche Wissenschaftler, die noch kurz zuvor in Peenemünde und im KZ Nordhausen an Hitlers ›Wunderwaffen‹ gearbeitet hatten, ihre Kenntnisse in den Dienst der USA stellen. V-2- und A-4-Raketen sowie die Pläne zu einer Interkontinentalrakete führten schließlich zur Entwicklung der gigantischen Trägerrakete Saturn V, welche die Apollo-Kapseln und ihre Astronautenbesatzungen in Richtung Mond beförderten.

Auch wenn die Hochkonjunktur der bemannten Weltraumfahrten inzwischen der Vergangenheit angehört, hat sich Huntsville mit seinen rund 160 000 Einwohnern unübersehbar zur Metropole von Nordalabama entwickelt, mit Highways, die der Stadt aus allen Himmelsrichtungen zustreben, und imposanten Hochhäusern im Zentrum.

13 U. S. Space and Rocket Center ▶ 3, L 4

Mit der Ausweitung des Weltraumprogramms waren in der zweiten Hälfte des 20. Jh. zeitweilig mehrere Tausend Wissenschaftler in der in George C. Marshall Space Flight Center umbenannten Einrichtung beschäftigt. Im **U.S. Space and Rocket Center** kann man die zivilen und militärischen Ergebnisse der Raketen- und Weltraumforschung betrachten, beispielsweise in ein Space Lab klettern und das Gefühl von Schwerelosigkeit oder verstärkter Schwerkraft in einer Zentrifuge erleben. Wie sonst nur auf Cape Canaveral in Florida lassen sich eine 120 m lange Saturn V-Rakete und ein Space Shuttle im Originalmaßstab bestaunen (1 Tranquility Base, Tel. 256-837-3400, www.ussrc.com, tgl. 9–17 Uhr, Erw. 20 $, Kinder 15 $).

Infos

Huntsville/Madison County Convention & Visitors Bureau: 500 Church St., Tel. 256-533-2230, www.huntsville.org.

Übernachten

Gute Lage ▶ **Courtyard by Marriott:** 4804 University Dr., Tel. 256-355-6062, www.marriott.com. Gepflegte Anlage mit Fitnesscenter und Pool nicht weit vom U. S. Space & Rocket Center. DZ ab 94 $.

Essen & Trinken

Herzhaft ▶ **Greenbrier:** 27028 Old Hwy 20, Madison, einige Meilen westlich von Huntsville, Tel. 256-355-6062, www.greenbrierbarbque.com, Di–Sa 10–21, So 10.30–20 Uhr. Südstaaten-Küche, Hühnchen, diverse Catfishgerichte, Rippchen, frittiert oder gegrillt. Hauptgerichte ab 7,50 $.

Tipp: Russel Cave

Vor etwa 9000 Jahren suchten die ersten Menschen Schutz vor Regen und Kälte in den Höhlen der **Russel Cave** im Nordosten des heutigen Alabama. Holzkohle längst erloschener Feuer, Knochen verspeister Tiere, Pfeilspitzen und Tonscherben belegen, dass sich hier bis vor etwa 350 Jahren Indianer verschiedener Kulturstufen regelmäßig aufhielten. Ein kleines, ausgezeichnet geführtes Museum zeigt Handwerkszeug und Waffen der indianischen Bewohner, informiert über deren Lebensumstände und den Gebrauch des Atlatl, einer Speerschleuder, oder demonstriert den Nutzen von Feuersteinen (8 Meilen westl. von Bridgeport, an der CR 98, Tel. 256-495-2672, www.nps.gov/ruca, tgl. 8–16.30 Uhr, Eintritt frei).

Decatur ▶ 3, K 4

Aus den vier Häusern, die nach dem Ende des Bürgerkriegs von Decatur übrig geblieben waren, hat sich ein properes Städtchen von über 50 000 Einwohnern entwickelt. Sein sehenswertes Viertel mit viktorianischen Häusern zwischen Tennessee River und Lee Street, lässt sich gut zu Fuß erkunden. Auch in Decatur haben die Staudämme des Tennessee River geholfen, Industrieunternehmen wie 3 M, General Electric oder den Stahlproduzenten Nucor anzusiedeln, die von günstigen Energiepreisen profitieren.

Decatur, wegen seiner Lage am Fluss auch River City genannt, liegt am östlichen Ende des **Wheeler Reservoir,** im Zentrum des hügeligen Seengebietes von Nordalabama, in dem sich ausgedehnte Baumwollfelder mit Wäldern abwechseln. Der zum **Wheeler Lake** aufgestaute Tennessee River hat sich in wenigen Jahrzehnten zu einem bevorzugten Landeplatz für Zugvögel entwickelt (Conven-

aktiv unterwegs

Auf dem Lickskillet Trail am Lake Guntersville State Park

Tour-Infos

Start: Campingladen am Aubrey Carr Scenic Dr. im Lake Guntersville S. P.
Länge: 5 Meilen; **Dauer:** ca. 3 Std.
Schwierigkeitsgrad: einfach bis moderat
Parkinfo: Lake Guntersville S. P., Tel. 256-571-5444, www.alapark.com/lakeguntersville, tgl. 7 Uhr bis Sonnenuntergang. Lake Guntersville Chamber, Tel. 256-582-3612, www.lakeguntersville.org.
Anfahrt: Mit dem Pkw von Guntersville auf der Landstraße AL 227 nach Nordosten bis zum Parkeingang, weiter auf der Straße für 2 Meilen, dann nach links auf eine kurze Verbindungsstraße (300 m). An deren Ende nach links und 1 Meile weiterfahren. Jetzt noch einmal nach links auf den Aubrey Carr Scenic Drive. Kurz darauf sind der Campingladen und sein Parkplatz auf der linken Seite.

Der **Lickskillet Trail,** der sich später mit dem **Meredith Trail** und dann mit dem **Seales Trail** verbindet, umkreist den Bailey-Ridge-Höhenzug und führt am Ufer des **Town Creek** und des Guntersville-Sees entlang. Im Som-

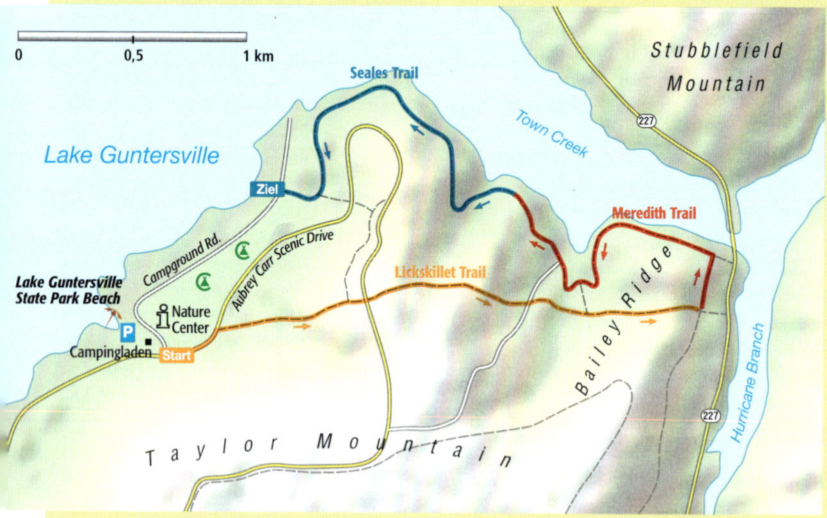

tion & Visitors Bureau, 719 6th Ave. SE., Tel. 256-350-2028, www.decaturcvb.org).

Wheeler National Wildlife Refuge ► 3, L 4

Tausende von Enten und Kanada-Gänsen vertauschen im Winter das eisige Klima des Nordens mit den moderaten Temperaturen von Nordalabama. Beobachtungstürme, Wanderwege in den Wäldern am Ufer sowie Plankenstege durch Sumpfgebiete erleichtern es Besuchern, die Vögel im etwa 140 km² großen Tierschutzgebiet des **Wheeler National Wildlife Refuge** aus der Nähe zu betrachten. Neben mehreren Dutzend Arten von Säugetieren und Reptilien haben Naturkundler in den Marschen, Wäldern und Gewässern allein 285 verschiedene Singvögel gezählt

mer säumen Wildblumen den Weg, nicht selten lässt sich zwischen den Bäumen Rotwild beobachten.

Vom Parkplatz geht es zunächst ca. 150 m nach Osten auf dem Aubrey Carr Scenic Drive bis zum markierten Start des **Lickskillet Trail.** Gleich steigt der Weg (Markierung in Orange) an, gut 180 m Höhenunterschied gilt es zum Bailey Ridge zu überwinden. Doch nach 2 Meilen bergauf und bergab trifft der Pfad auf den **Meredith Trail** (Markierung in Rot), jetzt bleibt man fast auf gleicher Höhe. Nach Norden sind das gegenüberliegende Ufer von **Stubblefield Mountain** und nach rechts die schmale Bucht **Hurricane Branch** auszumachen, die in den Wasserarm des Town Creek übergeht.

Der **Seals Trail** (blau markiert) führt nun parallel zum Ufer des **Town Creek** und des **Lake Guntersville** mit herrlichen Ausblicken auf den von Wäldern eingerahmten See. Im Herbst verfärben sich die Blätter der Ahornbäume und Eichen in zig Rot-, Gelb- und Brauntönen. Der schmale Weg liegt ca. 15 m oberhalb des Seeufers. An manchen Stellen vermittelt ein gespanntes Seil etwas mehr Sicherheit. Bei einem Kiefernhain lohnt sich ein kurzer Abstecher nach rechts auf eine von Gras bewachsene Ausbuchtung in den See. Ein herrlicher Platz für ein Picknick oder eine kleine Pause. Kurz darauf erreicht man die Campground Road und folgt ihr nach rechts einige Hundert Meter bis zum **Parkplatz.**

(2700 Refuge Headquarters Rd., Tel. 256-353-743, www.fws.gov/wheeler, Nov.–Febr., tgl. 9–17, sonst Di–Sa 9–16 Uhr).

Florence ► 3, J 4

Um die mit knapp 40 000 Einwohnern größte Stadt des *Muscle Shoals*-Gebietes, wo der Tennessee River mit Wasserkraftwerken elektrische Energie produziert und Schiffe in der Wilson Schleuse über 30 m hoch gehoben werden, haben sich eine Reihe von Industriebetrieben angesiedelt. Der mächtige **Wheeler Dam** wurde von 1933 bis 1936 von der Tennessee Valley Authority im Rahmen der Flussregulierung erbaut. Sieben Kraftwerkturbinen erzeugen 1,5 Mrd. Kilowattstunden im Jahr. Doch der einst von einem italienischen Einwanderer Florence getaufte Postkutschenstopp hat noch mehr zu bieten. Neben restaurierten Stadtvillen aus der ersten Hälfte des 19. Jh. vor allem einen indianischen Kulthügel aus der Zeit der Mississippi-Kultur vor etwa 1000 Jahren. Die im **Indian Mound and Museum** dokumentierten Ausgrabungen belegen, dass sich in der Region bereits vor 10 000 Jahren Menschen aufgehalten haben (1028 S. Court St., Tel. 256-760-6427, Di–Sa 10–16 Uhr, Erw. 2 $).

W. C. Handy, einer der Urväter des Blues, wurde am 16. November 1873 in einer Holzhütte in Florence geboren, die längst zu einem **W. C. Handy Museum** mit Musikinstrumenten und Wissenswertem zum Leben des schwarzen Musikers und Komponisten umgestaltet ist (620 W. College St., Tel. 256-760-6434, www.florenceal.org, Di–Sa 10–16 Uhr, Erw. 2 $). Seit einigen Jahren kann auch das **Frank Lloyd Wright Rosenbaum House Museum** besichtigt werden. Das sorgfältig restaurierte elegante Wohnhaus hatte der Stararchitekt in den 1940er-Jahren in dem für ihn typischen Stil mit verschiedenen Ebenen und Dachniveaus konstruiert (601 Riverview Dr., Tel. 256-740-8899, www.wrightinalabama.com, Touren Di–Sa 10–16, So 13–16 Uhr, Erw. 8 $, erm. 5 ´$).

Infos

Florence/Lauderdale Tourism: 1 Hightower Pl., Tel. 256-740-4141, www.visitflorenceal.com.

Übernachten

... in Rogersville (ca. 20 Meilen östl. von Florence):

In der Natur ► **Joe Wheeler State Park Lodge:** 4401 McLean Dr., Tel. 256-247-5461, www.alapark.com/joewheeler. 75 Zimmer in der repräsentativ-rustikalen Lodge am See, dazu ordentliche Cabins und Stellplätze für Zelte und Wohnmobile. Zimmer ab 62 $.

Essen & Trinken

Entspanntes Ambiente ▶ **Sweet Magnolia Café:** 1154 N. Wood Ave., Tel. 256-765-2234, www.thesweetmagnoliacafe.com, Di–Do 17–21, Fr/Sa 17–22, Sa/So 11–14.15 Uhr. Verbindung von italienischer und Südstaaten-Küche, gute Weine. Hauptgerichte ab 15 $.

Seit 1918 ▶ **Trowbridge's Ice Cream and Sandwich Bar:** 316 N. Court St. Tel. 256-764-1503. Eier- und Oliven-Sandwich, Salate und köstliche Milchshakes. Gerichte ab 6 $.

Termine

First Fridays: März–Dez. 1. Fr im Monat. Dutzende von Ständen mit Kunst und Kunsthandwerk im Stadtzentrum, www.firstfridays florence.com.

W. C. Handy Music Festival: Bester Blues in der letzten Juliwoche, Tel. 256-766-7642, www.wchandymusicfestival.org.

Cullman ▶ 3, L 5

Das Städtchen Cullman mit knapp 14 000 Einwohnern liegt 50 Meilen nördlich von Birmingham und ist von hügeligen, bewaldeten Ausläufern der Appalachen und fruchtbarem Farmland umgeben. Oberst Johann Cullmann, ein deutschstämmiger Flüchtling, der seine Heimat wegen der Beteiligung an Attentatsplänen gegen den russischen Zaren verlassen musste, versuchte 1873 eine landwirtschaftliche Kolonie mit deutschen Auswanderern zu gründen. Mit einer Zeitungsanzeige (»Land, 20 ha und aufwärts, 4 bis 6 $ pro ha, Land- und Forstwirtschaft, Eisen, Kohle, gesundes Klima, keine Malaria, keine Sümpfe, keine Grashüpfer, keine Hurrikans und Blizzards!«) lockte er etwa 20 000 Deutsche nach Cullman.

Erst die beiden Weltkriege jeweils mit Deutschland als Gegner der USA ließen den Gebrauch der deutschen Sprache und Traditionen in Cullman unpopulär werden. Von den Nachfahren der Auswanderer wird in Erinnerung an die deutsche Kolonie von Nordalabama alljährlich im September ein Oktoberfest gefeiert (s. Termine). Im **Cullman County Museum** geben Dokumente, Fotos und Einrichtungsgegenstände von Wohnungen und Geschäften Einblicke in das Leben in Cullman um 1900 und in die Geschichte der deutschen Einwanderer (211 2nd Ave. NE., Tel. 256-739-1258, Mo–Fr 9–16, So 13.30–16.30 Uhr, geringe Gebühr). Die Benediktinerabtei, deren Patres sich der Seelen in Cullman annahmen, schloss aus Mangel an Nachwuchs 1979 ihre Pforten.

Das Lebenswerk von Bruder Joseph, die Miniaturstadt Jerusalem mit 120 Kirchen, Tempeln und anderen Gebäuden kann noch heute als **Ave Maria Grotto** besichtigt werden (1600 St. Bernard Dr. SE., Tel. 256-734-4110, www.avemariagrotto.com, tgl. 9–18 Uhr, Erw. 7 $, Kinder 4,50 $).

Infos

Cullman Area Chamber of Commerce: 211 2nd Ave., Tel. 256-734-0454, www.cullman chamber.org, Mo–Fr 9–17 Uhr.

Termine

Oktoberfest: Anfang Okt. Deutsche Kultur und Traditionen, reduziert aufs alljährliche Oktoberfest, mit Fassbier und Umptata-Musik, 1240 Country Rd., Tel. 256-739-1258.

Tuscaloosa ▶ 3, K 6

Die Stadt mit gut 90 000 Einwohnern 50 Meilen südwestlich von Birmingham heißt in der Sprache der Choctaw »schwarzer Krieger« und erinnert an den Namen einer Creek-Siedlung an gleicher Stelle, die 1814 durch eine Einheit der US-Kavallerie dem Erdboden gleichgemacht wurde. Knapp 20 Jahre lang, von 1826 bis 1846, fungierte Tuscaloosa als Hauptstadt des jungen Staates Alabama, dann hatten die reichen Pflanzer aus Montgomery (s. S. 379) sich durchgesetzt.

Tuscaloosa präsentiert sich heute als moderne Bezirks- und Universitätsstadt mit interessantem Kulturangebot und respektablen Gewerbeansiedlungen. Gut 20 000 Studenten sind an der **Universität von Alabama** eingeschrieben. Neben Unternehmen für chemische Produkte, Papier, Autoreifen, Asphalt und Kabel beschäftigt Mercedes-Benz im Vorort Vance 4000 Mitarbeiter in einer modernen Fertigungsanlage, in der vor allem Geländewagen der M-Klasse montiert werden. Ein Museum dokumentiert die Geschichte und Entwicklung von Mercedes; auf Touren durch die Montagehallen zeigt sich die moderne Fertigungstechnik (Mercedes Benz International Visitor Center, 11 Mercedes Dr., Tel. 205-507-2252, http://mbusi.com, Museum Mo–Fr 8.30–16.30 Uhr, Touren Di und Do 9–12.45 Uhr, Erw. 5 $).

Historische Architektur

Die Atmosphäre einer Kleinstadt des alten Südens konnte Tuscaloosa nur im Bereich der Universität sowie in einigen historischen Straßenzügen wahren. In einigen Stadtvierteln – so etwa im Gorgas Manly oder dem Druid City Historic District – stehen noch zahlreiche Gebäude aus der Zeit der Plantagenherrlichkeit. Das 1835 im *Greek Revival*-Stil entworfene und mit zeitgenössischen Möbeln ausgestattete **Battle-Friedman House** liegt inmitten eines weitläufigen Gartens (1010 Greensboro Ave., Tel. 205-758-6138, www.historictusca loosa.org, Di–Sa 10–12 u. 13–16 Uhr, Erw. 5 $). Die Mauern und Säulenreste des 1923 niedergebrannten Kapitols sind im Capitol Park am westlichen Ende der zentralen Broad Street auszumachen.

Im 1863 errichteten **Jemison-Van de Graaf Mansion,** einem akkurat restaurierten Gebäude im italienischen Stil mit verspielten Rundbögen auf der Veranda, hat das Visitor Center der Stadt seine Büros. Das aus rotem Backstein und mit weißen Säulen erbaute **Gorgas House** von 1829 ist das älteste Gebäude auf dem Campus der Universität. Sein Name erinnert an Dr. William Gorgas, einen Mediziner und früheren Präsidenten der Universität, der während der Ausschachtungsarbeiten beim Bau des Panama-Kanals erfolgreich eine Gelbfieberepidemie bekämpfte (Uni-Campus, Tel. 205-348-5906, http://gor gashouse.ua.edu, Mo–Fr 9–16.30 Uhr).

Museen

In der **Old Tavern** aus dem Jahre 1827, heute ein Museum, trafen sich einst die Abgeordneten des Parlaments von Alabama, um ihre Debatten bei einem Gläschen fortzusetzen (500 28th Ave., Tel. 205-758-2238, www.historictuscaloosa.org, Besichtigung auf Anfrage).

Das **Westervelt-Warner Museum of Art** zeigt im Anchorage Building und auf dem Firmengelände der Westervelt Company am Stadtrand eine ausgezeichnete Sammlung amerikanischer Malerei, von der allerdings 2011 einige namhafte Bilder verkauft wurden (8316 Mountbatten Rd. NE., Tel. 205-343-4540, www.warnermuseum.org, Di–Fr 12–17, Sa 10–17 Uhr, Erw. 7 $, Kinder ab 6 J. 5 $).

Die **Sarah Moody Gallery of Art** gehört zur Universität von Alabama. Neben ihrer permanenten Kollektion zeigt sie Wechselausstellungen zeitgenössischer Kunst (Tel. 205-348-1890, http://art.ua.edu/site/galleries/sarah-moody-gallery-of-art, Mo–Fr 9–16.30 Uhr).

Das **Children's Hands-on Museum** wendet sich an Kinder, die bei Experimenten zu Naturwissenschaften, in einem nachgebauten Fernsehstudio oder einem alten Kaufmannsladen ihre helle Freude haben (2213 University Blvd., Tel. 205-349-4235, www.chomon line.org, Mo–Fr 9–17, Sa 10–16 Uhr, Kinder 1–3 J. 5 $, ab 3 J. 8 $, Begleitpers. frei).

Im **Paul W. Bryant Museum** der Universität von Alabama leben die glorreichen Zeiten ihres Footballteams Crimson Tide unter dem legendären, 1983 verstorbenen Coach ›Bear‹ Bryant auf, bei dessen Begräbniszug von Tuscaloosa ins 56 Meilen entfernte Birmingham 500 000 trauernde Fans die Straßen säumten. Noch immer gehört das Team, dessen Heimspiele Zehntausende Zuschauer bejubeln, zu den besten Mannschaften der amerikanischen College-Ligen (300 Paul W. Bryant Dr., Tel. 205-348-4668, http://bryant museum.ua.edu, tgl. 9–16 Uhr, Erw. 2 $).

Infos

Tuscaloosa Convention & Visitors Bureau: 1305 Greensboro Ave., Tel. 205-391-9200, www.tcvb.org, Mo–Fr 9–17 Uhr.

Übernachten

Uninähe ▶ **Courtyard by Marriott:** 4115 Courtney Dr., Tel. 205-750-8384, www.marriott.com. Geschmackvolles Kettenhotel mit Pool und Restaurant, in der Nähe der Universität und des Mercedeswerks. DZ ab 140 $.
Gut und günstig ▶ **La Quinta Inn:** 4122 Mc Farland Blvd. E., Tel. 205-349-3270, www.lq.com. Ordentliche Herberge mit einigen Extras wie Internetzugang u. Pool. DZ ab 70 $.

Essen & Trinken

Spare Ribs ▶ **Dreamland Bar-B-Que:** 5535 15th Ave. E., Tel. 205-758-8135, www.dreamlandbbq.com, Mo–Fr 8–15 Uhr. Beste *Spare Ribs* seit über 50 Jahren. Riesenportion 32 $.
Sportbar ▶ **Bob Baumhower's ›Wings‹ Restaurant:** 500 Harper Lee Dr., Tel. 205-556-5658, www.baumhowers.com. Fan-Hangout des Uni-Footballteams Crimson Tide; u. a. Chicken Wings und Burger. Gerichte 5–15 $.

Termine

Kentuck Festival of the Arts: Mitte Okt. Große Schau des Kunsthandwerks in Northport, am nördlichen Ufer des Black Warrior River, von traditionell bis Avantgarde. The Kentuck Museum, 503 Main Ave., Northport, Tel. 205-758-1257, www.kentuck.org.

Verkehr

Bahn: Amtrak, 2105 Greensboro Ave., www.amtrak.com. Der »Cescent« stoppt hier auf dem Weg von Atlanta nach New Orleans.
Bus: Greyhound, 7022 Hwy 82 E., Tel. 205-758-6651, www.greyhound.com.

Moundville ▶ 3, K 6/7

Westlich des 1300 Einwohner zählenden Ortes Moundville, 15 Meilen südlich von Tuscaloosa schützt das knapp 150 ha große Areal des **Moundville Archaeological Park** die Reste einer von 1000 bis 1500 n. Chr. bewohnten indianischen Siedlung mit einst etwa 3000 Einwohnern aus der Mississippi-Epoche. Moundville war Mittelpunkt eines Siedlungsverbundes von insgesamt über 10 000 Menschen entlang dem **Black Warrior River.**

20 Erdhügel unterschiedlicher Größe, die zeremoniellen Zwecken oder als Unterbau für Wohngebäude dienten, blieben erhalten. Der größte davon bedeckt eine Grundfläche von 1 ha und ist knapp 18 m hoch. Ein Teil der reichen Funde ist im angeschlossenen, kleinen Museum zu sehen; darunter kunstvolle Tonarbeiten mit eingearbeiteten Motiven, Äxte, Messer und Pfeilspitzen aus Feuerstein, Hacken und Nähnadeln aus Tierknochen sowie Schmuck aus Kupfer und Halbedelsteinen. Ein rekonstruiertes Dorf illustriert die Lebensbedingungen der Indianer vor 800 Jahren (13075 Moundville Archaeological Park, Tel. 205-371-8732, www.moundville.ua.edu, Anlage tgl. 9–17, Park tgl. bis Sonnenuntergang, Erw. 8 $, Kinder ab 5 J. 6 $).

Alabamas Süden

Selma ▶ 3, K/L 7

Das am Steilufer des Alabama River liegende Selma, heute ein wichtiger Umschlagplatz für die landwirtschaftlichen Produkte der Region, war bereits 1820 ein bedeutender Handelsort für Baumwolle. Die Besitzer der großen Plantagen führten einen repräsentativen Lebensstil, wie die 1853 errichtete neoklassische **Sturdivant Hall** mit sechs korinthischen Säulen als Frontschmuck belegt (713 Mabry St., Tel. 334-872-5626, www.sturdivanthall.com, Di–Sa 10–16 Uhr, Erw. 5 $, Kinder 2 $). Im **Water Avenue Historic District** zwischen Franklin und Lauderdale Street kann man weitere Wohnhäuser, öffentliche Gebäude und Kirchen aus der Zeit vor dem Bürgerkrieg besichtigen.

Genau 100 Jahre nach Beendigung des Bürgerkriegs stand die Stadt wieder im Zentrum großer Auseinandersetzungen. Mehrere Wochen lang marschierten Demonstranten, die auf massive Benachteiligung bei der Wahlzulassung von Schwarzen aufmerksam machen wollten, von der Brown Chapel African Methodist Church zum Gerichtsgebäude von Dallas County. Massenverhaftungen machten bundesweit Schlagzeilen. Den Höhepunkt der Auseinandersetzungen, als der

Demonstrationszug am 7. März 1965 an der Pettus-Brücke von der Polizei mit Tränengas und Schlagstöcken erwartet wurde, verfolgten Millionen Zuschauer an den Fernsehbildschirmen. Tausende von Sympathisanten reisten empört nach Selma, um sich dem Protest anzuschließen, Präsident Johnson stellte die Nationalgarde unter den Befehl der Bundesbehörden. Ein fünftägiger Marsch von ungefähr 25 000 Menschen von Selma nach Montgomery stellte die Weichen für die gesetzliche Beseitigung der Wahlbehinderungen.

Im **National Voting Rights Museum and Institute** sind wichtige Etappen des Kampfes um gleiches Wahlrecht anschaulich dokumentiert (1012 Water Ave., Tel. 334-418-0800, www.nvrm.org, Mo–Fr 9–17, Sa 10–15 Uhr, Erw. 6,50 $, Kinder 4,50 $).

Cahawba ▶ 3 K 8

Am Zusammenfluss von Cataba- und Alabama River, 9 Meilen südlich von Selma, stehen einige Ruinen und Straßenschilder, die an **Cahawba,** die erste Hauptstadt von Alabama, erinnern. Verheerende Fluten und schließlich der Bürgerkrieg besiegelten die Existenz der einst blühenden Stadt (an der SR 22, 9 Meilen südl. von Selma, Tel. 334-872-8058, www.cahawba.com, tgl. 9–17 Uhr).

Infos

Selma Welcome Center: 132 Broad St., Tel. 334-875-7241, www.selmaalabama.com.

Selma to Montgomery National Historic Trail: Lowndes County Interpretive Center, 7002 US Hwy 80, Hayneville (20 Meilen südwestl. von Montgomery), Tel. 334-877-1984, www.nps.gov/semo, tgl. 9–16.30 Uhr.

Essen & Trinken

Retro-Stil ▶ **Tally-Ho:** 509 Magnum Ave., Tel. 334-872-0461, www.tallyhoselma.com, So–Do 11–24, Fr/Sa bis 1 Uhr. Viele Gerichte aus den 1940er-Jahren, in denen das Restaurant einst in einem Blockhaus gegründet wurde. Spezialitäten sind das Tucchini-Brot und der köstliche Schoko-Käsekuchen. Gerichte 14–22 $.

Termine

Alabama Tale Tellin' Festival: Anfang Okt. Erzählwettbewerb mit Geistergeschichten, historischen Themen, Legenden und Folklore, Tel. 334-875-7241, www.taletellin.selmaalabama.com.

Battle of Selma Re-Enactment: Ende April. Als Soldaten kostümierte Bürger treffen in einer nachgestellten, jetzt harmlosen Schlacht des Bürgerkriegs aufeinander, wobei die ›Grauen‹ den Ansturm der Kavallerie der ›Blauen‹ abwehren, Tel. 334-872-0901, www.battleofselma.com.

Verkehr

Bus: Greyhound Station, 434 Broad St., Tel. 334-874-4503, www.greyhound.com.

Montgomery ▶ 3, L 7

Die Hauptstadt von Alabama an den Ufern des Alabama River gehört mit 190 000 Einwohnern und einer sich schnell verändernden Skyline von Bürohochhäusern zu den Metropolen der Südstaaten. Gleichzeitig ist die Stadt immer noch Umschlagplatz für die landwirtschaftlichen Produkte, die im fruchtbaren *black belt* angebaut werden. Die Rinder- und Geflügelmärkte von Montgomery zählen zu den größten der Südstaaten. Nachdem die Stadt 1819 als Zusammenschluss der rivalisierenden Siedlungen East Alabama und New Philadelphia gegründet und nach einem General des Unabhängigkeitskriegs, Richard Montgomery, benannt worden war, gewann sie schnell an Attraktivität als landwirtschaftliches Zentrum der Region.

State Capitol

Im Jahr 1846 war die Bedeutung des Ortes als Handelsplatz für Baumwolle so gewachsen, dass der Regierungssitz von Tuscaloosa hierher verlegt wurde. Das Parlament von Alabama gehörte zu den ersten, die sich 1861 von der Union lossagten. Im Februar 1861 legte der frisch gewählte Präsident der Konföderierten Staaten von Amerika auf den Stufen des State Capitol von Montgomery seinen

Amtseid ab. Ein bronzener Stern im Boden und die Statue von Jefferson Davis vor dem Regierungsgebäude erinnern daran. Vier Monate diente die Stadt als Regierungssitz der Konföderation, bis dieser nach Richmond in Virginia verlegt wurde (Capitol Hill, Tel. 334-242-3935, www.preserveal.org, Mo–Fr 9–16 Uhr). In dieser kurzen Zeit nach seiner Vereidigung als Präsident der Südstaaten lebte Jefferson Davis im nicht weit entfernten First White House of the Confederacy (644 Washington Ave., Tel. 334-242-1861, www.firstwhitehouse.org, Mo–Fr 8.30–16.30 Uhr, Eintritt frei).

Old Alabama Town

Old Alabama Town heißt ein **Museumsdorf** nicht weit vom Stadtzentrum, in dem zwei Dutzend Wohnhäuser, eine Arztpraxis und einige Geschäfte aus dem 19. Jh. wiederaufgebaut wurden. Einige davon sind mit zeitgenössischen Möbeln eingerichtet und geben einen authentischen Eindruck von den Lebens- und Arbeitsbedingungen einfacher und wohlhabender Bürger (310 N. Hull St., Tel. 334-240-4500, www.oldalabamaton.com, Mo–Sa 9–16 Uhr, Erw. 10 $, Kinder 5 $).

Civil Rights Memorial

In den 1950er- und 1960er-Jahren geriet Montgomery zum Schauplatz erbitterter Auseinandersetzungen um Bürgerrechte. Die Verhaftung von Rosa Parks, die sich weigerte, einen für Weiße reservierten Sitzplatz in einem öffentlichen Bus zu räumen, löste 1955 einen 18-monatigen Busboykott aus, als dessen organisatorische Kraft ein junger Pfarrer der Dexter Avenue Baptist Church namens Martin Luther King Jr. wirkte. Zehn Jahre später marschierten 25 000 Bürgerrechtler den 54 Meilen langen Weg von Selma nach Montgomery und unterbreiteten dem Gouverneur George C. Wallace, der mit einem scharfen ›Rassentrennungsprogramm‹ die Wahl gewonnen hatte, ihre Forderungen. Das **Civil Rights Memorial,** in dem die Namen von etwa 40 Opfern eingraviert sind, die ihr Engagement für Bürgerrechte mit dem Leben bezahlen mussten, erinnert an die Etappen dieses Kampfes (400 Washington Ave, Mo–Fr 9–16.30, Sa 10–16 Uhr).

Rosa Parks Museum

Rosa Parks (1913–2005) selbst konnte Ende 2000 das Rosa Parks Museum auf dem Gelände der Troy State University einweihen, das ihre persönliche und die Geschichte der Bürgerrechtskämpfe erzählt (151 Montgomery St., Tel. 334-241-8615, http://montgomery.troy.edu/rosaparks, Mo–Fr 9–17, Sa 9–15 Uhr).

Infos

Montgomery Visitor Center: 300 Water St., Tel. 334-262-0013, www.visitingmontgomery.com.

Übernachten

Modern und zentral ▶ **Embassy Suites:** 300 Tallapoosa St., Tel. 334-269-5055, www.embassy-suites.com. Komfortable, moderne Herberge im Zentrum, Internetzugang, Kaffeemaschine im Zimmer, Morgenzeitung inkl. DZ ab 120 $.

Wundervolles Frühstück ▶ **Red Bluff Cottage:** 551 Clay St., Tel. 334-264-0056, www.redbluffcottage.com. In Downtown gelegenes B & B mit 4 Zimmern und schöner Veranda. DZ ab 110 $.

Essen & Trinken

Im Retro-Stil ▶ **Sinclair's:** 1051 E. Fairview Ave., www.sinclairsrestaurants.com, Tel. 334-834-7462, tgl. 11–22 Uhr. Schön gestaltetes Diner und Bar mit Postern früherer Hollywood-Stars, dazu Steaks und Meeresfrüchte. Hauptgerichte ab 12 $.

Home style cooking ▶ **Martin's Restaurant:** 1796 Carter Hill Rd., Tel. 334-265-1767, www.martinsrestaurant.org, Mo–Fr 11–15, 16–19.30, So 10.45–14.45 Uhr. Seit den 1930er-Jahren gibt es bei Martin's Hausmannskost auf Südstaatenart, seit einiger Zeit im modernen **Country Club Shopping Centre.** Die Preise sind niedrig, die Portionen mit Hühnchen, Koteletts, gebratenen Okraschoten oder Süßkartoffelauflauf dafür groß. Hauptgerichte 7–10 $.

Ein echter Genuss in der Hitze des Südens sind die Biere der Mikrobrauereien

Termine

Jubilee City Fest: Ende Mai. Drei Tage lang Konzerte, Kunst und Kultur, dazu ein Feuerwerk und Sportwettbewerbe, Tel. 334-240-9285, www.jubileecityfest.org.

Alabama Shakespeare Festival: Okt.–April. 1st Festival Dr. Mehrere Shakespeare-Inszenierungen und weitere Theaterstücke; im Sommer Auftritte von Tourneetheatern und Workshops, Tel. 334-271-5353, www.asf.net.

Verkehr

Bus: Greyhound, 950 W. South Blvd., Tel. 334-286-0658, www.greyhound.com.

Tuskegee ►3, M 7

Das mit 12 000 Einwohnern überschaubare Städtchen Tuskegee am östlichen Rand des black belt, eines Streifens schwarzer, fruchtbarer Erde, ist nicht wegen seiner respektablen Pflanzervillen aus dem 19. Jh., sondern aufgrund des weltberühmten Tuskegee Instituts bekannt.

Dessen Gründer Booker T. Washington, am 5. April 1856 als Sklave auf der Burroughs Farm im Südwesten von Virginia geboren und mit einem Wert von 400 $ in der Inventarliste geführt, hatte sich durch Bildung emanzipiert. Nach einer hart erkämpften Ausbildung zum Lehrer und mehrjähriger Tätigkeit als Dozent am Hampton Institute für Lehrerausbildung in Virginia gründete er 1881 in Tuskegee eine Schule nur für schwarze Kinder. Die drei Prinzipien, nur schwarze Lehrer einzusetzen, vorrangig Berufsausbildung zu betreiben und neben der fachlichen auch auf die charakterliche Bildung Wert zu legen, wurden von Anfang an in die Tat umgesetzt. Die Erfolge erregten landesweit Aufsehen und sicherten der Schule breite Unterstützung, auch von Großindustriellen und Philanthropen.

Tuskegee Institute

Radikale Sprecher der Schwarzen wie etwa W. E. B. DuBois kritisierten den ihrer Meinung nach integrationistischen Ansatz, durch vorrangige Vermittlung einfacher Tätigkeiten die untergeordnete Rolle der Schwarzen zu zementieren. 1927, lange nach Booker T. Washingtons Tod, erhielt die Schule den Status eines College. Die historischen Gebäude aus der Gründungsphase sind als **Tuskegee Institute National Historic Site** zur Besichtigung geöffnet (1212 W. Montgomery Rd., Tel. 334-727-6390, www.nps.gov/tuin, tgl. 9–16.30 Uhr).

George Washington Carver Museum

Auf dem Campus befindet sich auch das zur Nationalen Gedenkstätte gehörende George Washington Carver Museum, das dem langjährigen Leiter der agrarwissenschaftlichen Abteilung der Schule gewidmet ist. Die aus seinen Forschungsarbeiten resultierenden Praxisempfehlungen halfen Tausenden von kleinen Farmern im Überlebenskampf. Erkenntnisse über den Anbau und die Verwertung von Süßkartoffeln und von Erdnüssen machten Carver überregional bekannt. Ihm werden allein 300 Rezepte für Erdnüsse zugeschrieben (Eingang zur Tuskegee Universität an der Montgomery Rd., Tel. 334-727-3200, tgl. 9–16.30 Uhr, Eintritt frei).

In der Umgebung

Knapp 40 Meilen nördlich von Tuskegee und nicht weit vom heutigen **Dadeville** besiegte am 27. März 1814 der General und spätere US-Präsident Andrew Jackson mit 3000 Soldaten sowie Cherokee-Hilfstruppen von 600 Mann die Reste der einst mächtigen Creek-Föderation. Die vernichtende Niederlage – von 1000 Kriegern überlebten nur 200 – führte zu Verträgen, die den Weißen 100 000 km^2 Land im bislang indianischen Alabama zur Besiedlung öffneten. Auf dem Gelände des **Horseshoe Bend National Military Park** illustriert ein Museum den Ablauf der Kämpfe und informiert über die Lebensweise der Creek, ein knapp 3 Meilen langer Wanderweg führt durch das waldige Gelände (11288 Horseshoe Bend Rd., Daviston, AL 36256, Tel. 256- 234-7111, www.nps.gov/hobe, tgl. 8–17 Uhr, Eintritt frei).

Mobile ► 3, J 10

»Mobile – the South's best Deal« lautet der Werbeslogan der Handelskammer von Mobile bei ihrem Bemühen, Investoren den Süden von Alabama schmackhaft zu machen. Die 1702 gegründete Stadt mit rund 200 000 Einwohnern in ihrem Einzugsbereich gehört mit dem geschäftigen Hafen, den Werften und Dockanlagen sowie Erdgas- und Erdölvorkommen in der Mobile Bay zu den Metropolen an der US-amerikanischen Golfküste.

Fort Condé

1735 errichteten Franzosen das Fort Louis de la Louisiane, das, zerstört, umgebaut und zu einem Drittel im leicht verkleinerten Maßstab wieder rekonstruiert, heute als **Fort Condé** besichtigt werden kann (150 S. Royal St., Tel. 251-208-7569, www.museumofmobile.com, Di–Sa 9–17, So 13–17 Uhr, Erw. 5 $, Kinder 2 $).

Mardi Gras und Carnival Museum

Aus französischen Kolonialzeiten stammt eine weitere Tradition, die heute nur zu gern weiterverfolgt wird. Der französische Karneval, Mardi Gras, wird in Mobile schon länger gefeiert als in dem gut 150 Meilen weiter westlich gelegenen New Orleans. In den Wochen vor Aschermittwoch, an dem auch an der Golfküste von Alabama alles vorbei ist, herrscht der gute König Felix, veranstalten die verschiedenen Karnevalsvereinigungen Bälle und Umzüge (s. a. Tippkasten S. 338).

Das **Mobile Carnival Museum** zeigt die Geschichte des Karnevals in der Stadt von 1921 an, mit einem Festwagen, Kostümen und Kronen der Nobilitäten (355 Government St., Tel. 251-432-3324, www.mobilecarnivalmuseum.com, Mo, Mi, Fr/Sa 9–16 Uhr, Erw. 5 $, Kinder bis 12 J. 2 $).

Oakleigh Historic Complex

Die historischen Stadtviertel von Mobile stammen durchweg aus dem 19. Jh., frühere Bauten sind, bis auf das **Fort Condé,** verfallen oder Bränden zum Opfer gefallen. Sehenswert sind der Oakleigh Historic Complex mit dem **Deasy Cottage,** einem typischen Haus für den Mittelstand und das **Oakley Period House Museum** in einer 1833 erbauten Villa im *Greek Revival*-Stil (300 Oakley Pl., Tel. 251-432-1281, www.historicmobile.org, Di–Sa 10–16, So 13–16 Uhr, verschiedene geführte Touren Erw. ab 10 $).

Richards DAR House

Der verspielte, schmiedeeiserne Zierrat an den Balkonbrüstungen macht das Richards DAR House zu einem beliebten Besichtigungsziel (256 N. Joachim St., Tel. 251-434-7320, www.richardsdarhouse.com, Mo–Fr 11–15.30, Sa 10–16, So 13–16 Uhr, Erw. 5 $).

USS Alabama Battleship Memorial Park

Seit 1965 liegt das Schlachtschiff »USS Alabama«, das im Zweiten Weltkrieg an verschiedenen Kämpfen im Pazifik eingesetzt war, mit anderen Kriegsschiffen und Flugzeugen im USS Alabama Battleship Memorial Park dauerhaft zur Besichtigung fest, einem der in den USA beliebten, patriotisch ausgerichteten Militärparks (2703 Battleship Pkwy., Tel. 251-433-2703, www.ussalabama.com, tgl. 8–16, April–Sept. bis 18 Uhr).

Gulf Coast Exploreum

Friedlicher geht es im Gulf Coast Exploreum zu, in dem Jugendliche mit anschaulichen Experimenten physikalische Gesetze erproben können (65 Government St. Tel. 251-208-6873, www.exploreum.com, Mo–Fr 9–17, Sa 10–17, So 12–17 Uhr, Erw. 13 $, Jugendl. 11,50 $, Kinder 11 $).

Bellingrath Gardens and Home

In Theodore, bereits jenseits der südlichen Stadtgrenze, ließ Walter Bellingrath mit dem bei Coca-Cola verdienten Geld 1917 seinen Landsitz anlegen, der heute als **Bellingrath Gardens and Home** mit einem 26 ha großen subtropischen Blumengarten zu besichtigen ist. 250 000 Azaleen, 2000 Rosenbüsche, Kamelien, Lilien und viele andere Blumen garantieren, dass eine der Pflanzenarten in jedem Fall auch in voller Blütenpracht bewundert werden kann (12401 Bellingrath Rd., Tel. 251-973-2217, www.bellingrath.org, Garten tgl. ab 8, Haus 9–17 Uhr, Garten, Haus, Bootsfahrt Erw. 28,50 $, Kinder 18,50 $).

Infos

Fort Condé Visitor Center: 150 S. Royale St., Tel. 251-208-7569, www.mobile.org.

Übernachten

Luxus und Tradition ▶ **The Battlehouse Renaissance Mobile Hotel & Spa:** 26 N. Royal St., Tel. 251-338-2000, www.marriott.de. Hinter der Backsteingebäude von 1853 verbirgt sich ein modernes Hotel mit Wellnessbereich im Zen-Stil. DZ ab 160 $.

Romantisch ▶ **Malaga Inn:** 359 Church St., Tel. 251-438-4701, www.malagainn.com. Boutique-Hotel mit 40 Zimmern, errichtet aus zwei 1862 erbauten Stadtvillen im historischen Zentrum, kostenloses Internet, Pool und Parkplätze ohne Gebühr. DZ ab 95 $.

Essen & Trinken

Fischrestaurant ▶ **King Neptune's Seafood Restaurant:** 1137 Gulf Shores Pkwy, Gulf Shores, Tel. 251-968-5464, www.kingneptuneseafoodrestaurant.com. Beliebtes Lokal an der Küste mit ›Meeresgut‹ in vielen Variationen. Hauptgerichte ab 13 $.

Abends & Nachts

Art-déco-Palast ▶ **Saenger Theatre:** 6 S. Joachim St., Tel. 251-708-5600, www.mobilesaenger.com. Einst Kinopalast mit 2000 Sitzen, heute Veranstaltungszentrum.

Aktiv

Wassersport, joggen und Golf ▶ **Gulf State Park:** 20115 SR 135, Gulf Shores, Tel. 251-948-7275, www.alapark.com. Der State Park liegt 50 Meilen von Mobile an der Golfküste, mit besten Möglichkeiten zum Joggen, Baden, Golf spielen, Angeln vom langen Pier aus und zum Chillen am 2,5 Meilen langen feinen, weißen Strand.

Termine

Mardi Gras: Ende Febr./Anf. März. Straßenfest mit Umzügen, Bälle, bis zum Di vor Aschermittwoch.

Einsegnung der Krabbenflotte: Anfang Mai. Bayou la Batre, 25 Meilen südlich von Mobile, http://fleetblessing.

Verkehr

Bus: Greyhound, 2545 Government Blvd. Tel. 251-478-6089, www.greyhound.com.

Der Buffalo Wilderness Ozark National Forest in Arkansas

Kapitel 5

Tennessee und Arkansas

»Tennessee« klingt gut. Hier ist der Country & Western zu Hause und mit Memphis und Elvis Presley ist man stolz auf die Geburtsstätte des Rock 'n' Roll und einen der wichtigsten Orte für den Blues weltweit. Die Musikindustrie mit Studios, Produzenten sowie Radio- und TV-Stationen, vor allem rund um die Hauptstadt Nashville, trägt mit mehreren Hundert Mio. Dollar Jahresumsatz zur Wirtschaftskraft des Landes bei. Der nach einer Siedlung der Cherokee-Indianer getaufte Bundesstaat Tennessee führt drei Sterne in seiner Flagge, einen für den Osten mit dem bewaldeten Mittelgebirge der Appalachen und den Städten Knoxville und Chattanooga, einen für das sanft gewellte Zentrum mit der Hauptstadt Nashville und einen für den Westen mit Memphis und dem Mississippi River.

Die östlich und westlich des Mississippi River liegenden Bundesstaaten Tennessee und Arkansas sind mit etwa 246 000 km² etwa so groß wie Großbritannien, doch mit zusammen nur 7,6 Mio. Einwohnern recht dünn besiedelt. Eine Fahrt durch das ländliche Arkansas (gesprochen: Arknsaa) führt durch die dicht bewaldeten Mittelgebirge des Ozark-Plateaus und der Ouachita Mountains entlang wunderschöner Flusstäler oder Seeufer. Ganz im Westen in Fort Smith oder Texarkana, an der Grenze zu den Bundesstaaten Oklahoma und Texas, ist bereits die Atmosphäre des Wilden Westens zu spüren, mit Rodeos, Rinderauktionen und Ölfördertürmen. In Hope, Hot Springs und der Hauptstadt Little Rock wandelt man auf den Spuren des 42. Präsidenten der USA, Bill Clinton, der in Arkansas aufwuchs.

Auf einen Blick

Tennessee und Arkansas

Sehenswert

14 **Nashville:** Die »Music City« am Cumberland River ist nicht nur die Kapitale von Tennessee, sondern auch die Welthauptstadt der Countrymusic (s. S. 388).

Chattanooga: Nahe der Stadt am Tennessee River mit ihrem berühmten Aquarium berühren sich die Grenzen von Alabama, Georgia und Tennessee. Hier wurden Bürgerkriegsschlachten geschlagen und die Tennessee Valley Authority schrieb in den 1930er-Jahren Geschichte (s. S. 411).

15 **Memphis:** In der Metropole am ›amerikanischen Nil‹ wurde der Rock 'n' Roll geboren und hier ist der Blues zu Hause. Elvis-Fans pilgern zur Villa Graceland (s. S. 416).

Hot Springs: Die Bathhouse Row mit über 100 Jahre alten Badehäusern aus der goldenen Zeit des Kurbades ist als Nationalpark geschützt (s. S. 437).

Schöne Routen

Von Nashville nach Lynchburg: Von der Countrymusic der Musikmetropole begleitet, fährt man etwa 75 Meilen Richtung Süden bis zur weltberühmten Whiskey-Destillerie eines gewissen Jack Daniels in Lynchburg (s. S. 395).

Durch die Ozark Mountains ins Tal des Arkansas River: Die Strecke führt von Arkansas' Hauptstadt Little Rock durch ein bewaldetes Mittelgebirge zu geschichtsträchtigen Stätten (s. S. 431).

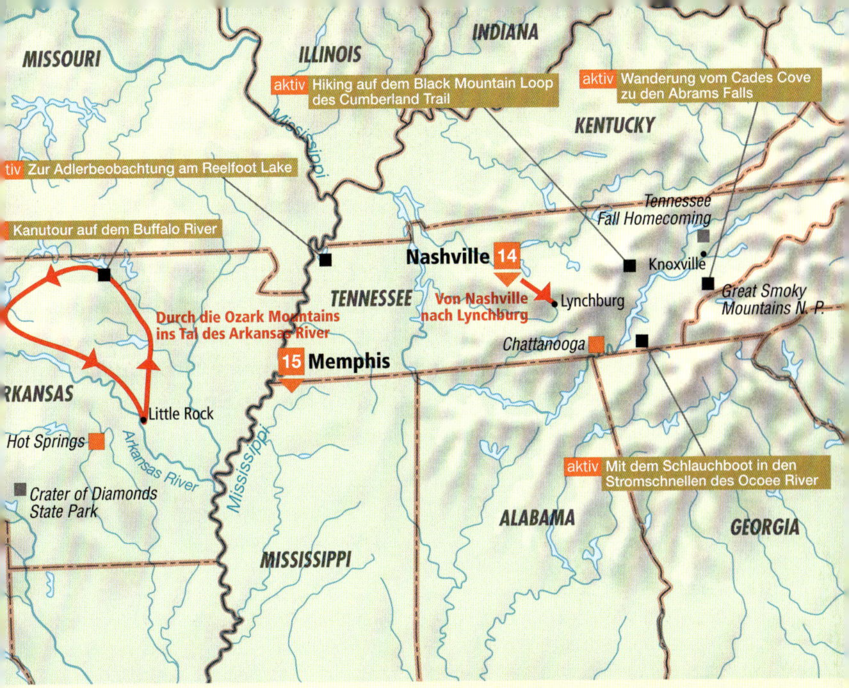

Meine Tipps

Tennessee Fall Homecoming im Museum of Appalachia: Jedes Jahr im Oktober kommen viele Tausend Besucher im ländlichen Freiluftmuseum in den Ausläufern der Appalachen zusammen – um zu musizieren oder einfach den Rhythmus der ursprünglichen Countrymusic zu spüren (s. S. 402).

Crater of Diamonds State Park: In diesem Nationalpark 55 Meilen südwestlich von Hot Springs darf jeder auf dem Gelände einer stillgelegten Diamantenmine gegen eine kleine Gebühr schürfen und den Fund behalten (s. S. 441).

aktiv unterwegs

Hiking auf dem Black Mountain Loop des Cumberland Trail: Wunderschöner Rundweg durch die bewaldete Berglandschaft des Cumberland-Plateaus (s. S. 399).

Wanderung vom Cades Cove zu den Abrams Falls: Der Pfad führt zum größten Wasserfall des Great Smoky Mountains N. P. (s. S. 409).

Mit dem Schlauchboot in den Stromschnellen des Ocoee River: Wildwasserfahrten durch schaumige Fluten (s. S. 410).

Zur Adlerbeobachtung am Reelfoot Lake: Im Winter halten sich bis zu 200 Weißkopfadler am Ufer des Sees auf (s. S. 425).

Kanutour auf dem Buffalo River: Geruhsame oder abenteuerliche Kanutouren, je nach Kondition und Gefallen (s. S. 434).

14 Nashville und Umgebung

Die Hauptstadt von Tennessee liegt fast im Zentrum des Bundesstaates. Nashville ist als Kapitale des Country & Western weltbekannt und verfügt über zahllose Bühnen und Clubs. Neben der Musikindustrie bieten Behörden und Verwaltungen die meisten Arbeitsplätze. Außerdem gilt Nashville als ein bedeutendes Zentrum für das Gesundheitswesen sowie für Bildung und Wissenschaft.

Downtown ▸ 3, K 1/2

Cityplan: S. 390
Im Jahr 1780 war Zentraltennessee noch überwiegend von Chickasaw bewohnt, bis sich an einem Uferstück des Cumberland River, das bei den Trappern als French Lick bekannt war, einige weiße Siedler niederließen. Sie errichteten Blockhäuser, die sie zur Abwehr von Indianern mit einem hohen Palisadenzaun umgaben.

Fort Nashborough 1

Das als Nachbau am Flussufer auch heute zu besichtigende Fort Nashborough wurde später Nashville genannt und entwickelte sich rasch. Bald wurde der fruchtbare Boden im Umland der Stadt kultiviert (170 1st Ave. N., Tel. 615-862-8424 www.nashville.gov/parks/historic/fortnashborough.asp, tgl. 9–16 Uhr, Eintritt frei).

Zum Pelzhandel als wichtigstem Wirtschaftszweig kam der Handel mit Baumwolle, Tabak und Vieh, begünstigt durch die Lage am schiffbaren Cumberland-Fluss sowie am Indianer- und Handelspfad Natchez Trace. Bodenspekulanten, Farmer und Pflanzer, darunter der spätere Präsident Andrew Jackson, fühlten sich von der Aufbruchsstimmung in der Stadt angezogen, kauften Land und ließen sich als Plantagenbesitzer nieder.

Erst 1843, nachdem mehrere Orte als provisorischer Regierungssitz des Bundesstaates fungiert und die Bewohner im Nordosten 1784 sogar einen eigenen Staat ausgerufen hatten, wurde die aufstrebende Metropole Nashville zur Hauptstadt von Tennessee.

State Capitol 2

Vom **State Capitol,** im *Greek Revival*-Stil auf dem höchsten Hügel von Nashville errichtet, hat man einen weiten Blick über die Stadt. Gleich dahinter schließt sich der **Bicentennial Capitol Mall State Park** an, der 1996 zum 200-jährigen Gründungsjubiläum von Tennessee mit Amphitheater, Ehrenmal zum Zweiten Weltkrieg und einem Glockenspiel erbaut wurde (Capitol Plaza/Charlotte Ave., Tel. 615-741-2692, Mo–Fr 9–16 Uhr, Eintritt frei).

Broadway und Ryman Auditorium

Entlang des **Broadway,** zumindest auf dem Abschnitt zwischen der Union Station und dem Cumberland River reihen sich die Musikkneipen und -clubs aneinander. Aus vielen geöffneten Türen des »Honky Tonk Highway«, auch in der Nebengasse Hatch Show Print, dringt Livemusik, mit der die zahlreichen Straßenmusiker konkurrieren, die versuchen, auf ihr Talent aufmerksam zu machen. Gleich südlich davon zieht das schon 1892 erbaute markante Backsteingebäude des **Ryman Auditorium** 3 mit interessanten Konzerten viele Zuschauer in seinen bestens renovierten Konzertsaal. Von 1943 an war hier für 34 Jahre die Grand Ole Opry zu Hause.

Downtown Nashville: Hier schlägt das Herz des Country & Western

Country Music Hall of Fame 4

Zahlreiche Musikkneipen und ›Ruhmeshallen‹ der Countrymusic, allen voran die im Jahr 2001 mit Millionenaufwand neueröffnete **Country Music Hall of Fame** in der 5th Avenue sowie Ausstellungen zu einzelnen Interpreten, Studios von Plattenfirmen, Radiostationen und Fernsehsendern ziehen Besucherströme in die Music City. Die Country Music Hall of Fame klärt über die unterschiedlichen Stilrichtungen auf und stellt Devotionalien der lebenden oder schon verblichenen Stars aus, etwa Gitarren und Kostüme von Hank Williams, Tanja Tucker oder Dave Dudley, den Hut des Hitparadenkönigs Garth Brooks oder einen Sattel von Tex Ritter (222 5th Ave., Tel. 615-416-2001, www.countrymusichalloffame.org, tgl. 9–17 Uhr, Erw. 19,99 $, Kinder 6–7 J. 11,95 $).

Hier können auch **Touren zur Music Row** 2 gebucht werden, mit Besuch des RCA Victor Studio B (s. S. 394), in dem von 1957 bis 1977 Roy Orbison, Dolly Parton, Elvis Presley, Hank Snow und viele andere Stars ihre Hits aufnahmen.

Music City Walk of Fame Park 5

Gleich vis-à-vis der Hall of Fame wird, ähnlich wie am Hollywood Boulevard von Los Angeles für Filmstars, verdienten Countrymusicern im **Music City Walk of Fame Park** ein Denkmal gesetzt, mit Hand- und Fußabdruck sowie einer Unterschrift im noch feuchten Zement. Zu den hier Geehrten gehören u. a. Roy Orbison, Emmylou Harris, Barbara Mandrell, Jimi Hendrix, Kris Kristoffersen, Dolly Parton, die Rascal Flatts und Kid Rock.

Frist Center for the Visual Arts 6

Im nicht weit entfernten **Frist Center for the Visual Arts** ist im Art-déco-Gebäude des früheren Hauptpostamtes auf knapp 3000 m^2 Ausstellungsfläche in kontinuierlich wechselnden Ausstellungen regionale und inter-

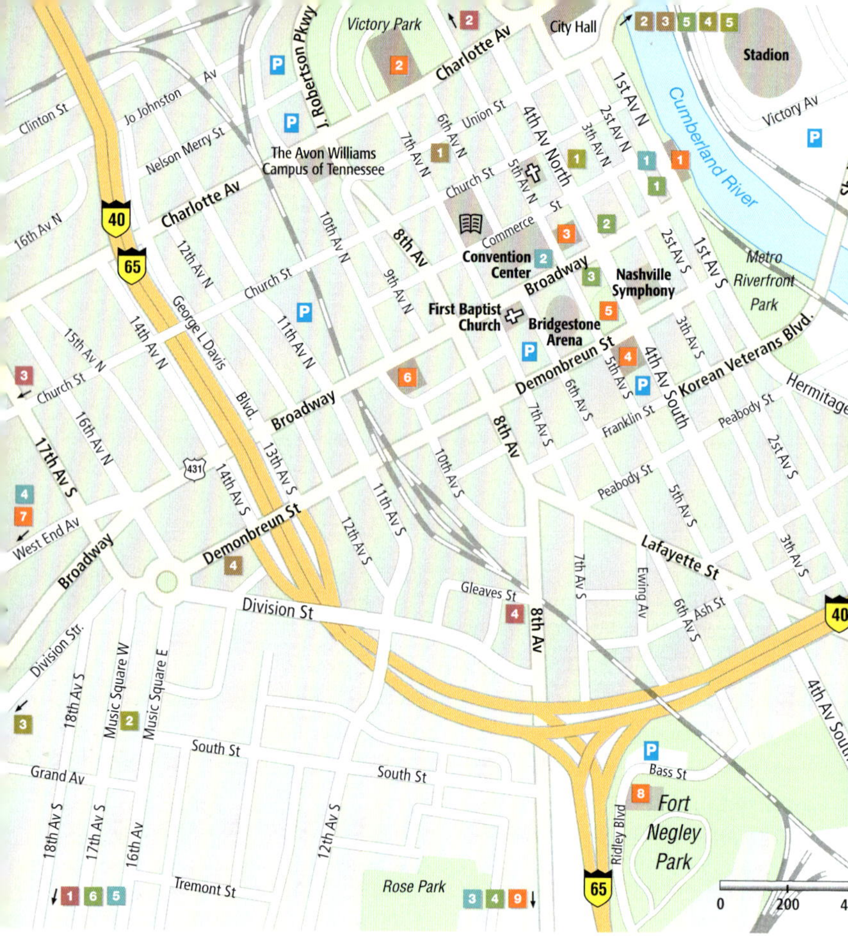

nationale Kunst verschiedener Epochen ausgestellt (919 Broadway, Tel. 615-244-3340, www.fristcenter.org, Mo–Mi, Sa 10–17.30, Do, Fr 10–21, So 13–17.30 Uhr, Erw. 10 $, erm. 7 $).

Parthenon 7

Mehrere Hochschulgründungen verhalfen der Metropole am Cumberland River zum Beinamen ›Athen des Südens‹, offenbar Grund genug, 1897, zur 100-jährigen Gründungsfeier von Tennessee, einen maßstabsgetreuen Nachbau des **Parthenon** von Athen zu errichten. Die 13 m hohe Statue der Göttin Athene ›beschützt‹ heute das Kunstmuseum von Nashville mit einer sehenswerten Kollektion amerikanischer Kunst). Der griechische Tempel erhebt sich im **Centennial Park,** gleich beim Campus der renommierten **Vanderbilt Universität** (Centennial Park, Tel. 615-862-8431, www.parthenon.org, Di–Sa 9–16.30 Uhr, Juni–Aug. auch So 12.30–16.39 Uhr).

Adventure Science Center 8

Das **Adventure Science Center,** ein hervorragendes Wissenschaftsmuseum am südlichen Rand des Innenstadtrings, begeistert Kinder und Jugendliche mit vielen naturwissenschaftlichen Experimentiermöglichkeiten.

Nashville

Sehenswert
- 1 Fort Nashborough
- 2 State Capitol
- 3 Ryman Auditorium
- 4 Country Music Hall of Fame
- 5 Music City Walk of Fame Park
- 6 Frist Center for the Visual Arts
- 7 Parthenon
- 8 Adventure Science Center
- 9 Music Row
- 10 Grand Ole Opry
- 11 The Hermitage

Übernachten
- 1 The Hermitage
- 2 Gaylord Opryland Resort & Convention Center
- 3 The Big Bungalow B & B
- 4 Comfort Inn Downtown

Essen & Trinken
- 1 Sunset Grill
- 2 Germantown Café
- 3 Loveless Café
- 4 Arnold's Country Kitchen

Einkaufen
- 1 Nashville Cowboy
- 2 Gruhn Guitars
- 3 Ernest Tubb Record Shops
- 4 Brimey's New and Preloved Music
- 5 Opry Mills
- 6 BookMan/BookWoman

Abends & Nachts
- 1 Wildhorse Saloon
- 2 Tootsie's Orchid Lounge
- 3 Douglas Corner Café
- 4 Exit/In
- 5 Bluebird Café

Aktiv
- 1 Nashville Sightseeing
- 2 Music Row Tours
- 3 Centennial Park
- 4 J. Percy Priest Reservoir
- 5 Hermitage Golf Course

In einem Simulator wird geringere Erdanziehung vorgetäuscht, was Sprünge wie auf dem Mond erlaubt. Ausstellungen mit 3-D-Technik entführen zu den »Monstern der Tiefsee« (800 Fort Negley Blvd., Tel. 615-862-5160, www.adventuresci.com, Mo–Sa 10–17, So 12.30– 17.30 Uhr, Erw. 12 $, erm. 10 $).

Music Row und Music Valley

Die **Music Row** 9, genauer die 16th and 17th Avenues South sind eigentlich nicht sehr spektakulär. Doch wer auf die Firmenschilder an den Gebäuden achtet, kommt aus dem Staunen nicht mehr heraus. Die Musikstudios, Plattenlabels, Musikzeitschriften, Agenturen oder Videoproduktionsformen sind kaum zu zählen. Hier liegt auch das **RCA Victor Studio B,** in dem viele berühmte Musiker Titel aufgenommen haben. Es lässt sich nur im Rahmen einer Tour in der Music Hall of Fame besichtigen (30 Music Sq. W., s. S. 394).

Das **Music Valley** in einer Kehre am nordöstlichen Stadtrand von Nashville ist eigentlich kein Tal. Hier sind einige Musikclubs beheimatet, das Country-Showboat »General Jackson« legt für eine musikalische Fahrt auf dem Cumberland River ab, außerdem ist das gigantische **Gaylord Opryland Resort & Convention Center** 2 mit seinen 3000 Zimmern, tropischen Landschaften unter Glas und mehreren Musikbühnen eigentlich selbst eine Touristenattraktion.

Grand Ole Opry 10

Vor allem jedoch zieht es Besucher in die **Grand Ole Opry.** In ihr treten seit 1943 die Stars der Countryszene auf. In den 1970er-Jahren entstand am nordöstlichen Stadtrand das heutige große Konzertgebäude mit 4400 Sitzplätzen. Freitags treten die Countrystars zu einer abendlichen Show an, samstags sogar in zwei. In den Sommermonaten sind die Konzerte oft Wochen vorher ausgebucht (2804 Opryland Dr., Tel. 615- 615-871-6779, www.opry.com). Sie werden noch immer im Radio übertragen, unterbrochen durch Werbeeinspielungen, die von einem Sprecher in Konzertpausen auf der Bühne vorgetragen werden.

The Hermitage 11

The Hermitage, Einsiedlerklause, nannte Andrew Jackson die von 1804 bis zu seinem Tode 1845 bewohnte Plantage noch einige Meilen weiter östlich, die er im Laufe der Jahre zu einer herrschaftlichen Villa im *Greek Revival*-Stil mit massiven weißen Säulenportiken ausbauen ließ. Das Herrenhaus, die Familiengruft, die Villa seines Neffen, Tulip Grove Mansion, und die Old Hermitage

Still going strong – Country & Western

Thema

Wer durch die Südstaaten der USA fährt und sein Autoradio einschaltet, wird höchstwahrscheinlich die Songs eines C & W-Senders hören. In Tennessee widmen sich vier von fünf Radiostationen ausschließlich der Countrymusic. Nashville ist noch immer ihr Mekka. Hier leben zahllose Musiker, sind Plattenlabels, Produktionsfirmen und Studios zu Hause. In Nashville ist Country & Western Big Business.

Die Wurzeln des Country & Western, seine verschiedenen Verästelungen sind nicht leicht zu verfolgen. Wer sie allein auf die Musik des konservativen, weißen Amerika reduzieren will, wird weder den Ursprüngen noch ihren heutigen Interpreten gerecht. Balladen der *coal miner* aus den Bergbauregionen von Kentucky und West Virginia, Lieder der *truck driver,* die Train- und Hobo-Songs oder die gesungene *cowboy poetry* erzählen nicht nur von Herz und Schmerz, sondern auch von Arbeit, sozialen Widersprüchen und Armut.

Hillbilly, die Musik der ›Hinterwäldler‹, wurde schon in den 1920er-Jahren kommerziell gespielt, der Begriff der Countrymusic setzte sich jedoch erst in den 1950er-Jahren durch. Einen nicht unerheblichen Anteil an ihrer Popularisierung hat die Verbreitung über das Radio gespielt, vor allem durch die Musiksendungen aus der Grand Ole Opry in Nashville. Deren Shows werden bereits seit mehr als 70 Jahren im Radio übertragen. Zunächst produzierte der Sender WSM sein Programm als *barn dance* aus einer Scheune, bis 1974 war das Ryman Auditorium im Stadtzentrum die große Bühne der sonnabendlichen Country & Western Show, dann zog der Tross ins Music Valley, in einen großen Neubau an den nördlichen Stadtrand. Wer in der ›GOO‹ auftreten darf, gehört zu den Stars der Countrymusic oder zu ihren vielversprechenden Talenten.

Doch diverse Bühnen in der Stadt bieten Musikern zusätzlich Auftrittsmöglichkeiten, auch im restaurierten Ryman Auditorium. Wer noch keine hochdotierten Plattenverträge besitzt, hat die Chance auf Showbooten oder in einem der vielen Clubs aufzutreten. Für andere sind abends Straßenecken im Zentrum die Bühne und die Passanten das Publikum.

Als die Produktionen aus der Music City in den 1970er-Jahren zum sterilen, austauschbaren Hitparadensound degenerierten, entwickelten sich abseits der routinierten Musikmetropole neue Trends und Gruppen. Die ›Outlaws‹ Willie Nelson oder Waylon Jennings, später Steve Earl, Dwight Yoakam, Townes Van Zandt oder Lyle Lovett nahmen Anregungen aus anderen Musikrichtungen auf und mischten respektlos Elemente des Blues, von Tex-Mex-, Rock-, Calypso-, ja der Reggae-Musik mit bewährten Countryrhythmen. Die Musikindustrie von Nashville setzt nach einer Krise in den 1980er-Jahren heute mehr als 500 Mio. $ um, rund 10 Mio. Countryfans besuchen alljährlich die Stadt. Neben neueren Gruppen und Interpreten wie Tim McGraw, den Sons of the Desert, Wynonna, Shania Twain, Alan Jackson, Keith Urban, Taylor Swift, Carrie Underwood, die Rascal Flatts oder Beast of Burden werden noch immer Johnny Cash, Loretta Lynn, Dolly Parton, Kris Kristofferson, Little Jimmy Dickens oder andere Countryklassiker gespielt.

Church, die Plantagenkapelle, kann man auf dem Grundstück besichtigen, auch einige Gräber der rund 140 afrikanischen Sklaven, die auf Jacksons Plantage arbeiten mussten (4580 Rachel's Lane, Goodlettsville, Tel. 615-889-2941, www.thehermitage.com, Okt. bis Ende März tgl. 9–16.30, April–Okt. tgl. 8.30–17 Uhr, Erw. 18 $, erm. 12–15 $).

Infos

Nashville Visitor Center: 150 4th Ave. N., Suite 250, TN 37219, Tel. 615-259-4730, www.visitmusiccity.com, tgl. 9–17 Uhr.

Übernachten

Grand Hotel ▶ **The Hermitage 1:** 231 6th Ave. N., Tel. 615-244-3121, www.thehermitagehotel.com. Luxuriöse Herberge mit repräsentativer Lobby, 122 geräumigen Zimmern und Suiten und perfektem Service, im Zentrum der Stadt, gute Restaurants. DZ ab 220 $.

Luxuriöse Resortanlage ▶ **Gaylord Opryland Resort & Convention Center 2:** 2800 Opryland Dr., Tel. 615-889-1000, www.oprylandhotelnashville.com. Riesiges Hotel in viktorianischem Dekor nicht weit von der Grand Old Opry, mit Garten- und Poolanlagen unter einer Glaskuppel. DZ ab 200 $.

Familiäre Herberge ▶ **The Big Bungalow B & B 3:** 618 Fatherland St., Tel. 615-256-8375, www.thebigbungalow.com. Sehr geschmackvolles B & B mit 3 Zimmern im netten Stadtteil Edgefield. Die Innkeeper sind C & W-Musikfans. DZ ab 125 $.

Gute Lage, guter Preis ▶ **Comfort Inn Downtown 4:** 1501 Demonbreun St., Tel. 615-255-9977, www.choicehotels.com. Ordentliches Hotel mit 147 Zimmern, nicht weit von Downtown, kleines Frühstück, Wochenzeitung und lokale Telefongespräche kostenlos. DZ ab 70 $.

Essen & Trinken

Fine dining ▶ **Sunset Grill 1:** 2001 Belcourt Ave., Tel. 615-386-3663, www.sunsetgrill.com, Mo–Do 11–24, Fr/Sa bis 1.30 Uhr, So geschl. Gepflegte Küche im angenehmen Hillsboro Village Quartier von Nashville, Hauptgerichte ab 20 $.

Hell, modern, amerikanisch ▶ **Germantown Café 2:** 1200 5th Ave., Tel. 615-242-3226, www.germantowncafe.com, Mo–Sa 11–17, So 10.30–14 Uhr. Helles Holzdekor, moderne Kunst, innovative Küche in entspanntem Viertel. Hauptgerichte ab 9 $.

Home of the bisquits ▶ **Loveless Café 3:** 8400 Hwy 100, 15 Meilen südwestlich der Stadt, Tel. 615-646-9700, www.lovelesscafe.com, tgl. 7–21 Uhr. Carol Fay Ellison und ihre selbst gebackenen Bisquits sind landauf, landab bekannt und haben es bereits in landesweite TV-Sendungen gebracht. Ihre üppigen Frühstücksgerichte würden auch Holzfäller satt machen. Frühstücksspecials ab 9 $.

Southern style ▶ **Arnold's Country Kitchen 4:** 605 8th Ave. S, Tel. 615-256-4455, nur mittags Mo–Fr. Beste Stimmung, klassischer *Meat and Three*-Diner mit Riesenportionen, Hauptgerichte ab 6 $.

Einkaufen

Westernmode ▶ **Nashville Cowboy 1:** 132 Second Ave. N., Tel. 615-259-8922, www.nashvillecowboy.com. Das komplette Angebot für Country- & Western-Outfits.

Gitarren ▶ **Gruhn Guitars 2:** 400 Broadway, Tel. 615-256-2033, www.gruhn.com. Der ultimative Gitarrenladen.

CDs und Vinyl ▶ **Ernest Tubb Record Shops 3:** 417 Broadway, Tel. 615-255-7503, www.etrecordshop.com. Alle neuen Countryhits und goldene Oldies. **Brimey's New and Preloved Music 4:** 1602 8th Ave. S., Tel. 615-254-4801, www.grimeys.com. Wer nicht auf Countrymusic steht, wird hier fündig, auf Vinyl und CD.

Outlet Mall ▶ **Opry Mills 5:** 2802 Opryland Dr., www.oprymills.com. Die riesige Mall nicht weit von der Grand Old Opry ist nach der Flut im Mai 2010 noch immer geschlossen.

Bücherparadies ▶ **BookMan/BookWoman 6:** 1713 21st Ave. S., Tel. 615-383-6555, http://bookmanbookwoman.com. Knapp 100 000 Titel, auch seltene Bücher – eine Fundgrube.

Abends & Nachts

Konzerte ▶ **Ryman Auditorium 3:** 116 5th Ave. N., Tel. 615-889-3060, www.ryman.com, tgl. 9–16 Uhr. Bestens restaurierte Konzerthalle im Zentrum, Führungen und Musikkonzerte verschiedener Stilrichtungen.

Musik- und Tanzkneipe ▶ **Wildhorse Saloon** 1: 120 2nd Ave. N., Tel. 615-902-8200, http://wildhorsesaloon.com. Nach wie vor angesagtes Musik- und Tanzetablissement.

Countrymusic ▶ **Tootsie's Orchid Lounge** 2: 422 Broadway, Tel. 615-726-0463. Angesagter »Honky Tonk« im Epizentrum der Countrymusic.

Livemusik ▶ **Douglas Corner Café** 3: 2106 A 8th Ave. S., Tel. 615-298-1688, www.douglascorner.com. Livegruppen von Country bis Blues.

Rock und Pop ▶ **Exit/In** 4: 2208 Elliston Pl., Tel. 615-321-3340, www.exitin.com. Rock- und Pop-Konzerte, auch mit bekannten Interpreten.

Clubszene ▶ **Bluebird Café** 5: 4104 Hillsboro Pike, Tel. 615-383-1461. Kleiner interessanter Klub, Show mit jungen Talenten, die nacheinander jeweils drei Songs spielen.

Aktiv

Stadttouren ▶ **Nashville Sightseeing** 1: Tel. 888-881-3279, www.nashvillesightseeing.com. Trolley-Rundfahrten zu den wichtigsten Sehenswürdigkeiten, 24 Std. vorher reservieren. Verschiedene Ein- und Zustiegsmöglichkeiten, Erw. 18 $, Kinder 8,50 $. **Music Row Tours** 2: 30 Music Sq. W., Tel. 615-416-2001, tgl. 10.30–14.30 Uhr. Touren zur Music Row mit Besuch des RCA Victor Studio B., Tour mit Hall of Fame inkl. Studio B Erw. 31 $, Kinder 6–17 J. 23 $.

Joggen ▶ **Centennial Park** 3: (s. a. Parthenon S. 390, www.parthenon.org) West End Ave., die Verlängerung vom Broadway nach Südwesten, gehört zu den beliebtesten Laufstrecken in der Stadt.

Baden ▶ **J. Percy Priest Reservoir** 4: ca. 11 Meilen östlich von Nashville, bietet Badeplätze, Joggingstrecken und Bootsverleih.

Golf ▶ **Hermitage Golf Course** 5: 3939 Old Hickory Blvd. in Old Hickory, Tel. 615-847-4001.

Die Countrymusic hat seit einigen Jahren eine Verjüngungskur erfahren

Termine

International Country Music Fan Fair: 2. Wochenende im Juni. Das größte Countrymusic-Festival am Ufer des Cumberland River, Tel. 615-244-2840, www.cmaworld.com/cmamusic-festival/index.

Music City July 4th: 4. Juli. Riverfront Park, Riesenparty mit Musik zum Unabhängigkeitstag.

World of Bluegrass Music: Anfang Okt. Mit Konzerten, Messe, Instrumentenverkauf usw. im Convention Center, www.ibma.org.

Verkehr

Flug: Nashville International Airport (BNA), Tel. 615-275-1675, www.flynashville.com. Der Flugplatz ca. 12 Meilen östlich des Zentrums wird von mehreren US-Airlines angeflogen. Ein Shuttlebus vom Zentrum kostet 12–15 $, ein Taxi 25–30 $.

Bus: Greyhound, 1030 Charlotte Ave., Tel. 615-255-3556, www.greyhound.com. Diverse Verbindungen in alle Himmelsrichtungen.

Fortbewegung in der Stadt

Die **Busse** der Metropolitan Transit Authority verkehren auf 48 Routen durch die Stadt, Fahrscheine 1,60 $, Wochenpass 22 $, www.nashvillemta.org.

Kostenlose Trolleybusse des Music City Circuit pendeln zwischen The Gulch und der Riverfront Station sowie entlang der Bicentennial Mall und stoppen u. a. an der Music Hall of Fame, dem Ryman Auditorium und 60 weiteren Stationen.

Im Norden von Nashville

► 3, H/J 1

Nördlich des Städtchens **Dover,** an der Grenze zu Kentucky, erstreckt sich zwischen dem Cumberland River im Osten und dem Tennessee River im Westen, die hier, durch Dämme aufgestaut, **Lake Barkley** und **Kentucky Lake** heißen, ein fast 70 000 ha großes Gebiet, das »Land between the Lakes«. Die Tennessee Valley Authority, für die Regulierung der Flüsse und die Energiegewinnung aus Wasserkraft verantwortlich, hat die traditionelle Bewirtschaftungsformen bewahrende Nutzung dieses bewaldeten Geländes als Erholungs- und Naturschutzgebiet übernommen (s. Thema S. 404). Eine Farm aus dem Jahre 1850, **The Homeplace,** mit Pionierblockhütte, wird nach alten Methoden bewirtschaftet, eine Bisonherde, die hier grast, erinnert an die Zeiten vor dem Eindringen weißer Siedler (März–Nov. tgl. 9–17, So ab 10 Uhr, sonst Mo–Di geschl.). Die **Nature Station** an der Mulberry Road informiert über ökologische Zusammenhänge im Naturpark (Öffnungszeiten wie The Homeplace).

Das **Fort Donelson National Battlefield** gleich südlich des Naturschutzgebietes dokumentiert mit Denkmälern und Schautafeln den ersten wichtigen Sieg der Union gegen die Südstaaten im Februar 1862 (US 79, Tel. 615-232-5706, www.nps.gov/fodo, tgl. 8–16.30 Uhr, Eintritt frei).

Infos

Golden Pond Visitor Center: 100 Van Morgan Dr., Golden Pond, Kentucky 42211, Tel. 270-924-2000, www.lbl.org, tgl. 9–17 Uhr.

Von Nashville nach Süden

Murfreesboro ► 3, L 2

In Murfreesboro, einer Stadt von ca. 70 000 Einwohnern gut 30 Meilen südöstlich von Nashville, markiert ein 8 m hoher Obelisk am **Old Lascassas Pike** das geografische Zentrum von Tennessee. Sieben Jahre lang, bis 1826 war hier die Hauptstadt des Bundesstaates, bis in einer Abstimmung der Legislative Nashville mit einer Stimme Vorsprung das Rennen machte.

Im Freiluftmuseum **Cannonsburg Village** können Besucher diese Zeit nachempfinden und Blockhäuser, eine Schmiedewerkstatt, den General Store, eine winzige Schule, das Kirchlein und eine Mühle besichtigen (312 S. Front St., Tel. 615-890-0355, Mai–Nov. Di–Sa 9–16, So 13–16 Uhr, Eintritt frei).

Das moderne, bestens ausgestattete **Discovery Center** wendet sich an ein jüngeres Publikum, das zum naturwissenschaftlichen

Experimentieren und kreativen Gestalten angeregt wird. Ein gut 4 Meilen langer, bei Wanderern, Joggern und Fahrradfahrern beliebter Weg, führt auch zum **Stones River National Battlefield** (502 SE. Broad St., Tel. 615-890-2300, www.discoverycenteronline.org, Mo–Sa 10–17, So 13–17 Uhr, 6 $/Pers.).

Vom 31. Dezember 1862 bis zum 2. Januar des Folgejahres wurde hier eine blutige Bürgerkriegsschlacht geschlagen, die den Unionstruppen das weitere Vorrücken in den Südosten von Tennessee ermöglichte. Eine Rundtour mit dem Auto oder ein gut 4 Meilen langer Fußweg vom Besucherzentrum folgt den Stationen der Kämpfe durch eine Naturlandschaft (tgl. 8–17 Uhr, www.nps.gov/stri).

Infos

Rutherford County Convention & Visitors Bureau: 501 Memorial Blvd., Murfreesboro, Tel. 615-893-6565, www.rutherfordchamber.org/live.

Shelbyville ►3, L 2

Nach 25 Meilen Fahrt über eine leicht gewellte Landschaft entlang der US 231 nach Süden ist **Shelbyville** erreicht. Wer sich für die berühmten Gangpferde, die Tennessee Walker, interessiert, ist hier richtig. Das Örtchen mit seinen 16 000 Einwohnern und vielen Pferdefarmen und Trainingseinrichtungen in der unmittelbaren Umgebung ist das Zuchtzentrum für diese Pferderasse.

Infos

Shelbyville/Bedford County Chamber of Commerce: 100 B. Cannon Blvd., Tel. 931-684-3482, www.shelbyvilletn.com, Mo–Fr 9–17 Uhr.

Termine

Tennessee Walking Horses Celebration: Ende Aug. Zehntausende versammeln sich, um die Pferdevorführungen zu bestaunen.

Manchester ►3, L 2

Auf der SR 64 nach Nordosten und der Knob Creek Road und dem Mulfreesboro Highway nach Osten ist das 25 Meilen entfernte Manchester bald erreicht. Die 140 bis180 cm hohen und etwa 1500 m langen Steinwälle des **Old Stone Fort State Archaeological Park** am westlichen Rand des kleinen Örtchens auf einer Anhöhe über dem Duck River haben seit Ankunft der ersten weißen Siedler zu Spekulationen geführt. Da weder Gräber noch Tonscherben oder Haushaltsabfälle gefunden wurden, nehmen Archäologen an, dass die vor 1500 bis 2000 Jahren errichtete Anlage allein zeremoniellen Zwecken der Waldland-Indianer diente (732 Stone Fort Dr., Tel. 931-723-5073, Museum tgl. 8–16.30 Uhr, www.tn.gov/environment/parks/OldStoneFort, Eintritt frei).

Tullahoma ►3, L 3

Nach 20 Minuten Autofahrt auf der SR 55 nach Süden ist die Kleinstadt Tullahoma erreicht. Das **Beechcraft Heritage Museum** beleuchtet mit alten Flugzeugen, Fotos und Gemälden die Geschichte des Flugzeugherstellers; darüber hinaus ist der Ort bei Whiskeykennern für den hier produzierten guten Tropfen bekannt (570 Old Shelbyville Hwy, www.beechcraftheritagemuseum.org).

Die **George Dickel Distillery Tour** gibt Einblicke in die Geheimnisse der Destillerie, die schon seit 1870 Tennessee Whiskey herstellt und – als Besonderheit – mit Quellwasser nach der Destillation und vor der Filterung herunterkühlt (1950 Cascade Hollow Rd., Tel. 931-857-3124, www.dickel.com, kostenlose Touren Di–Sa 9–16 Uhr).

Jack Daniel's Distillery ►3, L 3

Nach weiteren 13 Meilen auf der SR 55 ist **Lynchburg** der Produktionsort von **Jack Daniel's,** einer der weltweit berühmtesten Whiskeymarken erreicht. Sein Gründer war Jasper Newton Daniel, aber alle Welt nannte ihn Mister Jack. Auch nach seinem vorzeitigen Tod 1911 – er verschied an einer Infektion im Bein, nachdem er angeblich bei einem Wutanfall gegen seinen Geldtresor getreten hatte – ist sein Geist in Lynchburg noch sehr lebendig. Die 1866 von ihm gegründete Destille, inzwischen in das National Register of Historic Places aufgenommen, produziert den Tennessee

Die Jack Daniel's Destillery produziert Hochprozentiges in einem Dry County

Sour Mash Sippin' Whiskey der Marke Jack Daniel's No. 7 mit schwarzem Label (Black Jack) in einer viereckigen Flasche noch immer nach derselben Methode, durch Holzkohlefilter veredelt. Wer Tennessee-Whiskey mit Bourbon verwechseln sollte, wird bei einer kostenlosen Tour durch die Brennerei schnell eines Besseren belehrt. Gratis wird nach der Führung auch Jack Daniel's Yellow Label serviert – Zitronenlimonade, denn Monroe County, in dem Lynchburg liegt, ist ein ›trockener‹ Bezirk, in dem der Genuss von Spirituosen verboten ist (182 Lynchburg Hwy./SR 55, Tel. 931-759-6357, www.jackdaniels.com/thedis tillery, Touren kostenlos, tgl. 9–16.30 Uhr).

Lynchburg ▶ 3, L 3

Auch das Städtchen Lynchburg selbst ist einen Besuch wert. Der alte Drugstore, das Sheriff's Office mit zwei vergitterten Zellen und das Gerichtsgebäude aus dem Jahr 1884 um den Platz in der Stadtmitte erwecken den Eindruck als sei die Zeit hier stehengeblieben.

Infos

Lynchburg-Moore County Chamber of Commerce: P.O. Box 421, TN 37352, Tel. 931-759-4111, www.lynchburgtn.com, Mo–Fr 9–17 Uhr.

Essen & Trinken

Traditionsgasthof ▶ **Miss Mary Bobo's Boarding House:** 295 Main St./Town Sq., Tel. 931-759-7394, nur Mittagstisch. Traditionelle ländliche Südstaaten-Küche. Anmeldung mindestens 14 Tage im Voraus. Gerichte ca. 20 $.

Der Osten von Tennessee

Die leicht gewellte Hochebene des Cumberland-Plateaus endet im Osten des Bundesstaates. Im sich anschließenden weiten Tal bis zum Gebirgskamm der Appalachen sucht sich der eigenwillige Tennessee River seinen Weg von Chattanooga nach Norden. Bis zur Zähmung des Flusses ab den 1930er-Jahren galt die Region als hinterwäldlerisch.

Cumberland Gap und Umgebung ► 2, C 2

Über die Region von **Kingsport,** einer Stadt mit größeren Gewerbeansiedlungen in schöner Umgebung an der Grenze zu Virginia, nahm 1750 bereits die Expedition des Entdeckers Thomas Walker ihren Weg nach Westen. Bald darauf fand sie den gesuchten Einschnitt im Gebirge der Appalachen, den Wildtiere und auch Indianer schon lange nutzten. Rund 25 Jahre später steckte Daniel Boone diesen Pfad ab und markierte die Strecke, sodass schon 1800 drei Viertel aller nach Kentucky drängenden Siedler den direkten Weg über die **Cumberland Gap** nehmen konnten.

Der **Cumberland Gap National Historical Park** schützt ein dicht bewaldetes, 75 km² großes Bergareal im Grenzgebiet von Virginia, Kentucky und Tennessee. Im Visitor Center sind Handwerkzeuge und Waffen der ersten Siedler ausgestellt, informiert eine Ausstellung über die Bedeutung des Pfades für die Besiedlung der westlichen Territorien. Vom Pinnacle Overlook, den man nach kurzer Fahrt vom Besucherzentrum erreicht, bietet sich ein herrliches Bergpanorama.

Etwa 50 Meilen markierte Wege sind allein Wanderern vorbehalten, der ca. 15 Meilen lange Ridge Trail auf dem Gebirgskamm erlaubt immer wieder weite Ausblicke in die Täler (Cumberland Gap National Historic Park, Tel. 606-248-2817, www.nps.gov/cuga, Visitor Center, tgl. 8–17 Uhr).

Im ausgehenden 18. Jh. bildeten die Appalachen zwar noch die offizielle westliche Grenze des weißen Siedlungsgebiets, doch nahm der Druck der weißen Pioniere auf das Indianerland jenseits des Mittelgebirges ständig zu. Bereits 1768 ließen sich die ersten Siedler am Watauga-Fluss im Nordosten des zu der Zeit von North Carolina beanspruchten Gebiets dauerhaft nieder. Schottisch-irische Siedler aus den Carolinas, deutschstämmige Einwanderer aus Pennsylvania und Engländer aus Virginia hatten sich von den Geschichten über das fruchtbare Land am Fuße der Berge anlocken lassen.

Nach Ende des Revolutionskriegs gegen die britische Kolonialmacht nahm der Landhunger noch zu. Im Jahr 1796 gründete der Kongress in Washington schließlich den neuen Bundesstaat Tennessee. Es half den ansässigen Cherokee nicht, dass sie zu Beginn des 19. Jh. ihre Traditionen und ihr Glaubenssystem aufgegeben hatten und eine ›Indianerrepublik‹ nach dem Vorbild der USA gründeten. Im Jahr 1828 wurde ihr letztes Stück Land konfisziert, 1830 ihre Vertreibung nach Oklahoma beschlossen.

Der Nordosten

Johnson City ► 2, F 1

Das regionale Zentrum mit ungefähr 55 000 Einwohnern und Handelsplatz des im Abschwung begriffenen Tabakanbaugebiets und der Milchwirtschaft von Nordosttennes-

aktiv unterwegs

Hiking auf dem Black Mountain Loop des Cumberland Trail

Tour-Infos

Start: Black-Mountain-Parkplatz (s. u.)
Länge: knapp 2 Meilen; **Dauer:** ca. 90 Min.
Schwierigkeitsgrad: moderat
Anfahrt: Bei Exit 329 von der I-40 abfahren. Dann der Ausschilderung »Cumberland Trail State Park« folgen. Auf der Battown Rd., später Black Mountain Rd., weiter Richtung State Park bis zum Black-Mountain-Parkplatz, Infos unter www.cumberlandtrail.org.

Von der **Cumberland Gap** zieht sich ein Wanderweg auf dem Kamm der Abbruchkante des Cumberland-Plateaus bis ins südliche Chattanooga. Dieser **Cumberland Trail,** ein Projekt privater Initiativen und Wanderclubs, verbindet bestehende State Parks und landschaftlich reizvolle Waldgebiete. Den Initiatoren zufolge soll er einmal eine Länge von ca. 250 Meilen haben. Große Teilstrecken sind bereits heute fertiggestellt, so auch der **Black Mountain Loop,** eine Strecke mit schönen Aussichtspunkten um den Gipfel des **Black Mountain** im Grassy-Cove-Segment des Fernwanderwegs südlich der I-40.

Vom Parkplatz sind es gut 200 m auf einem gepflasterten Weg schräg zurück bis zum **Spring House.** Hier erkennt man noch die Fundamente von zwei früheren Wohngebäuden. Einige Schritte vom Spring House entfernt gibt es Übersichtstafeln zum Cumberland Trail und Black Mountain Loop. Der Black Mountain ist wegen seiner wuchtigen Felsbrocken bei Kletterern beliebt und fordert diese zu Höchstleistungen heraus.

Rechts vom Quellhäuschen geht es einige Stufen hinauf und rund 300 m in einer Linkskurve zum **Black Mountain Southern Overlook.** Wer nicht gut zu Fuß ist, findet hier bereits einen Aussichtspunkt mit herrlichem Blick auf das **Cumberland-Plateau** und das Tal des Tennessee River. Bei klarem Wetter lassen sich sogar die Umrisse der **Smoky Mountains** weit im Osten ausmachen. Der Wanderpfad führt nach links und nach weiteren 300 m sind wieder Stufen erreicht, die auf den eigentlichen Cumberland Trail hinunterführen.

Wer sich rechts hält, stößt nach gut 600 m auf den **Black Mountain Northern Overlook,** mit Ausblick auf das **Crab-Orchard-Tal** in der Tiefe, das man im Winter durch die blattlosen Äste besser sieht. Weitere 800 m auf dem Trail durch ein Wäldchen mit amerikanischen Hickory-Eichen, Sassafras-Bäumen und Sträuchern von Lorbeerrosen, deren Blüten im Frühjahr prächtig von dunkelrosa bis weiß leuchten, und schon ist der Rundweg nach ca. 1,5 Stunden vollendet.

Mountain People: weiße Siedler in den Bergen

Thema

Ende des 18. Jh. bildeten die Appalachen die Westgrenze des britischen Kolonialgebiets bzw. der jungen USA. Doch die Suche nach fruchtbarem Land lockte schottisch-irische Einwanderer aus den Carolinas, deutschstämmige Siedler aus Pennsylvania und Engländer aus Virginia in das Indianerland jenseits des Mittelgebirges.

Nach dem Ende des Revolutionskrieges gegen die Engländer vergrößerte sich der Landhunger der Kolonisten nochmals. Schon 1796 nahm der Kongress in Washington den neugegründeten Bundesstaat Tennessee in die Union auf. Es half den ansässigen Cherokee nicht, dass sie viele ihrer Traditionen und ihr Glaubenssystem aufgaben und eine ›Indianerrepublik‹ nach dem Vorbild der USA gründeten. Es ging eben nicht um kulturelle Werte, sondern schlicht um den Besitz an Land. Im Jahr 1828 wurde ihr letztes Land konfisziert, zwei Jahre später ihre Vertreibung westlich des Mississippi beschlossen.

Die weißen Pioniere, die über die Berge zogen, um zunächst zwischen den Appalachen und dem Cumberland-Plateau zu siedeln, mussten das Land von Bodenspekulanten erwerben, für die schnell verdientes Geld die Hauptsache war. Viele kamen aus den Kolonien und späteren US-Bundesstaaten im Osten, nur wenige »frisch vom Boot«, also direkt aus Europa. Im Jahr 1802 wurde in White Oaks, dem heutigen Gatlinburg, das erste weiße Kind westlich der Appalachen geboren.

Die Pioniere begannen, Wälder für Weiden und Felder zu roden. Sie fällten die Bäume mit Säge und Axt oder fügten den Stämmen derartige Verletzungen zu, dass sie nach einigen Jahren abstarben und verbrannt werden konnten. Schon Mitte des 19. Jh. wurden die wenigen fruchtbaren Talflächen knapp und die Nachkommen mussten mit schlechteren Böden vorliebnehmen. Viele der steilen Hänge eigneten sich nur als Weidefläche für Schafe, Kühe oder Ziegen, nicht für den Getreideanbau. Grabsteine auf kleinen Friedhöfen der Baptisten- und Methodistengemeinden zeugen noch heute von niedriger Lebenserwartung und einer hohen Kindersterblichkeit. Im Cades Cove und anderen Tälern und Lichtungen in den Smoky Mountains wurden die Menschen von den Erträgen auf den schon bald erschöpften Böden nicht mehr satt. Fast jeder zweite musste Hof und Acker verlassen, um weiter im Westen erneut das Glück zu suchen.

Die Siedler lebten unmittelbar von ihrem Land. Die Stämme der gerade gewachsenen Pappeln lieferten ideale Balken für die Blockhäuser. Sandstein und der gut zu formende Kalkstein dienten als Baumaterial für Kamine und Schornsteine, eine einfache Schlamm-Ton-Mischung eignete sich als Mörtel. Fast alle Einrichtungs- und Gebrauchsgegenstände stellten die Familien selbst her.

Viel freie Zeit blieb den hart arbeitenden Menschen nicht, eine eigenständige Kultur zu entwickeln. Neigungen zu künstlerischen Ausdrucksformen mussten sich mit praktischer Nutzung verbinden. Die Frauen zeigten ihr Gefühl für Farben und Formen beim Quilting, der Herstellung von Decken aus Stoffresten, Männer fanden Freude daran, in der Winterzeit Einrichtungsgegenstände mit Holzschnitzereien zu verzieren. Kirchenfeste oder gemeinschaftliche Arbeiten boten willkommene Anlässe zu musizieren, zu singen oder tanzen – *to tune up the fiddle an raise up the bow.*

see war kurze Zeit, nämlich von 1790 bis 1792, Hauptstadt des US-Territoriums südlich des Ohio River.

In den Sommermonaten bevölkern Darsteller in zeitgenössischen Kostümen das als Museum eingerichtete einstöckige Blockhaus von »Rocky Mount« 4 Meilen südlich des Stadtzentrums in **Piney Flats.** Es diente dem Territorialgouverneur von 1790 bis 1792 als Regierungssitz, bevor er ins südliche Knoxville umzog (200 Hyder Hill Rd., nahe der US 11 E., Tel. 423-538-7396, www.rocky mountmuseum.com, Mitte März bis Mitte Dez. Di–Sa 11–17 Uhr, Erw. 6 $, erm. 5 $).

Infos

Convention & Visitors Bureau: 603 E. Market St., Tel. 423-461-8000, www.johnsoncity tnchamber.com, Mo–Fr 9–17 Uhr.

Jonesborough ► 2, F 2

In Jonesborough, etwa 8 Meilen westlich von Johnson City, versuchten 1784 Siedler, sich von North Carolina unabhängig zu machen und gründeten den Bundesstaat Franklin. Der Kongress in Washington beseitigte das Provisorium nach kurzer Zeit mit einem Federstrich, erst 1796 konstituierte sich der Bundesstaat Tennessee, allerdings mit starker Beteiligung der Veteranen aus Jonesborough. Der **historische Distrikt** des Orts mit einigen älteren Häusern aus der ersten Hälfte des 18. Jh. lohnt einen Rundgang (www.jo nesboroughtn.org, Tel. 423-753-1030).

Limestone ► 2, F 2

Beim Ort Limestone, gut 10 Meilen weiter in südöstlicher Richtung, wurde die Hütte rekonstruiert, in der David Crockett 1786 geboren wurde. Im Besucherzentrum von Limestone erinnert eine Ausstellung an den Abenteurer, Pionier, Jäger, Humoristen und Politiker, dessen schillerndes Leben 1836 bei der **Schlacht von Alamo** gegen die mexikanische Armee im Osten von Texas ein blutiges Ende fand (David Crocket Birthplace State Park, Hwy 11/1245 Davy Crockett Park Rd., Tel. 423-257-2167, www.tn.gov/environ ment/parks/DavidCrockettSP, Park 8 Uhr bis Sonnenuntergang, Museum eingeschränkt, nur am Wochenende, Eintritt frei).

Knoxville ► 2, D 2

Das lebendige Knoxville, im Jahr 1982 Gastgeber der Weltausstellung und heute eine Stadt von knapp 190 000 Einwohnern, ist Sitz der **Universität von Tennessee,** die mit 30 000 Studenten zu den größten des Bundesstaates zählt und Sitz der Konzernzentrale der Tennessee Valley Authority, dem größten Arbeitgeber des gesamten Tals des Tennessee River. Im 18. Jh. nannte sich der Ort noch White's Fort nach einem General der Revolutionsarmee. In dieses Fort zog 1792 die Regierung des US-Territoriums südlich vom Mississippi von Rocky Mount um.

Der Gouverneur William Blount taufte den frisch gekürten Regierungssitz nach seinem Freund Henry Knox, dem damaligen Kriegsminister der USA, »Knoxville«. Der rekonstruierte Wohnsitz des ersten Gouverneurs von Tennessee, das **Governor William Blount Mansion** ist mit zeitgenössischen Möbeln eingerichtet und lässt sich besichtigen (Gay St./W. Hill Ave., Tel. 865-525-2375, www. blountmansion.org, Febr.–Mitte Dez. Di– Sa 9.30–17 Uhr, Erw. 7 $, erm. 6 $).

Kunstinteressierte Besucher können sich an den vielen Kunstgalerien erfreuen wie der **Ewing Gallery** auf dem Gelände der Universität (1717 Volunteer Blvd., Tel. 865-974-3200), dem **Emporium Center for Arts & Culture** (100 Gay St., Tel. 865-523-7543) oder der **University Downtown Gallery** (106 S. Gay St., Tel. 865-673-0802). Das moderne **Knoxville Museum of Art** zeigt neben interessanten Wandersausstellungen eine ausgezeichnete Sammlung zeitgenössischer amerikanischer Kunst (1050 World's Fair Park Dr., Tel. 865-525-6101, www.knoxart. org, Di–Sa 10–17, Fr bis 20, So 13–17 Uhr, Eintritt frei).

Wer sich für Frauenbasketball interessiert, dürfte überrascht sein, in Knoxville die **Women's Basketball Hall of Fame** zu finden, die über das Basketballspiel der Frauen informiert und vor allem herausragende amerikanische Spielerinnen ehrt (700 Hall of Fame Dr., Tel. 865-633-9000, www.wbhof.com, Anf. Sept.–April Di–Fr 11–17, Sa 10–17, Mai–Anf. Sept. Mo–Sa 10–17 Uhr, Erw. 7,95 $, erm. 5,95 $.

Infos

Visitor Center: 301 S. Gay St., TN 37902, Tel. 865-523-7263, www.knoxville.org, Mo–Sa 9–17, So ab 13 Uhr.

Übernachten

Nostalgische Pracht ▶ **Maple Grove Inn:** 8800 Westland Dr., Tel. 865-951-2315, www.maplegroveinn.com. Prächtig restauriertes Herrenhaus von 1799 am Ortsrand, es gibt einen Tennisplatz, Pool und Whirlpool. DZ ab 125 $.

Modern und mit Pool ▶ **Marriott Knoxville:** 500 Hill Ave., Tel. 865-637-1234, www.marriott.com. Das moderne Hotel liegt vis-à-vis der Women's Basketball Hall of Fame und hat einen Außenpool im Sommer, WLAN und ein kleines Fitnesscenter. DZ ab 120 $.

Nördlich des Zentrums ▶ **The Clarion Inn:** 5634 Merchants Center Blvd., Tel. 865-687-8989, www.clarionhotel.com. Moderner einfacher Hotelbau mit Fitnessraum und kleinem Außenpool, weitere Annehmlichkeiten sind das kostenlose Frühstück und der freie Internetzugang. DZ ab 105 $.

Essen & Trinken

Vegetarisch ▶ **Tomato Head:** 12 Market Sq., Tel. 865-637-4067, www.thetomatohead.com. Leckere Pizzen, Sandwiches, Salate, auch mit Käse und einigen fleischlichen ›Sünden‹. Gerichte ab 7 $.

Barbecue-Klassiker ▶ **Calhoun's:** 625 Turkey Cove Ln., Tel. 865-288-1600, www.calhouns.com. Einheimische behaupten, hier gebe es die besten Grillrippchen des Turkey-Creek-Viertels. Gerichte 8–20 $.

Abends & Nachts

Kneipe ▶ **Barley's Taproom:** 200 E. Jackson Ave., Tel. 865-521-0092. Drei Dutzend Biere vom Fass, Billard, Dart und mehr sorgen abends für gute Stimmung.

Tipp: Tennessee Fall Homecoming im Museum of Appalachia

Mountain music and a good time – John Rice Irwin und die anderen Musiker der »Museum of Appalachia Band« spielen mit Banjo, Bass, Gitarre und Mundorgel auf zum großen Finale des viertägigen Festes, das alljährlich am zweiten Wochenende im Oktober auf dem weitläufigen Gelände des Museumsdorfs viele Tausend Besucher aus allen Teilen der USA anzieht.

Von 9 Uhr bis zum Anbruch der Dunkelheit vermitteln mehr als 200 Musiker einen lebendigen Eindruck von den musikalischen Traditionen der Region: Bluegrass-, Mountain- und religiöse Musik. Darüber hinaus werden Handwerkstechniken wie die Zuckerrohrverarbeitung, das Kochen von Melasse, die Schafschur, das Spinnen von Wolle oder das Kochen von Kernseife vorgeführt, Schnitzer fertigen kleine Kunstwerke aus groben Holzklötzen. Wer will, kann einem Brunnenbauer bei der Arbeit über die Schulter schauen oder zusehen, wie Milch zu Butter verarbeitet wird.

Zahllose Köche versorgen die Besucher mit *good old southern cooking*, herzhaften Gerichten, die auf traditionellen, mit Holz befeuerten Öfen zubereitet werden. Einige Dutzend Autoren diskutieren und lesen aus ihren Werken. Zu den vielen Prominenten, die sich dieses außerordentliche Fest nie entgehen ließen, gehörte bis zu seinem Tod 1992 auch Alex Haley, dessen verfilmter Roman »Roots« über die Geschichte der Afroamerikaner weltweit ein Millionenpublikum bewegte.

Info

Im Internet findet man unter www.museumofappalachia.org/HomecomingOverview.html das aktuelle Programm, s. a. S. 403.

Verkehr

Nahverkehr: Trolley Lines: Die roten Trolleybusse sind kostenlos. Sie pendeln zwischen verschiedenen Attraktionen im Zentrum der Stadt. Die andersfarbigen Linien der Knoxville Area Transit (www.katbus.com) kosten 1,50 $ pro Strecke, ein Tagespass kostet 4 $.

Umgebung von Knoxville

Museum of Appalachia ► 2, D 2

Der mächtige Staudamm bei Norris, ca. 12 Meilen nördlich von Knoxville, gehörte zu den ersten Projekten der Tennessee Valley Authority, die 1933 ihr gigantisches Werk zur Regulierung des Tennessee River begann. Das nicht weit entfernte **Museum of Appalachia** bei **Clinton** gehört zu den schönsten Museumsdörfern der USA.

Fast 40 Gebäude aus der Gebirgsregion von Osttennessee – Wohnhäuser, Scheunen, Blockhütten und verschiedene Wirtschaftsgebäude – sind mit Möbeln und Gerätschaften aus der Pionierzeit ausgestattet. Mehr als drei Dutzend Wohnhäuser, Stallungen, Scheunen, eine kleine Schule, die Schmiede und die winzige Kapelle sehen so aus, als wenn ihre Bewohner nur eben vor die Tür gegangen wären, um am Brunnen Wasser zu holen. Ein Bienenstock, ein Stall für Federvieh, einige Ochsen, Kühe, Schweine, Ziegen und Schafe lassen den Eindruck eines unbewohnten Museumsareals gar nicht erst aufkommen.

Die hier zusammengetragenen Blockhäuser kleiner Bauernhöfe und die Fotos ihrer früheren Bewohner zeugen von einem entbehrungsreichen Leben in einer wunderschönen, aber nicht sehr freigebigen Natur (SR 61, 18 Meilen nördlich von Norris, Tel. 865-494-7680, www.museumofappalachia.org, tgl. ab 9 oder 10 Uhr bis Sonnenuntergang, Erw. 30 $, Kinder 6–12 10 $).

Termine

Tennessee Fall Homecoming: 2. Wochenende im Okt., Museum of Appalachia. Großes Fest der ländlichen Kultur von Tennessee (s. Tippkasten S, 402).

Oak Ridge ► 2, D 2

Etwas mehr als 20 Meilen westlich von Knoxville wurden 1943 auf Betreiben der US-Regierung die Atomanlagen von **Oak Ridge** innerhalb weniger Monate aus dem Boden gestampft. Befürchtungen, die Deutschen könnten erfolgreich am Bau einer Atombombe arbeiten, führten zum streng geheimen **Manhattan Project.**

In den abgelegenen Gebieten hinter den Appalachen, mit Energie von den Wasserkraftwerken des Tennessee River versorgt, produzierte eine Gasdiffusionsanlage bald angereichertes Uranium 235. Ein Graphit-Atomreaktor reicherte Uran durch elektromagnetische Trennung an. Parallel entstanden in Hanford, Washington, eine Plutoniumanlage und in Los Alamos, New Mexico, die Konstruktionseinrichtungen für die Atombombenproduktion. Am 6. August 1945 um 9.15 Uhr warf ein Bomber der US-Air Force die erste Atombombe aus der Produktion von Oak Ridge über Hiroshima ab. Drei Tage später zerstörten die Amerikaner auch Nagasaki, in beiden Städten gab es über 300 000 Tote.

Während der geheimen Arbeiten zählte die Stadt bis zu 75 000 Bewohner, nach dem Krieg halbierte sich die Zahl. Die Diffusionsanlage kann heute von einem Aussichtspunkt an der SR 58 südlich von Oak Ridge betrachtet werden, der Reaktor steht – abgeschaltet – zur Besichtigung offen.

Im **American Museum of Science and Energy** wird nicht nur die Geschichte des Manhattan Project genau nachgezeichnet. Eine der Ausstellungen beschäftigt sich darüber hinaus allgemein mit den Technologien der Energiegewinnung, den Möglichkeiten, Energie einzusparen und mit alternativen Energiequellen (300 S. Tulane Ave., Tel. 865-576-3200, www.amse.org. Di–Fr 9–17, Sa 10–16, So 13–16 Uhr, Erw. 5 $, erm. 4 $).

Entlang der US 441

Mit Sevierville, Pigeon Forge, Gatlinburg und Townsend liegen vier Orte entlang der US 441, die von Knoxville direkt in den Great

Energiewirtschaft: Tennessee Valley Authority

Sechsmal war Senator Norris mit seiner Gesetzesvorlage im Kongress in Washington gescheitert, der siebte Versuch war endlich von Erfolg gekrönt. Präsident Roosevelt, erst wenige Wochen im Amt, unterstützte seinen Plan, den unberechenbaren Tennessee River zu zähmen und damit die unterentwickelte Region westlich der Appalachen zu fördern.

Am 18. Mai 1933 unterzeichnete Präsident Franklin Delano Roosevelt ein Gesetz, das die Gründung einer staatlichen Tennessee Valley Authority (TVA) vorsah. Die Situation im Einzugsbereich des Tennessee und seiner Nebenflüsse war zu Beginn der 1930er-Jahre beklagenswert: weite Gebiete von Malaria verseucht, der Fluss mit wandernden Sandbänken über weite Strecken nicht schiffbar, ausgelaugte Böden, von Erosion bedroht, immer wieder Überflutungen, die Gebäude und Brücken zerstörten, ein durchschnittliches Pro-Kopf-Einkommen von nur 168 $ im Jahr, Mangelerscheinungen bei Kindern durch schlechte Ernährung, ein unzureichendes Schulsystem und zahlreiche Analphabeten, der Raubbau an den einst endlosen Wäldern, die zudem von unkontrollierten Flächenbränden im Sommer bedroht wurden, sowie die Versorgung von nur etwa 3 % der Haushalte mit elektrischem Strom.

Die TVA sollte die Schiffbarkeit, den Flutschutz, die Produktion preisgünstiger Elektrizität sowie die Förderung der Landwirtschaft im Gebiet des Tennessee sicherstellen. Innerhalb weniger Jahre erstreckte sich ein System von Staudämmen, Kraftwerken und Servicestationen über ein Areal von der Größe Österreichs und der Schweiz. Mehrere Tausend Arbeiter wurden von der TVA für den Bau der Staudämme ausgebildet, die eigens dafür errichteten Wohnsiedlungen später an die Kommunen übergeben. Prämien überzeugten viele Farmer, der Bodenerosion mit Aufforstungsprogrammen zu begegnen. Eine knapp 3 m tiefe Fahrrinne von Knoxville bis zur Mündung des Flusses in den Ohio River bei Paducah erlaubte den Frachtverkehr von New Orleans bis in die Ausläufer der Appalachen und erhöhte die Attraktivität der Region für Handel und Gewerbe. Ein Zentrum für Düngemittel im Norden von Alabama stellte den Farmern preisgünstigen Phosphatdünger zur Verfügung, sodass deren Erträge deutlich stiegen.

Während des Zweiten Weltkriegs von der TVA gebaute Wasserkraftwerke versorgten die mit hohem Energieaufwand arbeitende Aluminiumindustrie mit Elektrizität zum Bau von Flugzeugteilen. Die Phospatdüngerfabriken in Muscle Shoals wurden um Produktionslinien für Phosphate und Nitrate für militärische Zwecke erweitert. Das streng geheime Manhattan Project von Oak Ridge in der Nähe von Knoxville, das 1945 zum Bau der ersten Atombomben führte, profitierte ebenfalls von den gewaltigen Energiemengen, welche die TVA lieferte. Von 1940 bis 1946 erhöhte sich die Kapazität der Kraftwerke von knapp 1 Mio. auf gut 2,5 Mio. Kilowatt. Heute versorgt die TVA mehr als 3 Mio. private, gewerbliche und öffentliche Abnehmer, die in mehr als 60 Wasser-, Atom- und Kohlekraftwerken erzeugt werden, betreibt ein Zentrum zur Entwicklung von Düngemitteln, unterhält Freizeiteinrichtungen an vielen Stauseen und betreibt inzwischen ein Programm zur Entwicklung alternativer Ener-

Thema

giequellen sowie zur Reduzierung von Umweltbelastungen.

Die TVA sah sich vom ersten Tag ihres Bestehens an auch massiver Kritik ausgesetzt. Konservative Politiker fürchteten die »Einführung des Kommunismus« durch die staatliche Hintertür. Farmer, deren Land durch die Stauseen überflutet worden war, konnten sich häufig nicht mit einer Umsiedlung und Entschädigung abfinden. Schlimmer noch traf es die Pächter, für die keine Ausgleichszahlungen für Grundeigentum vorgesehen waren. Lokale Behörden fühlten sich durch die TVA, die allein der Regierung im fernen Washington unterstellt war und ist, übergangen. Bürgerrechtler wiesen auf den zu geringen Anteil farbiger Arbeiter hin.

Umweltschützer prangerten in den 1960er-Jahren den radikalen Tagebau der Gesellschaft an, der die Landschaft verschandelte, und beklagten die Verpestung der Luft mit schlecht gefilterten Abgasen. Nach dem Atomunfall im Kraftwerk von Three Miles Island bei Philadelphia und dem Reaktorgau von Tschernobyl wurde der Plan, eine Kette von 17 Atomkraftwerken im Tal des Tennessee River zu bauen, auf Eis gelegt. Inzwischen hat der staatliche Energiekonzern, der gleichzeitig größter Energieproduzent der USA ist, den Umweltschutz auf seine Fahnen geschrieben und speist sogar überschüssige Energie privater Solar- und Windenergieanbieter in sein Netz ein. Insgesamt hat die TVA in den fast 80 Jahren ihres Bestehens mit einer flexiblen Unternehmenspolitik entscheidend dazu beigetragen, einen armen und geschädigten Landstrich zu einer wirtschaftlich entwickelten Region zu wandeln, in der auch schlimme Blessuren an der Natur langsam wieder heilen.

Wichtiges Thema im Osten von Tennessee: alternative Energiequellen

Smoky Mountains National Park (s. S. 192, www.nps.gov/grsm) führt.

Sevierville ▶ 2, E 2

Die touristische Infrastruktur hat sich in Sevierville bereits deutlich verbessert. Kettenhotels, Fastfood- und andere Restaurants, diverse Attraktionen vom Exotic Petting Zoo bis zum Flugzeugmuseum sowie riesige Shopping Malls zeigen das Bemühen, an der Kaufkraft der vielen Besucher des nahen Nationalparks angemessen zu partizipieren.

Die **Forbidden Caverns** entführen Besucher in die Unterwelt eines Tropfsteinhöhlensystem, mit onyxüberzogenen Felswänden, Wasserfällen und einem unterirdischen Wasserlauf (455 Blowing Cave Rd./US 441, Tel. 865-453-5972, www.forbiddencavern.com, April–Nov. Mo–Sa 10–18 Uhr, Forbidden Caverns Erw. 14 $, Kin. 3–12 J. 8 $).

Infos

Sevierville Convention & Visitors Bureau: 3099 Winfield Dunn Pkwy, Tel. 865-453-6411, www.visitsevierville.com, Mo–Fr 9–17 Uhr.

Pigeon Forge ▶ 2, E 2

Von abgeschiedener Bergromantik ist in **Pigeon Forge** nicht mehr viel zu spüren. Motels reihen sich aneinander, ebenso Einkaufsmalls (stets mit Sonderangeboten), Kettenrestaurants und sogenannte Familienattraktionen, die Besucher auch außerhalb des Nationalparks beschäftigt halten.

Zudem ist Pigeon Forge die Heimat von **Dollywood,** der Mega-Besucherattraktion am Westhang der Appalachen. Der Themenpark des nicht alternden Countrystars Dolly Parton verbindet Fantasiewelten im Hollywoodstil, Achterbahnen und Wasserrutschen, wie in anderen Vergnügungsparks auch, auf gekonnte Weise mit Folklore, Kunsthandwerk und Countrymusic (1020 Dollywood Ln., Tel. 865-428-9488, www.dollywood.com. März bis Ende Jan, unterschiedl. Öffnungszeiten).

Mit **Dolly Parton's Dixie Stampede Dinner & Show,** einer spaßig-artistischen Show mit ›Menü‹ im Westernstil, in der spielerisch Nord- gegen Südstaaten antreten und am

Ende sich alle unter den Stars & Stripes vereinen, unterhält die Country-Ikone eine weitere Attraktion (s. u. ›Essen & Trinken‹).

Infos

Pigeon Forge Welcome Center: 1950 Pkwy, Tel. 865-453-8574, www.mypigeonforge.com.

Übernachten

Einfach und günstig ▶ **Best Western Plaza Inn:** 3755 Pkwy, Tel. 865-453-5538, www.bwplazainn.com. Einfache Zimmer, direkt an der Hauptstraße, dafür 3 Swimmingpools, WLAN und Kühlschrank. DZ ab 50 $.

Essen & Trinken

Essen mit Show ▶ **Dixie Stampede:** 3848 Pkwy, Tel. 865-453-4400, www.dixiestampede.com. Mehrstündige Show mit recht schlichtem ›Menü‹; im Sommer Shows um 13, 15.30, 18, 20.30 Uhr. Dinner, Erw. 47 $, Kinder 4–11 J. 27 $.

Südstaaten-Küche ▶ **Mama's Farmhouse:** 208 Pickel St., Tel. 865-908-4646, www.mam

Gatlinburg: prominente Lage am Rande des Great Smoky Mountains N. P.

asfarmhouse.com, tgl. 8–22 Uhr. Etwas abseits der Durchgangsstraße werden hier traditionelle Südstaatengerichte aufgetragen, Maiskolben, Hühnchen, Steaks oder Kotelet. Hauptgerichte 9–17 $.

Einkaufen

Outlet-Mall ▶ **Belz Factory Outlet Malls:** 2655 Teaster Ln., www.belz.com. Fabrikverkauf verschiedener Markenprodukte. **Shops of Pigeon Forge:** 161 E. Wears Valley Rd., http://shopsofpigeonforge.com. Diverse Geschäfte und Restaurants.

Abends & Nachts

Seviersville und Pigeon Forge sind *dry counties,* d. h. ohne Ausschank von alkoholischen Getränken; in Gatlinburg gilt diese Beschränkung nicht.

Gatlinburg ▶ 2, E 2

Direkt an den Nationalpark grenzt Gatlinburg. Im Jahr 1802 wurde in White Oak Flats, später in Gatlinburg umbenannt, das erste Kind weißer Siedler westlich der Appalachen geboren. Mitte des 19. Jh. – einige Siedlerfamilien lebten dort bereits in der dritten Generation – wurden die wenigen fruchtbaren Talflächen knapp und Nachkommen sowie Neuankömmlinge mussten in höhere Gebiete mit schlechteren Böden oder weiter nach Westen ausweichen. Mit der Gründung des Great Smoky Mountains N. P. 1934 änderte auch das beschauliche Gatlinburg als Basis für Parkbesucher sein Gesicht, mit einigen Dutzend Restaurants, Hotels, Attraktionen und regelmäßigen sommerlichen Verkehrsstaus.

Eine moderne Gondelbahn, die **Ober Gatlinburg Tramway** (www.obergatlinburg.com), bringt Besucher zu einem Vergnügungspark mit winterlicher Skiarena, der konkurrierende **Gatlinburg Sky Lift** (www.gatlinburgskylift.com), eine Sesselbahn, befördert Besucher auf den Gipfel des **Crockett Mountain.**

Übrigens, aus Gatlinburg stammt mit »Rocky Top« einer der offiziellen *State Songs* von Tennessee. Das Komponisten- und Entertainerehepaar Boudleaux und Felice Bryant schrieb das Lied, das den Verlust des freien und einfachen Berglebens beklagt, 1967 für einen Auftritt in Gatlinburg.

Infos

Gatlinburg Welcome Centers: 1011 Banner Rd., Tel. 865-436-0519, www.gatlinburg.com und 303 Reagan Dr., www.ci.gatlinburg.tn.us/tourism/visit.htm, Mo–Fr 9–17 Uhr.

Übernachten

Komfortabel ▶ **Eight Gables Inn:** 219 N. Mountain Trail, Tel. 865-430-3344, www.eightgables.com. Einige Minuten von Gatlinburg entfernt; behagliches B & B mit 19 Zimmern in modern-elegantem Ambiente. Ab 125 $.

Landhotel ▶ **Buckhorn Inn:** 2140 Tudor Mountain Rd., Tel. 865-436-4668, www.buckhorninn.com. Geschmackvolles Landhotel, in dem schon seit 1938 Gäste absteigen; gutes Restaurant und Fitnessraum. DZ ab 115 $.

Essen & Trinken

Hier gibt es die besten Forellen ▶ **Smoky Mountains Trout House:** 410 N. Pkwy, Tel. 865-436-5416. Forellen aus eigener Zucht, auf ein Dutzend verschiedene Arten zubereitet. Serviert wird im dekorativ-verspielten Anglerambiente. Gerichte ab 14 $.

Ideal für eine Kaffeepause ▶ **Wild Plum Tearoom:** 555 Buckhorn Rd., auf dem Gelände der Great Smoky Arts & Crafts Community, Tel. 865-436-4157. Nettes kleines Lunchlokal, auch Kaffee, Gebäck und leckere Desserts. Gerichte ab 9 $.

Abends & Nachts

Frisch gezapft ▶ **Smoky Mountains Brewery:** 1004 Pkwy, Tel. 865-436-4200. Biere aus der hauseigenen Mikrobrauerei und Bar-Food. Kleine Gerichte ab 5 $.

Beliebte Bar ▶ **Mellow Mushroom:** 903 Pkwy, Suite 103, Linneberger Plaza, Tel. 865-277-0600. Die Moonshine Lounge serviert Hochprozentiges, die Daiquiri-Bar-Cocktails.

Weinbar ▶ **Dolce Uva:** 463 Pkwy, Tel. 865-277-7585. Gute Weinauswahl und Champagner, dazu Bier vom Fass, kleine Gerichte und Karaoke.

Aktiv

Reiten ▶ **Smoky Mountain Riding Stables:** Hwy 321, E. Pkwy, 4 Meilen östl. von Gatlinburg, Tel. 865-436-5634, www.smokymountainridingstables.com. Erfahrener Veranstalter von Ausritten im hügeligen Gelände des Nationalparks, an denen auch Kinder ab 5 J. teilnehmen können. 25 $/Std. (s. auch Aktiv unterwegs S. 409).

Wildwasser-Rafting ▶ **Rafting in the Smokies:** zwischen Dudley Creek Bypass und US 441, am E. Pkwy/US 321 N., Tel. 865-436-5008, www.raftinginthesmokies.com. Der Pigeon River und der Nantahala River am Westhang der Smoky Mountains gehören zu den Lieblingsrevieren des erfahrenen Outdoor-Veranstalters. Auch für Anfänger ist der ›Ritt‹ über die Stromschnellen mit den stabilen Schlauchbooten kein Problem. 20–40 $ pro Tour (s. auch Aktiv unterwegs S. 409).

Townsend ▶ 2, D 2

Wenige Meilen von der US 441 liegt der Ort Townsend und zeigt gleich einen anderen Charakter als etwa Gatlinburg. Keine großen Hotelanlage oder Gourmetrestaurants, auch Vergnügungsparks mit Achterbahnen muss man vergeblich suchen. Der Ort bewirbt sich als »friedliche Seite der Smokies«, mit kleinen Geschäften entlang der Main Street, Campingplätzen und Blockhäuschen zur Übernachtung. Mit den Tuckaleechee Caverns, einer Tropfsteinhöhle 3 Meilen südlich des Ortes, liegt die größte Attraktion neben den Bergen und Wäldern der Smoky Mountains unter der Erde (an der SR 72/US 321, Tel. 865-448-2274, www.tuckaleecheecaverns.com, April–Okt., tgl. 10–18, letzte März- und 1. Nov.hälfte bis 17 Uhr).

Infos

Smoky Mountain Visitors Center: 7906 E. Lamar Alexander Pkwy, Townsend, Tel. 865-448-6134, www.smokymountains.org, tgl. 9–17 Uhr.

Übernachten

Camping ▶ **Great Smoky Jellystone Park Camp Resort:** 4946 Hooper Hwy, Cosby, Tel.

aktiv unterwegs

Wanderung vom Cades Cove zu den Abrams Falls

Tour-Infos

Start: Cades Cove Visitor Center (s. u.)
Dauer: ca. 3,5 Std.
Wichtige Hinweise: Über die Cades Cove Riding Stables sind Ausritte im Cades Cove und dem angrenzenden National Park zu buchen; es gibt auch einen Fahrradverleih und geführte Wildbeobachtungstouren (10018 Campground Dr., Townsend, Tel. 865-448-9009, www.cadescovestables.com, geführter Ausritt 25 $/Std.). Wanderrouten sind als Faltblatt oder Buch im Cades Cove Visitor Center erhältlich, www.nps.gov/grsm, im Sommer tgl. 9–19 Uhr, Park Eintritt frei.

Wer im breiten Tal des Cades Cove früh startet, kann die meisten Eindrücke sammeln. Die Chance etwa, Wild zu beobachten, ist frühmorgens am größten. Von Mai bis September sind Autos am Mi und Sa bis 10 Uhr morgens komplett von der Ringstraße im Cades Cove verbannt.

Beim **Visitor Center** im Cades Cove, ca. 10 Meilen südlich von Townsend, geht es los. Man folgt zunächst der **Cades Cove Loop Road** einige Hundert Meter nach Norden bis zum Marker ›10‹; hier biegt man nach links ab und richtet sich nach den Wegweisern. Wer sein Auto auf dem Parkplatz abstellt, hat noch eine Strecke von 5 Meilen vor sich. Es ist kaum möglich, sich zu verlaufen. Der Wanderweg führt fast ausnahmslos parallel zum **Abrams Creek,** der in seinem in den Fels eingefrästen Bachbett dahinrauscht. Erst führt der Weg links, nach einer Brücke über den Creek, dann rechts am sprudelnden Bach entlang. Gutes Schuhwerk ist wichtig, der Pfad schlängelt sich bergauf und dann wieder etwas bergab. Der Höhenunterschied beträgt insgesamt 120 m.

Fast 7 m schäumen und sprudeln die Kaskaden der **Abramsfälle** über die Felsen. Es sind die größten im **Great Smoky Mountains N. P.** Nach einer Pause, bei der viele ihre Füße im Felspool unterhalb der Fälle kühlen, geht es auf demselben Weg zurück. In der sommerlichen Hochsaison gehört dieser Weg mit ca. 1000 Wanderern täglich zu den beliebtesten in der Region.

aktiv unterwegs

Mit dem Schlauchboot in den Stromschnellen des Ocoee River

Tour-Infos

Start: Ocoee River Basin Adventure Center, 4596 Highway 64 W., Ducktown, im äußersten Südosten von Tennessee, knapp 4 Meilen von den Grenzen zu Georgia und North Carolina
Dauer: ca. 3 Std., 1,5 Std. auf dem Fluss.
Wichtige Hinweise: Es gibt verschiedene Veranstalter, die geführte Touren auf dem Ocoee anbieten, die auch für Anfänger geeignet sind. Erfahren sind u. a. Outdoor Adventure Rafting, www.raft.com, und Ocoee Rafting, www.ocoeerafting.com; Kosten für kürzere Touren ca. 20–40 $/Pers.

Sobald der **Toccoa River** die Grenze von Georgia nach Tennessee passiert, heißt er **Ocoee River.** In seinen Stromschnellen der Klassen III und IV kämpften Kajakfahrer bei den Olympischen Spielen 1996 um Medaillen, heute rasen Schlauchboote durch die schaumigen Fluten.

Die Tour startet mit einem Bustransfer vom **Ocoee River Basin Adventure Center** zum Fluss, auf dem Dach sechs stabile Gummiflöße. Mit seinen teilweise anspruchsvollen Stromschnellen gehört der Ocoee zu den beliebtesten Wildwasserstrecken in den gesamten USA, nicht zuletzt wegen der wildromantischen Landschaft, die ihn umgibt. Am Flussufer gibt es letzte Instruktionen, Helm und Schwimmwesten sind Pflicht. Geschulte Guides verströmen demonstrative Gelassenheit und platzieren sich am Heck des Floßes. Auch für Anfänger ist es ein perfekter Trip, so wird versichert.

Der Ritt beginnt, das Floß nimmt schnell Geschwindigkeit auf. Rasende Fahrt in die Stromschnellen **›Humongous‹, ›Let's Make a Deal‹** und **›Slam Dunk‹,** eher ein gefühlter Fall. Alles ist voller Gischt und Wasser, der Guide tut so, als wäre nichts gewesen. Aufregend sei der Trip, aber nicht anstrengend, heißt es im Prospekt. Aufregend stimmt sicher. Am Ende bereitet es große Befriedigung, es geschafft zu haben! Angenehm ist die Dusche, die man vor dem Umziehen nutzen kann.

423-487-5534, www.greatsmokyjellystone.com. Gepflegter Platz am Rande des Smoky Mountains N. P. mit Plätzen für Zelte und Wohnwagen, außerdem gibt es einige Blockhütten. Zelte ab 25 $, Plätze für Campmobile ab 32 $. **Lazy Days Campground:** 8429 SR 73, Tel. 865-448-6061, www.lazydazecampground.com. Zelt- und Camperplätze in bewaldetem Gelände, auch rustikale Holzhäuschen. Plätze im Sommer ab 38 $.

Essen & Trinken

Gute Atmosphäre ▶ **Carriage House:** 8319 SR 73, Tel. 865-448-2263. Salate, Fleisch- und Fischgerichte und von allem reichlich in angenehmer Atmosphäre. 8–16 $.

Chattanooga ► 2, B 3

Cityplan: S. 413
In der Sprache der Cherokee, die noch vor 200 Jahren das Gebiet um die südlichen Ausläufer der Appalachen besiedelten, bedeutet **Chattanooga** aufragender Felsenberg. Der markante, 678 m hohe Buckel, der sich im Süden der Stadt unvermittelt erhebt, heißt heute **Lookout Mountain.** Chattanooga, früher bedeutende Industriestadt und seit 2011 auch Standort eines VW-Werks, dazu heute Touristenmetropole mit über 170 000 Einwohnern, schmiegt sich in eine Biegung des Tennessee River im Südosten des gleichnamigen Bundesstaates.

An drei Seiten wird die Stadt von bewaldeten, hügeligen Ausläufern der Appalachen umgeben. Lange galt das Zentrum bis auf den zu einer Besucherattraktion ausgestalteten Hauptbahnhof als uninteressant. Vor allem durch den Bau des Tennessee Aquarium mit dem benachbarten Ross's Landing Park and Plaza am Ufer des Flusses erwiesen sich die Bemühungen der Stadtväter, die Innenstadt attraktiver zu gestalten, als erfolgreich. Ein kostenloser Elektro-Shuttle zwischen Choo-Choo-Bahnhof und Aquarium befördert die Besucher durch die City. Der River Park, ein 19 Meilen langer Grüngürtel mit Wanderwegen, Spielplätzen und Bootsanlegern, erstreckt sich am Flussufer entlang der Stadt. Einige Außenbezirke von Chattanooga liegen bereits in Georgia, die Grenze zu Alabama ist weniger als 20 Meilen entfernt.

Geschichte

Im Jahr 1863 sah Chattanooga in kurzer Folge zwei erbitterte Schlachten des Bürgerkriegs. Vom 18. bis 20. September trafen die Armeen der Nord- und der Südstaaten am Chickamauga Creek aufeinander. Die von beiden Seiten schlecht koordinierte Auseinandersetzung entschied die konföderierte Seite für sich. Zwei Monate später, nachdem General Grant das Kommando über die Unionstruppen erhalten hatte, eroberten seine Einheiten unter schweren Verlusten den Lookout Mountain zurück und kontrollierten damit die Stadt. Anfang Mai 1864 konnte der Unionsgeneral William Tecumseh Sherman bei Chattanooga seine Armee von mehr als 100 000 Mann sammeln, um mit ihr quer durch die Südstaaten zu marschieren und Atlanta und Savannah zu erobern.

Tennessee Aquarium 1

Die Stahl- und Glaskonstruktion des **Tennessee Aquarium,** die sich unmittelbar am Ufer des Flusses beim Ross Landing Park erhebt, ist eine besondere Attraktion. Das Aquarium widmet sich den großen Flusssystemen der Welt. Der Weg eines Wassertropfens wird vom Regen in den Smoky Mountains, seinem ›Aufenthalt‹ im Tennessee-River und im Mississippi bis in den Golf von Mexiko verfolgt.

Das elf Stockwerke hohe Gebäude steckt voller fantastischer Landschaften, die von einigen Tausend Fischen, Vögeln, Reptilien und Säugetieren bevölkert werden. Ein 3-D-IMAX Kino zeigt auf einer Riesenleinwand spektakuläre Filme zu Natur und Wissenschaft (1st Broad St., Ross Landing Park & Plaza, Tel. 423-265-0695, www.tnaqua.org, tgl. 10–20 Uhr, Erw. 30,95 $, Kinder 3–12 J. 20,95 $).

Creative Discovery Museum 2

Nicht weit entfernt bietet das **Creative Discovery Museum** Kindern und Jugendlichen in einem spektakulären Glaspavillon Möglichkeiten, ihrem naturwissenschaftlichen Entdeckerdrang freien Lauf zu lassen. Die jungen Besucher können ein (virtuelles) Flussschiff steuern oder nach vergrabenen Dinoknochen buddeln (321 Chestnut St., Tel. 423-756-2738, www.cdmfun.org, von 10 Uhr bis nachmittags bei wechselnden Schlusszeiten, 10,95 $/Pers.).

Downtown Museen

Das einen kurzen Fußweg weiter auf dem Steilufer am Tennessee River angelegt **Hunter Museum of American Art** 3 zeigt eine ausgezeichnete Sammlung amerikanischer Malerei und Skulpturen des 19. Und 20. Jh., z. B. von Winslow Homer, Andrew Wyeth, Thomas Sully oder Hart Benton, dazu wechselnde Ausstellungen (10 Buff View, Tel. 423-267-0968, www.huntermuseum.org, Mi und So 12–17, sonst 10–17 Uhr, Erw. 9,95 $, Kinder 4,95 $).

Ganz in der Nähe erinnert eine recht ungewöhnliche Sammlung an die industrielle Vergangenheit von Chattanooga. Das **International Towing and Revovery Museum** 4 zeigt Abschleppwagen, wunderbar aufbereitete Modelle, die so blitzen und glänzen, wie es in ihrer aktiven Zeit sicherlich nicht möglich gewesen war, als sie gestrandete Autos aus dem Straßengraben ziehen mussten (401 Broad St., Tel. 423-267-3132, www.internationaltowingmuseum.org, Mo–Fr 9.30–16 Uhr, Erw. 8 $, Kinder 6–18 J. 4 $).

Glen Millers Hit aus den 1940er-Jahren vom Eisenbahnzug »Chattanooga Choo-Choo« hat dem früheren **Bahnhof** 5 der Stadt eine unvergessene Hymne beschert. Längst ist in dem mehr als 100 Jahre alten Gebäude ein Hotel untergebracht, das den Choo-Choo-Song als Thema aufgreift und sich danach benannt hat; nostalgische Pullmannwaggons und eine Ausstellung von Modelleisenbahnen erinnern darüber hinaus an die goldenen Zeiten der Eisenbahnen in den USA (1400 Market St., Tel. 423-266-5000, www.choochoo.com).

Lookout Mountain

Die **Lookout Mountain Incline Railway** 6 wird an dicken Stahlseilen den Lookout Mountain hinaufgezogen. Nahe dem Gipfel überwindet die Bahn eine Steigung von 72,7 %. Mutige belohnt außer dem Nervenkitzel ein weiter Blick über Chattanooga und den Tennessee River (St. Elmo Ave., nahe der SR 585, Tel. 423-821-4224, www.ridetheincline.com, Ende Mai bis Anf. Sept. tgl. 8.30–21, sonst 9–18 Uhr, Rundtrip Erw. 14 $, Kinder und Senioren 7 $).

Auch **Rock City Gardens** 7, schon im benachbarten Georgia, gehört zu den Attraktionen von Chattanooga auf dem Lookout Mountain. Zwischen den wuchtigen Felsbrocken kann man kleine Schluchten, Spalten, Tunnel und Höhlen erkunden sowie unverhoffte Ausblicke auf das Tal des Tennessee River genießen. Entlang eines unterirdischen Wegs begeistern die in seitliche Felshöhlen ausgebauten Landschaften mit Märchenszenen vor allem jüngere Besucher (1400 Platten Rd., Tel. 706-820-2531, www.seerockcity.com, tgl. 8.30–20 Uhr).

Beim Lookout Mountain werden die kriegerischen Ereignisse des Bürgerkrieges im **Battles of Chattanooga Museum** 8, das früher Confederama hieß, nachgestellt, wobei mehrere Tausend Miniatursoldaten in einer nachgebauten Landschaft den Kampfverlauf illustrieren, unterstützt von Kanonendonner, Mündungsfeuer und der Musik winziger Militärkapellen (1110 E. Brow Rd., Tel. 423-820-2531, www.battlesforchattanooga.com, Ende Mai bis Anf. Sept. tgl. 9–18, sonst 10–17 Uhr, Erw. 8 $, Kinder 5–12 J. 6 $).

Auch die **Ruby Falls** 9 gehören zu den Attraktionen des Lookout-Mountain-Massivs. Als Höhepunkt einer Tour durch ein Tropfsteinhöhlensystem stürzt ein farbig angestrahlter Wasserfall zur Musik von Richard Strauss' »Also sprach Zarathustra« aus 45 m Höhe in ein Steinbecken (1720 S. Scenic Hwy, Tel. 423-821-2544, www.rubyfalls.com, tgl. 8–20 Uhr, Erw. 17,95 $, Kinder 3–12 J. 9,95 $).

Umgebung

Der **Chickamauga and Chattanooga National Military Park** 10 liegt schon im südlich angrenzenden Bundesstaat Georgia. Er erinnert an die beiden Bürgerkriegsschlachten von 1863, in denen in wenigen Tagen viele Tausend Soldaten auf beiden Seiten fielen. Mit der zweiten Schlacht fiel den siegreichen Unionstruppen der Eisenbahnknotenpunkt Chattanooga endgültig in die Hände und ermöglichte ihnen, den Vormarsch nach Georgia in die Tat umzusetzen (www.nps.gov/chch, Erw. 3 $).

Infos

Chattanooga Area Convention & Visitors Bureau: 215 Broad St., TN 37402, Tel. 423-756-8687, www.chattanoogafun.com, mit angeschlossenem Besucherzentrum, Mo–Fr 9–17, Sa, So ab 13 Uhr.

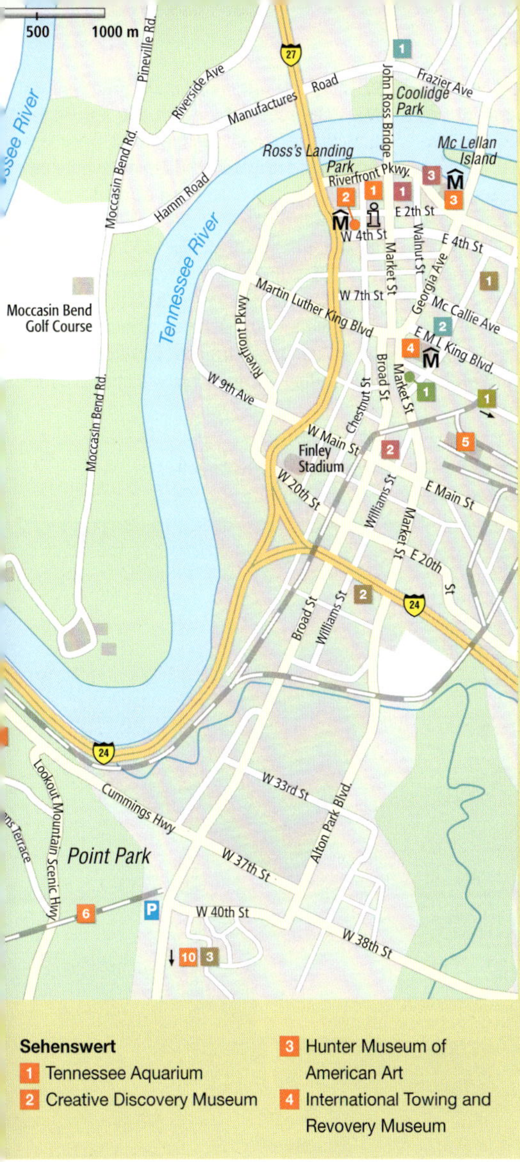

Chattanooga

5 Bahnhof
6 Lookout Mountain Incline Railway
7 Rock City Gardens
8 Battles of Chattanooga Museum
9 Ruby Falls
10 Chattanooga National Military Park

Übernachten
1 Mayor's Mansion Inn
2 Motel 6 Chattanooga
3 KOA Chattanooga South

Essen & Trinken
1 212 Market Restaurant
2 Niko's Southside Grill
3 Rembrandt's Coffee House

Einkaufen
1 Warehouse Row

Abends & Nachts
1 Rythm & Brews
2 JJ' Bohemia

Aktiv
1 Cheerokee National Forest
2 Hiwassee Outfitters
3 Flight Park and Training Center

Sehenswert
1 Tennessee Aquarium
2 Creative Discovery Museum
3 Hunter Museum of American Art
4 International Towing and Revovery Museum

Übernachten

Herrschaftlich ▶ Mayor's Mansion Inn 1: 801 Vine St., Tel. 423-265-5000, www.mayorsmansioninn.com. Die geräumige Stadtvilla aus der Wende zum 20. Jh. beherbergt ein B & B mit modernen Annehmlichkeiten. DZ 130–250 $.

Für Eisenbahn-Nostalgiker ▶ Chattanooga Choo-Choo 5: 1400 Market St., Tel. 423-266-5000, www.choochoo.com. Das moderne Hotel ist im alten Bahnhof untergebracht. Wer will, kann auch in einem der historischen Pullmannwaggons übernachten. DZ 110–220 $.

Günstig und zentral ▶ Motel 6 Chattanooga Downtown 2: 2440 Williams St., Tel. 423-265-7300, www.motel6.com. Ordentliche Herberge in zentraler Lage. DZ 40–60 $.
Camping ▶ KOA Chattanooga South 3: 199 KOA Blvd., Ringgold, Georgia, Tel. 706-937-4166, http://koa.com. Gute Ausstattung, gleich südlich der Stadt- und Staatsgrenze in Georgia. Plätze für Campmobiles ab 30 $.

Essen & Trinken

Kreativ mit lokalen Zutaten ▶ 212 Market Restaurant 1: 212 Market St., Tel. 423-266-9211, tgl. mittags und abends. Kreative Südstaaten-Küche mit Zutaten aus der Region und ökologischem Anspruch vis-à-vis vom Aquarium. Hauptgerichte wie in Lavendelhonig geschmorte Entenbrust ab 19 $.
Mittelmeer- und Südstaaten-Küche ▶ Niko's Southside Grill 2: 1400 Cowart St., Tel. 423-266-9211, http://nikossouthside.com, Mo–Do, Sa 11–21.30, Fr 11–22 Uhr. Entspannte Atmosphäre, Südstaaten-Gerichte mit mediterranen Einflüssen. Gute Weinkarte. Hauptgerichte wie etwa Shrimps & Grits ab 13 $.

Das Tennessee Aquarium zeigt auf elf Stockwerken eindrucksvoll die Welt der Meeres- und Flusslebewesen

Kaffee auf der Terrasse ▶ **Rembrandt's Coffee House** 3: 204 High St., Tel. 423-265-5033. Schöne Terrasse; zum Kaffee gibt es leckeres Gebäck. Ab 3 $.

Einkaufen

Einkaufen in ehemaligen Lagerhallen ▶ Sonst liegen Shopping Malls meist am Rande der Stadt, in Chattanooga bietet die **Warehouse Row** 1 in dekorativ umgebauten Lagerhallen direkt im Zentrum reduzierte Ware vieler Markenartikel (1110 Market St., Tel. 423-267-1111, www.warehouserow.net).

Abends & Nachts

Kneipen mit Livemusik ▶ **Rythm & Brews** 1: 221 Market St., Tel. 423-267-4644. Entspanntes Bierlokal mit guter Livemusik. **JJ' Bohemia** 2: 231 E. Martin Luther King Jr. Blvd., Tel. 423-266-1400. Lokale und Studentenbands zeigen im Univiertel, was sie drauf haben.

Aktiv

Wandern ▶ Der 60 Meilen lange Weg in den **Cheerokee National Forest** 1 lohnt sich. Weitere Informationen unter www.fs.usda.gov/cherokee.

Kajak- und Raftingtouren ▶ Die **Hiwassee Outfitters** 2 verleihen Gummiflöße und Kajaks für einen munteren Ausflug auf dem Hiwassee River. 155 Ellis Creek Rd., Reliance, TN 37369, Tel. 423-338-8115, www.hiwasseeoutfitters.com. 18,31 $/Pers.

Drachenfliegen ▶ Am vielseitigen Lookout Mountain bietet das **Flight Park and Training Center** 3 Kurse zum Drachenfliegen und Tandemflüge an. 7201 Scenic Hwy, Rising Fawn, Georgia, Tel. 706-398-3541, www.hanglide.com. Flüge ab 149 $.

Termine

Riverbend Festival: Mitte Juni. Im Jahr 2012 feiert das 9-tägige Musik- und Kulturfestival direkt am Tenneessee River sein 30-jähriges Jubiläum. Rund 100 Gruppen und Künstler erfreuen auf fünf Bühnen ihr Publikum (www.riverbendfestival.com).

Verkehr

Flug: Der Airport Lowell Field verbindet Chattanooga mit Atlanta, Chicago und anderen Flughäfen der USA (www.chattairport.com).

Bus: Die Greyhound-Busstation liegt nicht weit vom Flughafen (960 Airport Road, Tel. 423-892-1277, www.greyhound.com) im Osten der Stadt.

Fortbewegung in der Stadt

Kostenlose **Shuttle-Elektrobusse** verkehren mit mehreren Stopps zwischen dem Choo-Choo Hotel und dem Riverfront Park sowie über den Tennessee River zum North-Shore-Viertel.

Der Westen von Tennessee

Das Schwemmland des Mississippi erstreckt sich vom Flussufer weit nach Osten. Sojabohnen-, Gemüse-, vor allem endlose Baumwollfelder säumen die Straßen. Die weißen Bällchen an den verholzten Sträuchern, die später einmal zu T-Shirts und Jeans verarbeitet werden sollen, warten auf die Pflückmaschinen. Der bis zu gut eine Meile breite Fluss, die Westgrenze von Tennessee, bestimmt hier das Leben.

15 Memphis ▸ 3, F 3

Cityplan: S. 418

Geschichte

Am Anfang war nicht der Blues, sondern die Vertreibung der Chuccalissa-Indianer von den Steilufern des Mississippi. Dann hatten die Siedler, Bodenspekulanten und Pflanzer um Andrew Jackson, den späteren US-Präsidenten, freie Bahn. Im Jahr 1818 gründeten sie Memphis als Umschlag- und Rastplatz für die Kapitäne der Schaufelraddampfer auf dem Weg flussaufwärts. Bald erstreckten sich Baumwollplantagen mehrere Dutzend Kilometer am Fluss entlang und ins Landesinnere, zu Beginn der 1960er-Jahre des 19. Jh. lebten im Westen Tennessees mehr Sklaven als weiße Siedler. Memphis galt neben Savannah in Georgia zeitweise als weltweit bedeutendster Umschlagplatz für Baumwolle, die Makler an der Cotton Row, *factors* genannt, gehörten zu den reichsten Bürgern der Stadt.

Wo Baumwolle angebaut wurde, war der Sklavenhandel nicht weit. So rühmte sich Memphis, einen der größten Sklavenmärkte der USA zu betreiben. Der Fall nach dem verlorenen Bürgerkrieg und der Sklavenbefreiung konnte kaum tiefer sein. Dem Zusammenbruch der Plantagenwirtschaft folgten Gelbfieberepidemien. Von den etwa 6000 Weißen, die sich 1878 noch in der Stadt aufgehalten hatten, überlebten gerade 2000. Eine Verwaltung existierte nicht mehr, Memphis fiel bis 1893 unter Staatsregie. Kaum hatte sich die Bevölkerung erholt und die Wirtschaft stabilisiert, brach der nächste Schrecken in Gestalt kleiner Käfer herein. Der *boll weevil,* der das Wachstum der Baumwollfasern behinderte, hatte sich seit Beginn des 20. Jh. von Mexiko unaufhaltsam genähert und führte Anfang der 1920er-Jahre zu katastrophal schlechten Ernten auf den Baumwollfeldern.

Inzwischen ist Memphis zu einem geregelten Leben zurückgekehrt. Die Stadt von knapp 680 000 Einwohnern, mit Wolkenkratzern, modernem Kongresszentrum und internationalem Flughafen, ist Kreuzungspunkt mehrerer Highways und kommerzielles Zentrum des unteren Mississippi-Tals. Firmen wie die Hotelkette Holiday Inn und das Transportunternehmen Federal Express haben Konzernverwaltungen in der Stadt, FedEx hat das Luftkreuz zum betriebsamsten Frachtflughafen der Welt gemacht. Die Verfilmungen der Romane »Die Firma« oder »Der Klient« von John Grisham brachten Ansichten von Memphis weltweit ins Kino.

Downtown

Auch heute noch wird Baumwolle von den Feldern in Tennessee, Arkansas und Mississippi über Memphis verkauft. Der frühere Handelssaal im historischen Cotton Exchange Building ist inzwischen Teil des **Cotton Museum** 1 (65 Union Ave., an der Ecke zur S. Front St., Tel. 901-531-7826, www.memphiscottonmuseum.org, Di–Sa 10–17, So 12–17 Uhr).

Doch das ist es nicht, was viele Besucher anzieht. Die Stadt am Mississippi gilt als eine der Wiegen des Blues. Als einer seiner ›Geburtshelfer‹ erlangte der 1873 in Florence, Alabama, geborene Trompeter W. C. Handy mit seinem 1909 geschriebenen »Memphis Blues« und kurz darauf mit dem »Beale Street Blues« nationale Berühmtheit. Die Gegend um die Beale Street entwickelte sich zu einem Zentrum für Schwarze, mit Wohnhäusern, Geschäften, Restaurants und Musikclubs. Ragtime, Marching Bands, Blues und Jazz waren in den Clubs und Music Halls wie dem Orpheum Theater zu hören. Neben W. C. Handy, der später nach New York ging, haben sich Dutzende anderer Musiker von dieser Atmosphäre inspirieren lassen: B. B. King, Jimmy Lunceford, Muddy Waters, aber auch weiße Musiker wie Jerry Lee Lewis und der King of Rock 'n' Roll, Elvis Presley.

Das **Center for Southern Folklore** 2 in der Main Street bietet Touren durch das Viertel an, organisiert das mehrtägige »Mid-South Music and Heritage Festival« im Juli und verkauft Platten, Bücher sowie originelle Souvenirs (Ausstellung: 119 S. Main St., Mo–Fr 10–17 Uhr, Folklore Store: 123 S. Main St., Mo–Fr 11–17, Sa 11–16 Uhr, Tel. 901-525-3655, www.southernfolklore.com).

Wie die Beale Street präsentieren sich auch die **Main Street** und deren **Nebenstraßen** nach einer aufwendigen Renovierung als Flanier- und Einkaufsboulevards. Mit einer gemütlichen Straßenbahn, dem Main Street Trolley, kann man in einer Schleife durch die Innenstadt zuckeln. Nach einer aufwendigen Restaurierung zeigt sich die Beale Street Bewohnern und Besuchern heute als nostalgische Vergnügungsstraße mit Geschäften, Eissalons, Restaurants und Musikkneipen, in denen nach wie vor guter Blues gespielt wird.

Schwab's Dry Goods Store 3**,** ein Bekleidungs- und Kurzwarenladen, der seit 1876 mit dem Spruch wirbt »Wenn Du's bei Schwab nicht findest, vergiss es lieber«, gibt es noch, auch wenn das Sortiment inzwischen auf touristische Kundschaft ausgerichtet ist (163 Beale St., Tel. 901-523-9782).

Im **W. C. Handy Memphis Home & Museum** 4**,** ebenfalls in der Beale Street, hat die Blueslegende vor rund 100 Jahren den »Memphis Blues« und den »St. Louis Blues« komponiert (352 Beale St., Tel.901-527-3427, Mai–Sept. Di–Sa 10–17, Okt.–April Di–Sa 11–16 Uhr, Erw. 4 $).

Wer im Sommerhalbjahr mit der Einschienenbahn von Memphis nach **Mud Island** 5 übersetzt, kann auf der Insel im Mississippi im Modell vom Unterlauf des verzweigten Flusssystems spazieren gehen. Das **Mississippi River Museum** führt Besucher durch die jahrhundertealte Bediedlungsgeschichte am großen Fluss. Traditionen und Legenden der Indianer, von Entdeckern und Abenteurern, von Siedlern und Flusskapitänen werden in Ausstellungen dokumentiert und von Darstellern in historischen Kostümen lebendig gemacht (Tel. 901-576-7241, www.mudisland.com, April–Mai tgl. 10–17, Mai–Sept. 10–16, Sept.–Okt. 10–17 Uhr, Erw. 10 $, Kinder 5–11 J. 7 $).

Nördlich und östlich des Zentrums

Die Ausstellung im **Slave Haven/Burkle Estate** 6 nördlich des Zentrums erinnert an eine frühere Zeit der Auseinandersetzung um gleiche Bürgerrechte. Das Haus eines deutschen Immigranten war Mitte des 19. Jh. Teil der **Underground Railway,** eines Netzwerks von geheimen Unterstützern, die entlaufenen Sklaven die Flucht in den Norden der USA ermöglichten (826 N. 2nd St., Tel. 901-527-3427, Mo–Sa 10–16 Uhr, Nov.–März Mo–Di geschl.).

Das **Memphis Brooks Museum of Art** 7 ist bereits 1916 gegründet worden. Seine rund 8000 Exponate umfassen die ganze Bandbreite bildender Kunst. Besonders gut sind die italienische Renaissance, französische Impressionisten und die amerikanische Malerei vertreten (1934 Poplar Ave., Tel. 901-544-6200, www.brooksmuseum.org, Mi–Fr 10–16, Do bis 20, Sa 10–17, So 11–17 Uhr, Erw. 7 $, Kinder bis 7 J. frei).

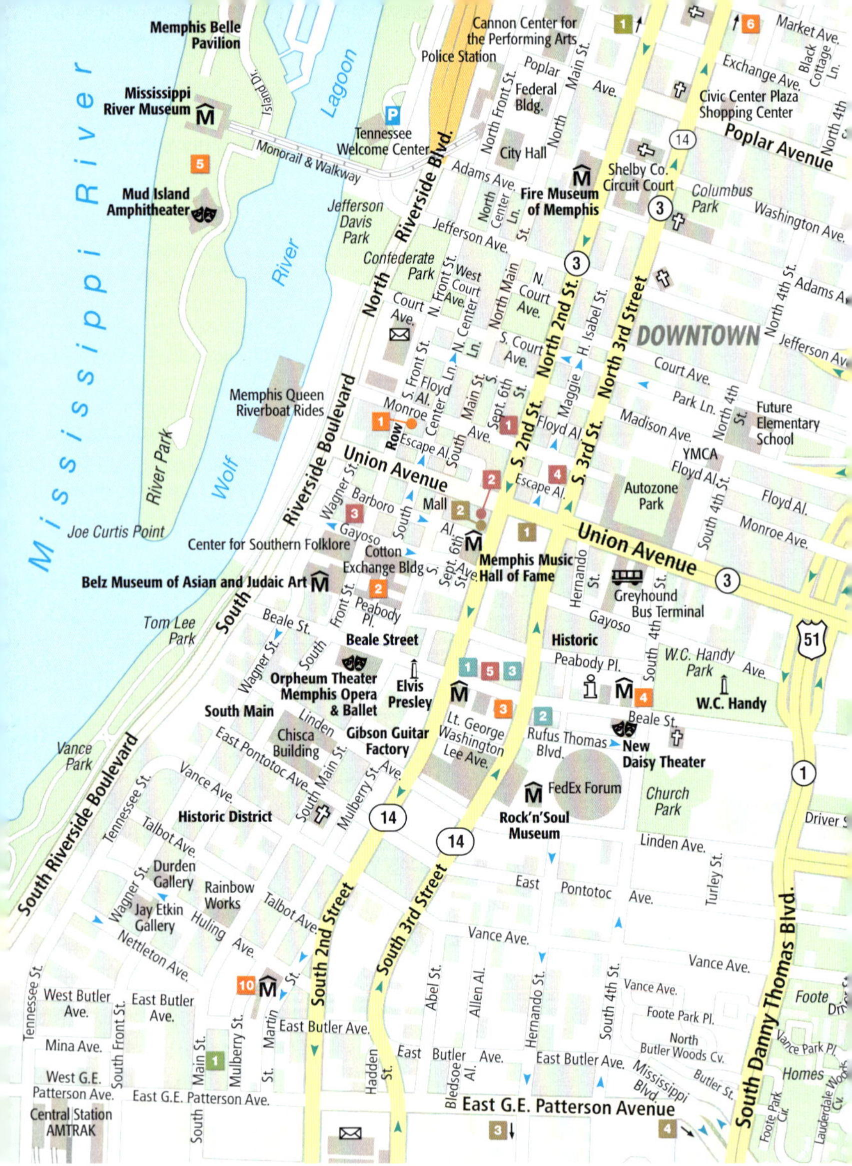

Ein Museum der etwas anderen Art ist das **Pink Palace Museum** 8 mit einer der größten natur- und kulturgeschichtlichen Sammlungen des Südens; untergebracht ist es in dem 1926 aus rosafarbenen Marmor erbauten Palast des Lebensmittelgrossisten Clarence Saunders. Der Gründer der in den Südstaaten verbreiteten »Piggly Wiggly«-Supermarktkette hatte sein Vermögen bereits vor Fertigstellung des Gebäudes verloren und musste es an die Stadt abtreten (3050 Central Ave., Tel. 901-320-6320, www.memphismuseums.org, Mo–Sa 9–17, So 12– 17 Uhr, Erw. 9,75 $, Kinder 3–12 J. 6,25 $).

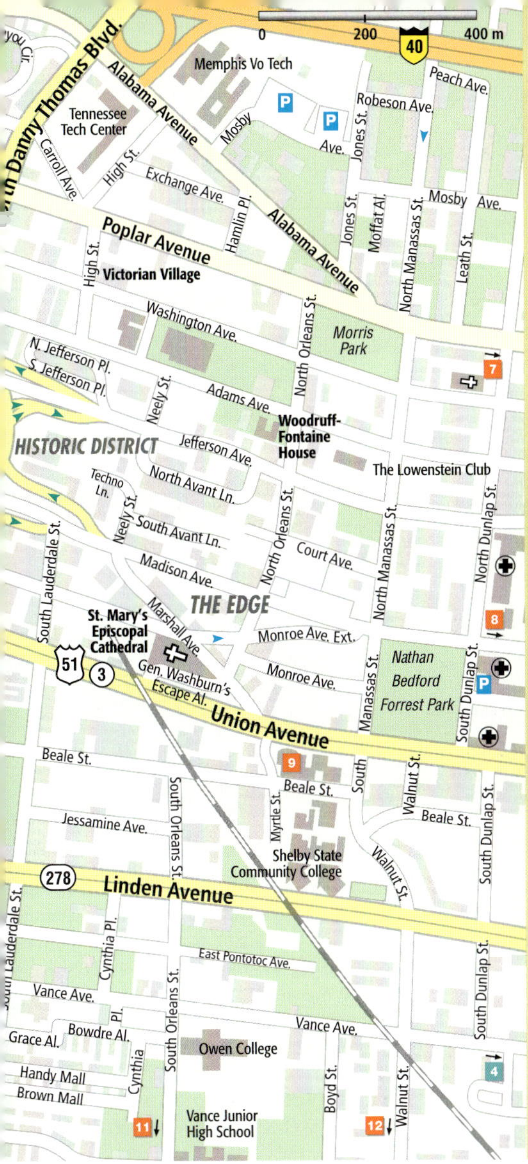

Memphis

Sehenswert

1 Cotton Museum
2 Center for Southern Folklore
3 Schwab's Dry Goods Store
4 W. C. Handy Memphis Home & Museum
5 Mud Island
6 Slave Heaven/Burkle Estate
7 Brooks Museum of Art
8 Pink Palace Museum
9 Sun Studio
10 Nat. Civil Rights Museum
11 Stax Museum of American Soul
12 Graceland

Übernachten

1 The Peabody
2 Talbot Heirs Guesthouse
3 Elvis Presley Heartbreak Hot.
4 Best Western Executive Inn

Essen & Trinken

1 McEwen's on Monroe
2 Automatic Slim's Tonga Club
3 Butcher Shop
4 The Rendezvous Restaurant
5 Blues City Café

Einkaufen

1 S. Main Street Art District

Abends & Nachts

1 B. B. King's Blues Club
2 Alfred's on Beale
3 Rum Boogie Café
4 Young Avenue Deli

Aktiv

1 Meeman-Shelby Forest S. P.

Unübersehbar unterstreicht etwas weiter nördlich am Ufer des Mississippi eine 32 Stockwerke hohe, merkwürdig anmutende Stahl- und Glaspyramide, die **Memphis Pyramid,** den ägyptischen Namen der Stadt. Eine riesige Statue des Pharao Ramses bewacht den Eingang zum gigantischen Büro- und Veranstaltungskomplex, der nur unvollkommen ausgelastet scheint.

Im kleinen **Sun Studio** 9 haben viele Musikgrößen ganz unterschiedlicher Genres Aufnahmen gemacht, darunter Elvis Presley, Roy Orbison, Johnny Cash oder Jerry Lee Lewis (706 Union Ave., Tel. 901-521-0664,

Elvis Presley – ein Mythos, eine Legende und eine Jahrhundertstimme

www.sunstudio.com, tgl. 10–18 Uhr, Führungen halbstdl. 10.30–17.30 Uhr, Erw. 12 $, Kinder 5–11 J. frei).

Südlich des Zentrums

Der Mord an Martin Luther King am 4. April 1968 im Lorraine Hotel in der Mulberry Street erschütterte nicht nur Memphis, sondern provozierte Unruhen in den gesamten USA. King war kurz zuvor in die Stadt gekommen, um einen Streik schwarzer Müllmänner zu unterstützen. Ähnlich wie nach dem Attentat auf John F. Kennedy in Dallas wurde auch hier bald ein Einzeltäter festgenommen, doch wollen ebenso wie bei dem Mord am US-Präsidenten die Gerüchte über ein Komplott und eine Beteiligung staatlicher Institutionen daran nicht verstummen.

Das Lorraine Hotel im Süden des Stadtzentrums wurde zum **National Civil Rights Museum** 10 umgestaltet mit einer eindrucksvollen Ausstellung zum Kampf um die Bürgerrechte der Schwarzen (450 Mulberry St., Tel. 901-521-9699, www.civilrightsmuseum.org, Juni–Aug. Mo, Mi–Sa 9–17, So 13–17 Uhr, Di geschl., Erw. 13 $, erm. 11 $).

Das **Stax Museum of American Soul Music** 11 schließt eine Lücke in der Stadt, die sich vor allem dem Blues und dem Rock 'n' Roll verschrieben hat. Isaac Hayes Cadillac, Ike Turners Fender Gitarre oder Otis Reddings Samtjackott gehören zu den Memorabilia. Fotos und Tondokumente erschließen die Bedeutung des Soul (926 E. McLemore Ave., Tel. 901-946-2535, www.staxmuseum.com, Mo–Sa 9–17, So 12–17 Uhr, Erw. 12 $, Kinder 9 $).

»I'm going to Graceland – in Memphis, Tennessee – poor boys and pilgrims with families – and we are going to Graceland«, besang Paul Simon 1986 die Pilgerzüge von täglich bis zu 3000 Fans, die auch heute noch, mehr als 30 Jahre nach dem Tod von Elvis Presley 1977, **Graceland** 12, das ehemalige Wohnhaus und sein Grab am südlichen Stadtrand von Memphis, besuchen. Andächtig bewundern sie die prächtigen Bühnenkostüme, die Wohnräume mit vergoldetem Flügel und plüschigem Billardzimmer, den Wagenpark und die Privatflugzeuge und decken sich dann in dem halben Dutzend Souvenirläden mit allerlei Memorabilia, vom Elvis-Kaffeelöffel bis zur Elvis-in-Concert-Puppe, ein. Elvis Presleys Aufstieg begann während der 1950er-Jahre im Sun Studio von Sam Phillips mit Songs, die Rhythm and Blues-, Gospel- und Country-Elemente enthielten und als Rockabilly schnell landesweit bekannt wurden. Der Hit »Heartbreak Hotel« markierte 1956 den Durchbruch zum King of Rock 'n' Roll (3734 Elvis Presley Blvd., Tel. 901-332-3322, www.elvis.com, März–Mai Mo– Sa 11–17, So 10–16, Juni–Aug. Mo–So 9–17, Sept.-Okt. Mo–Sa 9–17, So 10–16, Nov.–Febr. tgl. 10–16 Uhr, verschiedene Touren, Erw. ab 31 $).

Im **Chuccalissa Indian Village** am südlichen Stadtrand von Memphis wurde ein indianisches Dorf in der Tradition der Mississippi-Kultur aus dem Jahre 1500 mit einem Zeremonienhügel und grasgedeckten Holz- und Lehmhütten rekonstruiert. Das angeschlossene, mit großem Sachverstand geführte Museum präsentiert indianische Werkzeuge, Töpferei und Waffen aus elf Jahrtausenden (Mitchell Rd. beim Fuller State Park, Tel. 901-785-3160, www.memphis.edu/chucalissa, Di–Sa 9–16.30 Uhr, Erw. 5 $, Kinder 4–11 J. 3 $).

Infos

Memphis Convention & Visitors Bureau: 47 Union Ave., Tel. 901-543-5300, www.memphistravel.com, Mo–Fr 9–17/18 Uhr.

Memphis/Shelby County Visitor Center: 12036 Arlington Trail, Tel. 910-543-5333.

Memphis Visitor Center: 3205 Elvis Presley Blvd., Tel. 910-543-5333.

Übernachten

Stilvoll mit Entenparade ▶ **The Peabody** 1: 149 Union Ave., Tel. 901-529-4000, www.peabodymemphis.com. Der tägliche Entenmarsch durch die Lobby ist mindestens so bekannt wie der Luxus des Hotels. 464 Zi und Suiten. DZ ab 200 $.

Mit kompletter Küche ▶ **Talbot Heirs Guesthouse** 2: 99 S. 2nd St., Tel. 901-527-9772, www.talbothouse.com. Komfortable, familiäre Atmosphäre mitten in Memphis. DZ ab 130 $.

Ganz nah beim »King« ▶ **Elvis Presley Heartbreak Hotel** 3: 3677 Elvis Presley Blvd., Tel. 901-332-1000, www.elvis.com/graceland/heartbreak_hotel.aspx. Themenhotel mit 128 Zimmern, vis-à-vis von Graceland, für Elvis-Fans ein ›Muss‹. DZ 115 $.

Nahe dem Airport ▶ **Best Western Executive Inn** 4: 3105 Millbranch Rd., Tel. 901-312-7000, http://bestwesterntennessee.com. Günstige Herberge mit 60 Zimmern, nicht weit vom Flughafen und von Graceland, freies Internet und Frühstück. DZ ab 62 $.

Essen & Trinken

Fantasievoll ▶ **McEwen's on Monroe** 1: 122 Monroe St., Tel. 901-527-7085, www.mcewensonmonroe.com, Mo–Do 11–22, Fr/Sa 11– 23 Uhr, So geschl. Exzellente moderne Südstaaten-Küche mit weltweiten Einflüssen. Hauptgerichte ab 21 $.

Beschwingter Mix ▶ **Automatic Slim's Tonga Club** 2: 83 S. 2nd St., Tel. 901-525-7948, www.automaticslimsmemphis.com, Mo–So 11–22, So Brunch 11–16 Uhr. Gelungene Kombination von karibischer und Südwestküche. Hauptgerichte ab 18 $.

Wie es euch gefällt ▶ **Butcher Shop** 3: 101 S. Front St., Tel. 901-521-0856, www.thebutchershop.com, tgl. 17–22 Uhr. Legeres Steakhouse mit oft langen Warteschlangen und riesigem Grill, an dem jeder sein Steak selbst zubereiten darf. Steaks ab 17 $.

Legendäre Grillrippen ▶ **The Rendezvous Restaurant** 4: 52 S. 2nd St., Tel. 901-523-

2746, www.hogsfly.com, Di–Do 16.30–22.30, Fr 11–23, Sa 11.30–23 Uhr. Herzhafte Schweinerippchen, auf Holzkohle gegrillt, 17,50 $.
City Diner ▶ **Blues City Café** 5: 138 Beale St., Tel. 901-526-3637, www.bluescitycafe.com, So–Do 11–15, Fr/Sa 11–17 Uhr. Diner mit Rippchen, Steaks, Catfish und hausgemachten Tamales, dazu gibt es Livemusik. Gerichte 7–24 $.

Einkaufen

Szeneviertel zum Bummeln ▶ **South Main Street Art District** 1: Bei der südlichen Endstation der Straßenbahn und nicht weit vom Civil Rights Museum hat sich ein Viertel mit trendigen Boutiquen, Galerien und kleinen Cafés entwickelt, in dem es sich gut bummeln lässt (http://southmainmemphis.net).
Souvenirs ▶ **Center for Southern Folklore** 2: 119 S. Main St., Tel. 901-525-3655, www.southernfolklore.com, s. S. 417.

Abends & Nachts

Einer der besten ▶ **B. B. King's Blues Club** 1: 143 Beale St., Tel. 901-524-5464, www.bbkingsclub.com. Blues mit guten Gruppen, wer viel Glück hat, erlebt B. B. King selbst.
Zum Abtanzen ▶ **Alfred's on Beale** 2: 197 Beale St., Tel. 901-525-3711. Jeden Abend bis tief in die Nacht Rockkonzerte und Disco.
Blues zum Dinner ▶ **Rum Boogie Café** 3: 182 Beale St., Tel. 901-528-0150, www.rumboogie.com. Über 150 Gitarren hängen von der Decke, darunter sitzen die Gäste und genießen Catfish und andere Cajun-Spezialitäten. Außerdem wird Live-Blues gespielt, und das sehr gut.
Gute Livemusik ▶ **Young Avenue Deli** 4: 2119 Young Ave., Tel. 901-278-0034, www.youngavenuedeli.com. Das Essen ist über dem Durchschnitt, noch besser sind die Rock-, Pop- oder Countrybands, die hier regelmäßig spielen. Das Bierangebot lässt kaum Wünsche offen. Das Musik-Deli liegt im angesagten Cooper Young Stadtviertel.

Aktiv

Biken, wandern und bootfahren ▶ **Meeman-Shelby Forest State Park** 1: 910 Riddick Rd., Millington, Tel. 901-876-5215, http://tn.gov/environment/parks/MeemanShelby. Viel Auslauf im über 5000 ha großen State Park. Neben den Parkstraßen noch ein 5 Meilen langer Rundkurs für Biker, mehr als 19 Meilen Wanderwege durch Wald, Feld und entlang des Mississippi nördlich von Memphis. Kostenlose Bootsrampe, Campingplatz und Vermietung von Blockhäuschen.

Stadttouren ▶ **Center for Southern Folklore** 2: s. l. und S. 417.

Termine

Elvis Presley Birthday Celebration: Anfang Jan. Die weltweite Fangemeinde feiert mehrere Tage lang den Geburtstag des King, mit Konzerten, Konferenzen, einer Zeremonie und dem Anschneiden eines riesigen Geburtstagskuchens, www.elvis.com.
Beale Street Music Festival: Ende April. Straßenfest mit ›Musik total‹ auf vier Bühnen

Im Januar und Februar lassen sich am Reelfoot Lake imposante Weißkopfadler beim Brüten beobachten

und 60 Gruppen, www.thebealestreetmusic festival.com. Ist auch Teil des

Memphis in May Festival: diverse Termine im Mai. »World Championship Barbecue Cooking Contest«, Konzerte vom Symphonieorchester, Kunstausstellungen, Jazz- und Blueskonzerte im Tom Lee Park, www.memphisin may.org.

Memphis Music and Heritage Festival: Das große Festival im Juli wird vom Center for Southern Folklore (s. S. 417) organisiert.

Elvis Week: Mitte Aug. Veranstaltungswoche mit Konzerten und Veranstaltungen rund um den Todestag des »King of Rock 'n' Roll« am 16. August, u. a. Bowling, »Look-alike«- und »Sing-alike«-Wettbewerbe, www.elvis.com.

Verkehr

Flug: Memphis International Airport, Tel. 901-922-8000, www.mscaa.com. Diverse nationale und internationale Verbindungen, Direktflüge gibt es von London. Ein Taxi nach Downtown kostet etwa 25 $.

Bahn: Amtrak, 545 S. Main St., Tel. 901-526-0052, www.amtrak.com.

Bus: Greyhound, 203 Union Ave., Tel. 901-523-9253, www.greyhound.com.

Die Umgebung von Memphis

Im Norden ▶ 3, G 2

In **Henning,** etwa 45 Meilen nördlich von Memphis, erinnert das zur **Alex Haley State Historic Site and Museum** umgestaltete frühere Wohnhaus des 1992 verstorbenen Autors Alex Haley an sein Leben und seine bedeutendsten Werke, zu denen die Biografie von Malcolm X und der mit großem Erfolg verfilmte Roman »Roots« gehören. Alex Haley ist im Vorgarten seines Hauses bestattet (200 S

Church St., Tel. 901-738-2240, www.alex-haley.com, Di–Sa 10–17 Uhr, Erw. 6 $, erm. 4 $).

Gut 50 Meilen weiter nördlich von Henning zog Davy Crockett im Jahr 1820 vom Osten in den Wilden Westen von Tennessee, in das heutige Gemüse- und Baumwollanbaugebiet zwischen **Dyersburg** und **Paris.** Die rekonstruierte, um gut 4 Meilen versetzte Blockhütte des Abenteurers in der Nähe des Ortes **Rutherford** kann man besichtigen. Einrichtungsgegenstände aus der Pionierzeit zeugen vom harten Leben der Einsiedler. Crocketts Mutter Rebecca wurde nahe der **David Crockett Cabin Historical Site** begraben. Im Jahr 1821 begann seine politische Karriere mit der Wahl in die gesetzgebende Versammlung von Tennessee, von 1827 bis 1833 arbeitete er als Kongressabgeordneter in Washington.

Davy Crockett strickte schon zu Lebzeiten erfolgreich an seiner Legende eines ehrlichen, lustigen *country boy,* der ohne Umschweife sein Ziel verfolgt. Sein Drang nach Abenteuern und seine politische Auffassung, dass sich die USA auf Kosten von Mexiko nach Westen ausdehnen müsse, führten ihn in die Kämpfe um die Unabhängigkeit von Texas. Sein ›Märtyrertod‹ in »The Alamo« am 6. März 1836 im Kampf gegen eine mexikanische Übermacht lieferte erneut Stoff für endlose Geschichten in den Medien seiner und unserer Tage und beförderte ihn endgültig in das Walhalla US-amerikanischer Heldenverehrung (219 N. Trenton St., Rutherford, www.townofrutherford.org).

Im Osten ► 3, G/H 2

Ein kurzer Abstecher auf dem Weg von Memphis nach Jackson führt durch ausgedehnte Baumwoll- und Sojafelder zur Kleinstadt **Brownsville** und ihren winzigen Vorort Nutbush, in dem die Sängerin Tina Turner geboren wurde und heute im örtlichen West Tennessee Music Museum geehrt wird (Brownsville, 121 Sunny Hill Cove, www.westtnheritage.com, Mo–Sa 9–17, So 13–17 Uhr, Eintritt frei).

Mind Field, eine knapp 15 m hohe Komposition aus Stahl, deren Fertigstellung nach Aussage des Künstlers Billy Tripp noch etwa 25 Jahre in Anspruch nehmen dürfte, erhebt sich nahe dem Ortszentrum.

In dem rund 70 000 Einwohner zählenden **Jackson** knapp 90 Meilen östlich von Memphis erzählt das **Casey Jones Village** mit dem dazugehörigen Eisenbahnmuseum die Geschichte der Stadt als einem ehemaligen Zentrum des Güter- und Personenverkehrs (www.jacksontn.com). Hier wird auch die Erinnerung an den tapferen Eisenbahner Casey Jones (1863–1900) wachgehalten, der bei einem Zusammenstoß zweier Züge eine Katastrophe verhinderte, dabei aber selbst ums Leben kam (Casey Jone Ln., Kreuzung I-40/US 45, Tel. 731-668-1222, www.caseyjones.com, Sommer 9–20, Winter 9–17 Uhr, Erw. 6,50 $).

Rund 20 Meilen südöstlich der Stadt errichteten Indianer der **Waldland-Zivilisation** zwischen 100 und 500 n. Chr. eine ihrer bedeutendsten zeremoniellen Anlagen. Ein Dutzend Erdhügel, der größte davon mehr als 20 m hoch, sowie ein 300 m langer Erdwall sind auch heute noch deutlich erkennbar. Das angeschlossene Museum des **Pinson Mounds State Archaeological Park** bereitet die überaus reichen Funde anschaulich auf und erläutert die indianische Kultur und deren Errungenschaften lange vor der Eroberung des Kontinents durch die Europäer (Ozier Rd., nahe der US 45, Tel. 731-988-5614, www.tn.gov/environment/parks/Pinson Mounds, Park tgl. 8 Uhr bis Sonnenuntergang, Museum eingeschränkt, Eintritt frei).

Shiloh National Military Park ► 3, J 3

Bei Shiloh, nahe dem Tennessee River und der Grenze zum Bundesstaat Mississippi, schlugen die Armeen der Nord- und der Südstaaten am 6. und 7. April 1862 eine der blutigsten Schlachten des Bürgerkriegs, mit knapp 24 000 Toten. Im Besucherzentrum des **Shiloh National Military Park** wird über die Kämpfe informiert, bei denen beide Seiten den Sieg für sich beanspruchten (1055 Pittsburgh Landing Rd., Shiloh, Tel. 731-689-5275, www.nps.gov/shil, tgl. 8–17 Uhr).

aktiv unterwegs

Zur Adlerbeobachtung am Reelfoot Lake

Tour-Infos

Start: Beim State Park Visitor Center (s. u.), beginnt die »Adlertour« im Jan. und Febr. tgl. um 10 Uhr, Sa, So zusätzlich um 13.30 Uhr.
Länge: ca. 9 Meilen im Bus, 800 m zu Fuß
Dauer: State Park Touren 2 Std. (Touren privater Guides bis zu 5 Std.)
Wichtige Hinweise: Reelfoot Lake State Park, 2595 SR 21 E., Tiptonville, 100 Meilen nordöstlich von Memphis, Anmeldung zu den State-Park-Touren, Tel. 731-253-9652, http://tn.gov/environme nt/parks/Reelfootlake, Gebühr ca. 5 $. Informationen zu allen Touren, zur Flora und Fauna des Sees gibt es beim Visitor Center.

Die Ranger des State Park wissen, wo sie die Adler finden. Doch eigentlich kann man die majestätischen Wappenvögel der USA auch ohne Hilfe gelegentlich am Himmel erblicken. Es sind eben sehr viele, rund 200, die sich vor allem im Januar und Februar in einem ihrer größten **Winterrefugien im Nordwesten von Tennessee,** fast an der Grenze zum Nachbarstaat Kentucky versammeln.

Doch wer dichter an die großen Vögel herankommen möchte, sie sogar beim Jagen auf Fische beobachten will, sollte die Hilfe der Experten in Anspruch nehmen. Pünktlich um 10 Uhr morgens geht es los. Ein Bus des State Park sammelt die mit Ferngläsern und Kameras ›bewaffnete‹ Schar ein. Offiziell heißt der 2-stündige Trip **Bald Eagle and Waterfowl Tours,** denn das Gewässer des **Reelfoot Lake** ist in der Winterzeit ein Stelldichein Tausender Wasservögel auf ihrem jährlichen Zug nach Süden. Vor allem verschiedene Entenarten fühlen sich in den vielen Buchten des verzweigten Sees wohl. Zumindest dann, wenn die Jagdzeit, meist von Anfang Dezember bis Ende Januar, vorbei ist. Ein Stopp, schweigendes Aussteigen aus dem Bus, und ein Nest mit Weißkopfadlern krönt den Stamm einer Wasserzypresse, die aus dem flachen Wasser nahe des Seeufers in den Himmel strebt. Beim nächsten Halt des Busses sitzen gleich mehrere Adler ganz oben in den Ästen der kahlen Baumkronen und beobachten den See, bis einer in einem eleganten Bogen abtaucht, sich mit seinen Krallen einen Fisch schnappt, der sich zu nah an die Wasseroberfläche gewagt hat, und ihn auf einem anderen Baum verspeist.

Die Ausflugsangebote von einigen privaten Guides, die offizielle Touren im Naturschutzgebiet des Reelfoot Lake anbieten dürfen, starten deutlich früher, meistens bereits vor dem Frühstück. Dann ist die Chance, viele der majestätischen Weißkopfadler beim Fischen beobachten zu können, am größten.

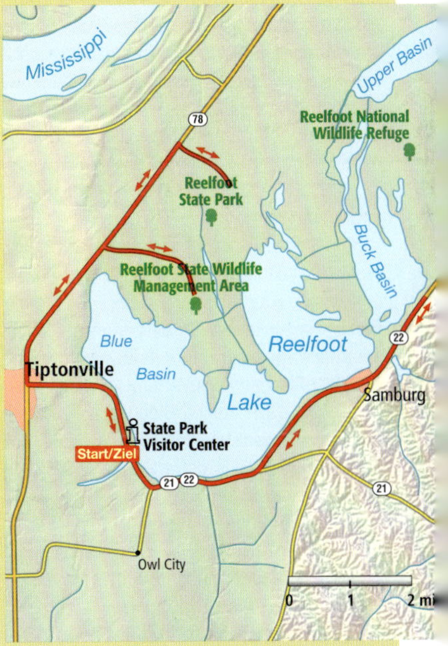

Arkansas

In Arkansas treffen die Südstaaten auf den amerikanischen Westen. Die Quapaw-Indianer, die hier früher lebten, nannten sich auch »Arkansas«, Volk des Südwinds. Little Rock heißt die Hauptstadt des dünn besiedelten Bundestaates, dessen Gouverneur Bill Clinton, ein *home grown boy*, 1992 zum 42. Präsidenten der USA gewählt wurde.

Little Rock ▸ 3, C 3

Cityplan: S. 429
Die Kapitale des Bundesstaates Arkansas, **Little Rock,** liegt fast in dessen geografischem Zentrum. Aus den etwa zwei Dutzend Einwohnern des Gründungsjahres 1814, die ihre Siedlung an einem felsigen Steilufer des Arkansas River errichteten, sind inzwischen über 180 000 geworden. Die moderne Stadt, die in den letzten Jahren bei den Amerikanern als Wohnsitz immer attraktiver wurde, hat ihr historisches Zentrum im **Quapaw Quarter.** »City of Roses« nennt sie sich nach den vielen Rosen, die öffentliche Anlagen schmücken.

Downtown

Im **Old State House** 1 aus dem Jahre 1842 tagten bis 1911 die beiden Kammern des Parlaments. Heute ist in dem eindrucksvollen Bau im *Greek Revival*-Stil ein historisches Museum untergebracht. Ex-US-Präsident Clinton, der ehemalige Gouverneur von Arkansas, feierte hier 1991 seinen Sieg nach dem ersten erfolgreichen Präsidentschaftswahlkampf (300 Markham St./Center St., Tel. 501-324-9685, www.oldstatehouse.com, Mo–Sa 9–17, So 13–17 Uhr).

Der **Riverfront Park** 2 mit einem Amphitheater, Terrassen, ausgedehnten Rasenflächen und Pavillons ist bei den Bewohnern der Hauptstadt als Freizeitanlage beliebt. Attraktiv ist auch der anschließende **River Market District,** mit Restaurants, Cafés, Geschäften, Galerien und einer Markthalle in einem früher eher unattraktiven Lagerhausviertel. In dem gegenüber am Nordufer des Arkansas River liegenden Park erhebt sich der Felsen, dem Little Rock seinen Namen verdankt.

Das **Historic Arkansas Museum** 3 entführt seine Besucher in fünf rekonstruierten Häusern und mit Ausstellungen von Farmgeräten bis zu Gegenständen der Alltagskultur in die Zeit vor dem Bürgerkrieg (200 E. 3rd St., Tel. 501-324-9351, www.historicarkansas.org, Mo–Sa 9–17, So 13–17 Uhr).

Im **Museum of Discovery** geht es um einen anschaulichen und spielerischen Zugang zu den Naturwissenschaften. Interaktiv aufbereitete Exponate bieten Wissenswertes zum Leben der indianischen Bevölkerung vor der europäischen Eroberung. Darüber hinaus werden biologische Themen, etwa zum Leben von Käfern, und aktuelle Fragen, etwa zur virtuellen Realität, behandelt (500 President Clinton Ave. Suite 150, Tel. 501-396-7050, www.amod.org, derzeit wegen Renovierung geschl., Wiedereröffnung Anfang 2012).

Wenig weiter flussabwärts ragt eine kühne Glaskonstruktion über den Fluss. Die **William J. Clinton Presidential Library and Museum** 4 informiert über Politik, Wirtschaft und Kultur in der Amtszeit des 42. US-Präsidenten, der vorher als Gouverneur von Arkansas in Little Rock residierte. Ein rekonstruiertes Oval Office, dazu der Tagungsraum des Kabinetts, eine ungewöhnlich umfangreiche Sammlung von bestens aufbereiteten Dokumenten, des Weiteren Ausstellungen zur Inneren Sicherheit, der Wirtschaft und anderen Themen und Ereignissen machen den Besuch zum Erlebnis. Der große Museumsshop hält die üblichen Devotionalien, aber auch viel Hintergrundmaterial bereit (1200 President Clinton Ave., Tel. 501-374-4242, www.clintonpresidentialcenter.org, Mo–Sa 9–17, So 13–17 Uhr, Erw. 7 $, erm. 5 $).

Östlich der I-30

Das aus weißem Marmor und Granit nach dem Vorbild in Washington D. C. um 1900 im

Spektakuläre Architektur: William J. Clinton Presidential Library and Museum

Little Rock

Sehenswert
1 Old State House
2 Riverfront Park
3 Historic Arkansas Museum
4 William J. Clinton Presidential Library and Museum
5 State Capitol
6 Little Rock Central High School

Übernachten
1 The Capital Hotel
2 BW Governors Suites

Essen & Trinken
1 Faded Rose
2 Flying Fish

Einkaufen
1 River Market District

Abends & Nachts
1 Juanita's Cantina Ballroom
2 Sticky Fingerz Rock 'n' Roll Chicken Shack

Aktiv
1 Arkansas River Trail
2 Pinnacle Mountain State Park

neoklassischen Stil mit einer 70 m hohen Kuppel errichtete **State Capitol** 5, Sitz der Regierung von Arkansas, kann im Rahmen einer Führung besichtigt werden (W. Capitol Ave./Woodlane Dr., Tel. 501-682-5080, www.sosweb.state.ar.us, Mo–Fr 7–17, Sa–So 10–17 Uhr, Eintritt frei).

Westlich des Zentrums

Die **Little Rock Central High School** 6 einige Straßenzüge südwestlich des Kapitol hat inzwischen den Status eines Nationaldenkmals. Es erinnert an die dramatischen Ereignisse im September 1957, als ein tobender weißer Mob neun farbigen Studentinnen und Studenten den Zugang zur ›weißen‹ Highschool verwehren wollte (Visitor Center, 2120 Daisy Bates Dr., Tel. 501-374-1957, www.nps.gov/chsc/index.htm, tgl. 9–16.30 Uhr).

Infos

Little Rock Visitor Information Center: 615 E. Capitol Ave., in der Curran Hall von 1842, Tel. 501-371-0076, www.littlerock.com/curran-hall, Mo–Fr 7.30–18.30 Uhr.

Übernachten

Nostalgisches Flair ▶ **The Capital Hotel** 1: 111 W. Markham St., Tel. 501-374-7474, www.capitalhotel.com. Elegantes Traditionshotel in viktorianischem Gebäude. Es gibt auch ein ausgezeichnetes Restaurant namens Ashley's. DZ ab 135 $.

Zentrale Lage ▶ **BW Governors Suites** 2: 1501 Merrill Dr., Tel. 501-224-8051, www.bestlittlerockhotel.com. Die Sehenswürdigkeiten der Stadt befinden sich nahebei, die Zimmer des Hotels sind großzügig geschnitten, außerdem gibt es ein ordentliches Restaurant. DZ ab 90 $.

Essen & Trinken

Kreolisch und gut ▶ **Faded Rose** 1: 1619 Rebsamen Park Rd., Tel. 501-663-9734, www.thefadedrose.com, So–Do 11–22, Fr/Sa bis 23 Uhr. Steak und Fisch mit kreolischem Touch. Steaks 12–26 $.

Bei den Clintons am Tisch ▶ **Forty two** 4: 1200 President Clinton Ave. Tel. 501-537-0042, www.dineatfortytwo.com, tgl. 11–14 Uhr, mittags kleine leckere Gerichte. Das Restaurant im Clinton Presidential Center hat einen guten Ruf und eine schöne Lage am Fluss. Beliebt ist der Sonntagsbrunch. Gerichte zwischen 6–10 $, Brunch 24 $.

Catfish gut und reichlich ▶ **Flying Fish** 2: 511 President Clinton Ave., im River Market District, Tel. 501-375-3474, http://flyingfishinthe.net, So–Do 11–22, Fr/Sa bis 23 Uhr. Catfish ab 9 $.

Einkaufen

Marktareal am Fluss ▶ Der **River Market District** 1 bietet knapp zwei Dutzend Geschäfte, dazu im Sommerhalbjahr von Mai bis Okt. am Di und Sa von 7–15 Uhr einen **Farmers Market** mit frischen Produkten der Region (www.rivermarket.info).

Abends & Nachts

Junge Talente ▶ **Juanita's Cantina Ballroom** 1: 1300 S. Main St., Tel. 501-372-1228, www.juanitas.com. Hier spielen junge

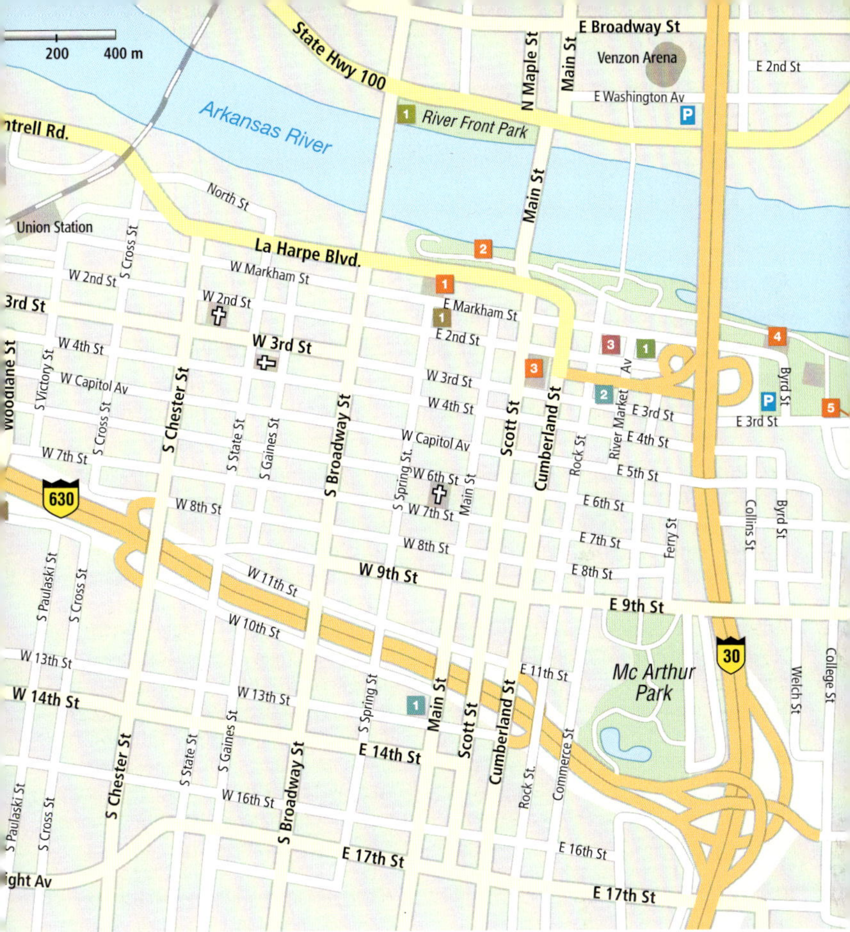

Gruppen und Sänger unterschiedlicher Genres aus Little Rock und Umgebung.

Rock 'n' Roll ▶ Sticky Fingerz Rock 'n' Roll Chicken Shack 2: 107 S. Commerce St, Tel. 501-372-7790. Der Name ist Programm, zumindest was die Musikrichtung betrifft.

Aktiv

Golf ▶ Golfen ist ohne Clubmitgliedschaften auf acht öffentlichen Anlagen rund um die Stadt möglich. Eine Übersicht bietet www.littlerock.com/outdoors.

Joggen, wandern, radfahren ▶ Der **Arkansas River Trail 1** wird Stück um Stück komplettiert, bis er dem Fluss entlang beider Uferseiten auf gut 24 Meilen folgt. Tel. 501-223-6404, www.rivertrail.org. Gut 37 Meilen Wanderwege sind im **Pinnacle Mountain State Park 2** markiert, knapp 17 Meilen westlich von Litte Rock, 11901 Pinnacle Valley Rd., Roland, Tel. 501-868-5806, www.arkansasstateparks.com/pinnaclemountain.

Termine

Riverfest Arts and Music Festival: Letztes Wochenende im Mai (Memorial Day Weekend). Theater, Musik, Kunstausstellung und diverse Essensstände im Julius Breckling Riverfront Park, www.riverfestarkansas.com.

Arkansas State Fair and Livestock Show: 10 Tage im Okt. Die Leistungsschau des Bundesstaats bietet ein abwechslungsrei-

Little Rock: Fallschirmjäger für Bürgerrechte

Thema

An der Kreuzung von 14th und Park Street waren Militärlastwagen und Jeeps aufgefahren. Die Mobil-Tankstelle hatte vorsichtshalber vorzeitig geschlossen. Hunderte von Soldaten und Mitgliedern der Nationalgarde bildeten ein Spalier, durch das neun farbige Schülerinnen und Schüler zur Central High School in Little Rock gelangen konnten.

Die Fernseh- und Wochenschaubilder der schwarzen Teenager inmitten eines pfeifenden und keifenden weißen Mobs erregten 1957 weltweites Aufsehen. Die Auseinandersetzung um gleiche Bildungschancen, um ungehinderten Zugang zu bislang allein Weißen vorbehaltenen Einrichtungen hatte in den USA nach dem Zweiten Weltkrieg deutlich an Intensität zugenommen. Schwarze Soldaten, die gegen die rassistischen Nazis an allen Fronten gekämpft hatten, sahen sich in ihrer Heimat weiterhin massiver Diskriminierung ausgesetzt. Die Bürgerrechtsorganisation NAACP (National Association for the Advancement of Colored People) begann mit Unterstützung kirchlicher Einrichtungen eine Kampagne, um die Trennung nach Hautfarben im öffentlichen Leben zu beenden.

Ein Urteil des Obersten Gerichtshofs hob 1954 die Weigerung einer Grundschule in Topeka, Kansas, ein schwarzes Mädchen einzuschulen, als verfassungswidrig auf. Eine Welle der Empörung ging durch das konservative Establishment im Süden, der Ku-Klux-Klan verschaffte sich mit brennenden Kreuzen und Anschlägen Aufmerksamkeit, sogenannte *Citizen Councils* gegen »Rassenmischung« erreichten die Mitgliederzahl von einer Viertelmillion und die Unterstützung prominenter Politiker. In einem *Southern Manifesto* wurde das Recht der Bundesstaaten gefordert, ihre »Rassenpolitik« selbst zu regeln.

Nach einer Klage gegen das Schulamt von Arkansas wollte man einige schwarze Schüler zu der allein von Weißen besuchten Schule zulassen. Doch der Gouverneur mobilisierte die Nationalgarde und versperrte den schwarzen Jugendlichen den Zugang zur Schule.

Der republikanische US-Präsident Dwight D. Eisenhower sah sich nun zum Handeln gezwungen. Er setzte Einheiten der 101. Luftlandedivision nach Arkansas in Marsch, stellte die Natinalgarde des Bundesstaates unter nationales Kommando und erzwang den Zugang der neun zurückgewiesenen farbigen Jugendlichen zur Central High School unter massivem Militärschutz. Den Schülern standen während des Schuljahrs bewaffnete Soldaten als Geleitschutz zur Seite.

1997 kamen die »Little Rock Nine« zum 40. Jahrestag ihres erkämpften Schulbesuchs erstmals wieder in Little Rock zusammen. Auch wenn nach wie vor viele Farbige und andere Minderheiten schlechtere Bildungs- und Arbeitsmöglichkeiten haben als ihre weißen Mitbürger, so war der gefährliche und mutige Einsatz der Jugendlichen ein bedeutender Schritt zur Aufhebung der Apartheid an öffentlichen Schulen. Heute hat die Little Rock High ein hohes Ansehen, in nationalen Rankings belegt sie regelmäßig einen der vorderen Plaätze. Die ehemalige Tankstelle gegenüber der Central High School ist als Besucherzentrum umgestaltet und dokumentiert die historischen Ereignisse vor 40 Jahren. Zur Inaugurationsfeier für Präsident Barack Obama im Dezember 2008 waren die ehemaligen Studenten als Ehrengäste eingeladen.

ches Programm, mit Konzerten, einem Rodeo, Viehauftrieb und -verkauf, Ausstellungen, Kunsthandwerk und Essensständen. State Fairgrounds und Barton Coliseum, Tel. 501-372-8341, www.arkansasstatefair.com.

Verkehr

Flug: Der moderne Little Rock National Airport liegt östlich des Stadtzentrums und verbindet die Hauptstadt von Arkansas mit den großen Zentren der USA (Tel. 501-372-3439, www.lrn-airport.com).

Bahn: Amtrak, Union Station Square, 1400 W Markham at Victory, Tel. 501-372-6841, www.amtrak.com. Der »Texas Eagle« zwischen Chicago und Dallas stoppt auch in Little Rock. Das 1921 erbaute Bahnhofsgebäude steht unter Denkmalsschutz.

Bus: Greyhound, 118 E. Washington Ave., Tel. 501-372-3007, www.greyhound.com.

Durch die Ozarks ins Tal des Arkansas

Wer von **Little Rock** (s. S. 426) aus auf der SR 25 zwischen den Orten Guy und Quitman auf dem Weg in die Ozark Mountains plötzlich helle Trompetenstöße vernimmt, muss sich nicht wundern. Das private **Riddle's Elephant and Wildlife Sanctuary** – allein aus Spenden finanziert – gibt so vielen Elefanten eine Heimstatt, wie es unterhalten kann. Heidi und Scott Riddle kaufen die Dickhäuter von Zoos oder Wildparks, die sich der Tiere entledigen wollen. Star der Menagerie ist Mary, eine kunstbegabte Elefantendame, deren abstrakte Gemälde sich in einer Galerie in Little Rock für bis zu 300 $ verkaufen (P. O. Box 715, Greenbrier, Tel. 501-589-3291, www.elephantsanctuary.org).

Ozark Mountains ► 3, C/D 3

Im Mittelgebirge der Ozark Mountains, oft einfach Ozarks genannt, spielte die Plantagenwirtschaft des Südens keine Rolle. Die Menschen lebten in den fruchtbaren Tälern von der Landwirtschaft. Nicht wenige waren aus den Appalachen weiter im Osten übergesiedelt, nachdem sie der Boden dort nicht mehr ernähren konnte.

Die Ausläufer der bis zu 800 m hohen Ozarks erstrecken sich bis in die benachbarten Bundesstaaten Missouri im Norden und Oklahoma im Westen. Das Gebirge aus Kalk- und Sandstein war einst Boden eines prähistorischen Meeres, der vor ca. 300 Mio. Jahren von den Kräften der Erde nach oben gedrückt wurde. Flüsse haben sich inzwischen tief in das Plateau eingekerbt, Höhlen, in denen sich Spuren indianischer Besiedlung finden, sind entlang der Flussufer nicht selten. Und noch immer befinden sich beiderseits der kurvigen Landstraße dichte Laubwälder mit Eichen-, Ahorn- und Birkenbeständen.

Ozark Folk Center ► 3, D 2

Im weitläufigen **Ozark Folk Center** bei **Mountain View** wird die alte Kultur und Lebensweise der abgeschieden lebenden Siedler dies Mittelgebirges bewahrt. Einheimische Künstler zeigen Besuchern während der Sommermonate in 25 auf den Hügeln verstreuten Werkstätten, wie Tischdecken gewebt, Stühle getischlert oder Musikinstrumente gefertigt werden. In einem Kräutergarten wachsen Zutaten für schmackhaft gewürzte Gerichte, aber auch Heilkräuter, deren medizinische Wirksamkeit heute fast in Vergessenheit geraten sind. Konzerte mit Hackbrett, Sägeblatt, Mundorgel, Banjo, Gitarre oder Fiedel versammeln bis zu 1000 begeisterte Zuschauer im Amphitheater in den Bergen (1032 Park Ave., Mountain View, Tel. 870-269-3851, www.ozarkfolkcenter.com. April–Okt. Mi–Sa 10–17 Uhr, Konzerte und Veranstaltungen 19.30 Uhr).

Nur wenig weiter im Norden fließt unterirdisch ein Bach durch die Höhlenwelt der **Blanchard Springs Caverns** und erreicht später als Sylamore Creek die Erdoberfläche. Ranger des US Forest Service bieten Führungen auf verschiedenen Routen durch die verzweigten Kalksteinhöhlen an, die zwischen 1 bis 4 Stunden dauern. Auf der Wild Cave Tour geht es ca. 2 Meilen abseits der markierten Pfade durch die Höhle (Anmeldung: 1001 E. Main St., Mountain View, Tel. 870-

757-2211, www.fs.usda.gov/osfnf; 75,50 $/ Pers., Kinder zahlen erst ab 10 J.)

Übernachten

Camping ▶ **Blanchard Springs Recreational Use Area:** von Mountain View 12 Meilen nach Norden auf der SR 14, dann rechts abbiegen und der Beschilderung »Blanchard Springs Caverns« folgen. Picknicktische, Wanderwege, eine mächtige Quelle und ein kleiner See, in dem die Forellen beißen. 10 $ pro Pers./Nacht.

Buffalo National River ▶ 3, C 2

Durch die bewaldeten Berge des **Ozark National Forest** ist bald **Harrison** erreicht. Das kleine Städtchen, der ›Kreuzungspunkt der Ozarks‹, ist Ausgangspunkt für Fahrten auf dem **Buffalo National River** (s. Aktiv unterwegs S. 434). Rund 150 Meilen windet sich der nicht durch kanalisierte Ufer oder Dämme eingeengte Buffalo River durch das dicht bewaldete Mittelgebirge des Ozark-Plateaus und der Boston Mountains im Nordwesten von Arkansas. Dann mündet er in den White River, einen Zufluss zum mächtigen Mississippi. Im Jahr 1972 wurde sein unterer Abschnitt auf einer Länge von ca. 135 Meilen mitsamt angrenzender Uferlandschaften als erster Fluss in den USA zu einem »National River« erklärt und damit als Naturschutzgebiet ausgewiesen. Er darf aber trotzdem von Kanus, Kajaks und Gummiflößen, insgesamt allerdings nicht mehr als von 400 gleichzeitig, befahren werden.

Infos

Tyler Bend Visitor Center: 11 Meilen nördl. von Marshall an der US 65, Tel. 870-741-5443, www.nps.gov/buff, tgl. 8.15–16.40 Uhr; das Flussgebiet ist durchgehend geöffnet).

Eureka Springs und Umgebung ▶ 3, B 1

Eureka Springs

Durch eine Landschaft mit Apfelbäumen und Viehherden geht es nach **Eureka Springs** im Norden der Ozarks. Die Region um den properen Ort, der im Sommer deutlich mehr Urlauber als seine 2300 Einwohner zählt, nennt sich auch »Little Switzerland of America«. Der kurvige Straßenverlauf des Städtchens mit viktorianischen Backsteingebäuden entlang der Hauptstraße ist recht ungewöhnlich für die USA, wo die Straßen fast überall schachbrettartig angelegt sind. Kleine Steinwälle, quer zu den Berghängen gebaut, bilden Terrassen und verhindern so die Bodenerosion. Künstler und Kunsthandwerker fühlen sich seit vielen Jahren vom beschaulichen Ort angezogen. In der

Ein Bachlauf durchzieht das Höhlensystem der Blanchard Springs Caverns

Sommersaison wird ihre Zahl auf mehr als 600 geschätzt. Ateliers und Galerien verkaufen Bilder, Schnitzwerk, Glasskulpturen, Quilts oder handgefertigte Möbel. In einem **Bibel-Museum** sind mehr als 10 000 Bibeln in zig Sprachen und Dialekten gesammelt (US 62, 3 Meilen weiter im Osten, Tel. 478-253-8559, April–Okt., tgl. 9–17 Uhr).

Infos

Chamber of Commerce: 516 Village Circle Dr., am US Hwy 62 E., Tel. 479-253-8737, www.eurekaspringschamber.com.

Übernachten

Grand Old Lady of the Ozarks ▶ 1886 Crescent Hotel & Spa: 75 Prospect Ave., Tel. 479-253-9766, www.crescent-hotel.com. Repräsentatives historisches Hotel mit 72 Zimmern, schöner Wellnessbereich. DZ ab 170 $.

Idylle in viktorianischem Stil ▶ Heartstone Inn & Cottages: 35 Kings Hwy, Tel. 479-253-8916, www.heartstoneinn.com. Gemütliche B-&-B-Unterkunft in einem historischen Gebäude. Das Frühstück ist köstlich! DZ ab 100 $.

aktiv unterwegs

Kanutour auf dem Buffalo River

Tour-Infos

Start: Buffalo Outdoor Center in Ponca, Kreuzung der Hwys 43 und 74
Dauer: 4–6 Std.
Wichtige Hinweise: gutes Kartenmaterial, auch für längere Touren, gibt es unter www.nps.gov/buff/planyourvist/maps.htm; weitere Infos unter Tel. 1-800-221-5514 u. www.buffaloriver.com; Kanus ab ca. 55 $/ Tag.

Beim **Buffalo Outdoor Center** in **Ponca,** einer von 22 Stellen entlang des Flusses, an denen Boote ins Wasser gelassen werden können, soll es losgehen. Die kurze Instruktion, bei der die Verständigung untereinander während des Trips eingeübt wird, beruhigt genauso wie die Information, dass die Stromschnellen nur als Klasse I und II festgelegt und auch für Anfänger bestens geeignet sind.

Es wird eine gemütliche Tour, der Fluss gibt die Geschwindigkeit der sechs Boote vor, die in einer Gruppe ablegen. Alle Mitfahrer haben eine Schwimmweste angelegt. Der **Buffalo River** bahnt sich seinen Weg vorbei an steilen Kalksteinklippen. Die Höhlen am Steilufer boten Indianern vor einigen Tausend Jahren Schutz und Wohnung. Das Wasser ist glasklar und zieht stetig dahin. Über den Köpfen schützt das Laub der weit ausladenden Eichenbäume wie ein grüner Baldachin.

Das Panorama der spektakulären, bis zu 160 m steil aufragenden Felswände ist einfach überwältigend; im Sommer kommt neben dem Anblick von Elchen, Rotwild, Schildkröten und anderen Wildtieren noch die Farbenpracht der zahlreichen Wildblumen hinzu.

Nach 5 Stunden eines gemütlichen Turns ist **Kyles Landing** erreicht, wo der Kanuvermieter schon mit seinem Shuttlebus wartet.

Auch in **Ponca, Ozark, Carver, Tyler Bend** oder **Buffalo Point** kann man Kanus mieten; dort sorgen Picknickplätze, Proviantläden, Campingplätze und einige Berglodges für eine angenehme Rast.

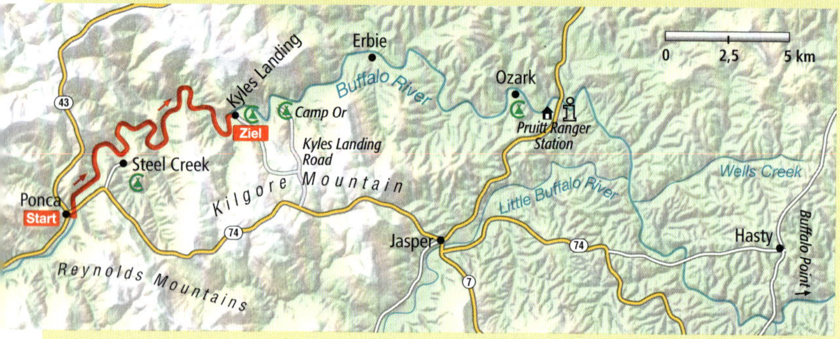

Essen & Trinken

Steaks and more ▶ Gaskin Cabin Steakhouse: 2883 Hwy 23 N., Tel. 479-253-5466, www.GaskinsCabin.com. Beste Steaks, aber auch Shrimps oder Hühnchen in rustikalem Blockhaus. Steaks ab 29 $.

Regionale Küche ▶ Myrtie Mae's: 207 W. Van Buren St., Tel. 479-253-9768, http://myrtiemaes.com. Beste Auswahl an Sandwiches, dazu klassische Hühnchenrezepte und mehr, in einem Best Western Hotel. Hühnchen ab 9 $, Sandwiches ab 5 $.

Termine

The New Great Passion Play: Mai–Okt., Seit 1968 wird in einem großen Freilufttheater 3 Meilen östlich von Eureka Springs das Passionsspiel von den letzten Tagen, dem Sterben und der Wiederauferstehung Jesu aufgeführt. Die meisten der 250 Darsteller stammen aus Eureka Springs und Umgebung (US 62, Tel. 479-253-9200, www.greatpassion play.com, Vorstellungen Mo, Di, Do–Sa 19.30/20.30 Uhr, Erw. 26,50 $, Kind. 6–15 J. 13,25 $).

Pea Ridge National Military Park

Kurz hinter dem zum Beaver Lake aufgestauten **White River,** dessen Tal fantastische Ausblicke bis nach Missouri ermöglicht, erinnert der **Pea Ridge National Military Park** an die im März 1862 ausgefochtene Bürgerkriegsschlacht, die der Union endgültig die Kontrolle über Missouri sicherte. Eine gut 6 Meilen lange Rundtour führt zu Grabstellen, Denkmälern und Erinnerungstafeln. Weitere Informationen erhält man im Visitor Center, dem Startpunkt der Tour (s. u.)

Infos

Visitor Center: 10 Meilen nordöstl. von Rogers an der US 62, Tel. 479-451-8122, www.nps.gov/peri. April–Okt. tgl. 8–17, sonst 9–16 Uhr.

Bentonville

In **Bentonville,** im einsamen Nordwesten von Arkansas, überrascht die Konzernzentrale von Walmart, einem der größten Handelsunternehmen der USA. Im Jahr 1962 von Sam Walton gegründet, sind heute mehr als 2 Mio. Mitarbeiter weltweit beschäftigt, die rund 500 Mrd. $ Jahresumsatz erwirtschaften. Seit Langem ist der Discounter nicht nur wegen günstiger Preise, sondern auch wegen seiner Beschäftigungspraktiken und politischer Einflussnahme für konservative Strömungen in der Diskussion.

Das **Crystal Bridges Museum,** ein bestens ausgestatteter und vom renommierten Architekten Moshe Safdie perfekt auf die Parklandschaft abgestimmter Bau, widmet sich der amerikanischen Kunst. Das Museum wurde von Wallmarterbin Alice Walton initiiert und größtenteil durch Gelder einer von ihr gegründeten Stiftung finanziert (P. O. Box 1169, Arkansas 72712, Tel. 479-418-5700, http://crystalbridgesmuseum.org, Mo/Di, Sa/So 11–18 Uhr, Mi/Fr 11–21, Mi/Fr 11–21 Uhr, Eintritt nur für Sonderschauen).

Die Fahrt nach Süden führt durch die wildreichen Bergwälder des **Ozark National Forest** und folgt einige Zeit dem Oberlauf des White River, an Wiesen vorbei, die sich bis zum gewundenen Bett des Flüsschens erstrecken.

Fort Smith ▶ 3, A 3

Fort Smith wurde 1817 am Arkansas River gegründet. Der heutige Gewerbestandort hat gut 80 000 Einwohner, verfügt über Erdgasvorkommen im 20 Meilen südlich gelegenen Mansfield und hat eine bewegte Vergangenheit hinter sich.

Geschichte

Der als *hell on the border* bekannte Stützpunkt diente sieben Jahre lang als vorgeschobener Posten, um kriegerische Auseinandersetzungen zwischen Weißen und den aus dem Osten vertriebenen Indianerstämmen zu schlichten. Dann wurde dort eine Passierstelle für die in den 1930er-Jahren des 19. Jh. durchgeführte Deportation der Indianer östlich des Mississippi eingerichtet.

Nach dem Ende des Bürgerkriegs zog 1871 schließlich ein Bundesgericht ein. 1875 kam mit Richter Parker der Mann, der 21 Jahre mit Hunderten von Deputy-Marshalls – mehr als 100 von ihnen wurden im Dienst erschossen – versuchen sollte, das westlich anschließende *Indian territory* von Desperados und flüchtigen Gesetzesbrechern zu säubern und *law and order* in den späteren Bundesstaat Oklahoma zu bringen. Judge Parker verhandelte mehr als 13 000 Fälle, 9 000 Angeklagte wurden schuldig gesprochen, der Richter verhängte 160 Todesurteile, von denen 79 vollstreckt wurden. Westernfans erinnern sich an Filmklassiker wie »Hängt ihn höher«, in dem Clint Eastwood als Marshall Cooper für Richter Fenton in Fort Grant gegen Lynchjustiz und für *law and order* ritt oder an »True Grit«, 1969 mit John Wayne und 2010 mit Jeff Bridges als Marshall Cogburn, der einem starrköpfigen Mädchen hilft, von Fort Smith aus den Mörder ihres Vaters zu jagen. Die Reste des Forts mit den historischen Gebäuden, Gerichtssaal und Galgenanlage sind heute als historisches Denkmal geschützt (320 Rogers Ave./3rd St., Tel. 479-783-3961, www.nps.gov/fosm. tgl. 9–17 Uhr, Erw. 4 $).

Museen und historische Architektur

Ergänzend dazu gibt das **Fort Smith Museum of History** einen guten Überblick über die Entwicklung der Befestigung und des dazugehörigen Ortes (320 Rogers Ave., Tel. 479-783-7841, www.fortsmithmuseum.com). In **Miss Laura's Visitor Center,** einst eines der bekanntesten Bordelle der Westgrenze um die Wende zum 20. Jh., wird man mit ganz anderen Aspekten der Zivilisation vertraut gemacht (2 N. B St., Tel. 479-783-8888, www.fortsmith.org, Mo–Sa 9–16, So 13–16.30 Uhr, Erw. 5 $, Kinder 6–15 J. 2 $). Im südöstlich anschließenden **Belle Grove Historic District** sind zahlreiche Gebäude unterschiedlicher Architekturstile aus den letzten 130 Jahren erhalten. Gegenwärtig laufen die Vorbereitungen für den Bau eines **US Marshals Museum,** das am Rande des historischen Distrikts von Fort Smith die Westernvergangenheit des Ortes beleuchten wird (100 Garrison Ave., www.usmarshalsmuseum.com, Tel. 479-709-3766).

Infos

Fort Smith Convention & Visitors Bureau: 2 N. B St., AR 72901, Tel. 479-783-8888, www.fortsmith.org, Mo–Sa 9–17 Uhr.

Übernachten

Ruhige Herberge ▶ **Beland Manor Inn:** 1320 S. Albert Pike, Tel. 479-782-3300, www.fort-smith.net. B-&-B-Unterkunft mit 7 Zimmern, in ruhiger Umgebung; gutes Frühstück, Internetanschluss. DZ ab 110 $.

Essen & Trinken

Lateinamerikanisch ▶ **Rolando's Nuevo Latino Restaurante:** 223 Garrison Ave., Tel. 479-573-0404, Mo–Do 11–21.30, Fr–Sa 11–22, So 11–20 Uhr. Leckere lateinamerikanische Spezialitäten. Gerichte 8–22 $.

Country style ▶ **Calico County Restaurant:** 2401 56th St., Suite 116, Tel. 479-452-3299, Mo–Do 6.30–21, Fr/Sa 6.30–22, So 7–21 Uhr. Herzhafte Speisen in nostalgisch eingerichtetem Restaurant. Gerichte 5–16 $.

Im Tal des Arkansas River

▶ 3, B 3

Südlich der Ozark Mountains öffnet sich das weite Tal des **Arkansas River.** Die Hänge und Felder um Altus sind mit Reben bewachsen. Wer auch auf Reisen gern einmal heimische Gerichte kosten möchte, kann im Tal des Arkansas River bei **Altus** eine Überraschung erleben: Nachkommen von Winzern, die im 19. Jh. aus Deutschland eingewandert sind, kredenzen hier hervorragende Weine (Post Vineyards & Winery, 1700 St. Mary's Mountain Rd, Tel. 479-468-2741, www.postfamilie.com. Mo–Sa 11–16 Uhr). Auch im Ausschank der Schweizerischen Wiederkehr Wine Cellars kann man zum »Alpengoulash« oder »Matterhorn Schnitzel« erstaunlich gute Tropfen verkosten (s. u.)

Bei **Turner Bend,** 13 Meilen nördlich der »Wiederkehr Wine Cellars«, jagen Wildwasserenthusiasten über die Stromschnellen des Mulberry River in den südlichen Ozarks. Um den Bee Rock schwirren Millionen wilde Bienen, die sich von den Kleeblüten auf den Bergwiesen ernähren. Nach zweistündiger Fahrt durch das Tal des Arkansas River ist nach 125 Meilen Little Rock, der Ausgangspunkt der Rundtour, erreicht.

Essen & Trinken

Schweizer Spezialitäten ▶ **Wiederkehr's Weinkeller Restaurant:** 3324 Swiss Family Dr., Wiederkehr Village, Tel. 479-468-9463, www.wiederkehrwines.com, tgl. 9–16.30 Uhr. Gerichte ab 12 $.

Badetempel: Glaskunst im historischen Fordyce-Badehaus

Hot Springs ►3, B 4

Cityplan: S. 438
Die heilenden Kräfte der insgesamt 47 heißen, keimfreien Quellen waren den indianischen Bewohnern schon seit mehreren Tausend Jahren bekannt, später galt **Hot Springs** als Sommerfrische und Erholungsort wohlhabender Pflanzer. Die meist vor der Jahrhundertwende im viktorianischen und im *Spanish Revival*-Stil erbauten Badehäuser entlang der Central Avenue, in denen schon so unterschiedliche Urlauber wie der Gangsterkönig Al Capone aus Chicago und US-Präsident Harry S. Truman Erholung gesucht haben, sind längst unter Denkmalschutz gestellt.

Das Quellgebiet mitsamt der Bäderstraße Bathhouse Row gehört zum **Hot Springs National Park 1,** ein mitten im Stadtgebiet etwas verwirrendes Arrangement (Visitor Center im Fordyce-Badehaus, Bathhouse Row, 369 Central Ave.,Tel. 501-620-6715, www.nps.gov/hosp, tgl 9–17 Uhr, Eintritt frei).

Einige Hotels und auch Badehäuser wie das Buckstaff und das Quapaw bieten nach wie vor Kuren oder Entspannungsbäder an. Hinter dem Maurice-Badehaus sprudelt das Thermalwasser wie vor vielen Tausend Jahren aus der Erde. An eigens eingerichteten Zapfhähnen kann man so viel Wasser abfüllen, wie man möchte (369 Central Ave.). Auch das Besucherzentrum der **Mountain Valley Water Spring Company 2,** die Wasser aus einer eigenen Quelle in Flaschen abfüllt und kommerziell vertreibt, ist in einem aus dem Jahr 1910 stammenden, komplett restaurierten Gebäude mit einer Ausstellung zur Geschichte des »berühmten Wassers« entlang der Bathhouse Row untergebracht (150 Central Ave., Tel. 501-624-1635, www.mountainvalleyspring.com, Mo–Fr 9–16.30, Sa 10–16, So 12–16 Uhr, Eintritt frei).

Nach vielen Jahren wirtschaftlicher Flaute scheint sich Hot Springs erneut leicht im Aufwind zu bewegen. Viele Künstler, Fotografen, Maler, Schmuckdesigner oder Töpfer, die sich hier niedergelassen haben, zeigen ihre Arbeiten im **Fine Arts Center of Hot Springs 3** (626 Central Ave., Tel 501-624-0489, www.hsfac.com, Do–Sa 11–17 Uhr,

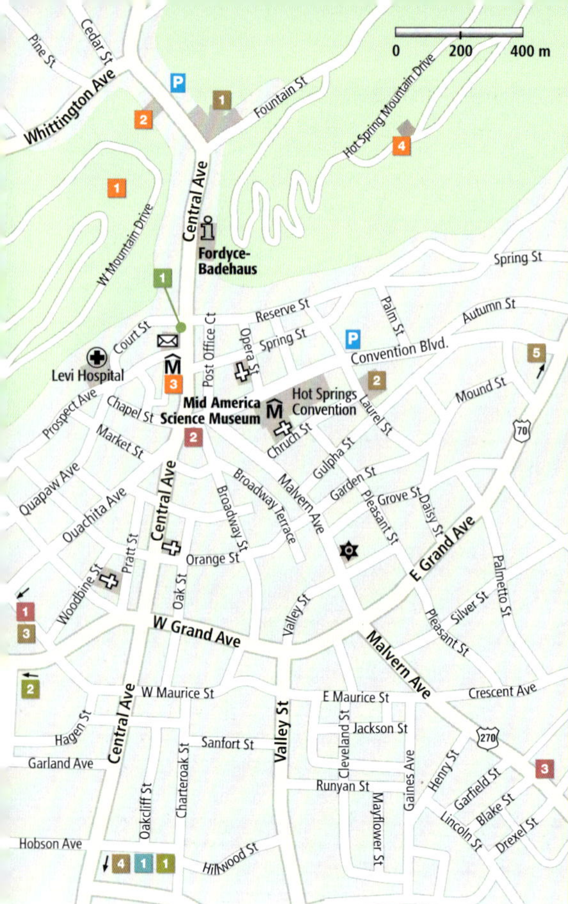

Hot Springs

Sehenswert

1 Hot Springs National Park
2 Mountain Valley Water Spring Company
3 Fine Arts Center
4 Mountain Observation Tower

Übernachten

1 Arlington Resort Hotel
2 Embassy Suites
3 Wake Zone
4 Willow Beach Motel
5 KOA Hot Springs

Essen & Trinken

1 Grampa's Catfish House
2 Brick House Grill
3 Cafe 1217

Einkaufen

1 Hot Springs Artisan Market

Abends & Nachts

1 The Big Chill

Aktiv

1 Outdoor Adventure Tours
2 Brady Mountain Riding Stables

Eintritt frei) oder in einer der zahlreichen Galerien des Ortes.

Vom 66 m hohen **Mountain Observation Tower** 4 hat man den besten Blick auf den Ort von knapp 40 000 Einwohnern und die umgebende Wald- und Seenszenerie (401 Hot Springs Mountain Dr., Tel. 501-623-6035, tgl. ab 9–17/18 Uhr).

Die harmonische Landschaft, mehrere Golfplätze, eine Galopprennbahn sowie nicht zuletzt behagliche Hotels, B & B-Unterkünfte und elegante Restaurants tragen sicher zur wachsenden Attraktivität der Region bei. Und vielleicht hat auch Bill Clinton eine positive Rolle gespielt, schließlich ist der 42. Präsident der USA, der von 1993 bis 2001 regierte, wie Werbebroschüren, Erinnerungsplaketten und Anschläge unübersehbar verkünden, in Hot Springs aufgewachsen und dort auch zur Schule gegangen.

Infos

Hot Springs Conventions & Visitors Bureau: 134 Convention Blvd.,Tel. 501-321-2835, www.hotsprings.org.

Übernachtung

Grand Hotel ▶ **Arlington Resort Hotel & Spa** 1: 239 Central Ave., Tel. 501-623-7771, www.arlingtonhotel.com. Grande Dame der Badehotels von 1875 mit 500 Zimmern, am Ende der historischen Bäderstraße. Eigene Badeeinrichtungen, Ballsäle, mehrere Restaurants. DZ und Suiten 85–450 $.

Zentral und modern ▶ Embassy Suites 2: 400 Convention Blvd., Tel. 501-624-9200, http://embassysuites1.hilton.com. Gut geführtes Kettenhotel mit 246 großen Zimmern, gleich beim Convention Center. Pool, gutes Frühstück, nettes Bistro, nachmittags kostenlose Happy Hour mit Drinks und Knabbersnacks. DZ 110–260 $.

Luxus mitten im See ▶ Wake Zone 3: 1649 N. Crystal Springs Rd., Royal, Tel. 501-991-3600, www.houseboatingarkansas.com. Luxuriöse Hausboote am Lake Ouachita. Die mit allen Annehmlichkeiten ausgestatteten Boote, auf denen 8–12 Personen Platz finden, liegen in der Crystal Springs Resort & Marina. Ab 3000 $/Woche inkl. vieler Extras.

Direkt am See ▶ Willow Beach Motel 4: 260 Lake Hamilton Dr., Tel. 501-525-3500, www.willowbeachmotel.com. Nettes Motel mit 18 Zimmern, direkt am Lake Hamilton, WLAN. kostenlose Telefongespräche USA-weit. DZ ab 55 $.

Camping ▶ KOA Hot Springs 5: 838 Mc Clendon Rd., Tel. 501-624-5912, www.hotspringskoa.com. Bestens ausgestatteter Platz für Wohnmobile und Zelte, knapp 2 Meilen vom Zentrum. Mit Pool, Lebensmittelladen, WLAN, Kabel-TV. Stellplätze mit elektrischen und Anschlüssen für Frisch- und Abwässer, Shuttlebus zu Attraktionen in der Umgebung, auch einige Blockhäuschen. Platzreservierungen und Preise ab 25 $ pro Zelt u. 34 $ für ein Pick-up-Wohnmobil.

Essen & Trinken

Catfish bis zum Abwinken ▶ Grampa's Catfish House 1: Exit 2, 1200 Airport Rd., Winston Plaza, Tel. 501-767-2299, tgl. 11–21 Uhr. Wels, frittiert, in verschiedenen Varianten. *All you can eat* ab 14 $.

Nette Location ▶ Brick House Grill 2: 801 Central Ave., Tel. 501-321-2926, www.thebrickhousegrill.net, Mo–Sa ab 11, So ab 17 Uhr. Bar und drei Speiseräume in den umgebauten Klinkerbauten von Spencers Corner im Zentrum. Freundliche Atmosphäre und ausgezeichnete Steaks von 12–25 $.

Kalifornische Südstaaten-Küche ▶ Cafe 1217 3: 1217 Malvern Ave., Tel. 501-318-1094, www.cafe1217.net, Mo–Fr 11–19, Sa bis 16 Uhr, So geschl. Munteres Bistrot-Café mit frisch zubereiteten Salaten, Pasta und anderen kleineren Speisen, auch ausgezeichneter Kaffee. Gerichte ab 7 $.

Einkaufen

Hot Springs Artisan Market 1: Die Kunstmesse lokaler Künstler und Kunsthandwerker findet jeden dritten Samstag im Monat in der Star Gallery statt. 610-A Central Ave., Tel. 501-520-8244.

Abends & Nachts

Musik und Billard ▶ The Big Chill 1: 910 Higdon Ferry Rd., Tel. 501-624-5185. Mo–Sa jeden Abend Livemusik bis 2 Uhr nachts, dazu Pool-Billard, Drinks und kleine Gerichte.

Aktiv

Stadtbesichtigung, biken, wandern ▶ Outdoor Adventure Tours 1: 300 Long Island Dr., Tel. 501-525-4457, www.outdooradventuretours.com bietet Sighseeing-Touren an, aber auch Bergwanderungen, Fahrradtrips, Kanufahrten auf dem Caddo River oder Wildbeobachtungen.

... in Royal (11 Meilen westl. von Hot Springs):

Reiten ▶ Brady Mountain Riding Stables 2: 4120 Brady Mountain Rd., Tel. 501-767-19 09, www.bradymountainridingstables.com. Ausritte entlang baumbeschatteter Naturwege oder am Ufer des Lake Ouachita entlang. Eigenes Restaurant und Hausboote zur Übernachtung. Ausritte ab 30 Min. $ 15, bis 2 Std., 50 $/Pers.

Termine

Arkansas Derby: April. Höhepunkt der Rennsaison ist das »Arkansas Derby« auf der Rennbahn von Oakland Lawn, bei dem Dreijährige für ein Preisgeld von 1 Mio. $ um das Oval galoppieren, 2705 Central Ave., www.oaklawn.com.

Hot Springs Documentary Film Festival (Oktober): Malco Theatre, 817 Central Ave., Tel. 501-623-6200, www.hsdfi.org. Renommiertes Festival mit herausragenden Dokumentarfilmen.

Unterhaltsame, womöglich lukrative Diamantensuche im Crater of Diamonds S. P.

Durch die Quachita Mountains und den Süden

Texarkana ►3, A 6

Die Grenze, die Texas von Arkansas trennt, läuft mitten durch das 55 000 Einwohner zählende Texarkana. Der Name der Stadt lässt sich nicht nur von Texas und Arkansas ableiten, die letzten drei Buchstaben erinnern an das nur 30 Meilen im Süden gelegene Louisiana. Ein »Four States Fair and Rodeo« im September, an dem traditionell auch viele Teilnehmer aus dem im Nordwesten benachbarten Oklahoma teilnehmen, unterstreicht den Charakter der Westernstadt. Ende des 19. Jh. wurde Texarkana als Kreuzungspunkt der »Texas and Pacific Railroad« mit der in Nord-Süd-Richtung verlaufenden »Cairo and Fulton Railroad« gegründet. Das 1885 errichtete **Ace of Clubs House Museum** ist das besterhaltene Gebäude aus dieser Zeit. Aus der Luft betrachtet, ähneln die Umrisse einem Kreuz-As – der Hausherr hatte ein Vermögen beim Pokern gewonnen. Heute kann man die in einem Stilmix von viktorianischen, italienischen, spanischen und orientalischen Elementen erbaute und mit zeitgenössischen Möbeln ausgestattete Villa besichtigen (Chamber of Commerce: 819 State Line Ave., Tel. 903-792-7191, www.texarkana.org; Museum: 420 Pine St., Tel. 903-793-4831, Di–Sa 10–16 Uhr, www.texarkanamuseums.org).

Termine

Four State Fair & Rodeo: Sept. Viehverkauf, Konzerte, Kunstausstellungen und ein riesiges Rodeo, 3700 E. 50th St., Tel. 870-773-2941, www.fourstatesfair.com.

Hope ►3, B 6

In Hope, einem Ort von 10 000 Einwohnern 55 Meilen südwestlich von Hot Springs, der bis vor Kurzem vor allem wegen schmackhafter Wassermelonen bekannt war, wurde am 19. August 1946 William Jefferson Clinton geboren. Ein **Clinton Trail** führt vom Besucherzentrum zu seinem bescheidenen ersten und zweiten Wohnhaus zur Brookwood-Grundschule in der Spruce Street, in welcher der spätere Erste Mann im Staate das kleine Einmaleins lernte.

Doch in der zweiten Augustwoche geht es von Donnerstag bis Sonntag nicht um den Ex-Präsidenten. Im Fair Park von Hope dreht sich dann alles um riesige saftige Wassermelonen. Wettessen, Weitspucken der

Kerne, Hufeisenwerfen, ein 5000-m-Lauf und ein Tennisturnier, Square Dance zu Pferde, Fahrten mit alten Kutschen, ein Fiedler-Wettstreit sowie Bühnenshows mit bekannten Country-Stars locken mehrere Tausend Teilnehmer aus Süd-Arkansas in das kleine Städtchen. »I still believe in a place called Hope«, lautet die bewusst doppeldeutige Botschaft des Ex-Präsidenten, wenn er auf seinen Geburtsort und gleichzeitig auf das Prinzip Hoffnung in der Politik und im Leben anspielt. Klar, dass dieser Ausspruch jeden Werbeslogan für Wassermelonen in den Schatten stellt.

Infos

Hope Hempstead County Chamber of Commerce: 200 S. Main St., P. O. 250, Tel. 870-777-3640, Mo–Fr 9–17 Uhr.

Übernachten

Viktorianische Villa ▶ **Mansion on Main B&B:** 802 Main St., Tel. 903-792-1835, www.mansiononmain.com. Stilvolle Herberge mit 5 Zimmern im Zentrum. DZ 90–135 $.

Essen & Trinken

Gute Steaks ▶ **IronWood Grill:** 4312 Morris Ln., Tel. 903-223-4644, www.ironwoodgrill.com, Mo–Do 11–21, Fr/Sa bis 22 Uhr, So geschl. Gutes vom Grill, Steaks Rippchen und Huhn, aber auch frische Salate, nette Terrasse. Steaks 12–20 $.

Frische ist Trumpf ▶ **Julie's Deli & Market:** 4055 Summerhill Sq., Tel. 903-792-3354, www.juliesdeli.com, Mo–Fr 9–18, Sa bis 14.30 Uhr, So geschl. Gute Burger, Salate und andere kleine Speisen. 5–10 $.

Arkansas Post ▶ 3, E 5

Arkansas Post, ein früherer französischer Handelsplatz und spanischer Militärstützpunkt am Arkansas River, 12 Meilen nordöstlich des Ortes **Dumas,** war von 1819 bis 1821 Verwaltungszentrum des US-amerikanischen Arkansas Territory. Ein Nachbau von Teilen des spanischen Forts und die Ausstellung im Besucherzentrum des **Arkansas Post National Memorial** erzählen die Geschichte der Befestigung, die vor nicht allzu langer Zeit noch ein vorgeschobener Außenposten der europäischen Kolonialmächte und der jungen USA war (SR 169, 7 Meilen südl. von Gillet, Tel. 870-548-2207, www.nps.gov/arpo/index.htm, tgl. 8–17 Uhr).

Tipp: Crater of Diamonds State Park ▶ 3, B 5

Im Crater of Diamonds State Park, etwa 55 Meilen südwestlich von Hot Springs, darf jeder auf dem Gelände einer stillgelegten Diamantenmine gegen eine kleine Gebühr schürfen und den Fund behalten. Kleine Diamantensplitter – im Jahr 1975 hat ein Besucher mit einem Rohdiamanten von mehr als 16 Karat einen Rekord aufgestellt – werden neben Halbedelsteinen wie Opalen oder Amethyst fast täglich gefunden. Seit 1972 wurden mehr als 25 000, meist kleine Funde registriert (209 State Park Road, Murfreesboro, Tel. 870-285-3113, www.craterofdiamondsstatepark.com, Erw. 7 $, erm. 4 $, diverse Geräte sind für je 2,50 $ zu leihen).

Rohwer ▶ 3, E 5

Noch 25 Meilen südlich des Arkansas Post erinnern ein Friedhof der Lagerinsassen, einige baufällige Schuppen, ein Fabrikschornstein und zwei Denkmäler an ein **Japanese American Relocation Center.** Die amerikanische Regierung hatte 1942, in der Hysterie nach dem japanischen Angriff auf Pearl Harbor, in der einsamen Landschaft im Südosten von Arkansas eines von mehreren Internierungscamps für die *Nisei* genannten US-Amerikaner japanischer Abstammung einrichten lassen. Die Männer und Frauen wurden in ihren Wohnhäusern und an ihren Arbeitsplätzen festgenommen und mit ihren Kindern in die rasch errichteten Lager deportiert, offiziell um etwaige Anschläge aus dieser Bevölkerungsgruppe zu verhindern. Im Lager von Rohwer lebten bis November 1944 mehr als 8000 Internierte, meist aus Kalifornien (Abzweiger zum Memorial Cemetery von der SR1 zwischen Rohwer und Duce).

Register

Der Haupteintrag ist **fett** hervorgehoben.

Register

Der Haupteintrag ist **fett** hervorgehoben.

Register

Der Haupteintrag ist **fett** hervorgehoben.

Abbildungsnachweis

Bildagentur Huber, Garmisch-Partenkirchen: S. 109 (Lawrence)

istock, Calgary (Kanada): S. 4 o., 212 (Britten); 161 (burwellphotography); 148 (Heap), 207 (Hulton Archive); 7 u., 166 (May); 9 u., 422/423 (Moore); 23 (Lane), 205 (Mainiero); 3 o., 104 (rabbit75); 248 li., 305 (Reitmeyer); 135, 136/137 (Tang); 171 (Tangney); 233 (Tobey); 155 (uschools)

laif, Köln: Titelbild (Aurora/Dahnoun); S. 351 (Aurora/Davey); 124 (Aurora/Heinemann); 3 M., 18 (Aurora/Kennan); 1 M., 335 (Aurora/ McBride); 405 (Aurora/Rich); 8 u., 287 (Aurora/ Shafer); 176 li., 184, 189, 414/415 (Aurora/ Shull); 85 (Aurora/Zimmerman); 5 u., 102/103, 226, 290, 308/309, 323, 342, 381, 386 re., 394, 406/407, 432/433, 437 (Heeb); 6 o., 7 M., 239, 273, 319, 341 (hemis.fr/Frilet); 257 (Housez); Umschlagklappe vorn, 174 (Knop); 2 o., 33 (Polaris); 386 li., 3 u., 209 (Redux/Bickford); 9 M., 259 (Redux/Lesser); Umschlagrückseite o., 1 li., 312 re., 326/327, 426/427 (Redux/Peterson); 329 (Redux/Ramirez); 440 (Redux/Villafuerte); 397 (REA/Gleizes); 20/21, 363 (Sampers); 51, 117 (UPI); 31 (UPI/Simon); 157, 312 li., 367

Look, München: S. 41, 66/67, 76, 176 re., 192/193, 196/197, 199, 231, 234, 246, 248 re., 266, 281, 360 (age/fotostock); 5 M., 10/11, 296, 310 (Frei); 2 u., 36/37, 92 (Fleisher); 25, 62/63 (Limberger); 106 li., 121 (Roetting)

Mauritius Images, Mittenwald: S. 1 re., 4 u., 8 o., 59, 139, 223, Umschlagrückseite u. (age); 389, 420 (CuboImages); 152 (Delimont); 106 re., 142/143 (Flirt); 172 (STOCK4B); 7 o., 344, 384 (West); 6 u., 89 (Zwerger-Schoner)

Axel Pinck, Hamburg: S. 5 o., 9 o., 129, 254/255, 268, 277

Kartografie

DuMont Reisekartografie, Fürstenfeldbruck

Umschlagfoto

Titelbild: Plantagenvilla in South Carolina

Über den Autor: Axel Pinck, Diplom-Volkswirt, arbeitet als Journalist und Buchautor für führende Buchverlage, Magazine und Zeitungen sowie für Rundfunk und Fernsehen. Florida und die USA bereist er seit mehr als 20 Jahren und ist noch immer fasziniert von ihren Landschaften und Menschen. Im DuMont Reiseverlag veröffentlichte er verschiedene Reiseführer zu den USA und der Karibik.

Lektorat: Lioba Waleczek

Hinweis: Autor und Verlag haben alle Informationen mit größtmöglicher Sorgfalt geprüft. Gleichwohl sind Fehler nicht vollständig auszuschließen. Alle Angaben erfolgen ohne Gewähr. Bitte schreiben Sie uns! Über Ihre Rückmeldung zum Buch und über Verbesserungsvorschläge freuen sich Autor und Verlag:

DuMont Reiseverlag, Postfach 3151, 73751 Ostfildern, E-Mail: info@dumontreise.de

1. Auflage 2012

Grafisches Konzept: Groschwitz, Hamburg
Printed in Germany